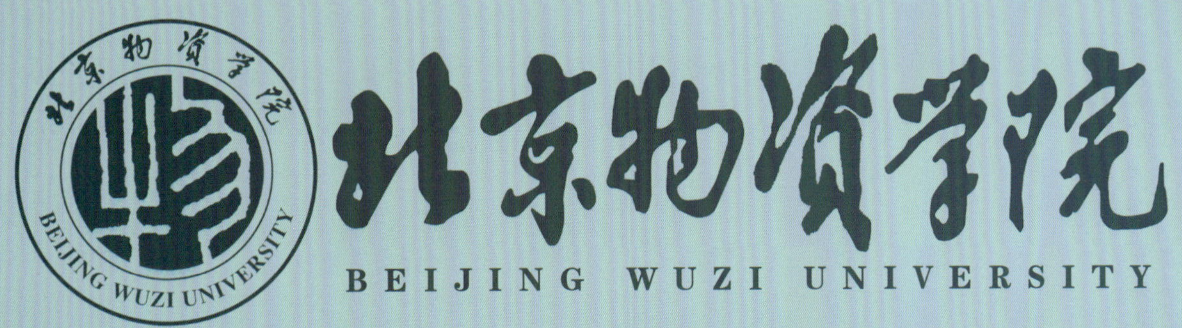

年鉴 2018

《北京物资学院年鉴》编委会 编

中国财富出版社有限公司

图书在版编目（CIP）数据

北京物资学院年鉴．2018／《北京物资学院年鉴》编委会编．—北京：中国财富出版社有限公司，2020. 11

ISBN 978－7－5047－7352－4

Ⅰ．①北…　Ⅱ．①北…　Ⅲ．①北京物资学院—2018—年鉴　Ⅳ．①G649. 281－54

中国版本图书馆 CIP 数据核字（2020）第 220214 号

策划编辑　张宁静　　**责任编辑**　白　昕　张宁静

责任印制　梁　凡　郭紫楠　　**责任校对**　张营营　　**责任发行**　敬　东

出版发行	中国财富出版社有限公司		
社　　址	北京市丰台区南四环西路 188 号 5 区 20 楼	**邮政编码**	100070
电　　话	010－52227588 转 2098（发行部）		010－52227588 转 321（总编室）
	010－52227566（24 小时读者服务）		010－52227588 转 305（质检部）
网　　址	http：//www. cfpress. com. cn	**排　　版**	宝蕾元
经　　销	新华书店	**印　　刷**	宝蕾元仁浩（天津）印刷有限公司
书　　号	ISBN 978－7－5047－7352－4/G・0756		
开　　本	787mm×1092mm　1/16	**版　　次**	2021 年 7 月第 1 版
印　　张	32. 5　**彩　　色**　1. 5	**印　　次**	2021 年 7 月第 1 次印刷
字　　数	705 千字	**定　　价**	280. 00 元

▲ 12 月 13 日副市长隋振江视察学校

▲ 1 月 30 日原物资部领导陆江到访

▲ 7月18日校长王文举在"北京地区高校学科共建签约仪式"上代表学校与北京交通大学签署《高精尖共建项目协议》

▲ 10月15日本科教学审核评估专家见面会

▲1 月 10 日第六届双代会

▲11 月 9 日北京物资学院与首都经济贸易大学联合培养博士研究生签约仪式

▲11 月 14 日党委理论学习中心组赴城市副中心调研

▲6 月 6 日大运河智库联盟秘书处揭牌仪式

▲1 月 5 日平谷现代产业发展研究院揭牌仪式

▲12 月学校领导赴京粮物流交流合作

▲1 月 11 日学校与日通签署奖学金资助协议

▲4 月 16 日中美物流教育论坛

▲ 11 月 17 日第十二届期货论坛——期货市场 30 年发展高峰论坛

▲ 6 月 22 日商务科技学校人员聘任动员大会

▲ 9 月 25 日新教师入职培训

▲ 6 月 28 日本科生毕业典礼

▲ 9 月 17 日本科生开学典礼

▲ 11 月 14 日校园双选会

▲ 4 月 28 日统战部组织党外人士参观宋庆龄故居

▲ 9 月 27 日，学校纪委组织处级以上领导干部、党风廉政监督员、院（部）级党组织纪检委员、党支部书记、财政专项及科研项目负责人和重点岗位人员参观北京市全面从严治党警示教育基地

▲4 月 28 日硕士生毕业典礼

▲7 月 13 日"全球供应链管理"课程

▲ 十堰市电子政务及政务信息培训班参观北京市通州区云税大厅

▲ 5 月 7 日河南省对口协作业务能力提升培训班开班仪式

▲ 经济学院师生参加第四届贸易强国论坛

▲ 7 月企业家课堂讲师聘任仪式

▲ 律英职场午餐会　法科学子加油站

▲ 11 月 25 日大学生艺术团合唱团参加 2018 年北京大学生音乐节京津冀合唱音乐会

▲2月28日图书馆举办国际学生茶文化沙龙

▲3月"非遗文化进校园"之戏曲脸谱制作

▲4 月 11 日"非遗文化进校园"之团扇制作

▲12 月 12 日北京物资学院首届师生瑜伽表演大赛

▲2018 首都高等学校第二届体式与艺术瑜伽套路展示表演比赛

▲12 月 31 日高雅艺术进校园，《我家门前有棵树》在北京物资学院演出

▲2018 首都高校第二十三届垒球联赛照片 1

▲2018 首都高校第二十三届垒球联赛照片 2

▲6 月 21 日老干部舞蹈队参加北京市委教育工委活动

▲3 月 9 日安稳处组织公交反恐入校宣传

▲11 月 19 日安稳处为教职工组织消防培训

▲11 月 7 日安稳处组织学生进行消防培训演练

▲ 11 月 19 日组织北京物资学院、中国传媒大学、北京第二外国语学院、北京财贸职业学院青年教师城乡体验日活动

《北京物资学院年鉴（2018）》编辑指导委员会

《北京物资学院年鉴（2018）》编辑部

编辑说明

本卷年鉴汇集了2018年北京物资学院事业发展及重大活动的基本情况，重点反映学校在教学科研、学科建设、人才培养、队伍建设、管理服务、对外合作与交流、校园文化、党的建设等方面的重要活动和经验成果，是学校发展概况的历史记载。

本卷年鉴为全校各单位和师生员工提供学校的基本文献、基本数据、科研成果和最新工作经验，为各级领导提供决策参考，为兄弟院校和社会各界利用北京物资学院信息资源提供指南。为便于区分，书中称北京物资学院为学校，二级学院为学院，校级行政领导为校长。

本卷年鉴设置学校概况、特载与专文、大事记、机构与队伍、人物、教育教学、学科建设与科研、人才队伍建设、交流与合作、学校管理、教学辅助工作、党建与思想政治工作、学院工作、毕业生名单、附录共十五篇，以文章和条目为基本体裁，以条目为主。

本卷年鉴选题时间范围为2018年1月1日至12月31日，根据实际情况，部分内容在时限上略有延伸。收录的统计数据由学校各单位提供。

本卷年鉴在学校年鉴编辑指导委员会指导下编辑而成。编辑部由校领导、学校办公室和各单位特约编辑组成，负责年鉴的组稿、编辑、翻译、校对、审定和联系出版等工作。撰稿人由各供稿单位确定，条目之后署撰稿人姓名；同一分目之下的所有条目由同一撰稿人撰写的，只在最后条目署名。领导讲话、会议报告等只注明供稿单位。

本卷年鉴的编辑出版工作得到学校领导的支持和全校各单位的大力协助，在此谨表深深谢意。年鉴涉及面广、内容多，编辑人员水平有限、经验不足，因此年鉴中难免存在问题和疏漏，敬请读者给予指正。今后我们将不断探索和改进，把年鉴的编辑出版工作做得更好。

《北京物资学院年鉴》编辑部

2019年12月

《北京物资学院年鉴（2018）》使用简称一览表

分　类	全　称	简　称
社会机构	中共北京市委教育工作委员会	市委教育工委
	北京市教育委员会	市教委
	北京市科学技术委员会	市科委
	北京市商务委员会	市商委
	北京市哲学社会科学规划办公室	市哲社办
	中国物流与采购联合会	中物联
	教学指导委员会	教指委
校内机构	国际合作与交流处	国交处
	外国语言与文化学院	外语学院
	继续教育学院	继教学院
	现代物流产业研究院	研究院
	现代物流创新园	创新园
	北京现代物流研究基地	物流基地
	北京高校工程研究中心	工程中心
	关心下一代工作委员会	关工委
	老教育工作者协会	老教协
	志愿者联合会	志联
	学生社团联合会	社联
科研项目组、论文作者、专利发明人标注	校外人员	（外）
	本科生	（本）
	研究生	（研）
	学生	（学）
教育系统用词	市属高校与在京中央高校共同培养优秀学生的一项举措	双培计划
	市属高校与海外境外知名高校共同培养优秀学生的一项举措	外培计划
	期刊引证分析报告	JCR
	大学生创新创业训练项目	大创项目
	青年教师教学基本功比赛	青教赛
学校自创缩略语	聘请专家学者、企业家来校做兼职教授；选派青年教师去企业、机关挂职锻炼，选派学生去企业实习调研	一来二去
	在学校发展上，与经济社会发展需要密切结合；在内部管理上，从学校实际出发，脚踏实地，真抓实干。 在学校发展上，强特色，上水平，以学科建设为龙头，以专业建设为基础，带动科研补短板，教学上水平；在内部管理上，推动治理能力和治理水平现代化，以高水平治理带动办学水平快速提升	立地顶天

目录

contents

第一篇 学校概况

北京物资学院简介

北京物资学院是一所以物流和流通为特色，以经济学科为基础，以管理学科为主干，经、管、理、工、文、法等多学科协调发展的公办普通高等院校。1980年建校，先后隶属国家物资总局、物资部、国内贸易部，1998年10月划归北京市管理。2018年2月，经北京市人民政府批准，北京市商务科技学校并入北京物资学院。

北京物资学院位于北京市朝阳北路东段，北京城市副中心核心区域，地处古老的京杭大运河源头，文化底蕴深厚，环境优美宜人，是北京市授予的“美丽校园”“文明校园”和“花园式单位”。校园占地670余亩，建筑面积20万余平方米，教学、科研和生活设施齐全。学校建有国家级特色专业——经济学专业、物流管理专业，国家级人才培养模式创新实验区——具有国际化视野的实战型物流人才培养实验区，国家级实验教学示范中心——物流系统与技术实验教学中心，北京市属高校一流专业——物流管理专业，北京市重点实验室——物流系统与技术实验室、智能物流系统实验室，北京市哲学社会科学研究基地——北京现代物流研究基地，北京高校工程研究中心——北京市高校物流工程中心，北京市协同创新中心——智能物流系统协同创新中心，是学习和科研的良好场所。

1993年，学校开办国内高校第一个期货专业；1994年，开办国内高校第一个物流管理专业；2010年，开办国内高校第一个采购管理专业。目前，学校设有经济学院、物流学院、信息学院、商学院、法学院、外国语言与文化学院、国际学院、继续教育学院8个学院，另设有马克思主义学院、体育部等教学机构。学校现有25个本科专业：经济学、国际经济与贸易、金融学、金融学（期货与证券）、物流管理、物流工程、机械设计制造及其自动化（物流设备工程）、采购管理、质量管理工程（商品质量检验与管理）、计算机科学与技术、信息工程、物联网工程、信息与计算科学（大数据）、应用统计学、信息管理与信息系统、电子商务、会计学、财务管理、工商管理、市场营销、人力资源管理、劳动与社会保障、劳动关系、法学、商务英语。

学校1986年开始招收硕士研究生，目前拥有5个一级学科硕士学位授权点（应用经济学、理论经济学、管理科学与工程、工商管理、计算机科学与技术），下设21个二级学科/专业；3个专业硕士学位授权类别（工程硕士、工商管理硕士、金融硕士）。学校拥有2个北京市重点建设学科。

学校目前有本科生、硕士研究生、留学生等各类在校生8000余人，其中本科生6000余人，硕士研究生700余人。学校面向全国30个省、自治区、直辖市招生。几十年来，学校为国家培养了大批流通领域的高级专业人才，尤其在物流、证券期货等行业中，毕业生享有较高社会声誉。

学校现有教职工693人，其中专任教师489人，教授75人，副教授197人；具有博士学位教师占专任教师比例为54%，具有硕士及以上学位教师占专任教师比例为86%。享受政府特殊津贴专家10人，长城学者6人，全国五一劳动奖章获得者1人，首都劳动奖章获得者1人，北京市骨干教师和骨干人才51人，北京市青年英才和青年拔尖人才24人，北京市创新人才7人，北京市优秀人才资助8人，北京市科技新星3人，北京市高等学校教学名师10人，北京市高创计划名师3人，北京市高创计划青年拔尖人才2人，北京市师德先进个人3人，北京市优秀教师4人，北京市优秀教育工作者3人，北京高校优秀德育工作者12人，北京市优秀辅导员13人。

学校建有国家级特色专业建设点2个，“本科教学工程”地方高校本科专业综合改革试点1个，国家级人才培养模式创新实验区1个，国家级实验教学示范中心1个，国家级大学生校外实践教育基地1个；获批北京地区高校示范性创业中心，有北京市一流专业1个，北京市特色专业建设点3个，北京市高等学校实验教学示范中心2个，北京市高等学校校外人才培养基地5个，北京市高等学校示范性校内创新实践基地2个，北京市精品课程4门，北京市精品教材8部，北京高等教育精品教材建设立项6部，国家级规划教材9部；市级本科优秀教学团队5个，本科生科学研究与创业行动项目立项1698项。2008年5月，学校本科教学工作被教育部评为“优秀”。在近两届北京市教育教学成果奖评选中，共获得一等奖2项、二等奖9项。

学校重视学生综合素质特别是实践创新能力的培养。多年来，学校逐渐形成了培养科学精神与人文精神、发展共性与突出个性相结合，面向未来、与时俱进、丰富多彩、健康向上，既充满活力，又有深厚底蕴的校园文化。近三年，学生在全国高校商业精英挑战赛、“挑战杯”大学生课外学术科技作品竞赛、全国大学英语竞赛、全国大学生物流设计大赛、国际大学生数学建模竞赛、全国大学生数学建模与计算机应用竞赛、中国大学生iCAN物联网创新创业大赛、全国大学生创业综合模拟大赛、全国大学生物理竞赛、全国大学生艺术展演比赛、西班牙哈巴涅拉国际合唱比赛等大赛中取得骄人的成绩。

学校坚持以科研促进教学，围绕建设高水平特色型大学的目标和国家物流业发展中长期规划，不断加大科研力度，在流通现代化研究等领域取得了显著成果。学校建有流通经济研究所、农业与食品物流研究所、区域经济与城市发展研究中心、物流统计研究所、电子商务研究所、期货研究所、中国盐业研究中心等研究机构。近三年来，学校承担国家自然科学基金、国家社会科学基金等国家级项目15项，省部级课题108项；出版专著、译著、教材170部；发表学术论文1239篇，其中SCI及国内权威期刊学术论文186篇；获国家授权专利157项。

学校积极推进政产学研用深度合作，社会服务能力显著提升。以对外合作办公室为平台，整合校内科研力量，形成对外合作窗口。近年来，建立市级大学科技园、中关村智慧物流产业技术研究院、中关村开放实验室和中关村科技型企业创业孵化集聚区，为科技成果转化创造良好条件。积极探索校企合作新模式，成立京东电子商务学院，促进教学科研与产业需求紧密结合，提高学生实践能力与社会适应能力。积极推进与中关村国家自主创新示范区、中国物流与采购联合会为代表的行业协会、全国商务系统、期货行业系统以及地方政府在内的“五大合作”。与北京市贸促会，北京市对口支援和经济合作办公室，山东省科技厅，中关村管委会，南通市、洛阳市、十堰市、厦门市、青岛市、赤峰市、拉萨市、三门峡市、平谷区等地方政府建立战略合作关系，成立南方物流研究院、现代物流产业（华东）研究院、京津冀物流一体化研究中心、西藏现代物流研究中心、曹妃甸现代产业发展研究院、平谷现代产业发展研究院，逐步形成服务地方的共赢合作模式。

发展与国内外院校，尤其是与国内外著名大学及研究机构的交流合作关系是学校工作的一个重要组成部分。目前，北京物资学院已经与美国、德国、法国、英国、澳大利亚、新西兰、日本、韩国等20个国家和地区的56所大学和研究机构建立了良好的交流合作关系。在科研课题、合作办学、互派留学生、教师互访、师资培训等方面开展了一系列合作，促进了学校的学科建设以及教学和科研的发展，扩大了学校在国际上的影响力。

古韵今风相辉映，文脉相承育新人。如今，北京物资学院秉承“厚德博学、笃行日新”的校训，求真务实，开拓创新，正努力建设首都乃至全国的高素质物流人才培养中心、物流理论研究中心、物流政策与决策咨询中心和物流技术创新中心，朝着建设高水平特色型大学的目标阔步前进。

北京物资学院校名

彭真、段云两位同志均为北京物资学院题写过校名。

（一）彭真同志题写的校名

彭真同志（1902—1997）是伟大的无产阶级革命家、政治家，杰出的国务活动家，坚定的马克思主义者，党和国家的卓越领导人。（见1997年4月27日《人民日报》）

彭真同志1902年10月12日出生于山西省曲沃县侯马镇垤上村一个贫苦农民家庭，取名傅懋恭。参加革命后，他在地下斗争中使用过许多化名，1937年改名彭真。（见1997年5月6日《人民日报》）

1986年8月，时任全国人民代表大会常务委员会委员长的彭真同志为建设发展中的北京物资学院题写校名。2010年，学校将彭真同志题写的校名镌刻在校门内的巨石上。此后，学校在出版物、印刷品、宣传品中经常使用彭真同志题写的校名。

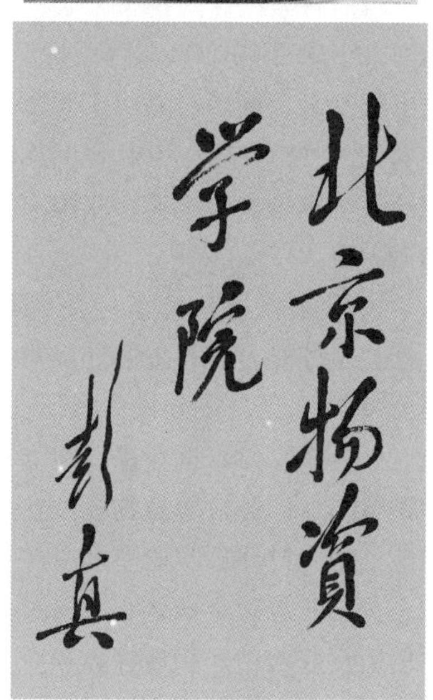

（1987年4月11日彭真委员长主持六届人大五次会议闭幕式　新华社发）

（二）段云同志题写的校名

段云同志

北京物资学院

段云，又名段连荣，1912 年出生，山西省蒲县城关镇人。1933 年毕业于山西法学院政经科，同年赴日本明治大学经济系留学，留日期间积极从事反蒋救亡斗争，成为“山西留日同乡会”“明治大学中华校友会”“中华留日学生联合会”的主要负责人。1937 年 4 月回国，参加山西牺牲救国同盟会，投入抗日工作。1938 年 7 月加入中国共产党。曾任蒲县自卫总队指导员、第二战区战地总动员委员会宣传部编辑科科长、晋西北行署经济总局局长、中共晋西区委政策研究室主任及秘书处处长等职。新中国成立后，长期从事财贸和经济工作，先后担任西南军政委员会办公厅副主任，西南财政部副部长，中央财经委员会第二、三办公室副主任，国务院总理办公室副主任，国务院财贸办公室副主任等职。1971 年，任国家计委副主任兼国务院物价小组组长、财政金融税制改革小组组长。1981 年任国家计委顾问。在中国共产党十一届三中全会和第十二次全国代表大会上，两次当选中央纪律检查委员会委员。

北京物资学院校门、校旗、校徽及目前使用的标识系统中，采用的是段云同志于 1983 年题写的校名。

北京物资学院校徽

2005 年，学校在筹备 25 周年校庆时，由校庆筹备组组长龚树生副校长主持和提出创意，邀请著名书法家、美术家，北京芥子园画院名誉院长华敬俊先生设计完成校徽。

校徽主体采用圆形双环设计，标示学校中英文标准名称，符合现代高校校徽流行设计理念。设计元素形成古今对比，代表学校文化的包容与丰富。

校徽主体图案采用“物”字的小篆体，体现传统文化元素。寓意为：物，浩瀚宇宙之元；物，灿烂文明之根；物，芸芸生者之依；物，世界流通之本。

校徽采用海天一色的蓝，寓意为：改革开放的时代浪潮；知识引领的科技进步；经济社会的可持续发展；人与自然的和谐共存关系。

北京物资学院校训

厚德博学

笃行日新

“厚德”，出自《周易》“地势坤，君子以厚德载物”。指大地的气势厚实和顺，君子应增厚美德，容载万物。寓意我校校风醇厚，立德树人。师生以崇高道德修养为立学为人之本。

“博学”，出自《论语·子张》“博学而笃志，切问而近思”。指广博地获取知识。寓意我校育人学有专长，百科兼纳。师生以博学为立学成才之基。

“笃行”，出自《礼记·儒行》“博学而不穷，笃行而不倦”。指学有所得就要践履所学，做到知行统一。寓意我校教育注重实践，追求知行统一的学风。

“日新”，出自《礼记·大学》“苟日新，日日新，又日新”。指不断创新。寓意我校自强不息，推陈出新，追求真理，勇攀高峰的科学精神和与时俱进的奋进精神。

“厚德博学，笃行日新”是不可分割、相辅相成的整体，体现了“德”与“才”的全面要求，“学”与“行”的完整统一，实践与创新的永恒追求！

北京物资学院校歌（暂定）

走向未来

合唱

北京物资学院事业发展统计数据

北京物资学院办学条件

项目		计算单位	数据	说明
学校占地面积		平方米	303947	学校产权
			127676	非学校产权
图书馆藏书		万册	123.8615	纸质
		万册	191.82	电子
固定资产	总值	万元	80198.5747	
	教学、科研仪器设备资产值	万元	29449.63	

注：本表中数据截至2018年9月17日。

教职工、专任教师及外聘教师职称、学历结构

项目		教职工（不含外聘教师）		专任教师		外聘教师	
		人数（人）	比例（%）	人数（人）	比例（%）	人数（人）	比例（%）
总人数		793	100.00	495	100.00	124	100.00
职称结构	正高级	73	9.21	69	13.94	67	54.03
	副高级	236	29.76	181	36.57	20	16.13
	中级	327	41.24	183	36.97	11	8.87
	初级	60	7.57	20	4.04	4	3.23
	未定职级	97	12.23	42	8.48	22	17.74
学历结构	博士研究生	274	34.55	266	53.74	74	59.68
	硕士研究生	241	30.39	157	31.72	33	26.61
	本科	240	30.26	72	14.55	17	13.71
	专科及以下	38	4.79	0	0	0	0

注：本表中数据截至2018年9月17日。

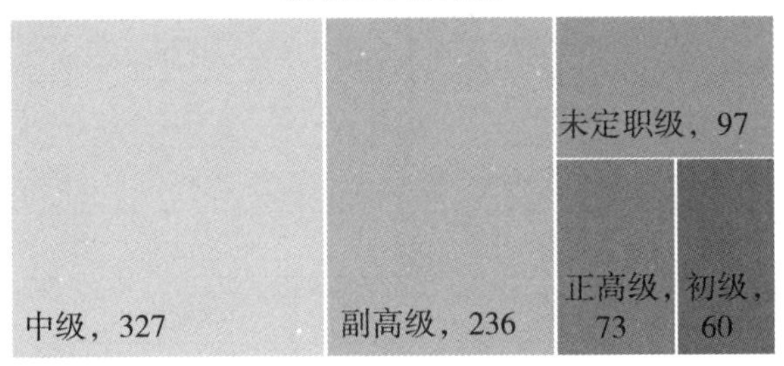

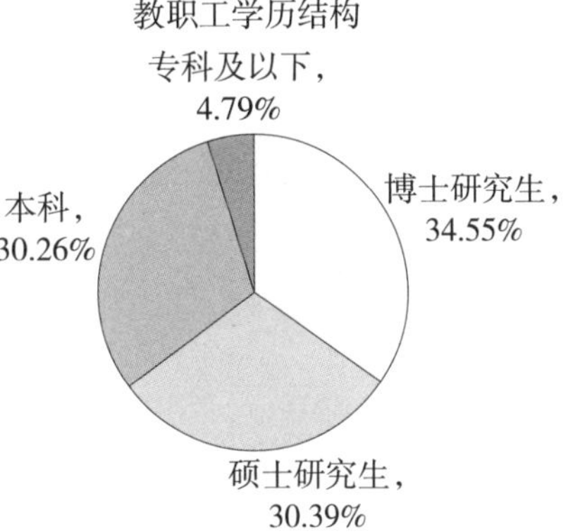

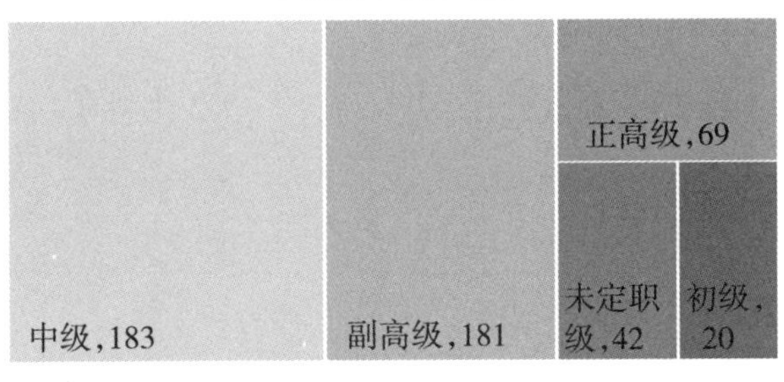

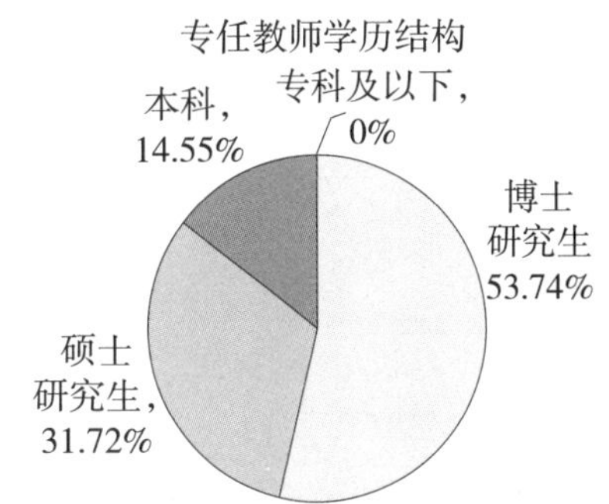

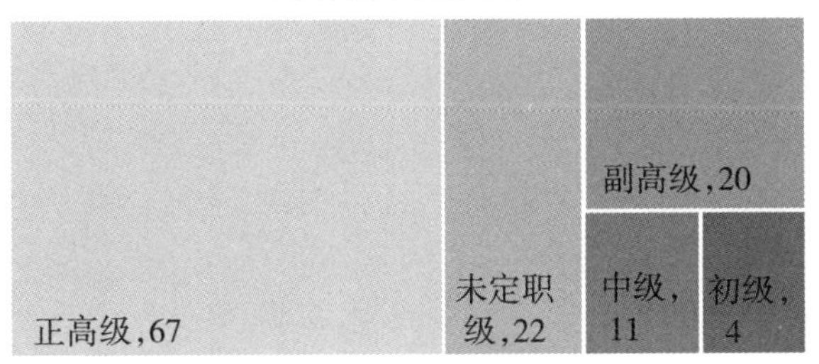

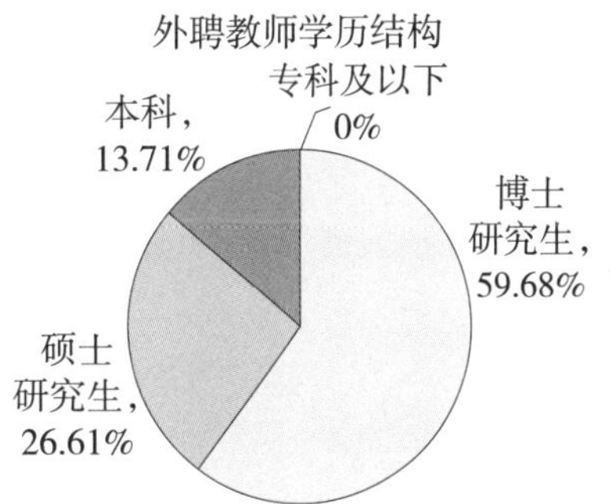

北京物资学院学生基本情况

学生类别	毕（结）业生数（人）	招生数（人）	在校生数（人）
一、硕士研究生	236	321	784
1. 学术型学位硕士	92	108	297
2. 专业型学位硕士	144	213	487
二、普通本科生	1362	1562	5985
1. 高中起点本科生	1362	1562	5985
2. 专科起点本科生	0	0	0
三、成人本专科生	575	631	1280

续 表

学生类别	毕（结）业生数（人）	招生数（人）	在校生数（人）
1. 本科生	237	559	817
1.1 函授本科生	3	0	33
1.2 业余本科生	234	559	784
2. 专科生	338	72	463
2.1 函授专科生	65	0	29
2.2 业余专科生	273	72	434
四、外国留学生	142	180	180

注：本表中数据截至 2018 年 9 月 17 日。

数据来源：《北京物资学院 2018/2019 学年初高等教育基层统计报表》。

（牛丽萍）

第二篇 特载与专文

北京物资学院落实《关于统筹推进北京高等教育改革发展的若干意见》实施方案

一、发展概况

北京物资学院是一所以物流和流通为特色，以经济学科为基础，以管理学科为主干，经、管、理、工、文、法等多学科协调发展的公办普通高等院校。学校前身是1963年成立的北京经济学院物资管理系，1980年经国务院批准独立建校，先后隶属国家物资总局、物资部、国内贸易部，1998年划归北京市管理，2018年北京市商务科技学校并入北京物资学院。

学校主校区位于北京市通州区，地处城市副中心核心区、京杭大运河源头。校园占地670余亩，建筑面积20万余平方米。截至2018年9月，在校全日制本科生、硕士生、博士生、留学生共8000余人，教职工693人，其中专任教师504人，教授69人，副教授183人。现有2个国家级特色专业，1个国家级人才培养模式创新实验区，1个国家级实验教学示范中心，1个北京市一流专业，5个市级科研平台。设有经济学院、物流学院、信息学院、商学院、法学院、外国语言与文化学院、国际学院及继续教育学院等学院。现有25个本科专业，5个一级学科硕士学位授权点，3个专业硕士学位授权点。2018年开始与首都经济贸易大学联合培养博士研究生。

（一）人才培养情况

学校建立了较为完善的人才培养体系，建校以来累计培养各类人才7万余人，在物流、证券期货领域享有较高声誉，一大批优秀毕业生走上企事业单位中高层领导岗位。学校面向全国招生，2018年在18个省市录取最低分超过当地一批本科控制线。本科、硕士研究生毕业生就业率和用人单位满意度位居市属高校前列。“十二五”期间，本科生获全国大学生数学建模竞赛等市级以上学科竞赛奖218项，研究生在核心期刊发表论文220篇。

（二）学科专业情况

1986年学校成为全国第二批硕士学

位授予单位并开始招收硕士研究生。目前拥有应用经济学、理论经济学、管理科学与工程、工商管理和计算机科学与技术5个一级学科硕士学位授权点；拥有工商管理硕士（MBA）、工程硕士和金融硕士3个专业硕士学位授权点。拥有2个北京市重点建设学科（管理科学与工程、产业经济学），管理科学与工程学科是与北京交通大学协同建设的北京市高精尖建设学科，2018年开始与首都经济贸易大学联合培养博士研究生。管理科学与工程、工商管理两个学科在第四轮学科评估中被评为C+。1993年学校开办国内高校第一个期货专业；1994年开办国内高校第一个物流管理专业；2010年开办国内高校第一个采购管理专业。2016年，物流管理与工程类专业在中国大学本科教育竞争力排行榜中位列该类全国第四；2017年，物流管理专业获批北京市一流专业。

（三）师资情况

学校现有教职工693人，具有博士学位的专任教师占全部专任教师比例为53.74%，具有硕士及以上学位的专任教师占全部专任教师比例为85.5%。享受政府特殊津贴专家10人，长城学者5人，北京市高等学校教学名师9人，北京市高创计划名师3人、青年拔尖人才2人，北京市科技新星3人，北京市各类优秀人才90人，北京市优秀教师4人，北京市师德先进个人和北京高校优秀德育工作者共15人，北京市优秀辅导员13人，北京市优秀教学团队5个，北京市学术创新团队7个。

（四）科学研究情况

学校建有北京现代物流研究基地、北京市物流系统与技术重点实验室等市级科研创新平台5个，围绕物流产业开展相关基础理论、技术集成、工程开发等研究，在物流与流通领域取得了一定的影响力。“十二五”以来，学校承担国家科技支撑计划项目1项，国家重点研发计划项目2项，国家自然科学基金、国家社会科学基金项目共37项，教育部人文社会科学研究项目等省部级课题237项；在行业产业规划、物流系统集成开发、物流信息化、大数据等方面开展各类政产学研合作课题325项，各类项目（课题）经费共计14456万元；出版专著、编著、译著等521部，其中《鲜活农产品冷链物流管理体系研究》等著作获北京市哲学社会学优秀成果奖等省部级奖项；在核心期刊发表论文2243篇，其中《中国科学》《管理世界》《中国工业经济》等权威期刊论文11篇、SCI收录期刊43篇；获国家授权专利29项。

（五）社会服务情况

学校成立现代物流产业研究院、现代物流创新园，以北京物资学院大学科技园、中关村智慧物流产业技术研究院、中关村科技型企业创业孵化集聚区为依托开展校产合作，形成重要的高端产业发展平台。与南通市、洛阳市、十堰市、拉萨市、山东省科技厅等地方政府和部门建立战略合作关系，成立南方物流研究院、现代物流产业（华东）研究院、北方现代农业物流产业研究院、西藏现代物流研究中心、城市副中心研究院等合作组织。学校联合京东商城等60余家国内知名电商企业，发起成立中关村电子商务与现代物流产业联盟，并与政府部门、大型企业共建协同创新中心4个，形成了良好的校企合作机制，并完成了50余项技术服务任务。学校积极发挥首都智库作用，5年来先后提供行业解决方案325项。近年来，全校举办各类培训项目近百次，与北京市对口扶贫办联合举办培训机构，开展智力指导500余人次。学校共有13名教授担任国家级行业协会、学会、教育部教指委副会长及以上职务。

（六）文化传承与创新情况

学校制定校园文化建设规划，加强校园文化建设，通过建设物流博物馆、创作校歌、普及校训、建设完善校园标识系统、命名楼宇景观、举办“校园文化活动日”等一系列工作进一步推进校园文化。大学生艺术团获批“北京市大学生艺术团”，多次获得国内外大学生艺术展演各种奖项；大学生运动队在棒垒球等优势项目上连创佳绩；2017年学校成立运河文化研究所，2018年学校整合资源组建大运河研究院，联合在京有关政策咨询机构、大运河沿线相关高校等30余家单位共同成立“中国大运河智库联盟”并成为秘书处，以运河文化、运河生态、运河产业链等为研究方向，打造运河文化研究新高地。排演舞剧《运河梦响》，获北京大学生舞蹈节一等奖。编排大型原创舞剧《运》获北京文化艺术基金支持项目，在北京舞蹈学院首演，专家广泛赞誉。

（七）国际交流与合作情况

学校与美国、加拿大、英国、德国、俄罗斯、丹麦、日本、韩国等20个国家和地区的56所大学和研究机构建立了良好的交流关系。已连续举办5届中美物流教育与研究合作论坛，连续12年开办中英联合培养国际金融人才班，连续6年开办中美联合培养国际物流人才班。自2010年以来，共招收长短期外国留学生841人，选派教师468人次出国交流学习，邀请国外专家讲学536人次，派遣学生出国（境）学习1055人次。自2017年起，学校依托北京市外国留学生奖学金“一带一路”专项奖学金项目，开设北京物资学院－东盟物流管理人才国际班，为东盟国家培养物流管理本科人才。2018年共计招收留学生178人，其中攻读学位的在校本科生、硕士研究生共72人。

二、办学类别

（一）办学类别定位

坚持社会主义办学方向，以立德树人为根本任务，立足首都、服务全国、面向世界，以高质量本科教育为主体，发展高水平研究生教育，拓展留学生教育，构建以物流与流通为特色，经济学科为基础，管理学科为主干，理、工、文、法等多学科协调发展的学科专业体系，建设在物流与流通领域国内领先、国际有影响力，与北京城市副中心发展水平相称的高水平应用型大学。“高水平”是指特色鲜明、协同发展、服务社会的高水平，“应用型”是指基于应用需求、依靠应用协同、回馈应用实践的应用型。

（二）依据与可行性分析

1. 人才培养

学校旨在培养具有国际视野的高素质创新型、复合型、应用型人才。学校学科专业设置应用属性明显，实践特色鲜明，建立了较为完善的产教协同育人机制。采取教师挂职锻炼、企业家进课堂等举措强化实战型教师队伍建设。搭建校内外实践教学平台，通过提高实践学分比重、设置实践学期、构建校企联合订单班等方式完善了实践教学体系，形成了高水平创新应用型人才培养模式。为更好地服务京津冀地区乃至全国经济社会发展，围绕首都“四个中心”发展和北京城市副中心建设，学校将进一步强化物流与流通特色，培养具有国际视野的高素质创新型、复合型、应用型人才。

2. 学科建设

学校长期坚持特色发展、内涵发展、差异化发展，不断凝练学科方向，形成了特色突出的学科体系与学位点布局，在物流与流通、证券与期货等领域具有较强的研究优势与学科特色，在多学科交叉应用研究方面具有较好的学科基础与优势。目前，学校正与北京交通大学开展相关学科共建工作，与首都经济贸易大学开展联合培养博士生工作。学校将巩固拓展传统优势学科，发展提升特色支撑学科，大力培育新兴交叉学科，形成学科建设、队伍建设、平台建设和科学研究的科学协调发展体系，以学科建设带动学校整体发展。

3. 科学研究

“十二五”期间，学校承担了国家科技支撑计划项目、国家自然科学基金项目、国家社科基金重大项目、国家社科基金项目等重大科研任务。一些与学校特色领域相关的科研成果得到国家部委、北京市领导批示，一些科研成果被政府部门和企业采纳应用。学校成立大运河研究院，发起成立“中国大运河智库联盟”，开展对大运河流域文化与旅游、物流、生态、经济等方面的研究，正在成为全国大运河研究领域具有核心竞争力和较高影响力的新型高端智库。学校将加大物流与流通领域的应用基础研究和应用研究，鼓励和支持各研究机构、各院部与企业开展合作，建立完整的物流与流通科技创新体系。

4. 社会服务

学校聚焦物流与流通领域，不断完善对外合作工作体制机制，高端产业发展平台、对外服务渠道、合作研究组织相对比较完善，智库作用发挥日益显著。学校将发挥在物流和流通领域的特色优势，构建国际知名、国内领先的国家物流智库，服务国家重大战略，完成相关领域的政策咨询和服务；发挥学校科技领域优势，构建政产学研用一体化的协同创新平台，形成智慧物流技术的研发、转化与应用示范中心。创新产教协同发展模式，加速产学研一体化，通过高素质人才培养、高水平科学研究促进物流和流通领域的创新发展。

5. 文化传承与创新

坚持以文化人、以文育人，紧密结合学科专业特色，彰显校园文化中的物流与流通特色，聚焦运河文化、北京城市副中心建设，注重文化辐射与引领，推进文化传承与创新。随着高水平应用型大学的建设，学校将充分发挥文化的浸润、感染、熏陶作用，实现潜移默化教育的效果，积极构建以文化人、以文育人新局面。不断完善校园文化基本设施、校园文化标识系统等，形成特色鲜明的物质文化；持续弘扬大运河文化等中华优秀传统文化，并融合校园文化，形成坚定自信的精神文化；深化师生对高水平应用型大学、大学章程、中国特色现代大学制度的理解和遵循，形成深入人心的制度文化；完善“校园文化活动日”“感动物院人物”评选、运河舞剧展演等校园文化品牌活动，形成示范引领的行为文化。学校的文化传承与创新工作迈上新台阶，形成新局面。

6. 国际交流与合作

学校与美国运输与物流协会、欧道明大学合作开办 ALSP 国际职业认证拔尖国际物流人才班，依托中英国际金融人才班、“一带一路”东盟国际物流人才班、中美物流教育与研究合作论坛、中德物流论坛、中日物流论坛、中国流通经济论坛等国际交流与合作平台，国际交流能力和水平全面提升，学校国际影响力不断提高。学校将打造一支能够胜任国际化教学、科研任务的专业师资队伍，充分利用国际教育资源帮助更多学生“走出去”，吸引更多优秀留学生来校留学。促进国际交流与合作扩大规模、提高层次，全面对接国际资源，成为国内外物流产业资源、技术资源、智力资源交互的重要力量。

三、发展目标

（一）总体目标

预计到 2020 年，以立德树人为根本、教育教学为主业、科学研究为支撑的高水平应用型大学管理运行体系健全完善。学校基本达到博士学位授予单位申请条件，管理科学与工程学科达到博士学位授权点条件，工商管理和应用经济学学科达到博士学位授权点基本条件。管理科学与工程学科评估达到 B－水平，工商管理学科基本达到 B－水平，应用经济学、计算机科学与技术等学科达到 C＋水平，物流管理等本科专业达到国内领先。办学定位进一步明确，特色得到强化，优势得以彰显，学校可持续发展能力显著增强。

预计到 2035 年，办学特色鲜明，成为在物流和流通领域国内领先、国际有重要影响的高水平应用型大学。治理体系和治理能力实现现代化，学科特色鲜明、优势突出，管理科学与工程等学科在物流和流通领域做到国内领先、国际有重要影响力，管理科学与工程、工商管理、应用经济学三个一级学科成为博士学位授权点，理论经济学和计算机科学与技术两个一级学科具备博士学位授权点的条件。优势核心学科达到 A 级水平。物流管理与工程类专业国内领先地位进一步强化，国际影响力进一步提升。金融学（期货与证券）、信息管理与信息系统、物联网工程、会计学等专业成为国内领先、国际有影响的一流本科专业。学校整体竞争力朝着世界同类大学前列大幅迈进。

预计到 2050 年，建成国际知名的高水平应用型大学，学校治理体系和治理能力全面现代化。国际一流人才聚集，物流与流通领域在全球范围内的影响力、辐射力及引领力全面彰显。

（二）分阶段目标

1. 2020 年发展目标

（1）人才培养目标。

以本科教学评估、学位点评估、学科评估、博士学位授予单位及博士学位授权点相关标准为重要参照，全面深化人才培养模式、课程体系、教学管理等方面改革，围绕人才培养这个中心工作优化学校要素配置，建立起可持续的高水平应用型大学人才培养体系，培养具有国际视野的高素质创新型、复合型、应用型人才。本科专业、硕士和博士学科人才培养结构合理，稳定本科教育规模、提高培养质量，加快发展硕士研究生培养，博士研究生培养取得突破，继续扩大来华留学生培养规模。研究生规模增长 50%，来华留学生规模翻一番。

（2）科学研究目标。

全面进行学校科研管理改革，建立起完善的现代大学科研管理体系，优化科研组织和科研资源配置，形成浓厚的学术氛围，激发全体教师的科研创新活力，补齐科研短板，形成教学促进科研、科研反哺教学的良性互动局面。物流与供应链管理、证券与期货等优势特色领域科研实力得到明显提升，相关领域省部级科研平台影响力显著提升。科学研究成为学校全面发展的有力支撑，科研项目、科研论文、科研经费、科研获奖、专利及著作权等各项科研指标明显进步。基本达到博士学位授予单位条件中对科研方面的要求。

（3）社会服务目标。

优势领域社会服务能力全面提升，社会影响力和社会声誉明显提高。立足首都，面向全国，统筹北京物资学院大学科技园、中关村智慧物流产业技术研究院、中关村科技型企业创业孵化集聚区、中关村开放实验室等优质资源，充分发挥京津冀物流一体化研究中心、城市副中心研究院的智库作用，结合首都功能定位，将右安门校区建设成为证券期货行业产学研合作基地，服务京津冀协同发展，推进区域经济转型升级和产业创新发展。以北京市支援合作研究培训中心为依托，积极参与扶贫攻坚、乡村振兴战略实施。

（4）国际交流与合作目标。

学校国际交流与合作取得重大进展，优势学科专业领域的教师国际化、人才培养国际化、科研国际化形成体系。留学生学历教育实现高层次、规模化、常态化，在校留学生规模达到 300 人，其中在校学历生 150 人左右，“一带一路”沿线国家在校留学生规模稳步提高，留学生管理与服务水平全面提升。达到中国政府奖学金申请标准，力争成为中国政府奖学金颁发单位，力争获批一个中外合作办学项目。

（5）师资发展目标。

专任教师总数550人，占教职工总数比例稳定在70%以上，其中教授100人，副教授200人。依托重点学科、重点平台、重大项目，引进1～2名全职高层次人才，柔性引进一批在相关领域内有较高实力与声望、能代表学科发展一流水平、能为学科和专业建设开创新局面的海内外杰出人才，构建一支在行业或产业内享有一定声誉、具有一定影响力的高水平专家教师队伍。围绕学校办学定位，合理调整教职工队伍结构，优化师资队伍的学科专业布局，构建形成科学合理的人才队伍体系。

2. 2035年学校发展目标

（1）人才培养目标。

学校成为博士学位授权单位，管理科学与工程、应用经济学、工商管理、计算机科学与技术等学科均获批博士学位授权点。金融学（期货与证券）、采购管理、信息管理与信息系统、物联网工程、会计学、物流工程等专业成为国内领先、国际有影响的一流本科专业，学科专业建设水平达到国内一流大学标准，建立起符合一流大学标准的高水平应用型大学人才培养体系。稳定普通本科规模，在校研究生规模达到2000人，在校博士生规模达到60人。

（2）科学研究目标

现代大学科研管理体系可持续运转，科研能力大幅提升，科研项目、论文、经费、获奖、专利及著作权等各项指标达到国内一流大学标准，学校成为国家重要的科研创新高地。获批国家级科研创新平台及北京实验室等省部级科研创新平台，打造2～3支由国家级科技领军人才领导的高水平科研创新团队，物流与流通领域的原始创新能力全面提升，应用基础研究、应用研究、技术开发、成果转化和产业化紧密结合的创新链条基本形成，科技创新的引领作用凸显。学校全面达到申请博士学位授予单位条件在科研方面的要求。

（3）社会服务目标。

以高水平创新平台、优秀科研团队为载体，承接优势领域的大型国家战略研究项目。深度融合国内外高端产学研合作要素，结合自身特色打造完整的产业创新服务链，在关键领域形成学校品牌，成为国内领先、国际知名的政产学研用合作中心。依托物流与流通学科优势，关注影响国家长远发展的基础领域，针对首都“四个中心”功能定位和城市副中心建设，建成物流与流通领域国家级高端智库，成为国家物流与流通领域理论研究中心、政策咨询和技术研发中心，为国家决策起到关键支撑作用。

（4）国际交流与合作目标。

与世界一流大学建立合作关系，在物流与流通领域开展深度合作，取得具有重大国际影响力的交流成果。在北京国际交往中心建设和发展中承担重要职责。全校教师国际化、人才培养国际化、科研国际化、国际学生数量以及行政管理服务水平等指标基本达到世界一流院校的水平。在校留学生规模达到500人，在校学历生300人左右，获批2个中外合作办学项目，获得包括中国政府奖学金等在内的国际交流与合作资质。

（5）师资发展目标。

专任教师总数 640 人，其中教授 120 人，副教授 360 人。培育或引进 2～3名优秀青年科学基金项目、国家杰出青年科学基金项目、长江学者奖励计划、国家千人计划等项目涉及的高层次人才。按国家一流大学的标准，健全完善人事管理体制机制，拥有一批长期聘用的知名企业高管担任兼职导师或讲座教授，具有一支在行业内享有盛誉与影响力的高水平应用型专家教师队伍。

3. 2050 年学校发展目标

（1）人才培养目标。

在物流与流通领域，全面建立世界一流人才培养模式，达到世界一流的人才培养标准，具有符合市场需求且体现学校定位的人才培养结构，保持在校普通本科生规模在 6500 人左右，在校硕士研究生规模在 3000 人左右，在校博士生规模在 300 人左右，在校留学生规模在 1000 人左右，其中全日制学位生在 500 人左右。

（2）科学研究目标。

在物流与流通领域，建立起世界一流的科研创新体系，科研项目、论文、经费、获奖、专利及著作权等各项科研指标达到世界一流的同类高校水平，取得世界级科研成果，学校成为具有重要国际影响的科研创新高地。打造 8～10 支由国家级科技领军人才领导的高水平科研创新团队。

（3）社会服务目标。

与国际资源实现深入对接，围绕智慧物流、国际期货衍生品等重要领域，形成具有国际影响力的原创理论和科技创新成果，推动产业应用升级，成为优势领域权威理论研究中心、创新技术研发中心、应用模式示范中心，为国际组织机构、跨国公司以及我国政府提供一流的整体解决方案和服务。

（4）国际交流与合作目标。

教师国际化、人才培养国际化、科研国际化、留学生规模层次以及留学生管理服务等国际化指标力争达到世界一流高校的水平。拥有一批世界一流大学合作伙伴。成为北京国际交往中心建设和发展的重要力量。

（5）师资发展目标。

围绕物流与流通领域，培养和汇聚一批优秀青年科学基金项目、国家杰出青年科学基金科目、长江学者奖励计划、国家千人计划、两院院士等项目涉及的国家级高层次人才，师资队伍达到世界一流高校的水平。

四、总体思路

（一）主要问题和矛盾

（1）学校在物流与流通领域较有特色，但支撑物流与流通领域的学科基础薄弱，难以支撑高水平应用型大学发展的需要。

（2）师资队伍结构不够合理，尚未形成校内外专兼职结合的师资队伍，高水平学术领军人才缺乏。

（3）高水平应用型人才培养体系有待完善，人才培养方案和实践教学体系有待进一步调整、优化和充实。

（4）学校管理体制机制不能有效适

应高水平应用型大学发展的需要，特别是干部、教师的考核、评价、薪酬、激励机制有待改革。

（二）学校改革发展的总体思路

1. 总体思路

坚持党对学校的全面领导，坚持社会主义办学方向，立足首都、服务全国、放眼世界，以立德树人为根本，紧密围绕特色鲜明、协同发展、服务社会的高水平建设愿景，基于应用需求、依靠应用协同、回馈应用实践的应用型大学建设目标，以一流学科、一流专业建设为契机，以人事制度改革为突破口，全面深化改革，强特色补短板，实施“立地顶天”“特色发展”“协同发展”三大战略，扎实推进“六大工程”，不断提升学校办学综合实力与核心竞争力。

2. 三大战略

（1）立地顶天战略。

着眼应用型，强调“立地”体现在学校发展方面与经济社会发展需要密切结合；内部管理方面从学校实际出发脚踏实地、真抓实干。实现高水平，注重“顶天”体现在学校发展方面以学科建设为龙头，以专业建设为基础，强特色、上水平；内部管理方面推进治理能力和治理体系现代化，以高水平治理带动办学水平快速提升。

（2）特色发展战略。

面向物流和流通行业需求，打造特色鲜明的学科专业体系，形成独具特色的高素质应用型人才培养体系，形成一批标志性特色研究成果，打造一支高水平专业师资队伍。

（3）协同发展战略。

建立和完善国内外高校协同发展机制，加强与北京交通大学、首都经济贸易大学、对外经济贸易大学、中央财经大学、中国科学院大学等高校合作共建，强化与国外知名大学合作，构筑国际合作平台，提升学科和专业建设水平，提高教师教学科研能力，提升学校国际化办学水平；建立和完善政产学研用协同发展机制，围绕特色领域，强化与政府和业界合作，特别是与京津冀地区相关政府部门和业界的合作，构建互惠共赢长效机制，提高学校服务经济社会发展能力；建立和完善校内协同发展机制，加强学科专业协同、教学科研协同、管理服务与人才培养协同，提升办学治校能力。

3. 建设“六大工程”

（1）人才培养水平提升工程。

以立德树人为根本，凸显具有国际视野的高素质创新型、复合型、应用型人才培养特色。以专业建设为着力点，完善产教融合、协同育人的人才培养模式。强化实践教学，促进学生创新实践能力提升。研究生培养规模适度扩大，学术型研究生科研能力显著提升，专业型研究生教育特色鲜明、优势突出。

（2）学科建设水平提升工程。

以博士学位授予单位立项建设为契机，以高精尖学科优势学科建设为基础，不断凝练学科发展方向，突出学科建设重点，以创新为基础，巩固拓展传统优势学科，发展提升特色支撑学科，注重加强人文社会学科建设，培育新兴交叉学科，构筑特色学科高峰。

（3）科研与社会服务能力提升工程。

以应用型研究为导向，改革完善科研管理体制机制。依托优势领域，以行业、首都经济社会发展需求为导向，积极推进政产学研用合作，有效发挥学校智库功能。围绕国家、行业重大发展战略需求，有针对性地开展科研攻关，取得一批标志性科研成果，高级别科研获奖成果数量大幅提升，社会服务形成品牌。

（4）师资队伍水平提升工程。

围绕高水平应用型大学发展需求，调整优化师资队伍结构，着力推进“双师”型教师队伍建设。依托教师发展促进中心，推进教师职业生涯规划专项工作，强化培训，推进挂职，不断提升教师队伍实践应用能力。聚焦学校重点特色领域，围绕国家重大战略需求，加大高层次领军人才引进力度。全面深化人事制度改革，强化考核激励，激发教师工作活力。

（5）国际化水平提升工程。

扩大对外合作与交流，全面推进教师国际化、人才培养国际化、科研国际化，留学生学历教育实现高层次、规模化、常态化。聚焦物流与流通领域，构筑国际业界交流与合作平台，促进国家行业经济社会发展。

（6）治理能力提升工程。

推进依法治校，完善内部治理结构。坚持和完善党委领导下的校长负责制，完善领导班子议事决策机制。建立健全学术委员会对学校学术事务进行决策、审议、评定和咨询的学术管理机制。落实二级学院办学主体地位，激发二级学院办学活力。以人事管理体制改革为突破口，全面深化管理体制改革，推进学校管理规范化、科学化、精细化，实现学校治理体系治理能力现代化。

五、改革任务

（一）落实立德树人根本任务

（责任人：李石柱书记、王文举校长；完成时限：2025 年 9 月）

1. 强化和改进思想政治工作

（责任人：沈小静副书记、刘永胜副校长、何明珂副校长；责任单位：学生处、教务处、研究生院；完成时限：2020 年 9 月）

（1）开展课程思政，将思想政治工作贯穿教育教学全过程，引导全体教师自觉主动将思想政治教育融入专业教育、课程建设和课堂教学中。

（2）深化开展专业使命教育，巩固专业使命教育成果，调动和发挥教师教书育人主体作用和第一课堂主渠道作用，强化对教师育人职责发挥的评价与考核。

（3）开展实践育人，搭建校企、校地和校际合作大数据平台与实践育人基地基本架构，完善大学生职业生涯规划体系和就业创业指导平台。

2. 强化教育教学工作

（责任人：刘永胜副校长；责任单位：教务处；完成时限：2020 年 9 月）

（1）建立保障教学经费优先投入长效机制和使用创新机制。

校内预算优先安排教学部门的各项经费投入，以基本经费、校内专项、财政专项等资金下拨方式保障各项教学工作的实施。确保教学日常运行经费占经常性预算内教育事业收入的比例持续增长。允许教学项目经费用于人员绩效支出，教学项目经费一定比例用于人员绩效、师资培养和国际交流。

（2）完善教学奖励办法。

进一步修订和完善《北京物资学院本科教学奖励办法》，立足提升教学水平和人才培养质量，形成教学奖励项目与科研奖励项目、教学人才项目与科研人才项目、教育教学成果与科学研究成果同等重要的理念。教学奖励结果可用于职务聘任、考核等方面，以此激发教师投入教学工作的积极性、主动性和创造性。

（3）制定课堂教学整顿及淘汰机制。

完善《北京物资学院本科主要教学环节质量标准》，根据教学质量标准要求，对于连续两次达不到教学质量要求的教师，暂时停课整顿；经过整顿达不到要求的，退出教师队伍。

（4）强化科研为人才培养服务功能。

扩大科研平台面向本科生开放范围，鼓励本科生依托科研平台参与教师科研项目，开展大学生科学研究与创业行动计划。

3. 加强教学名师激励

（责任人：刘永胜副校长；责任单位：教务处；完成时限：2020 年 9 月）

（1）完善教学名师评选机制。

2020 年完成制定并出台《北京物资学院青年优秀主讲教师和教学名师评选和奖励办法》，形成青年优秀主讲教师、校级名师、市级名师和国家级名师等提升教学质量的评选制度，并形成系列名师晋级机制。

（2）建立教学名师激励制度和奖励标准。

对获评青年优秀主讲教师，校级、市级和国家级的各级各类教学名师以及精品课程主讲教师，除了分类分级给予教学奖励外，制定不同的课酬标准。

（3）鼓励教学名师示范作用。

鼓励长期从事本科基础课教学、师德高尚、教学效果好、有较强专业领域影响力的教学名师发挥骨干和示范作用，将教学名师开设公开课、指导青年教师等工作纳入教学工作量范畴并给予奖励。

4. 加大教育教学人才引进力度

（责任人：刘永胜副校长；责任单位：人事处；完成时限：2025 年 9 月）

（1）建立人才引进与专业建设联动工作机制。

按照“教学优先发展，专业需求导向，合理配置资源”的原则，结合专业建设发展现状和专业动态调整情况，评估专业师资缺口和短板，明确专业引才优先次序、引才目标和重点，注重师资专业间布局结构比例调整与专业内梯队建设。

（2）实施专业带头人特设教授岗位制度。

加强高端人才对专业建设的引领，优先保证满足一流专业和特色专业建设对高层次人才的需求，加大以高层次人才为重点的教学团队建设力度。

（3）提升教育教学人才引才标准。

强化对教育教学人才师德修养、综合素质尤其是教学能力培养潜力的全面考察和科学评估，严把思想政治素质关，确保引才工作对人才培养质量提升的支撑与促进作用。

（二）改革人事制度

1. 改革人才引进模式

（责任人：刘永胜副校长；责任单位：人事处；完成时限：2022 年 12 月）

（1）建立高层次人才库，拓展引进渠道。

围绕教育教学主业和人才培养中心工作需要，确定引进高层次人才的具体岗位，按学科和专业建立高层次人才库，坚持长期跟踪、专人联络、实时更新；推进重要岗位海内外公开招聘，利用高水平学术会议等平台鉴识人才，适度引进系统外高水平专家、高技能人才在学校开展中长期教学，多环节、多渠道地扩大选才视野。采用全职引进与兼职聘任相结合的方式，发挥特聘、客座、讲座教授等知名专家的凝聚作用，通过长聘与短聘相结合、全职与兼职相结合，探索实施项目制、年薪制等方式，健全高层次人才遴选、聘用、考核与淘汰机制。

（2）适度引进较高水平人才，培育成为高层次人才。

根据人才成长规律和学科发展需要，构建高层次人才、较高层次人才（教授和副教授）和青年人才分层引进模式，充分论证岗位需求，明确各层次人才引进条件和待遇，合理利用政策支持，在全国范围内发掘、引进真正具有发展潜力的较高水平人才，通过学校的培养，使其成长为高层次人才。

2. 创新教师聘任机制

（责任人：刘永胜副校长；责任单位：人事处；完成时限：2022 年 12 月）

（1）分类设置岗位，发挥教师特长。

坚持“按需设岗、择优聘任”原则，按照学科和专业建设发展需要设置岗位类型、数量和等级，尝试“按学科晋升、按专业聘任”模式，建立教师岗位管理与学科专业建设动态调整相结合的机制，使教师岗位设置与聘任工作真正为学校学科和专业发展服务。同时，打通教学、科研和社会服务工作绩效考核评价体系，在强化教育教学主业基础上，使教学能力突出、科研能力突出、社会服务能力突出的教师均能发挥特长，进一步释放教师队伍的活力与创造力，推动教师队伍结构逐步走向多元化，形成“人尽其才，才尽其用”的良好局面。

（2）探索实施预聘与长聘相结合，“非升即走”与“非行即转”相结合的聘任模式。

完善聘用合同管理，探索实施“劳动合同制”“劳务协议制”“人事代理”等多种聘用形式，突破编制瓶颈。对于学科、专业紧缺人才首聘期签订非事业编制预聘合同，按合同约定的任务考核，首聘期考核合格或更佳可转入事业编制并续聘；首聘期考核不合格则降级聘任，连续两个聘期考核不合格则解聘。青年教师首聘期签订非事业编制预聘合同并约定“非升即走”，首聘期考核合格或更佳且教学、科研水平达到晋升副教授条件可转入事业编制并续聘，否则解聘。新进辅导员、管理人员和其他专业技术人才（不包括军转干部）首聘期也签订非事业编制预聘合同，首聘期考核合格后可续聘，连续两个聘期考核合格或更佳且至少一个聘期考核为优秀可申请转入事业编制。

（3）建立教师岗位退出机制。

完善绩效目标管理，强化教师契约精神，严格执行考核制度，建立教师岗位退出机制，试行“非行即转”机制，连续两个聘期考核不合格的教师，不得再聘任教师岗位。加强制度改革宣传力度，促使业绩平庸的教师自觉、主动另谋出路，增强教师之间良性竞争态势，确保教师资源的优化配置。

3. 完善教师考核评价机制

（责任人：刘永胜副校长；责任单位：人事处；完成时限：2022 年 12 月）

（1）完善教师职务评聘制度。

以师德为先、教学为要、科研为基、发展为本为基本要求，坚持全面考核与突出重点相结合，分类指导与分层次考核相结合，发展性评价与奖惩性评价相结合的原则，完善教师晋升职务基本任职条件和要求，修订教师岗位聘期考核指标体系，克服唯学历、唯论文倾向，加大教学业绩、创新成果、效益评估、专利发明等的权重，注重凭能力、实绩和贡献评价教师，突出师德表现和教学业绩，坚持实施“师德一票否决制”和“教学质量一票否决制”，探索以代表性成果和实际贡献为主要内容的评价方式，实施“教授直通车”办法，激励青年教师破格晋升，鼓励青年人才多出、快出成果，助力学校教学、科研上水平。

（2）建立海外引进人才教师职务评审绿色通道。

对于海外高层次人才，其海外工作经历、学术和专业技术贡献，可作为直接参评高级教师职务的依据。畅通博士后研究人员职务评审，在站或出站后可直接参评高级教师职务，在站期间科研成果和业绩也可作为评审依据。

（3）加大力度支持教师团队建设。

完善教师团队考核办法，形成以“高层次人才”“创新人才”等高水平人才为标志的人才高峰，打造一批学术思想活跃、富有创新精神、具有发展潜力的中坚骨干力量，形成多支高水平创新团队，引领和带动相关学科师资队伍建设。

4. 加大教师培养力度，助推教师专业发展

（责任人：刘永胜副校长；责任单位：人事处；完成时限：2025 年 12 月）

（1）建立青年教师导师制。

各学院和相关职能部门协同助推青年教师成长，重点帮助新教师过好教学关，同时引导青年教师尽快融入教学和科研团队，探索构建青年教师职业发展与学科专业、科研方向、教育教学相互匹配、相互促进的良性互动机制，帮助青年教师做好职业生涯规划。

（2）拓展中青年骨干教师国际视野。

鼓励中青年骨干教师追踪学术前

沿，拓展国际视野，提高专业水平。明确支持中青年骨干教师境外访学的政策和工作规范，加快教师队伍建设的国际化步伐。鼓励访学回岗教师双语教学或全英文授课，提高学校人才培养的国际化水平。

（3）提高教师实践能力。

坚持强化提高教师的市场实战经验和实践教学能力。围绕学校办学定位和人才培养目标，充分利用校内外资源，鼓励和吸引更多教师投入社会服务中去，提高学校人才培养的社会适应能力。

（4）加强教师发展中心建设。

以“服务教学工作、促进教师发展”为主要任务，面向全校教师提供“教师发展研究”“教师专业培训”“教师教学咨询”为基础的教学支持与服务，促进教师教学能力发展培训与服务常态化、系统化和特色化。建立教师培训积分制度，促使教师终身学习。

5. 强化保障力度，健全制度体系，完善激励机制

（1）构建良好的教师队伍发展生态，引导教师潜心教书育人。在厘清学科、专业布局基础上明确学科负责人、专业负责人、教研室主任职责和任务，围绕教育教学主业和人才培养中心工作科学设置各类岗位，修订各类岗位聘任与考核办法，探索实施管理岗位职员制，建立管理岗位定期轮换制度，构建专业教师队伍、实验教师队伍、管理队伍、辅导员队伍、专业技术人员队伍和工勤技能人员队伍协调发展，编内编外人员统筹管理的人才队伍结构体系，有力保障教学中心工作。

（2）修订完善人才人事规章制度，构建教师队伍现代化治理体系。修订、补充和完善人事管理相关规章制度，加强政策宣传，提高服务水平。重点推进人事数据的信息化管理，力推人力资源管理信息系统上线运行，构建人事管理工作线上工作流，以信息化推进教师管理现代化。

（3）优化薪酬结构，深化收入分配制度改革。坚持“以岗定薪、按劳取酬、优劳优酬”原则，优化基础性绩效工资与奖励性绩效工资的比例，基础性绩效按月发放额不高于70%，规范人员经费项目和工资发放程序，理顺内部收入分配关系。保持各类人员收入分配合理比例，绩效工资分配体现向教育教学岗位、高层次人才、关键岗位、业务骨干和做出突出成绩的工作人员倾斜。修订《绩效工资分配办法》，以岗位绩效工资为主体，高层次人才和有突出贡献的人才实施年薪制、协议工资、项目工资等多种模式。完善表彰和奖励制度，充分体现奖勤罚懒，建立奖励与工作业绩挂钩的分配机制，重奖教书育人楷模，体现教育教学工作价值，引导教师潜心教书育人。实施校院两级核拨和发放模式，按照编制和岗位设置实施绩效工资总额管理，鼓励二级单位在教师选聘、考核、绩效工资分配等方面用好自主权。

（4）出台《教师学术休假实施办法》，落实教师学术休假和教师休养制度。关注教职工特殊需求，帮助教师调整工作和生活节奏，缓解和平衡心理压力，提高教师的获得感、生活满足感和职业幸福感。

（三）创新育人机制

1. 创新人才培养模式

（1）创新硕士研究生人才培养模式。（责任人：何明珂副校长；责任单位：研究生院；完成时限：2025年9月）

①突出学科特色优势，以联合博士培养带动研究生学术研究能力提升。

与北京交通大学开展全方位合作。依据"目标导向、优势互补、资源共享"的原则，采用以北京物资学院自我建设为主、北京交通大学协助支持为辅，强优势、补短板，共同发展的合作模式，全面开展学科方向凝练与引领、专业建设体系完善、科研项目合作、高精尖人才培养项目等。

与首都经济贸易大学联合培养博士研究生。按照首都经济贸易大学博士生培养标准和要求，两校组成博士生培养导师组，共同招生、共同制定博士培养方案、共同授课、共同指导博士生学位论文、共同负责博士生的在校管理与就业工作。

与中国科学院大学联合完善研究生模块化课程体系。根据学科内涵，共建研究生课程体系，在学科基础类课程、方法论课程、学科前沿类课程中率先试点，共同制定课程大纲，达到课程内容前沿化、课程组织模块化、教师授课优势化的效果，追踪学科/专业内涵与前沿，最终推广至研究生所有课程中。

与对外经济贸易大学全面开展合作。在与上述高校合作的基础上，积极开拓与对外经济贸易大学在学科建设、科学研究、人才培养等方面的联合共建，尤其体现在研究生科研奖励、研究生奖学金评定、研究生学术创新项目资助等政策上创新，探索本科生、硕士生、博士生贯通培养学术型人才模式，并尝试博士生培养与高校/研究院所就业中的联合培养－人才招聘模式创新。

②推进产学研用合作，提升实践能力。

以京津冀地区中央政府机构、知名跨国企业或新兴企业、全国性科研院所及全国性行业协会、中关村科技园区及学校丰富的产学研联合人才培养实践基地和校友资源为依托，在校内外导师的指导下组成实践科研团队，围绕专业热点问题开展专业实践活动。主要措施有：顶层设计，目标明确，引领应用型人才培养；走出校门，问计于企业，建立校企深度融合的人才培养模式与机制；以行业需求为导向，校企共同制定人才培养方案；创新教学方法，实现校企协同育人。

③以"一带一路"倡议为引领、探索复合型国际化高层次人才培养模式。

扩大学校对外开放的广度与深度，推进高水平实质性国际合作交流，积极开拓境外研究生的博士/硕士联合培养项目，推动中外优质教育模式互学互鉴，根据学校办学特色主导创新联合办学体制机制。加大复合型国际化专业人才培养力度，扩大校际访问学者和研究生交流互换力度，积极推动优秀研究生公派留学；加大高校优秀毕业生到国际组织实习任职的支持力度，不断探索具有国际视野的高水平人才联合培养模式，全方位推动学校的教、学、研的国际化建设，为京津冀地区培养高层次的国际化人才提供支撑和保障。

（2）创新本科生人才培养模式。

（责任人：刘永胜副校长；责任单位：教务处；完成时限：2025 年 9 月）

建立分类并举的多元化人才培养体系。以培养高素质创新型、复合型、应用型人才为核心任务，从 2020 年开始逐步推进实验班、国际班、卓越班建设。以继续深造为目的，以学校申报博士点的一级学科为基础，构建实验班，实施拔尖人才培养计划；以双创教育为主题，把握新工科建设和双培专业建设等契机，实施卓越人才培养计划；以高质量就业为导向，开展校企合作订单式培养，实施应用人才培养计划；以开设国际班和扩大暑期国际学校受益面为主要途径，实现培养能够参与国际事务和国际竞争的国际化人才。计划到 2025 年实验班、国际班、卓越班的专业覆盖率达到 50%，同时探索在部分专业开展基础教育与高等教育贯通培养。

2. 创新教学管理制度。

（1）创新硕士研究生教学管理制度。

（责任人：何明珂副校长；责任单位：研究生院；完成时限：2020 年 9 月）

①设置学科建设/研究生教育专家委员会、促进专业设置合理化。

建立、优化由“双一流”共建高校专家、政府及行业相关人员构成的学科建设专家指导委员会、研究生教育教学指导委员会，使其在学校学科建设、研究生教育教学中充分发挥作用，具体体现为对学科建设、研究生培养过程开展研究、咨询、监督、指导和评议，强化政府及行业在市属高校学科/专业设置中的作用。每年开展年度学科水平评估、学位点自我评估，对我校学科水平、学位点人才培养质量予以研判，以便及时采取有效措施，强优势、补短板，在充分尊重高等教育规律的前提下促进我校学科建设持续不断地快速发展，人才培养质量不断提升。

②以“研究生教育教学改革项目”为抓手，推动人才培养模式创新。

推动研究生教育教学管理制度创新，以“研究生教育教学改革项目”为抓手，不断开展研究生教育教学热点问题研究，以政策措施激励、促进研究生教学、研究生学科竞赛等活动，突出教学工作、学科竞赛指导工作所占比例，资源配置优先保证研究生教学与专业实践活动。开展“培养规格分类 + 专业方向分类 + 专业实践”的多样化人才培养模式创新，不断优化应用型人才的专业实践环节体系，将应用型人才培养模式创新落到实处。

（2）创新本科生教学管理制度。

（责任人：刘永胜副校长；责任单位：教务处；完成时限：2020 年 9 月）

①设置校院两级本科专业建设专家委员会。

成立校院两级由国内外政府和相关行业人员构成的专业建设专家委员会，为新专业设置、专业发展规划、专业建设提供咨询指导。

②建立健全各项教学管理制度。

主要是完善学院教学绩效考核办

法，预计到2020年实现学院教学绩效考核结果与学院评优、教学经费预算与划拨全面挂钩；制定专业教学绩效考核办法。到2022年实现绩效考核结果与专业招生挂钩；完善教师教学绩效考核办法，考核结果与年度考核、聘期考核、教师晋升、教学课酬等挂钩，充分调动教师的主体意识和投入教学工作的积极性。

③坚持“以学生为中心”的教育教学理念，推进学业制度改革。

合理压缩学分，2019年将启动新一轮人才培养方案修订工作，合理压缩学分和提高课程难度，淘汰“水课”，提升教育质量；探索实施学分制、弹性学制，实现更为灵活和科学的校内转专业、主修辅修学分打通以及高校之间学分认定和转换；探索实施教师挂牌授课制，2020年完成基础课挂牌授课制，2022年将全面实施专业课挂牌授课制；加强对学生的课业辅导，建立完善的本科生导师制和课程答疑制度，将学业辅导、课后答疑、竞赛指导等非课堂教学工作统筹纳入教师工作量考核体系。

④提高应用型人才培养质量。

优化校外实践育人资源和管理制度，优化与行业企业合作的实践教学平台建设，充分利用校外实习基地资源和校外企业家资源。通过建设和完善学生实习实践管理制度，建设实习实践教学标准，全面提升学生实习实践教学管理水平；优化实践教学体系，提升实践教学学分比例，到2020年9月将完成实践学分、创新创业学分的优化调整，逐步提高专业实践学分和创新创业学分的比例达到30%以上。

（四）完善科研政策

1. 加强学校创新平台建设

（责任人：何明珂副校长；责任单位：科研处、各平台归属学院、财务处、人事处等；完成时限：2020年12月）

（1）创新省部级科研平台运行机制。

明确研究机构的设置应坚持“四个有利于”，即有利于科研工作发展与重点学科建设，有利于整合学术资源和凝练学术方向，有利于汇聚学术人才和推动学术交流，有利于开展社会协作和提供社会服务。坚持分类分级原则，统筹规划现有的校内创新平台，对已有研究所（室）、中心等进行评估，没有存在价值的直接撤销；对在科技创新和人才培养中还继续发挥作用的，根据平台建设规划进行适当合并和重组。完善竞争机制，优胜劣汰，充分发挥平台优势，吸引培养更多人才，获得更多研究成果。

（2）创新组织管理模式。

既鼓励自由探索，又围绕优势领域和学科有组织地进行科研。鼓励设置开放课题，创新开放合作模式。2019年将制定《北京物资学院创新平台开放课题管理办法》，采取“开放、流动、联合、竞争”的方针设置开放课题，开放课题作为创新平台对外开放和合作交流的重要手段，吸引优秀科研人员、联合外部丰富资源、加强课题研究、促进高技术探索。通过互益共赢，促进科研平台的科学研究和相关领域的学科建设与发展。积极参与高精尖创新中心建设，整合优势、完善布局、扩大开放，不断提升科研平台的核心竞争力和影响力，尽早加入北京实验室体系建设。

（3）以平台为抓手，创新人员配备模式。

采取项目导向、任务聚散的校内外团队组合模式，实行专兼职结合、境内外结合、团队个人结合的方式，形成跨学科、跨领域和国际化的学术团队。计划到2035年，各省部级科研平台根据平台特点，建立1～2支跨学科、跨领域和国际化的学术团队，形成项目导向的校内研究组织模式、多方投入的社会化运行模式以及任务聚散的校外专家咨询模式。依托平台，加大对优秀青年人才的培育力度，重点支持45岁以下优秀创新人才参与平台管理与重大攻关、35岁以下优秀创新人才参与重点任务与技术创新，造就一批具有国际视野、国际水平的卓越青年科学家。

（4）围绕产业应用，创新产学研协作模式。

采用市场化、协同化、国际化的运行机制，实施合作运行、团队建设、项目执行等模式创新。到2020年将创新资源配置模式，突破跨领域协同瓶颈：采取多方参与、多元投入的政校企合作运行模式，协同单位以签订协议的方式，约定统筹运行、资源共享、人员交流、人才培养、协同攻关、知识产权和利益共享等事宜。探索与国内著名物流或电商企业共建研究院、实验室，建立产学研结合的科技创新资源共享平台。到2035年，形成1～2个物流与流通领域具有一定影响力和科技辐射力的产学研科技创新平台，成为我国物流与流通领域的重要研究基地。

（5）加强内部技术转移机构建设。

统筹北京物资学院大学科技园、中关村智慧物流产业技术研究院、中关村科技型企业创业孵化集聚区、中关村开放实验室等优质资源，做强校内技术转移机构，打通有价值的科研成果与市场接轨的渠道。开展与社会化专业服务机构合作，对已取得知识产权的科技成果共同开展成果梳理、评估、筛选等，积极开展专利布局工作。到2035年，将北京物资学院大学科技园建设成为北京城市副中心科技成果中心孵化基地，为北京城市副中心科技成果落地做好承接服务。

2. 加强科学道德建设

（责任人：何明珂副校长；责任单位：科研处、宣传部、纪检监察室、研究生院、人事处等；完成时限：2020年12月）

（1）创新学术诚信体系建设。

不断完善教育、预防、监督、惩治于一体的学术诚信体系，建立科学公正的学术评价和学术发展制度，营造鼓励创新、宽容失败、不骄不躁、风清气正的学术环境。把严肃查处科研不端行为作为加强科研诚信建设的重要手段之一，对不端行为实行“零容忍”，实行科研诚信问题“一票否决”；强化院部在成果管理中的监督责任，共同推进诚信教育，防范不端行为。

（2）优化科学道德建设工作制度体系。

面对当前科研不端行为的新形式和新挑战，加强对科研不端行为类型、成因及措施等方面的研究，在2020年前修订《北京物资学院学术规范管理条例》，并协同相关部门制定《北京物资学院研究人员科学道德行为准则》。通过完善监督规章体系，强化制度的刚性约束，注重从被动接受投诉举报转向主动设计体系并实践。

（3）着力推进学术道德监督工作的信息化。

充分利用信息技术等手段，协同相关部门，2020年将初步建立对学术成果、学位论文所涉及内容的知识产权查询制度，完善科研成果监督管理信息化，保证科研成果录入的真实性和准确性。

（4）加强教育引导，完善评价考核，促进学术自律。

联合校内相关部门，将学术规范和学术诚信教育作为教师培训和学生教育的必要内容，开设研究生学术道德与学术规范课程并作为研究生必修课。计划将每年10月作为科学道德与学术诚信教育宣传月，以多种形式开展教育、培训。建立教学科研人员学术诚信记录，在年度考核、职称评定、岗位聘用、课题立项、人才计划、评优奖励中强化学术诚信考核。

3. 建立科研分类评价标准和评价方法

（责任人：何明珂副校长、刘永胜副校长；责任单位：科研处、人事处等；完成时限：2020年12月）

积极贯彻落实国家及北京市科研管理有关政策要求，不断优化完善科研项目与成果分类评价制度，到2020年将根据不同分类建立科研分类评价体系，尽量避免评价指标单一化、评价标准定量化、评价方法简单化、评价结果功利化等倾向。跟踪国内外科研分类标准和评价方法，计划五年一次动态调整学校科研分类标准和奖励办法。

（1）弱化量化功能，强化质量和创新导向。

针对学科建设特点，对学术期刊进行分级分类，明确科研项目绩效分类评价标准，突出项目质量和科技贡献导向。根据2017年校内出台的《北京物资学院学术期刊分级管理办法（试行）》试行两至三年的效果，计划2020年进一步修订完善成果分级分类标准，并围绕后续的五年规划进行五年一次的动态修订，通过适度弱化“科研评价指挥棒”赋予教师们更宽松自由的治学空间，培养更自主、更强烈的学术志向和学术兴趣。

（2）推行代表作评价，鼓励教师潜心治学。

弱化数量评价，强化质量评价。在职称晋升和聘期考核中协同相关部门，由同行专家对被评审人代表作进行评价，不断探索多元评价体系，量化评价同时适度结合定性评价，不追求数据虚高、空洞成果，抑制功利性、短视性科研行为。

（3）优化科研激励绩效机制。

协同有关部门，利用科研管理信息系统和人事系统，对学校获得的科研项目及成果，从学科、数量、质量等方面进行历史性数据分析，以此为依据并结合学校发展目标优化完善科研激励绩效机制，动态调整《北京物资学院科研奖励管理办法》，提高科研人员科研积极性和创造性的同时，引导科研人员向高水平科研课题攻坚克难。

（4）建立科研人员社会兼职激励机制。

允许校内科研人员在履行好岗位职责、完成本职工作的前提下，到企业和其他科研机构、高校、社会组织等地兼职并取得合法报酬。鼓励科研人员公益性兼职，积极参与决策咨询、扶贫济困、科学普及、法律援助和学术组织等活动。对于开展公益性兼职并取得较大社会影响的科研人员，在职称晋升、评优评奖等方面给予支持。

（五）健全管理体制

1. 完善现代大学制度，推进学校治理体系及治理能力现代化

（责任人：李石柱书记、王文举校长；责任单位：学校办公室；完成时限：2020 年 12 月）

实行学校综合改革，推进学校党政职能部门管理机制的转变，完善职能部门工作机制，明确职责权限，强化服务职能，简化管理流程，提升业务能力和执行力。完善校、院两级管理机制，推进院部管理权力下放，加强学科、院部、机关的协调和互动，落实二级学院办学主体地位，规范二级学院办学自主权。坚持二级学院党政联席会议制度和“三重一大”集体决策制度，建立二级学院发展评估制度，激发二级学院办学活力。

2. 提高资金使用效益

（责任人：何明珂副校长；责任单位：财务处；完成时限：2020 年 9 月）

（1）切实推进预算绩效管理。

围绕“保基本，提绩效，助发展”的工作导向，探索分类拨款、学科专业拨款、绩效拨款等有机结合的差异化拨款方式，激发校内各部门办学活力；加强各部门预算编制绩效管理，在编制预算、提出支出要求时，制定能反映部门年度目标业绩的绩效指标，并定期提供年度绩效规划以及年度绩效成果报告等。

（2）着力实施资金动态管理。

依托财务管理平台和国库集中支付监控系统，以内控管理和外部监督为基础，通过对资金支付的适时监控和及时核查，建立并完善资金动态监控机制，切实加强各单位资金监管，促进资金安全、规范和有效支付使用。根据各单位和项目经费执行情况，开展经费执行过程的动态调整。

（3）深化提升专项管理力度。

加强专项归口管理部门履职的责任和意识，深化专项归口管理责任的落实和监督。在学校各类项目管理办法基础上，提升项目管理各环节执行力度，改善项目申报、项目论证、项目审批和项目库建设的质量；加强专项绩效考核力度，保障项目管理水平和实施质量，提升资金实用效益。

3. 提高资产管理水平

（责任人：何明珂副校长；责任单位：资产管理处；完成时限：2020 年 12 月）

（1）以科学配置、提高效益、确保安全为目标。

盘活存量资产，改进资源保障能力

和水平。修订和完善校内资产管理相关制度，健全资产购置、使用、管理、处置全过程管理机制，确保国有资产安全。在此前提下，统筹现有资源，盘活存量资产，对新增资产进行科学论证，实现资源的合理配置，提高资产的使用效率及效益。

（2）加强资产管理的信息化建设，提高资产管理水平。

稳步推进资产管理系统的升级改造，对原资产管理信息系统数据进行清洗，提升资产信息准确性，完成资产管理系统与学校信息管理系统的对接工作。通过提升信息化水平，提高资产管理水平。

4. 创新后勤保障管理运行体制

（责任人：翁心刚副校长；责任单位：后勤管理处；完成时限：2020 年 12 月）

以整合资源促进机构优化，以经费总承包为牵引调整后勤运行机制，以规范服务标准和业务流程促进后勤精细化管理，以后勤标准化建设为抓手不断提高后勤管理水平和服务质量。力求做到机构设置合理有序，人员安排精干实用，服务项目覆盖到位，积极探索出一条规范化、标准化、精细化的以增强内驱力为主要途径的高校后勤保障管理运行体制。

（六）扎实推进与部属院校合作，快速推进学校办学实力

（责任人：李石柱书记、王文举校长；责任单位：学校办公室；完成时限：2020 年 9 月）

认真落实《关于统筹推进北京高等教育改革发展的若干意见》，扎实推进与北京交通大学合作。

通过明晰重点合作内容及目标，明确与北京交通大学重点合作对接单位制定结对共建高精尖学科方案，构建校内促进合作体制机制，推进专业共建，优化调整校内已有资源，面向北京交通大学合作设立开放课题等途径与手段，借助部署院校优势，快速提升学校办学实力。

在北京交通大学的帮助下，加快提升北京物资学院学科和专业建设水平；提升北京物资学院研究生培养能力和教师科研水平，协助北京物资学院培养出一批博士生导师。

通过 5 年合作，在北京交通大学的帮助下，为北京物资学院培养一批高水平的学科、学术、专业带头人，聚焦物流领域，加快提升学科、学术和专业建设水平以及研究生培养能力。力争 5 年完成：把管理科学与工程学科由 C + 提升到 B 级；把物流管理与工程类相关专业建设成一流专业群（物流管理、采购管理保持 5 星并继续提升实力，物流工程由 3 星提升到 5 星，物联网工程由 2 星提升到 5 星）；形成 4 个研究方向，即物流与供应链理论、智慧物流、物流规划与设计、采购理论与方法，进一步增强实力保持国内领先地位。

在与北京交通大学合作并初显成效的基础上，逐步扩展与对外经济贸易大学、中央财经大学等部属院校的合作，快速提升学校办学实力。

六、基础工作

（一）师资队伍

1. 加强师德师风建设

（责任人：李石柱书记、王文举校长、沈小静副书记、宋晓欣副书记、何明珂副校长、刘永胜副校长；责任单位：教师工作部、人事处、工会；完成时限：2020年12月）

（1）健全领导体制和工作机制。

建立领导分工明确、部门责任明晰、任务层层落实的责任体系；健全党委教师工作部牵头，人事处、教务处、工会等部门协同的师德建设工作联席会议制度。

（2）完善师德建设教育机制。

将意识形态、师德师风教育纳入中心组专题学习范畴，将出勤和学习情况纳入本单位和个人年度考核；以“专业使命教育”“课程思政”为抓手，帮助教师提高政治素养，恪守职业道德；开展师德专题教育活动，强化教师职业道德认知；开展党风廉政教育宣传，提升教师敬畏制度的自觉性；举办分级分类培训，提升教师综合素质。每年对新入职教师进行岗位和师德培训，组织教师积极参与调查研究、挂职锻炼、志愿服务等社会实践活动。定期在青年教师中开展师德宣讲、教学基本功比赛、教学科研成果展览、青年教师学术交流等活动。

（3）建立师德典型宣传机制。

大力宣传优秀教师先进事迹，努力营造尊师重教的浓厚氛围。坚持“让学生寻找身边榜样”，增强宣传教育效果。做好重要节点时段宣传，让优良师风成为校园文化的重要组成部分。大力开展“塑师德、铸师魂”活动，开展“感动物院”人物、“身边榜样”评选。每年开展优秀教育工作者、优秀辅导员、优秀班主任、教学先进个人、科研先进个人评选活动。

（4）完善师德建设服务保障机制。

完善教师准入制度，严把教师师德关。扎实推进“幸福工程”，把对教师的师德要求与关心教师的生活、工作、成长、发展相结合；以工会教代会为载体，充分发挥教职工在学校建设中的主体作用；为师德建设投入足够经费，每年在财务预算中建立人才项目经费、培训费、实践调研费、挂职锻炼经费、科研奖励经费、青年教师外出进修费等专项经费，鼓励教师通过培训学习、实践锻炼等提升自身综合素质。

（5）建立健全师德监督考核机制。

充分发挥学术委员会、教代会、工会、团学组织等机构在师德监督中的作用，通过校院（部）领导、专家、督导组听课、学生评议等，以及对科研项目的立项、结题等重要环节进行公示等途径，逐步形成由学校、学术委员会、各院（部）、各职能部门、学生等共同参与的师德建设监督网络。建立健全课堂教学管理办法和管理体系，划定课堂教学意识形态安全底线和红线。

（6）完善师德制度体系。

进一步完善《北京物资学院师德“一票否决制”实施细则（试行）》《北京物资学院关于进一步加强和改进师德建设工作的实施意见（试行）》《北京

物资学院教师职业道德规范》；制定《北京物资学院师德考核办法（试行）》《北京物资学院预防和处置校园性骚扰实施细则》等文件。

2. 加强人才队伍建设

（责任人：刘永胜副校长；责任单位：人事处；完成时限：2025 年 12 月）

（1）完善岗位设置，科学定编定岗定员。

核定编内编外各类人员编制，按需设置岗位，探索“人事代理”“劳务派遣”“服务外包”等多种用人方式。扩大专任教师队伍，加强实验教师队伍建设，按学科建设发展需求和专业学生人数核定专任教师岗位。精简行政管理和非教师专业技术人员事业编制，鼓励服务外包。

到 2025 年，学校教职工总数预计达到 915 人，其中，专任教师人数达到 640 人（占教职工总数的 70%），其他专业技术人员不超过 90 人（占教职工总数的 10%），行政管理人员不超过 165 人（占教职工总数的 18%），工勤人员不超过 20 人（占教职工总数的 2%）。

（2）聚焦优势学科和重点发展领域，实施“高层次人才引育计划”。

修订《高层次人才引进和管理办法》，明确各层次人才引进条件和待遇，采用全职引进与兼职聘任相结合的形式，面向全球扩大选才视野。在重大任务或重点领域设立“人才特区”，突破编制瓶颈，加大力度引进高层次人才，健全高层次人才遴选、聘任、考核机制。拟引进高层次人才按聘期签订聘用合同，一人一合同，聘期目标采用项目制，实施年薪制，首聘期考核不合格则取消高层次人才待遇，连续两个聘期考核不合格则解聘。依托“北京市属市管高等学校特聘教授和讲座教授计划”，积极推进校级特聘教授、客座教授、兼职教授、短期来校工作等多种柔性引进方式，引进有较高实力与声望、能代表学科发展一流水平、能为学科专业建设开创新局面的高层次领军人物，形成多支高水平创新团队，引领和带动相关学科专业师资队伍建设。

加强高水平团队建设和高层次后备人才培育工作。改进团队聘任和考核模式，依托重点学科、重点平台、重大项目，加大投入，在学校特色优势领域重点打造几支由学科或专业带头人引领的高水平团队，汇聚、带动一批中青年骨干从事教学和科学研究，形成以德才兼备、具有创新性思维的骨干人才为标志的人才阵地，提高师资队伍建设整体水平。积极推荐优秀教师或团队参评国家级、省部级人才项目，造就一批领军人才。

（3）推进教师双向流动，坚持实施“青年教师挂职锻炼项目”。

修订和完善《北京物资学院青年教师社会实践办法》和《北京物资学院青年教师挂职锻炼管理细则》，坚持实施“一来二去”产学研用相结合的青年人才培养模式，鼓励教师从事科技成果转化活动，探索制定教师双向兼职、在职创业、离岗创业的政策和实施办法。引进系统外及国外高水平专家、高技能人才在学校开展中长期教学，将最新科技成果、职业规范、实践经验引入课堂教学。实施“海外揽才计划”，加强“暑期国际学校”项目师资力量；充分利用校友资源，扩大“校友企业家课堂”的师资规模与水平。

3. 促进教师专业发展

（责任人：刘永胜副校长；责任单位：人事处；完成时限：2020 年 12 月）

（1）建立“教师培训积分制度”。

加强教师发展中心建设，重点针对教师教学过程中遇到的问题提供个性化咨询和建议服务。构建教师职后培训体系，制定《教职工培训管理办法》，落实教师每年不少于 72 学时培训制度。坚持开展青年教师教学基本功比赛，定期举办教学沙龙活动。

（2）实施“青年教师导师制”。

为新教师一对一配备有经验的优秀教师作为指导教师，建立传帮带机制。新教师第一年不排课，通过担任助教、参加集体备课、看课听课、微格教学训练等方式，尽快适应讲台，完成角色转变，提高教学能力。

（3）实施“青年教师海外研修计划”。

制定《教师出国（境）访学研修管理办法》，明确支持中青年骨干教师境外访学的政策和工作规范，每年选派 10 名左右教师到境外著名高校、研究机构和实验室访学、交流或开展合作研究。鼓励访学回岗教师双语教学或全英文授课。

4. 加强基础课教师队伍建设

（责任人：刘永胜副校长；责任单位：人事处；完成时限：2020 年 12 月）

（1）实施“基础课教师队伍建设提升计划”。

适量补充英语、语文、数学、思想政治理论、计算机基础课程教师，全面实现基础课小班授课制和基础课教师挂牌授课制。优化基础课教师学缘结构，从源头把握基础课教师队伍质量。

（2）实施“基础课名师培养工程”。

选拔培养优秀中青年骨干基础课教师，担任公共基础课程（群）负责人，加大力度支持建设精品基础课程（群）。鼓励、支持基础课教师参加各类学术讲座与教学技能培训，在教师职务晋升评聘、人才培养资助项目和培训访学研修选拔时为基础课教师单设指标做到适度倾斜，拓展基础课教师专业发展空间，引导基础课教师安心从教，潜心打造精品课程。

5. 强化保障力度，健全制度体系，完善激励机制

（责任人：刘永胜副校长；责任单位：人事处；完成时限：2022 年 12 月）

（1）构建良好的教师队伍发展生态，引导教师潜心教书育人。

在厘清学科、专业布局基础上明确学科负责人、专业负责人、教研室主任职责和任务，围绕教育教学主业和人才培养中心工作科学设置各类岗位，修订各类岗位聘任与考核办法，探索实施管理岗位职员制，建立管理岗位定期轮换制度，构建专业教师队伍、实验教师队伍、管理队伍、辅导员队伍、专业技术人员队伍和工勤技能人员队伍协调发展，编内编外人员统筹管理的人才队伍结构体系，有力保障教学中心工作。

（2）修订完善人才人事规章制度，

构建教师队伍现代化治理体系。

修订、补充和完善人事管理相关规章制度，加强政策宣传，提高服务水平。重点推进人事数据的信息化管理，力推人力资源管理信息系统上线运行，构建人事管理工作线上工作流，以信息化推进教师管理现代化。

（3）优化薪酬结构，深化收入分配制度改革。

坚持“以岗定薪、按劳取酬、优劳优酬”原则，优化基础性绩效工资与奖励性绩效工资的比例，基础性绩效按月发放额不高于70%，规范人员经费项目和工资发放程序，理顺内部收入分配关系。保持各类人员收入分配合理比例，绩效工资分配体现向教育教学岗位、高层次人才、关键岗位、业务骨干和做出突出成绩的工作人员倾斜。修订《北京物资学院奖励绩效工资分配办法》，以岗位绩效工资为主体，高层次人才和有突出贡献的人才实施年薪制、协议工资、项目工资等多种模式。完善表彰和奖励制度，充分体现奖勤罚懒，建立奖励与工作业绩挂钩的分配机制，重奖教书育人楷模，体现教育教学工作价值，引导教师潜心教书育人。实施校院两级核拨和发放模式，按照编制和岗位设置实施绩效工资总额管理，鼓励二级单位在教师选聘、考核、绩效工资分配等方面用好自主权。

（4）落实教师学术休假和教师休养制度。

出台《教师学术休假实施办法》，关注教职工特殊需求，帮助教师调整工作和生活节奏，缓解和平衡心理压力，提高教师的获得感、生活满足感和职业幸福感。

（二）学科专业

1. 加强高精尖学科建设

（责任人：何明珂副校长；责任单位：研究生院；完成时限：2023年9月）

（1）以高精尖学科建设引领和优化学科布局。

学校已确定管理科学与工程、工商管理、应用经济学为高精尖建设学科。完善以社会需求和学术贡献为导向的学科专业动态调整机制。分层次、有重点地优化学科布局，重点支持管理科学与工程高精尖学科建设，带动工商管理、应用经济学学科建设与发展，巩固提升统计学、马克思主义理论、法学等学位授权点建设工作。构建学科共建联盟，打造有影响力的学科群。

（2）探索学科建设绩效管理模式。

强化学科建设主体责任，实行目标管理。开展体制机制创新，更好地落实学科负责人制，探索学科建设绩效管理模式，在人才引进与培养、岗位设置与聘用、职务晋升、经费投入、学术奖惩、岗位津贴发放等方面，给予学科负责人充分授权，更好地激发高精尖/优势学科建设活力。加快培育国内领军人才和团队，实现重大突破，抢占未来制高点，率先冲击和引领国内一流学科水平。

（3）瞄准国家重大需求优化学科方向。

以高精尖学科带动优势/特色学科的发展，瞄准学科发展前沿和北京市实际、国家重大需求，加强学科交叉和融合，优化学科方向，强化特色，扩大优势，打造新的学科高峰，加快进入世界一流行列的进程，全面提升优势/特色学科的水平，带动学校整体发展，提升学校综合实力。

（4）依托共建学科提升学科建设水平。

加强与北京交通大学等多所高校共建工作，使其与我校在学科建设、教学、科研、服务社会等方面构建互惠共赢的长效机制，全面提升我校学科建设水平，在第五次学科评估中管理科学与工程学科的目标是从第四次学科评估的C+提升为B级。

2. 加强一流专业建设

（责任人：刘永胜副校长；责任单位：教务处；完成时限：2030年9月）

（1）全面落实物流管理专业建设方案。

重点支持北京市一流专业——物流管理专业建设，形成国内标杆式的物流教学模式和教学理念，提升北京物资学院的学科特色和优势。建成全国排名第一的强势专业，形成示范效应，引领全国物流教育，带动校内其他专业建设。

（2）按照国家一流专业标准培育特色专业。

借鉴物流管理的一流专业建设模式，从2018年开始开展校级一流专业遴选建设，到2020年重点建设面向物流与流通领域学校优势专业、特色专业5个，逐步培育1~2个申报专业达到北京市级一流专业标准。

（3）建设新型交叉复合专业。

结合人才需求特征，按照复合人才培养模式要求，鼓励学院共建专业，每年建设新型交叉复合专业1~2个。到2025年，力争有5~6个专业达到一流专业建设标准，进一步凸显学校优势特色，显著提高人才培养水平。

（4）借力央属高校发展一流专业。

以与央属高校专业共建为契机，结合北京市经济发展需求，到2030年逐步建设3~5个共建专业、达到一流专业建设水平，全面提升本科人才培养能力，促进全校本科教育整体发展。

（三）教育教学

1. 优化人才培养结构

（责任人：刘永胜副校长、何明珂副校长；责任单位：教务处、研究生院；完成时限：2020年9月）

（1）优化人才培养的规模层次及学科结构。

稳定本科生规模，扩大硕士研究生和留学生规模，拓展博士研究生规模。着力发展高精尖学科，积极推动理论经济学、计算机科学与技术学科建设。创造条件新增统计学、法学学科，在稳定发展MBA、MPACC、金融专硕基础上，继续申报新增其他专业硕士点。开展一级学科/专硕类别、二级学科/专硕领域的专业检测、评价、预警和调整。强化研究生毕业生质量追踪工作，对于某些就业率低、社会需求较少的学科专业进行调整或缩小招生规模，并以此作为一级学科动态调整、二级学科自主设置调整的依据。发展契合首都城市功能定位的学科/专业。

（2）优化人才培养的专业结构。

定期开展面向全部专业的校内专业评估，结合北京市专业评估等第三方专业评估工作，对无法适应社会需求、办学水平低的专业进行调整、撤销或缩小招生规模。培育具有学科交叉性和发展潜力的新专业。依托学科优势，创新培养模式，打造在国内外有影响力的优势特色专业，以北京市双培计划、专业群、一流专业等建设为契机，预计到 2025 年培育 5 ~6 个具有学科交叉性和发展潜力的新专业，形成布局合理、特色鲜明、适应经济社会发展需要的本科专业体系。

（3）积极推进本科专业的国内国际评估认证。

以采购管理专业为突破口，计划到 2022 年取得国际采购与供应链管理联盟专业认证，带动经管类专业广泛参与国内国际专业认证。鼓励计算机科学与技术、信息工程、物联网工程等工科专业参加工程专业认证并取得突破。

2. 加强教学条件建设

（责任人：刘永胜副校长；责任单位：教务处、信息中心、图书馆；完成时限：2020 年 9 月）

（1）实施智慧教室建设计划。

构建以学生为中心的教学条件和教学模式。通过教室革命带动教学模式改革和教学资源平台的应用。在 2020 年 9 月完成首批智慧教室的示范应用建设，2035 年 9 月形成以智慧教室 + 数字化学习的全面信息化教学模式。

（2）加大教学管理信息化投入。

持续优化教务系统建设，促进教学管理水平快速提高，全面改善教学运行环境，同时为师生提供优质教学智能服务，预计到 2020 年 9 月初步形成完善的教务教学管理系统。

（3）加强图书资源建设。

实施学校物流类、期货与证券专业图书馆建设计划，为相关专业师生提供优质共享的图书情报服务，特别是重点加大电子信息资源和数据库建设力度。

3. 加强优质课程建设

（责任人：刘永胜副校长、何明珂副校长；责任单位：教务处、研究生院；完成时限：2022 年 9 月）

实施学校精品课程建设计划，加强课程质量建设，促进教师加大课程建设投入，有效开展本科课程与研究生课程内容的衔接与扩展及课程内容深度的挖掘，全面提升课堂教学水平。

加快建设体现区域及行业需求的应用型课程，打造优质、特色、共享的课程体系。制定加强在线开放课程建设与共享实施意见，不断创新校内、校际在线开放课程共享与应用模式。

（1）实施精品课程建设计划。

加快教育优质课程资源及其信息化建设，围绕高精尖学科，建设 10 门以上应用研究型研究生课程，20 门左右能够体现学校特色和办学优势的本科生 MOOC（慕课）、SPOC（小规模限制性在线课程）在线开放课程。重点加快建设体现京津冀地区和物流与流通领域行业需求的优质、特色、共享的应用型课程。

（2）制定学校在线开放课程建设与共享实施方案。

完善在线开放课程学习认证和共享

开放课程的学分认定制度，扩大在线开放课程规模，鼓励校际课程共享，落实学分认定。

（3）鼓励教师开展课程改革。

以翻转课堂、研究型学习以及混合式、研讨式教学等方式进行教学现代化改革，探索大班教学与小班研讨相结合的教学模式，深入开展小班制教学改革，推进线上线下混合式教学改革，促进信息技术与课程教学的深度融合，提升课堂魅力。

4. 强化实践育人和协同育人

（责任人：刘永胜副校长、何明珂副校长；责任单位：教务处、研究生院；完成时限：2022 年 9 月）

（1）构建校企产学研用结合的多维立体化实践教学体系。

以应用型人才培养为目标，通过学校与企业深度合作顶层设计，确立“面向行业，需求导向；校企协同，机制创新；教学相长，强化实践”的应用型人才培养理念，创新校企协同育人机制。

（2）加强实践教学条件建设。

整合和挖掘实践教学资源，加强国家级、市级实验教学示范中心建设，尤其是虚拟仿真实验的探索和实验资源信息化建设，要在相关教学领域起到引领示范作用。

（3）提高实践教学学分比例。

优化夏季实践学期课程设置，将学生的创新创业学习纳入学分管理，预计到 2020 年 9 月完成实践学分、创新创业学分的优化调整，逐步提高专业实践学分和创新创业学分的比例达到 30% 以上。

（4）充分利用校外资源。

通过校地合作、校企合作建设一批稳定高质的校外实习基地，积极开拓，整合资源。全面利用校外实习基地资源，实现 50% 学生在实践学期进校友企业和实习基地；60% 学生毕业实习在实习基地。以大创项目和学科竞赛为基础，以“实培计划”为依托，推动高校与科研院所、行业企业的深度合作。

（5）深入推进协同育人。

统筹协调理论教学和实践教学、本校资源和校外资源、课堂教学和网络教学、研究型教学和应用型教学的关系。在总结经验的基础上，充分发挥“双培计划”在协同育人中的作用。积极参与中央部属高校的“北京学院”建设项目，积极推动京津冀财经类高校的实质性合作与交流。

5. 加强国际交流合作

（责任人：刘永胜副校长、何明珂副校长；责任单位：教务处、国际合作与交流处、物流学院、商学院、经济学院、信息学院；完成时限：2025 年 9 月）

（1）用好用足“外培计划”。

在学生入学时，开始选拔优质生源参加外培计划，并按照外培计划的要求，加大对备选学生的外语和相关培训。

（2）扩大国际交流与合作规模。

实现国际化办学项目的突破，力争我校优势专业如物流管理、金融学等本科专业获批中外合作办学项目，不断完善中英班、中美班、中德班等国际化项目的人才培养新模式。继续扩大本科生和研究生国外留学规模，围绕“一带一路”建设，扩大与相关国家的交流合作，吸引更多留学生来校留学。选送更多教师出国访学交流，通过长聘短聘方式吸引国外教师来校任教或从事科研。

6. 健全教学质量保障体系

（责任人：刘永胜副校长、何明珂副校长；责任单位：教务处、研究生院；完成时限：2020 年 9 月）

（1）推进学位点合格评估相关工作。

充实研究生教育教学委员会的督导内容，对研究生培养方案制定、教师授课质量、研究生课程资料、学位论文质量、研究生培养与学位管理等多层面、多环节内容予以全程跟踪与监控，将北京市人民政府教育督导室抽查及我校专项检查有机结合起来，完善研究生质量年报。

（2）建立人才培养过程跟踪诊断和质量评价体系。

健全用人单位、教师、学生共同参与的学校内部质量保障与评价机制。进一步明确人才培养质量标准，落实主要教学环节质量标准。建立本科教学质量监测数据平台，定期开展第三方毕业生质量评价和在校生学情评价，到 2022 年基本建成本科教学质量监测平台，推进教学课堂教学、质量评价、质量标准等状态监控数据的统计、调查与研究，形成完整的人才培养过程跟踪诊断和培养质量评价的全体系。

（四）科学研究

1. 加强国际合作创新

（责任人：翁心刚副校长、何明珂副校长；责任单位：《中国流通经济》杂志社、科研处、国际合作与交流处；完成时限：2020 年 9 月）

（1）建立和参与虚拟国际科研团队。

以项目为依托，整合国内外优势资源，通过实施全球研发战略，寻求外部合作伙伴，以合作共赢为基础，就某一具体科研项目通过全球招投标等方式，选择团队成员，采取一事一议的方式签署合作协议，构建具有自我优化能力的动态协作国际科研团队，同时积极参与国外高等院校科研院所组织的虚拟科研团队。

（2）搭建平台促进我校与国外高校及企业进行科研合作。

发挥我校在特色领域的科研优势，通过“走出去，请进来”等方式，与国际同类高校及知名企业建立合作关系，共同开展对国际上热点和前沿问题的研究。

（3）与国外大学合作出版《中国流通经济》杂志英文版。

以学校商务英语专业教师为基础组成英文编辑队伍，同时在美国和英国各选择一所大学合作出版《中国流通经济》杂志英文版，主要刊登合作双方专家学者的学术研究成果。

2. 加大优秀青年人才培育支持力度

（责任人：何明珂副校长、刘永胜副校长；责任单位：科研处、人事处；完成时限：2025 年 9 月）

（1）青年教师参加到科研团队之中。

对于每一位新入职的青年教师，要根据所在学科的发展定位，明确所要承担相应学术责任，要加强对其的科研管理和服务，将其纳入相应的科研团队之中。在团队中建立“青年教师导师制”，由科研能力强的教师担任导师，帮助青年教师确定科研方向及科研规划，并参与团队的科研课题研究。

（2）继续加大青年科研启动基金和中青年教师培养基金的投入力度。

学校的青年科研启动基金和青年教师培养基金是为了加快中青年骨干教师的培养步伐，促使他们脱颖而出而设立的，主要用于资助优秀中青年教师从事科研、参加学术会议、访学、进修以及合作研究等活动，为他们创造良好的工作条件。今后还需要加大该项基金的投入，适度扩大资助范围，对于特别优秀者可增大资助力度。

（3）完善青年教师职务评聘机制。

对于科研成果突出的青年教师，采取“教授直通车”的办法破格晋升，使其在更高的平台上开展科研工作，以充分发挥优秀青年人才的发展潜力和引领作用。

北京物资学院落实《关于统筹推进北京高等教育改革发展的若干意见》实施方案折子工程

为推进北京物资学院落实《关于统筹推进北京高等教育改革发展的若干意见》实施方案提出的目标和任务，校党委制定折子工程，共六大工程、四十三条。

一、人才培养水平提升工程

（一）加强和改进思想政治工作

1. 以立德树人为根本，巩固专业使命教育、课程思政等成果

工作目标：

深入贯彻落实全国和北京市教育大会及高校思想政治工作会议精神，解决高校普遍存在的德育教育和专业教育两张皮、教工党支部软弱涣散、专业教师重教书轻育人等现实难题；解决课程思政与课程融合问题，提高人才培养质量。

具体措施如下。

进一步拓展课程思政和专业使命教育内涵，制定“四年不断线”的实施方案，推进课程思政和专业使命教育持续深入开展；通过校级公开课等形式评选课程思政精品课程，开展示范宣讲活动；加强对二级学院（部）课程思政和专业使命教育活动督查指导，组织召开交流汇报会；深入二级学院（部）了解工作进展，加强典型经验宣传报道；凝练课程思政和专业使命教育成果，印发工作汇编；坚持把师德建设放在教师队伍建设首位，建立健全师德长效机制，增强教师教书育人责任感和使命感。通过“新生引航工程”、专业论坛、专业竞赛、校外实习实践基地建设等第二课堂活动，依托品牌活动创造性开展专业使命教育；持续为专业学生精英群体开展“为你开讲”活动；发挥教师党支部资源优势，采取“走出去、请进来”方式，引领学生走入企业、感悟行业、强化使命。

责任领导：沈小静、刘永胜、何明珂

责任单位：宣传部、学生处、教务处、研究生院

完成期限：2019 年 6 月

2. 完善思想政治工作体系，促进学生以德为先的综合素质提升

工作目标：

深入贯彻落实全国和北京市教育大会及高校思想政治工作会议精神，坚持以德为先，努力在构建和完善思想政治工作体系上做标杆、创一流，努力使思想政治工作体系贯通人才培养体系，培养德智体美劳全面发展的创新型、复合型、应用型人才。

具体措施：

紧紧依托学校的资源禀赋和历史传统，把思想政治工作做精、做强、做出特色；深入实施“五大”品牌思想政治工作质量提升工程，积极推动全员全过程、全方位育人的综合改革；探索思想政治工作体系贯通人才培养体系工作机制方式方法；坚持以文化人、以文育人，彰显校园文化中物流流通特色，聚焦运河文化、北京城市副中心建设，推进文化传承与创新融入高水平应用型人才培养之中；在强化智育和体育的基础上，制定学校德育实施方案、美育实施方案、劳动教育实施方案；提升德育素质档案品牌效应，进一步完善工作机制；坚持以美育人，以艺术教育中心为平台，构建特色美育体系，持续开展高雅艺术、民族艺术进校园活动；着力推进劳动教育与专业教育、思想政治教育、社会实践和创新创业教育相结合；着力将劳模精神、劳动精神、工匠精神纳入师德师风建设范畴，引导学生坚定辛勤劳动、诚实劳动、创造性劳动的信心和决心。

责任领导：沈小静、刘永胜、何明珂

责任单位：宣传部、学生处、教务处、研究生院

完成期限：2019 年 6 月

3. 强化思想政治工作，促进学生学业发展

工作目标：

将学生思想政治工作与学生学业发展紧密结合，提升学生成长成才的内生动力。

具体措施：

通过进一步加强学生课堂投入的管理，引导学生自觉树立良好学风；通过深入开展专业社团活动以及各类学业辅导，提升学生专业学习的主动性与积极性；通过广泛开展与专业结合的实践活动，提升学生的实践应用能力。

责任领导：沈小静、刘永胜

责任单位：学生处、教务处

完成期限：2025 年 12 月

（二）创新育人机制

4. 创新硕士人才培养模式，制定实施方案

工作目标：

突出学科特色优势，以联合培养博

士带动研究生学术研究能力提升；大力推进产学研用合作，全面提升研究生的专业实践能力。

具体措施如下。

与北京交通大学、首都经济贸易大学开展全方位合作，强优势、补短板，探索共同发展模式，全面开展学科方向凝练、学科/专业体系建设、科研项目合作、高精尖人才培养等。以产学研联合人才培养实践基地和校友资源为依托，围绕专业热点问题开展专业实践活动。主要包括：顶层设计，目标明确，引领应用型人才培养规格设计；走出校门，问计于企业，建立校企深度融合的人才培养模式与机制；以行业需求为导向，校企共同制定人才培养方案；创新教学方法，实现校企协同育人。

责任领导：何明珂

责任单位：研究生院

完成期限：2019 年 12 月

5. 创新本科生人才培养模式，制定具体实施方案

工作目标：

建立分类并举的多元化人才培养体系，实验班、国际班、卓越班的专业覆盖率达到 50%。

具体措施如下。

以培养高素质创新型、复合型、应用型人才为核心任务，逐步推进实验班、国际班、卓越班建设。以继续深造为目的，以学校申报博士点的一级学科、与北京交通大学专业共建为基础，构建实验班，实施拔尖人才培养计划；以双创教育为主题，把握新工科建设和双培专业建设等契机，实施卓越人才培养计划；以高质量就业为导向，开展校企合作订单式培养，实施应用人才培养计划；以开设国际班和扩大暑期国际学校受益面为主要途径，培养能够参与国际事务和国际竞争的国际化人才。

责任领导：刘永胜

责任单位：教务处

完成期限：2019 年 9 月

6. 修订新一轮研究生人才培养方案

工作目标：

不断适应国家及北京市对高水平应用型人才规格的需求，充分考虑高等教育前瞻性的基础上，坚持分类分层次修订培养方案的原则，学术型研究生注重学术素养和创新能力的培养，专业型研究生注重培养职业发展能力与实践能力的培养。

具体措施如下。

以培养规格分类加学术训练/专业实践的多样化人才培养模式创新为基础，探索研究生培养方案“理论教学模块化、企业实践组合化、使命教育全程化、论文选题真实化”等内容设计，遵循“培养目标—能力素质—知识结构—课程设置与学位论文要求”的技术路线，不断完善高水平应用型人才培养方案，将应用型人才培养模式创新落到实处。以立德树人作为研究生教育的根本任务，培养具有坚定理想信念、高度社会责任感、明确职业方向、精深专业素养的服务国家经济社会发展战略需求的高素质人才。

责任领导：何明珂

责任单位：研究生院

完成期限：2019 年 9 月

7. 完善大学生职业生涯规划体系和就业创业指导平台

工作目标：

围绕学校人才培养目标，培养具有社会责任感、国际视野和创新精神的复合型、应用型人才，完善职业生涯课程体系，探索生涯咨询指导体系，建设以“精细化”“精准化”为特色的职业生涯规划与就业指导立体体系，搭建人职匹配的就业创业指导平台。

具体措施：

深入开展全程不断线的职业规划课程教育，加强生涯咨询深度辅导，打造“职场 club”就业实战资讯体系；开通“名企直通车”，推进校企合作的实践育人平台建设；开设“生涯・成长”工作坊提升学生的就业技能，以创业基地为平台，举办创业沙龙、开展校园创业大赛；完善就业信息平台，逐步建立信息完整的企业资源库。

责任领导：沈小静、刘永胜、何明珂

责任单位：学生处、教务处、研究生院

完成期限：2020 年 9 月

（三）创新教学管理制度

8. 创新硕士研究生教学管理制度，制定具体实施方案

工作目标：

在设置学科建设/研究生教育专家委员会、促进专业设置合理化的基础上，以“研究生教育教学改革项目”为抓手，推动人才培养模式创新。

具体措施如下。

建立、优化由“双一流”/共建高校专家、政府及行业相关人员构成的学科建设专家指导委员会、研究生教育教学指导委员会，使其在学校学科建设、研究生教育教学中充分发挥咨询、监督、指导作用。推动研究生教育教学管理制度创新，以“研究生教育教学改革项目”为抓手，不断开展研究生教育教学热点问题研究，以政策措施激励、促进研究生教学和研究生学科竞赛等活动，突出教学工作、学科竞赛指导工作所占比例，资源配置优先保证研究生教学与专业实践活动。开展培养规格分类加学术训练/专业实践的多样化人才培养模式创新，不断优化应用型人才的专业实践环体系，将应用型人才培养模式创新落到实处。

责任领导：何明珂

责任单位：研究生院

完成期限：2019 年 12 月

9. 创新本科生教学管理制度，制定具体实施方案

工作目标：

设置校院两级本科专业建设专家委员会，以教学质量提升为主线建立健全教学管理制度。

具体措施如下。

成立校院两级由政府、国内外专家及相关行业人员构成的专业建设专家委员会，为新专业设置、专业发展规划、专业建设提供咨询指导。完善学院教学绩效考核办法，实现学院教学绩效考核结果与学院评优、教学经费预算与划拨全面挂钩；制定专业教学绩效考核办法，实现绩效考核结果与专业招生挂钩；完善教师教学绩效考核办法，考核结果与年度考核、聘期考核、教师晋升、教学课酬等挂钩，充分调动教师的主体意识和投入教学工作的积极性。探索实施教师挂牌授课制，加强对学生课业辅导，建立完善本科生导师制和课程答疑制度，将学业辅导、课后答疑、竞赛指导等非课堂教学工作统筹纳入教师工作量考核体系。

责任领导：刘永胜

责任单位：教务处

完成期限：2019 年 9 月

10. 修订新一轮本科生人才培养方案

工作目标：

完成新一轮本科生人才培养方案修订，落实以学生为中心的教育教学理念。

具体措施如下。

制定《北京物资学院 2019 版本科专业人才培养方案修订指导意见》。启动新一轮人才培养方案修订工作，合理压缩学分和提高课程难度，淘汰“水课”，提升教育质量；探索实施学分制和弹性学制，实现更为灵活和科学的校内转专业、主修辅修学分打通以及高校之间学分认定和转换。

责任领导：刘永胜

责任单位：教务处

完成期限：2019 年 9 月

（四）强化教育教学工作

11. 修订《北京物资学院本科教学奖励办法》

工作目标：

进一步激发教师投入教学工作的积极性、主动性和创造性。

具体措施：

进一步修订和完善《北京物资学院本科教学奖励办法》，立足提升教学水平和人才培养质量，形成教学奖励项目与科研奖励项目、教学人才项目与科研人才项目、教育教学成果与科学研究成果同等重要的理念，教学奖励结果可用于职务聘任、考核等方面。

责任领导：刘永胜

责任单位：教务处

完成期限：2019 年 9 月

12. 修订《北京物资学院本科主要教学环节质量标准》

工作目标：

进一步明确本科教学各主要环节工作质量标准，规范教学过程管理，提高教育教学质量，实施教学质量的有效监控，进一步建立和完善内部质量保障体系。

具体措施如下。

修订完善《北京物资学院本科主要教学环节质量标准》，建立教学质量多维监控体系；制定并出台《北京物资学院关于暂停课堂教学不合格教师从事本科课堂教学工作的规定（试行）》。根据标准要求，对于连续两次达不到教学质量要求的，暂时停课整顿；经过整顿仍达不到要求的，退出教师队伍。落实规定要求，淘汰“水课”，保障教学质量。

责任领导：刘永胜

责任单位：教务处

完成期限：2019 年 9 月

（五）优化人才培养结构

13. 优化人才培养的规模层次及学科结构，制定实施方案

工作目标：

稳定本科生规模，扩大硕士研究生

和留学生规模，拓展博士研究生规模。

具体措施如下。

下大力气发展高精尖共建学科建设工作，积极推动理论经济学、计算机科学与技术、金融专硕、会计专硕的发展；创造条件新增统计学、法学、马克思主义理论、外国语言文学等学位授权点的建设。开展一级学科/专硕类别、二级学科/专硕领域的专业检测、评价、预警和调整工作；强化研究生毕业生质量追踪工作，对于某些就业率低、社会需求较少的学科/专业进行调整或缩小招生规模，并以此作为学科动态调整、二级学科自主设置/调整的依据；大力发展契合首都城市功能定位的学科/专业。

责任领导：何明珂、刘永胜

责任单位：研究生院、教务处

完成期限：2019 年 12 月

14. 优化人才培养的专业结构，制定实施方案

工作目标：

依托学科优势，创新培养模式，打造在国内外有影响力的优势特色专业。

具体措施如下。

定期开展面向全部专业的校内专业评估，结合北京市专业评估等第三方专业评估工作，对无法适应社会需求、办学水平低的专业进行调整、撤销或缩小招生规模。培育具有交叉学科和发展潜力的新专业，以北京市双培计划、专业群、一流专业等建设为契机，到 2025 年培育 5 ~6 个具有学科交叉性和发展潜力的新专业，形成布局合理、特色鲜明、适应经济社会发展需要的本科专业体系。

责任领导：刘永胜、何明珂

责任单位：教务处、研究生院

完成期限：2019 年 9 月

15. 推进本科专业国内国际评估认证，取得国际采购与供应链管理联盟专业认证

工作目标：

推进本科专业的国内国际评估认证，取得国际采购与供应链管理联盟专业认证。

具体措施如下。

以采购管理专业为突破口，取得国际采购与供应链管理联盟专业认证，带动经管类专业广泛参与国内国际专业认证。鼓励计算机科学与技术、信息工程、物联网工程等工科专业参加工程专业认证并取得突破。

责任领导：刘永胜

责任单位：教务处

完成期限：2019 年 12 月

（六）加强教学条件建设

16. 实施智慧教室建设计划

工作目标：

推进智慧教室建设，使得智慧教室数量达到教室总量的 30% 以上，并以智慧教室的示范应用推进课堂教学改革。

具体措施如下。

（1）提高现有智慧教室利用率，形成示范作用。以充分应用第一教学楼现有的智慧教室为基础，组织智慧教室应用培训；鼓励和指导教师充分利用智慧教室的现代化教学条件进行课堂改革；建立智慧教室课堂教学示范机制。

（2）以智慧教室建设推进课堂教学

改革，在2019—2020年的校内专项中分别安排25～30间智慧教室的建设和改造。

责任领导：刘永胜

责任单位：教务处、信息中心

完成期限：2020年9月

17. 加强图书资源建设，尤其是电子信息资源和数据库建设

工作目标如下。

在充分调研的基础上，结合学校本科生、硕士研究生以及联合培养博士研究生的教育教学改革的发展要求，突出特色化、品质化，大力加强学校各类文献资源保障水平建设。预计至2020年9月，纸本文献数量达到120万册以上，数据库品种达到50种以上。

具体措施如下。

积极争取学校加大资金投入，合作共享拓展馆藏外延，科学规划馆藏发展目标，不断扩充馆藏文献规模；大力加强电子文献数据库特别是外文文献资源的投入，在统筹兼顾的基础上着力向重点优势学科倾斜；加强图书馆人员队伍和服务水平建设、信息化与自动化建设，逐步深化资源推介、信息素养教育和科研辅助工作，切实提高资源使用效率，为教学科研提供更加坚实的文献与服务支撑。

责任领导：刘永胜

责任单位：图书馆

完成期限：2019年12月

（七）加强优质课程建设

18. 实施精品课程建设计划，制定实施方案

工作目标：

加快建设体现区域及行业需求的应用型课程，打造优质、特色、共享的优质课程体系。

具体措施如下。

实施学校精品课程建设计划，建设20门左右能够体现学校特色和办学优势的本科生MOOC（慕课）、SPOC（小规模限制性在线课程）等在线开放课程。完善在线开放课程学习认证和共享开放课程的学分认定制度。扩大在线开放课程规模，鼓励校际课程共享，落实学分认定。鼓励教师开展以翻转课堂、研究型学习以及混合式、研讨式教学等教学现代化改革，探索大班教学与小班研讨相结合的教学模式，深入开展小班制教学改革，推进线上线下混合式教学改革，促进信息技术与课程教学的深度融合，提升课堂魅力。

责任领导：刘永胜、何明珂

责任单位：教务处、研究生院

完成期限：2019年9月

（八）强化实践育人

19. 提高实践教学学分比例

工作目标：

规范现有实验实践教学学分的认定方式，扩大实践学分的比例不低于30%，其中综合性设计性实验实践项目不低于80%。

具体措施如下。

（1）规范现有实践学分认定办法。对现有实验实践学分进行规范化认定并体现在培养方案、教学大纲、教案和教学日历中；强化执行《北京物资学院本科实践教学工作量计算办法》《北京物资学院“创新学分”认定办法》等文件规定。

（2）鼓励教师开设综合性、设计性实验实践课程或项目。

（3）明确2019版培养方案中的实践学分要求。在2019版培养方案制定过程中，明确关于实践教学学分的具体数量和质量要求。

责任领导：刘永胜、何明珂

责任单位：教务处、研究生院

完成期限：2019年12月

20. 搭建校企、校地和校际合作大数据平台与实践育人基地基本架构，制定具体实施方案

工作目标：

以建立学校特色的实践育人体系为基础，建立校企、校地和校际合作的实践教学与学生就业促进大数据平台，建立学校实践育人基地基本架构。

具体措施如下。

（1）以建立学校特色的实践育人体系为基础，整合实践育人资源。从社会需求实际出发，以学生能力为核心，建立学校特色的实践育人体系，在此基础上，加强与企业、北京市、兄弟院校的合作，整合实践育人资源，搭建校企、校地和校际实践教学与学生就业促进大数据平台。

（2）发挥大数据平台的作用，不断优化实践育人基地基本架构。选择部分试点专业，沿着实践育人体系路径，发挥大数据平台的作用，建立实践育人基地与学校应用型人才培养的关联分析，并不断优化实践育人基地建设，促进应用型人才的培养。

责任领导：刘永胜、沈小静、何明珂

责任单位：教务处、学生处、研究生院

完成期限：2020年9月

（九）健全教学质量保障体系

21. 推进学位点合格评估相关工作，制定具体实施方案

工作目标：

以评促建、以评促改、以评促管、评建结合，提升学科建设和研究生教育水平。

具体措施如下。

在2014—2019年学位授权点合格评估基础上，总结经验教训，根据我校高水平应用型大学的定位，设置更为合理的学位授权点自我评估工作方案，更好地建立学位点“有上有下”的动态管理机制。充分发挥研究生教育教学委员会的督导内容，对研究生培养方案制定、教师授课质量、研究生课程资料、学位论文管理、研究生就业质量等涉及研究生培养多层面、多环节内容予以全程跟踪与监控，不断完善学位与研究生教育质量保障机制，推动学位授权点整体水平的不断提升。

责任领导：何明珂

责任单位：研究生院

完成期限：2019年9月

22. 建立人才培养过程跟踪诊断和质量评价体系，建成本科教学质量监测平台

工作目标：

健全用人单位、教师、学生共同参与的学校内部质量保障与评价机制。

具体措施如下。

进一步明确人才培养质量标准，落

实主要教学环节质量标准。建立本科教学质量监测数据平台，定期开展第三方毕业生质量评价和在校生学情评价，建成本科教学质量监测平台，推进教学课堂教学、质量评价、质量标准等状态监控数据的统计、调查与研究，形成完整的人才培养过程跟踪诊断和培养质量评价体系。

责任领导：刘永胜

责任单位：教务处

完成期限：2019 年 12 月

二、学科建设水平提升工程

（一）加强高精尖学科建设

23. 制定学校高精尖学科发展方案

工作目标：

以高精尖学科建设引领和优化学科布局，探索学科建设绩效管理模式，瞄准国家重大需求优化学科方向，打造新的学科高峰，加快进入一流学科行列的步伐。

具体措施如下。

瞄准学科发展前沿和北京市实际、国家重大需求，加强学科交叉和融合，着力推进高精尖共建学科建设。开展体制机制创新，更好地落实学科负责人制，强化学科建设主体责任，实行目标管理，探索学科建设绩效管理模式。优化学科方向，强化特色，扩大优势，全面提升优势/特色学科的水平，形成学科高峰，并带动学校整体发展，提升学校综合实力。

责任领导：何明珂

责任单位：研究生院

完成期限：2019 年 6 月

24. 明确与北京交通大学重点合作的对接单位，制定结对共建高精尖学科的方案

工作目标：

与北京交通大学合作探索学科共建的体制机制创新，优化调整资源配置，借助共建院校优势，快速提升学校学科建设水平。

具体措施如下。

依据“目标导向、优势互补、资源共享”的原则，采用以北京物资学院自我建设为主、北京交通大学协助支持为辅，强优势、补短板，共同发展的合作模式，全面开展学科方向凝练与引领、学科建设体系完善、科研项目合作、高水平人才培养项目等。形成互惠共赢的长效机制，借此将合作经验推广至与首都经济贸易大学、中国社会科学院大学、对外经济贸易大学的合作中，全面提升我校学科建设与研究生培养水平。

责任领导：何明珂

责任单位：研究生院

完成期限：2019 年 6 月

（二）加强一流专业建设

25. 落实物流管理专业建设方案

工作目标：

建成全国排名第一的强势专业，形成示范效应，引领全国物流教育，带动校内其他专业建设。

具体措施如下。

落实物流管理专业建设方案，重点支持北京市一流专业——物流管理专业建设，形成国内标杆式的物流教学模式和教学理念，提升北京物资学院的学科特色和优势。开展校级一流专业遴选建设，重点建设面向物流与流通领域的优势专业、特色专业。

责任领导：刘永胜

责任单位：教务处

完成期限：2019 年 6 月

三、科研与社会服务能力提升工程

（一）加强学校创新平台建设

26. 创新省部级科研平台运行机制，制定具体方案

工作目标：

统筹规划现有的校内创新平台，完善竞争机制，发挥平台科技创新优势。

具体措施如下。

坚持“四个有利于”和分类分级管理原则，统筹规划现有的校内创新平台，对已有研究所（室）、中心等进行评估，对没有存在价值的直接撤销；对在科技创新和人才培养中还继续发挥作用的，根据平台建设规划进行适当合并和重组。完善竞争机制，优胜劣汰，充分发挥平台优势，吸引培养更多人才，获得更多研究成果。积极参与高精尖创新中心建设，整合优势、完善布局、扩大开放，不断提升科研平台的核心竞争力和影响力，尽早加入北京实验室体系建设。

责任领导：何明珂

责任单位：科研处

完成期限：2019 年 6 月

27. 制定《北京物资学院创新平台开放课题管理办法》

工作目标：

在鼓励自由探索研究的同时，围绕优势领域和学科做有组织的科研。

具体措施如下。

制定《北京物资学院创新平台开放课题管理办法》，采取“开放、流动、联合、竞争”的方针设置开放课题，以开放课题作为创新平台对外开放和合作交流的重要手段，吸引优秀科研人员、联合外部丰富资源、加强课题研究、促进高技术探索。通过互益共赢，促进科研平台科学研究和相关领域的学科建设与发展。

责任领导：何明珂

责任单位：科研处

完成期限：2019 年 6 月

（二）加强科学道德建设

28. 修订《北京物资学院学术规范管理条例》

工作目标：

创新学术诚信体系建设。

具体措施：

修订《北京物资学院学术规范管理条例》，建立科学公正的学术评价和学术发展制度，营造创新、对失败宽容、风清气正的学术氛围，实行科研诚信问题“一票否决”。

责任领导：何明珂

责任单位：科研处

完成期限：2019 年 12 月

（三）建立科研分类评价标准和评价方法

29. 制定《北京物资学院研究人员科学道德行为准则》

工作目标：

优化科学道德建设工作制度体系。

具体措施如下。

协同相关部门制定《北京物资学院研究人员科学道德行为准则》。通过完善监督规章体系，强化制度的刚性约束。充分利用信息技术等手段，协同相关部门，建立对学术成果、学位论文所涉及内容的知识产权查询制度，完善科研成果监督管理信息化，保证科研成果录入的真实性和准确性。

责任领导：何明珂

责任单位：科研处

完成期限：2019 年 12 月

30. 修订《北京物资学院学术期刊分级管理办法（试行）》，完善成果分级分类标准

工作目标：

克服“四唯”倾向，注重标志性成果的质量、贡献、影响。

具体措施如下。

针对学科建设特点，对学术期刊进行分级分类，明确科研项目绩效分类评价标准，突出项目质量和科技贡献导向。修订《北京物资学院学术期刊分级管理办法（试行）》，完善成果分级分类标准，推行代表作评价，鼓励教师潜心治学。

责任领导：何明珂

责任单位：科研处

完成期限：2019 年 12 月

（四）加强国际合作创新

31. 与国外大学合作出版《中国流通经济》杂志英文版

工作目标：

出版《中国流通经济》杂志英文版。

具体措施：

以学校商务英语专业教师为基础组成英文编辑队伍，同时在美国和英国各选择一所大学合作出版《中国流通经济》杂志英文版，主要刊登合作双方专家学者的学术研究成果。

责任领导：翁心刚、何明珂

责任单位：《中国流通经济》杂志社，科研处，国际合作与交流处

完成期限：2020 年 9 月

四、师资队伍水平提升工程

（一）加强教学名师激励

32. 制定《北京物资学院青年优秀主讲教师和教学名师评选和奖励办法》

工作目标：

形成青年优秀主讲教师、校级名师、市级名师和国家级名师等提升教学质量的评选制度，并形成系列名师晋级机制。

具体措施：

制定并出台《北京物资学院青年优秀主讲教师和教学名师评选和奖励办法》，获评青年优秀主讲教师和校级、市级和国家级的各级各类教学名师、精品课程主讲教师，除了分类分级给予教

学奖励外，制定不同的课酬标准。鼓励长期从事本科基础课教学、师德高尚、教学效果好和有较强专业领域影响力的教学名师发挥骨干和示范作用，将教学名师开设公开课、指导青年教师等工作纳入教学工作量范畴并给予奖励。

责任领导：刘永胜

责任单位：教务处

完成期限：2019 年 12 月

（二）改革人事制度

33. 以立德树人为根本，配足配强教师，保障教学中心工作

工作目标：

到 2025 年，学校教职工总数预计达到 915 人，其中，专任教师人数达到 640 人（占教职工总数的 70%），其他专业技术人员不超过 90 人（占教职工总数的 10%），行政管理人员不超过 165 人（占教职工总数的 18%），工勤人员不超过 20 人（占教职工总数的 2%）。

具体措施如下。

（1）完善岗位设置，科学定编定岗。

（2）坚持优先引进专任教师，扩大专任教师规模。

责任领导：刘永胜

责任单位：人事处

完成期限：2025 年 12 月

34. 立足学校实际，改革人才引进模式，搭建人才发展梯队

工作目标：

围绕学校教育事业发展与学科专业建设目标，科学制定人才引进规划，拓宽人才引进渠道，加大招聘宣传力度。到 2020 年，引进 3 ~ 5 名国家级人才项目涉及的人才或在国内外有重要影响的专家作为一级学科带头人；引育结合，力争使学校各学科专业达到 100 个教授、200 个副教授的规模，构建一支在产业行业内享有一定声誉与影响力的高水平专家教师队伍；继续引进优秀青年教师，使专任教师达到 550 人（占教职工总数的 70% 以上），为学校高水平应用型大学建设目标汇聚智力资源。

具体措施如下。

（1）完善人才引进制度，构建分层引进模式。

（2）创新人才引进与聘用模式，不拘一格引人用人。

责任领导：刘永胜

责任单位：人事处

完成期限：2020 年 12 月

35. 强化竞争机制，创新岗位聘任办法，激发教师发展活力

工作目标：

突破制约教师职业发展的瓶颈，以岗位分类管理为核心，构建释放人才创造活力的制度环境，增强教师之间良性竞争态势，促进教师资源的优化配置，激发教师积极投身教学科研事业和职业发展的内生动力，形成人人尽展其才的局面，推动学校事业的发展。

具体措施如下。

（1）完善教师岗位分类聘任办法，鼓励教师发挥特长。

（2）引入多种用人形式，建立教师岗位退出和管理岗位流动机制。

责任领导：刘永胜

责任单位：人事处

完成期限：2020 年 12 月

36. 完善教师多元考核评价机制，激发教师内生动力

工作目标：

在教师岗位分类管理的基础上完善教师多元考核评价机制，突出品德、能力、业绩和贡献导向，克服将学历、职称、论文、奖项作为晋升、聘任、考核和评选唯一标准的倾向；在教师职务晋升中试行“教授直通车”制度，完善代表作评价制度，鼓励青年英才破格晋升，充分发挥考核评价政策对于激发教师内生动力的“指挥棒”作用；鼓励教师跨学科、专业开展合作研究，组建 5～10 支高水平教学科研团队。

具体措施如下。

（1）完善教师职务评聘、考核指标体系，体现多元化评价导向。

（2）聚焦高水平标志性成果，着力克服人才评价的“四唯”倾向。

（3）完善团队考核办法，鼓励资源共享和团队合作，培养复合型教师队伍。

责任领导：刘永胜

责任单位：人事处

完成期限：2021 年 12 月

37. 加大教师培养力度，助推教师专业发展

工作目标：

不断强化教师队伍师德师风建设，努力提高教师教学、科研、社会服务能力与国际化视野，帮助教师做好职业生涯规划，建立教师职业发展与学科专业、科研方向、教育教学相互匹配、相互促进的良性互动机制，努力建设一支综合素质强、业务能力精、创新精神突出的高水平师资队伍。

具体措施如下。

（1）实施青年教师导师制，帮助新教师过“教学关”。

（2）实施中青年骨干教师海外研修计划，拓展教师的国际化视野。

（3）坚持实施青年教师挂职锻炼制度，提高教师实践能力。

（4）继续实施骨干教师培育项目，储备学科梯队后备人才。

（5）加强教师发展中心建设，构建教师职业发展全程培养系统。

责任领导：刘永胜

责任单位：人事处

完成期限：2022 年 12 月

38. 强化保障力度，完善激励机制

工作目标：

健全人事管理制度体系，深化岗位管理和收入分配相匹配的人事制度改革，坚持绩效管理与人文关怀有机融合，加强组织环境建设，强化教师职业身份认同感，调动教师工作的积极性和能动性，为教师自我价值的实现提供良好的组织保障。

具体措施如下。

（1）健全人事管理规章制度，构建教师队伍现代化治理体系。

（2）优化薪酬结构，深化收入分配制度改革。

（3）关注教师心理需求，解决教职工后顾之忧。

责任领导：刘永胜

责任单位：人事处、教务处

完成期限：2025 年 12 月

五、国际化水平提升工程

39. 建设并获批中外合作办学项目

工作目标：

根据教育部《中华人民共和国中外合作办学条例》和《中华人民共和国中外合作办学条例实施办法》的有关规定，在学校物流管理、金融等特色学科专业领域积极申报中外合作办学项目。

具体措施如下。

学校教务处牵头，成立中外合作办学项目工作小组。小组成员由教务处、国际合作与交流处以及相关专业所在学院组成。在物流管理（国际供应链管理方向）、国际金融等国际化合作水平具备一定基础的专业上开展先行申报。明确国外合作高校，签署合作办学框架协议。成立中外双方联合申报项目工作小组，商谈合作项目细节以及双方责任和权利，签署具体合作协议。同时完成申报资料准备。计划在 2019 年 3 月或 9 月向上级单位提交申报材料。

责任领导：何明珂、刘永胜

责任单位：国际合作与交流处、教务处、物流学院、商学院、经济学院、信息学院

完成期限：2019 年 12 月

40. 达到中国政府奖学金申请标准，力争成为中国政府奖学金颁发单位

工作目标如下。

根据中国政府与外国政府或国际组织达成的协议或计划，中国政府奖学金由教育部负责对外提供，并委托国家留学基金管理委员会（China Scholarship Council，CSC）具体负责享受中国政府奖学金来华留学的外国学生的招生及日常事务的管理工作。目前有 279 所中国大学承担获中国政府奖学金的学生的培养工作，北京物资学院争取早日加入其中，成为中国政府奖学金承担高校。

具体措施如下。

首先要加强规范学校来华留学工作。以国际学院为核心，结合学校自身发展特色，开发开拓国际留学生市场，增加学历留学生规模。其次要围绕国家大局，整合建设“一带一路”框架下的具有品牌性、实效性的专业。紧紧抓住人才培养质量这个核心，努力培养出中国政府、企业、学生所在国都受益的留学生。在具备这两个条件之后，承担中国政府奖学金的任务申请将水到渠成。

责任领导：何明珂、刘永胜

责任单位：国际合作与交流处、教务处、物流学院、商学院、经济学院、信息学院

完成期限：2020 年 12 月

六、治理能力提升工程

41. 落实《关于统筹推进北京高等教育改革发展的若干意见》，扎实推进与北京交通大学等部属院校合作

工作目标如下。

通过 5 年合作，在北京交通大学的帮助下，为北京物资学院培养一批高水平的学科、学术、专业带头人，聚焦物流领域，加快提升学科、学术和专业建设水平以及研究生培养能力。力争 5 年完成：把管理科学与工程学科评估由 C + 提升到 B 级；把物流管理与工程类

相关专业建设成一流专业群（物流管理、采购管理保持 5 星并继续提升实力，物流工程由 3 星提升到 5 星，物联网工程由 2 星提升到 5 星）；确定 4 个研究方向，即物流与供应链理论、智慧物流、物流规划与设计、采购理论与方法，增强实力保持国内领先地位。

具体措施如下。

明确与北京交通大学等重点合作的对接单位，制定结对共建高精尖学科方案，构建校内促进合作体制机制，推进专业共建，优化调整校内已有资源，面向北京交通大学合作设立开放课题等，借助部属院校优势，快速提升学校办学实力。在与北京交通大学合作并初显成效的基础上，逐步扩展与对外经济贸易大学、中央财经大学等部属院校合作，快速提升学校办学实力。

责任领导：李石柱、王文举、何明珂、刘永胜

责任单位：学校办公室、研究生院、教务处、科研处、物流学院、信息学院

完成期限：2019 年 12 月

42. 推进依法治校，完善学校内部治理结构

工作目标如下。

大学治理体系逐步完善。依法治校水平显著提升，学校规章制度健全。以《北京物资学院章程》为核心，内部治理结构完善。学校管理体制改革深入有效，办学活力充分激发。

具体措施如下。

推进依法治校，梳理规范学校规章制度。健全学术委员会学术管理机制，落实二级学院办学主体地位，以人事管理体制改革为突破口，全面深化管理体制改革，强化财务预算和专项管理，推进规范化、科学化、精细化治校。

责任领导：李石柱、王文举

责任单位：学校办公室

完成期限：2019 年 12 月

43. 坚持和完善党委领导下的校长负责制，完善领导班子议事决策机制

工作目标：

党委工作机制完善，民主集中制有效贯彻，党委领导下校长负责制有效坚持，班子决策效率和水平显著提升。校、院两级管理机制逐步形成。

具体措施：

修订完善《北京物资学院党委领导下的校长负责制实施细则（试行）》《中共北京物资学院委员会全委会议事规则》《中共北京物资学院委员会常委会会议议事规则》《北京物资学院校长办公会议事规则》《北京物资学院关于实行“三重一大”制度的规定（试行）》《书记和校长沟通协调制度》等制度，做好班子成员决策前的工作沟通，党委常委会和校长办公会重要议题必须履行沟通程序，执行议题审阅传签流程。严格议题确定程序，做好议题前期论证。

责任领导：李石柱、王文举

责任单位：学校办公室

完成期限：2019 年 12 月

北京物资学院2018年工作要点

2018年是贯彻党的十九大精神的开局之年，是改革开放40周年，是教育系统实施“奋进之笔”的进取之年，是落实《北京物资学院“十三五”时期事业改革与发展规划》的重要一年。学校的工作思路是：全面贯彻党的十九大精神，以习近平新时代中国特色社会主义思想为指导，贯彻党的教育方针，以立德树人为根本，按照教育部、北京市委教育工委和北京市教委的决策部署，依据学校“十三五”事业发展规划，继续实施“立地顶天”发展战略，坚持走差异化、特色化发展之路，强特色、补短板，深化体制机制改革，完善治理体系，持续提升学校核心竞争力，为把学校建设成为物流与流通领域国内领先、国际有影响力，与北京城市副中心相称的高水平特色型大学继续奋斗。

一、统筹协调，凝心聚力，保障学校重点工作顺利完成

1. 稳步推进与北京市商务科技学校的合并工作。加强双方有效沟通协商，按照实质性合并原则，共同研究制定实施方案，平稳有序推进与北京市商务科技学校的合并工作。妥善安置北京市商务科技学校现职工，启动北京市商务科技学校审计和清产核资工作。科学谋划各校区功能定位，充分利用北京市商务科技学校校区大力发展学历留学生教育，强化北京物资学院在智慧物流、现代供应链等领域的高端研究，提高北京物资学院在智慧物流与现代供应链领域的国际影响力。按照校区功能制订校区基础设施调整建设方案，改善相关校区办学条件，适应办学功能需要，推动学校事业发展。

2. 积极筹备本科教学审核评估各项工作。按照北京市审核评估安排和学校审核评估工作方案，对学校教学改革、教学建设、人才培养等教学情况和学校综合实力、办学水平、整体发展状态进行全面梳理，明晰办学定位，突出特色发展，强化人才培养中心地位，加强质量保障体系建设。做好院部审核评估、整改建设、专项检查、校内预评估等审核评估预评改进阶段工作，完成自评报告撰写、本科教学基本状态数据更新、迎接专家进校评估等专项准备，高水平完成审核评估工作。

3. 圆满完成聘期考核与岗位聘任工作。完善教师职务晋升条件，修订教师岗位聘任和考核方案，分类推进人才评价机制改革。完善《北京物资学院教师晋升职务基本任职条件和要求（试行）》，修订《教师岗位聘任与考核办法》，完成2015—2017年聘期教师考核工作，启动新聘期教师聘任工作，突出品德评价、实行分类评价，探索以代表性成果和实际贡献为主要内容的评价方

式，健全人才竞争、激励、约束和退出机制，助力学校教学、科研水平。

4. 加强与中央部属高校合作，提升学校办学综合实力。通过合作，加快提升学校学科建设水平、研究生培养能力、科研水平和本科专业建设水平，培养一批博士生导师。在物流与流通领域整合新建若干高水平科研平台，为首都经济社会发展和城市建设做出重大贡献。

5. 稳妥推进干部换届工作，加强干部队伍建设。结合学校事业发展，科学制定处级干部换届方案，按照人岗匹配原则，完成干部集中换届工作。注重顶层设计，强化后备干部选拔培养工作。完善《北京物资学院处级干部考核规定（试行）》，建立科学的干部考核评价体系。

二、深化体制机制改革，推进学校事业全面发展

（一）深化人才培养模式改革，提升人才培养质量

6. 改革本科人才培养模式。探索大类招生模式并进行试点，积极争取增加本科一批次招生计划数量。完善专业动态调整机制，以北京市一流专业建设为标杆，开展校内一流专业遴选建设工作。试点建立“国际班”“卓越班”和“实验班”，推进国际化课程建设，继续开办暑期国际学校，落实“国际化人才培养计划”“卓越人才培养计划”和“拔尖创新人才培养计划”，彰显人才培养“应用型、复合型、国际化”特色。高水平完成 MOOC 课程教学资源建设工作，大力提升网络通识课修读综合平台的部署、培训、课程资源建设等工作，推进教学运行观摩中心和标准化考场建设，推动教学模式和质量监控模式改革。强化校内实验室资源共享和校外实习基地建设，加强实验教学信息化和全过程管理。巩固制度建设成果，重点抓落实、补短板，构建并完善预防为主的教学运行体系。完善多维度质量管理保障体系，推动教学质量和人才培养水平提升。

7. 提升研究生培养质量。加强研究生招生宣传力度，确保完成研究生招生计划。抓住机遇，推进博士生联合培养工作。完善研究生二级管理方案，重点推动研究生二级管理工作落到实处。加强研究生思想政治工作，强化研究生培养过程管理，建立研究生中期考核机制。实施学位论文质量监控和问责制度，完善研究生科研资助、科研成果认定与奖励制度。修订研究生培养方案，完善学术型研究生与专业型研究生培养机制与管理模式。加强研究生导师队伍建设，制定导师考核规定与动态管理制度，切实落实以导师为第一责任人的研究生培养机制。

8. 加强和改进大学生思想政治教育。继续深入贯彻高校思想政治工作会议精神，持续深入开展专业使命教育，依托杨洪璋德育实践基地、党员先锋工程、新生引航工程、深度辅导、建立德育素质档案等，推动大学生思想政治教育落细、落小、落实。以网络舆情监控为着力点，加强对学生思想动态的研判与分析。加强创就业指导中心、心理咨

询中心、学业辅导中心、资助管理中心建设，完善大学生教育管理服务新格局，持续推进学风建设，努力实现学生高质量就业。坚持开展“校园文化日”活动，筹建艺术教育中心，充分发挥文化育人功能，着力提高校园文化活动质量和育人效果。

9. 加强继续教育，提高办学效益。稳定学历教育规模，做大做强非学历教育培训，大幅度提高办学效益。拓展办学渠道，进一步规范办学管理。抓住校区功能调整机遇，盘活培训资源，打造有特色的继续教育品牌和项目。

（二）推进学科建设与协同发展机制改革，提升学校科研和社会服务能力

10. 按照学校学科发展规划，优化调整学科布局。修订学科负责人遴选办法，遴选一级、二级学科负责人。制定学科发展指南，规划重点学科、优势学科建设内容。凝练学科方向，加强学科梯队建设。实施学科建设任务管理，完善学科建设工作机制。做好学位授权点合格评估工作，按照博士点申报标准，加大工商管理、管理科学与工程、应用经济学、理论经济学和计算机科学与技术五个一级学科建设力度，制定二级学科评估标准，明确各二级学科建设任务，落实责任制。

11. 提高科学研究水平。充分发挥现代物流产业研究院集聚作用，积极探索“统筹规划，集中发力，明确责任，协作联动，成果导向，动态调整”运行机制，加强市级科研平台资源整合与协同管理，提升学校在物流领域学术水平和影响力。强化顶层设计，组建科研团队，开展国家级科研项目与国内外顶尖学术课题科研攻关，取得高水平成果。依托大运河研究院，整合资源，推进大运河文化研究。加强科研管理制度体系建设，形成人才探索、协同研究、交叉融合、环境建设为一体的科研资助管理体系。建立学术成果多元化评价机制，实现考核、晋升和奖励制度之间有效衔接。加强科研成果转化，建立科研成果转化和应用推介机制。加强学术交流，召开“一带一路”物流国际高峰论坛和期货、采购等国际国内大型学术会议，扩大学术影响。提高《中国流通经济》办刊质量，提升影响因子和在财经类专业期刊中的学术地位，力争进入权威C级期刊目录。

12. 增强协同创新和社会服务能力。继续实施“立地顶天”战略，以项目合作为抓手带动科研水平不断提升。积极推进物流、期货和副中心方面研究，发挥智库作用。加强学校柔性学术组织建设，规范运行机制和管理模式，鼓励组建跨学科研究机构。继续深化对外合作，拓展现有合作项目深度和广度，形成高端智力输出、技术成果转化、人员互动交流、产业提升发展等为主的内容服务体系。以通州区、北京市对口支援和经济合作工作领导小组办公室等为重点，推动一批具有代表性合作项目落地。创新校友工作形式，深挖校友和社会资源合作潜力，实现共赢发展。

（三）深入推进人事制度改革，提升师资队伍水平

13. 完善人才引进。加大高层次人才引进工作力度，制定《高层次人才引进和管理办法》，明确条件待遇，健全遴选、考核与淘汰机制；积极推进博士工作站申报与建设工作。根据学科发展需要，聚焦重点特色领域，探索国内学术领军人物和海外高层次人才柔性引进机制，并制定相关政策。结合学校“十三五”时期人才队伍建设规划及学校学科建设发展状况，科学合理补充师资队伍。完善面向社会公开招聘人才制度，优化工作机制与流程。

14. 深化人事制度改革。结合与北京市商务科技学校合并事宜，科学谋划学校岗位设置，有序推进定岗、定员、定编工作。完善教学科研、管理服务等各类岗位职责要求和考核办法。调整薪酬结构，规范人员经费发放，完善奖励绩效发放办法。积极探索、平稳推进非在编员工用工制度改革，调整人员经费支出结构，规范管理。

15. 加强师资队伍培养。制订人员培训计划，依托教师发展中心，实施多样化、全覆盖培训工作。完善制度建设，支持中青年骨干教师赴国外名校研修访学。加强辅导员队伍建设，修订并完善相关制度。科学规划教职工职业发展路径，促进专任教师、管理人员、其他专业技术人员与工勤人员协同发展。

（四）扩大对外交流与合作，提高开放办学水平

16. 深入推进国际交流与合作。拓展与境外高水平大学合作渠道，在智力资源引进、互派师生访学等方面继续加深合作。积极开展中外合作办学项目申报工作，尝试推进博士生联合培养工作。扩展推进学生出国长短期交流项目，提高本科生、硕士研究生参与国际交流比例。开辟留学生生源渠道，挖掘校内外优质留学生教育资源。完善留学生助学金制度，改善留学生学习和生活环境，提升管理和服务水平。拓宽教师出国进修培训渠道，实施教师国际培训计划。依托学校优势学科和科研平台，积极组织参与高水平国际会议，增强学校学术国际影响力。

（五）提升学校治理能力，推进精细化管理

17. 完善以学校章程为核心的现代大学制度和治理结构。贯彻实施《北京物资学院章程》，定期梳理学校内部规章制度，形成职责清晰、相互协调的校内制度体系。贯彻落实《北京物资学院党委领导下的校长负责制实施细则（试行）》，坚持民主集中制原则，提升决策层次和体系规范化水平。坚持并完善工作专题会、党建工作领导小组会、院（部）书记例会、校长工作例会等组织的工作机制，完善党委全委会、党委常委会、校长办公会的议事规则，提高议事决策效率和科学化水平。加强校院领导班子自身建设，强化理论武装，坚持“一会一解读”的校院两级理论中心组学习制度。完善校院两级教代会制度，充分发挥教代会在学校民主管理和民主监督中的重要作用。

18. 提高经费使用效益和财务资产管理水平。健全预算管理体制，完善中期预算调整机制。严格执行专项管理办法，加强项目库建设，强化专项立项与执行归口管理。加强专项绩效考核力度，有效提高资金使用效益。完善内部控制建设，有效防范各类财务风险点。以科学配置、提高效益、确保安全为目标，盘活存量资产，改进资源保障能力，提高资源保障水平。

19. 加强基本建设，提升服务保障能力。完成第一教学楼装修改造工程，推进后勤服务综合楼建设工作。加强校园规划设计，推进绿化美化建设。推进后勤标准化建设，提高后勤管理水平和服务质量。规范服务标准和业务流程，建立大后勤工作协调联动机制。构建规范、安全的网络信息化环境。加强数据平台建设，完善和规范信息技术标准，实现数据交换和数据共享。合理规划档案馆功能定位，做好学校各类档案的收集、整理、保管和利用工作。加强图书资源和数据库资源整合与建设，提升资源利用效率。

三、把握新时代党的建设总要求，全面推进党的建设，为学校事业发展提供坚强保障

20. 深入学习贯彻党的十九大精神。根据中央、北京市委、北京市委教育工委工作部署，学习贯彻党的十九大精神、开展“不忘初心、牢记使命”主题教育与学校事业发展紧密结合，深入查找学校发展不平衡、不充分问题，围绕学校特色优势领域，适应城市副中心建设与首都经济社会发展需要，制定有效措施，谋划学校发展，推动党的十九大精神落地生根。

21. 加强政治建设。严守党的政治纪律和政治规矩，牢固树立“四个意识”，不断强化“四个自信”，始终保持“四个定力”，坚决落实中央决策和北京市委要求，推动中央精神和北京市委部署在学校落地生根。严格落实民主集中制要求，加强对院（部）级民主集中制落实情况的监督检查。严肃党内政治生活，规范落实组织生活各项制度，常委会成员带头开展双重组织生活。

22. 加强宣传思想工作。严格落实意识形态工作责任制，完善分析、研判、督查等机制。强化网络意识形态工作，加强师生网络思政工作。完善党委教师工作部工作机制，通过联席会等形式，全面统筹推进教职工思政工作。积极推进十九大精神“三进”工作，以落实十九大精神进课堂开展课程思政工作为抓手，深入推进教工党支部教师课程思政工作。扩大对外宣传，提高新闻舆论引导能力。推进校园宣传展示区二期建设，不断提升学校美誉度。制定校园文化建设规划，推进校园文化建设。

23. 加强干部队伍建设。以《2018—2022年全市干部教育培训规划》为指导，全方位多维度加强干部培训，着力培养专业能力、专业精神和国际化视野。完善考核评价机制，将平时考核、年终考核、专项工作考核、培训考核紧密结合，充分发挥考核指挥棒作用，注重考核结果运用。从严从实加强干部管理监督，深入抓好“两项法规”的学习贯彻，妥

善用好提醒函询、批评教育、诫勉谈话等组织措施，使干部规矩意识、自律意识不断增强。健全干部容错纠错与激励机制，鼓励干部肯担当、有所作为。

24. 加强基层组织建设。以提升组织力为重点，突出政治功能，强化基层党建工作整体推进。按照全市“不忘初心、牢记使命”主题教育方案要求，引导党员干部悟初心、守初心、践初心，在推动学校事业发展中起到模范带头作用。继续深入推进“两学一做”常态化、制度化，结合《党建和思想政治工作基本标准》集中检查，认真查找问题，严格落实整改，完善制度体系，加强典型示范。全面加强党支部建设，以“一规一表一册一网”为载体，全面加强党员教育管理和监督，提高党员教育管理的规范化、精准化和信息化水平。完善基层党建工作述职评议考核实施方案，探索建立常态化基层党建工作考核机制。

25. 推进党风廉政建设。深入贯彻十九届中央纪委二次、三次全会精神，落实全面从严治党主体责任和监督责任，强化全程纪实。加强党风廉政建设宣传教育，开展廉政建设宣传教育月活动。注重特殊时间节点的重点检查与日常巡查相结合，整风肃纪。强化内控机制，完善执纪监督联席会议制度，规范权力运行，不断强化对重点领域、重点工作、重点环节的监督检查。正确运用“四种形态”，加强执纪问责。发挥监督委员会作用，完善党风廉政责任制建设巡察工作制度，强化督办和问题整改工作。

26. 切实维护校园安全稳定。坚持定期研判安稳形势，及时排查消除校园安全隐患。完善突发事件应急处理预案，确保校园安全稳定。巩固“平安校园”建设成果，不断提高综合防控能力和应急处置能力。强化两级安全责任意识，签订安全稳定工作责任书，层层压实工作责任。开展安全教育，提高学生自救互救技能。

27. 加强统群工作。充分发挥知联会组织作用，推动党外知识分子实践锻炼制度化、规范化。支持和帮助民主党派组织发展和自身建设，完善党外人士参与学校民主管理和监督的长效机制。做好民族宗教工作，防范非法宗教渗透校园。深入推进“文化养老”，切实做好离退休老同志服务工作。完善工作机制，扎实做好劳动人事调解工作。部门联动积极开展教职工服务项目，推动附属学校等项目落地见效，不断提升教职工幸福感和获得感。完成校团委换届工作，强化学生思想政治引领，提高共青团建设科学化水平；结合改革开放四十周年，通过开展主题教育活动，强化团员理想信念教育。

北京物资学院 2018 年工作总结

2018 年是贯彻党的十九大精神的开局之年，是中国改革开放 40 周年，是学校《〈关于统筹推进北京高等教育改革发展的若干意见〉实施方案》推动落实、扎实推进建设高水平应用型大学的关键一年。一年来，学校全面贯彻党的十九大精神，以习近平新时代中国特色社会主义思想为指导，贯彻党的教育方针，落实全国和北京市教育大会精神，落实《关于统筹推进北京高等教育改革发展的若干意见》，以立德树人为根本，以把学校建设成为在物流与流通领域国内领先、国际有影响力、与北京城市副中心相称的高水平应用型大学为目标，坚持走差异化、特色化发展之路，实施“立地顶天”发展战略，注重协同发展，以一流学科、一流专业建设为契机，以人事制度改革为突破口，全面深化改革，强特色补短板，持续提升学校核心竞争力，学校各项事业全面进步，党建和思想政治工作科学化水平不断提高，核心竞争力和社会美誉度显著提升。2018 年，学校在上海软科教育信息咨询有限公司“中国最好大学排名”中名列第 165 位，位列全国财经院校第 15 名、市属高校第 6 位。

这些成绩的取得，离不开北京市委、北京市政府、北京市委教育工委、北京市教委的正确领导与大力支持，离不开全校师生员工的共同努力与辛勤奉献。

下面就一年以来学校重点开展的工作进行总结。

一、加强党的领导，扎实推动学校事业全面发展

（一）强化理论武装，谋划学校发展

扎实推动十九大精神学习宣传贯彻。依据学校《学习宣传贯彻党的十九大精神工作方案》，把北京市委提出的七个环节要求分为“传达部署、深入学习、调研谋划、深入落实”四个阶段加以落实；制定《北京物资学院关于深入学习宣传贯彻全国及全市教育大会精神的实施方案》，扎实推进教育大会精神落地生效。紧密结合北京市《关于统筹推进北京高等教育改革发展的若干意见》文件精神和学校本科教学审核评估标准，研究调整学校办学定位和发展目标，形成改革发展基本思路。深化教育教学改革，推进学校办学水平不断提升。

学校坚持完善党委领导下的校长负责制，不断完善民主决策、科学决策机制，强化顶层设计，谋划学校发展。领导班子全年召开党委常委会 37 次，校长办公会 32 次，审议人才培养、学科专业、教学科研、组织干部、人事工作、国际交流与合作、社会服务等议题 339 项。对于事关学校发展全局的重大事宜做到专题研究、集体决策，分工合作、齐心协力推动学校工作上水平。

（二）聚焦重点工作，带动整体工作上水平

1. 制定落实北京统筹发展意见实施方案，确立学校发展新目标

为贯彻落实《关于统筹推进北京高等教育改革发展的若干意见》文件精神，学校领导班子先后召开 4 次务虚会，专题学习讨论文件精神，深入研究学校办学定位和发展目标。成立以校长为组长的工作小组，起草学校《落实

〈关于统筹推进北京高等教育改革发展的若干意见〉实施方案》，经过充分调研论证，历时三个多月、修改几十次，最终成稿，经党委常委会审议通过后上报北京市教委。学校确立以建设高水平应用型大学为目标，坚持内涵发展、特色发展和差异化发展；紧密围绕“有特色、高水平、应用型”推进改革发展；实施“立地顶天”“特色发展”“协同发展”三大战略，扎实推进“六大提升工程”，不断提升学校办学综合实力与核心竞争力。同时，强化宣传、凝聚共识，制定推进折子工程，注重任务分解，强化责任。

2. 以本科教学审核评估为契机，全面深化教育教学改革

学校统筹协调，顺利完成审核评估工作。成立评估办公室，集中开展院部评估及整改建设、预评估及整改建设等准备工作。评估前，学校领导深入各院部指导检查准备工作。针对专家反馈的意见建议，学校领导深入各院（部）教学单位，参与教师座谈，深入研讨教育教学改革思路。学校领导班子先后专题研讨本科教学工作 10 余次，紧密结合教育大会精神和高水平应用型大学建设目标，初步形成学校教育教学改革思路，制定《北京物资学院 2019 版本科专业人才培养方案修订指导意见》，切实推动人才培养质量提高。

3. 强化校际协同，助力学校快速发展

学校加强与北京交通大学、中央财经大学、首都经济贸易大学、对外经济贸易大学、中国科学院大学等高校合作共建。学校与首都经济贸易大学联合培养博士研究生工作已经正式启动。重点推进与北京交通大学的合作，构建形成校内促进合作体制机制，成立合作协调领导小组，坚持持续召开协调推进会。明确重点合作内容及目标和重点对接合作院系，制定共建高精尖学科方案，稳步推进专业共建。优化调整校内已有资源，调整改革智能物流系统协同创新中心运行管理机制和经费预算，落实开放课题。创建“物流学术诊断中心”，促进学术水平提升。为实现学科、专业协调发展全覆盖，学校在与北京交通大学合作初显成效基础上，还主动谋求与中央财经大学等央属院校合作，经济学院、商学院、法学院积极与中央财经大学相关学院对接，着力推进合作，以快速提升学校经济、管理、法学等学科专业实力。

4. 稳步推进合并工作，积极谋划校区定位发展

依据合并实施方案，平稳有序推进与北京市商务科技学校合并工作，逐步完成清产核资工作。先后与西城区、通州区、中关村管委会、中国期货协会、校友企业等沟通 20 余次，结合学校发展定位，统筹学校大学科技园，分校区定位逐渐清晰。完善管理体制机制，成立附属商务科技学校事务委员会、附属商务科技学校直属党支部。妥善安置北京市商务科技学校现职职工，组织部分人员试聘校本部岗位。充分调研制定岗位设置和试聘工作方案，有 47 人聘任至校本部专任教师和管理岗位，组织开展专项培训和座谈交流，顺利平稳推进两校实质性合并。

（三）激发学校办学活力，学校事业发展取得显著成绩

1. 深化人才培养模式改革，人才培养质量不断提高

以本科教学审核评估为契机，不断强化专业建设基础地位，着力推动教育教学改革，不断完善教学质量保障体系，人才培养质量显著提升。推进1个市级一流专业、3个市级共建专业、遴选5个校级一流专业的建设工作。调整优化专业布局，组织申报新专业3个。深化教育教学模式改革，强化复合型、应用型人才培养。结合学校办学定位和人才培养总体目标，会同校友办首次开办校友企业家课堂（399人次），继续开设暑期国际学校（481人次）。明确教育教学改革思路，制定出台《评估整改三年计划》等教育教学纲领性文件。推进课程建设和教学方式改革。推进信息技术与教育教学的融合，完成慕课课程教学平台论证、部署、培训、验收等工作，校外网络通识课程和校内自建6门慕课课程正式投入使用。完善教学管理制度体系，梳理和新建制度82项；打造常态化质量保障及监控体系，对领导巡课听课、督导听课看课、教学检查、学生座谈会等渠道反映的教学质量问题进行专项反馈。加强校院二级质量保障体系以及多方监控体系建设。强化校院两级指导与帮扶工作，重点针对新教师、青年教师、评教问题突出的教师，采用个性化帮扶、教研室研讨等方式，促进教学水平与教学质量的提升。落实应用型人才培养定位，整合校内外实践平台。梳理实验室课程资源，推动实验室资源共享。通过实培计划、推动校企合作人才培养模式开展，全年共申报“实培计划”项目28项，获批24项，获批支持经费154万元。组织和支持各项学科竞赛活动开展，全年获市级以上学科竞赛奖励194项。

招生工作成绩显著。生源质量进一步提高，10个省份投放一本招生计划，18个省份录取最低分超一本线；多个省份录取最低分超当地一本线50分以上。在京外区分录取批次的省份，录取分数达到或超过当地一本线的考生占84%。

学生工作成果显著。学校“专业使命教育统领的育人体系构建与实践”思政工作成果，荣获北京市委教育工作委员会组织的“第五届首都大学生思想政治工作实效奖”二等奖。全年组织学生献血达到500人次，学校被授予“首都无偿献血工作先进集体”荣誉称号。大型原创舞剧《运》在北京舞蹈学院首演并巡演8场，中央电视台、北京电视台等主流媒体相继报道，入选“京杭大运河文化带精品剧目”“民族艺术进校园”等项目，获得“第十五届北京舞蹈大赛舞剧奖”。

研究生培养质量不断提高。完成325人研究生招生，招生生源质量较高。强化研究生就业指导和服务工作，2018年毕业研究生整体就业率为99.58%。全面推进实施研究生培养校院两级管理模式，充分发挥研究生培养单位主体作用。完善研究生培养与导师相关制度，制定出台副导师遴选与管理、研究生国

奖评审、研究生评奖评优等相关文件。深入开展研究生教育教学改革研究，探索研究生联合模式改革，提升研究生培养质量。

继续教育工作成效显著。全年成人学历教育招生录取 515 人，各类收入总额达到 1150.81 万元，实现纯利润 767.11 万元。培养质量不断提升，继续教育大学生计算机设计应用竞赛荣获团体第四。

2. 学科建设取得突破，科学研究水平显著提升

获批 2018—2020 年博士学位授予立项建设单位，与首都经济贸易大学联合培养博士生。学位点建设工作取得突破。获批理论经济学、金融专硕学位点；积极组织申报会计专硕，目前已经通过北京市学位办公示，报批国务院学位办备案。与北京交通大学开展高精尖学科共建工作。合作内容目标明确，机制体制不断保障完善。

学校高级别项目立项工作成效显著。国家自然科学基金项目获批 3 项，教育部人文社科基金项目获批 5 项，北京市社科基金项目获批 18 项，各类项目立项情况好过往年。全年科研项目经费 1904.52 万元，其中，纵向项目合同经费 597.5 万元，横向项目合同经费 396.02 万元。教师出版著作、获得专利授权、在 SCI 一区二区、权威 A/B 级、CSSCI 期刊上发表论文均收获颇丰，其中 CSSCI 期刊论文年增长率为 28%。

3. 完善管理体制机制，社会服务能力显著增强

成立对外合作办公室，强化对外合作服务职能。聚焦物流与流通领域、高端产业发展平台，智库作用发挥日益显著。依托学校资源优势，为赤峰、玉树、拉萨等地区提供物流、电子商务领域的科研技术服务，先后举办“河南省对口协作业务能力提升培训班”“十堰市政府电子政务及政务信息培训班”和“拉萨市当雄县党政干部暨精准扶贫骨干培训班”。参与各类培训 600 多人次，成为市属高等院校先进示范单位。聚焦应用型大学建设目标，坚持到校外物流基地和大型企业调研，先后与通州中关村物流产业园、北京物流协会及北京京粮物流有限公司、北京人福医疗器械有限公司等公司签订战略合作协议。

4. 加强对外交流与合作，国际化办学水平不断提升

国际办学资源不断拓展，国际办学影响力显著提升，全年新增海外合作院校机构 14 所。合作伙伴水平不断提升，成功与英国剑桥大学克莱尔霍学院、美国加州大学伯克利分校签署学生交流学习协议。国际学术交流水平再上新台阶，教师海外访学计划稳步推进，中美、中德、中日物流论坛和大数据技术应用国际研讨会等国际学术交流活动相继开展。出国学习交流项目质量进一步提高，全年一学期以上学习交流学生人数达到 58 人。来华留学生规模不断扩大，质量不断提升。全年招收留学生 178 人，其中在校本科生、硕士研究生 72 人。北京市教委“一带一路东盟国际物流人才本科班”正式开班，成功申请 2019 年奖学金专项。学校国际化办学环境进一步改善，改建留学生宿舍 28

间，留学生教学活动中心投入使用。

5. 深化人事制度改革，学校内生活力不断迸发

坚持实施人才强教计划，多渠道引进和培育高层次人才。全年共引进1名教授、2名副教授、52名专任教师，使专任教师规模由67%提高至71%。5名教师获批通州区“两高”人才“运河计划”科技领军人才项目，1名教师获批北京市长城学者，2名特聘教授获批北京市资助，实现了高层次人才引进零的突破。聘任47名原北京商务科技学校职员，充实到本部专任教师和管理岗位。

完善教师培养培训体系。启动“教师海外访学计划”，出台《北京物资学院教师国（境）外访学研修管理办法（试行）》，选拔资助7名教师赴国外知名高校访学研修，同意4名教师赴国外自费访学。完善新教师入职培训方案，出台《北京物资学院青年教师导师制实施办法》，固化新教师第一年不排课制度，加强对新教师综合素质和能力系统培养。

探索实施多种用工方式，规范各类人员管理。出台《北京物资学院外聘教师管理办法》，规范外聘教师聘用的条件、程序和要求；探索实施多种用工方式，30名原劳务协议人员改为劳务派遣。组织完成教师职务晋升聘任工作，7名教师晋升教授职务，22名教师晋升副教授职务。完成教师岗位2015—2017聘期考核工作，进一步激发教师工作内生动力。

规范人员经费管理，完善绩效工资分配制度。组织开展津补贴专项检查，规范特岗津贴发放标准和流程，完善绩效工资总额控制和奖励绩效分配制度，按照上级要求调整基本工资标准和发放一次性绩效工资，教职工收入水平稳中有升。人事系统上线运行，信息化建设有效提升工作效率和管理水平。

6. 推进精细化管理，学校治理能力显著提升

党委领导下的校长负责制和“三重一大”制度得到有效坚持，领导班子议事决策机制逐渐完善。重要议题专题论证和文件传签制度作用逐步显现，决策水平和会议效率有一定提高。二级学院办学主体地位逐渐显现，二级学院办学活力不断提升。

推进机构改革，稳步推进机构设置改革实施方案。成立附属商务科技学校、研究生院、对外合作办公室、校友办、艺术教育中心、保密办公室、教学质量监控与评估中心（教师发展中心）等机构，学校组织管理设置不断优化。

专项管理水平全面提升。注重专项归口管理。建立专项申报滚动预算机制。实行预算和立项分离，推进分级立项。纳入预算的专项需要根据“三重一大”要求及规定审批程序审批后立项实施。强化前期论证。出台《北京物资学院专项管理若干意见》和《北京物资学院专项论证管理办法》。加强专项验收，重视专项建设后期的验收和绩效评价，形成项目闭环。出台《北京物资学院重大项目整体验收暂行管理办法》和《北京物资学院专项支出绩效评价工作实施办法（试行）》。深化了专项论证和验收环节的监督，实现了从立项到验收的全过程闭环管理，完善了专项整体管理体系。

7. 改善办学条件，学校服务保障能力不断提高

校园环境提升工程持续推进，全年完成各类基建修缮项目 30 个，完成投资 3575 万元。高质量完成第一教学楼装修改造工程，以崭新的面貌迎接本科教学审核评估。通过实施大礼堂、物流系统与技术实验教学示范中心、学生浴室、留学生公寓、留学生活动中心等装修改造项目，校园环境进一步美化，教育教学条件得到有效保障。推动后勤规范化管理水平提升，以提高规范化管理水平为目标，加强规章制度建设，制定完善制度 32 项。深度开展餐饮水平、洗浴条件和住宿环境“三个进一步提升”工程，师生满意度进一步提高。新增纸本中文图书 30680 册，外文图书 806 册；订购中文期刊 794 种，外文期刊 102 种。数字资源新增 14 种，数据库增至 49 种。加强数据平台建设，实现数据共享和数据交换。实现学生公寓室内无线网络全覆盖。新建教学视频监控中心和听力放音系统，建成 93 间标准化考场和 9 间现代化教室，教育教学管理信息化水平显著提升。

二、落实全面从严治党主体责任，为学校事业发展提供坚强保证

（一）以政治建设为统领，不断提升党建工作质量

学校始终把党的政治建设作为推进学校工作的统领，把讲政治的要求贯穿于全面从严治党的全过程。坚决维护党中央权威和集中统一领导，严格执行市委决定部署。严明党的政治纪律和政治规矩，加强政治生态建设，推动形成积极健康的党内政治文化氛围。坚决做到与以习近平同志为核心的党中央保持一致，中央号召的坚决响应，中央要求的坚决执行，中央禁止的坚决不做。

全面学习贯彻党的十九大精神和习近平新时代中国特色社会主义思想，学习贯彻全国和北京市教育大会精神，进一步增强“四个意识”，坚定“四个自信”，坚决做到“两个维护”，要求全体党员干部从思想上、行动上与党中央保持高度一致。充分发挥领导干部带头示范作用。

强化党员干部培训，增强党员干部政治敏锐性、政治鉴别力和防范政治风险的能力，确保自觉抵制各种错误思想、错误倾向的干扰，始终保持政治定力，坚定政治站位。严肃党内政治生活。学校领导班子和二级单位领导班子按照民主生活会的方案要求开好民主生活会。

（二）落实全面从严治党，推进高校党的建设向纵深发展

制定年度全面从严治党责任分工，明确领导班子成员责任，指导督促二级单位党组织抓好责任分工；分层级与处级以上领导干部签订个性化责任书和承诺书，把全面从严治党责任层层分解、全面压实，采取“四不两直”的方式对 6 个学院开展了全面从严治

党主体责任的调研检查。认真落实全面从严治党工作全程纪实制度，依托巡察、全面从严治党主体责任调研检查等形式，督促领导干部把全面从严治党责任落到实处。

坚持不懈开展警示教育提醒。通过集中开展《中华人民共和国监察法》《中国共产党纪律处分条例》学习活动，邀请校外廉政领域专家来校作“以案说纪”讲座，组织党员领导干部收看《警钟长鸣——红线不容触碰》纪律教育警示录像，利用信息平台组织廉政知识学习和测试等形式，将警示教育活动贯穿全年始终。着眼构建不能腐的防范机制，先后制定出台北京物资学院《重点领域关键环节监督检查办法》等十多项制度，逐渐形成制度建设上下对接、制度执行全面加强、各项工作对标推进、依规治校持续发力的良好工作格局。

扎实推进校内巡察工作。按照巡视工作模式，先后对学校 17 个二级单位开展巡察工作。制定出台《北京物资学院全面从严治党巡察工作实施办法》，依托学校办公室成立巡察工作领导小组办公室，设立兼职巡察工作人员；从各单位抽调 40 人次，组建 8 个巡察工作组；规范 2 类被巡察对象和具体巡察内容，统一 6 种巡察方法。坚持“依规巡察、效果优先、重在整改”原则，对被巡察单位集中会诊把脉，提出 40 余条整改意见。通过巡察，着力解决了一些日常监督难以发现的问题，促进了上级和学校决策制度的高质量落实，提升了学校党委集中统一领导的向心力、凝聚力和战斗力。

（三）坚持正确选人用人导向，干部队伍素质不断提高

完善干部队伍建设与培养体系，专题讨论研究机构调整和设置方案，制定《2018 年干部选拔任用工作方案》（讨论稿），修订 2018 年版《岗位说明书》（讨论稿），按照循序渐进原则，到 2018 年年底共任免 50 人次，其中，提任 15 人次。加强优秀年轻干部培养，做好梯队建设。筛选汇总优秀年轻干部，明确培养对象。注重对系（教研室）主任、党支部书记、辅导员和机关工作人员培养交流，鼓励处级干部参加挂职锻炼。

加强干部教育培训。全年共面向处级以上干部在校内举办各类培训 7 个班次，参训 345 人次，总计 7444 学时。面向全体处级干部举办十九大集中培训、专题读书活动、廉政教育专题培训等，共计 268 人次参训。加强年轻干部、新任干部素质拓展、技能培训。面向新任处级干部以干部沙龙的形式举办 3 次专题培训，共计 48 人次参训。

完善考核机制，加强干部考核工作。完善处级干部考核方案，细化考核指标和考核方式，强化考核结果的运用，建立激励和职业发展相关机制，充分激发干部内在动力。注重将单位内部民主测评环节和考核组考核环节相结合，将个人优秀和处级单位考核优秀相关联。强化考核结果运用，注重结果反馈，将考核与奖励挂钩并作为干部选拔任用重要依据。坚持严管与厚爱相结合，从严管理，加强监督。严格干部报

告个人事项制度，严格处级以上干部请销假审批制度，核查处级干部档案，建立容错纠错机制。坚持“凡提四必”，严把干部选拔任用关。

（四）强化组织体系建设，基层党建规范化水平

完善基础组织工作机制。修订党政联席会议、院（部）级党组织会议、院务会相关制度，明确了院（部）集体领导、党政分工合作、协调运行的工作机制，确保院（部）级党组织政治核心作用发挥。推进《中共北京物资学院系（教研室）务会议办法》落实。指导学院（部）制定实施细则，严格制度落实，确保教师党支部围绕中心工作有效发挥战斗堡垒作用。

选优配强教师党支部书记。按照“双带头人”标准配备教师党支部书记，目前90%的教师党支部书记符合“双带头人”标准，机关党委100%实现由部门正职干部担任党支部书记。强化培训，通过组织集中培训、网络培训，举办十九大精神集中轮训班、井冈山党性教育培训班等，提升党支部书记政治理论水平和党务工作能力。

继续推进专业使命教育，推进“两学一做”常态化、制度化。深化专业使命教育，举办“我的青春·我的专业”使命教育学生宣讲活动。指导党支部提高组织生活质量，抓好党支部主题党日，指导基层党支部开展“七一”主题党日活动和“不忘初心、牢记使命”主题党日活动。推动基层党建工作载体和机制创新，基层党组织申报特色活动基金项目立项23项，支持经费7.2万元。鼓励基层党组织开展党建活动，强化基层党组织的政治属性。加强对基层党建工作检查指导，落实督导员督导制度。规范落实中共北京物资学院党员领导干部联系指导基层党组织制度，制定年度学校领导班子、党委职能部门负责人、学院党员领导班子成员联系指导学生党支部计划安排，做好制度监督落实工作。完善院（部）级党组织书记党建工作述职评议考核工作的过程考核和量化考核，并将量化分数纳入党建考核总分。

（五）强化意识形态工作，宣传思想工作成效显著

强化主体责任，完善二级单位意识形态工作领导体制机制，层层压实意识形态工作责任制落实。签订意识形态安全责任书，主持召开舆情分析研判会、党委常委会专题研究意识形态工作。建立健全自查制度，深入开展调研督查，将意识形态督查纳入校党委内部巡察范畴、纳入全面从严治党校内调研指标体系、纳入年终基层党建工作考核之中，并与绩效工资挂钩。加强规范听课督导制度，划定课堂教学意识形态安全底线和红线。完善舆情摸排机制，加强师生引导教育。严格落实“一会一报”制，形成闭环管理，全年审批报告会、研讨会、讲座、论坛等60余次。通过召开座谈会、培训交流会等，把控师生思想动态。加强对“两微一端”等新媒体及师生自媒体管理引导。

完善制度建设，推动师德师风常态化、长效化。先后制定实施《北京物资

学院师德“一票否决制”实施细则（试行）》等文件，将师德考核内容纳入干部聘任考核、教师年度考核、聘期考核和各类评优评奖的考核，明确师德失范一票否决。首次在全体教职工中开展年度师德考核，强化师德考核意见作为教职工聘任、晋升、奖惩、人才推荐等事项的重要依据。制定实施《北京物资学院关于暂停课堂教学不合格教师从事本科课堂教学工作的规定（试行）》，健全课堂教学管理办法和管理体系。强化课程思政，探索打造课程思政精品课。加强思想政治理论课教育教学，建立健全新教师试讲制度、集体备课制度、教师听课互评制度、集中命题制度等，大力提高教学质量。依托“易班”网络社区，持续推进学生网络思政。

坚持以文育人、以文化人，推进校园文化建设。成立大运河研究院，召开“中国大运河智库联盟”会议，通过课题研究、专项调研、召开智库论坛等形式，形成推进大运河文化带建设的合力。出品大型原创舞剧《运》，成为首届“流动的文化——大运河文化带精品剧目展演”首场剧目。建设完成学校宣传文化展示区，成为学校内外形象的展示窗口和校情校史教育的基地。完成学校教学楼各楼道文化设计展，推进单位文化墙布展工作和二级网页完善工作。通过橱窗、电子屏、微信公众号、校园网主页等途径加强校园文化氛围营造。

（六）持续加强作风建设、党风廉政建设和反腐败工作

构建立体监督体系。强化组织监督，发扬民主监督，注重同级监督。完善廉政监督联席会机制，集中会商各领域廉政风险；强化重点领域、关键环节的监督。制定北京物资学院《重点领域关键环节监督检查办法》，明确主责单位职能监督责任、监督单位的专责监督责任。完成对大额资产采购、项目结项验收、教育教学秩序等领域重点督查，坚决纠正不合理支出和违规现象，较好地起到警示和震慑作用。

加强专项检查和廉政提醒。认真贯彻落实中央八项规定精神和市委实施办法，集中检查京外培训、出国考察和处级干部请销假等相关情况，对办公用房清理整治情况进行“回头看”。认真做好廉政提醒，组织13名新提任处级领导干部进行集体谈话；元旦、春节等时间节点，做好提示提醒，要求院（部）级党组织认真落实主体责任。

积极践行监督执纪“四种形态”，认真做好信访和案件查办工作。正确运用“四种形态”，坚持抓早抓小、防微杜渐；严肃惩处违纪违规行为，对1个单位的违规问题进行通报批评，对2名干部作出组织处理，对1名干部给予党内警告处分，在党员领导干部和全体教职工中引起震撼，学校讲规矩、守纪律、不越红线的自觉意识明显增强。

（七）注重校园安稳，汇聚学校发展合力

强化安稳工作。制定出台《北京物资学院关于加强安全稳定工作的意见（征求意见稿）》，进一步完善安全稳定工作体制机制，明确二级单位安全稳定

责任。以“平安校园”建设提升工程为抓手，积极探索“一校七点跨三区”安全管理模式，物防、技防系统整合联动水平显著提升。做好校园综合防控工作。加强安全稳定形势分析研判，组织召开安全稳定小组工作会议，定期汇报安全稳定形势，保障校园消防安全。先后按系统、按区域组织专项消防安全隐患排查 26 次。做好校园治安防范。加强安全教育及法制宣传，引导学生提高自我防范意识。注重安全防范和反恐应急力量建设，提升反恐应急处突能力。完善安防系统，增加视频监控点位 24 个，新增“天玑一号”防泄密软件、新能源车牌识别等系统，科技防范水平进一步提高。

高度重视工会教代会工作。成功召开第六届“双代会”，顺利完成两委换届，讨论修订教代会实施办法，进一步规范教代会和工会机构设置，全面做好提案征集和立案反馈工作。持续创建先进和模范“职工之家”，外国语言与文化学院通过市教育工会先进职工小家验收并授牌。精心组织健康徒步、广播操展示和首届师生瑜伽比赛等活动，丰富教职工生活。推进青年教职工子女入学工作，规范困难补助金、爱心补助金发放，传递爱心送温情。精准完成两批青年教师公租房分配工作，有 48 名青年教师顺利入住新居。

重视统群工作。把统战工作纳入学校党建工作、人才工作、干部工作整体规划，进一步完善党委统一领导、统战部牵头负责、各部门密切配合、各民主党派共同参与的工作机制。扎实推进党外知识分子工作，成立北京物资学院党外知识分子联谊会。重视党外代表人士作用的发挥，围绕“北京城市副中心产业疏解与发展”专题，与通州各界共同商讨，共谋实事，为通州区产业的发展出谋划策。调整民族宗教领导小组，制定《北京物资学院宗教工作方案》，对宗教工作自查进行全面部署，对师生民族和宗教信仰情况开展摸查。

重视发挥离退休老同志优势作用。开展为党和人民事业增添正能量活动。召开“我看改革开放新成就”——纪念改革开放 40 周年专题座谈会。牵头做好北京市教育系统捐赠军训服装工作，共收集、清理北京 19 所高校的 13000 余套军训服。树立精准服务理念，认真落实走访慰问制度，全年走访慰问老同志 90 人次，发放慰问金 4.2 万元。

重视发挥共青团作用。成功召开共青团北京物资学院第八次代表大会，选举产生新一届委员会委员。高扬精神主旋律，做好思想引领工作。开展特色鲜明、形式多样的宣传教育活动，推动十九大精神和社会主义核心价值观入脑入心，用专业使命连接“中国梦”和“我的梦”。创新工作方法占领网络思政主阵地，引导青年服务国家，强化实践育人。扎实做好社会实践和志愿服务工作。

重视校友工作。推动基金会换届工作。校友办平台桥梁作用日益明显，校友互助机制不断完善，捐赠回馈母校途径不断拓宽。

本科教学工作审核评估工作综述

根据《教育部关于开展普通高等学校本科教学工作审核评估的通知》（教高〔2013〕10号）和北京市教育委员会及北京市人民政府教育督导室《关于印发北京市普通高等学校本科教学工作审核评估实施方案的通知》（京教督〔2017〕10号）文件要求，市教委、市政府教育督导室于2018年10月14—18日对学校本科教学工作进行审核评估。

审核评估是在我国高等教育新形势下，对学校教学改革、教学建设、人才培养等整体状况进行的一次有针对性的检验，也是对学校综合实力、办学水平、整体发展状态进行的一次全面的考察。审核评估主要是看学校在满足基本办学条件的基础上是否达到了自身设定的目标，国家不设统一评估标准，是用自己的尺子量自己。核心是“质量”，目的是“保障质量”，即要促进学校坚持内涵式发展，引导学校建立自律机制，加强质量保障体系建设，强化自我改进，不断提高办学水平和教育质量。审核评估范围主要包括学校的定位与目标、师资队伍、教学资源、培养过程、学生发展、质量保障以及学校自选特色项目等方面，涵盖学校的办学定位及人才培养目标，教师及其教学水平和教学投入，教学经费、教学设施及专业和课程资源建设情况，教学改革及各教学环节的落实情况，招生就业情况，学生学习效果及学风建设情况，质量保障体系的建设及运行情况等。

学校领导高度重视本次审核评估工作，将迎评工作作为学校重点工作之一，多次召开专题会议研究部署审核评估工作，要求学校相关部门按照北京市审核评估要求精心组织实施，确保审核评估工作顺利完成。

一、审核评估的组织机构

2017年3月15日，学校正式下发《关于成立本科教学审核评估领导小组和工作办公室的通知》（物院发〔2017〕8号），成立了本科教学工作审核评估领导小组和审核评估工作办公室，建立了学校审核评估工作组织体系。

审核评估工作领导小组由校党委书记、校长担任组长，主管教学的副校长担任副组长，成员为其他校领导。小组负责领导和部署全校审核评估工作，审议审核评估工作的重大事项，审定审核评估工作阶段任务和自评报告等相关材料。定期召开工作会议，研究评估工作中存在的问题，提出决策意见。领导小组下设学校审核评估工作办公室。

审核评估工作办公室由主管教学的副校长担任主任，教务处处长担任副主任，成员为学校各教学教辅单位负责人。主要负责制订审核评估工作方案及工作计划，协调各专项工作组及职能部门之间的工作，组织开展院部评估、校内预评估、迎评各项工作。

审核评估工作办公室下设11个专项评估工作组，分别负责自评报告起草、数据与材料统筹、教学、人才队伍、学风、科研、资金保障、资产管理、环境建设、宣传和综合协调工作。

二、审核评估的总体设计

审核评估坚持“以评促建，以评促改，以评促管，评建结合，重在建设”的方针；突出内涵建设，突出特色发展；强化办学合理定位，强化人才培养中心地位，强化质量保障体系建设，不断提高人才培养质量。

学校审核评估工作共分为五个阶段。

第一阶段：部署动员阶段（2017年3月—2017年9月）。审核评估工作领导小组研究部署工作，设立组织机构，明确工作日程、任务分工和总体实施方案。组织学习教育部、北京市及学校相关文件，统一思想，提高认识，使全校师生员工进一步明确审核评估工作的意义与重要性。

第二阶段：自评自建阶段（2017年10月—2018年2月）。各工作小组制定本组工作方案。全面启动自评工作，依据审核评估的审核项目、要素和要点全面检查本科教学工作状况，收集、整理教学基本状态数据资料，形成支撑材料；准确把握存在的问题和薄弱环节，加强整改和建设；初步形成自评材料，包括分项自评报告、自评依据、支撑材料等。组织相关单位采集、整理、复核教学状态数据，根据上级要求按期完成教学状态数据的填报。

第三阶段：预评改进阶段（2018年3月—2018年9月）。各院部按照学校工作安排，对照审核评估指标体系，完成自查和整改工作。根据院部自评的结果，针对存在的问题，系统地开展评估建设；聘请校内外专家进行学校预评估，根据预评估结果进一步完善自评报告，充实各项材料，持续改进。形成自评报告初稿，并进行修改审定。

第四阶段：正式评估阶段（2018年10月）。动员全校做好专家进校审核评估的准备工作，迎接本科教学工作审核评估。

第五阶段：整改提高阶段（2018年11月起）。根据专家提出的意见和建议，提出整改方案，制定整改措施，落实整改任务。组织整改工作的检查验收，撰写整改工作总结并按要求上报。持续、系统地开展评估建设工作。

三、审核评估工作的筹备情况

2017年，学校本科教学审核评估工作全面启动。校领导先后率队赴对外经济贸易大学、北京工业大学等高校调研学习，组织相关人员参加教育部高等教育教学评估中心在北京、广州、南昌组织的研讨培训会，深入学习审核评估新理念、新标准、新方法和新要求。2017年7月14日面向全校召开本科教学工作会暨本科教学工作审核评估启动会，正式发布北京物资学院本科教学工作审核评估工作方案，对学校审核评估的筹备工作进行了系统设计。

1. 组织实施院部审核评估

2017 年 11 月 20 日，教务处下发《关于启动院部本科教学工作审核评估工作的通知》（物院教〔2017〕25 号），发布了《北京物资学院院部本科教学审核评估工作实施办法》，确定了院部评估的指导思想、总体目标、基本原则、组织机构、评估重点和进度安排，明确解释了对院部评估的审核范围和内涵，对院部教学档案和支撑材料的准备提出了明确的要求。

2018 年 4 月 18 日—5 月 3 日，学校组建审核评估考察组就审核评估工作开展情况对各教学院部进行了走访考察，全面覆盖学校 8 个教学院部。考察组走访考察 106 人次，听取院部负责人汇报，审阅教学相关文件资料，检查各院部近三年内的教学大纲、试卷、论文等教学文件，然后组织召开专题座谈会，进行集中评议及反馈。2018 年 5 月 16 日学校召开院部审核评估暨期中教学检查反馈会，及时通报了院部评估考察的整体实施情况，总结反馈了院部评估考察及期中教学专项检查过程中发现的共性问题，提出了院部评估整改建议。

2. 组织实施审核评估预评估

为确保审核评估正式评估的顺利进行，学校制定了《北京物资学院本科教学工作审核评估预评估工作方案》，2018 年 7 月 1—4 日开展了审核评估预评估工作，预评估工作内容和流程均按照正式迎评的要求进行。预评估专家组由来自北京市及外埠其他高校的 9 位知名专家组成。

预评估专家入校考察期间，一共听课 32 门次，与校领导及其他职能部门负责人进行深度访谈 40 人次，走访教学单位及机关部处 55 人次，召开了教师座谈会 1 次，调阅 36 门课程的 1618 份试卷和 22 个专业 959 份毕业论文，考察了 5 个校外实习基地和用人单位，调阅了学校相关的管理制度 28 份、18 门课程教学大纲以及听课记录等其他材料，考察了学校的教学条件、信息化条件、体育设施以及后勤保障条件等，实现了考察范围的全覆盖。反馈会上，预评估专家组专家从人才培养的各个方面提出了宝贵意见并分享了评建经验。

预评估结束后，审核评估办公室及时与学校各职能部门及教学院部就迎评期间遇到的问题和专家组反馈的意见进行了总结、研讨和交流，提出了整改方案和措施。2018 年 7 月 24—25 日，审核评估办公室及督导组组成整改考察组对整改情况进行了考察。

3. 全面做好正式评估筹备工作

结合预评估情况，2018 年 9 月学校制定发布了《北京物资学院本科教学工作审核评估迎评工作方案》。各审核评估工作组密切配合，高质量完成了全国高校教学基本状态数据库数据填报、本科教学质量报告、审核评估自评报告及自评报告支撑材料、案头材料、自评报告、评估知识宝典、专家进校考察流程及接待方案等正式评估筹备工作。

4. 接受审核评估专家组入校考察

2018 年 10 月 14—18 日，学校正式接受审核评估专家组进校考察。审核评估专家组由北京市督导室根据学校专业布局和审核评估要求委派，共 11 位评估专家和3位专家组秘书。进校评估期间，专家组听取了王文举校长对学校办学情况的介绍，集中考察了校园文化展示区、图书馆、教学监控中心、文体馆和国家级物流系统与技术实验教学示范中心；共计听课34节，看课若干，查阅40门课程2266份试卷，查阅23个专业和方向的648份毕业设计论文；访谈380人次，涉及11个教学科研单位及24个行政部门，对全体校领导分别展开深度访谈；召开教师和学生座谈会、实地考察2个校外实习基地和就业单位；考察学校的实验教学中心、各学院实验室或实训中心、学生宿舍、食堂、体育场等；查阅了与本科教学工作、教师学生发展相关的制度文件及支撑材料。专家组通过反馈会对学校迎评各项组织工作给予了充分肯定，指出了学校在人才培养各方面取得的成果及目前存在的问题，提出了宝贵的整改建议。

专家离校后，学校迅速启动了审核评估整改工作，深入研究制定整改方案并组织实施，全部整改工作将于2019年年底完成。

四、审核评估的效果

本次审核评估对学校教学改革、教学建设、人才培养等教学情况和学校综合实力、办学水平、整体发展状态进行了全面梳理，是对学校教学工作的一次全面诊断，是通过学校自评和专家评估共同促进学校不断加强教学质量保障体系建设、完善人才培养机制、进一步提高教学质量的重要评建过程。学校通过积极开展自我评估和改进，进一步明晰了办学定位，突出特色发展，强化了人才培养中心地位，不断优化了各项教学条件，完善了教学管理制度和教学质量保障体系，进一步强化了全校师生对学校的认识、了解和热爱，为不断提高学校人才培养质量和促进学校事业全面发展奠定了坚实的基础。

稳步推进北京市商务科技学校并入工作

2018年2月9日，北京市教育委员会发布《北京市教育委员会关于将北京市商务科技学校并入北京物资学院的通知》（京教函〔2018〕54号），决定将北京市商务科技学校整建制并入北京物资学院。

通知发布后，北京物资学院积极推进内部管理体制改革，统筹和优化教育资源配置，科学合理地调整内部机构、确定人员编制，扎实稳步推进人员、资产、经费等方面的并入工作。原北京市商务科技学校整体并入北京物资学院后，暂更名为“北京物资学院附属商务科技学校”。并入工作正式启动以来，北京物资学院党委坚持团结务实、勇于担当，以高度的政治站位，通过大量的实地调研，确定了各校区的功能定位，制定了并入工作的整体方案并推动各项工作有序顺利开展。

一、邀请西城区委、区政府领导进行座谈，探讨校区定位

2018 年 3 月 22 日下午，西城区副区长司马红、西城区科信委党组书记刘化杰、中关村西城园管委会副主任袁文和创新处处长李学峰等有关部门负责人前往右安门校区调研指导。校党委书记李石柱、现代物流产业研究院副院长余茜、原北京市商务科技学校校长杨帆、校党委书记祁昕、副书记郝庆等人参加活动。

司马红副区长一行首先参观了校区，实际了解了学校的基本情况，随后参加了专题交流座谈。校党委书记李石柱详细介绍了北京市商务科技学校并入北京物资学院的基本情况，并表示希望西城区有关领导能够在右安门校区的发展定位和运行模式方面给予指导。

现代物流产业研究院副院长余茜详细汇报了北京物资学院、北京市商务科技学校的基本情况以及学校对右安门校区发展定位。西城区科信委、中关村西城园管委会负责同志介绍了西城园区和科技创新基地的相关情况，就校区的发展定位、商业运行模式提出了建议和意见。随后双方就西城校区的未来发展定位、运作模式开展了深入的交流，重点讨论了开展产学研合作的可行性。

最后，司马红副区长表示学校领导要高瞻远瞩、顾全大局，科学分析学校优势特色，结合区域功能定位和发展规划方向制定发展战略，建议学校在城市发展总规划指导下，充分发挥北京物资学院大学科技园等平台作用，发挥学校学科专业优势，打造以金融、供应链物流主导的产学研合作基地，同时表示西城区相关部门也将为学校右安门校区的发展建设提供相关政策支持。会议结束后，李书记组织召开了右安门校区发展的现场工作部署会议，部署安排了近期关于右安门校区发展建设的重点工作，将加快顶层战略规划设计，推动该校区的可持续发展。

二、邀请企业家校友、各学科专家共同研讨校区发展

7 月 1 日下午，学校邀请部分企业家校友及学科建设专家召开右安门校区建设座谈会。校长王文举、原北京市商务科技学校校长杨帆及相关部门负责人参加座谈会。

与会人员详细走访了右安门校区，特别是重点了解基础设施、专业设备、公共资源配置等方面的情况。相关负责人详细介绍了右安门校区的建设定位、学校与西城区政府沟通情况，以及校企合作机制下的期货人才培养实践基地和金融领域高端智库建设等项目的规划筹备情况。计划与国内外期货企业及行业协会共同开展专题研讨，科学谋划期货行业高端产学研合作基地的建设。

与会校友结合各自工作实际情况，积极献言献策。从建设模式、运营方式、人员配置、功能布局、业务选择等多个方面阐述了意见；并介绍了期货领域目前最新的行业发展情况和人才培养需求，同时对如何深化期货领域的人才培养改革提出了建设性意见。

王文举校长介绍了学校在专业、学科、社会服务、校园建设等方面的最新情况；欢迎校友以担任客座教授、兼职导师的形式深度参与学校的人才培养与发展，将右安门校区建设成为期货领域全国领先的产学研合作基地；要求学校相关部门加大调研力度，与校友深入沟通研讨，探索创新运作模式，全面推进右安门校区的各项建设工作。

三、扎实稳步推进人员聘任工作

人员聘任工作从 6 月 22 日开始，至 7 月 24 日结束，共有 47 名原北京市商务科技学校教职员工通过动员、报名、资格审核、面试考察、公示等环节被聘任至北京物资学院处级以下相关岗位。

6 月 22 日上午，北京物资学院附属商务科技学校人员聘任动员大会在校本部崇德楼一层报告厅召开。北京物资学院副校长刘永胜、人事处处长赵隽咏，附属商务科技学校校长杨帆、党委书记祁昕、党委副书记郝庆、副校长张杰以及附属商务科技学校全体教职工参加了会议。

杨帆校长做了聘任工作动员讲话并对北京物资学院附属商务科技学校（三校区）处级以下岗位聘任工作方案进行了说明。杨校长指出，自 2018 年 3 月并入工作正式启动以来，北京物资学院党委坚持团结务实、勇于担当，通过大量的实地调研，确定了各校区的功能定位，制定了并入工作的整体方案并推动各项工作有序顺利开展。在附属商务科技学校教职工安置工作中，北京物资学院党委坚持发展成果共享原则，提出要充分保障附属商务科技学校教职工的利益，充分尊重附属商务科技学校教职工的感情，充分听取附属商务科技学校教职工的意见，通过细致的调研和前期准备工作，为聘任工作方案的制定打下了坚实的基础，也充分体现了北京物资学院党委高度的人文关怀。他希望附属商务科技学校全体教职工能够认真对待本次聘任工作，结合自身情况积极应聘相应的岗位，认真学习，主动适应，为北京物资学院各项事业的发展做出努力。

人事处处长赵隽咏对北京物资学院附属商务科技学校教职工聘任校本部处级以下岗位工作方案进行了解读说明。赵处长指出，附属商务科技学校教职工安置工作是整个并入工作的一项重要内容，北京物资学院党委高度重视此项工作，多次提出在工作中务必要保证附属商务科技学校教职工的利益。人事处按照学校党委的指示，与附属商务科技学校的领导及相关部门反复沟通，制定了校本部聘任工作方案，这一方案与三校区岗位聘任方案具有整体性和一致性，学校也将充分保障附属商务科技学校教职工的聘任岗位数量，希望各位老师能够积极应聘。随后，赵处长就学校本部岗位设置与聘任条件进行了重点讲解。

刘永胜副校长在总结讲话中指出，学校党委高度重视本次聘任工作，附属商务科技学校聘任方案以及学校本部聘任方案全面考虑了附属商务科技学校教职工各方面的情况，充分体现了以人为本的指导思想。近年来，学校各项事业发展迅速，对于人才的需求也日益迫切，希望各位老师能够树立政治意识、大局意识、服务意识和规范意识，尽快熟悉新的工作环境与工作岗位，通过全校上下教职工的共同努力，促进学校整体事业发展取得新的成绩。

本次动员大会标志着原北京市商务科技学校整建制并入北京物资学院工作进入了新的阶段。

学校于6月29日发布《关于北京物资学院附属商务科技学校教职工聘任校本部处级以下岗位工作的通知》，启动聘任报名工作；于7月6日公示报名审核情况，共有107人通过报名审核；7月18日，根据《关于北京物资学院附属商务科技学校教职工聘任校本部处级以下岗位工作的通知》要求，经过个人申请、附属学校推荐申报、二级单位岗位聘任工作组聘任评议、学校人才人事工作委员会评议、校长办公会审定等程序，47个岗位确定拟聘人选并予以公示。9月25日至27日，学校对上述聘任到岗的教职员工开展师德专题、思想政治专题、入职适应力专题、管理能力及技术专题等方面的培训工作。12月11日至14日，学校有针对性地开展了教职工管理能力、管理技术培训。

四、建立高效管理体制，稳步实施并入工作

北京市教育委员会发布通知以来，学校领导班子高度重视北京市商务科技学校并入工作，党委常委全体成员将其作为工作重点项目，相关各项工作在常委会的直接领导下开展。

在平稳有序过渡后，学校于2018年12月29日召开附属商务科技学校中层以上干部会议，会上宣布成立北京物资学院附属商务科技学校事务委员会及相关干部任职，明确了该事务委员会的基本工作职责。

根据党委会决定，翁心刚副校长兼任事务委员会主任，原商务科技学校校长杨帆同志担任事务委员会常务副主任，郝庆同志、张杰同志担任副主任。

杨帆同志在会上表示，事务委员会的设置体现了学校党委对北京市商务科技学校并入北京物资学院工作的高度重视，希望北京市商务科技学校中层以上干部坚守岗位，为平稳顺利推进各项工作做出贡献。

会上，翁心刚副校长就事务委员会成立的目的和工作任务做了进一步说明，希望有序平稳向前推进并入工作，北京市商务科技学校全体中层以上干部继续予以大力支持。翁心刚副校长代表学校对北京市商务科技学校广大干部和教职员工对并入工作给予的支持和理解表示感谢。

截至2018年12月，北京物资学院附属商务科技学校在编职工93人，在校生54名。教学、管理等各项工作平稳有序。聘任到学校本部实验中心的教师积极参加实验课程建设工作，开发了“创意设计实践”等3门创新思维实训课和“大数据电子商务运营实训”等8门大数据实验课程，并编写了这些课程的实验指导书，丰富了学校的实验课程，更好地适应学校应用型大学的发展目标。

购买力平价与国民福祉统计发展暨大数据技术应用国际研讨会情况综述

2018 年 12 月 13—14 日，购买力平价与国民福祉统计发展暨大数据技术应用国际研讨会（暨世界统计大会购买力平价比较项目分论坛预备会议）在北京物资学院知新楼多功能报告厅举行。该会议每年举办一次，本次由北京物资学院携中国人民大学、意大利的比萨大学、佛罗伦萨大学联合举办。会议汇集全球购买力平价研究与实践前沿专家，探索中国购买力平价问题与发展。

本次会议主题为购买力国民福祉、物流统计、大数据应用，旨在加强相关领域研究者的国际交流合作，分享理论研究和应用实践的最新成果，探讨国际发展动态和研究热点。本次大会邀请了中国国家统计局、英国国家统计局、比萨大学、佛罗伦萨大学、罗马大学、图西亚大学、美国罗格斯商学院、清华大学、中国人民大学、西南财经大学、北京理工大学、北京物资学院等政府机构与高校专家学者到会交流；另有上海外国语大学、西安财经大学、吉林财经大学、广东财经大学、太原科技大学、河北工程大学等国内高校和研究机构派出的 30 余名代表出席会议。

本次大会包括“购买力平价与国民福祉统计发展”“世界统计大会 PPP 分论坛筹备工作圆桌会议”“大数据技术应用”三个板块。12 月 13 日的会议包括七个主题报告。

序号	报告人	报告人职务	报告主题
1	Giorgio Alleva	意大利国家统计局前局长、罗马大学经济系教授	Well Being and Poverty Measures at Sub – national Scale in Italy
2	Monica Pratesi	意大利统计学会主席、比萨大学经济管理系教授	Estimation of Income, Consumptions and Living Conditions Indicators at Local Area Level by SAE Methods: An Experimental Project Proposal to Do It for Prefectures and Counties in China
3	Guido Ferrari	佛罗伦萨大学经济系教授	Real GDP, Household Disposable Income and Living Standard Across China Comparing GDP and Household Disposable Income Across China's Provinces and Municipal Cities

续 表

序号	报告人	报告人职务	报告主题
4	郭茜	北京物资学院信息学院副教授	Research on Chinese Residents' Leisure Time Allocation from 1986—2016
5	胡雪梅	国家统计局国际统计信息中心科员	Current Research Activity on Sub - national PPPs in China
6	Sharne Bailey（视频）	英国国家统计局PPP项目主管	Spatial Adjustment Factors for the UK and London——Computation Methods and Main use
7	Luigi Biggeri（视频）	意大利国家统计局前局长、国际统计学会副会长、佛罗伦萨大学名誉教授	General Introduction to the Computation and Use of Sub - national PPPs

Luigi Biggeri 教授委托 Guido Ferrari 教授对视频报告内容作了详细的现场解读。

下午，世界统计大会 PPP 分论坛圆桌会议召开，参会者共议世界统计大会分论坛的会议主题。圆桌会议由 Guido Ferrari 教授主持，上海外国语大学、西安财经大学、广东财经大学、太原科技大学、河北工程大学等高校代表也参加了会议讨论。Guido Ferrari 教授邀请参会学者参加 2019 年在马来西亚主会场的世界统计大会。

12 月 14 日上午，举行大数据技术应用国际研讨会。北京物资学院信息学院韩嵩副教授主持会议，美国罗格斯商学院会计研究中心主任 Miklos A. Vasarhelyi 教授和北京物资学院信息学院院长周丽教授分别致辞。研讨会共有九个主题报告。

序号	报告人	报告人职务	报告主题
1	Miklos A. Vasarhelyi	罗格斯商学院会计研究中心教授	The Big Data Value Chain in the Auditing Process
2	Nicola Castellano	比萨大学经济管理系副教授	Big Data and Business Analytics in Management Accounting Research
3	尹程	清华大学博士	Privacy - Preserving Information Sharing within An Audit Firm

续 表

序号	报告人	报告人职务	报告主题
4	戴珺	西南财经大学博士	Utilizing Blockchain and Smart Contracts to Enable Audit 4. 0
5	冉伦	北京理工大学教授	Operation Optimization of New Energy Vehicle Service Driven by Big Data
6	韩嵩	北京物资学院副教授	Discussion on Several Related Problems in Statistical Modeling
7	张海军	北京物资学院副教授	Model – based Collaborative Filtering Technology
8	于建业	北京物资学院讲师	Knowledge Graph and Its Application
9	金仁浩	北京物资学院讲师	Application of Statistical Models in Data Mining Practice

会议期间，学术气氛热烈融洽。参会的专家学者与教师及研究生们进行了广泛而深入的学术交流，建立和加深了学术友谊。一批年轻学者和学术新人的优秀研究成果得到充分展示。大数据国家战略、国内外大数据技术与产业趋势、国民经济、物资流通、物流统计与标准化、大数据服务运营、休闲旅游大数据、会计审计大数据方法与技术等各领域大数据前沿问题得到充分的讨论与交流。经济、统计、计算机、管理工程、工商管理等多个学科在其中找到创新方向和发力点，对学科交叉融合、探索新的发展道路具有重要意义。

本次大会使学校统计学学科站上世界统计学前沿舞台，为学校统计学专业的国际化发展奠定了基础，同时也为学校统计学及相关学科强特色、上水平拓展了新的上升空间。

“开放·发展”第十二届期货论坛综述

2018 年 11 月 17 日，北京物资学院第十二届期货论坛暨期货市场 30 年发展高峰论坛在北京物资学院崇德楼报告厅举行。本届论坛由北京物资学院经济学院、《中国证券期货》杂志社、北京物资学院期货研究所共同承办，一德期货有限公司、北京悟源资产管理有限公司、冠通期货股份有限公司协办。开幕式由经济学院院长赵娴主持。校长王文举致辞表示，2007 年至今北京物资学院期货论坛已成功举办了十一届，论坛以期货、期权及相关衍生品为主题，涵盖大宗商品市场和证券市场，已经形成国内期货行业学术交流、理论探讨、实践和实务研究的综合性平台。每次期货论坛的成功举办，都离不开合作单位、协办方、相关企业、兄弟高校、科研机构、期货与证券行业朋友们的支持和鼓励，更离不开各位与会嘉宾、专家学者和校友的鼎力相助。

学术交流主题发言一览

序号	主讲人	单位	报告主题	主要观点
1	常清	中国农业大学期货与金融衍生品研究中心	中国期货市场30年发展历史和趋势	回顾中国期货市场的产生，中国期货市场30年来的发展与改革开放40年息息相关，期货人才短缺是我们国家期货市场的短板，中国期货市场未来发展潜力很大，希望能够培养更多优秀人才
2	李强	中国期货业协会	开放背景下期货市场的发展机遇与衍生品人才需求	目前期货市场对衍生品专业人才的需求迫切。应对衍生品专业人才进行科学分类，即金融衍生品人才、期现结合型人才、期货投资顾问型人才、基金经理型人才（操盘人）、境外期货人才、产品设计人才、量化风控人才、IT人才八种。人才的培养需要产学合作
3	朱斌	南华期货有限公司	期货市场国际化创新与实践（改革开放以来期货市场的走出去请进来）	20世纪90年代开放期货迎合信息技术的发展，忽略国外的场内喊价制度，虽有后发优势，但发展过猛带来许多问题。交易机构对市场的控制力不够，要大幅提高国际化程度，交易所必须深化改革
4	刘春彦	同济大学法学院	中国期货市场30年法治化进程研究（期货市场市场化、法治化和国际化）	市场化、法治化和国际化是成熟期货市场的标志。中国期货市场30年历程正是不断追寻市场化、法治化和国际化过程的体现。但是法治建设尚不健全，面临的挑战不断更新
5	刘胜喜	浙江永安资本管理有限公司	期货市场服务实体经济创新与实践（期货公司风险管理子公司服务实体经济）	分析了企业在贸易中存在的风险以及风险管理上的困难，阐述了衍生品给企业带来的好处，并通过两个具体案例介绍了风险管理公司在衍生品交易中的巨大作用

续 表

序号	主讲人	单位	报告主题	主要观点
6	韩复龄	中央财经大学	我国金融期货市场的探索与发展（中国金融市场杠杆率）	分析了地方债、高房价和企业中存在的高杠杆率带来的金融风险，强调了金融监管的重要性。针对高杠杆率的问题，介绍了政府在宏观调控背景下去杠杆率应采取的措施和必要性
7	冯玉成	北京物资学院期货研究所	“期货及衍生品专题研究报告”项目说明	报告的研究成果：中国期货市场现状及发展趋势；供给侧结构性分析；发布有针对性的实证文章
8	张国胜	北京物资学院	“金融硕士专业培养方案”说明	强调技能型的人才培养；实行校内外导师共同负责制；学生参与项目研究

论坛第二阶段包括“产学研合作与期货专业高端人才培养”和“创新与提质·期货专业25周年暨金融专硕学科建设研讨会”两个专题。

在“产学研合作与期货专业高端人才培养”环节，举行了北京物资学院金融专业硕士校外导师聘任仪式。经济学院院长赵娴向到场的17位受聘校外导师颁发了聘书。

金融专业硕士校外导师一览

序号	姓名	单位及职务
1	陈基建	泛海控股副总裁、民生证券副董事长
2	张更亮	民生期货股份有限公司总裁
3	姜丕臻	民生期货股份有限公司副总裁
4	吴惠人	北京农商银行远程银行中心副总经理
5	崔宇程	民生银行电子银行中心副总经理
6	鲁统波	同盾科技有限公司副总裁
7	蒋艺扬	东方汇智资产管理有限公司高级投资经理
8	曹　胜	北京悟源资产管理有限公司总经理
9	吕拥华	一德期货有限公司总经理
10	刘胜喜	浙江永安资本管理有限公司总经理
11	黄　晓	北京首创期货有限责任公司总经理
12	王之言	中国证券监督管理委员会期货监管部监管三处处长
13	许　诺	中国投资有限责任公司人力资源部高级经理

续　表

序号	姓名	单位及职务
14	王　骏	方正中期期货有限公司研究院院长
15	谢永丹	国信证券股份有限公司北京分公司总经理助理
16	丁国勇	北京农商银行将台支行行长
17	林广茂	国信证券股份有限公司北京分公司总经理助理

在“创新与提质·期货专业25周年暨金融专硕学科建设研讨会”环节，新聘导师就开放加速与新时代期货专业人才培养、金融专硕人才培养定位与特色、产学研培养期货高端人才的模式创新等问题进行探讨。

全国金融专硕教指委办公室主任刘庭竹从总体情况、项目运行核心点、案例教学与案例开发、学位论文与全国优秀学位论文大赛和业界导师五个方面介绍了全国金融专业型硕士项目的开展情况。并提出案例教学是专硕培养的特色，要重视案例使用和开发，而案例开发依赖于学校的激励机制与教师对于案例教学的兴趣和认可度。

民生期货股份有限公司总裁张更亮表示，期货市场规模在资本市场中的占比非常小，其根本原因在于“人”。从业人才缺乏是制约行业发展的重要因素，未来期货人才培养应注重将扎实的理论与产业实践相结合。民生期货愿与物资学院在合作中共同交流、努力，将学生培养成期货高端人才。

北京农商银行远程银行中心副总经理吴惠人则认为，我校金融专硕的培养目标是培养期货行业的“专才”。教师的教学形式应更灵活多样，探索启发式教学。他强调学校要重视学生的思想工作，修正学生的“择业观”，引导学生按照自己的兴趣和所长选择真正适合自己的职业。同时要注重学生的能力培养，加强“互联网+”和创新思维的引导。

北京悟源资产管理有限公司总经理曹胜作为资深校友，对于北京物资学院期货与证券专业的变化感到惊喜和欣慰。他表示作为产业导师，要将期货公司和市场的发展情况传递给学生，帮助北京物资学院在培养金融人才上走“产业道路”。期货人才应当具备期货交易的能力，以产业为导向，依靠“他悟+自修”方能提高成功的概率。

浙江永安资本管理有限公司总经理刘胜喜从就业和人才培养两方面阐述了自己的观点。他认为期货与证券专业学生的就业面正不断拓宽，除银行、证券等金融领域外，实体产业也急需期货人才；学校应注重培养学生的综合素质和能力，打造适应社会需要的复合型人才。

北京首创期货有限责任公司总经理黄晓提出，期货行业发展的关键在于“人”。学校设立金融专硕培养期货方面的人才，对于期货行业的进步非常有帮助。他认为实践非常重要，在加强理论学习的同时，更要注重实践能力的培养，学生对行业才能有更深入、更全面的理解。

国信证券股份有限公司北京分公司总经理助理谢永丹回顾了国信证券与北京物资学院的渊源，表达了对北京物资学院学生的认可，表示与北京物资学院合作很愉快。她表示，企业总是希望招到能够迅速融入企业的人才，通过校企合作，能够消除障碍，帮助解决学生的就业问题。

同盾科技有限公司副总裁鲁统波认为，产业导师作为行业标杆，应当成为专业领域里的技术领军者，向学生传递行业的发展新情况，提高学生的学习动力；同时，在学生的职业规划方面提供建议和指导，传达行业需求；要推动教学改革，在教学内容和方式上创新，让课程更实用，并注重学生能力、技能和决策水平的培养。

最后，赵娴院长在闭幕词中表示，此次论坛汇聚各界有识之士，共同探讨前沿问题，达到了期货行业学术交流、理论探讨、实践研究的目的，对当前期货理论研究和行业发展具有积极的推动作用。论坛上还举行了学校与《中国证券期货》杂志、民生期货股份有限公司、国信证券股份有限公司的战略合作签约仪式和实践基地授牌仪式。通过各方发挥自身优势，在校企合作、人才培养、业界资源、前沿支持等方面倾注力量，共同携手推进期货市场高素质专业人才的培养，探索产学研一体化发展的新模式。

第八届中国商贸流通企业发展论坛情况综述

2018 年 11 月 24 日，第八届中国商贸流通企业发展论坛暨人工智能下企业管理变革高峰会在学校举行。本届论坛由北京物资学院商学院发起，协同学校校友会、学校商贸流通企业研究所和学校 MBA 教育中心共同主办，北京梧远科技有限公司、兰格钢铁网、北京中储华通商贸有限公司协办。

翁心刚副校长在论坛致辞中表示，人工智能技术是一种集合了移动互联网、大数据、超级计算、传感网、脑科学等新兴技术的集成化复杂技术，人工智能将成为经济发展的新引擎、新一轮产业变革的核心驱动力，人工智能的应用将重构生产、分配、交换、消费等社会再生产各环节，极大地提升经济活动的效率。信息化与传统产业的深度融合，推动了传统产业向现代产业转型。特别是在物流与流通领域，由于信息化的植入，传统物流与流通开始向现代物流、现代流通转变，也促成了流通新业态的出现。人工智能植入物流与流通领域，将会给商贸企业管理变革带来新的技术支撑，成为商贸企业管理变革的驱动力。

论坛主题演讲由商学院院长魏国辰和商贸流通企业研究所所长李敬强主持，主题演讲内容如下。

主题演讲内容

演讲人	单位	职务	主题	主要内容
段伟文	中国社会科学院哲学研究所科技哲学室	研究员	人工智能时代的价值挑战与商业伦理构建	有人工智能的未来需要我们吗、数据智能与解析社会的来临、欧盟数据保护法中的数据权利问题、商业算法的价值审度与争胜性伦理构建、规划面向智能化社会的美好生活之路
赖阳	北京京商流通战略研究院	院长	人工智能在商业企业运用前景	人工智能发展的阶段、深度学习取得突破、消费者行为分析、精准客户分析、自动需求匹配、智能物流和决策、优化企业管理流程改变组织
周卫华	中国财政科学研究院	副研究员	人工智能背景下的财会工作新思维	人工智能 + 大会计 = 财会智能体，对智能时代下财会工作新思维中的管理思维、中心思维、开放思维、智能思维进行了深入的阐述
Grantley Taylor	澳大利亚科廷大学会计学院	院长	会计数据研究方法	The Effect of Tax Haven Utilization on the Implied Cost of Equity Capital: Evidence from U. S. Multinational Firms
樊影菡	澳大利亚科廷大学会计学院	博士生导师	企业内部控制制度变革研究——基于中外企业案例	重点阐述了内部控制制度的概念、基本结构和要素、建立的依据、内部控制制度的案例分析以及关于内部控制制度的最新研究成果
翟东升	北京工业大学	教授、博士生导师	基于专利大数据的研发合作伙伴选择研究	通过研究背景、研究方案、实验验证、应用推广四个方面讲述了如何在大数据的基础上进行研发合作伙伴选择

第二阶段的企业家分论坛和圆桌讨论论坛同步进行。企业家分论坛由人力资源管理系教师杨文茵主持。北京彩虹天下科技有限公司总经理孙埜、乐胜（北京）商业发展有限公司副总裁演峰、北京首钢自动化信息技术有限公司信息中心主任李斌、北京应天海乐科技发展有限公司董事长史本才、合普天成企业管理咨询（北京）有限公司高级合伙人徐占成以及学校商学院副教授吴非、副教授王静做了精彩发言。论坛上围绕人工智能时代数字化商业的发展路径、大

数据对零售企业的支持影响、智能工厂中的大数据应用、人工智能与新零售、人工智能对企业财务税务管理的影响等大家关心的热点与难点问题进行了交流与探讨。

圆桌讨论论坛由北京彩虹天下科技有限公司创始合伙人林剑主持。北京梧远科技有限公司董事长彭鑫、中铁物总投资有限公司资产管理部副部长周琦以及商学院院长魏国辰教授、李广义教授、齐严教授、张军教授分别对人工智能下企业管理变革提出了自己深刻的见解与观点。

学校商学院副院长吕波在闭幕词中表示，第八届中国商贸流通企业发展论坛针对人工智能下企业管理变革进行探讨，展示了广阔的理论研究前景。人工智能未来已来，大势将至。需要用新思维、新方法、新模式，找好实践点、切入点、聚焦点、创新点，做到理论先行、创新优先、唯变不变、日生不殆。

与会者表示，参会的学术专家阐述了最新的研究观点、介绍了人工智能最近发展现状，企业高管与校友企业家表达了应对策略与办法，使我们进一步明晰了人工智能下企业该如何应对管理变革。论坛取得的交流成果，为未来的研究与实践提供了宝贵的思路和建议。

原创舞剧《运》创作及演出情况综述

党的十八大提出“三个自信”后，习近平总书记又在多个场合提到文化自信，作为承担着文化传承和创新神圣使命的高等院校，一方面要传承发扬中华优秀传统文化，另一方面要引导当今的青年大学生从中华优秀传统文化中获得认同感和自信，为实现中华民族伟大复兴的中国梦贡献自己的青春力量。

习总书记在通州考察北京城市副中心建设时强调：“通州有不少历史文化遗产，北京城市副中心建设要古为今用，深入挖掘以大运河为核心的历史文化资源。”京杭大运河在历史上不仅承载了众多物化内容，更重要的是将中华民族的文化精神进行沟通融合，具有“贯通、拼搏、繁荣、希望”等深层的精神意义。

一、舞剧创作

学校以物流与流通为特色的专业背景，与京杭大运河的内涵有着天然的联系。作为首都唯一紧邻京杭大运河的高等院校，自建校起时刻受到运河文化的影响与滋养，校园文化和精神传承植根于运河、成长于运河。学校结合民族文化特色、地域文化优势和校园文化旋律创作舞剧《运》，在承担文化传承使命的同时，也鼓励和鞭策现代青年为祖国的繁荣发展、民族的伟大复兴而努力拼搏，体现新时代的中国精神与中国气魄。

舞剧讲述了一户依靠运河生存的普

通人家四代人的命运变化，反映运河沿岸经济生活的发展，从而映射国家和社会的时代变迁。整部舞剧共分六个篇章：

序幕——召唤：气氛营造，追根溯源，缅怀岁月。

第一篇——火光：清朝末年，“祖爷爷”一家靠做漕运船工为生，但外敌入侵彻底破坏了运河的繁华。国难当头，“祖爷爷”与身怀六甲的“祖奶奶”诀别，和众多热血船工以号子为战歌、以身躯筑长城誓死保卫运河。

第二篇——黎明：北平解放前夕，“祖奶奶”带着“爷爷”拜祭“祖爷爷”。运河上点点河灯闪耀，这是人们在为英魂祈祷。北平的爱国学生带来和平解放的消息，百姓的生活迎来了新的曙光。“爷爷”带领着乡亲们以红旗为信号、以运河号子为凯歌，在运河上搭起浮桥迎接解放军入城。

第三篇——浪潮：改革开放的浪潮席卷天地，但运河的繁华早已不再。成为清洁工的“父亲”默默守护着养育了全家的运河，但日益恶化的运河环境只能让他望而生叹。“父亲”和“妻子”多年无子，却在河边偶然捡到一名弃婴。“父亲”非常高兴，而“妻子”却难以接受，又因矛盾重重最终导致家庭破裂。“父亲”给孩子取名“大运”，自此父子二人以运河号子为精神依托相依为命。

第四篇——风雨：新世纪，“父亲”成了守护运河的老年志愿者。临近大学毕业的“大运”艰难求职，鲜少与父亲交流。一场突如其来的暴雨造成城市内涝，“父亲”以运河号子为冲锋号抢险救人，最终献出生命。“大运”痛失亲人，悲伤无以复加。

尾声——憧憬：新时代，新气象。“大运”和更多的年轻人成为运河两岸的建设者和守护者。虽然流传了几个世纪的运河号子已不再唱响，但是其中保家卫国、奋斗拼搏的精神会永远传承下去。

舞剧主创人员

姓名	性别	所在单位	职称/职务	项目分工
庞波	男	北京物资学院	艺术中心主任	项目负责人
许锐	男	北京舞蹈学院	北京舞蹈学院 副院长、教授	编剧
帅晓军	男	北京舞蹈学院	副教授、国家一级编导	总导演
任冬生	男	北京舞蹈学院	国家一级舞美设计师	舞美和灯光设计
亢竹青	女	陆军政治工作部 文工团	青年作曲家	音乐总监兼作曲

舞剧合作单位包括北京学生活动管理中心和北京舞蹈学院，并得到了北京市委教育工委、北京市教委、北京市文化局、北京市团市委、通州区委宣传

部、通州区文委的大力支持。2018年获批“北京文化艺术基金”支持项目，入围第十五届北京舞蹈大赛舞剧评奖。

二、社会价值

从历史传承层面看，舞剧包含了鲜活的非物质文化遗产，北京市非物质文化遗产——运河号子是该原创舞剧的重要元素。除了舞蹈的编排融入运河号子外，其原创伴奏音乐也加入了运河号子唯一传承人赵庆福老人（87岁）的原声，使非物质文化遗产“活”起来。京杭大运河在促进生产力发展的过程中，劳动人民创造了许多与生产相关的文化符号，其中最具代表性的就是北京市非物质文化遗产之一的运河号子。这些号子或粗犷简朴，或苍凉雄劲，有启程的出船号、推船号、起锚号、拉蓬号、撑篙号等，行驶的摇橹号、拉纤号、扳艄号、扯帆号等，停船的下锚号、拉绳号等。这些文化元素既产生于劳动中，又实实在在地促进着劳动效率的提高，蕴含着务实之魂。

从社会意识层面看，生活在不同时代的青年人都在为自己的目标而努力奋斗。他们的表现形式虽然不同，但是在最终的效果展示上却有极大的相似性。历史上，船工在运河号子的激励下克服艰难险阻最终把货物安全地送达目的地。在这样的流通过程中，沿途百姓的生活发生着变化，文化在其间交融发展、社会政治经济得到发展，百姓心中充满了对美好生活的憧憬。新时代的青年努力学习、施展才干、创业拼搏、勇于担当，也是为了他们心中的梦想、为了国家与民族的进步。在各个时代的青年身上都强烈地展现着国家、民族和人类进步的希望。

从文化传承层面上看，历史上京杭大运河是国内物流的重要通道，也是文化、经济、军事、艺术发展的重要通道，体现着历代执政者与两岸人民“商品流通”与“经济发展”的强烈诉求。北京物资学院创立于改革开放初期，创建初心即是研究物流与流通经济，将研究成果服务于国家社会的发展是历代物院人孜孜不断的追求。学校的选址与发展上可告慰历代先民，下可成为经济发展的智力源泉。舞剧的创作在传承文化传统的同时进一步促进大学生的文化认同与文化自信。

从文学创作层面上看，以一个运河船工家庭的变迁故事为线索；以拼搏、贯通的运河精神为文化传承脉络；以流通繁荣这个历史与现实高度一致的社会发展规律为内核，使历史上的运河船工和今天的物院青年学子产生对话；将通州作为京杭大运河北起点的地理特色和当代高校校园文化主旋律进行融合，发掘运河文化底蕴，筑牢北京城市副中心文化基础。

三、演出情况

舞剧《运》从2016年开始筹划，历时近两年创作成形。2017年9月，舞剧《运》成功立项成为“北京文化艺术基金”支持项目，是唯一一个非专业艺术院团申报成功的剧目。2018年1月1—2日，舞剧《运》在北京舞蹈学院舞蹈剧场首演；5月1日在通州区纪念五四运动 99 周年活动中演出；9 月 25—26 日在第十五届北京舞蹈大赛舞剧、舞蹈诗评奖中获得优秀成绩；10 月 23 日在“2018 北京·通州运河文化艺术节”活动中承担揭幕演出；10 月 25 日在北京文博会上隆重亮相；11 月 1 日在北京市文化局主办的首届“流动的文化——大运河文化带精品剧目展演”活动中担当揭幕剧目。

大运河研究院建设发展综述

发掘和弘扬大运河文化，是学校传承历史、培育人文精神、立德树人、培养德智体美劳全面发展的社会主义建设者和接班人的一项重大举措。近年来，为贯彻落实习近平总书记关于大运河文化带建设的重要讲话指示批示精神，学校坚持以文化人、以文育人，充分利用四大优势，努力打造大运河文化研究新高地。

大运河研究院初步成为新兴智库研究的新载体。区位优势是大运河研究院开展工作得天独厚的条件。中国大运河，是中国，也是世界上最长的古运河，是中国文化地位的象征之一。通州作为京杭大运河的北起点，拥有历史上盛极一时的码头。今天大运河（京杭大运河段）作为南水北调东线的主要工程，将继续在支持国家经济、社会和文化发展中发挥巨大作用。学校地处北京城市副中心核心区域，城市副中心建设是千年大计、国家大事；学校毗邻京杭大运河源头，位于五河交汇处，文化底蕴深厚，为开展大运河文化研究提供了丰厚的区位资源和优势。学校倚运河而建，以物流为特色，不断传承大运河精神。新时代传播大运河文化，是机遇，也是挑战。为深入学习宣传贯彻习近平总书记关于大运河文化带保护好、传承好、利用好的重要指示精神，自大运河研究院成立以来，立足学校物流与流通等研究领域的优势，借助中国大运河智库联盟新平台，聚焦大运河文化带建设，积极探索建立更加有效的大运河流域文化、经济、生态环境协调等发展新机制，全力探索大运河文化保护传承利用的多样化落地途径，积极开展运河文化产业相关课题的调查研究、研讨交流、成果共享活动，先后形成系列性理论成果和政策报告，产生了较好的社会影响，为北京运河文化带建设和北京城市副中心文化建设提供学术支撑。

大运河研究院社会竞争力影响力持续释放。传统优势是大运河研究院扎实开展工作的前提基础。物流专家王之泰教授在 20 世纪 90 年代就对大运河的开发、利用进行了跟踪研究；运河文化专家陈喜波教授十几年潜心研究大运河历史与文化，承担了多项国家级和北京市科研项目，公开发表论文十多篇，代表作有《漕运时代北运河治理与变迁》

《大运河漂来的北京城》，在大运河研究领域独树一帜，作为通州政协委员为大运河文化的传承与弘扬、全国文化中心的建设与发展做出了积极贡献。学校师生根据非遗项目运河号子改编的舞蹈《运河梦响》，在北京大学生舞蹈节中荣获一等奖；以此为基础创作产生的大型舞剧《运》在北京文化演艺界独树一帜，影响深远。

大运河研究院携手联盟成员单位，通过对大运河沿线旅游、经济、生态、民生等方面的研究，积极向上级有关部门和属地党委政府报送资政建议和专题研究报告，进而为公共政策制定和大运河各项规划提供参考，持续释放出大运河智库联盟的影响力和核心竞争力，为大运河文化带的建设发展做出自己的贡献。

大运河研究院研究成果形成与转化持续推进。平台优势是打造大运河文化研究新高地的新抓手。善弈者谋势，学校党委牢牢把握机遇、积极应对担当。2017 年学校成立大运河文化研究所，2018 年整合资源，成立大运河研究院。2018 年 6 月 6 日，成立“中国大运河智库联盟”并成为秘书处单位。大运河智库研究是探索高校大运河智库发展的新尝试，是学校新的研究平台和抓手。学校先后召开了北京大运河文化带建设研讨会、第一届智库论坛成果发布会，积极参与第二届、第三届、第四届智库论坛发布会，并以大运河为核心在校内开展 16 个专项课题研究。

2018 年 7 月，大运河研究院进行了为期半个月、途经 21 个城市的大运河沿线专项实地调研，结束后形成了系列调研报告。《光明日报》8 月 9 日第 15 版，整版刊登了大运河研究院的 3 篇调研报告，同时调研成果得到了全国政协文史办的高度肯定，得到了北京电视台、新华网、千龙网等主流媒体的持续报道。研究院与北京市委宣传部、北京市社科联、北京市地方史志办、通州区委宣传部、通州区政协、洛阳师范学院、天津武清区等单位深入交流合作。大型原创舞剧《运》获北京市文化艺术基金支持，首演以来获得了社会各界的好评，并入围第十五届北京舞蹈大赛舞剧评奖，多次走上文化演出舞台，取得了持续的社会影响力。

大运河研究院富有使命担当、热情、专业的研究队伍初步形成。队伍优势是大运河研究院开展工作的有力支撑。大运河研究院成立以来，得到了学校领导和相关单位的全力支持。学校聘请原《改革》杂志社总编辑王佳宁为大运河研究院院长。抽调机关和学院人员兼职支持研究院建设，靠着热情、专业、使命和担当，几经磨合与锻炼，经过多次淘汰，逐渐形成一支较为稳定的智库研究队伍，为大运河研究院进一步开展工作提供了良好的人才支撑。

北京物资学院将积极发挥大运河智库联盟和大运河研究院等交流平台重要作用，传播大运河承载的中国故事，为把大运河打造成宣传中国形象、展示中华文明、彰显文化自信的亮丽名片做出贡献。

第三篇　大事记

1 月

1—2 日　根据北京市 2017 年市级社会组织评估结果公示，学校教育基金会荣获 3A 级社会组织称号。

1—2 日　北京物资学院大型原创舞剧《运》在北京舞蹈学院舞蹈剧场首演，该剧由北京市教育委员会、北京市文化局、共青团北京市委员会主办，与北京学生活动管理中心和通州区文化委员会合作出品。

5 日　学校与平谷区人民政府和中关村科技园区管委会签订战略合作协议。

1 月结束的“2017 年世界脑力锦标赛”中，学校校友、物流学院物流管理专业 17 届毕业生张兴荣在 2018 年 1 月结束的 2017 年世界脑力锦标赛中获得了国际特级记忆大师称号，而且打破了一项中国纪录，总排名获得世界第 7，这个称号是记忆界级别最高的终身荣誉。

9 日　由物流学院组织举办的 2017 年京津冀物流管理高级研修班圆满结业。

10 日　北京物资学院第六届教职工暨工会会员代表大会在崇德楼一层报告厅举行。经过大会选举，宋晓欣同志当选第六届工会、教代会主席，傅强、贡祥林同志当选第六届工会、教代会副主席，陈炜煜同志当选第六届经费审查委员会主任。

11 日　学校与日通国际物流（中国）有限公司经过友好协商，以 2014 年签订日通奖学金合作协议为基础，举行 2018 年日通奖学金协议签约仪式。日通国际物流（中国）有限公司决定计划从 2018 年开始，奖学金数额从原来 2 万元/年度上调为 5 万元/年度，本次协议共计向北京物资学院提供总额为 50 万元的奖学金，分 10 年使用，每年评选获奖者为 10 名。

16 日　在首都高校贯彻教育部《高等学校体育工作基本标准》评估中，学校获评贯彻体育工作标准优秀学校，党委副书记宋晓欣获“首都学校体育工作优秀校长”称号。

17 日　北京物资学院召开大运河研究院成立大会，宣布学校成立大运河研究院，聘请《改革》杂志社专家王佳宁担任院长。

2 月

7 日　洛阳师范学院党委书记王洪彬、校长梁留科等一行来学校洽谈合作。洛阳师范学院校长梁留科、学校党委书记李石柱分别代表双方签署了合作协议，双方约定在专业、学科等多个领域开展多种形式的合作活动，全面提升两校办学水平。

3 月

2 月 23 日—3 月 2 日 应学校邀请，英国德蒙福特大学商学院 Julia Pointon 教授、法学院 Martin Morgan Taylor 教授带领 6 名学生来学校进行为期 8 天的交流学习。

9 日 与北京市对口支援和经济合作工作领导小组办公室签署合作协议，李石柱书记和马新明主任代表双方签署协议。根据协议双方将合作建立北京市支援合作研究培训中心；突出精准扶贫、精准脱贫需要，加强重大项目领域的产学研协同创新合作，重点以北京市帮扶地区需求为导向，提出物流、电子商务等特色产业的系统解决方案；将共同合作重点围绕扶贫脱贫，面向政府、企业等开展党政干部和特色产业管理培训。

12 日 北京市学位委员会下发《关于开展新增博士、硕士学位授予单位建设规划的通知》（京学位〔2018〕1 号），学校顺利完成新增博士学位授予单位建设规划申报工作。

16 日 学校在 2018 年北京高校宣传教育工作会议上荣获多项表彰。

16 日 北京市委教育工委召开北京高校离退休工作部门负责人会议，会议对 2017 年北京高校离退休工作进行表彰，学校荣获多项表彰。

19 日 举办 2018 年中日物流论坛。

21 日 北京市教育系统关工委召开学习贯彻党的十九大精神培训班暨工作会。大会对 2017 年工作进行表彰，学校关工委获得多项表彰。

24—25 日 举办北京市大学生体育协会第五届会员代表大会第四次会议，在《高等学校体育工作基本标准》考核评定中，获得“高等学校体育工作基本标准优秀学校”“高等学校体育工作基本标准优秀校长”“阳光杯优胜校”“朝阳杯优胜校”四项大奖。

4 月

1 日 学校珠海物流学院教师编撰的《珠海市物流发展蓝皮书（2017）》由中国经济出版社出版发行。

1 日 由北京物资学院图书馆与北

京通州区图书馆联合举办的通州记忆老照片展于学校图书馆接待大厅向广大读者开放，此次展览将持续到 4 月 20 日。

3 日　商学院院长魏国辰与北京和君商学在线科技股份有限公司董事李鹏飞代表校企双方签署了战略合作意向书。

5—7 日　学校师生组成中韩未来林环保实践团，以“拯救世界，从我们做起”为主题，赴内蒙古达拉特旗库布齐沙漠开展实践活动。

13 日　北京市哲学社会科学规划办公室在北京会议中心召开了北京市哲学社会科学规划工作会，会上对包括学校科研处在内的 15 个北京市社会科学基金项目优秀二级管理单位提出了表彰。学校科研处已连续三年获表彰。

13 日　在北京会议中心举行 2018 年北京市哲学社会科学规划工作会。学校建设的在四期建设验收中的北京现代物流研究基地被评为优秀基地。

14—15 日　由中国国土经济学会、河南省社会科学院、洛阳师范学院和学校联合举办的大运河文化论坛在洛阳师范学院举行。

16 日　第九届中美物流会议暨第五届中美物流教育与研究论坛在学校开幕。

18 日　影视互译，文化共享国际论坛暨 2018 中外影视译制合作高级研修班在中国传媒大学隆重召开，学校 2017 级外国语言与文化学院学生梁威参加论坛活动并宣读论文。

19 日　由德国物流协会与北京物资学院联合举办主题为智能物流的 2018 年中德物流论坛。

23 日　学校处级以上领导干部学习贯彻党的十九大精神集中轮训正式开班。此次轮训的主要目的是引导处级以上干部深刻领会党的十九大精神的政治意义、理论意义、实践意义，从而进一步增强责任感和使命感，不断提高将学校建设成与北京城市副中心相称的高水平特色型大学的能力。

23—26 日　由学校商学院市场营销专业李敬强、崔海云教师辅导，商学院本科学生周伟峰、阮竹伟、刘昌炜、张心怡、孟显妘 5 位学生组成的惠民书店品牌策划工作室代表队在 2018 年全球品牌策划大赛中国地区选拔赛中获全国二等奖。

26 日　在 2018 年（第十一届）物流领域产学研结合工作会上，学校现代物流产业研究院获 2017 年优秀产学研基地称号。

26—28 日　在西南政法大学举行的 2018 年全国高等院校企业竞争模拟大赛现场总决赛中，学校代表队获第九届（2018）全国高等院校企业竞争模拟大赛一等奖。

28 日　学校 2018 届硕士研究生毕业典礼暨学位授予仪式在知新楼二层报告厅隆重举行。

5 月

1 日　学校出品的原创舞剧《运》在通州区首演，该活动由学校联合通州团区委、区文化委举办，通州区各界青年汇聚一堂纪念五四运动99周年。

4—6日 学校在2018年全国高校会计与商业管理案例竞赛中研究生队空队获研究生组全国一等奖，本科生队蓝队获本科生组全国三等奖。

5—6日 学校商学院人力资源管理专业学生贺一鸣、李子竹、樊家浩、王文聪以及指导老师解进强、沈晨光组成的BWU战队荣获第三届全国大学生人力资源管理知识技能竞赛一等奖。

6日 学校垒球队获得首都高校第二十三届棒垒球锦标赛冠军。

7日 河南省对口协作业务能力提升培训班在学校正式开班。

10—13日 学校代表队在首都高等学校第56届学生田径运动会中共有18人获奖，总计获得30张证书及8枚奖牌，田径队分别取得女子团体第七名、男子团体第六名、男女总团第六名的成绩，并获得体育道德风尚奖。

中旬 校网球队参加首都高等学校大学生网球团体赛，女子一队获得团体冠军。

18—20日 在首届“乐研杯”全国财经高校大学生信息素养大赛全国总决赛中，学生代表队荣获二等奖。

21日 十堰市政府电子政务及政务信息培训班在学校正式开班。

26日 学校2016级商学院学生王美懿参加第四届大学生国际学术研讨会，并且在北京工业大学举办的北京分会场宣读题为*Taking Action Positively to End Poverty——A Case Study in Beijing Wuzi University*的论文。

27日 学校学生荣获学创杯北京市决赛一等奖两项、二等奖一项。

30日 刘永胜副校长代表学校参加北京市属高校实施引智帮扶工程签约仪式。

30日 加拿大卡普顿大学来校访问并签署《校际合作框架协议》。

6月

6日 由北京物资学院及在京有关政策咨询机构、大运河沿线相关高校和新型智库共同发起的“中国大运河智库联盟”成立。

9日 图书馆在2018中国高校图书馆发展论坛优秀案例评选中获三等奖。

9日 学校参加2018年首都高校第二届瑜伽体式展示表演赛荣获团体乙组一等奖，女子单人项目一等奖、二等奖，男子单人项目一等奖，女子双人项目一等奖以及最佳组织奖、道德风尚奖、最佳教练奖、优秀队长及瑜伽小姐等荣誉称号。

10日 在“格力杯”第一届全国大学生工业工程与精益管理创新大赛中，学校获得了优秀组织单位奖，“精益管理在闭环供应链协调中的应用研究”团队荣获三等奖。

9—10 日　学校成功举办 2018 智慧供应链人才培养高峰论坛暨首届“长风杯”全国大学生供应链运营大赛总决赛。

13 日　北京物资学院物流学院与北京交通大学交通运输学院签订战略合作协议，合作内容包括 1 个战略合作协议书和 13 项具体实施内容。

22 日　北京物资学院附属商务科技学校人员聘任动员大会在学校本部崇德楼一层报告厅召开。

16—23 日　英国朴次茅斯大学 Joseph Michael Hall 老师、Kim Hadley 老师带领 29 名学生来学校进行为期一周的交流学习。

27 日　学校召开迎接建党 97 周年“七一”表彰大会。

28 日　北京物资学院 2018 届本科生毕业典礼暨学位授予仪式在学校文体馆隆重举行。

28 日　在崇德楼召开 2014 级中美物流班毕业生典礼。

7 月

2 日　北京物资学院校友企业家课堂正式开讲。

2 日　学校在 2018 版中国大学 5 年录取分数总排名第 158 位、市属高校排名第 7 位。

7 日　北京物资学院吉林校友会成立大会在吉林省长春市顺利召开。

8 日　由中国物流与采购联合会和北京物资学院共同承办的 2018 年全国高校采购与供应链管理精品课程特训班圆满结业。

15 日　北京物资学院第十七次学生代表大会召开。

9—15 日　由 Armin F. Schwolgin 教授带队，德国巴登符腾堡州立合作大学勒哈克校区一行 21 人完成了在北京物资学院为期一周的交流学习。

18 日　以“京杭大运河调研成果发布暨 2018 年夏季报告会”为主题的首届中国大运河智库论坛在学校举行。

18 日　通州区大运河古村落项目调研暨商学院 2018 年暑期社会实践正式启动。

16—20 日　学校依托江西干部学院顺利举办了第一期处级干部及党支部书记党性教育培训班。

24 日　召开学校应用经济学一级学科硕士学位授权点评估专家论证会，首都经济贸易大学周明生教授、中国人民大学王亚星教授、清华大学武康平教授、北京工商大学张正平教授、中央民族大学张冬梅教授任评估专家，周明生担任专家组组长。同日，召开校工商管理一级学科硕士学位授权点合格评估论证会。

26 日　学校召开物流工程专业硕士学位授权点、管理科学与工程学科学位授权点自我评估汇报会。

8 月

2 日 物流学院姜旭、唐长虹、刘若阳三位教师带队的 9 人暑期社会实践小组，分别赴浙江杭州传化集团和义乌货郎先生进行实地企业调研。

4 日 北京市哲学社会科学规划办公室发布了北京市社会科学基金项目的立项通知，学校共 16 位教师的项目申请获批。

12 日 学校棒球队荣获第十四届全国大学生棒球联赛总决赛亚军。

16 日 根据国家自然科学基金委员会的项目批准通知，2018 年度学校共有 3 位教师获得国家自然科学基金项目，直接资助经费 64. 5 万元。

9 月

17 日 在文体馆举行北京物资学院 2018 级学生开学典礼。

20 日 王文举校长参加第二届中国大运河智库论坛并作主旨报告。

29 日 学校与北京物流协会、北京京粮物流有限公司、北京长久物流股份有限公司、北京九州通医药有限公司、北京九州众创科技孵化器有限公司和北京德邦货运代理有限公司等企业和组织举行了战略合作协议签约仪式。

10 月

13—14 日 学校代表队获 2018 年“学创杯”全国大学生创业综合模拟大赛二等奖，指导老师许海晏获评优秀指导教师。

13—14 日 商学院人力资源管理系代表队在第七届全国高校模拟集体谈判大赛中获得竞赛一等奖 3 项、三等奖 1 项。

13—14 日 第四届中国大学生人力资源职业技能大赛北方赛区地区赛中，学校商学院人力资源管理专业代表队在实务设计环节获得个人一等奖，在无领导小组讨论、情景模拟、案例分析环节获得个人三等奖，学校代表队获得团体三等奖。

18 日 “智链无界 · 全球共生”2018 全球智能物流峰会在北京召开。会上，由国家发改委综合运输研究所、南开大学、北京交通大学、北京物资学院、上海海事大学、京东物流、中外运物流有限公司、上海市政工程设计院等九家单位共同发起的城市智能物流研究院（雄安）正式揭牌成立。

18 日　北京物资学院本科教学工作审核评估意见反馈会在崇德楼一层报告厅举行。

19 日　通州区政协主席赵玉影、副主席贾君刚、文史和学习委员会主任程行利、北京市规划国土委通州分局副局长李伟、中央美术学院教授王川等一行 9 人来到学校，就通州区古村落文化调研工作进行专题座谈研讨。

20 日　在第十七届全国高校物流专业教学研讨会上，全国高校物流专业教指委副主任何明珂副校长担任大会上半场主持。在物流管理专业改革与创新论坛上，张旭凤教授做了“物流管理专业一流专业建设的思考”主题发言。在第六届物流专业院长论坛上，姜旭教授做了“依托 1 +5 +1 平台构建多元化物流人才培养体系”主题演讲。

21 日　在首都高校第十届秋季学生田径运动会中，学校田径队的卢胤杜获得女子乙组 5000 米铜牌，丁莉、段琦获得女子乙组 100 米银牌和铜牌，陈星霖获得女子乙组 200 米银牌，女子代表队获得 4 ×100 米项目银牌。

21 日　在何明珂副校长主持下，物流学院院长姜旭、物流工程系副主任陆华完成了“雄安新区冷链物流规划”专题研究。

22 日　拉萨市当雄县党政干部暨精准扶贫骨干培训班在学校正式开班。

23 日　学校原创舞剧《运》参加 2018 北京·通州运河文化艺术节开幕式演出。

11 月

2 日　校党委教师工作部、校工会联合组织 2018 年新入职教师及部分分工会主席、机关党委委员等共 49 人走进平谷区挂甲峪村开展师德实践活动。

4 日　学校大学生艺术团管乐团荣获 2018 北京大学生音乐节金奖。

10 月 20 日—11 月 4 日　学校承办 2018 年首都大学生女子五人制足球锦标赛（乙组）。

9 日　学校与首都经济贸易大学签订联合培养博士研究生协议。

14 日　学校与通州中关村物流产业园企业签署战略合作协议。

15 日　张旭凤教授荣获第十四届北京市高等学校教学名师奖。

16 日　由学校党委教师工作部牵头，联合中国传媒大学、北京第二外国语学院、北京财贸职业学院组织开展了主题为“传承运河文化·感悟乡村巨变”的城乡体验日活动。

17 日　北京物资学院第十二届期货论坛·期货市场 30 年高峰论坛开幕，本次论坛的主题是开放与发展。

17—18 日　学校代表队在营销模拟

决策和流通业经营模拟竞赛中获得最佳院校组织奖等荣誉。

17—18 日 在首届“外教社杯”北京高校学生跨文化能力大赛中，学校学生代表队获得二等奖。

24 日 第八届中国商贸流通企业发展论坛暨人工智能下企业管理变革高峰会在北京物资学院举行。

23—25 日 由商学院杜红平老师指导的三支本科生队在 2018 年全国高校商业精英挑战赛“有道商创杯”商务谈判竞赛全国总决赛中，共获得 2 个二等奖、1 个三等奖，学校获得最佳院校组织奖。

24 日 经学校 2018 年第 26 次党委常委会会议审议通过，决定成立艺术教育中心，全面负责学校艺术教育及美育教育相关工作。

24 日 学校代表队在第十届北京市大学生模拟法庭竞赛中获得二等奖，队员张瑞兴获得最佳个人奖。

27 日 由《中国流通经济》杂志社主办的纪念我国改革开放 40 周年研讨会在北京物资学院举行。

12 月

王之泰教授、何明珂教授被授予改革开放 40 年物流行业专家代表性人物荣誉称号。

7 日 由共青团北京市委员会主办的“改革开放天地宽，青年奋斗正当时”北京共青团宣讲改革开放四十周年暨北京青年榜样发布会在学校大礼堂隆重举办。

8 日 在中国科学院大学召开的 2018 年北京学校体育科学大会上，学校体育部有 7 篇论文获奖，其中一等奖 1 篇，二等奖 2 篇，三等奖 4 篇。

13—14 日 购买力平价与国民福祉统计发展暨大数据技术应用国际研讨会在学校举行并且取得圆满成功。

13 日 北京市人民政府副市长隋振江到校指导工作。在校党委书记李石柱以及科研处等部门同志陪同下，对学校国家级物流系统与技术教学示范中心进行了深入考察。

14 日 北京市密云区不老屯镇白土沟村第一书记王志鹏、村种植合作社社长段立志来学校进行引智扶贫工作对接。

19 日 由学校教务处、校工会、人事处主办，信息学院承办的北京物资学院第十六届青年教师教学基本功比赛决赛落幕。共评出个人一等奖 1 名，二等奖 3 名，三等奖 5 名，最佳教案奖、最佳教学演示奖和最受学生欢迎奖各 1 名，另有优秀组织奖共 4 项。

22 日 共青团北京物资学院第八次代表大会召开。

26 日 第二届“乐研杯”全国财经类高校信息素养大赛北京物资学院校园赛颁奖仪式在图书馆举行。

（丁兆博　胡文静）

第四篇　机构与队伍

校级领导干部名单

党　委　书　记　李石柱
党委副书记、校长　王文举
党　委　副　书　记　沈小静　宋晓欣
副　　校　　长　翁心刚　何明珂　刘永胜
纪　委　书　记　刘　录

中共北京物资学院常务委员会名单

党　委　书　记　李石柱
党　委　副　书　记　王文举　沈小静　宋晓欣
党　委　常　委　翁心刚　刘　录　何明珂　刘永胜　刘艳荣（2 月 5 日任）

中共北京物资学院委员会名单

（按姓氏笔画排序）

王文举	王志鸣（12 月 25 日免）	王明发（12 月 25 日免）
王春华	朱　杰	朱润辉
邬　跃（12 月 25 日免）	刘　录	刘丙午（12 月 25 日免）
刘永胜	刘艳荣	许春燕
李石柱	何明珂	宋晓欣

沈小静　　胡占君　　翁心刚
魏国辰

（淦江）

2018 年 12 月 25 日，经学校党委常委会 2018 年第 37 次会议研究决定，同意刘丙午、王志鸣、邬跃、王明发 4 位同志因退休而提出请辞，免去上述 4 位同志中共北京物资学院第二届委员会委员职务。

北京物资学院组织机构与负责人一览表

机构类别	单位	职务	姓名	备注
党政管理机构	学校办公室	主任	刘世波	
		副主任兼档案馆馆长（正处级）	胡瑞旺	12 月 11 日退休
		副主任	付　莉	
		副主任（试用）	韩莹莹	5 月 15 日新任
		副主任	续　杨	3 月 6 日免
	党委组织部（统战部）	部　长	刘艳荣	
		组织部副部长（试用）	徐小娟	
		统战部副部长	马立梅	
		专职组织员（副处级）	张素珍	返聘
	党委宣传部（教师工作部）	部长	沈小静	3 月 13 日兼任
		部长	孙　杰	3 月 13 日免
		常务副部长兼教师工作部部长	孙　杰	3 月 13 日任
		副部长（试用）	鲁珺瑛	10 月 30 日试用期满
	纪检监察室	主　任	荀　萍	4 月 17 日调任
		主　任	傅　强	3 月 13 日免
		副主任	张　莹	
	审计室	主任（试用）	杨建科	5 月 15 日提任
		副主任	叶　伟	6 月 12 日免

续　表

机构类别	单位	职务	姓名	备注
党政管理机构	发展规划办公室	副主任	刘　浏	
	教务处	处　长	张旭凤	
		副处长	梁　晨	
		副处长兼招办主任	孙　静	
		副处长	顾　煜	
	党委研究生工作部（研究生院）	院长	何明珂	5 月 15 日兼任
		主任兼学科建设办公室主任	王可山	5 月 15 日免
		副主任	徐广姝	
		副部长兼副院长	张　婷	10 月 9 日调任
	学生处（党委学生工作部、武装部）	处（部）长	丁　健	
		副处（部）长兼就业指导中心主任	常　娥	
		副处（部）长	梁可文	10 月 9 日调任
		副处（部）长	庞　波	10 月 23 日调任
		副处（部）长	张　婷	10 月 9 日免
	科研处	处　长	王可山	
		副处长	刘　艳	
	国际合作与交流处（国际学院）	处长兼执行院长	韩　星	
		副院长兼直属党支部书记	吕一楠	6 月 12 日免支部书记；10 月 9 日免副院长保留副处待遇
	人事处	处长（试用）	赵隽咏	6 月 26 日试用期满
		副处长	续　杨	3 月 6 日调任
	财务处	副处长（主持工作）	杨建科	5 月 15 日免
		副处长（主持工作）	徐建国	7 月 5 日起主持工作
		副处长	叶　伟	6 月 1 日调任
	资产处	处　长	王春华	
		副处长（试用）	徐锋利	1 月 2 日新任
	后勤管理处	副处长（主持工作）	赵秀兵	4 月 17 日起主持工作
		副处长	崔明男	
	基建办公室	主　任	韩振节	
		副主任	卢长永	

续 表

机构类别	单位	职务	姓名	备注
党政管理机构	安全稳定工作部（处）	部（处）长	丁树歧	
		副部（处）长	陈永超	
	离退休工作处	处长兼党委书记	王秀华	
		副处长兼党委副书记	申云贵	
	对外合作办公室（10 月 24 日撤产业研究院后成立）	主任（正处级）	王成林	10 月 30 日调任
		正处级干部（试用）	顾国爱	11 月 6 日试用期满
		副主任	余　茜	10 月 30 日兼任
		副院长	童年成	10 月 30 日免职保留副处待遇
		副院长	周　鸿	10 月 30 日免
		副院长	刘　军	11 月 6 日免
	校友办公室	主　任	余　茜	
	机关党委	书　记	傅　强	
		副书记	马立梅	
	后勤基建总支（原基础保障部党总支 3 月 6 日改建）	书　记	赵秀兵	2 月 27 日当选
		书　记	王明发	2 月 27 日免
		副书记	赵秀兵	2 月 27 日前
教学组织机构	经济学院	院　长	赵　娴	
		党委书记	于冠华	11 月 13 日调任
		党委书记	胡　伟	10 月 9 日免职保留正处待遇
		副院长（试用）	原玲玲	1 月 16 日试用期满
		副院长	刘玉奇	
		党委副书记	张建宝	
	物流学院	院长（试用）	姜　旭	6 月 19 日提任
		党委书记	王　红	5 月 15 日调任
		党委书记	荀　萍	4 月 17 日免
		副院长	王晓平	
		党委副书记	毛文富	

续　表

机构类别	单位	职务	姓名	备注
教学组织机构	信息学院	院　长（试用）	周　丽	1月16日提任
		党委书记	刘　军	
		副院长（试用）	唐恒亮	1月16日新任
		副院长（试用）	陈　蕾	5月15日新任
		党委副书记	王　有	10月9日调任
		党委副书记	梁可文	10月9日免
	商学院	院　长	魏国辰	
		党委书记	于冠华	11月13日免
		副院长	吕　波	
		副院长	陈　娟	1月2日新任
		党委副书记	陈霄英	
	法学院	院　长	尚　珂	
		党总支书记	赵志瑞	
		副院长（试用）	吴长军	1月2日新任
		党委副书记	吴忠华	
	外国语言与文化学院	党总支书记	张克非	
		院长（试用）	李　华	1月16日提任
		副院长	王淑花	
		副院长	桂天寅	
		党总支副书记	李　丹	11月13日新任
		党总支副书记	王　有	10月9日免
	马克思主义学院	院长兼直属党支部书记	李邢西	
		副院长	郭继武	
	体育部	主任兼直属党支部书记（试用）	王彦英	12月7日试用期满
		副主任（试用）	孙　琴	5月15日新任
	继续教育学院	院长兼直属党支部书记	罗新东	
		副院长	陈炜煜	
		副院长	王守新	
		副院长	张　杰	12月25日调任
	附属商务科技学校事务委员会	主　任	翁心刚	12月25日兼任
		副主任（正处级）	杨　帆	12月25日调任
		副主任	张　杰	12月25日调任
		党总支副书记兼副主任	郝　庆	12月25日调任

续 表

机构类别	单位	职务	姓名	备注
教辅机构	图书馆	馆长兼直属党支部书记	许春燕	
		副馆长	单世侠	
		副馆长	徐必忠	
	信息中心	副主任（主持工作）	刘世波	12 月 8 日免
		副主任	付　莉	12 月 18 日兼任
		副主任	张焕鹏	
	《中国流通经济》杂志社	社　长	翁心刚	
		总　编	郝玉柱	
	实验教学中心	主任（副处级）	顾　煜	
	艺术教育中心	主任（副处级）	庞　波	10 月 23 日兼任
群团组织机构	校工会（教代会）	主　席	宋晓欣	
		常务副主席	傅　强	
		副主席	贡祥林	
	校团委	书　记	张燕燕	11 月 13 日新任
		书　记	庞　波	10 月 23 日免

中共北京物资学院纪律检查委员会名单

书　记　刘　录

副书记　荀　萍

委员（按姓氏笔画排序）　丁树歧　刘　军　刘　录　张克非　赵　娴　荀　萍　傅　强

第五篇　人物

学校党政领导

李石柱　党委书记

1963年3月出生于河南洛阳，中共党员，工学博士，教授。1986年1月入党，1986年7月参加工作。1984年毕业于清华大学水力机械专业，获学士学位。1986年毕业于清华大学经管学院技术经济专业，获硕士学位。2003年毕业于北京理工大学经济管理学院管理科学与工程专业，获博士学位。1986—1990年在北京理工大学经管学院从事技术经济学科教学工作；1990—2000年在国家科技部（原国家科委）工作，任研究中心助理研究员、发展计划司副处长、调研员；2000—2006年在北京市科委任发展计划处处长兼市科学技术奖励工作办公室主任，北京市科委委员（副局级，2003年9月起）；2006—2012年任中关村科技园区管理委员会副主任，党组副书记、副主任；2012年3月任北京物资学院党委书记。

主要社会兼职：北京物资学院教育基金会理事长、中国技术经济学会常务理事。

全面主持学校党委工作；负责离退休工作；分管学校办公室、离退休工作处；联系信息学院。

王文举　党委副书记　校长

1965年8月出生于吉林东丰，中共党员，理学博士，教授，博士生导师，享受国务院政府特殊津贴专家。1986年学士毕业于吉林师范大学数学系，1989年获东北师范大学理学硕士学位，1993年获吉林大学理学博士学位，1996年大连理工大学博士后出站。2000年12月—2004年1月历任首都经济贸易大学科研处处长、校长助理兼任科研处处长、图书馆馆长；2004年1月任首都经济贸易大学副校长；2016年7月任北京物资学院校长。研究领域：博弈论与数量经济。

主要社会兼职：北京物资学院校友会会长、中国数量经济学会副理事长、中国物流与采购联合会副会长、教育部高等学校经济与贸易类专业教学指导委员会副主任委员。

全面主持学校行政工作；负责规划、审计工作；分管研究与发展规划办公室、审计室；联系经济学院、物流学院。

沈小静　党委副书记

1962 年 7 月出生于上海市，中共党员，经济学博士，教授。1984 年 7 月毕业于北京经济学院物资管理系，获工学学士学位；1996 年 7 月毕业于中国社会科学院研究生院，获经济学博士学位。曾任北京物资学院企业管理系副主任、营销系主任、工商管理系主任、研究生部主任；2006 年 10 月任北京物资学院院长助理；2006 年 12 月任党委副书记。研究领域：企业管理。

主要社会兼职：中国物流学会常务理事、北京物资学院校友会常务副会长。

负责宣传、学生和保密工作；分管宣传部（教师工作部）、学工部和团委；联系马克思主义学院。

翁心刚　副校长

1961 年 10 月出生于北京市，中共党员，经济学博士，教授。1983 年 7 月毕业于北京经济学院物资管理系，1989—1992 年和 1996—1999 年赴日本流通经济大学攻读硕士和博士学位。曾任团总支书记、院长办公室科长、企业管理系副主任、研究生部副主任、研究生部主任；2006 年 4 月任北京物资学院校长助理；2006 年 12 月任副校长。研究领域：物流管理、供应链管理。

主要社会兼职：北京物资学院校友会副会长。

负责后勤、基建、对外合作、校友、继续教育工作；分管后勤管理处、基建办公室、杂志社、对外合作办公室、校友办和继续教育学院；联系商学院、附属商务科技学校。

宋晓欣　党委副书记

1972 年 3 月出生于河北定州，中共党员，管理学硕士，副教授。1993 年 7 月参加工作。曾任北京物资学院研究生部党总支副书记兼副主任、研究生部党总支书记、商学院党总支书记、党委组织部部长；2015 年 7 月任北京物资学院党委副书记。

主要社会兼职：北京物资学院校友会常务理事。

负责组织、统战、安稳、工会（教代会）和体育工作，协助负责离退休工作；分管党委组织部（统战部）、安稳处、工会，协助分管离退休处；联系外国语言与文化学院、体育部。

刘录　纪委书记

1962 年 7 月出生于辽宁沈阳，中共党员，工学博士，教授。1990 年 12 月硕士毕业于中国石油大学（北京）机电工程系，2008 年 6 月获中国石油大学（北京）工学博士学位。1984 年 8 月参加工作。曾任北京石油化工学院机械工程学院副院长、院长，北京石油化工学院人事处处长、教师发展中心主任、院长助理；2016 年 2 月任中共北京物资学院纪律检查委员会书记。

主要社会兼职：北京物资学院校友会监事长。

负责纪检、监察工作；分管纪检监察办公室；联系机关党委。

何明珂　副校长

1962 年 2 月出生于湖北公安，中共党员，经济学博士，教授，博士生导师，享受国务院政府特殊津贴专家，北京市教学名师。1985 年学士毕业于北京商学院，1987 年毕业于北京商学院商业经济硕士研究生班，1989 年获得硕士学位，2001 年博士毕业于中国人民大学并获经济学博士学位。1993—1999 年 12 月，历任北京商学院技术经济系副主任、主任，北京工商大学技术经济系主任；1999 年 12 月—2016 年 12 月，历任北京工商大学商学院副院长（正处级）、党总支书记、院长，研究生部主任，国际交流与合作处处长，科技处处长；2016 年 12 月任北京物资学院副校长。研究领域：物流与供应链管理、物流系统理论与方法、流通技术、电子商务与现代物流等。

主要社会兼职：中国物流与采购联合会副会长、中国物流学会副会长、中国仓储协会副会长、教育部物流管理与工程类专业教学指导委员会副主任。

负责学科建设与研究生教育、科研、财务、国有资产管理和外事工作；分管研究生院、科研处、财务处、资产处和国际合作与交流处（国际学院）。

刘永胜　副校长

1963 年 6 月出生于河北唐山，中共党员，管理学博士，教授。北京市教学名师。

1985 年毕业于河北科技大学，获工学学士学位；1990 年毕业于西安理工大学，获工学硕士学位；2003 年毕业于天津大学，获管理学博士学位。1985 年 7 月参加工作，曾任唐山高等专科学校管理工程系主任，唐山学院监察审计处处长，北京物资学院人事处处长、商学院党总支书记、研究生部主任/学科办公室主任；2016 年 12 月任北京物资学院副校长。研究领域：物流与供应链管理。

主要社会兼职：中国物流学会常务理事。

负责人事、本科教学、信息化、图书馆，分管人事处、教务处、实验教学中心、信息中心、图书馆；联系法学院。

长城学者、教学名师名单

名称	姓名	所在院部	获批时间（年）
长城学者	李珍萍	信息学院	2013
	王文举	经济学院	2014
	王可山	经济学院	2017
	周　丽	信息学院	2017
	刘　艳	物流学院	2018
北京市高等学校教学名师	崔介何	物流学院	2005
	邬　跃	物流学院	2007
	刘丙午	信息学院	2008
	何明珂	物流学院	2008
	李珍萍	信息学院	2009
	赵　娴	经济学院	2010
	刘永胜	商学院	2011
	田立平	信息学院	2012
	郝玉柱	经济学院	2014
	张旭凤	物流学院	2018
北京市高层次创新创业人才支持计划教学名师	田立平	信息学院	2015
	李珍萍	信息学院	2016
	郝玉柱	经济学院	2017

（续杨）

教授、副教授名单

所在院部	教授	副教授
经济学院	车卉淳　郝玉柱　洪　岚　霍再强 刘崇献　潘建伟　童年成　王宝森 王可山　王文举　许春燕　尹德洪 于　亦　张　琦　赵　娴　朱群芳 原玲玲	褚晓琳　单　磊　冯玉成　高鸿鹰　郝建彤 李　彤　李义福　刘　健　刘　江　刘　荔 刘玉奇　孟尚雄　牛瑞芳　齐子翔　盛　浩 陶　冶　许　可　杨　菁　吴　锟　战雪丽 周学勤　朱才斌
物流学院	杜志平　何明珂　姜　旭　刘　录 刘　艳　沈小静　王成林　翁心刚 邬　跃　徐广姝　张旭凤　张志勇 周三元　陈　静	白晓娟　安久意　陈红丽　陈志新　贡祥林 胡贵彦　梁　晨　梁雅琼　刘　红　刘　俐 陆　华　马向国　沈　丽　宋玉卿　孙卫华 唐秀丽　唐长虹　田　雪　汪芸芳　王晓平 温卫娟　杨　丽　杨宝宏　姚志英　岳思红 赵　琨　赵立强　赵章荣　于晓辉　马婷婷 王　超　张竞禾　贾美慧
信息学院	郭　键　李　蓉　李俊韬　李珍萍 刘　军　刘俊娥　刘同娟　申贵成 田立平　王莲花　吴海建　张　博 周　丽　朱　杰	陈　蕾　成晓红　崔春生　丁连红　董萍萍 郭　风　郭　茜　韩　嵩　霍灵瑜　姜　涛 鞠红梅　梁志新　刘洪伟　齐凤华　秦惠林 师鸣若　宋燕星　谭加博　唐恒亮　田志勇 王　新　王　艳　王福荣　王晓燕　王玉泉 阎　芳　杨　玺　杨芝燕　袁瑞萍　张方风 张凤玲　张海军　周　鸿　庄　菁　赵明茹 王凤英　孙　媛　吴玉文　苏庆华　于　真 李　锋
商学院	陈炜煜　陈喜波　顾　煜　郭红莲 金海水　李广义　刘　华　刘萍萍 刘永胜　倪东生　欧海鹰　齐　严 秦江萍　唐华茂　王春华　魏国辰 张　军　张　勤　吕　波　任　吉	曹　键　曾捷英　常晓红　陈　波　陈　娟 陈晓梅　杜红平　冯　华　弓秀云　顾国爱 季　靖　解进强　兰凤云　李德恒　李燕荣 林　原　刘德英　罗倩文　李敬强　马文杰 陈　霞　宋晓欣　王　丹　王　静　王美英 王少波　王秀荣　吴　非　吴利红　武淑平 肖为群　徐建国　许海晏　闫　甜　殷裕品 张喜才　张玉红　赵　洁　郑可人　左春玲 崔海云　孙　静　李玉珠　曹　媞

所在院部	教授	副教授
法学院	李爱华　尚　珂　邹晓美	高　泉　龚钰淋　李惠阳　李晓晖　刘　洁　刘　茵　吴长军　闫仁河
外国语言与文化学院	黄春燕　路文军　王淑花　张绍杰	桂天寅　韩　星　何啟滨　蒋春生　李　华　李瑞青　刘　浏　刘建华　穆育枫　任丽丽　孙静波　孙丽华　孙艳青　唐　棠　王　茹　王红进　魏丽卿　谢桂梅　张　玲　张　娜　张春颖　张丽丽　李海英　周　杰　左　雁　韦美璇
马克思主义学院	冯凡彦　李邢西　李淑文　刘耀京	高书文　高亚春　郭继武　李彩丽　刘建宁　宋洪云　陶　琳　张震环
体育部	王彦英	方配素　时　锋　孙　琴　孙风林　王　旭　王彦英　吴　强　衣锦光　张　力　张秋艳　张晓静
思政系列	—	马立梅　王　红　魏　巍　荀　萍　于冠华　张建宝

研究员名单

研究员	副研究员
李石柱（兼聘教授）　刘艳荣	胡　伟　金　伟　刘世波　吕一楠　孙　杰　孙　静　王又军　熊湘敏　杨　狄　余　茜　张克非　赵隽咏　赵丽娟　周文峰

（人事处提供）

名誉院长/客座教授/特聘教授名单

姓名	社会职务/职称	聘任职务
谭春桥	中南大学商学院教授	北京市特聘教授
Jean - Pierre Talpin	法国计算机及自动化研究院高级教授研究员	北京市特聘教授
王佳宁	《改革》杂志总编/重庆智库理事长	大运河研究院院长
李　强	原中国期货业协会副会长兼秘书长/教授	经济学院名誉院长
姜超峰	中国物资储运协会名誉会长/高级经济师	物流学院首席顾问
赵沁平	中国工程院院士/教授	信息学院兼职教授
王小兰	时代集团公司总裁/高级经济师	商学院名誉院长
王晓明	中国社会科学院研究生院国际文化教育中心主任/教授	外语学院名誉院长
林有来	北京物流协会副会长兼秘书长/经济师	对外合作办客座教授
鲁　泽	河北省现代物流协会会长/高级工程师	对外合作办客座教授
王国利	国家农产品现代物流工程技术研究中心专职副主任/教授	对外合作办客座教授
孙学智	北京智泽惠通科技孵化器有限公司/董事总经理	对外合作办客座教授
孙怜怜	中国社会科学院研究员	对外合作办客座教授

（人事处提供）

人大代表、政协委员、知联会、女教协、民主党派等负责人名单

组织名称	职务	姓名
第六届通州区人大	代　表	张旭凤
第十三届北京市政协	委　员	尚　珂

续 表

组织名称	职务	姓名
第六届通州区政协	委　员	尚　珂　邹晓美　李珍萍 杨　狄　祝映莲　陈喜波 吴　非　王成林
第一届通州区 党外知识分子联谊会	副会长	杨　菁
	理　事	张志勇　李广义　田玉明 杨　菁　孙风林
第一届北京物资学院 党外知识分子联谊会	理事长	张旭凤
	常务副理事长	马立梅
	副理事长	张志勇　陈喜波
	秘书长	杨　菁
	副秘书长	桂天寅　孙风林
第五届首都女教授协会	理　事	赵　娴
首都女教授协会 第五届北京物资学院分会	名誉会长	宋晓欣
	会　长	赵　娴
	秘书长	马立梅
中国国民党革命委员会 北京物资学院小组	组　长	陈晓梅
中国民主同盟通州区工委	副主委	祝映莲
	委　员	朱群芳
中国民主同盟 北京物资学院支部	主　委	祝映莲
	副主委	朱群芳
	委　员	李晓晖　孟　浩　蒋春生
中国民主建国会通州区工委	副主委	邹晓美
	委　员	王可山　孙　瑜
中国民主建国会 北京物资学院支部	主　委	王可山
	副主委	王　丹　林英泽　金仁浩
中国民主促进会通州区工委	委　员	杨　狄
中国民主促进会 北京物资学院支部	主　委	杨　狄
	副主委	王少波
	委　员	张　铮

续　表

组织名称	职务	姓名
中国致公党北京市委 法律工作委员会	副主任	尚　珂
中国致公党通州区工委	副主委	尚　珂
	委　员	陈炜煜
中国致公党 北京物资学院支部	主　委	李　玲
	副主委	李爱华　陈炜煜
	委　员	田　甜　顾丽萍
九三学社通州区工委	委　员	吴　非
九三学社通州区第一支社	委　员	吴　非
九三学社北京物资学院小组	组　长	杜红平

（统战部提供）

第六篇　教育教学

本科生教学

【概况】2018 年，学校本科教育教学工作围绕“十三五”规划目标和《北京物资学院落实〈关于统筹推进北京高等教育改革发展的若干意见〉实施方案》确定的改革思路，全面贯彻落实全国及北京市教育大会精神，以提高人才培养质量为核心、以制度体系完善为基础、以深化教学改革和调动教师教学积极性为驱动力、以构建预防为主的教学运行体系以及多维度质量管理体系为保障，突出具有创新精神、国际视野的复合型、应用型人才培养。顺利完成了教育部本科教学工作审核评估重点工作；本科一批次招生省市数量增长显著，生源质量不断提高；深入推进市属高校一流专业建设和市属高校专业共建，启动校级一流专业遴选建设；推进课程建设和教学方式改革，着重强化课程信息化建设，推进信息技术与教育教学的融合；强化教学质量监控常态化，不断完善教学质量保障体系；落实应用型人才培养定位，整合校内外实践平台；首次开办校友企业家课堂，继续推进暑期国际学校和国际班建设；辅修、转专业及双培、外培专业顺利运行，教学运行秩序良好，多元化人才培养体系逐步完善，人才培养质量和教学管理水平不断提升。

（梁晨）

【招生工作】2018 年，学校在全国 30 个省、自治区、直辖市（青海省、港澳台除外）计划招收本科生 1500 人。其中北京市生源计划 882 人（文史类 210 人，理工类 672 人）；京外生源计划 618 人（含西藏高中班、新疆高中班、2017 级少数民族预科生转入计划 66 人）。招生专业包括 27 个本科专业（方向）。学校在北京市本科提前批、本科一批次、本科二批次投放招生计划，在河北省、河南省本科提前批、本科一批次投放招生计划，在内蒙古自治区、江西省、重庆市、西藏自治区本科一批次投放招生计划，在黑龙江省、四川省、贵州省本科一批次、本科二批次投放招生计划，在辽宁省、天津市、广东省、山东省、上海市、浙江省、海南省不分批次，在全国其他省、自治区、直辖市本科二批次投放招生计划。与往年相比，2018 年学校首次在海南省招生，物流管理专业首次在全国招收文史类考生，在北京市本科提前批次新增会计学“双培计划”专业。

学校2018年本科招生录取工作从7月6日开始至8月7日结束，共招收一般统考生、“双培计划”、“外培计划”、农村贫困地区定向招生专项计划、内地西藏高中班、内地新疆高中班、少数民族预科生（含新疆协作计划）等类型本科（含预科）生1559人，包括2018年录取的1534名本科生和25名2017级少数民族预科生。2018年在内蒙古自治区、湖北省、重庆市、四川省、贵州省、新疆维吾尔自治区招收少数民族预科生29人（实际报到27人），非新疆籍少数民族预科生第一年将在新的预科培养学校北京邮电大学学习；新疆籍少数民族预科生第一年将在新的预科培养学校新疆师范大学学习。

2018级本科新生基本构成情况如下图所示。

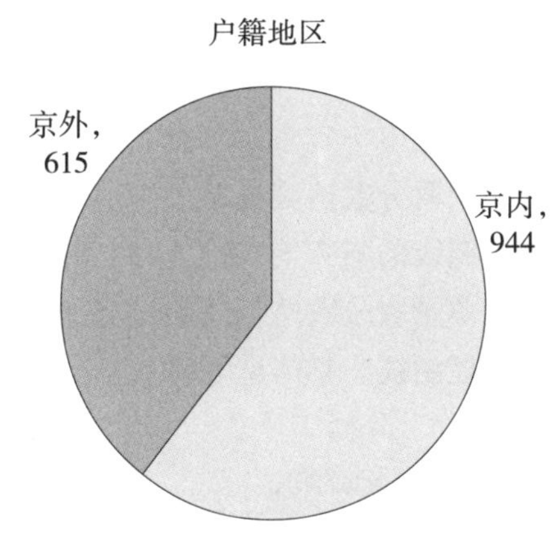

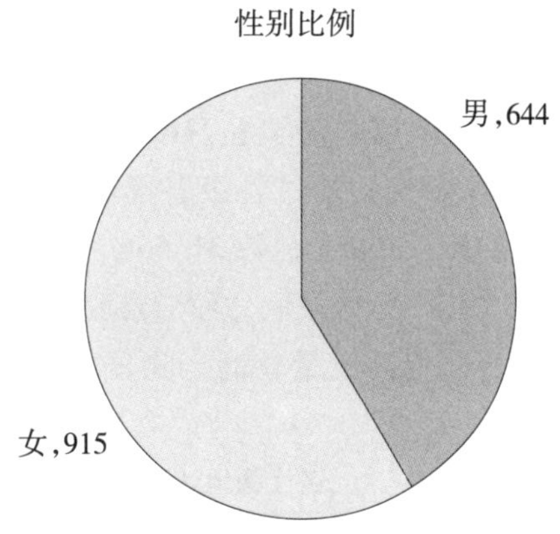

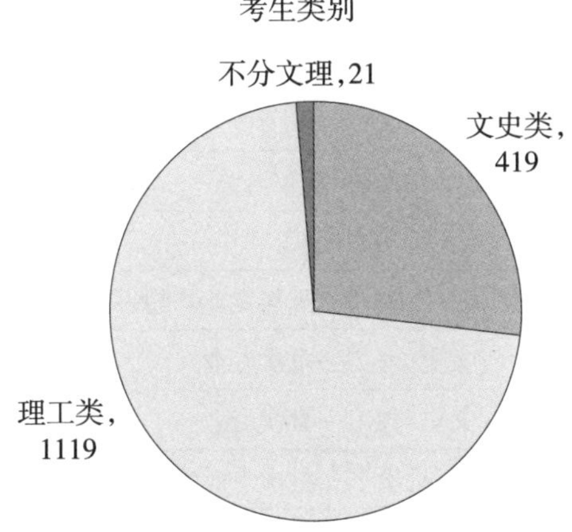

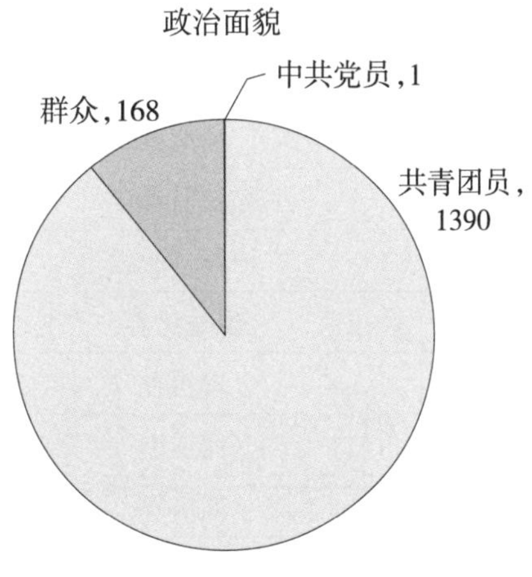

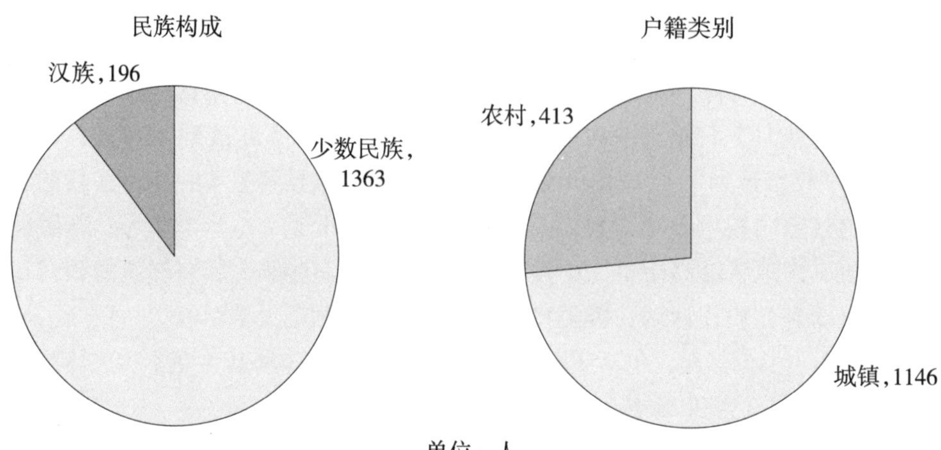

2018 级本科新生基本构成情况

新生中年龄最小的 15 岁，最大的 22 岁；有各类特长的学生 718 人，占新生总数 46.06%；受过各级各类奖励的学生 492 人，占新生总数 31.56%。

2018 年，学校录取分数与录取位次稳中有升，生源质量较高。除辽宁省、天津市、广东省、海南省、山东省、浙江省和上海市 7 省市不分批次外，学校在全国录取分数达到或超过当地本科一批次控制线的省市有 18 个，84.00% 的京外生源录取分数达到或超过当地本科一批次控制线，具体见下表。

各生源地达到或超过当地本科一批次控制线录取情况

序号	生源地区	达到或超过当地本科一批次控制线录取类别
1	内蒙古自治区	文史/理工
2	河北省	文史/理工
3	河南省	文史/理工
4	江西省	文史/理工
5	西藏自治区	文史/理工
6	黑龙江省	文史/理工，一批次、二批次专业均超一本线
7	贵州省	文史/理工一批次专业
8	北京市	文史/理工一批次专业
9	四川省	文史/理工，一批次、二批次专业均超一本线
10	重庆市	文史/理工
11	新疆维吾尔自治区	文史/理工
12	安徽省	文史/理工

续 表

序号	生源地区	达到或超过当地本科一批次控制线录取类别
13	湖南省	文史/理工
14	湖北省	理工
15	云南省	理工
16	陕西省	文史/理工
17	甘肃省	理工
18	宁夏回族自治区	理工

学校2018年在京继续开展高水平人才交叉培养的“双培计划”“外培计划”，“双培计划”计划招收48人，“外培计划”计划招收5人，均在本科提前批B段录取。学校“双培计划”“外培计划”全部针对北京理工类考生，具体招生专业和计划为：金融学（金融与监管科技）专业16人（与中央财经大学共同培养）、物流管理专业16人（与北京交通大学共同培养）、电子商务（互联网物流）专业8人（与北京邮电大学共同培养）、会计学专业8人（与中央财经大学共同培养）、物流管理专业5人（与美国欧道明大学联合培养）。在2018年实际录取过程中，由于区县间计划不能互调等原因，“双培计划”最终录取32名新生，其中金融学（金融与监管科技）专业12人、物流管理专业7人、电子商务（互联网物流）专业5人、会计学专业8人；“外培计划”最终录取4名新生。

（么贵永 孙静）

【专业设置与建设】结合办学定位、学科特色和服务面向，学校不断优化专业布局，建立动态适应机制。深入贯彻落实一流专业建设“双万计划”，落实分层建设理念，遴选五个专业作为校级一流专业建设点，在专业定位、教学团队、教学资源、国际化等方面进行重点建设。截至2018年，学校共设置了29个本科专业及方向，涵盖经济学、管理学、理学、工学、文学、法学等多个学科，其中包括2个国家级特色专业，3个北京市特色专业，1个北京市属高校一流专业，5个校级一流专业。

【课程与教材建设】学校坚持开展课程建设工作，鼓励并引导教师加大教学领域投入，开展教学改革创新，积极推进课程综合改革。继续建设基于网络的教学资源平台，积极整合校内外资源，引进优质通识课程，充实学校课程资源，覆盖国学、美学、社交等社会科学领域，供学生在线学习。继续推进校内精品开放课程建设，6门课程上线慕课教学资源平台，为教师开展混合式教学改革提供支撑。2018年度为本科生开设课程915门，其中必修课369门，选修课546门。学校鼓励教师编写高质量教材，截至2018年，我校共有3部“十二五”

本科高等教育国家级规划教材，8 部北京市精品教材。

（陈义彬）

【教学引导经费】2018 年学校教学财政专项经费共 368.80346 万元，包括人才培养质量建设－高水平人才交叉培养－实培计划（市级）、人才培养质量建设－高水平人才交叉培养－外培计划（市级）、人才培养质量建设－高校信息化服务平台和在线资源开发建设（市级）、人才培养质量建设－资源共享－在线开放课程建设（市级）、人才培养质量建设－专业建设－北京高校专业群建设（市级）、人才培养质量建设－虚拟仿真中心建设（2017 年滚动）6 个项目。投入教学工作的校内专项经费预算总额共计 374 万元，该项经费归口教务处申报和管理，经费的分配原则包括重点扶持能够体现学校特色发展的重点优势专业和学科，重点投入用于审核评估和教学模式改革等领域。

（李小庆）

【教学计划运行】

教学计划表

序号	排课周期	开课单位	开课单位数	课程数	选课班次	实际班次
1	2018 年夏季学期	经济学院、物流学院、信息学院、商学院、法学院、外国语言与文化学院、国际交流合作处（国际学院）、学生处（党委学生工作部、武装部）、团委、实验教学中心、教务处	11	170	208	156
2	2018 年秋季学期	经济学院、物流学院、信息学院、商学院、法学院、外国语言与文化学院、国际交流合作处（国际学院）、马克思主义学院、学生处（党委学生工作部、武装部）、团委、体育部、教务处、图书馆	13	567	1061	932

续 表

序号	排课周期	开课单位	开课单位数	课程数	选课班次	实际班次
3	2019 年春季学期	经济学院、物流学院、信息学院、商学院、法学院、外国语言与文化学院、国际交流合作处（国际学院）、马克思主义学院、学生处（党委学生工作部、武装部）、团委、体育部、实验教学中心、教务处、图书馆	14	503	1001	873

2018 年上半年开设数学拓展（二）、数学拓展（三）学科基础强化提高班；2018 年下半年开设数学拓展（一）、经济学、管理学等学科基础课程强化提高班。

（王鹭飞）

【考务管理】

各考试项目的课程门次、参加人次和考场数量

序号	考试项目	课程门次	参加人次	考场数量
1	2018 春季学期初补（缓、重）考	143	2981	70
2	2018 秋季学期初补（缓、重）考	110	2919	65
3	春季学期末分散考试	276	36490	—
4	春季学期末集中考试	137	13890	307
5	秋季学期末分散考试	212	35398	—
6	秋季学期末集中考试	174	24354	515
7	春季学期 2012 级离校生清考	4	6	3
8	春季学期高等数学期中考试	1	1248	25
9	秋季学期新生入学英语分级考试	1	1430	44
10	秋季学期高等数学期中考试	1	1293	24
11	秋季学期概率论和数理统计期中考试	1	1292	24
12	大学英语四级模拟考试	1	1429	35

（程杨）

【外语四六级考试】2018 年，全国大学英语四六级笔试在学校顺利举办。本年度考试学校共有 7349 名学生参加，其中参加全国大学英语四级笔试的考生 3950 人，参加全国大学英语六级笔试的考生 3387 人，参加小语种笔试的考生 12 人，共设考场 252 个，监考人员 499 人次。2018 年新增全国大学英语四六级口语机考，其中参加全国大学英语四级口语机考的考生 871 人，参加全国大学英语六级口语机考的考生 558 人，机考 39 场次。学校领导高度重视考试，为确保考试顺利进行，学校制定了《北京物资学院 2018 年 12 月全国大学英语四六级考试工作方案》，召开考务人员培训会和全校教师监考培训会，统一协调，精心安排，周密部署各项准备工作。2018 年 12 月全国大学英语四六级考试采用新的听力放音设备，教务处、外国语言与文化学院、信息中心、学生处、后勤管理处、安稳处等部门紧密配合，保障考试顺利完成。考试期间上级巡视员对学校考务工作进行了巡查，对学校高度重视、细致安排等给予了两次满分评价。

（赵丽娟）

【学籍管理】2018 年度学校为 690 人次办理了学籍异动手续，其中休学 51 人、复学 21 人、转专业 57 人、留级 33 人、退学 22 人，入学转专业 115 人，大类培养分流 315 人，保留入学资格（出）7 人，保留入学资格（入）2 人，死亡 1 人，转学（出）1 人，自动放弃入学资格 52 人，开除学籍 1 人，其他 12 人。按照教育部和北京市教委工作安排顺利完成了教育部学信网新生学籍注册、学年注册工作以及学历注册和补注册工作，完成离校往届生学信网学历勘误工作，按照北京市教委的要求完成教育部学位信息网学位注册和补注册工作，按时完成了应届毕业生学历学位注册电子照片信息采集工作。按照学校教学工作安排完成了辅修专业（双学位）、学业警示、“双培计划”学生管理、转专业、三次毕业审核、证书发放等工作，配合其他部门完成学籍信息填报工作。

（常静）

【毕业论文（设计）管理】学校对 2018 届本科毕业实习及毕业论文（设计）选题情况、任务书与开题报告、中期检查、答辩等环节加强过程检查和质量监控，对 2018 届本科毕业论文（设计）终稿全部进行学术不端行为检测。首次检测毕业论文（设计）1447 份，检测通过 1400 份，检测合格率 96.75%。复检毕业论文（设计）59 份，复检通过 53 份，复检合格率 89.83%。2018 届本科毕业论文（设计）首次答辩通过率 87.91%，二次答辩通过率 97.30%。各学院共推荐 29 篇毕业论文参与校级优秀毕业论文答辩评审，评出一等奖 3 名、二等奖 9 名、三等奖 17 名。

【大学生科技竞赛】2018 年，全校共开展 51 项学科竞赛活动，参与学生人数 3459 人次，支出活动经费 9.13 万元；

获得市级及以上学科竞赛奖项 186 项，获奖学生数 407 人次。依据《北京物资学院本科教学奖励办法》和《北京物资学院大学生学科竞赛管理办法（试行）》对 2017 年度的 194 个学科竞赛获奖者进行奖励，其中指导教师奖励金额共计 26.04 万元，学生奖励金额共计 19.24 万元。

【大学生科学研究与创业行动计划项目】 2017—2018 学年大学生科学研究与创业行动计划项目全校共申报项目 182 项，其中国家级项目 40 项，市级项目 142 项，结项 140 项，结项率 76.9%。2018 年 11 月，学校组织 2017—2018 学年大学生科学研究与创业行动计划项目优秀成果评选，经过学院推荐、校内专家评审、PPT 答辩展示等环节，共评出一等奖 3 项、二等奖 6 项、三等奖 10 项。2018 年 11 月，学校启动 2018—2019 学年大学生科学研究与创业行动计划项目申报工作，截至 2018 年年底共申报项目 196 项。学校重视做好创新学分认定工作，2018 年 5 月，全校共收到 238 人次申请记录，累计申请创新学分 350 学分。在创新学分冲抵环节，共收到 28 人次申请记录，冲抵专业选修课累计学分 50 学分，冲抵素质拓展课累计学分 7 学分。

【教学基地建设】 学校深入挖掘实验、实习、实训教学基地作用，不断提升各类教学基地服务能力。学校高度重视和加强市级及以上示范基地等实验实训场所的建设力度，设立专项经费支持建设，不断提升示范基地的软硬件实力，拓展示范基地的业务范围，进一步发挥示范引领作用。学校拥有 1 个国家级实验教学示范中心、1 个国家级大学生校外实践教育基地、1 个国家级人才培养模式创新实验区、2 个北京市级实验教学示范中心、2 个北京高等学校示范性校内创新基地、5 个北京市级校外人才培养基地以及 115 个校、院级校外实习实践基地。

（白学波）

【教学质量监控】 2018 年，学校以审核评估工作为契机，依据教育部、北京市教委相关文件要求和本科教学国家标准，制定了本科人才培养质量标准、专业建设质量标准、课程建设标准以及教学主要环节质量标准，形成了质量标准的持续建设和改进的机制。

构建闭环管理体系，促进质量持续提升。学校以提高和保证教学质量为目标，将与教学质量相关的管理活动系统组织起来，构建了以人才培养目标与人才培养质量为核心的教学保障体系。学校教学保障体系形成闭环管理机制，依据人才培养目标，建立人才培养标准体系，围绕人才培养方案制定培养过程及培养效果，开展日常质量监控和专项评估，形成校内外有机结合的质量监控与反馈模式，保障教学质量持续改进。

开展教学检查，确保制度与标准落实。学校坚持开展期初、期中和期末的常规教学检查和专项教学检查工作。常规检查重点检查了各院部的管理制度创新及执行情况、教学管理工作改进情况、教学工作运行状况、教学工作计划进展、常规教学文件归档情况等；专项检查结合学校审核评估工作要求，重点检查了院部质量监控体系建设及运行情况，审核评估院部建设与整改情况，教学档案的规范性与质量情况，青年教师教学指导情况，试卷管理及质量控制情况，本科毕业论文（设计）制度执行、管理及质量控制情况等。

强化课堂教学监控与评价，全面保障教学质量。学校坚持教学督导组和领导听课制度，通过随机听课、评教听课、新教师听课等多种类型的听课把握课堂教学整体状况，2017—2018 学年，校教学督导组共计听课 782 人次。2018 年学校制定了《北京物资学院利用教学监控中心提升课堂教学质量的办法》，校领导、校教学督导组、教务处、学生处等到监控中心巡视看课形成制度，对教风、学风、教学有效性进行全过程监控，强化了校领导、教务处、学生处各院部对课堂教学齐抓共管的联动机制。通过听课看课相结合，实现了对全校课堂的全程监控，有效保障了课堂教学质量。2017—2018 学年，学生评教结果为良好及以上的占 99.85%，督导评教覆盖面为 68.5%，其中评价结果为良好以上的占 97.06%。

强化信息反馈与调控，不断提升教学质量。学校坚持教学例会制度，由教务处隔周组织各院部教学副院长和副主任召开例会，对教学管理中发现的问题及时反馈整改。对教学质量管理中发现的问题及时沟通，对于教学效果好的教师予以通报表扬；对于违反课堂教学管理规定、构成教学事故的，依据《北京物资学院教学事故认定与处理办法》严格处理；对于教学能力有待提升的教师，各院部深入开展教研活动，制定整改帮扶措施促其提升。教学检查工作总结以《督导简报》的形式向全校发布，2017—2018 学年共编辑《督导简报》13 期。

强化教学基本状态数据的采集与分析。学校根据教育部评估中心要求，开展本科教学基本状态数据的采集和网上填报工作。通过对采集的数据进行分析、评价，发现教学工作中存在的问题，制定整改方案，及时改进教学管理工作。

【教学督导】校教学督导组共有 15 人，名单如下：

组长：向　东

副组长：张丕宁

成员（按姓氏笔画排序）：王　丹、王莲花、车卉淳、冯凡彦、刘　俐、刘　洁、杜红平、李亚雄、李瑞青、李锡仁、沈　丽、郭　风、郭奕崇

【教师教学能力发展】2018 年，学校组织教师参加教育部网培中心教学培训 97 人次，组织教师参加慕课教学资源平台培训 567 人次，教师教学能力显著提升。充分发挥教学督导作用，督导组深入课程全面了解课堂教学的总体状况，2017—2018 学年，教学督导组对需要帮扶的老教师、新教师、优秀教师等听课 782 人次，对教师的教学工作开展个性化指导，及时将问题与建议反馈到教务处与各院部，督促

院部制定并实施教学促进方案。

（孙琳）

【教研立项及管理】 进一步做好各级教研项目管理工作。2018 年 12 月 19 日下发《北京市教育委员会关于对 2013—2015 年度北京高等学校教育教学改革立项项目进行第三批结题验收的通知》（京教函〔2018〕693 号）。按照要求，学校开展 2013—2015 年度市级教育教学改革立项项目第三批结题验收工作。该批次项目中，我校获批的立项项目共 10 项，其中面上项目 9 项，联合项目 1 项。第一批已有 5 个面上项目和 1 个联合项目通过结题验收，第二批有 2 个面上项目通过结题验收。此次参加第三批结题验收的项目有 2 项，全部通过结题验收。校级教育教学改革项目本着体现学校本科专业人才培养定位的要求和有利于重点解决限制学校本科教学质量进一步提升的重大问题的思路开展，从深化教学改革出发，不断完善申报、立项、执行、验收等各环节流程，优化管理体系。开展了 2017 年及部分 2016 年校级教育教学改革项目结项工作，共 40 项进行了结项答辩评审，其中 32 项通过结项。

（李小庆）

【现代教育技术发展】 2018 年，学校教学管理和服务现代化水平进一步提升，教室建设和实验室教学环境得到进一步提升。教学管理信息系统、在线开放课程建设、第三方教学评价、慕课课程教学资源建设及网络通识课修读综合平台等教学管理信息化建设平稳运行；完成第一教学楼的整体装修，更新了多媒体教室主要设备设施，建成了 9 间智慧教室，标准化考场建设进程良好，教学视频监控中心运行状况良好；实验教学中心英语实验室从第一教学楼迁址到第二教学楼，模拟法庭重建，中心机房服务器虚拟化建设完成，实验室教学系统逐步迁移。各类项目的顺利执行，有效改善了学校教学条件，保障了教学秩序的稳定。

（窦万成）

【遴选建设校级一流专业】 组织遴选 5 个校级一流专业进行重点建设。为贯彻国务院《统筹推进世界一流大学和一流学科建设总体方案》和教育部、财政部国家发展改革委印发的《统筹推进世界一流大学和一流学科建设实施办法（暂行）》精神，整体提升我校专业建设水平，为申报北京市属高校一流专业遴选建设奠定基础，学校开展了校级一流本科专业遴选建设工作。经学院申报、教学指导委员会评审，遴选出金融学（期货与证券）、采购管理、信息管理与信息系统、物联网工程、会计学 5 个专业作为校级一流专业建设点，在专业定位、教学团队、创新创业教育、教学资源、社会服务及国际化方面进行重点建设，辐射带动相近专业乃至全校本科教育整体发展，使学校优势特色进一步凸显，显著提高人才培养水平。

（陈义彬）

【第十六届青年教师基本功比赛】 学校第十六届青年教师教学基本功比赛自2018年11月正式启动，比赛主题为“以本为本、打造金课、争做名师”。比赛由教务处、校工会和人事处主办，信息学院承办，经过院部选拔赛和学校决赛于12月19日圆满结束。全校40岁及以下的182名青年教师全员参与，共选拔出19位教师参与决赛，最终评选出一等奖1项、二等奖3项、三等奖5项、单项奖3项、优秀组织奖4项。学校党委书记李石柱、校长王文举、党委副书记沈小静、党委副书记宋晓欣、副校长刘永胜莅临决赛现场观摩指导。青年教师教学基本功比赛充分展示了我校青年教师的良好精神风貌和扎实的教学基本功，促进教师在教学理念、教学内容、教学方法、教学手段方面不断探索创新，对整体提升教师队伍教学能力和人才培养质量有重要意义。

（孙琳）

【教育教学成果奖励】 北京市高等教育教学成果奖获奖。根据北京市教委、北京市人力资源和社会保障局、市财政局《关于开展2017年教育教学成果奖评审工作的通知》（京教人〔2017〕26号）、市教委《关于开展2017年北京市高等教育教学成果奖评选工作的通知》（京教函〔2017〕233号）及《北京市教育委员会关于2017年北京市高等教育教学成果奖推荐工作的补充通知》（京教函〔2017〕422号）文件精神和工作要求，学校在2017年组织评选的校级教育教学成果奖一等奖获奖成果的基础上，经学校教学指导委员会会议审议通过择优推荐成果13项。2018年3月获北京市高等教育教学成果奖二等奖5项，分别是《“一来二去”，地方高校应用型人才实践能力培养机制和途径创新》《“分类通识、多元进阶”的创新型智能物流信息人才培养体系构建》《依托“1+5+1”平台构建多元化物流人才培养体系》《信息化背景下“上下并举、内外兼修、共享互促”的立体化数学教学模式的构建与实施》《行业依托，校企协同，实践贯穿，推进期货领域拔尖人才培养模式的创新与实践》。学校依据《北京物资学院本科教学奖励办法》，对2017年度本科教学项目获奖教师、学科竞赛获奖指导教师及获奖学生进行教学奖励，共发放奖励性经费74.96万元。

（李小庆）

【北京市教学名师获奖】 张旭凤教授荣获第十四届北京市高等学校教学名师奖。根据《北京市教育委员会关于开展第十四届北京市高等学校教学名师奖暨第二届北京市高等学校青年教学名师奖评选工作的通知》（京教函〔2018〕273号）精神，我校组织开展了北京市教学名师奖暨第二届青年教学名师奖候选人的遴选推荐工作。经教师自愿申报、学校审核推荐、市教委组织现场教学观摩课评价、评审专家组评议、市教委审核并公示最终确定获奖名单，我校物流管理专业张旭凤教授喜获殊荣。教学名师的引导示范作用将促进学校师德师风及教学团队建设，提高课堂教学效果，不断取得丰硕教学成果，提升本科教育教学质量。

（陈义彬）

【**校友企业家课堂**】首次开展校友企业家课堂项目。为进一步拓宽学生视野，优化学生知识结构，引导学生建立正确的职业生涯规划，提高学生创新创业能力，近距离接触和学习优秀企业家精神，学校首次举行“校友企业家课堂”暑期项目。校友企业家课堂于2018年7月2日正式开讲，共邀请了19名校友企业家，精选供应链创新、互联网+与大数据应用、领导力与管理创新、新媒体时代营销四个主题举办系列主题讲座，每个主题包含不同专题理论讲授，配合案例研讨，为学生带来了一场由实战案例、尖端前沿成果、实用高效技术构成的知识盛宴。通过本次企业家进课堂活动，不仅让400多名学生受益匪浅，也为我校的教学改革提供了宝贵的实践经验。

（陈义彬　李小庆）

【**暑期国际学校**】暑期国际学校项目。为进一步突出培养学生的国际化视野，丰富我校国际化课程建设，我校继续开展并顺利实施暑期国际学校项目。2018年7月3日，暑期国际学校正式开班。本期暑期国际学校以“国际商务与物流”模块为特色，在小学期开课，历时4周，采用全英文授课模式，包括国际商务沟通、全球供应链管理、国际财务与会计前沿、物流企业运营管理、国际贸易与跨境电子商务5门课程，每门课程32学时，授课对象为我校相关专业本科学生、硕士研究生及北京地区其他高校的相关专业学生，共计400余人次参与了暑期国际学校的课程学习。

（李小庆）

【**新增一本招生省份及专业**】2018年，经北京市、江西省、重庆市、西藏自治区等省级招生主管部门批准，学校新增了部分本科一批次招生省份及专业。其中，2018年所有专业在江西省和西藏自治区进入本科一批次招生，少数民族预科班在重庆市进入本科一批次招生，在北京市新增物流管理、会计学（管理会计）两个一批次招生专业。本次批次调整中，西藏自治区是新增进入本科一批次招生的地区。至此，学校在北京市、河北省、河南省、内蒙古自治区、江西省、重庆市、四川省、贵州省、黑龙江省、西藏自治区等省市、自治区均投放有本科一批次招生计划；在上海市、浙江省、山东省、海南省、辽宁省和广东省等省、市按照本科批次招生。

（么贵永　孙静）

【**“双培计划”**】根据北京市教育委员会工作安排，学校2018年在京继续组织实施高水平人才交叉培养“双培计划”和“外培计划”。2018年共录取“双培计划”学生32人，实际送出三年期“双培计划”学生31人，其中金融学（金融与监管科技）专业12人（与中央财经大学共同培养）、物流管理专业6人（与北京交通大学共同培养）、电子商务（互联网物流）专业5人（与北京邮电大学共同培养）、会计学专业8人（与中央财经大学共同培养）。录取的4名“外培计划”学生前两学年在学校物流管理专业插班学习，在语言成绩等达到美国欧道明大学标准后，第三学年将赴“外培计划”合作高校美国欧道明大学学习。此外，首批2015级“双培计划”学生已完成在央属高校前三学年的学习，现返回北京物资学院在学校进行最后一学年的学习。

（么贵永　孙静）

【实培计划】继续做好北京高等学校高水平人才交叉培养“实培计划”立项结项工作，组织开展2017年“实培计划”项目结项工作。2017年我校“实培计划”项目共入选26个项目，其中毕业设计（科研类）申报项目入选8项，入选学生13人，结项8项，结项学生13人，完成毕业论文13份，发表论文3篇；科研深化项目入选18项，入选学生51人，结项17项，结项学生49人，完成结项报告17份。2018年“实培计划”项目申报中我校共获批毕业设计（科研类）项目15项，25名学生参与，获批经费142万元；毕业设计（创业类）项目1项，1名学生参与，获批经费2万元；大创深化项目8项，14名学生参与，获批经费10万元。

（白学波）

【附录】

北京物资学院2018年本科招生专业目录

序号	所属学院	专业	招生科类
1	经济学院	经济学	文史/理工
2		国际经济与贸易	文史/理工
3		金融学（金融与监管科技）（双培）	理工
4		金融学	理工
5		金融学（期货与证券）	理工
6	物流学院	物流管理（双培）	理工
7		物流管理（外培）	理工
8		物流管理	文史/理工
9		物流工程	理工
10		采购管理	文史/理工
11		质量管理工程（商品质量检验与管理）	理工

续　表

序号	所属学院	专业	招生科类
12	信息学院	计算机科学与技术	理工
13		物联网工程	理工
14		信息与计算科学（大数据）	理工
15		应用统计学	理工
16		信息管理与信息系统	理工
17		电子商务（互联网物流）（双培）	理工
18		电子商务	理工
19	商学院	会计学（双培）	理工
20		会计学（注册会计师）	文史/理工
21		会计学（管理会计）	文史/理工
22		财务管理	文史/理工
23		工商管理	文史/理工
24		市场营销	文史/理工
25		人力资源管理	文史/理工
26	法学院	法学	文史/理工
27	外国语言与文化学院	商务英语	文史/理工

（么贵永　孙静）

2018 年本科课程目录

序号	开课院系	课程名称	学分	总课时	课程类别
1	经济学院	保险学	2	32	必修
2	经济学院	财务会计（双语）	4	64	必修
3	经济学院	财政学	2	32	必修
4	经济学院	产业经济学	3	48	必修
5	经济学院	发展经济学	2	32	必修
6	经济学院	概率论与数理统计（双语）	3	48	必修
7	经济学院	公司财务管理（双语）	3	48	必修
8	经济学院	固定收益证券	2	32	必修
9	经济学院	管理学（双语）	3	48	必修
10	经济学院	国际结算	2	32	必修

续 表

序号	开课院系	课程名称	学分	总课时	课程类别
11	经济学院	国际金融 A	3	48	必修
12	经济学院	国际金融 B	2	32	必修
13	经济学院	国际经济学（双语）	3	48	必修
14	经济学院	国际贸易	3	48	必修
15	经济学院	国际贸易实务	2	32	必修
16	经济学院	国际贸易实务模拟	2	32	必修
17	经济学院	国际商务（双语）	2	32	必修
18	经济学院	国际商业基础（双语）	3	48	必修
19	经济学院	宏观经济学（双语）	3	48	必修
20	经济学院	宏观经济学 A	3	48	必修
21	经济学院	货币金融学	2	32	必修
22	经济学院	计量经济学	3	48	必修
23	经济学院	金融风险管理	2	32	必修
24	经济学院	金融工程	2	32	必修
25	经济学院	金融交易模拟	2	32	必修
26	经济学院	金融市场学	3	48	必修
27	经济学院	金融市场学 A	3	48	必修
28	经济学院	金融衍生工具（双语）	2	32	必修
29	经济学院	流通经济学	3	48	必修
30	经济学院	期货市场学	3	48	必修
31	经济学院	强化英语 1（读写）	2	32	必修
32	经济学院	强化英语 1（听说）	2	32	必修
33	经济学院	强化英语 2（读写）	2	32	必修
34	经济学院	强化英语 2（听说）	2	32	必修
35	经济学院	强化英语 3（读写）	2	32	必修
36	经济学院	强化英语 3（听说）	2	32	必修
37	经济学院	区域经济学	3	48	必修
38	经济学院	商业银行经营学 A	3	48	必修
39	经济学院	世界经济概论	2	32	必修
40	经济学院	投资学	3	48	必修

续　表

序号	开课院系	课程名称	学分	总课时	课程类别
41	经济学院	投资学 A	3	48	必修
42	经济学院	微观经济学（双语）	3	48	必修
43	经济学院	微观经济学 A	3	48	必修
44	经济学院	微积分（双语）	6	96	必修
45	经济学院	线性代数（双语）	3	48	必修
46	经济学院	政治经济学	2	32	必修
47	经济学院	中国经济改革专题	2	32	必修
48	经济学院	办公软件应用	2	32	选修
49	经济学院	保险学	3	48	选修
50	经济学院	保险学	2	32	选修
51	经济学院	博弈论与信息经济学	3	48	选修
52	经济学院	产业调查与分析	2	32	选修
53	经济学院	电子商务	2	32	选修
54	经济学院	电子商务（素质拓展）	2	32	选修
55	经济学院	个人理财	2	32	选修
56	经济学院	公司理财概述	2	32	选修
57	经济学院	公司信贷	2	32	选修
58	经济学院	供应链金融	2	32	选修
59	经济学院	股票、期货实盘与模拟培训	2	32	选修
60	经济学院	固定收益证券	2	32	选修
61	经济学院	国际服务贸易	2	32	选修
62	经济学院	国际货物运输与保险	2	32	选修
63	经济学院	国际结算	2	32	选修
64	经济学院	国际结算模拟	2	32	选修
65	经济学院	国际金融市场发展概论（双语）	2	32	选修
66	经济学院	国际经济合作	2	32	选修
67	经济学院	国际贸易	3	48	选修
68	经济学院	国际贸易理论与实务 1	2	32	选修
69	经济学院	国际贸易理论与实务 2	3	48	选修
70	经济学院	国际贸易实务模拟	3	48	选修

续 表

序号	开课院系	课程名称	学分	总课时	课程类别
71	经济学院	国际贸易实务模拟（素质拓展）	2	32	选修
72	经济学院	国际商务	2	32	选修
73	经济学院	国际税收	2	32	选修
74	经济学院	国际衍生品市场概论（双语）	2	32	选修
75	经济学院	海关实务与实践	2	32	选修
76	经济学院	行业调查与分析	2	32	选修
77	经济学院	宏观经济学 B	2	32	选修
78	经济学院	互联网金融	2	32	选修
79	经济学院	计量经济学模拟	2	32	选修
80	经济学院	金融风险管理	2	32	选修
81	经济学院	金融风险管理基础（素质拓展）	2	32	选修
82	经济学院	金融计量模拟	2	32	选修
83	经济学院	金融经济学	2	32	选修
84	经济学院	金融理论与实务（素质拓展）	2	32	选修
85	经济学院	金融时间序列模型	2	32	选修
86	经济学院	金融市场学	3	48	选修
87	经济学院	金融市场学 A	3	48	选修
88	经济学院	金融市场学 B	2	32	选修
89	经济学院	金融数据库与统计软件应用	2	32	选修
90	经济学院	金融数学	2	32	选修
91	经济学院	金融学	3	48	选修
92	经济学院	金融衍生品知识竞赛培训	2	32	选修
93	经济学院	经济预测与决策学	3	48	选修
94	经济学院	科技金融	2	32	选修
95	经济学院	量化交易与程序化交易	2	32	选修
96	经济学院	流通经济学	3	48	选修
97	经济学院	农村金融学	2	32	选修
98	经济学院	期货法律基础	2	32	选修
99	经济学院	期货市场学	2	32	选修
100	经济学院	期货投资分析	2	32	选修

续　表

序号	开课院系	课程名称	学分	总课时	课程类别
101	经济学院	期权交易策略	2	32	选修
102	经济学院	企业认知实践（经济学）	2	32	选修
103	经济学院	企业认知实践（期货与证券）	2	32	选修
104	经济学院	人口资源与环境经济学（素质拓展）	2	32	选修
105	经济学院	商品期货实务	4	64	选修
106	经济学院	商品期货与期权实务	2	32	选修
107	经济学院	商务谈判	3	48	选修
108	经济学院	商业经济学（素质拓展）	2	32	选修
109	经济学院	商业银行经营实务模拟	2	32	选修
110	经济学院	商业银行经营学 B	2	32	选修
111	经济学院	世界经济概论	2	32	选修
112	经济学院	市场营销学（双语）	2	32	选修
113	经济学院	投资学	2	32	选修
114	经济学院	投资学 B	2	32	选修
115	经济学院	投资银行实务	2	32	选修
116	经济学院	投资银行学	2	32	选修
117	经济学院	外贸单证实务	2	32	选修
118	经济学院	外贸英语函电（双语）	2	32	选修
119	经济学院	微观经济学 B	2	32	选修
120	经济学院	物流金融	2	32	选修
121	经济学院	消费经济学（素质拓展）	2	32	选修
122	经济学院	信用评级理论与实务	2	32	选修
123	经济学院	信用评级模拟	2	32	选修
124	经济学院	英语口语实践	2	32	选修
125	经济学院	运输经济学	2	32	选修
126	经济学院	证券期货系列模拟	2	32	选修
127	经济学院	证券投资分析概述	2	32	选修
128	经济学院	证券投资学	3	48	选修
129	经济学院	中国对外贸易概论	2	32	选修
130	经济学院	中级宏观经济学	3	48	选修

续 表

序号	开课院系	课程名称	学分	总课时	课程类别
131	经济学院	中外经济史	2	32	选修
132	经济学院	专业外语 - 听力	2	32	选修
133	经济学院	专业文献检索	2	32	选修
134	经济学院	专业英文文献选读	2	32	选修
135	经济学院	组织行为学（双语）	3	48	选修
1	物流学院	C 语言	3	48	必修
2	物流学院	PLC 编程技术	2	32	必修
3	物流学院	毕业实习（双培）	4	64	必修
4	物流学院	标准化管理	2	32	必修
5	物流学院	材料力学	3	48	必修
6	物流学院	采购博弈	2	32	必修
7	物流学院	采购管理	2	32	必修
8	物流学院	采购合同管理	2	32	必修
9	物流学院	采购绩效管理	2	32	必修
10	物流学院	采购谈判	1	16	必修
11	物流学院	采购运作管理（双语）	2	32	必修
12	物流学院	仓储管理与库存控制	3	48	必修
13	物流学院	仓储与库存管理	3	48	必修
14	物流学院	大学物理 1	2	32	必修
15	物流学院	大学物理 2	2	32	必修
16	物流学院	大学物理实验 1	0. 5	16	必修
17	物流学院	大学物理实验 2	0. 5	16	必修
18	物流学院	大学语文	2	32	必修
19	物流学院	电工技术 1	3	48	必修
20	物流学院	电子技术 2	3	48	必修
21	物流学院	多元统计分析及软件应用	2	32	必修
22	物流学院	概率论与数理统计（双语）	3	48	必修
23	物流学院	高级英语写作	2	32	必修
24	物流学院	工程材料以及热加工技术	2	32	必修
25	物流学院	工程力学	4	64	必修

续　表

序号	开课院系	课程名称	学分	总课时	课程类别
26	物流学院	工程制图（含 CAD）	3	48	必修
27	物流学院	供应链管理	2	32	必修
28	物流学院	供应商管理	2	32	必修
29	物流学院	供应战略管理	2	32	必修
30	物流学院	管理学（双语）	3	48	必修
31	物流学院	管理运筹学	3	48	必修
32	物流学院	国际运输与物流（双语）	3	48	必修
33	物流学院	宏观经济学（双语）	3	48	必修
34	物流学院	互换性与测量技术基础	2	32	必修
35	物流学院	环境科学实验	3	48	必修
36	物流学院	机械设计	3	64	必修
37	物流学院	机械设计	3	48	必修
38	物流学院	机械原理	3	48	必修
39	物流学院	机械制造工程	3	64	必修
40	物流学院	机械制造工程	3	48	必修
41	物流学院	机械专业英语	2	32	必修
42	物流学院	计量学基础	2	32	必修
43	物流学院	交通运输工程学	3	48	必修
44	物流学院	控制工程基础	3	48	必修
45	物流学院	理化检验基础 2	4	64	必修
46	物流学院	理化检验基础 1	4	64	必修
47	物流学院	理化检验基础实验 2	2	32	必修
48	物流学院	理化检验基础实验 1	2	32	必修
49	物流学院	理论力学	3	48	必修
50	物流学院	配送中心规划设计	3	48	必修
51	物流学院	企业物流管理	2	32	必修
52	物流学院	商品检验法律法规	2	32	必修
53	物流学院	商品学	3	48	必修
54	物流学院	市场营销学（双语）	3	48	必修
55	物流学院	微观经济学（双语）	3	48	必修

续 表

序号	开课院系	课程名称	学分	总课时	课程类别
56	物流学院	微积分（双语）	6	96	必修
57	物流学院	物联网设计	2	32	必修
58	物流学院	物流工程	2	32	必修
59	物流学院	物流管理	3	48	必修
60	物流学院	物流管理信息系统	3	48	必修
61	物流学院	物流空间学	2	32	必修
62	物流学院	物流企业经营与运作	2	32	必修
63	物流学院	物流系统分析与设计	2	32	必修
64	物流学院	物流系统建模与仿真	2	32	必修
65	物流学院	物流信息系统分析（双语）	3	48	必修
66	物流学院	物流学	2	32	必修
67	物流学院	物流与供应链战略（双语）	3	48	必修
68	物流学院	物流运筹学	3	48	必修
69	物流学院	系统工程导论	2	32	必修
70	物流学院	现代分析检测技术	2	32	必修
71	物流学院	现代分析检测技术	4	64	必修
72	物流学院	现代物流装备	3	64	必修
73	物流学院	现代物流装备	2	32	必修
74	物流学院	现代质量工程	2	32	必修
75	物流学院	现代质量管理学	2	32	必修
76	物流学院	英语外教口语 1	2	32	必修
77	物流学院	英语外教口语 2	2	32	必修
78	物流学院	运输管理	2	32	必修
79	物流学院	运输经济学（双语）	3	48	必修
80	物流学院	运输系统（双语）	3	48	必修
81	物流学院	运作管理（双语）	3	48	必修
82	物流学院	招投标管理	1	16	必修
83	物流学院	质量分析与改进	3	48	必修
84	物流学院	质量统计学	3	48	必修
85	物流学院	专业导论	1	16	必修

续　表

序号	开课院系	课程名称	学分	总课时	课程类别
86	物流学院	自动化仓库设计与管理	2	48	必修
87	物流学院	自然科学生物实验	4	64	必修
88	物流学院	CAD 上机实训	2	32	选修
89	物流学院	PLC 编程技术	1	16	选修
90	物流学院	办公软件应用	2	32	选修
91	物流学院	财务会计（双语）	3	48	选修
92	物流学院	采购仓储与库存管理（双语）	3	48	选修
93	物流学院	采购公益实训	2	32	选修
94	物流学院	采购供应管理	2	32	选修
95	物流学院	采购管理创新创业课程	2	32	选修
96	物流学院	采购管理工具与方法	2	32	选修
97	物流学院	采购认知与学习方法教育	2	32	选修
98	物流学院	采购运作管理（双语）	2	32	选修
99	物流学院	采购增值实训	2	32	选修
100	物流学院	仓储与库存管理	3	48	选修
101	物流学院	测控技术	3	64	选修
102	物流学院	产品质量检验技术	4	64	选修
103	物流学院	城市物流	2	32	选修
104	物流学院	单片机控制	3	48	选修
105	物流学院	电工电子技术导论	2	32	选修
106	物流学院	电工技术实验	1	16	选修
107	物流学院	电子采购实验	2	32	选修
108	物流学院	电子技术实验	1	16	选修
109	物流学院	电子商务（双语）	3	48	选修
110	物流学院	电子商务与物流	2	32	选修
111	物流学院	电子制图	1	16	选修
112	物流学院	工程项目管理	2	32	选修
113	物流学院	工业工程	2	32	选修
114	物流学院	公司财务管理（双语）	3	48	选修
115	物流学院	供应链管理	2	32	选修

续　表

序号	开课院系	课程名称	学分	总课时	课程类别
116	物流学院	管理工程决策方法	2	32	选修
117	物流学院	国际货运与货代（双语）	2	32	选修
118	物流学院	国际货运与货代（双语）（双培）	2	32	选修
119	物流学院	国际物流	2	32	选修
120	物流学院	国际物流专业创新创业课程	2	32	选修
121	物流学院	环保采购	2	32	选修
122	物流学院	机电一体化系统设计	2	32	选修
123	物流学院	机械工程综合设计	2	32	选修
124	物流学院	机械基础	3	48	选修
125	物流学院	机械系统动力学	3	64	选修
126	物流学院	机械原理课程设计	2	32	选修
127	物流学院	交通运输规划	2	32	选修
128	物流学院	金工实习	1	16	选修
129	物流学院	金属材料商品检验	3	48	选修
130	物流学院	进出口商品检验	2	32	选修
131	物流学院	经济地理	2	32	选修
132	物流学院	精益生产及物流（双语）	3	48	选修
133	物流学院	空间信息技术与应用	2	32	选修
134	物流学院	跨国企业物流运营实践	4	64	选修
135	物流学院	流体传动	2	32	选修
136	物流学院	绿色供应链（双语）	3	48	选修
137	物流学院	美国历史（双语）	3	48	选修
138	物流学院	美国政府（双语）	3	48	选修
139	物流学院	农产品物流及流通质量学（双语）	2	32	选修
140	物流学院	配送中心规划设计	3	48	选修
141	物流学院	三维实体建模与设计	2	32	选修
142	物流学院	商品包装与养护	2	32	选修
143	物流学院	商品检验实务（二）	2	32	选修
144	物流学院	商品检验实务（一）	2	32	选修
145	物流学院	商品学概论	2	32	选修

续　表

序号	开课院系	课程名称	学分	总课时	课程类别
146	物流学院	社会学	3	48	选修
147	物流学院	世界文明（双语）	3	48	选修
148	物流学院	世界文学（双语）	3	48	选修
149	物流学院	手工测绘制图	1	16	选修
150	物流学院	体系认证	3	48	选修
151	物流学院	托福英语	2	32	选修
152	物流学院	文献检索与论文写作	1	16	选修
153	物流学院	无机非金属材料商品检验	3	48	选修
154	物流学院	物流分析软件实训	2	32	选修
155	物流学院	物流工程	2	32	选修
156	物流学院	物流工程导论	2	32	选修
157	物流学院	物流工程英语	2	32	选修
158	物流学院	物流管理	3	48	选修
159	物流学院	物流管理运作实务	2	32	选修
160	物流学院	物流管理专业创新创业课程	2	32	选修
161	物流学院	物流经典案例研究	2	32	选修
162	物流学院	物流经理人讲座	2	32	选修
163	物流学院	物流客户关系管理	2	32	选修
164	物流学院	物流空间信息技术与应用	4	64	选修
165	物流学院	物流空间学（双培）	2	32	选修
166	物流学院	物流企业经营与运作	2	32	选修
167	物流学院	物流前沿讲座与报告（三）	2	32	选修
168	物流学院	物流软件开发工具	2	32	选修
169	物流学院	物流商务模拟	2	32	选修
170	物流学院	物流枢纽规划	2	32	选修
171	物流学院	物流数据挖掘技术（双培）	2	32	选修
172	物流学院	物流系统模拟仿真实验	2	32	选修
173	物流学院	物流信息系统设计实训	2	32	选修
174	物流学院	物流学	2	32	选修
175	物流学院	物流学概论	2	32	选修

续 表

序号	开课院系	课程名称	学分	总课时	课程类别
176	物流学院	物流研究方法	2	32	选修
177	物流学院	物流业务数据处理	2	32	选修
178	物流学院	物流英语实践	2	32	选修
179	物流学院	物流运筹学	3	48	选修
180	物流学院	物流运营实践	2	32	选修
181	物流学院	物流专业英文文献选读	2	32	选修
182	物流学院	物流专业英文文献选读（双培）	2	32	选修
183	物流学院	物流装备选型与集成	2	32	选修
184	物流学院	物流装备选型与集成	3	48	选修
185	物流学院	物流装备选型与集成概论	2	32	选修
186	物流学院	误差理论与数据处理	2	32	选修
187	物流学院	信息识别技术	2	32	选修
188	物流学院	形势与政策（二）（双培）	0.5	8	选修
189	物流学院	亚洲经济与物流	2	32	选修
190	物流学院	营采模拟谈判	2	32	选修
191	物流学院	制造资源计划	2	32	选修
192	物流学院	质检实训（初级）	2	32	选修
193	物流学院	质检实训（中级）	2	32	选修
194	物流学院	质量管理案例研究	2	32	选修
195	物流学院	自然科学与人类文明（素质拓展）	2	32	选修
196	物流学院	自主课题研究	2	32	选修
197	物流学院	组织行为学（双语）	3	48	选修
1	信息学院	Java 程序设计	4	64	必修
2	信息学院	Java 程序设计基础	4	64	必修
3	信息学院	Oracle 数据库管理	3	48	必修
4	信息学院	RFID 与 EPC 技术	2	32	必修
5	信息学院	SQLServer 数据库管理	3	48	必修
6	信息学院	操作系统	3	48	必修
7	信息学院	程序设计基础	5	80	必修
8	信息学院	程序设计实训	2	32	必修

续　表

序号	开课院系	课程名称	学分	总课时	课程类别
9	信息学院	抽样技术与应用	3	48	必修
10	信息学院	传感器技术与传感器网络	4	64	必修
11	信息学院	大学计算机基础	3	48	必修
12	信息学院	大学物理	3	48	必修
13	信息学院	单片机技术	4	64	必修
14	信息学院	电路分析	3	48	必修
15	信息学院	电子技术及应用	4	64	必修
16	信息学院	电子商务概论	4	64	必修
17	信息学院	电子商务系统分析与设计	3	48	必修
18	信息学院	概率论	3	48	必修
19	信息学院	概率论和数理统计	3	48	必修
20	信息学院	高等代数 1	4	64	必修
21	信息学院	高等代数 2	4	64	必修
22	信息学院	高等数学 A1	5	80	必修
23	信息学院	高等数学 A2	5	80	必修
24	信息学院	高等数学 B1	4	64	必修
25	信息学院	高等数学 B2	4	64	必修
26	信息学院	管理信息系统	3	48	必修
27	信息学院	国民经济统计学	3	48	必修
28	信息学院	互联网物流企业实习（双培）	4	64	必修
29	信息学院	计算机网络	5	80	必修
30	信息学院	计算机网络技术	4	64	必修
31	信息学院	计算机网络技术实训	2	32	必修
32	信息学院	计算机组成原理	4	64	必修
33	信息学院	离散数学	3	48	必修
34	信息学院	软件工程	4	64	必修
35	信息学院	数据仓库理论与实践（双语）	3	48	必修
36	信息学院	数据结构（C）	5	80	必修
37	信息学院	数据结构（Java）	4	64	必修
38	信息学院	数据结构实训	2	32	必修

续 表

序号	开课院系	课程名称	学分	总课时	课程类别
39	信息学院	数据库基础 A	3	48	必修
40	信息学院	数据库基础 B	3	48	必修
41	信息学院	数据库原理	3	48	必修
42	信息学院	数理统计学	3	48	必修
43	信息学院	数学分析 1	6	96	必修
44	信息学院	数学分析 2	6	96	必修
45	信息学院	统计学	3	48	必修
46	信息学院	网络营销	3	48	必修
47	信息学院	物联网概论	2	32	必修
48	信息学院	系统分析与设计	3	48	必修
49	信息学院	线性代数	3	48	必修
50	信息学院	应用多元统计分析	3	48	必修
51	信息学院	应用回归分析（双语）	3	48	必修
52	信息学院	运筹学	4	64	必修
53	信息学院	专业导论	1	16	必修
54	信息学院	C#程序设计	4	64	选修
55	信息学院	C#程序设计实训	2	32	选修
56	信息学院	Java 程序设计基础	4	64	选修
57	信息学院	Java 程序设计实训	2	32	选修
58	信息学院	JSP 程序开发实训	4	64	选修
59	信息学院	Linux 操作系统	2	32	选修
60	信息学院	Matlab 软件与数学实验	2	32	选修
61	信息学院	Python 程序设计	3	48	选修
62	信息学院	Python 程序设计	2	32	选修
63	信息学院	Web 流量分析	2	32	选修
64	信息学院	Web 应用开发（. net 方向）	3	48	选修
65	信息学院	Web 应用开发（J2EE 方向）	3	48	选修
66	信息学院	抽样技术与应用	3	48	选修
67	信息学院	传感器技术与传感器网络	3	48	选修
68	信息学院	电子技术实训	2	32	选修

续　表

序号	开课院系	课程名称	学分	总课时	课程类别
69	信息学院	电子商务	2	32	选修
70	信息学院	电子商务安全	3	48	选修
71	信息学院	电子商务导论	3	48	选修
72	信息学院	电子商务系统分析与设计实训	3	48	选修
73	信息学院	多媒体技术实训	3	32	选修
74	信息学院	多媒体技术实训	2	32	选修
75	信息学院	多元统计及应用	3	48	选修
76	信息学院	非参数统计	2	32	选修
77	信息学院	高级办公软件应用	2	32	选修
78	信息学院	高级统计软件实训（SAS）	2	32	选修
79	信息学院	管理系统模拟	2	32	选修
80	信息学院	管理信息系统	3	48	选修
81	信息学院	计算机辅助设计	2	32	选修
82	信息学院	计算机辅助调查	2	32	选修
83	信息学院	计算机技术基础	3	48	选修
84	信息学院	计算机控制技术	2	32	选修
85	信息学院	计算机网络技术实训	2	32	选修
86	信息学院	计算机网络实训	2	32	选修
87	信息学院	经济社会统计分析	2	32	选修
88	信息学院	科技文献检索	2	32	选修
89	信息学院	零基础学单片机（素质拓展）	3	80	选修
90	信息学院	企业经营统计	3	48	选修
91	信息学院	企业资源规划	3	48	选修
92	信息学院	嵌入式系统	2	32	选修
93	信息学院	人工智能	2	32	选修
94	信息学院	商务智能	3	48	选修
95	信息学院	市场调查方法	2	32	选修
96	信息学院	市场调查实训	2	32	选修
97	信息学院	试验设计	2	32	选修
98	信息学院	数据分析与可视化技术	2	32	选修

续 表

序号	开课院系	课程名称	学分	总课时	课程类别
99	信息学院	数据挖掘实训	2	32	选修
100	信息学院	数学建模综合实训（1）	2	32	选修
101	信息学院	数学竞赛与考研实训（1）	2	32	选修
102	信息学院	数学拓展（一）	4	64	选修
103	信息学院	数学拓展（二）	2	32	选修
104	信息学院	数学拓展（三）	2	32	选修
105	信息学院	算法分析与设计	3	48	选修
106	信息学院	通信技术	4	64	选修
107	信息学院	统计分析软件应用 1	2	32	选修
108	信息学院	统计计算与模拟	2	32	选修
109	信息学院	统计软件基础应用（excel）	2	32	选修
110	信息学院	统计实务实训	3	48	选修
111	信息学院	统计学	2	32	选修
112	信息学院	统计学思想入门	2	32	选修
113	信息学院	统计学专业英语	2	32	选修
114	信息学院	统计预测和决策	3	48	选修
115	信息学院	图像处理与识别技术	2	32	选修
116	信息学院	网络数据库开发实训	2	32	选修
117	信息学院	网页制作	2	32	选修
118	信息学院	网站建设	2	32	选修
119	信息学院	物联网概论	2	32	选修
120	信息学院	物流统计	2	32	选修
121	信息学院	物流信息技术实训	2	32	选修
122	信息学院	系统分析与设计实训	3	48	选修
123	信息学院	系统模拟与仿真实训（双语）	2	32	选修
124	信息学院	系统模拟与仿真综合实训	2	32	选修
125	信息学院	信息技术前沿（双语）	2	32	选修
126	信息学院	信息系统安全	3	48	选修
127	信息学院	信息系统项目管理	3	48	选修
128	信息学院	信息资源管理	3	48	选修

续　表

序号	开课院系	课程名称	学分	总课时	课程类别
129	信息学院	虚拟仪器技术实训（双语）	2	32	选修
130	信息学院	移动应用开发实训	4	64	选修
131	信息学院	移动应用开发实训	2	32	选修
132	信息学院	云计算	2	32	选修
133	信息学院	运筹学	4	64	选修
134	信息学院	运筹学基础	2	32	选修
135	信息学院	智能物流系统	2	32	选修
136	信息学院	专业技术应用企业调研	2	32	选修
137	信息学院	专业软件应用实训（1）	2	32	选修
138	信息学院	专业软件应用实训（2）	2	32	选修
1	商学院	ERP 经营模拟	2	32	必修
2	商学院	财务报告 F7（双语）	4	64	必修
3	商学院	财务分析（双语）	3	48	必修
4	商学院	财务管理	3	48	必修
5	商学院	财务管理（F9）	4	64	必修
6	商学院	财务管理 A	4	64	必修
7	商学院	财务管理 B	3	48	必修
8	商学院	财务会计 F3（双语）	3	48	必修
9	商学院	财务建模方法与技术	2	32	必修
10	商学院	成本会计学 A	3	48	必修
11	商学院	创业管理	2	32	必修
12	商学院	服务营销学	2	32	必修
13	商学院	高级财务管理	3	48	必修
14	商学院	工会学概论	2	32	必修
15	商学院	工作分析与岗位管理	3	48	必修
16	商学院	公司法与商法 F4（双语）	4	64	必修
17	商学院	管理沟通	2	32	必修
18	商学院	管理会计 F2（双语）	3	48	必修
19	商学院	管理会计基础	4	64	必修
20	商学院	管理会计学	3	48	必修

续 表

序号	开课院系	课程名称	学分	总课时	课程类别
21	商学院	管理信息系统理论与实践	3	48	必修
22	商学院	管理学	3	48	必修
23	商学院	广告学	2	32	必修
24	商学院	国际市场营销（双语）	2	32	必修
25	商学院	会计师与企业 F1（双语）	3	48	必修
26	商学院	会计学	3	48	必修
27	商学院	基础会计	3	48	必修
28	商学院	集体谈判概论	2	32	必修
29	商学院	绩效管理	2	32	必修
30	商学院	就业管理	2	32	必修
31	商学院	客户关系管理	2	32	必修
32	商学院	劳动法规与政策	2	32	必修
33	商学院	劳动关系与劳动法	3	48	必修
34	商学院	劳动经济学	3	48	必修
35	商学院	劳动与社会保障专业外语	2	32	必修
36	商学院	劳动政策与法规	2	32	必修
37	商学院	内部控制与风险管理	3	48	必修
38	商学院	苹果 iwork 应用	2	32	必修
39	商学院	企业财务信息系统（用友）	3	48	必修
40	商学院	企业经营决策模拟	2	32	必修
41	商学院	企业理论与公司治理	2	32	必修
42	商学院	企业沙盘经营模拟	2	32	必修
43	商学院	人力资源管理	3	48	必修
44	商学院	人力资源管理概论	2	32	必修
45	商学院	人员素质测评	3	48	必修
46	商学院	商务沟通	2	32	必修
47	商学院	社会保障学	3	48	必修
48	商学院	社会福利与社会救助	2	32	必修
49	商学院	审计与认证业务 F8（双语）	4	64	必修
50	商学院	市场调查与预测	2	32	必修

续　表

序号	开课院系	课程名称	学分	总课时	课程类别
51	商学院	市场营销学	3	48	必修
52	商学院	税法与税务筹划	3	48	必修
53	商学院	税务 F6（双语）	4	64	必修
54	商学院	网络营销	2	32	必修
55	商学院	文献检索及软件应用	2	32	必修
56	商学院	消费者行为学	2	32	必修
57	商学院	薪酬管理	3	48	必修
58	商学院	薪酬与福利管理	3	48	必修
59	商学院	业绩管理 F5（双语）	4	64	必修
60	商学院	营销管理实务	2	32	必修
61	商学院	营销数据 SPSS 基本应用	2	32	必修
62	商学院	运作管理	3	48	必修
63	商学院	战略管理	3	48	必修
64	商学院	职业发展与就业指导 1	1	16	必修
65	商学院	中级财务会计 1	5	80	必修
66	商学院	中级财务会计 2	2	32	必修
67	商学院	专业导论	1	16	必修
68	商学院	资产评估学	3	48	必修
69	商学院	组织行为学	3	48	必修
70	商学院	组织行为学（双语）	2	32	必修
71	商学院	ERP 财会实训	2	32	选修
72	商学院	ERP 经营模拟	2	32	选修
73	商学院	SAP GBI（双语）（双培）	2	32	选修
74	商学院	SAP GBI（双语）	2	32	选修
75	商学院	财经热点问题研讨	2	32	选修
76	商学院	财务报表分析	2	32	选修
77	商学院	财务报告分析（双语）	2	32	选修
78	商学院	财务管理	3	48	选修
79	商学院	财务管理信息系统 SAP（双语）	2	32	选修
80	商学院	财务会计案例研讨	2	32	选修

续　表

序号	开课院系	课程名称	学分	总课时	课程类别
81	商学院	产业组织理论	2	32	选修
82	商学院	成本会计学 B	2	32	选修
83	商学院	创业模拟实训（素质拓展）	2	32	选修
84	商学院	创业投资（素质拓展）	2	32	选修
85	商学院	大学生经营模拟竞赛实操	2	32	选修
86	商学院	电子商务企业认知实践	2	32	选修
87	商学院	电子商务企业体验实践	2	32	选修
88	商学院	高级财务会计	3	48	选修
89	商学院	个人理财规划	2	32	选修
90	商学院	工作分析与岗位管理	3	48	选修
91	商学院	公共财政	2	32	选修
92	商学院	公共关系学	2	32	选修
93	商学院	公共管理学	2	32	选修
94	商学院	公共政策学	2	32	选修
95	商学院	管理沟通	2	32	选修
96	商学院	管理会计学	3	48	选修
97	商学院	管理信息系统理论与实践	3	48	选修
98	商学院	管理学	3	48	选修
99	商学院	管理学概论	2	32	选修
100	商学院	国际财务管理（双语）	2	32	选修
101	商学院	国际会计	2	32	选修
102	商学院	国际市场营销	2	32	选修
103	商学院	国际市场营销（双语）	2	32	选修
104	商学院	会计基础实操	2	32	选修
105	商学院	会计学	3	48	选修
106	商学院	会计学原理	2	32	选修
107	商学院	集体谈判实训	2	32	选修
108	商学院	技术经济学	2	32	选修
109	商学院	绩效管理	2	32	选修
110	商学院	绩效管理实训	2	32	选修

续　表

序号	开课院系	课程名称	学分	总课时	课程类别
111	商学院	金融企业会计	2	32	选修
112	商学院	就业管理	2	32	选修
113	商学院	客户关系管理	2	32	选修
114	商学院	劳动与社会保障外文原著选读（二）	2	32	选修
115	商学院	劳动与社会保障文献选读（双语）	2	32	选修
116	商学院	劳动争议处理实务	2	32	选修
117	商学院	零售企业认知实践	2	32	选修
118	商学院	零售学	2	32	选修
119	商学院	品牌管理	2	32	选修
120	商学院	企业价值评估	2	32	选修
121	商学院	企业兼并理论	2	32	选修
122	商学院	企业理论与公司治理	2	32	选修
123	商学院	企业纳税实务	2	32	选修
124	商学院	企业认知	1	16	选修
125	商学院	企业沙盘经营模拟	2	32	选修
126	商学院	企业沙盘经营模拟（素质拓展）	2	32	选修
127	商学院	企业文化	2	32	选修
128	商学院	企业研究方法与实践	2	32	选修
129	商学院	企业营销调研	2	32	选修
130	商学院	渠道管理	2	32	选修
131	商学院	人力资源管理概论	2	32	选修
132	商学院	人力资源管理实务	2	32	选修
133	商学院	人力资源规划实务	2	32	选修
134	商学院	人力资源会计	2	32	选修
135	商学院	人力资源经济学	2	32	选修
136	商学院	人力资源统计学	2	32	选修
137	商学院	人力资源外文原著选读（二）	2	32	选修
138	商学院	人力资源外文原著选读 1	2	32	选修
139	商学院	人力资源外文原著选读 2	2	32	选修
140	商学院	社会保障概论	2	32	选修

续　表

序号	开课院系	课程名称	学分	总课时	课程类别
141	商学院	社会保障管理实务	2	32	选修
142	商学院	社会保障基金管理	2	32	选修
143	商学院	社会心理学（素质拓展）	2	32	选修
144	商学院	社会学概论	2	32	选修
145	商学院	实习基地实践 1	2	32	选修
146	商学院	市场调查与预测	2	32	选修
147	商学院	市场营销概论	2	32	选修
148	商学院	税法	2	32	选修
149	商学院	税务筹划社会调查	2	32	选修
150	商学院	投资学概论	2	32	选修
151	商学院	网络营销	2	32	选修
152	商学院	文献检索及软件应用	2	32	选修
153	商学院	文献检索与论文写作	2	32	选修
154	商学院	文献检索与学术论文写作	2	32	选修
155	商学院	现代社会调查方法	2	32	选修
156	商学院	现代心理学	2	32	选修
157	商学院	项目管理	2	32	选修
158	商学院	消费者行为学	2	32	选修
159	商学院	薪酬管理	3	48	选修
160	商学院	预算会计	2	32	选修
161	商学院	员工关系管理	2	32	选修
162	商学院	运作管理	2	32	选修
163	商学院	战略管理	2	32	选修
164	商学院	战略管理	3	48	选修
165	商学院	招聘与配置实务	2	32	选修
166	商学院	整合思维与问题解决	2	32	选修
167	商学院	政府采购理论与实务	2	32	选修
168	商学院	政府及非营利组织会计	2	32	选修
169	商学院	职业安全与健康	2	32	选修
170	商学院	职业生涯工作坊	2	32	选修

续　表

序号	开课院系	课程名称	学分	总课时	课程类别
171	商学院	职业指导实务	2	32	选修
172	商学院	质量管理学	2	32	选修
173	商学院	中国传统人事管理思想	2	32	选修
174	商学院	中级财务会计 1	5	80	选修
175	商学院	中外资产评估准则	2	32	选修
176	商学院	中小企业管理	2	32	选修
177	商学院	专业见习	2	32	选修
178	商学院	专业认知	2	32	选修
179	商学院	专业调查	2	32	选修
180	商学院	资本运营与公司治理	3	48	选修
181	商学院	资产评估学	3	48	选修
182	商学院	组织行为学概论	2	32	选修
183	商学院	组织文化体验	1	16	选修
1	法学院	法理学 1	2	32	必修
2	法学院	法理学 2	1	16	必修
3	法学院	法律文书写作	2	32	必修
4	法学院	国际法	2	32	必修
5	法学院	国际商法	2	32	必修
6	法学院	国际私法	2	32	必修
7	法学院	行政法与行政诉讼法	4	64	必修
8	法学院	环境法	2	32	必修
9	法学院	环境法与资源保护法	2	32	必修
10	法学院	经济法	3	48	必修
11	法学院	经济法	2	32	必修
12	法学院	经济法总论	2	32	必修
13	法学院	劳动与社会保障法	2	32	必修
14	法学院	民法总论	3	48	必修
15	法学院	民事诉讼法	3	48	必修
16	法学院	模拟法庭	2	32	必修
17	法学院	商法总论	2	32	必修

续 表

序号	开课院系	课程名称	学分	总课时	课程类别
18	法学院	物权法	3	48	必修
19	法学院	宪法	2	32	必修
20	法学院	刑法分论	3	48	必修
21	法学院	刑法总论	3	48	必修
22	法学院	刑事诉讼法	3	48	必修
23	法学院	英美法概论（双语）	2	32	必修
24	法学院	债权法	2	32	必修
25	法学院	知识产权法	3	48	必修
26	法学院	中国法制史	2	32	必修
27	法学院	专业导论	1	16	必修
28	法学院	保险法	2	32	选修
29	法学院	电子商务法	2	32	选修
30	法学院	法律服务创新创业	2	32	选修
31	法学院	法律实务	2	32	选修
32	法学院	公司与企业法	2	32	选修
33	法学院	国际商法	2	32	选修
34	法学院	海商法	2	32	选修
35	法学院	婚姻与继承法	2	32	选修
36	法学院	经济法	2	32	选修
37	法学院	竞争法	2	32	选修
38	法学院	流通法案例分析	2	32	选修
39	法学院	流通法概论	2	32	选修
40	法学院	民法案例分析	2	32	选修
41	法学院	民法总论	2	32	选修
42	法学院	世贸法学	2	32	选修
43	法学院	司法考试辅导	2	32	选修
44	法学院	司考辅导二	2	32	选修
45	法学院	速录技术	2	32	选修
46	法学院	物流法规	2	32	选修
47	法学院	刑法专题（面向考研）	2	32	选修

续　表

序号	开课院系	课程名称	学分	总课时	课程类别
48	法学院	证券法	2	32	选修
49	法学院	专业实习 1	2	32	选修
1	外国语言与文化学院	大学英语 1	4	64	必修
2	外国语言与文化学院	大学英语 2	4	64	必修
3	外国语言与文化学院	大学英语 3	4	64	必修
4	外国语言与文化学院	大学英语 4	4	64	必修
5	外国语言与文化学院	大学语文	2	32	必修
6	外国语言与文化学院	翻译理论与实践（二）	2	32	必修
7	外国语言与文化学院	翻译理论与实践（一）	2	32	必修
8	外国语言与文化学院	高级商务英语	3	48	必修
9	外国语言与文化学院	高级英语 1	3	48	必修
10	外国语言与文化学院	工商导论	2	32	必修
11	外国语言与文化学院	国际贸易实务	2	32	必修
12	外国语言与文化学院	基础英语口语 1	2	32	必修
13	外国语言与文化学院	基础英语口语 2	2	32	必修
14	外国语言与文化学院	基础英语听力 1	2	32	必修
15	外国语言与文化学院	基础英语听力 2	2	32	必修
16	外国语言与文化学院	基础英语写作 1	2	32	必修
17	外国语言与文化学院	跨文化交际	2	32	必修
18	外国语言与文化学院	商务英语听说 1	2	32	必修
19	外国语言与文化学院	商务英语阅读 1	2	32	必修
20	外国语言与文化学院	商务英语阅读 2	2	32	必修
21	外国语言与文化学院	商务英语阅读 3	2	32	必修
22	外国语言与文化学院	商务英语阅读 4	2	32	必修
23	外国语言与文化学院	英语口译（二）	2	32	必修
24	外国语言与文化学院	英语口译（一）	2	32	必修
25	外国语言与文化学院	英语口语 4	2	32	必修
26	外国语言与文化学院	英语听力 4	2	32	必修
27	外国语言与文化学院	英语写作 2	2	32	必修
28	外国语言与文化学院	应用写作	2	32	必修

续 表

序号	开课院系	课程名称	学分	总课时	课程类别
29	外国语言与文化学院	专业导论	1	16	必修
30	外国语言与文化学院	综合商务英语 1	4	64	必修
31	外国语言与文化学院	综合商务英语 2	4	64	必修
32	外国语言与文化学院	综合商务英语 3	4	64	必修
33	外国语言与文化学院	综合商务英语 4	4	64	必修
34	外国语言与文化学院	俄罗斯社会与文化（素质拓展）	2	32	选修
35	外国语言与文化学院	俄语Ⅰ（素质拓展）	2	32	选修
36	外国语言与文化学院	二外 1（法语）	4	64	选修
37	外国语言与文化学院	二外 1（日语）	4	64	选修
38	外国语言与文化学院	二外 2（法语）	4	64	选修
39	外国语言与文化学院	二外 2（日语）	4	64	选修
40	外国语言与文化学院	法国电影与文化赏析（素质拓展）	2	32	选修
41	外国语言与文化学院	非洲社会与文化（素质拓展）	2	32	选修
42	外国语言与文化学院	高级商务英语	2	32	选修
43	外国语言与文化学院	高级英语（二）	4	64	选修
44	外国语言与文化学院	国际贸易实务模拟（英）	2	32	选修
45	外国语言与文化学院	国际商务沟通（英）	2	32	选修
46	外国语言与文化学院	国际商业谈判（英）	2	32	选修
47	外国语言与文化学院	国际商业文化	2	32	选修
48	外国语言与文化学院	国际商业文化（英）	2	32	选修
49	外国语言与文化学院	绘画课（素质拓展）	2	32	选修
50	外国语言与文化学院	基于中国文化的跨文化沟通实践（双语素质拓展）	2	32	选修
51	外国语言与文化学院	金融英语	2	32	选修
52	外国语言与文化学院	经典影视配乐（素质拓展）	2	32	选修
53	外国语言与文化学院	经济管理英语（二）	2	32	选修
54	外国语言与文化学院	经济管理英语 1	2	32	选修
55	外国语言与文化学院	日语（素质拓展）	2	32	选修
56	外国语言与文化学院	商务英语	2	32	选修
57	外国语言与文化学院	商务英语视听说	2	32	选修

续　表

序号	开课院系	课程名称	学分	总课时	课程类别
58	外国语言与文化学院	商务英语写作	2	32	选修
59	外国语言与文化学院	商务英语阅读	2	32	选修
60	外国语言与文化学院	生活教育（双语）（素质拓展）	2	32	选修
61	外国语言与文化学院	实用英汉翻译（二）	2	32	选修
62	外国语言与文化学院	数字媒体编辑	2	32	选修
63	外国语言与文化学院	同声传译（二）	2	32	选修
64	外国语言与文化学院	同声传译（一）	2	32	选修
65	外国语言与文化学院	外国音乐欣赏（素质拓展）	2	32	选修
66	外国语言与文化学院	外贸口语 1	2	32	选修
67	外国语言与文化学院	外企思想文化（素质拓展）	2	32	选修
68	外国语言与文化学院	物流翻译	2	32	选修
69	外国语言与文化学院	西方文明史	2	32	选修
70	外国语言与文化学院	希腊罗马神话	2	32	选修
71	外国语言与文化学院	校友采访	2	32	选修
72	外国语言与文化学院	一带一路国家文化	2	32	选修
73	外国语言与文化学院	英美文学 1	2	32	选修
74	外国语言与文化学院	英美文学选读（二）	2	32	选修
75	外国语言与文化学院	英语毕业论文写作指导	2	32	选修
76	外国语言与文化学院	英语词汇学	2	32	选修
77	外国语言与文化学院	英语翻译实践 1	2	32	选修
78	外国语言与文化学院	英语国家文化	2	32	选修
79	外国语言与文化学院	英语口语实践 2	2	32	选修
80	外国语言与文化学院	英语语法	2	32	选修
81	外国语言与文化学院	英语语音	2	32	选修
82	外国语言与文化学院	英语综合能力强化（考研）	2	32	选修
83	外国语言与文化学院	英语综合能力强化（一）	2	32	选修
84	外国语言与文化学院	英语综合能力强化（二）	2	32	选修
85	外国语言与文化学院	影视文化传播（素质拓展）	2	32	选修
86	外国语言与文化学院	中国传统文化	2	32	选修
87	外国语言与文化学院	中外经典电影欣赏（素质拓展）	2	32	选修

续 表

序号	开课院系	课程名称	学分	总课时	课程类别
88	外国语言与文化学院	综合强化英语（二）（考研）	2	32	选修
1	马克思主义学院	马克思主义基本原理概论	3	48	必修
2	马克思主义学院	毛泽东思想与中国特色社会主义理论体系概论	6	96	必修
3	马克思主义学院	思想道德修养与法律基础	3	48	必修
4	马克思主义学院	中国近现代史纲要	2	32	必修
5	马克思主义学院	社会伦理学（素质拓展）	2	32	选修
1	体育部	保健 2	1	32	必修
2	体育部	保健 4	1	32	必修
3	体育部	高尔夫（下）	1	32	必修
4	体育部	健美（下）	1	32	必修
5	体育部	健美操（下）	1	32	必修
6	体育部	垒球（下）	1	32	必修
7	体育部	轮滑（下）	1	32	必修
8	体育部	男子篮球（下）	1	32	必修
9	体育部	男子足球（下）	1	32	必修
10	体育部	女子健身（下）	1	32	必修
11	体育部	女子篮球（下）	1	32	必修
12	体育部	女子排球（下）	1	32	必修
13	体育部	女子足球（下）	1	32	必修
14	体育部	体能测试二	0	16	必修
15	体育部	体能测试三	0	16	必修
16	体育部	体能测试四	0	16	必修
17	体育部	体能测试一	0	16	必修
18	体育部	体质健康测试 1	0	32	必修
19	体育部	体质健康测试 2	0	32	必修
20	体育部	体质健康测试 3	0	32	必修
21	体育部	田径（下）	1	32	必修
22	体育部	网球（下）	1	32	必修
23	体育部	武术（下）	1	32	必修

续　表

序号	开课院系	课程名称	学分	总课时	课程类别
24	体育部	有氧健身操（下）	1	32	必修
25	体育部	瑜伽（下）	1	32	必修
26	体育部	羽毛球（下）	1	32	必修
27	体育部	保健 1	1	32	选修
28	体育部	保健 3	1	32	选修
29	体育部	高尔夫（上）	1	32	选修
30	体育部	高尔夫（素质拓展）	1	32	选修
31	体育部	健美（上）	1	32	选修
32	体育部	健美操（上）	1	32	选修
33	体育部	垒球（上）	1	32	选修
34	体育部	轮滑（上）	1	32	选修
35	体育部	男子篮球（上）	1	32	选修
36	体育部	男子足球（上）	1	32	选修
37	体育部	女子健身（上）	1	32	选修
38	体育部	女子篮球（上）	1	32	选修
39	体育部	女子篮球（素质拓展）	1	32	选修
40	体育部	女子排球（上）	1	32	选修
41	体育部	女子足球（上）	1	32	选修
42	体育部	体育舞蹈（上）	1	32	选修
43	体育部	体质健康测试（保健）1	0	32	选修
44	体育部	体质健康测试（保健）2	0	32	选修
45	体育部	体质健康测试（保健）3	0	32	选修
46	体育部	田径（上）	1	32	选修
47	体育部	网球（上）	1	32	选修
48	体育部	武术（上）	1	32	选修
49	体育部	有氧健身操（上）	1	32	选修
50	体育部	瑜伽（上）	1	32	选修
51	体育部	瑜伽（素质拓展）	1	32	选修
52	体育部	羽毛球（上）	1	32	选修
53	体育部	羽毛球（素质拓展）	1	32	选修

续 表

序号	开课院系	课程名称	学分	总课时	课程类别
1	国际交流合作处	大学英语 4	4	64	必修
2	国际交流合作处	管理会计（双语）	2	32	必修
3	国际交流合作处	国际金融（双语）	3	48	必修
4	国际交流合作处	合同法（双语）	2	32	必修
5	国际交流合作处	计算机在财务会计中的应用（双语）	2	32	必修
6	国际交流合作处	金融市场与机构（双语）	3	48	必修
7	国际交流合作处	人力资源管理（双语）	2	32	必修
8	国际交流合作处	商务交流（英）	2	32	必修
9	国际交流合作处	商务统计学（双语）	2	32	必修
10	国际交流合作处	商业法（双语）	2	32	必修
11	国际交流合作处	社会科学统计包（SPSS）的应用	2	32	必修
12	国际交流合作处	英语应用文写作	2	32	必修
13	国际交流合作处	国际金融专业创新创业课程	2	32	选修
14	国际交流合作处	海外学习项目（三）	4	128	选修
15	国际交流合作处	商业银行经营学－双语国际	3	48	选修
16	国际交流合作处	社会调查与实践	4	64	选修
17	国际交流合作处	投资分析与管理－双语国际	3	48	选修
18	国际交流合作处	英国历史与文化	2	32	选修
19	国际交流合作处	中外银行专题调查研究	2	32	选修
1	教务处	毕业论文	6	96	必修
2	教务处	毕业实习	4	64	必修
3	教务处	专业导论	1	16	必修
4	教务处	从“愚昧”到“科学”——科学技术简史（网络课）	1	35	选修
5	教务处	从爱因斯坦到霍金的宇宙（网络课）	1	31	选修
6	教务处	供应链创新	2	32	选修
7	教务处	国际财务与会计前沿	2	32	选修
8	教务处	国际贸易及跨境电子商务	2	32	选修
9	教务处	国际商务沟通	2	32	选修
10	教务处	国学智慧（网络课）	1	30	选修

续　表

序号	开课院系	课程名称	学分	总课时	课程类别
11	教务处	互联网＋与大数据	2	32	选修
12	教务处	口才艺术与社交礼仪（网络课）	1	30	选修
13	教务处	领导力与管理创新	2	32	选修
14	教务处	逻辑和批判性思维（网络课）	1	30	选修
15	教务处	美学原理（网络课）	1	27	选修
16	教务处	全球供应链管理	2	32	选修
17	教务处	数学的思维方式与创新（网络课）	1	50	选修
18	教务处	文化地理（网络课）	1	29	选修
19	教务处	物流企业运营管理	2	32	选修
20	教务处	西方文明通论（网络课）	1	34	选修
21	教务处	新媒体时代营销	2	32	选修
22	教务处	中华诗词之美（网络课）	1	23	选修
1	学生处	大学生心理健康与发展	1	16	必修
2	学生处	军事技能训练	1	128	必修
3	学生处	军事理论	1	36	必修
4	学生处	形势与政策	1	64	必修
5	学生处	形势与政策（三）	0	2	必修
6	学生处	形势与政策（四）	0	2	必修
7	学生处	职业发展与就业指导（三）	1	16	必修
8	学生处	大学生创业基础（素质拓展）	2	32	选修
9	学生处	大学生艺术实践 A2（素质拓展）	2	32	选修
10	学生处	大学生艺术实践 A4（素质拓展）	2	32	选修
11	学生处	大学生艺术实践 A6（素质拓展）	2	32	选修
12	学生处	中关村创新创业（素质拓展）	2	32	选修
13	学生处	综合艺术实践基础（素质拓展）	2	32	选修
1	团委	大学生艺术实践 A1（素质拓展）	2	32	选修
2	团委	大学生艺术实践 A3（素质拓展）	2	32	选修
3	团委	大学生艺术实践 A5（素质拓展）	2	32	选修
4	团委	大学生艺术实践 A7（素质拓展）	2	32	选修
5	团委	艺术鉴赏	1	16	选修

续　表

序号	开课院系	课程名称	学分	总课时	课程类别
6	团委	综合艺术实践基础（素质拓展）	2	32	选修
7	团委	综合艺术训练（四）	2	32	选修
8	团委	综合艺术训练（五）	2	32	选修
9	团委	综合艺术训练1	2	32	选修
10	团委	综合艺术训练2	2	32	选修
11	团委	综合艺术训练3	2	32	选修
1	实验教学中心	跨专业综合实训	4	64	选修
1	图书馆	信息检索与利用（素质拓展）	1	16	选修

（陈义彬）

特色专业建设点名单

类别	序号	专业名称	负责人	所属单位	获批时间
国家级特色专业建设点	1	经济学	赵娴	经济学院	2008
	2	物流管理	邬跃	物流学院	2010
北京市特色专业建设点	1	经济学	赵娴	经济学院	2008
	2	物流管理	邬跃	物流学院	2008
	3	信息管理与信息系统	刘丙午	信息学院	2009
北京市属高校一流专业	1	物流管理	张旭凤	物流学院	2017
校级一流专业	1	金融学（期货与证券）	张国胜	经济学院	2018
	2	采购管理	姜旭	物流学院	2018
	3	信息管理与信息系统	申贵成	信息学院	2018
	4	物联网工程	刘同娟	信息学院	2018
	5	会计学	张军	商学院	2018

（陈义彬）

北京市优秀教学团队名单

序号	名称	负责人	所属单位	获批时间
1	数学建模系列课程教学团队	李珍萍	信息学院	2007
2	数学公共系列基础课程教学团队	田立平	信息学院	2008

续 表

序号	名称	负责人	所属单位	获批时间
3	物流管理专业核心课程教学团队	邬跃	物流学院	2008
4	经济学系列课程教学团队	赵娴	经济学院	2008
5	物流工程专业核心课程教学团队	张志勇	物流学院	2009
6	物流管理专业教学团队	王成林	物流学院、继续教育学院	2013

（陈义彬）

北京市精品课程一览表

序号	课程名称	课程负责人	所在单位	获批时间
1	物流学概论	邬跃	物流学院	2003
2	配送中心规划与运营	邬跃	物流学院	2008
3	运筹学	李珍萍	信息学院	2009
4	供应链管理	刘永胜	商学院	2010

（陈义彬）

精品教材

类别	序号	教材名称	第一作者	所在单位	获批时间
“十二五”国家级规划教材	1	物流机械设备运用与管理（第二版）	魏国辰	商学院	2012
	2	微积分（第 2 版）	田立平	信息学院	2014
	3	物流学（第 2 版）	崔介何	物流学院	2014
北京市精品教材	1	物流环境与地理	孙秋菊	物流学院	2004
	2	环境保护与物流	孙秋菊	物流学院	2006
	3	物流信息系统规划与建设	王微怡	物流学院	2008
	4	物流机械设备运用与管理	魏国辰	商学院	2008
	5	物流运输管理	张旭凤	物流学院	2011
	6	物流系统运作管理	张志勇	物流学院	2011
	7	供应链管理	刘永胜	物流学院	2013
	8	微积分	田立平	信息学院	2013

（陈义彬）

市级以上基地、中心、实验区

类别	名称	建立单位	合作单位	负责人	获批时间
国家级人才培养模式创新实验区	具有国际化视野的实战型物流人才培养实验区	北京物资学院	—	邬跃	2007
国家级实验教学示范中心	物流系统与技术实验教学中心	北京物资学院	—	邬跃	2013
国家级大学生校外实践教育基地	北京物资学院——德期货有限公司经济学实践教育基地	北京物资学院	一德期货有限公司	赵娴	2013
北京市高等学校实验教学示范中心	物流系统与技术实验教学中心	北京物资学院	—	邬跃	2007
	经济管理综合实验教学中心	北京物资学院	—	顾煜	2016
北京市高等学校校外人才培养基地	北京通州物流基地	北京物资学院	通州物流基地	张旭凤	2009
	“北京物资学院与一德期货”期货人才联合培养基地	北京物资学院	一德期货有限公司	赵娴	2012
	北京金山顶尖科技股份有限公司	北京物资学院	北京金山顶尖科技股份有限公司	朱杰	2015
	交通运输部公路科学研究院	北京物资学院	交通运输部公路科学研究院	张旭凤	2015
	瑞华会计师事务所	北京工商大学 中国农业大学 北京物资学院	瑞华会计师事务所	魏国辰	2015
北京市高等学校示范性校内创新实践基地	智能物流创新实践基地	北京物资学院	—	朱杰	2015
	商务运作管理创新实践基地	北京物资学院	—	魏国辰	2016

（白学波）

2018 年录取分数一览表

<table>
<tr><th>序号</th><th>地区</th><th>科类</th><th>一批
控制线</th><th>二批
控制线</th><th>录取
最高分</th><th>录取
最低分</th><th>录取
平均分</th></tr>
<tr><td rowspan="5">1</td><td rowspan="5">北京</td><td rowspan="2">文史</td><td rowspan="2">576</td><td rowspan="2">488</td><td>一批次 594</td><td>576</td><td>580</td></tr>
<tr><td>二批次 578</td><td>551</td><td>557</td></tr>
<tr><td rowspan="3">理工</td><td rowspan="3">532</td><td rowspan="3">432</td><td>提前批 564</td><td>532</td><td>548</td></tr>
<tr><td>一批次 575</td><td>532</td><td>543</td></tr>
<tr><td>二批次 538</td><td>508</td><td>514</td></tr>
<tr><td rowspan="2">2</td><td rowspan="2">天津</td><td>文史</td><td colspan="2">436</td><td>554</td><td>548</td><td>552</td></tr>
<tr><td>理工</td><td colspan="2">407</td><td>561</td><td>550</td><td>556</td></tr>
<tr><td rowspan="3">3</td><td rowspan="3">河北</td><td>文史</td><td>559</td><td>441</td><td>624</td><td>617</td><td>620</td></tr>
<tr><td rowspan="2">理工</td><td rowspan="2">511</td><td rowspan="2">358</td><td>国家专项 595</td><td>588</td><td>592</td></tr>
<tr><td>601</td><td>585</td><td>593</td></tr>
<tr><td rowspan="2">4</td><td rowspan="2">山西</td><td>文史</td><td>546</td><td>476</td><td>544</td><td>541</td><td>543</td></tr>
<tr><td>理工</td><td>516</td><td>432</td><td>519</td><td>509</td><td>513</td></tr>
<tr><td rowspan="2">5</td><td rowspan="2">内蒙古</td><td>文史</td><td>501</td><td>399</td><td>571</td><td>537</td><td>551</td></tr>
<tr><td>理工</td><td>478</td><td>336</td><td>579</td><td>519</td><td>542</td></tr>
<tr><td rowspan="2">6</td><td rowspan="2">辽宁</td><td>文史</td><td colspan="2">461</td><td>577</td><td>574</td><td>576</td></tr>
<tr><td>理工</td><td colspan="2">368</td><td>583</td><td>561</td><td>570</td></tr>
<tr><td rowspan="2">7</td><td rowspan="2">吉林</td><td>文史</td><td>542</td><td>432</td><td>541</td><td>532</td><td>535</td></tr>
<tr><td>理工</td><td>533</td><td>405</td><td>546</td><td>414</td><td>489</td></tr>
<tr><td rowspan="4">8</td><td rowspan="4">黑龙江</td><td rowspan="2">文史</td><td rowspan="2">490</td><td rowspan="2">406</td><td>一批次 544</td><td>536</td><td>540</td></tr>
<tr><td>二批次 533</td><td>512</td><td>521</td></tr>
<tr><td rowspan="2">理工</td><td rowspan="2">472</td><td rowspan="2">353</td><td>一批次 571</td><td>564</td><td>567</td></tr>
<tr><td>二批次 538</td><td>514</td><td>525</td></tr>
<tr><td>9</td><td>上海</td><td>不分文理</td><td colspan="2">401</td><td>472</td><td>445</td><td>460</td></tr>
<tr><td rowspan="2">10</td><td rowspan="2">江苏</td><td>文史</td><td>337</td><td>281</td><td>336</td><td>334</td><td>335</td></tr>
<tr><td>理工</td><td>336</td><td>285</td><td>339</td><td>333</td><td>335</td></tr>
<tr><td rowspan="2">11</td><td rowspan="2">浙江</td><td rowspan="2">不分
文理</td><td rowspan="2">588</td><td rowspan="2">490</td><td>一段 600</td><td>589</td><td>595</td></tr>
<tr><td>二段 587</td><td>585</td><td>586</td></tr>
<tr><td rowspan="2">12</td><td rowspan="2">安徽</td><td>文史</td><td>550</td><td>486</td><td>573</td><td>566</td><td>569</td></tr>
<tr><td>理工</td><td>505</td><td>432</td><td>547</td><td>522</td><td>527</td></tr>
</table>

续 表

<table>
<tr><th>序号</th><th>地区</th><th>科类</th><th>一批
控制线</th><th>二批
控制线</th><th>录取
最高分</th><th>录取
最低分</th><th>录取
平均分</th></tr>
<tr><td rowspan="2">13</td><td rowspan="2">福建</td><td>文史</td><td>551</td><td>446</td><td>544</td><td>544</td><td>544</td></tr>
<tr><td>理工</td><td>490</td><td>378</td><td>525</td><td>485</td><td>494</td></tr>
<tr><td rowspan="2">14</td><td rowspan="2">江西</td><td>文史</td><td>568</td><td>496</td><td>598</td><td>588</td><td>591</td></tr>
<tr><td>理工</td><td>527</td><td>447</td><td>564</td><td>556</td><td>559</td></tr>
<tr><td rowspan="2">15</td><td rowspan="2">山东</td><td>文史</td><td colspan="2">505</td><td>580</td><td>578</td><td>579</td></tr>
<tr><td>理工</td><td colspan="2">435</td><td>585</td><td>556</td><td>563</td></tr>
<tr><td rowspan="3">16</td><td rowspan="3">河南</td><td>文史</td><td>547</td><td>436</td><td>592</td><td>585</td><td>587</td></tr>
<tr><td rowspan="2">理工</td><td rowspan="2">499</td><td rowspan="2">374</td><td>国家专项 549</td><td>522</td><td>535</td></tr>
<tr><td>571</td><td>550</td><td>561</td></tr>
<tr><td rowspan="2">17</td><td rowspan="2">湖北</td><td>文史</td><td>561</td><td>441</td><td>566</td><td>563</td><td>564</td></tr>
<tr><td>理工</td><td>512</td><td>375</td><td>536</td><td>516</td><td>522</td></tr>
<tr><td rowspan="2">18</td><td rowspan="2">湖南</td><td>文史</td><td>569</td><td>526</td><td>586</td><td>578</td><td>580</td></tr>
<tr><td>理工</td><td>513</td><td>450</td><td>547</td><td>523</td><td>529</td></tr>
<tr><td rowspan="2">19</td><td rowspan="2">广东</td><td>文史</td><td colspan="2">443</td><td>547</td><td>545</td><td>546</td></tr>
<tr><td>理工</td><td colspan="2">376</td><td>519</td><td>502</td><td>507</td></tr>
<tr><td rowspan="2">20</td><td rowspan="2">广西</td><td>文史</td><td>547</td><td>403</td><td>545</td><td>532</td><td>538</td></tr>
<tr><td>理工</td><td>513</td><td>345</td><td>536</td><td>485</td><td>499</td></tr>
<tr><td>21</td><td>海南</td><td>理工</td><td colspan="2">539</td><td>602</td><td>597</td><td>600</td></tr>
<tr><td rowspan="2">22</td><td rowspan="2">重庆</td><td>文史</td><td>524</td><td>434</td><td>537</td><td>533</td><td>534</td></tr>
<tr><td>理工</td><td>524</td><td>428</td><td>607</td><td>553</td><td>562</td></tr>
<tr><td rowspan="4">23</td><td rowspan="4">四川</td><td rowspan="2">文史</td><td rowspan="2">553</td><td rowspan="2">492</td><td>一批次 582</td><td>578</td><td>580</td></tr>
<tr><td>二批次 571</td><td>557</td><td>566</td></tr>
<tr><td rowspan="2">理工</td><td rowspan="2">546</td><td rowspan="2">458</td><td>一批次 599</td><td>589</td><td>591</td></tr>
<tr><td>二批次 568</td><td>555</td><td>559</td></tr>
<tr><td rowspan="4">24</td><td rowspan="4">贵州</td><td rowspan="2">文史</td><td rowspan="2">575</td><td rowspan="2">477</td><td>一批次 609</td><td>607</td><td>608</td></tr>
<tr><td>二批次 588</td><td>573</td><td>578</td></tr>
<tr><td rowspan="2">理工</td><td rowspan="2">484</td><td rowspan="2">379</td><td>一批次 565</td><td>550</td><td>556</td></tr>
<tr><td>二批次 528</td><td>480</td><td>490</td></tr>
</table>

续　表

序号	地区	科类	一批控制线	二批控制线	录取最高分	录取最低分	录取平均分
25	云南	文史	575	490	575	566	571
		理工	530	430	542	534	538
26	西藏	文史	460（汉）	355（汉）	485（汉）	485	485
		理工	445（汉）	335（汉）	548（汉）	548	548
			327（少）	278（少）	335（少）	335	335
27	陕西	文史	518	467	521	518	520
		理工	474	425	491	477	480
28	甘肃	文史	502	456	509	498	503
		理工	483	436	501	488	494
29	宁夏	文史	528	498	532	526	529
		理工	463	432	487	467	475
30	新疆	文史	500	372	525	524	525
		理工	467	341	518	497	503

（么贵永　孙静）

研究生教育

【概况】学校现有理论经济学、应用经济学、计算机科学与技术、管理科学与工程、工商管理5个一级学科学位授权点和物流工程、工商管理、金融3个专业型硕士学位授权点。至2018年年末，在校研究生786名，研究生导师148名，研究生院工作人员8名。

（王靖）

【研究生招生】2018年硕士研究生招生工作本着“按需招生、德智体全面衡量、择优录取、宁缺毋滥”的原则完成招生计划。2018年招收硕士生325名，其中学术型硕士112名，专业学位硕士213名。各专业招收情况如下：证券与期货3名，金融学6名，产业经济学5名，统计学4名，法律经济学9名，数量经济学3名，管理科学与工程32名，计算机软件与理论5名，计算机应用技术10名，物联网工程与技术8名，会计学5名，企业管理5名，财务管理1名，采购与供应链管理13名，人力资源开发与管理3名，物流工程（全日制）180名，工商管理（MBA）33名。截至2018年年末，未报到研究生4名，分别是：管理科学与工程1名，计算机应用技术1名，物联网工程与技术1名，采购与供应链管理1名。物流工程专业退学1名，物流工程专业休学1名。

（党鑫野　孙涛）

【研究生就业】2018年毕业研究生237名。其中，金融学专业17名，证券与期货专业6名，产业经济学专业11名，国际贸易学专业2名，劳动经济学专业1名，统计学专业2名，法律经济学专业1名，计算机软件与理论转专业3名，计算机应用技术专业6名，管理科学与工程专业15名，会计学专业19名，企业管理专业9名，全日制物流工程专业124名，工商管理（MBA）专业21名。总体就业率99.58%，签约率62.45%。

（孙涛）

【研究生培养】制定《北京物资学院研究生教育校院两级管理办法》（物院发〔2018〕25号）及《研究生校院两级管理实施方案》，有序推进校院两级管理工作。厘清和明确学校相关职能部门与各二级学院之间在研究生教育各个工作环节上的责权关系，听取二级学院对实施研究生培养校、院两级管理体制以来的意见与建议，充分发挥其在研究生培养单位的主体作用。

进一步修订培养方案、提升研究生培养质量。推进我校学位授权点合格评估进程，培养方案是研究生培养的重要依据、研究生培养质量的决定性因素，组织各学科从研究生培养目标、培养方向、学制、课程学分、必修环节、课程设置、考核方式、在校发表论文要求、毕业要求及评优评奖等内容进行研讨，保障研究生培养方案修订工作。

（陈珊　宋东莉）

【博士研究生联合培养】2018年6月，启动与首都经济贸易大学联合培养博士生工作，组织遴选出3名博士生导师；2018年7月，组织制定与协调完成联合培养博士生协议及培养方案；2018年11月，组织协调与首都经济贸易大学正式签约联合培养博士生。两校深化联合培养博士研究生合作项目，已有管理科学与工程专业在读博士生2名。

（王靖）

【MBA教育】2018年，MBA教育中心进一步明确办学定位，发挥行业和领域优势，积极宣传项目特色，招生总数33人；进一步修订MBA培养方案，完善教育培养体系。按照打造教学名师、强化课程特色的发展思路，提升MBA授课教师及论文指导教师的遴选标准。严格把关，严格要求，全面监督，全面评价，促进教师教学水平和论文指导水平进一步提高。加强MBA实践教学力度，邀请京东、悟空租车等知名企业的高层管理人员进课堂；组织学生进企业、博物馆参观调研，强化教学效果，规范教学管理，保证教学秩序，严格落实考勤、考试等规章制度。

（姜涛）

【学位授予工作】2018 年学校共授予 246 人硕士学位，其中金融学专业 17 人，产业经济学专业 11 人，国际贸易学专业 2 人，证券与期货专业 6 人，劳动经济学专业 1 人，法律经济学专业 1 人，统计学专业 2 人，管理科学与工程专业 16 人，会计学专业 19 人，企业管理专业 9 人，计算机软件与理论专业 3 人，计算机应用技术专业 6 人，全日制物流工程专业 123 人，工商管理专业（MBA）21 人，在职物流工程专业 9 人。

（陈珊）

【党建工作】研究生部党委于 2018 年 6 月 5 日撤销，研究生学生党员归入二级学院各党支部管理，研究生院教工党支部和国际学院直属党支部合并，成立机关党委第十党支部。撤并前，研究生院有党委书记、主任、副主任和其他管理人员共 9 人，专职从事研究生思想政治教育队伍 3 人，兼职辅导员 3 人，兼职组织员 1 人；研究生部党委共有 17 个党支部，在校研究生党员 199 人，学生党员占全体研究生总数的 28%。

（张煜如）

【研究生会】研究生院设有研究生会、青年马克思主义协会、青年志愿者协会、《悟研》杂志社四个学生社团以及各学院研究生分会。2018 年研究生会有成员 50 余人，下设主席团、办公室、外联部、宣传部、体育部、生活部、学习部和文艺部；主席团由主席、副主席（会长、社长）和办公室主任组成，各部门设 1 名部长、3 名副部长。2018 年举办了宿舍文化卫生评比、校园足篮球赛、运动会、研究生学术道德与学风建设活动月、研究生学术文化月、皮村支教、大运河志愿服务、优秀毕业生经验交流会、研究生论坛、元旦晚会暨新生风采大赛等丰富多彩的学生活动。

（孙涛）

【附录】

研究生导师名单

序号	姓名	所属部门	专业技术职务	专业型	学术型	
					一级学科	二级学科
1	车卉淳	经济学院	教授	物流工程	应用经济学	产业经济学
2	王可山	经济学院	教授	物流工程	应用经济学	产业经济学
3	赵　娴	经济学院	教授	物流工程	应用经济学	产业经济学
4	洪　岚	经济学院	教授		应用经济学	产业经济学

续 表

序号	姓名	所属部门	专业技术职务	专业型	学术型	
					一级学科	二级学科
5	潘建伟	经济学院	教授		应用经济学	产业经济学
6	尹德洪	经济学院	教授		应用经济学	产业经济学
7	王文举	经济学院	教授		应用经济学	数量经济学
8	郝玉柱	经济学院	教授	物流工程	应用经济学	国际贸易学
9	张　琦	经济学院	教授		应用经济学	国际贸易学
10	刘崇献	经济学院	教授	物流工程	应用经济学	国际贸易学
11	盛　浩	经济学院	副教授		应用经济学	国际贸易学
12	原玲玲	经济学院	教授		应用经济学	国际贸易学
13	王宝森	经济学院	教授	物流工程	应用经济学	金融学
14	霍再强	经济学院	教授	物流工程	应用经济学	金融学
15	童年成	经济学院	教授	物流工程	应用经济学	金融学
16	杨　菁	经济学院	副教授	物流工程	应用经济学	金融学
17	陶　冶	经济学院	副教授		应用经济学	金融学
18	刘　江	经济学院	副教授		应用经济学	数量经济学
19	高鸿鹰	经济学院	副教授		应用经济学	数量经济学
20	许春燕	经济学院	教授		应用经济学	证券与期货
21	单　磊	经济学院	副教授	物流工程	应用经济学	证券与期货
22	刘　荔	经济学院	副教授	物流工程	应用经济学	证券与期货
23	许　可	经济学院	副教授		应用经济学	证券与期货
24	齐子翔	经济学院	副教授		理论经济学	
25	朱才斌	经济学院	副教授		应用经济学	证券与期货
26	褚晓琳	经济学院	副教授		应用经济学	数量经济学
27	朱群芳	经济学院	教授	物流工程	理论经济学	
28	李广义	商学院	教授	MBA	工商管理	人力资源开发与管理
29	唐华茂	商学院	教授	MBA	工商管理	人力资源开发与管理
30	刘萍萍	商学院	教授	MBA	工商管理	人力资源开发与管理
31	曾捷英	商学院	副教授		工商管理	人力资源开发与管理
32	弓秀云	商学院	副教授	MBA	工商管理	人力资源开发与管理
33	顾国爱	商学院	副教授	MBA	工商管理	人力资源开发与管理

续　表

序号	姓名	所属部门	专业技术职务	专业型	学术型	
					一级学科	二级学科
34	解进强	商学院	副教授	MBA	工商管理	人力资源开发与管理
35	任　吉	商学院	教授	MBA	工商管理	人力资源开发与管理
36	尚　珂	法学院	教授	MBA	应用经济学	法律经济学
37	李惠阳	法学院	副教授		应用经济学	法律经济学
38	吴长军	法学院	副教授		应用经济学	法律经济学
39	刘　洁	法学院	副教授		应用经济学	法律经济学
40	邹晓美	商学院	教授		应用经济学	劳动经济学
41	李燕荣	商学院	副教授		应用经济学	劳动经济学
42	李晓晖	商学院	副教授		应用经济学	劳动经济学
43	龚钰淋	法学院	副教授		应用经济学	法律经济学
44	顾　煜	商学院	教授	MBA	工商管理	财务管理
45	殷裕品	商学院	副教授		工商管理	财务管理
46	闫　甜	商学院	副教授		工商管理	财务管理
47	吴　非	商学院	副教授	MBA	工商管理	财务管理
48	陈晓梅	商学院	副教授	MBA	工商管理	财务管理
49	刘永胜	商学院	教授	物流工程	工商管理	采购与供应链管理
50	郭红莲	商学院	教授	物流工程	工商管理	采购与供应链管理
51	倪东生	商学院	教授	物流工程	工商管理	采购与供应链管理
52	徐建国	商学院	副教授	物流工程	工商管理	采购与供应链管理
53	秦江萍	商学院	教授		工商管理	会计学
54	陈炜煜	商学院	教授	MBA	工商管理	会计学
55	曹　键	商学院	副教授		工商管理	会计学
56	郑可人	商学院	副教授		工商管理	会计学
57	李德恒	商学院	副教授		工商管理	会计学
58	兰凤云	商学院	副教授		工商管理	会计学
59	王　丹	商学院	副教授		工商管理	会计学
60	陈　娟	商学院	副教授		工商管理	会计学
61	王美英	商学院	副教授		工商管理	会计学
62	张　军	商学院	教授	物流工程	工商管理	会计学

续 表

序号	姓名	所属部门	专业技术职务	专业型	学术型	
					一级学科	二级学科
63	魏国辰	商学院	教授	物流工程	工商管理	企业管理
64	齐　严	商学院	教授	MBA	工商管理	企业管理
65	陈喜波	商学院	教授	MBA	工商管理	企业管理
66	肖为群	商学院	副教授		工商管理	企业管理
67	宋晓欣	商学院	副教授	MBA	工商管理	企业管理
68	吕　波	商学院	教授	物流工程	工商管理	企业管理
69	杜红平	商学院	副教授		工商管理	企业管理
70	张喜才	商学院	副教授	物流工程	工商管理	企业管理
71	罗倩文	商学院	副教授	物流工程	工商管理	企业管理
72	李敬强	商学院	副教授	物流工程	工商管理	企业管理
73	崔海云	商学院	副教授		工商管理	企业管理
74	张　勤	商学院	教授	物流工程		
75	陈　波	商学院	副教授		工商管理	会计学
76	林　原	商学院	副教授		工商管理	人力资源开发与管理
77	左春玲	商学院	副教授		工商管理	人力资源开发与管理
78	陈　霞	商学院	副教授	MBA	工商管理	财务管理
79	常晓红	商学院	副教授	MBA	工商管理	财务管理
80	欧海鹰	商学院	副教授	物流工程	工商管理	企业管理
81	杜志平	物流学院	教授	物流工程	管理科学与工程	管理科学与工程
82	唐长虹	物流学院	副教授	物流工程	工商管理	采购与供应链管理
83	徐广姝	物流学院	教授	物流工程	管理科学与工程	管理科学与工程
84	宋玉卿	物流学院	副教授	物流工程	工商管理	采购与供应链管理
85	杨　丽	物流学院	副教授	物流工程	工商管理	采购与供应链管理
86	刘　艳	物流学院	教授	物流工程	管理科学与工程	管理科学与工程
87	何明珂	物流学院	教授	物流工程	管理科学与工程	管理科学与工程
88	姚志英	物流学院	副教授	物流工程	管理科学与工程	管理科学与工程
89	齐凤华	物流学院	副教授	物流工程	管理科学与工程	管理科学与工程
90	赵章荣	物流学院	副教授	物流工程	管理科学与工程	管理科学与工程
91	沈　丽	物流学院	副教授		管理科学与工程	管理科学与工程

续　表

序号	姓名	所属部门	专业技术职务	专业型	学术型	
					一级学科	二级学科
92	姜　旭	物流学院	教授	物流工程	管理科学与工程	管理科学与工程
93	翁心刚	物流学院	教授	物流工程	管理科学与工程	管理科学与工程
94	张旭凤	物流学院	教授	物流工程	管理科学与工程	管理科学与工程
95	张志勇	物流学院	教授	物流工程	管理科学与工程	管理科学与工程
96	周三元	物流学院	教授	物流工程	管理科学与工程	管理科学与工程
97	刘　俐	物流学院	副教授	物流工程	管理科学与工程	管理科学与工程
98	马向国	物流学院	副教授	物流工程	管理科学与工程	管理科学与工程
99	唐秀丽	物流学院	副教授	物流工程	管理科学与工程	管理科学与工程
100	田　雪	物流学院	副教授	物流工程	管理科学与工程	管理科学与工程
101	王晓平	物流学院	副教授	物流工程	管理科学与工程	管理科学与工程
102	王成林	物流学院	教授	物流工程	管理科学与工程	管理科学与工程
103	陈红丽	物流学院	副教授	物流工程	管理科学与工程	管理科学与工程
104	李石柱	物流学院	研究员	MBA		
105	陈　静	物流学院	教授	物流工程	管理科学与工程	管理科学与工程
106	陈志新	物流学院	副教授	物流工程	管理科学与工程	管理科学与工程
107	胡贵彦	物流学院	副教授	物流工程		
108	梁　晨	物流学院	副教授	物流工程		
109	白晓娟	物流学院	副教授	物流工程		
110	孙卫华	物流学院	副教授	物流工程		
111	赵　琨	物流学院	副教授	物流工程	管理科学与工程	管理科学与工程
112	陆　华	物流学院	副教授	物流工程		
113	汪芸芳	物流学院	副教授	物流工程	管理科学与工程	管理科学与工程
114	于晓辉	物流学院	副教授	物流工程		
115	温卫娟	物流学院	副教授	物流工程	管理科学与工程	管理科学与工程
116	周　鸿	信息学院	副教授	物流工程	管理科学与工程	管理科学与工程
117	袁瑞萍	信息学院	副教授	物流工程	管理科学与工程	管理科学与工程
118	刘俊娥	信息学院	教授	物流工程	管理科学与工程	信息管理与信息技术
119	张　博	信息学院	教授	物流工程	管理科学与工程	信息管理与信息技术
120	李珍萍	信息学院	教授	物流工程	管理科学与工程	优化理论与方法

续 表

序号	姓名	所属部门	专业技术职务	专业型	学术型	
					一级学科	二级学科
121	田立平	信息学院	教授	物流工程	管理科学与工程	优化理论与方法
122	王莲花	信息学院	教授	物流工程	管理科学与工程	优化理论与方法
123	周　丽	信息学院	教授	物流工程	管理科学与工程	优化理论与方法
124	鞠红梅	信息学院	副教授	物流工程	管理科学与工程	优化理论与方法
125	朱　杰	信息学院	教授	物流工程	计算机科学与技术	计算机软件与理论
126	郭　键	信息学院	教授	物流工程	计算机科学与技术	计算机软件与理论
127	丁连红	信息学院	副教授	物流工程	计算机科学与技术	计算机软件与理论
128	张海军	信息学院	副教授	物流工程	计算机科学与技术	计算机软件与理论
129	张方风	信息学院	副教授	物流工程	计算机科学与技术	计算机软件与理论
130	刘　军	信息学院	教授	物流工程	计算机科学与技术	计算机应用技术
131	申贵成	信息学院	教授	物流工程	计算机科学与技术	物联网工程与技术
132	刘同娟	信息学院	教授	物流工程	计算机科学与技术	计算机应用技术
133	王玉泉	信息学院	副教授		计算机科学与技术	物联网工程与技术
134	唐恒亮	信息学院	副教授	物流工程	计算机科学与技术	计算机应用技术
135	王晓燕	信息学院	副教授	物流工程	计算机科学与技术	计算机应用技术
136	阎　芳	信息学院	副教授	物流工程	计算机科学与技术	计算机应用技术
137	杨　玺	信息学院	副教授	物流工程	计算机科学与技术	计算机应用技术
138	李俊韬	信息学院	教授	物流工程	计算机科学与技术	物联网工程与技术
139	吴海建	信息学院	教授	物流工程	应用经济学	统计学
140	郭　茜	信息学院	副教授	物流工程	应用经济学	统计学
141	韩　嵩	信息学院	副教授	物流工程	应用经济学	统计学
142	庄　菁	信息学院	副教授		应用经济学	统计学
143	田志勇	信息学院	副教授	物流工程	管理科学与工程	管理科学与工程
144	刘洪伟	信息学院	副教授	物流工程	管理科学与工程	管理科学与工程
145	崔春生	信息学院	副教授		管理科学与工程	管理科学与工程
146	谭加博	信息学院	副教授	物流工程	管理科学与工程	管理科学与工程
147	于建业	信息学院	讲师	物流工程	计算机科学与技术	计算机软件与理论
148	孙　立	信息学院	讲师	物流工程		

（研究生院提供）

2018 年研究生科研成果一览表（核心期刊）

序号	第一作者	所有作者	论文类型	论文题目（中文）	发表刊物/论文集	刊物级别
1	管水城	管水城 申贵成	期刊论文	一种基于矩阵分解技术和考虑社交网络的推荐策略	图书馆学研究	核心 A
2	管水城	管水城 申贵成	期刊论文	城市经济与物流协调发展的影响因素研究——基于可持续性视角	商业经济研究	核心 B
3	杨赛赛	杨赛赛 潘建伟	期刊论文	城镇化对城乡收入差距影响研究——以河南省为例	商业经济研究	核心 B
4	程梦雄	程梦雄	期刊论文	“一带一路”下企业跨境电子商务风险防范	商业经济研究	核心 B
5	程梦雄	程梦雄	期刊论文	北京 SF 公司高校区域快件末端派送模式选择评价研究	数学的实践与认识	核心 B
6	许玉云	许玉云 郝玉柱	期刊论文	京津冀海港口岸与腹地外向型经济协同度及提升路径研究	商业经济研究	核心 B
7	沈　阳	沈　阳 王莲花	期刊论文	基于排队理论的城市道路交叉口的交通流量研究	SSRG International Journal of Humanities and Social Science (IJHSS)	国际 E 级
8	张煜炜	张煜炜 杨梦月	期刊论文	基于基尼系数的精明增长理论	Frontiers in Management Research	国际 E 级
9	闫清华	闫清华 王莲花	期刊论文	基于改进的蚁群算法的应急物流车辆路径问题研究	Journal of Computer Science and Engineering	国际 E 级
10	赵庆菊	赵庆菊	期刊论文	网上订餐订单配送路径优化研究	Frontiers in Management Research	国际 E 级
11	赵庆菊	赵庆菊	期刊论文	基于层次分析法和多目标规划模型的水坝治理方案优化	Modern Civil and Structural Engineering	国际 E 级
12	张薪薪	张薪薪 申贵成	期刊论文	A Method for Extracting Section Information of Highway Based on Massive GPS Data	Procedia Computer Science	国际 E 级

续　表

序号	第一作者	所有作者	论文类型	论文题目（中文）	发表刊物/论文集	刊物级别
13	管梦城	管梦城 李珍萍	期刊论文	基于KIVA系统的分散储位分配问题研究	American Journal of Operations Research	国际E级
14	高喜乐	高喜乐	期刊论文	废旧电子电器“以旧换新”问题研究	经贸实践	国际D级（JCR四区）
15	皇甫遥遥	皇甫遥遥	期刊论文	采购信息化平台管理优化研究	环球市场	国际D级（JCR四区）
16	胡瑾玲	胡瑾玲	期刊论文	赣南脐橙质量安全追溯系统优化研究	中国储运	国际D级（JCR四区）
17	李荣荣	李荣荣	期刊论文	生鲜水果冷链物流配送质量控制研究	商情	国际D级（JCR四区）
18	黄小莉	黄小莉	期刊论文	我国应急管理人才引进策略研究	International Journal of Trend in Research and Development	国际B级（JCR二区）

（研究生院提供）

2018年研究生教育教学改革项目名单

序号	姓名	项目名称
1	吴长军	法律经济学学位与研究生教育质量保证与监督体系建设
2	洪　岚	学术型研究生课程学习与科研能力培养与实践研究
3	张震环	新媒体网络环境下研究生社会主义核心价值观教育教学模式创新研究
4	高亚春	新时代研究生文化自信的现状及其培育研究
5	左春玲	“人力资源灵活配置与雇佣关系调整工作坊”实践育人体系建设
6	吴　非	研究生实习基地合作模式研究——以瑞华会计实习基地为例

续　表

序号	姓名	项目名称
7	赵　琨	“三位一体”专业型研究生科研能力培养与实践构建研究
8	杜志平	面向企业实操的《供应链管理》课程设计
9	张燕燕	研究生、本科生协同管理模式探索与实践
10	薛　菲	案例驱动的现代软件工程学互动式教学模式

（研究生院提供）

2018 年研究生科研创新个人项目名单

序号	姓名	专业	项目名称
1	邢　妮	法律经济学	过度劳动成因的博弈分析与实证检验
2	邵　成	法律经济学	P2P 平台债权转让模式的法律风险与防范对策
3	王凯琳	财务管理	媒体报道与政府审计效率研究
4	光　越	财务管理	混合所有制改革是否推动了降杠杆？——影响机理与效果检验
5	张　可	财务管理	上市公司购买理财产品与资源配置效率的实证研究
6	向朝钊	采购与供应链管理	“O2O”模式下生鲜农产品供应链渠道冲突与协调
7	甘莹莹	采购与供应链管理	基于消费者评论的网购食品供应链风险研究
8	卢　迪	产业经济学	基于区块链技术的共享经济信用体系研究
9	李　莉	产业经济学	京津冀农业协同发展下的北京净菜供给研究
10	杨赛赛	产业经济学	网络游戏产业发展及消费行为实证研究——基于北京市地区调查数据分析
11	付帅帅	管理科学与工程	基于演化博弈的跨境物流联盟运作优化研究
12	郝洪涛	管理科学与工程	顺义区社区物流服务系统规划设计
13	冀　静	管理科学与工程	中美贸易战下我国三大港口群物流能力研究
14	卜晓奇	管理科学与工程	基于货到人的智能仓库储位分配问题研究
15	李筱烨	管理科学与工程	基于碳排放量的生鲜产品配送路径研究
16	牛夏夏	管理科学与工程	基于区块链技术的农产品供应链追溯研究
17	卢怀宇	管理科学与工程	北京市综合交通运输系统协调发展研究
18	魏莹莹	管理科学与工程	基于 ARIMA – LSSVM – DACPSO 模型的白云机场旅客吞吐量的短期预测
19	杨　光	管理科学与工程	随机需求下的成品油运输库存——路径问题的研究

续　表

序号	姓名	专业	项目名称
20	崔泽慧	会计学	自愿性信息披露和权益资本成本——基于机构投资者的异质性研究
21	郝思源	会计学	媒体监督视角下异常审计费用对审计质量的关系研究
22	刘晓宁	会计学	关键审计事项披露的市场反应研究
23	孙　瑜	会计学	整合审计与非整合审计的比较研究——基于审计效率的视角
24	刘雪芝	会计学	股权激励方式选择与企业投资效率——基于管理层风险偏好异质性视角的研究
25	卢晓庆	会计学	高管特征对股价崩盘风险的影响研究
26	马千里	会计学	高管海外背景、企业国际化程度与企业对外直接投资（OFDI）绩效
27	张山山	计算机软件与理论	基于改进遗传算法的电商多机器人任务分配模型与方法研究
28	吴蒙蒙	计算机软件与理论	基于深度学习的人脸识别考勤系统
29	李冀舒	计算机应用技术	基于 STM32 的气调保鲜箱
30	韩秋弘	统计学	基于数据挖掘的物流企业信用评价方法的优化与应用研究
31	李倩倩	统计学	京津冀城市物流营商环境评价研究
32	彭玲玲	物联网工程与技术	基于强化学习的云机器人路径规划与任务分配平台设计研究
33	胡　琼	物流工程	保兑仓融资模式下三级供应链联合契约协调研究
34	卞启超	物流工程	河北对接京津的农产品供应链金融模式探究
35	余燕红	物流工程	基于系统动力学的快递服务质量评价研究
36	刘金凤	物流工程	电子废弃物逆向物流回收环节个体处置行为及驱动因素研究
37	苏驿婷	物流工程	基于区块链的现代农产品供应链优化升级模式研究
38	房　慧	物流工程	北京市粮食物流“四散化”工程发展推进研究
39	贺　洁	物流工程	大数据背景下电商农产品精益开发模式创新与实现——以密农人家企业为例
40	李　康	物流工程	基于 SNA 的农产品安全可追溯系统风险分析

续　表

序号	姓名	专业	项目名称
41	王金龙	物流工程	网格式密集存储系统货位优化研究
42	张煜炜	物流工程	同时考虑配送与安装需求的车辆路径问题研究
43	刘　静	物流工程	Auto Store 仓储系统拣选车数量的优化研究
44	杨梦月	物流工程	基于工作量均衡的物流配送区域划分问题研究
45	邓小童	物流工程	低碳背景下的多式联运路径选择研究
46	柳虎威	物流工程	快递行业大数据关联分析与建模
47	张曲智	物流工程	基于混合整数规划和线性规划的生产排程问题和运输问题研究
48	赵　恬	物流工程	物流拣选机器人任务分配研究
49	赵雨薇	物流工程	基于共同配送的选址——路径问题
50	曹　宇	物流工程	基于 C 区域公路运输零担货运企业物流金融服务模式研究
51	李海玲	物流工程	京津冀冷链需求预测及布局优化研究
52	王佳欣	物流工程	我国各省及区域物流业科技进步贡献率测算
53	朱菲菲	物流工程	北京市废弃物回收体系演化研究
54	陈蓓蕾	物流工程	基于区块链技术的农产品流通信息可靠性研究
55	胡晓青	物流工程	基于振动信号处理的在途运输物品损坏追溯问题研究
56	李腾飞	物流工程	基于多产地多销地的铸管生产与配送联合优化研究
57	王慧玲	物流工程	基于物流机器人的“货到人”拣选模式下的货位优化研究
58	皇甫宜龙	物流工程	面向自动化立库故障诊断系统的研究
59	刘　凯	物流工程	基于智能仓储系统的多机器人任务分配问题研究
60	葛翔飞	物流工程	基于搬运 AGV 的新能源汽车混合装配调度模型研究

2018 年研究生科研创新团队项目名单

序号	姓名	专业	项目名称
1	郝思源	会计学	媒体报道与政府审计效率研究
2	刘潇涵	企业管理	推动冷链物流企业高质量发展研究
3	王　琴	管理科学与工程	双叶 Leaf 式仓库布局研究
4	张　盟	管理科学与工程	基于改进夏普利值的跨境物流联盟利益分配研究
5	冀雪华	物流工程	非首都功能疏解背景下北京物流系统重构研究

续 表

序号	姓名	专业	项目名称
6	王　博	物流工程	生产物流顶升动态称重分拣系统研究
7	闫　飞	物流工程	基于城市重构的北京物流系统供需均衡评价研究
8	肖　宇	物流工程	基于多 AGV 的路网布局与路径冲突问题的研究
9	李泽萍	物流工程	快递行业大数据关联分析与建模——基于客户感知的视角
10	管水城	物流工程	一种基于多属性决策方法的在线电子商品评论差异化排序策略

（研究生院提供）

2018 年校级优秀硕士论文名单

序号	姓名	专业	导师	论文题目
1	韩宇航	产业经济学	赵　娴	供给侧视角下我国钢铁产能过剩问题与对策研究
2	尚　帅	产业经济学	尹德洪	批发零售业对山西省经济增长的影响研究
3	何浩淼	法律经济学	尚　珂	交通事故侵权责任归责原则的法律经济学分析
4	白　玲	计算机应用技术	王玉泉	基于时间测量的声源定位方法及装置的研究
5	张　帅	计算机应用技术	刘　军	堆垛机健康状态的大数据分析研究
6	毛小寸	管理科学与工程	李珍萍	多类型快递末端自提点选址问题研究
7	张海芳	管理科学与工程	徐广姝	生鲜超市主导的双渠道供应链契约协调研究
8	郝　岩	物流工程	李俊韬	基于激光 Slam 的仓储搬运 AGV 定位技术研究
9	刘少华	物流工程	周　丽	多种智能算法在鱼骨布局拣选路径决策中的比较研究
10	王　芳	物流工程	魏国辰	大数据下京东图书音像仓储中心货位优化研究
11	高慧芝	物流工程	朱　杰	基于多穿“货到人”模式的电商配送中心规划研究及仿真
12	孙静云	物流工程	田立平	基于公平偏好的供应链收益共享契约协调性研究
13	李雪婷	物流工程	李珍萍	多机器人协同探测的路径规划问题研究
14	吴天行	物流工程	郭　键	改进的蜂群算法在订单分批问题中的应用研究
15	静　燕	物流工程	沈小静	S 公司手机服务性备件末次采购量研究

（研究生院提供）

2018 年研究生课程目录

序号	课程名称	任课教师	序号	课程名称	任课教师
1	薪酬管理	李广义	27	金融时间序列模型	战雪丽
2	学位英语强化	孙静波	28	SAP 系统实训	孟　浩
3	供应链金融	陈景同	29	劳动关系与劳动法专题	王少波
4	绩效管理	唐华茂	30	供应链管理	杜志平
5	供应链风险管理	刘永胜	31	财政金融法专题	吴长军
6	财政金融专题	鄢圣鹏	32	应用随机过程	周　丽
7	智能物流系统	李俊韬	33	财务管理专题研究	吴　菲
8	高级统计分析软件	金仁浩	34	企业重组与公司治理	陈喜波
9	成本管理会计专题研究	顾　煜	35	金融风险量化与控制	孟繁军
10	大数据平台技术	申贵成	36	智能算法设计与实现	刘洪伟
11	审计学专题研究	陈炜煜	37	社会保障研究	李燕荣
12	仓储规划与库存分析	刘　俐	38	嵌入式系统设计	宋燕星
13	人工智能	赵明茹	39	应用多元统计	张方风
14	马克思主义与 社会科学方法论	宋洪云 王斌斌 雷爱民	40	质量管理	魏国辰
15	数学模型	姜　涛	41	期货期权策略研究	刘　荔
16	配送中心设计与管理	邬　跃	42	交通运输工程	陆　华
17	文献检索与论文写作	李敬强 郝玉柱	43	市场营销	宋晓欣
18	流通经济学	潘建伟	44	网络与信息安全	刘俊娥
19	统计预决策	庄　菁	45	系统集成与仿真	刘同娟
20	系统性金融风险	霍再强	46	算法设计与分析	李　蓉
21	商贸英语	张丽丽	47	法律经济学	尹德洪
22	经济法专题	尚　珂	48	证券与期货投资分析	单　磊
23	内部控制研究	王美英	49	传感器网络	杨　玺
24	高级宏观经济学	高鸿鹰	50	高级产业经济学	赵　娴
25	随机运筹学	李珍萍	51	中国特色社会主义 理论与实践研究	李邢西等
26	高级物流学	唐秀丽	52	国际经济学	盛　浩

续　表

序号	课程名称	任课教师	序号	课程名称	任课教师
53	博弈论	王文举	77	高级计量经济学	孟尚雄
54	系统工程	田志勇	78	运营管理	唐长虹
55	物流系统论	何明珂	79	高级管理学	郭红莲
56	组织行为学	李　玲	80	国际商法	李爱华
57	金融市场学	刘　旗	81	数据挖掘理论与技术	申贵成
58	战略管理	崔海云	82	投资学	许　可
59	民商法专题	李惠阳	83	物流工程与管理	张志勇 徐广姝
60	现代物流技术	王成林	84	宏观经济统计分析	吴海建
61	管理经济学	周学勤	85	现代软件工程学	薛　菲
62	流通法制研究	尚　珂	86	现代物流信息技术	李俊韬
63	英语写作	左　雁	87	高级数理统计	刘洪伟
64	宏观质量管理	刘　艳	88	金融经济学	孟繁军
65	服务质量工程	陈红丽	89	大宗商品期货与担保	陈景同
66	经济学前沿专题研究	车卉淳等	90	物联网工程	刘　军 赵东杰
67	物流规划设计	周三元	91	RFID 与 EPC 系统	李俊韬
68	现代统计理论与方法	秦慧林	92	高级微观经济学	尹德洪
69	高级运筹学	李珍萍	93	企业管理前沿专题	魏国辰
70	空间经济学	高鸿鹰	94	国际金融实务	陶　冶
71	管理研究方法论	任　吉	95	管理信息系统	袁瑞萍 崔春生 霍灵瑜
72	战略人力资源管理	李广义	96	高级财务会计	秦江萍
73	高级计算机体系结构	郭　键	97	现代数据库技术	朱　杰
74	金融工程	王宝森	98	大数据工程	王　艳
75	法理学专题	阎章荣	99	经济研究方法论	王可山
76	电子商务与物流	王晓平	100	物流设备选型与管理	徐　燕

（研究生院提供）

留学生教育

【概况】学校从 1990 年开始接收留学生，少量招收国外友好院校的互换生。1993 年经国内贸易部和北京市高教局批准正式获得自行招收自费外国留学生的资格。2002 年 11 月 15 日，学校顺利通过了北京市教育工委组织的外国留学生教育管理工作检查评估。

国际合作与交流处（国际学院）负责学校留学生招生、培养及管理工作，除开展外国留学生、语言生及部分专业交换生的教学工作外，还对全体外国留学生开展各种文体、实践类教学辅助活动，为丰富校园文化生活、推动学生招生层次及种类、推动学校国际化进程贡献自己应有的力量。

【留学生招生】目前学校外国留学生类别有大学本科生、硕士研究生、高级进修生、语言生和短期生。2018 年国际学院共有来自法国、德国、韩国、加纳、厄立特里亚、巴基斯坦、日本、老挝、马来西亚、印度、泰国、希腊等国家的留学生 192 人，其中本科学历生 45 人、本科预科生 14 人、短期汉语进修生 8 人、短期班 111 人。

2018 年留学生招生情况

总计		招生数（人）
		180
按学历分	本科	33
	硕士	5
	培训生	142
按大洲分	亚洲	111
	非洲	7
	欧洲	62
按经费来源分	中国政府资助	38
	学校间交换	128
	自费	14

2018 年在校留学生名单

序号	护照用名	性别	国别	专业
1	JAYCEON KWAME WILLIAMS	男	加纳	管理科学与工程
2	TINA KORANTENG	女	加纳	物流管理（国际物流与供应链管理方向）
3	KANG SINYOUNG	男	韩国	物流管理
4	JEON MINGYU	男	韩国	物流管理
5	PARK TAEGI	男	韩国	物流管理
6	PARK SOHYUN	女	韩国	交换生
7	YOO HYERIN	女	韩国	交换生
8	LEE YUME	女	韩国	交换生
9	SIVILAY PHOUKHAM	男	老挝	物流管理
10	YA ALEE	男	老挝	物流管理
11	PHETNAVONGXAY ALOUNNY	女	老挝	语言生
12	CHILASACK	男	老挝	物流管理
13	SAMATH EDDY	男	老挝	法学
14	SENGMANIVONG MANISONE	女	老挝	物流管理
15	KEOSILAY ODAY	男	老挝	国际经济与贸易
16	SENGALOUN PASITTHIPHONE	男	老挝	物流管理
17	PHANGPHONGPHAKDY SENGPASITH	男	老挝	物流管理
18	THAMMAPHAT THONGSY	女	老挝	物流管理
19	XOMPHOUSY PHONETHEP	男	老挝	物流管理
20	SISOULITH PHETSALIN	女	老挝	物流管理
21	DYCHALEUNE PHASOK	男	老挝	物流管理
22	PUNYATHONG SONEMEEXAI	男	老挝	语言生
23	DUANGCHAY SOUMALAY	女	老挝	物流管理
24	PHASAISOMBATH SOMSANOUK	男	老挝	物流管理
25	AMANDA CHOO MING CHEAH	女	马来西亚	物流管理
26	ELAINE LING	女	马来西亚	物流管理
27	CHIN MEI NA	女	马来西亚	物流管理
28	ONG JIA HAO	男	马来西亚	物流管理
29	BONG JINQ CHERNG	男	马来西亚	物流管理

续　表

序号	护照用名	性别	国别	专业
30	ANDERSON LIANG FU XUAN	男	马来西亚	物流管理
31	HARRISON LIANG FU KAI	男	马来西亚	物流管理
32	CHOK XIN YING	女	马来西亚	物流管理
33	LAI ZONG HUA	男	马来西亚	物流管理
34	DJURAEV ILKHOM	男	乌兹别克斯坦	物流管理
35	BAKHTARAZOV AMIR	男	乌兹别克斯坦	物流管理
36	WOLDU AFEWERKI HERMON	男	厄立特里亚	物流管理（国际物流与供应链管理方向）
37	ISHIGURO NOBUAKI	男	日本	语言生
38	AWAN MUSSARAT AYUB	女	巴基斯坦	语言生
39	DUMAINE JEAN – BAPTISTE CLAUDE EDYE RICHARD	男	法国	语言生
40	CHO SEONGYOON	男	韩国	语言生
41	JO JAEHYOUN	男	韩国	本科生
42	ANGEL JONG YING SIAN	女	马来西亚	物流管理
43	ZIVAN CHIENG JIN CHERNG	男	马来西亚	物流管理
44	SIRISAMRAN MR. MONGKOL	男	泰国	物流管理
45	AGATA BARTSCH	女	英国	短期生
46	HANNA KOBIELA	女	英国	短期生
47	NATHAN RATCLIFFE	男	英国	短期生
48	DARIA ELZBIETA SWIEBODA	女	英国	短期生
49	PIOTR SZEREMETA	男	英国	短期生
50	WINTER – GLADYS WANJIKU	女	英国	短期生
51	ROSIE JANE RUSGA	女	英国	短期生
52	SIMONA SERBAN	女	英国	短期生
53	AISHA BRACKETT	女	英国	短期生
54	AIYANA ISIS SPRINGER	女	英国	短期生
55	ATHINA VASSILIADOU	女	英国	短期生
56	BETHANY JANE SCARFE	女	英国	短期生
57	BIPANA THAPA	女	英国	短期生

续 表

序号	护照用名	性别	国别	专业
58	BRITNEY MARIA JACQUELINE PEARCE	女	英国	短期生
59	CARIDAD JOSEFINA ROBLES CARVAJAL	女	英国	短期生
60	ELOISE BETHANY GRACE BOURON	女	英国	短期生
61	FARZANA ZAHAN CHOUDHURY	女	英国	短期生
62	FRANCIS NWATUOBI	男	英国	短期生
63	GEORGE JACK WHEATCROFT	男	英国	短期生
64	GEOVANA GAMA	女	英国	短期生
65	ISABEL JACOB	女	英国	短期生
66	JENNY BERYL CARTER – SMITH	女	英国	短期生
67	JONEDEE CHRYSTEL MENDOZA	女	英国	短期生
68	JORDAN LUCAS TAYLOR	男	英国	短期生
69	JULIAN JAMES ADAMS	男	英国	短期生
70	LAURA ZOE WARD	女	英国	短期生
71	LOUISE MARY SMITH	女	英国	短期生
72	MAYURI BHARATKUMAR VALJI	女	英国	短期生
73	OLIVER JAMES HYDE	男	英国	短期生
74	PARWANA HAZAREH	女	英国	短期生
75	GEMMA BROOKES	女	英国	短期生
76	SARAH AL – ABBADEY	女	英国	短期生
77	SOPHIE – LOUISE COURTNEY	女	英国	短期生
78	ARIADNA CAROLINA MEJIAS ALVAREZ	女	英国	短期生
79	ALEXANDER GEORGE SCOTT	男	英国	短期生
80	LIM KYUNGMI	女	韩国	短期生
81	KIM HYUNJI	女	韩国	短期生
82	PARK JUHEE	女	韩国	短期生
83	JU YEONJI	女	韩国	短期生
84	KIM AREUM	女	韩国	短期生
85	KIM YUJIN	女	韩国	短期生
86	KIM YUNJI	女	韩国	短期生
87	LEE DAMEE	女	韩国	短期生

续　表

序号	护照用名	性别	国别	专业
88	JANG SEAYUN	女	韩国	短期生
89	LEE EUNJU	女	韩国	短期生
90	CHOI HANGYEOL	女	韩国	短期生
91	KIM HEANAM	男	韩国	短期生
92	KIM SUHO	男	韩国	短期生
93	LEE KUNSU	男	韩国	短期生
94	KIM JAEHUN	男	韩国	短期生
95	HUR NAMGYEONG	男	韩国	短期生
96	OH HUNSEOK	男	韩国	短期生
97	PARK JAEKYUNG	男	韩国	短期生
98	INKEN FRAHAM	女	德国	短期生
99	RAPHAEL PHILIPP FERDINAND FRANZ	男	德国	短期生
100	MARIE ANGELLA FRIEDERICH	女	德国	短期生
101	ANNA CHRISTIN HINZMANN	女	德国	短期生
102	CHRISTIAN KAMINSKI	男	德国	短期生
103	MILAN HERBERT KATZMANN	男	德国	短期生
104	NICO MARC KIEFER	男	德国	短期生
105	JOHANNES KLEISER	男	德国	短期生
106	JONAS KRÜGER	男	德国	短期生
107	FELIX MAXIMILIAN KUPFER	男	德国	短期生
108	FABIO MARCO NAPOLITANO	男	德国	短期生
109	BENJAMIN WEIDTKAMP	男	德国	短期生
110	DOMINIK KLAUSMANN	男	德国	短期生
111	CHANTAL HAEBIG	女	德国	短期生
112	MATHIS CHRISTIAN FOLSCHE	男	德国	短期生
113	PAULA DIECKMANN	女	德国	短期生
114	LISA KÖPFER	女	德国	短期生
115	FLORIAN FÖRSTER	男	德国	短期生
116	MAXIMILIAN REINHARD BRIEM	男	德国	短期生
117	LAURA MARIA HILDENBRAND	女	德国	短期生

续 表

序号	护照用名	性别	国别	专业
118	AMANDA KHO SZE TING	女	马来西亚	物流管理
119	TAN ZHE HII	男	马来西亚	物流管理
120	KIM HYEIN	女	韩国	物流管理
121	KYRIAKOSIAN DIMITRIOS	男	希腊	物流管理（预科）
122	KIM HYUNGJOON	男	韩国	交换生
123	SON WOOSEOK	男	韩国	交换生
124	HUR NAMGYEONG	男	韩国	交换生
125	STIENEN TOBIAS	男	德国	交换生
126	SEBASTIAN MENN	男	德国	交换生
127	KATRIN ELISE ROMBACH	女	德国	交换生
128	HAUSEL KEVIN	男	德国	交换生
129	WORM FABIENNE LARISSA	女	德国	交换生
130	WULFF REBECCA	女	德国	交换生
131	DE SAYANTI	女	印度	语言生
132	MAKHMUDOV SHOKHRUZ	男	乌兹别克斯坦	语言生
133	XAYSANAVONGPHET SOUKKINDA	女	老挝	财务管理
134	XAYAVONG PATHANA	男	老挝	国际经济与贸易
135	HOMDALA DAVANH	女	老挝	物流管理（预科）
136	SENGDARA NOUANNAPHA	女	老挝	物流管理（预科）
137	KEOVONGSY VILADA	女	老挝	物流管理（预科）
138	XAYAVONG AXANAI	男	老挝	物流管理（预科）
139	DOUANGCHI BINLEE	男	老挝	物流管理（预科）
140	HOMDALA BOUNTHONE	男	老挝	物流管理（预科）
141	SINBANDITH KINGSAKDA	男	老挝	物流管理（预科）
142	THAMMAVONG LITTHIPHONH	男	老挝	物流管理（预科）
143	HEUANGSAKDA MIXAY	男	老挝	物流管理（预科）
144	VOLAPHET SAKSITH	男	老挝	物流管理（预科）
145	RATTANAKHOM VHANNASITH	男	老挝	物流管理（预科）
146	FONGLANATH VILASITH	男	老挝	物流管理（预科）
147	XONG XEOFOUTOUNG	男	老挝	物流管理

续　表

序号	护照用名	性别	国别	专业
148	SISAMOUT THILATHONG	女	老挝	物流管理（预科）
149	KHOLMATOV SHOHZOD	男	塔吉克斯坦	国际经济与贸易
150	THEPPHAKAYSONE CHILAPHAT	女	老挝	财务管理
151	ZANDRA TEO JIA HUI	女	新加坡	管理工程与科学
152	TAY YUAN ZHI	男	马来西亚	物流管理
153	ADRIAN HUAN YANG LI	男	马来西亚	物流管理
154	JACKY HUANG KEE SIONG	男	马来西亚	物流管理
155	LEE YEONHO	女	韩国	短期生
156	JEON SOYEON	女	韩国	短期生
157	MUN YESEO	女	韩国	短期生
158	JEON EUNSEO	女	韩国	短期生
159	WOO YEJIN	女	韩国	短期生
160	CHOI SUYEON	女	韩国	短期生
161	BAK JIYEON	女	韩国	短期生
162	KIM YEBIN	女	韩国	短期生
163	LEE DUIN	女	韩国	短期生
164	KIM SEOHYEON	女	韩国	短期生
165	JANG SEOYEON	女	韩国	短期生
166	MIN HYUNSUN	女	韩国	短期生
167	JANG BYEOL	男	韩国	短期生
168	PARK HYUNSU	男	韩国	短期生
169	JEONG EUICHAN	男	韩国	短期生
170	LEE HWANHUI	男	韩国	短期生
171	LEE RAHUI	女	韩国	短期生
172	CHOI GAEUN	女	韩国	短期生
173	SIN JI	女	韩国	短期生
174	JOO HAYOUNG	女	韩国	短期生
175	PARK JIYEON	女	韩国	短期生
176	SEO YEONJU	女	韩国	短期生
177	HA JAEMIN	男	韩国	短期生

续 表

序号	护照用名	性别	国别	专业
178	HWANG SUNHO	男	韩国	短期生
179	LEE SOOYON	女	韩国	短期生
180	KIM MUHYUL	男	韩国	短期生
181	AN HYUNSEONG	男	韩国	短期生
182	LEE MINJI	女	韩国	短期生
183	ZHAO YANG	男	韩国	短期生
184	KIM CHAEWON	女	韩国	短期生
185	TAKAHASHI SEIYA	男	日本	短期生
186	TAKAHASHI MISATO	女	日本	短期生
187	HAMADA NARUYA	男	日本	短期生
188	YAMAGUCHI SHUN	男	日本	短期生
189	MASUDA ATSUNO	女	日本	短期生
190	FUJII YUI	女	日本	短期生
191	ZHANG LEI	男	日本	短期生
192	SAWAUMI TAKAFUMI	男	日本	短期生

【资助体系】2018 年，学校获得北京市教委来华留学生专项奖学金 68 万元，成功申请 2019 年北京市教委留学生奖学金、北京市“一带一路”来华留学奖学金专项合计 103 万元。学校设立优秀留学生奖学金，吸引优秀留学生生源；设立学生海外交流奖学金，资助学生参加海外游学项目；建立学生国际学术交流项目，支持学生参与国际学术交流活动和高水平学科竞赛；建立国际文化交流活动项目，组织开展校园国际文化交流活动。2018 年学校制定教师海外访学资助办法，为教师开拓国际视野，提升国际竞争力提供保障。

【合作办学】

与境外大学及教育机构合作情况一览表

地区	合作院校	建立合作时间
美国	加州州立大学圣贝纳迪诺校区 California State University，San Bernardino	2014. 06. 27
	美国运输与物流协会 American Society of Transportation and Logistics	2012. 08. 20

续　表

地区	合作院校	建立合作时间
美国	卡森纽曼大学 Carson – Newman University	2013. 03. 26
	欧道明大学 Old Dominion University	2015. 03. 02
	波特兰州立大学 Portland State University	2014. 11. 22
	威斯康星大学苏必利尔分校 University of Wisconsin – Superior	2014. 10. 29
	州长州立大学 Governors State University	2014. 04. 20
	肯特州立大学 Kent State University	2016. 09
	特拉华州立大学 Delaware State University	2016. 12. 07
	阿卡迪亚大学 Arcadia University	2012. 02. 06
	加州大学河滨分校 University of California，Riverside	2016. 12. 31
英国	普利茅斯大学 University of Plymouth	2017. 11. 01
	德蒙福特大学 De Montfort University	2015. 09. 03
	金斯顿大学 Kingston University	2017. 07
	朴次茅斯大学 University of Portsmouth	2008. 12. 01
	爱丁堡龙比亚大学 Edinburgh Napier University	2009. 01. 03
	格鲁斯特大学 University of Gloucestershire	2011. 07. 05
	中央兰开夏大学 University of Central Lancashire	2012. 12. 01
	伯明翰城市大学 Birmingham City University	2014. 11. 06
丹麦	VIA 大学学院 VIA University College	2010. 01. 22
爱尔兰	都柏林理工大学 Technological University Dublin	2014. 11. 03
韩国	东洋未来大学（东洋工业专科学校）Dongyang Mirae University	2005. 12. 01
	平泽大学 Pyeongtaek University	2009. 10. 05
	中央大学 Chung – Ang University	2011. 12. 19
	大真大学 Daejin University	2013. 06. 19
	庆北科学大学 Kyongpuk Science College	2011. 05. 10
	大林大学 Daelim University College	2015. 10. 23
	平泽港公社 Pyongtaek Harbor Community	2015. 12. 17
日本	流通经济大学 Ryutsu Keizai University	2012. 03. 22
	日通国际物流（中国）有限公司 Nippon Express（China）CO.，LTD.	2012. 05. 29

续 表

地区	合作院校	建立合作时间
德国	巴登符腾堡州立合作大学 Baden – Wurttemberg Cooperative Sate University	2007. 02. 08
	维尔茨堡应用技术大学 Hochschule für Angewandte Wissenschaften Würzburg – Schweinfurt	2011. 06. 03
瑞士	易云公司 Swiss Eayun SARL	2013. 10. 11
荷兰	鹿特丹大学 Erasmus University Rotterdam	2013. 10. 15
俄罗斯	圣彼得堡国立经济大学 Saint – Petersburg State University of Economics	2009. 05. 06
	圣彼得堡国立交通大学 St. Petersburg State Transport University	2014. 10. 10
	莫斯科国立汽车公路大学 Moscow Automobile and Road Construction University	2014. 10. 09
新西兰	维特利亚国立理工学院 Whitireia New Zealand	2012. 05. 01
澳大利亚	麦吉尔国立学院 McGill National College	2014. 08. 25
	麦考瑞大学 Macquarie University	2016. 09. 12
马来西亚	林登大学 Linton University College	2013. 10. 28
	马来亚大学 University of Malaya	2012. 06. 18
法国	巴黎行政管理学院 Studies Institute of Administration and Management (Paris)	2013. 08. 07
	FIGS 教育集团（下属多个教育学院） France International Graduate Schools	2016. 05. 20
摩洛哥	信息科学与技术高等商学院 eHECT，Morocco	2013. 08. 09
新加坡	新加坡专业教育培训中心 Singapore Edu – Train Centre PTE. LTD.	2013. 10. 31
印度	夏尔达大学 Sharda University	2015. 08. 17
	Mangalayatan 大学 Mangalayatan University	2015. 08. 18
波兰	格但斯克大学 University of Gdańsk	2016. 05. 17
中国台湾	国立高雄海洋科技大学 National Kaohsiung Marine University	2013. 08. 16
	景文科技大学 Jinwen University of Science and Technology	2014. 02. 10

【课程体系及师资队伍】共开设初级综合、初级口语、初级听力、汉字书写、中级综合、中级口语、中级听力、汉语水平考试辅导、高级综合、中国文化、世界文明11门课，并依据每年招收的留学生具体需求情况进行调整。

海外特聘专家名单
（排名不分先后）

姓名	担任课程	简介
Armin F. Schwolgin	物流企业经营与运作 供应链管理 物流成本管理	德国DHBW大学教授，拥有多年的德国物流企业工作经验，先后为德国多家物流企业做业务咨询服务。 专长：物流企业资源整合与市场需求分析。 研究方向：物流企业经营与运作，财务与物流成本管理
Craig Smith	电子商务与物流 配送渠道管理	Herb集团供应链总监，南加州配送管理协会副会长。 专长：电子商务的供应链系统的渠道管理。 研究方向：供应链自动化，配送管理
Daniel Hui	库存管理	Celestica集团全球供应链运营高级经理，Pfizer总部的供应链部门高管，加拿大多所大学兼职授课教师。 专长：企业供应链流程改善。 研究方向：供应链管理，库存管理
John Wu	精益生产与物流 绿色物流	美国加州州立大学终身教授，美国运输部雷诺运输研究中心（Leonard Transportation Center）主任，美国运输与物流协会美中物流合作办公室主任；曾在宾州州大、南加州慧德大学以及加州州大梦湾分校任教。 专长：精益生产企业的供应链系统。 研究方向：供应链与物流，全球供应链研究，全球供应链和企业国际化管理
Joseph Sandoval	国际物流	CH Robinson Worldwide总经理。 专长：国际货运系统化分析。 研究方向：第三方物流管理，货运管理
Laurie Denham	供应链管理 物流管理	美国运输与物流协会总裁，美国人力资源协会华盛顿特区主席，华盛顿青少年联合会董事。 专长：企业供应链管理发展变革。 研究方向：供应链与物流，企业重组，新产品项目开发

续 表

姓名	担任课程	简介
Roberto Posadas	物流信息技术	Diebold（加拿大知名信息系统和自动传输系统集成商）公司物流经理，美国运输与物流协会多伦多分会会长，美国注册物流师。 专长：信息技术与物流供应链结合研究。 研究方向：物流信息管理，供应链集成
吴惠群	质量管理 物流企业经营管理	英国华威大学工程管理学博士，硕士生及博士生导师；香港质量管理协会荣誉顾问，香港管理顾问学会高级副总裁，香港特别行政区物流发展局成员，英国采购与供应学会资深院士及香港物资采购与供销学会会长；香港理工大学及北京交通大学等兼任教授。 专长：物流企业管理，策划流程研究。 研究方向：物流企业经营与流程改善

实验教学

【概况】实验教学中心是独立设置的副处级教辅单位，目前正式员工 23 人，其中教授 1 人，专任实验教师 9 人，重点岗综合事务管理、项目管理、网络管理共 3 人，骨干岗实验室管理共 10 人。2018 年学校共计建成 13 间实验室，854 台计算机全面投入教学使用，极大地提高了学校实验教学工作水平。目前建有 4 间开放性实训场地，服务于学校实训及创新创业教育工作。

实验教学中心实验室情况表

序号	实验室位置	实验室名称	面积（平方米）	计算机数量（台）
1	101（东）	财务会计实验室	232.75	104
2	101（西）	财务管理实验室	159.60	72
3	102	工商管理实验室	200.38	109
4	106	创业经营模拟实验室	113.75	12
5	201	跨专业综合实训基地	392.35	96
6	202	跨专业综合实训基地	392.35	97
7	206	沙盘对抗实验室财税管理实验室	146.58	34

续　表

序号	实验室位置	实验室名称	面积（平方米）	计算机数量（台）
8	301（东）	法律技能与案例教学实验室	232.75	60
9	301（西）	人力资源与社会保障实验室	159.60	60
10	302（东）	国际经济与贸易实验室	152.95	36
11	302（西）	金融学（证券与期货）实验室	239.40	70
12	第二教学楼410	基础实验室	81.26	52
13	第二教学楼411	基础实验室	78.88	52

实验教学中心开放性实训场地情况表

序号	场地位置	场地名称	面积（平方米）	最大可容纳人数（人）
1	105	研讨分享室	38.25	20
2	306	开放性实训室	146.58	60
3	401（东）	大学生创新创业实训基地	232.75	50
4	401（西）	模拟法庭	159.60	70

【实验教学及实验室开放】2018 年实验教学中心全年完成上机实验 62 万机时，组织和承担了校内和社会上机考试 12 次，其中：校内计算机期末考试 2 次、校内大学英语上机考试 4 次、校内大学生心理测评 1 次、全国计算机等级考试 2 次、社会上机考试 3 次；协助信息学院科技文化月培训 1 次，协助法学院速录技术培训 1 次。实验教学中心对大学生创业计划项目全面开放。

2018 年，面向全校开设和承担课程共 54 门。

序号	课程	序号	课程	序号	课程
1	跨专业综合实训	11	外贸单证实务	21	企业纳税实务
2	企业沙盘经营模拟	12	互联网金融	22	信用评级理论与实务
3	ERP 经营模拟	13	期权交易策略	23	证券投资分析
4	大学英语	14	商务谈判	24	金融数据库与统计软件应用
5	统计学	15	金融交易模拟	25	国际货运与货代
6	数据库基础	16	商业银行经营学	26	海关实务与实践
7	数据结构（Java）	17	金融理论与实务	27	国际结算模拟
8	大学计算机基础	18	量化交易与程序化交易	28	计量经济学模拟
9	大学生创业基础	19	电子商务	29	速录技术
10	国际贸易实务模拟	20	商品期货实务	30	绩效管理实训

续 表

序号	课程	序号	课程	序号	课程
31	人员素质测评	39	物流软件开发工具	47	三维实体模拟与建设
32	社会保障管理实务	40	采购管理	48	物流商务模拟
33	招聘与配置实务	41	文献检索及软件应用	49	物流分析软件实训
34	机械系统动力学	42	工程制图（含 CAD）	50	办公软件应用
35	测控技术	43	物流系统建模与仿真	51	物流翻译
36	仓储与库存管理	44	误差理论与数据处理	52	英语翻译实践
37	机械原理	45	控制工程基础	53	数字媒体编辑
38	市场调查与预测	46	管理工程决策方法	54	电工技术实验

（王健　顾煜）

体育教育

【概况】2018 年，体育部以习近平新时代中国特色社会主义思想为指导，加强政治建设，增强“四个意识”、坚定“四个自信”、落实“两个维护”、做到“三个一”和“四个决不允许”，扎实开展各项工作，取得优异成绩。全面贯彻《中共中央国务院关于加强青少年体育增强青少年体质的意见》和深入开展“全国亿万青少年阳光体育运动”精神，以体育教学质量为基础、以师生的体质健康为己任、以不断创先争优为目标充分发挥体育育人功能。学校第三次同时获得北京市高等学校体育竞赛最高奖“阳光杯”和“朝阳杯”双料优胜校、“阳光杯”优胜校奖项，是对 2018 年体育代表队建设以及群众体育开展工作的最高褒奖。

发挥支部的堡垒作用。认真落实全国高校思想政治工作会议精神，认真组织全体教师党员集中学习党章和习近平总书记系列讲话精神，集中组织教师观看“庆祝改革开放 40 周年大会”，通过聘请老同志讲党课、参观爱国主义教育基地、重温入党誓词等多种方式加强组织建设。完成体育部直属党支部换届选举工作，在党建工作方面取得积极进展。

继续做好队伍建设。体育部下设教学教研室、群体教研室、办公室、体质健康测试中心及体质健康监测实验室。年内 1 人晋升教授、1 人晋升讲师，新入职教师 2 名。经组织部考核校党委常委会研究决定，任命孙琴同志为体育部副主任。年末在职教职工 24 名，其中专任教师 23 名，包括教授 1 名，副教授 11 名，讲师 8 名，助教 1 名，不定岗 2 名；具有博士学历的教师 2 名。体育部获评校级优秀处级单位，王彦英同志获评校级优秀处级干部，张洪城和高亮被评为本科教学先进个人。

【教学工作】超额完成教学任务，全年共开设公共体育课 18 门，授课 6816 课时，授课 3300 余人。同时为进一步规范教学秩序，切实提高教学质量，推动提升教师水平，根据教务处 2018 年下发的各项管理文件和规章制度，体育部执行了一系列教学管理措施，具体如下。

（1）修订《体育部教师手册》《教学大纲》《大一新生应知应会》。

（2）修订体育部听课管理制度。

（3）建立体育部教学督导管理监督制度。

（4）加强教学日常运行管理，完善教师考勤制度。

（5）组织和鼓励学生参加校内外各种体育竞赛。

（6）制定新进教师成长帮扶制度。

2018 年 11 月，以“我的职业梦想，我是体育老师”为主题举办教师基本功系列赛之演讲比赛。校党委书记李石柱出席并给予肯定和高度评价。王新龙获得一等奖并推荐参加市级比赛，同时获得首都高校首届体育教师演讲比赛一等奖。2018 年 12 月，举办系列赛之教学技能大赛，教师们教案逻辑清晰流畅，组织形式新颖，教学基本功扎实，获得了在场专家的一致好评。尹洪攀获得一等奖，代表体育部参加学校第十六届青年教师教学基本功比赛并获第一名；王新龙老师和张秋艳老师获首都高校首届体育教师说课大赛三等奖。

【党建工作】加强思想建设，提高党员队伍的思想政治素质。学习内容上，支部统一部署，将党的十九大精神、习近平总书记系列重要讲话精神、改革开放 40 周年大会等作为学习重点，确保党员干部在思想上和行动上与党中央保持一致。学习方法上，采取党支部集中学，布置专题促自学。通过观看教育片、举办座谈会、组织大讨论、赴爱国教育基地学习等多种形式，有力促进党员教师的学习积极性。学习机制上，支部都能严格执行学习制度，做到学习时间、内容、人员、记录落实到位。党员教师的主动学习意识普遍增强，学习能力有所提高。

加强组织建设。认真完善工作机制，加强制度建设，进一步提升体育部党建工作地位，建立和健全党建工作相关机制和制度，加大落实的力度。确保党建工作与业务工作同部署、同落实、同检查、同考核、同奖惩。保证“两学一做”常态化，通过聘请老同志讲党课、参观爱国主义教育基地、重温入党誓词等多种方式来加强组织建设。

发挥支部的战斗堡垒作用和党员的先锋模范作用。党支部坚持业务学习和教研活动，开展师德师风、教育教学理念的学习和讨论，在教学、群体、竞赛等各方面都取得了突破。多名党员教师在近两届学校举办的青年教师教学基本功大赛中获奖，校体育代表队在北京市高校及全国大学生各项赛事中取得优异成绩。体育代表队的交流赛事、校园课外活动都安排在节假日，党员教师和入党积极分子加班加点、全力奉献，投入各项赛事的指导工作中。支部的战斗堡垒作用和党员的模范带头作用得到了充分体现，极大地促进了体育部各项工作的进步。

【科研工作】 完成2017年申报的3个校级教改项目的研究结题工作，组织教师参加北京市高校体育论文科报会，报送的14篇论文中有7篇获奖，其中一等奖1个，二等奖2个，三等奖4个，并获得最佳组织奖。体育部完成B级论文3篇，专著1本，各项科研活动扎实开展，研究水平呈提高趋势。

【群体工作】 开展丰富多彩的校园课余体育竞赛。学校第三十二届田径运动会于4月20日在校田径场开幕，设置单项、团体、趣味项目共15个大项。物流学院获男女团体总分冠军，商学院和信息学院分别获亚军和季军。体育部还指导举办学生体育赛事“腾龙”“飞凤”杯篮球比赛。12月承办中国大学生五人制足球联赛（北京赛区）校园组比赛，同月举办北京物资学院首届师生瑜伽比赛。2018年，校级常设体育代表队7支、社团队12支、学院代表队2支，共参加全国比赛3次、北京市比赛38次，获奖99项。

【体质健康测试】 2018年继续做好体质健康测试和《体质健康标准》的宣传教育工作，通过多种途径进行宣传，帮助学生深刻理解健康的意义和锻炼的目的，使学生对测试内容、目的、方法和标准有更深的认识，从而激发了学生积极锻炼身体的主动性和自觉性。开通了学生体质健康标准测试的微信公众号，让学生获取测试相关信息更方便。在体质健康测试的4周时间内，15位体育部教师和30名学生志愿者轮流值班，保证工作顺利完成。

【教职工健身技能培训】 培训教职工体育骨干，丰富学校体育文化生活，促进教职工身心健康，增强幸福感和凝聚力。体育部利用中午午休时间为全校教职工开办健康监测、太极拳、瑜伽、健美操、羽毛球等健身技能培训活动，由孙琴、张秋艳、尹洪攀、王言语、吴亚芳等专职教师负责，保障了教学水平和教学质量。全校教职工热情参与，认真学习，积极锻炼，掀起了一股参与体育运动、关注身心健康的热潮。

【首都高校体育部主任书记会议交流】 8月27日，王彦英主任应邀在2018年首都高校体育部主任书记会议上做交流发言。会议邀请中央部属和北京市属的先进典型高校各一所在会上做交流发言，学校在2016年、2017年连续两年获得高校体育“朝阳杯”和“阳光杯”双料奖项，2017年获得“贯彻实施《高等学校体育工作基本条例》优秀校”，校长获“优秀校长”的称号，体育部主任王彦英主要针对以上获奖交流分享了工作经验。

【首届瑜伽表演比赛】 12月12日，校文体馆举办学校首届瑜伽表演比赛。比赛分教工组和学生组，师生同场比赛交流，共有10支代表队、98名师生参加。党委书记李石柱、副校长翁心刚、党委副书记宋晓欣等校领导出席比赛开幕式。李石柱书记致开幕词并表示本次比赛是一场师生同场展示的瑜伽盛会，目的是让师生在良好的校园体育文化氛围中树立锻炼意识、养成健身习惯、以饱满的精神状态投入建设高水平应用型大学的事业中。经济学院、图书馆代表队获得教工团体第一名；法学院、经济学院代表队获得学生团体第一名。

【体育代表队获奖情况】

2018 年校体育代表队参加全国赛事获奖情况一览表

代表队	时间	赛事名称	名次	地点
垒球队	2018 年 7 月	第十四届全国大学生棒垒球联赛总决赛（乙组）	乙组第四名	四川
棒球队	2018 年 8 月	第十四届全国大学生棒垒球联赛总决赛（乙组）	乙组第二名	四川
田径队	2018 年 11 月	第十八届全国大学生田径锦标赛（阳光组）	男子标枪第七名	大庆

2018 年体育代表队参加北京市赛事获奖情况一览表

代表队	时间	赛事名称	名次
垒球	2018 年 4 月	2018 首都高校第二十三届垒球联赛	乙组第一名 甲组第三名
棒球	2018 年 4 月	2018 首都高校第二十三届棒球联赛	乙组第三名
男篮	2018 年 5 月	首都高校大学生篮球联赛“star”杯	第二名
	2018 年 10 月	2018 年首都念慈庵大学生篮球联赛	第三名
女篮	2018 年 5 月	首都高校大学生篮球联赛“star”杯	第二名
信息学院男足	2018 年 10 月	北京高校校园足球联赛冠军组	第三名
商学院男足	2018 年 10 月	北京高校校园足球联赛冠军组	第四名
女足	2018 年 5 月	2018 年首都大学生女子足球联赛	乙组第六名
	2018 年 10 月	2018 年首都大学生女子五人制足球锦标赛	乙组第二名
网球	2018 年 5 月	2018 大学生网球团体赛	女子一队第一名 女子二队第五名 男子二队第五名
	2018 年 10 月	2018 年秋季精英赛	女双丙组第一名 男双丙组第四名 女单丙组第五名 男单丙组第二名
	2018 年 10 月	2018 年首都高等学校大学生网球联赛秋季单项赛	男单丙组第二名 男双丙组第三名 女单丙组第一名 女双丙组第二名

续 表

代表队	时间	赛事名称	名次
田径	2018 年 5 月	第五十六届学生田径运动会	总团第六名 男团第六名 女团第七名 男子 800 米第五名 男子 1500 米第八名 男子跳远第一名 男子三级跳第二名 男子 400 米栏第四名 男子 800 米第七名 男子标枪第六名 男子标枪第二名 男子跳高第六名 男子 110 米栏第七名 男子三级跳第七名 女子 200 米第五名 女子 100 米第六名 女子 200 米第七名 女子 100 米第三名 女子跳远第七名 女子 200 米第四名 女子 400 米栏第七名 女子标枪第六名 女子跳远第四名 女子 1500 米第七名 女子 4×100 米接力第一名
	2018 年 10 月	第十届首都高校秋季学生田径运动会	男子跳远第五名 男子三级跳第八名 女子 200 米第四名 女子 100 米第三名 女子跳远第五名 女子 100 米第二名 女子 200 米第二名 女子 4×100 米接力第二名 女子五项全能第七名 女子三级跳第六名 女子 5000 米第三名 女子 100 米栏第四名 男子 10000 米第七名

续 表

代表队	时间	赛事名称	名次
田径	2018 年 10 月	2018 首都高等学校第十五届越野攀登比赛	乙组第三名
	2018 年 5 月	2018 年户外挑战赛	乙组第四名
	2018 年 12 月	2018 首都高校校园越野赛	第六名
高尔夫	2018 年 5 月	2018 首都高校高尔夫球技能赛	男女团体第六名
	2018 年 9 月	首都高校第十二届大学生高尔夫球公开赛	男女团体第四名 男子团体第五名 女子团体第五名
轮滑	2018 年 5 月	首都高校大学生第九届轮滑比赛	女子速滑 500 米第六名 男子速度过桩第七名 女子速滑 500 米第四名 女子速滑 300 米第七名
乒乓球	2018 年 12 月	2018 年首都高校乒乓球锦标赛	男双丙组第三名
铁人三项	2018 年 6 月	2018 首都高等学校第 7 届校园铁人三项暨全国高等学校第 6 届校园铁人三项邀请赛	小轮车两项北京组第八名 小轮车两项北京组第六名 小轮车两项全国组第六名 轮滑两项全国组第五名 轮滑两项北京组第三名 轮滑两项全国组第八名 轮滑两项北京组第六名 轮滑三项全国组第四名 轮滑三项北京组第三名 轮滑两项北京组第八名
毽球	2018 年 5 月	2018 年首都高校第十届大学生毽球比赛	平推三人第六名 混双第七名 男双第七名
徒步走	2018 年 4 月	首都高等学校第 6 届徒步运动大会	集体闯关三等奖
排球	2018 年 10 月	首都高等学校 2018 排球联赛	第四名
武术	2018 年 5 月	2018 首都高校武术比赛	女子太极拳第三名 男子太极拳第八名
	2018 年 10 月	2018 首都高等学校第十九届传统养生体育比赛	太极拳团体第七名

续　表

代表队	时间	赛事名称	名次
瑜伽	2018 年 6 月	首都高等学校第二届体式与艺术瑜伽套路展示表演比赛	团体乙组一等奖 女单乙组一、二等奖 男单一等奖 女双一等奖
羽毛球	2018 年 11 月	2018 年高校羽毛球比赛	乙组男单第三名
健身舞蹈	2018 年 12 月	2018 年健身舞蹈比赛	节奏体语第一名

（王品）

艺术教育

【概况】为进一步贯彻落实全国教育大会精神，全面加强和改进学校艺术教育工作，坚持以美育人、以文化人，提高学生审美和人文素养，经学校 2018 年第 26 次党委常委会会议审议通过，决定成立艺术教育中心，全面负责学校艺术教育及美育教育相关工作。

艺术教育中心工作职责包括负责贯彻、落实、执行教育部、北京市关于对普通高等学校进行艺术教育及美育教育的相关规定和任务；负责制订全校艺术教育教学计划，开齐、开足全校公共艺术教育类课程，主要包括音乐、美术、舞蹈、戏剧、戏曲、影视等，逐渐实现本科生艺术教育课程全覆盖；开发其他美育类课程；开展艺术理论及教学研究工作，提升艺术教育教学质量，培养大学生综合素质和艺术鉴赏能力；负责指导大学生艺术团（含管乐团、合唱团、舞蹈团、戏剧团、礼仪团）的建设和管理工作，充分发挥北京市大学生艺术团的示范作用，提升学校艺术教育工作水平；负责组织、策划、实施学校重大艺术文化活动，通过艺术文化活动引领，培养学生的美育素养，提高学生的创新能力，拓展学生的综合素质，健全学生人格，促进学生成长、成才；负责组织或协助、参与学校相关部门开展各项校园文化活动，提升学校文化活动层次。

艺术教育中心设主任一名、副主任一名、办公室主任一名，负责指导学校大学生艺术团工作以及聘请校外教师指导艺术团排练工作。

【艺术选修课】2018 年，艺术教育中心共开设三门艺术选修课，分别为“综合艺术实践基础”“大学生艺术实践 A”“艺术鉴赏”，其中“综合艺术实践基础”以及“艺术鉴赏”为公选课，面向全校学生开放，“大学生艺术实践 A”

为大学生艺术团限选课程。

【艺术活动】 2018 年 1 月 1—2 日，北京文化艺术基金支持项目、北京物资学院大型原创舞剧《运》在北京舞蹈学院舞蹈剧场成功首演。

2018 年 5 月 1 日，北京物资学院大型原创舞剧《运》在通州区通州文化馆参演纪念“五·四”运动 99 周年活动。

2018 年 5 月 11 日，北京物资学院大学生艺术团合唱团参加北京市大学生音乐节合唱比赛，获北京市金奖。

2018 年 5 月 12 日，大学生艺术团戏剧团在中关村国家自主创新示范区中心展示中心参与《祖国在你身后》防震减灾演出。

2018 年 6 月 5 日，大学生艺术团合唱团参加在中国音乐学院国音堂举办的“2018 年北京市大学生音乐节”开幕式演出。

2018 年 10 月 8 日，大学生艺术团戏剧团参加《祖国在你身后》情景剧巡演。

2018 年 10 月 16 日，大型原创多幕话剧《杨洪璋》在学校礼堂演出。

2018 年 11 月 1—2 日，大型原创舞剧《运》作为北京市文化局主办的首届“流动的文化——大运河文化带精品剧目展演”开幕式剧目在通州文化馆演出。

2018 年 11 月 4 日，大学生艺术团管乐团参加“2018 北京大学生音乐节”器乐合奏展演，获普通甲组金奖。

2018 年 11 月 11—12 日，大型原创舞剧《运》作为“民族艺术进校园”项目，在北京舞蹈学院的礼堂演出。

2018 年 11 月 25 日，大学生艺术团合唱团参加“2018 年北京大学生音乐节”京津冀合唱音乐会。

2018 年 12 月 24 日，学校艺术团在通州文化馆成功举办“2019 年新年音乐会”。

（王昊天）

继续教育

【概况】 2018 年，学校主动适应新形势，紧紧围绕北京市行政副中心建设、京津冀协同发展的战略机遇，依托学校地处北京市行政副中心的地域优势和物流特色专业的品牌优势，凝心聚力，锐意进取，一方面积极推进教学改革，稳定学历教育规模，提高教学质量；另一方面积极拓展社会培训服务市场，探索非学历教育发展模式和运行管理机制，稳步推进继续教育的科学发展。

截至 2018 年年末，学校有成人学历教育在校生 1873 人，职业教育培训在校生 723 人，社会培训结业 120 人，承接社会考试报名 7666 人，组织社会考试 12600 科次。

【学历继续教育】 2018 年，继续教育学院进一步推进学历继续教育教学改革，增设招生专业，细化管理过程，提高服务能力，逐步完善继续教育制度体系，在稳定学历继续教育规模的基础上，努力规范办学行为，提升教学质量。

持续推进学历继续教育教学改革。2018 年，学院组织人员赴北京、厦门、成都等地参加全国高校继续教育研讨会并走访高校继续教育学院，根据继续教育发展的现实情况和学院工作实际，进一步梳理学院教学运行中出现的问题，及时做出反馈和改进。新形势下，学校将积极进行继续教育教学改革的研究，研讨学历继续教育教学课程信息化建设，尝试推动学历继续教育课程资源数字化，现已开设 9 门网络课程，为试点班级的 257 名学生提供网络课程学习资源，开展混合教学试点积累了相关经验，并以此制订了相关学习规范。

学历继续教育师资队伍稳定，教学质量稳步提升。学院在学校的关心和各二级学院的支持配合下，师资队伍建设依旧遵循“根据学历继续教育开设专业需要，逐步建立相对稳定的、高质量的教师队伍”的原则组织授课教师聘任工作，经学院与学校各二级学院及选派的任课老师不断通过走访、电话、微信等多种方式进行沟通，实时进行调整，教师和学生满意度均有不同程度的提高，有力保障了教学秩序的稳定。2018 年，学院共聘请教师 117 人（包括各函授站、教学点聘任的教师），其中教授 7 人、副教授 57 人，具有高级职称的教师比例为 54.70%；具有硕士及以上学历的教师 92 人，占教师总人数的 78.63%。

学历继续教育招生规模稳定，生源质量有所提高。根据北京市招生考试委员会、北京教育考试院及学校有关招生工作精神，为了进一步做好成人学历教育招生工作，确保公平、公正、公开，维护考生合法权益，学校成立成人招生工作领导小组和督查小组，全面负责学校成人招生录取工作的组织、管理、协调和监督。学院在学校成人招生工作领导小组和督查小组的领导下，积极组织调研，加大宣传力度，主动信息公开，严格审查考生资料，确保了学历继续教育的招生规模和生源质量。2018 年招生录取 593 人，其中高中起点本科生 220 人、专科起点本科生 292 人、高中起点专科生 81 人。

规范教学管理，细化教学过程。2018 年学院学历继续教学运行、毕业审核、课程考试、学籍管理等秩序一切正常，学院组织完成北京市成人本科学士学位英语考试 511 人次。结合高等学校学历继续教育办学专项检查组对学校学历继续教育办学情况专项检查反馈意见，积极进行整改，规范教学管理，细化教学过程，先后建立健全《继续教育学院班主任工作条例》《继续教育学院教师聘任管理办法》《继续教育学院教学档案管理规定》《继续教育学院监考守则》《继续教育学院考场规则》《继续教育学院学生注册及学费收缴规定》《继续教育学院课堂教学管理规定》《继续教育学院混合式教学实施办法》等制度，进一步提高学历继续教育教学质量，规范办学行为，规避办学风险。

2018 年学历继续教育毕业学生 580 人，其中专科起点本科生 237 人、高中起点专科生 343 人，获得成人高等教育学士学位 65 人。

2018 年，结合甘肃省经济学校、广西物资学校两个京外合作举办函授招生学校的具体发展情况，停止两个函授站学历继续教育函授招生，为维护函授在校生的合法权益，进一步加强了合作办学单位工作的检查和监督力度，规范其办学行为，保障在校生顺利毕业。

【学生管理与服务】2018 年，继续教育学院创新管理方式，细化管理流程，提高服务意识，明确区分学院学历继续教育业余学生、职业技能培训学生的不同，开展有针对性的管理与服务。

针对学历继续教育业余学生，一是加强班主任的管理，明确班主任职责，学院领导主动承担班主任工作，督促各年级班主任深入课堂，了解师生需求，解决实际问题，进一步提高服务质量和能力；二是继续坚持周六日班主任值班、干部值班和领导带班制度，通过班主任、授课教师和教学部门的协同配合，采取课堂集中、飞信群、QQ 群、微信群等多种方式，保证与学生的密切沟通，保障学院日常教学工作的正常运行。

对于职业技能培训学生，一是配合协调学校教务处、后勤管理处、安稳处、信息中心、图书馆等部门，为职业技能培训学生在校期间的学习生活提供保障，增强学生的归属感；二是进一步建立健全规章制度，加强对合作办学机构的指导检查力度，保障培训教学工作正常运行和学生合法权益；三是组织职业技能培训学生积极参与学校活动并自主开展各类学生活动，丰富学校文化生活。

【北京高校学历继续教育办学专项检查】2018 年 10 月 11 日，根据北京市教育委员会印发的《北京市教育委员会关于开展高等学校学历继续教育办学专项检查的通知》（京教函〔2018〕331 号）统一部署，在京高等学校学历继续教育办学专项检查工作组对学校学历继续教育办学情况进行了专项检查并反馈意见，专项检查工作组反馈意见后，学校对照专项检查工作组反馈意见和负面清单，认真梳理研究学校学历继续教育存在的问题，于 2018 年 10 月 30 日提交初步整改报告。

2018 年 12 月，在京高等学校学历继续教育办学专项检查专家组和北京市教育委员会高等教育处书面进行意见反馈，学校再次按照北京市教委要求对学校学历继续教育存在的问题进行梳理、修改并再次提交整改报告。现学历继续教育专项检查整改落实工作正在推进中，准备迎接 2019 年上半年在京高等学校学历继续教育办学专项检查专家组复检。

【职业技能培训】2018 年继续教育学院把维护学校声誉、保障培训质量和扩大经济效益作为职业技能培训工作的重点，进一步夯实成熟项目，提高培训质量，提升监督管理力度，扩大学校知名度和社会影响力。

与中教未来国际教育科技（北京）有限公司开展财务管理、互联网、工商管理等经济管理类专业职业技能培训，全年招生55人，现有在校生260人。

与北京中视启航影视传媒有限公司合作开展影视制作职业技能培训，全年招生169人，现有在校生463人。

2018年12月27日，继续教育学院分别与中教未来国际教育科技（北京）有限公司、北京中视启航影视传媒有限公司签订《关于重新调整合作办学期限及加强学生教育管理的协议》，协议中约定自2019年停止职业技能培训招生，合作办学至参加职业技能培训中的学历继续教育学生全部顺利毕业，后续工作双方妥善处理。

【承接社会考试】2018年继续教育学院承接北京市财政局会计专业技术初中级资格报名考试组织工作，全年共组织社会服务类考试考生报名7666人次、社会人员考试12600科次，学校的校园环境、考试条件，学校教师的工作态度、工作组织能力均得到北京市财政局和报名考试学生的认可，扩大了学校良好的社会声誉并为学校创造了良好的经济效益。

【北京高校继续教育大学生计算机设计应用竞赛】2018年继续教育学院代表队在北京高校继续教育大学生计算机设计应用竞赛中获得多个奖项。此竞赛是北京市教育委员会为进一步促进北京高等学校继续教育人才培养模式创新、拓宽教学成果交流展示平台的重要举措。竞赛每2年举行1次，严格按照国家级标准设计组织。此次竞赛分为App应用开发组、动画短片组、视频短片组、微课组4个组别，共有40余所高校、139个代表队参赛。学校继续教育学院选派4个代表队参赛，分别获得视频短片组一等奖、动画短片组二等奖、微课组优秀奖，叶华、刘磊老师获得指导教师奖，北京物资学院团体排名第四，获得团体组织奖。

【北京市对口支援和经济合作地区赴京培训班】2018年3月，北京物资学院与北京市对口支援和经济合作工作领导小组办公室签署合作协议，明确学校一方协助强化首都首善责任意识，突出精准扶贫、精准脱贫的需要，重点以北京市帮扶地区需求为导向，加强重大项目领域的产学研协同创新合作，面向政府、企业等开展党政干部和特色产业管理培训。

1. 河南省对口协作业务能力提升培训班

2018年5月6—12日，河南省发展和改革委员会组织、选派来自河南省4个市县发展和改革委员会的30名学员在北京物资学院培训学习，共计7天。

河南省对口协作业务能力提升培训班是学校与北京市对口支援和经济合作工作领导小组办公室开办的对口支援第一个培训班，各方均高度重视，开班仪式上学校党委书记李石柱、北京市对口支援和经济合作工作领导小组办公室主任马新明、河南省发展和改革委员会地区经济处处长王斌参加仪式并发言。

学校聘请中央党校经济学部教授、

博士生导师徐祥临，农业农村部果树技术体系骨干专家刘德双，国家发展和改革委员会地区经济司原副司长、巡视员陈宣庆，北京大学光华管理学院博士后赵成珍，河南省发展和改革委员会地区司刘一兵等专家学者组织专题讲座5场；组织北京副中心规划展、北京市通州区西集镇农业旅游观光基地学习考察交流2次；组织学员分组讨论、召开学习成果分享交流会1次。

培训完成并经考核合格后，学员获颁北京物资学院“河南省对口协作业务能力提升培训班”结业证书。

2. 十堰市政府电子政务及政务信息培训班

2018年5月20—26日，十堰市政府办公室组织、选派十堰市政府下属部门的49名学员在北京物资学院培训学习，共计7天。

学校聘请中关村大数据联盟副秘书长、DT大数据产业创新研究院（DTiii）院长陈新河，中国电子商务协会移动电子专家委员会专家、雄安新区建设发展研究中心专家、哈尔滨工业大学管理科学与工程博士刘古权，北京融信数联科技有限公司CTO成立立等专家学者组织专题讲座5场；组织北京城市副中心规划展、北京市国税系统首家云税体验中心、国信优易数据有限公司基地学习考察交流3次；组织学员分组讨论、召开学习成果分享交流会1次。

培训完成并经考核合格后，学员获颁北京物资学院“十堰市政府电子政务及政务信息培训班”结业证书。

3. 拉萨市当雄县精准扶贫骨干、乡镇党政干部赴京集中培训班

2018年10月22日—11月2日，西藏自治区拉萨市当雄县组织部组织、选派精准扶贫骨干、乡镇党政干部40人在北京物资学院培训学习，共计14天。

学校聘请国家发展和改革委员会地区经济司原副司长、巡视员陈宣庆，农业农村部果树技术体系骨干专家刘德双，中国人民大学农业与农村发展学院教授、博士生导师郑风田，中国藏学研究中心学术委员、当代研究所研究员、国务院政府特殊津贴专家杜永彬，中国藏学研究中心党组副书记、总干事、研究员、博士生导师郑堆，中央党校经济学部教授、博士生导师徐祥临，国务院发展研究中心农村经济研究部第一研究室主任、研究员程郁，北京市通州区人民法院刑二庭庭长、审判员卫丹，北京物资学院党委常委、组织（统战）部部长刘艳荣等学者组织专题讲座21场；组织赴北京副中心规划展、北京市通州区西集镇农业旅游观光基地、北京市通州看守所、北京市通州区玉桥社区参观考察交流4次；组织学员分组讨论、召开学习成果分享交流会1次。

培训完成并经考核合格后，学员获颁北京物资学院“拉萨市当雄县精准扶贫骨干、乡镇党政干部赴京集中培训班”结业证书。

【甘肃财贸职业学院合作项目】2018年12月5日，甘肃财贸职业学院党委书记刘忠一行三人到校调研交流。刘忠书记一是感谢北京物资学院多年对原甘肃省经济学校函授教育工作的支持，二是介绍了原甘肃省经济学校与甘肃省属六家中职学校合并成立甘肃财贸职业学院的情况，三是表达了希望能与学校建立长期、紧密合作关系的意愿。继续教育学院院长罗新东介绍了北京市教委对市属高校继续教育工作的要求及北京物资学院继续教育发展情况，探讨了与甘肃财贸职业学院在进一步开展合作的可能性和合作方向。经充分沟通，最后双方人员在合作举办函授教育的学历层次、开设专业等方面达成共识，拟计划于2019年进一步协商并签署合作协议。

（王守新）

附属商务科技学校

【概况】经北京市教委批准，2018年2月1日原北京市商务科技学校整体并入北京物资学院，暂更名为“北京物资学院附属商务科技学校”。截至2018年12月31日，附属商务科技学校在编职工93人，在校生54名（其中在校学习的学生31名，顶岗实习学生23名）。

【教学工作】学校进入合并转型期，学生数减少，共有物流服务与管理、物联网技术应用、航空服务与管理、电子商务、学前教育和财会等7个教学班，完成教学课时4032节，任课教师72人次。教学工作采取精细化管理，保证教学质量。

【教学及科研成果】2018年4月，杨秀茹、苏虹、王晓玲、黄长松、陈波完成的课题“共享型实训基地建设与运行”获北京市教育教学成果二等奖。2018年11月，赵宝芹、杨秀茹、苏虹、王晓玲完成的课题“基于共享型实训基地的供应链管理实训课程开发研究”获中国物流学会、中国物流与采购联合会2018年优秀课题三等奖。

【稳妥有序推进学校并入工作】围绕并入后各项工作的新模式、新要求，积极稳妥地推进并入工作。邀请北京市教委及高校教育专家、学校有关领导开展文化讲座、专题讲座2次；接待校友会参观座谈2次；组织全体教职工参观校本部；组织部分教职工到西城园管委会和金丰和孵化器参观创新创意成果展示。

完善了93名在职教职工的人事档案及社保的核定缴纳工作；整理完成文书档案689件，实物档案435件，基建档案51件，专项档案695件，教学档案1582件，学生档案380件。各校区组织接待学校领导及有关部门领导考察调研20余次。清查固定资产、无形资产共计1.123亿元，资产卡片数量11089个。完成富河园校区学生宿舍楼装修改造及设施维修工作，完成物流实训基地机械设备的维护保养工作。

2018年9月，有47名教职工试聘到北京物资学院校本部的19个部门。6名实验教师积极参与到大学课程体系的建设与研发工作中，开发了“创意设计实践”等3门创新思维实训课和“大数据电子商务运营实训”等8门大数据实验课程，并编写了这些课程的实验指导书。

（潘京华）

第七篇　学科建设与科研

学科建设

【**概况**】2018年根据学校“十三五”规划目标，继续推进学科建设工作。坚持“突出重点、彰显特色、优化布局、统筹推进”的学科建设思路，对重点学科、特色学科进一步加强建设力度。引入竞争机制，实施绩效评估，激发学科活力。进一步完善学科建设三级管理体制，充分发挥学科（专业）负责人的作用，强化特色研究领域拔尖人才的引进与培养，不断壮大学科建设中坚力量。参照教育部学科水平和学位点合格评估指标体系，建立学科建设绩效评估体系和学科动态调整机制，以学科评估促进学科建设。加强管理科学与工程、应用经济学、工商管理、计算机科学与技术等主干学科建设，积极推进申报博士学位授予立项建设单位工作。

【**学位点建设**】2018年3月，学校获批理论经济学一级学科硕士学位授权点，金融硕士专业学位授权点；2018年4—5月，组织会计硕士专业学位点申报，已通过北京市学位办公室公示，报批国务院学位办备案；2018年7—9月，认真落实国务院学位办要求，将工程硕士（物流工程领域）专业学位授权点对应调整为工程管理硕士专业学位授权点。

2018年1—8月，组织4个学位点完成学位点合格评估的预评估和正式评估工作；10月完成“学位授权点基本状态信息表”上报工作。11月经过论证与评审，完成4个学位授权点自评报告与支撑材料上报等工作，顺利完成本轮（2014—2019年）学位授权点自我评估。

（王靖　张华玲）

【**获批博士学位授予立项建设单位**】2018年3月，根据《北京市学位委员会关于开展新增博士、硕士学位授予单位建设规划的通知》要求，学校召开部署会，学习文件精神、布置申报工作。

2018年3—4月，在组织材料与文本修订过程中，多次召开相关学院与职能部门工作协调会、校外专家评审会、校内专家申报材料修改完善沟通会。校长王文举从战略层面、战术层面给予指导，副校长何明珂全程把控工作节奏、带领相关学院与职能部门有效推进申报的各项工作并与副校长刘永胜一道作为校内专家，对申报文本逐一评审、严格把关。学科带头人/学院院长、校内专家、相关职能处室负责人、科研院长等完成各部分文本的撰写及修改工作。经撰写与评审、修改博士学位授予立项单位材料，顺利完成博士学位授予立项建设单位的材料申报工作。

2018 年 4 月 27 日，校长王文举代表学校参加申报博士授予单位规划项目答辩，对申报理由、现有基础、存在不足及三年规划 4 个方面进行阐述。经过答辩学校于 2018 年 7 月，最终获批北京市学位委员会 2018—2020 年博士学位授予立项建设单位资格，扎实推进学校博士学位授予单位、博士学位授权点建设工作的进程，是实现办学层次提升的关键一步。

（研究生院）

【学科共建】北京物资学院严格贯彻落实北京市委、市政府出台的《关于统筹推进北京高等教育改革发展的若干意见》，结合学校学科专业发展实际，积极与北京交通大学开展合作共建，以此推动学校学科建设和专业建设内涵式发展，快速提升学校办学实力，主要有以下几点。①明确重点合作内容及目标。聚焦物流领域，重点围绕 1 个学科、1 个专业群和 4 个研究方向开展合作。明确提出 5 年内要把管理科学与工程的学科评估由 C + 提升到 B 级；把物流管理与工程类相关专业建设成一流专业群；加强物流与供应链理论、智慧物流、物流规划与设计、采购理论与方法 4 个研究方向的合作，进一步增强物流领域研究实力，达到并继续保持国内领先地位。②明确与北京交通大学重点合作对接院系。紧密围绕学科、专业、研究生培养、科学研究和学术团队建设，物流学院、信息学院对接北京交通大学的交通运输学院、经管学院和计算机与信息技术学院，建立具体工作方案与工作机制。③构建形成校内促进合作体制机制。成立合作协调领导小组，书记、校长任组长，坚持每周召开一次协调推进会。④制定与北京交通大学结对共建高精尖学科方案。管理科学与工程学科与北京交通大学系统科学（国家一流学科）和管理科学与工程学科实施共建，强优势、补短板，以项目管理方式推进学科建设。⑤稳步推进专业共建。与北京交通大学共同制定物联网工程专业共建方案；与北京交通大学经济管理学院成立一流专业建设专家委员会，共同推进物流管理一流专业建设；与北京交通大学运输学院签订战略合作协议，确定物流工程专业建设重点合作项目。⑥优化调整校内已有资源，加大合作力度。调整改革智能物流系统协同创新中心运行管理机制和经费预算，落实开放课题，划拨专门经费促进学术水平提升。⑦依托北京交通大学学科专业优势，创建物流学术诊断中心，促进学术水平提升。

通过开放课题和引进兼职导师等一系列措施深化两校的合作。依托北京市智能物流系统协同创新中心，共吸纳 12 名北京交通大学教授为校外合作专家。在智能物流系统优化理论与方法、物联网与物流信息技术、智能物流装备与研发3个方向上与学校教师开展开放课题合作研究。

截至2018年年末，学校已引进7位北京交通大学教授为兼职导师。结合管理科学与工程学科、计算机科学与技术学科发展需要，按日程计划逐步开展学术交流、举办前沿学术讲座，指导教师和研究生从事科学研究工作，为学科建设和发展提供咨询和指导；与校内导师共同指导研究生，协助校内导师制定研究生个人培养计划，参与研究生学位论文审阅、答辩等培养工作；协助申报科研项目，合作开展科学研究。

此外，为实现学科、专业协调发展全覆盖，在与北京交通大学合作初显成效基础上，学校还主动谋求与中央财经大学等央属院校合作，以快速提升学校管理、经济、法学等学科专业实力，具体有以下3点：①商学院工商管理学科与中央财经大学商学院建立合作共建机制，积极探索合作交流途径，制定研究方向融合、教师培养、团队融合、科研结对、国内外学术会议、研究生培养、扩大双培生规模、引进特聘教授8项工作推进计划；②法学院与中央财经大学法学院签署战略合作框架协议，就科学研究、师资交流、人才培养、学科共建、社会服务、学生交流等方面开展深度合作；③经济学院对接中央财经大学经济学院，探索落实校际层面合作机制，致力于双方在实践基地共建、校际特聘教授、研究生选拔与推荐、学术活动共享等方面的合作。

（韩莹莹　王靖　张华玲）

2018年授予硕士学位的学科专业目录

学科门类代码及名称	一级学科代码及名称	二级学科代码及名称
02 经济学	0201 理论经济学	020101 政治经济学
		020104 西方经济学
		020105 世界经济学
	0202 应用经济学	020204 金融学
		020205 产业经济学
		020206 国际贸易学
		020208 统计学
		020209 数量经济学
		0202Z1 证券与期货
		0202Z2 法律经济学

续　表

学科门类代码及名称	一级学科代码及名称	二级学科代码及名称
08 工学	0812 计算机科学与技术	081202 计算机软件与理论
		081203 计算机应用技术
		0812Z1 物联网工程与技术
12 管理学	1201 管理科学与工程	1201 管理科学与工程（可授予管理学学位、工学学位）
	1202 工商管理	120201 会计学
		120202 企业管理
		1202Z1 采购与供应链管理
		99J2 人力资源开发与管理
授予专业学位名称	物流工程	
	工商管理（MBA）	
	金融硕士	

（研究生院）

科研管理

【概况】 2018 年学校科研工作坚持以科研兴校、特色强校的发展思路，面对科研工作的新形势，积极抓住机遇推动学校科研工作创新发展。学校在完善科研管理制度、营造学术氛围、强化科研机构和科研平台建设、打造高水平科研团队以及引导科研成果向高水平方向发展等方面又上新的台阶。2018 年学校共发表学术论文 428 篇，出版著作 60 部，各类获奖 38 项，获得专利授权 33 项，获得国家自然科学基金项目 3 项，教育部人文社会科学规划项目 5 项，北京市哲学社会科学基金项目 18 项，国内一级行业协会项目 21 项。2018 年纵向项目合同经费 597.5 万元，横向项目合同经费 396.02 万元。

【科研项目与经费】 2018 年学校新增科研立项 158 项，其中纵向项目立项 63 项、横向项目立项 61 项。2018 年获批经费 50 万～100 万元的项目 1 项，获批经费 10 万～50 万元的项目 29 项。2018 年全校科研经费 1904.52 万元，高级别项目立项工作成效显著，申报高级别科研项目 128 项，获得国家自然科学基金项目3项，教育部人文社会科学规划项目5项，北京市哲学社会科学基金项目立项18项，其中苏庆华教授、于晓辉教授、马婷婷副教授获得国家自然科学基金项目资助，张军教授获得教育部人文后期资助项目资助。2018年科研处组织编写了《2017年科研成果汇编》。

【科研机构】支持学校科技创新平台和科研机构针对社会热点难点、重大现实问题开展全局性、战略性、前瞻性的研究，提出有效的对策建议。按照学校部署推进大运河智库论坛组建和成果发布。积极参与北京市首都新型智库建设和培育工作，按照“专业特色突出、国内影响一流、服务决策有力”的目标，加强对我校智库机构的引导和建设管理，组织开展首都高端智库培育工作。

【科研成果】2018年学校共发表学术论文428篇，其中国际论文33篇、A级论文52篇；出版著作60部，其中学术专著28部，占著作总数的47%；各类获奖38项，其中北京市哲学社会科学优秀成果奖2项，王文举教授获得专著类一等奖、吴非副教授获得调研报告类二等奖；获得专利授权33项，其中发明专利2项。科学研究主要集中在管理科学与工程、应用经济学、物流理论与应用、供应链管理等领域。2018年组织实施博士科研促进计划，引导青年博士围绕学校发展和学科建设融入学校科研，资助5位青年博士学术专著出版。

【科研管理与服务】在科研制度管理方面，根据学校建设发展的总体目标和部署，积极构建“内涵发展、质量优先、需求导向、彰显特色、协同创新”的科研创新体系。修订并出台《北京物资学院科学研究优秀成果奖评选办法》，通过一系列奖励激励措施，推动高水平科研成果产出。各项制度的完善不断调动科研人员的积极性和创造性，营造了良好的科研氛围。在科研项目管理方面，项目管理体制更加完善，研究基地发展势态更趋科学。各种基金项目申报与管理工作稳步推进，2018年学校获得北京市社会科学基金项目优秀二级单位管理单位。在服务方面，进一步探索产学研合作新模式，不断开拓学校服务社会和科技成果转化领域，拓展转化渠道。在服务社会的体制与机制上实现突破与创新，将与地方政府、行业企业的合作落到实处。2018年科研处与北京市社会科学界联合会积极沟通，在决策咨询与智库建设、学术交流、社科成果宣传推荐、大运河文化带建设、活动组织、人才交流与培养等方面开展进一步合作交流。

科研处先后邀请各级管理部门和高校的专家学者走进校园开展国家“两科基金”一对一辅导，促进广大教师项目申报水平和科学研究能力的提升。众多的学术报告结合校内外知名专家、学者的研究方向和成果的积累，突出反映了学科前沿领域的热点、难点问题，活跃了学术思想，激发了广大师生提高参与学术研究的积极性、主动性和创造性，有力地促进良好的学术氛围的形成。

【附录】

2018 年北京物资学院出版学术专著一览表

序号	所属单位	专著名称	第一作者	出版单位
1	经济学院	中国碳排放总量确定、指标分配、实现路径机制设计综合研究	王文举	首都经济贸易大学出版社
2	信息学院	统计学	周丽	科学出版社
3	物流学院	城市配送资源整合系统的演化研究	梁晨	北京交通大学出版社
4	外语学院	看世界 童眼存真	刘建华	世界知识出版社
5	商学院	世界新型家庭医生服务系统与国民联合健康保障体系构建	沈晨光	中国书籍出版社
6	商学院	旅游电子商务企业案例分析（第 2 版）	欧海鹰	旅游教育出版社
7	外语学院	作家的灵感宝库	张铮	文化发展出版社
8	商学院	漕运时代北运河治理与变迁	陈喜波	商务印书馆
9	物流学院	工程制图基础理论及实训	陈志新	中国发展出版社
10	法学院	市场竞争法案例疏议	尚珂	知识产权出版社
11	法学院	物权法专题研究	闫仁河	知识产权出版社
12	外语学院	任务型跨文化交际	孙静波	知识产权出版社
13	商学院	基于创新视角的农业科技项目立项评价研究	孙静	机械工业出版社
14	商学院	上市公司交叉持股关联网络研究	常晓红	首都经济贸易大学出版社
15	物流学院	行业物流管理研究	温卫娟	中国财富出版社
16	商学院	技能形成制度的国际比较研究	李玉珠	社会科学文献出版社
17	信息学院	环境检测信息服务系统开发实践	王新	冶金工业出版社
18	法学院	政策法规评估的理论与实践	尚珂	中国经济出版社
19	物流学院	基于模糊合作对策的虚拟企业收益分配策略	于晓辉	社会科学文献出版社
20	商学院	大学生创业理论与实践	曹媞	中国人事出版社
21	商学院	京津冀高等教育与产业协同发展模式及对策	张喜才	中央编译出版社

续　表

序号	所属单位	专著名称	第一作者	出版单位
22	商学院	食品供应链风险形成微观机理与防控机制研究	刘永胜	中国经济出版社
23	体育部	多元体育文化的创新与发展研究	王彦英	中国书籍出版社
24	商学院	金融企业会计	曹　键	中国财富出版社
25	物流学院	采购管理（第2版）	宋玉卿	中国财富出版社
26	经济学院	流通经济研究动态（第六辑）	赵　娴	经济科学出版社
27	商学院	物流产业链管理	张喜才	中国商业出版社
28	信息学院	京津冀物流一体化发展统计测度与评价研究	郭　茜	经济管理出版社
29	物流学院	供应链质量管理	陈　静	中国财富出版社
30	马克思主义学院	文化与哲学	宋洪云	知识产权出版社
31	商学院	知识资本与人才发展协同创新研究	顾国爱	清华大学出版社
32	商学院	集体谈判与集体合同制度	左春玲	中国劳动社会保障出版社
33	外语学院	芸窗小札	刘　浏	知识产权出版社
34	物流学院	配送中心实验教程	王成林	中国财富出版社
35	商学院	“互联网＋”背景下众创空间运行机制研究	吕　波	中国质检出版社、中国标准出版社
36	外语学院	文学与影视比较大观丛书：品人生－双面影像	张　娜	世界知识出版社
37	物流学院	采购供应管理案例	杨　丽	中国财富出版社
38	信息学院	光谱仪运动成像退化与复原技术研究	王晓燕	化学工业出版社
39	法学院	中国改革与发展热点问题研究（2019）	魏礼群	商务印书馆

2018年北京物资学院发表论文一览表

序号	论文题目	发表刊物	第一作者	所属单位	刊物级别
1	Linear fuzzy game with coalition interaction and its coincident solutions	Fuzzy Sets and Systems	于晓辉	物流学院	国际A级（中科院JCR一区）

续　表

序号	论文题目	发表刊物	第一作者	所属单位	刊物级别
2	Credibilistic Loss Aversion Nash Equilibrium for Bimatrix Games with Triangular Fuzzy Payoffs	Complexity	崔春生	信息学院	国际B级（中科院JCR二区）
3	A Model of Integrated Regional Logistics Hub in Supply Chain	Enterprise Information Systems	陆　华	物流学院	国际B级（中科院JCR二区）
4	面向单类推荐问题的整合时间信息的LDA模型	Knowledge – Based Systems	张海军	信息学院	国际B级（中科院JCR二区）
5	用混合策略求解集成生产与分配问题的实证研究	PLOS ONE	李　锋	信息学院	国际C级（中科院JCR三区）
6	基于带有混合延时项的基因调控网络状态观察设计的M矩阵	IEEE TRANSACTIONS ON CIRCUITS AND SYSTEMS—Ⅱ：EXPRESS BRIEFS	田立平	信息学院	国际C级（中科院JCR三区）
7	Geographical origin traceability of Fuji apples based on fisher discriminant method	International Agricultural Engineering Journal	陈　静	物流学院	国际D级（EI期刊）
8	基于广义投影变换的理性门限签名协议	International Journal of Wireless and Mobile Computing	薛　菲	信息学院	国际D级（EI期刊）
9	基于语义扩展的中文微信话题发现	Information（Switzerland）	丁连红	信息学院	国际D级（EI期刊）
10	基于物流机器人的电子商务仓库系统订单分批改进聚类算法	International Journal of Wireless and Mobile Computing	薛　菲	信息学院	国际D级（EI期刊）
11	Evaluation of urban development quality of the coastal cities around Bohai Rim	Journal of Physics：Conference Series	刘　艳	物流学院	国际D级（EI期刊）

续 表

序号	论文题目	发表刊物	第一作者	所属单位	刊物级别
12	Dynamic Performance and Stability Research of VMI - APIOBPCS in Apparel Industry Based on Control Theory	International Journal of Enterprise Information Systems	战雪丽	经济学院	国际 D 级（EI 期刊）
13	基于改进蚁群算法的物流机器人任务分配方法研究	International Journal of Wireless and Mobile Computing	薛 菲	信息学院	国际 D 级（EI 期刊）
14	C * -代数值 G -度量空间及相关不动点定理	Journal of Function Spaces	沈丛丛	信息学院	国际 D 级（中科院 JCR 四区）
15	Research on unsteady aerodynamic performance of last stage for low pressure cylinder of steam turbine. pdf	Journal of Vibroengineering	褚东亮	物流学院	国际 D 级（中科院 JCR 四区）
16	Research onindex weight of logistics integration based on cloud models	Concurrency and Computation Practice and Experience	郭 茜	信息学院	国际 D 级（中科院 JCR 四区）
17	基于分布式传感网络的管道实验室安全监控与疏散导引系统	International Journal of Distributed Sensor Networks	丁连红	信息学院	国际 D 级（中科院 JCR 四区）
18	双积分制下汽车生产商生产决策优化	系统工程理论与实践	程永伟	对外合作办	权威 A
19	基于社交演化博弈的社交网络用户信息分享行为演化分析	电子学报	于建业	信息学院	权威 A
20	基于 SD 动态博弈的新能源汽车供应链补贴策略优化	中国人口、资源与环境	程永伟	对外合作办	权威 B
21	应对碳价格波动的新能源汽车联合生产策略	系统工程学报	程永伟	对外合作办	权威 B
22	多需求多类型自提点选址分配问题	计算机集成制造系统	李珍萍	信息学院	权威 B

续　表

序号	论文题目	发表刊物	第一作者	所属单位	刊物级别
23	历史是一个民族安身立命的基础	红旗文稿	胡占君	马克思主义学院	权威 B
24	改革开放40年能源产业发展的阶段性特征及其战略选择	改革	王文举	经济学院	权威 B
25	基于创新驱动的我国物流业创新发展评价	科研管理	刘　艳	物流学院	权威 B
26	独立董事与CEO私人关系对公司绩效的影响	管理科学	陈　霞	商学院	权威 B
27	我国盐业管理体制演进轨迹和未来展望	改革	刘永胜	商学院	权威 B
28	我国食品安全政策演进轨迹与特征观察	改革	王可山	经济学院	权威 B
29	现代供应链发展的国际镜鉴与中国策略	改革	何明珂	物流学院	权威 B
30	基于粒子群优化算法的协同过滤推荐并行化研究	北京邮电大学学报	游思晴	信息学院	核心 A
31	供应链柔性测算模型构建及实证	统计与决策	程永伟	对外合作办	核心 A
32	纪念改革开放四十周年研讨会专家观点综述	中国流通经济	郝玉柱	经济学院	核心 A
33	管理层薪酬激励与盈余管理关系：基于大股东治理视角	中国流通经济	董丽萍	商学院	核心 A
34	高校加强“课程思政”建设现实路径选择	中国高等教育	孙　杰	教务处	核心 A
35	“一带一路”沿线物流枢纽网络体系建设研究	宏观经济研究	陆　华	物流学院	核心 A
36	改革开放以来我国外贸战略的演变及展望	中国流通经济	盛　浩	经济学院	核心 A

续　表

序号	论文题目	发表刊物	第一作者	所属单位	刊物级别
37	国内知识管理领域跨学科知识交流特征研究	图书情报知识	张　勤	商学院	核心 A
38	供应链视角下网购食品质量安全关键控制点研究	河北经贸大学学报	王可山	经济学院	核心 A
39	评《农产品物流》	统计与决策	朱群芳	经济学院	核心 A
40	基于物流 AGV 的“货到人”订单拣选系统任务调度研究	运筹与管理	袁瑞萍	信息学院	核心 A
41	《德国国家图书馆 2017—2020 优先战略》的解读与启示	图书馆	徐健晖	图书馆	核心 A
42	2022 年冬奥会物流规划管理创新策略	北京体育大学学报	王彦英	体育部	核心 A
43	网购食品供应链平台与平台卖家信号传递的博弈	商业研究	刘永胜	商学院	核心 A
44	不完全信息博弈下政府审计外包的监管策略	中国流通经济	王美英	商学院	核心 A
45	澳洲高校图书馆残障读者服务现状及启示	图书情报工作	徐健晖	图书馆	核心 A
46	西藏实施乡村振兴战略的路径和举措研究	科学社会主义	顾国爱	商学院	核心 A
47	企业员工心理契约与敬业度的关系	中国流通经济	解进强	商学院	核心 A
48	一种基于社交网络的电子商务信任模型与仿真	系统仿真学报	于　真	信息学院	核心 A
49	北京市快递员过劳现状及其影响因素	中国流通经济	林　原	商学院	核心 A
50	基于区间与模糊 Shapley 值的合作收益分配策略	运筹与管理	于晓辉	物流学院	核心 A

续　表

序号	论文题目	发表刊物	第一作者	所属单位	刊物级别
51	“互联网 +” 下科技孵化平台“响炮”效应模型的构建与实证研究	经济体制改革	吕　波	商学院	核心 A
52	社会共治视角下的网络订餐食品安全预警系统构建——基于贝叶斯网络模型	情报杂志	洪　岚	经济学院	核心 A
53	金融素养对居民信用卡使用的影响	北京工商大学学报社会科学版	吴　锟	经济学院	核心 A
54	基于物联网的仓储管控一体化系统实现路径	中国流通经济	刘　军	信息学院	核心 A
55	基于流通视角的农产品价格传导机制研究	农业技术经济	潘建伟	经济学院	核心 A
56	一种基于可拓学的电子商务内容推荐算法研究	运筹与管理	崔春生	信息学院	核心 A
57	一种用于平板型 FAIMS 的电晕放电离化源	传感技术学报	赵东杰	信息学院	核心 A
58	电商企业顾客赢回驱动因素实证研究——一项基于田野调查数据的 Logistic 回归分析	中国流通经济	李敬强	商学院	核心 A
59	基于云模型的京津冀物流一体化指标权重研究	云南财经大学学报	郭　茜	信息学院	核心 A
60	应急管理专业人才胜任力模型实证研究	中国行政管理	唐华茂	商学院	核心 A
61	我国劳动者退休意愿的实证研究	云南财经大学学报	弓秀云	商学院	核心 A
62	不同剂量玛咖对力竭运动致大鼠运动性低血糖的保护作用	中国应用生理学杂志	王彦英	体育部	核心 A

续 表

序号	论文题目	发表刊物	第一作者	所属单位	刊物级别
63	企业会计信息一致性测算及其对债务融资的影响——来自中国A股上市公司的经验证据	中国流通经济	范少君	商学院	核心A
64	基于系统动力学的跨境物流联盟运作风险演化博弈	商业研究	杜志平	物流学院	核心A
65	国外高校图书馆按需数字化服务实践与启示	国家图书馆学刊	徐健晖	图书馆	核心A
66	零售组织对消费者异质性需求的响应和匹配——一个理论分析	中国流通经济	黄雨婷	经济学院	核心A
67	“双一流”建设背景下地方高校的多元化社会筹资	中国高等教育	常　静	教务处	核心A
68	我国盐业体制改革的进展及成效	内蒙古社会科学	郝玉柱	经济学院	核心A
69	国内外跨境物流联盟运作机制研究现状	中国流通经济	杜志平	物流学院	核心A
70	老龄化背景下城市公园老年休闲体育生态链网研究	北京体育大学学报	孙风林	体育部	核心A
71	虚拟创业孵化器有效刺激变量研究——基于CAS模型与统计对比数据	科技进步与对策	吕　波	商学院	核心A
72	《新媒体联盟地平线报告：2017年图书馆版》的解读与启示	大学图书馆学报	徐健晖	图书馆	核心A
73	食品供应链安全风险博弈分析	经济问题	刘永胜	商学院	核心A
74	农产品供应链合作关系演进路径及影响因素分析	中国城市流通发展报告（2018）	解进强	商学院	核心A

续　表

序号	论文题目	发表刊物	第一作者	所属单位	刊物级别
75	北京农产品批发市场功能疏解和河北承接问题研究	中国城市农产品流通发展报告（2018）	王贝贝	经济学院	核心 A
76	京津冀物流通道可达性与协同性研究	京津冀一体化物流发展报告（2017）	梁　晨	物流学院	核心 A
77	京津冀物流园区协同发展	京津冀一体化物流发展报告（2016）	张志勇	物流学院	核心 A
78	京津冀物流人才流动状况分析	京津冀一体化物流发展报告（2016）	李广义	商学院	核心 A
79	京津冀海港口岸与腹地协同发展实证研究	京津冀一体化物流发展报告（2017）	郝玉柱	经济学院	核心 A
80	京津冀口岸协同发展	京津冀一体化物流发展报告（2016）	郝玉柱	经济学院	核心 B
81	京津冀物流企业经营绩效分析	京津冀一体化物流发展报告（2016）	魏国辰	商学院	核心 B
82	航空地面物流服务质量评价模型研究——以首都国际机场为例	价格月刊	田　雪	物流学院	核心 B
83	超磁致伸缩材料器件多目标耦合优化设计	机械设计与制造	赵章荣	物流学院	核心 B
84	马克思经济学对现代经济学的影响	社会科学家	尹德洪	经济学院	核心 B
85	基于第四方物流信息平台的农产品流通体系构建	商业经济研究	王晓平	物流学院	核心 B
86	北京市农产品配送模式创新研究	商业经济研究	陆　华	物流学院	核心 B

续　表

序号	论文题目	发表刊物	第一作者	所属单位	刊物级别
87	我国电子废弃物回收现状及创新模式	商业经济研究	金　伟	科研处	核心 B
88	胶合竹片胶层开裂数值模拟研究	林产工业	赵章荣	物流学院	核心 B
89	基于主成分分析的交叉环境 DEA 模型的应用	北京化工大学学报自然科学版	张恪渝	经济学院	核心 B
90	基于移动互联网传播的集体行动组织机制研究	中国人力资源开发	左春玲	商学院	核心 B
91	同时考虑配送与安装需求的带时间窗车辆路径问题	科学技术与工程	李珍萍	信息学院	核心 B
92	协同视角下多级救灾物资储备体系中的储备库选址模型	数学的实践与认识	段倩倩	物流学院	核心 B
93	大数据背景下我国企业信用研究综述——基于 CSSCI 检索论文的分析	金融理论与实践	韩　嵩	信息学院	核心 B
94	制造企业物流供应链动态行为分析	数学的实践与认识	周三元	物流学院	核心 B
95	我国供给侧结构性改革创新驱动与评价研究	数学的实践与认识	崔春生	信息学院	核心 B
96	国内财经高校图书馆学科服务制度体系建设调查分析	图书馆工作与研究	徐健晖	图书馆	核心 B
97	科普供给侧改革灰色预测与关联度分析——以北京为例	数学的实践与认识	崔春生	信息学院	核心 B
98	茶类农产品物流配送体系优化分析	福建茶叶	李　锋	信息学院	核心 B
99	北京地方商务立法的现状、问题与完善对策	商业经济研究	吴长军	法学院	核心 B

续　表

序号	论文题目	发表刊物	第一作者	所属单位	刊物级别
100	九州通线下药店选址优化问题研究	数学的实践与认识	李珍萍	信息学院	核心 B
101	食品安全伦理风险来源的主体及风险行为研究	调研世界	刘永胜	商学院	核心 B
102	考虑最优时滞因子时空模型的高速公路短时交通流预测	科学技术与工程	申贵成	信息学院	核心 B
103	北京市生鲜农产品物流影响因素模糊综合评价	江苏农业科学	王晓平	物流学院	核心 B
104	京津冀农产品冷链物流需求影响因素及预测模型研究	福建农业学报	王晓平	物流学院	核心 B
105	风险导向审计应用现状调查分析	财会通讯	王美英	商学院	核心 B
106	从新时代社会主要矛盾看我国跨境进口零售电商发展现状	商业经济研究	宋洪云	马克思主义学院	核心 B
107	京津冀港口物流竞合力分析与对策研究	铁道运输与经济	王晓平	物流学院	核心 B
108	地下物流网络规划问题研究	数学的实践与认识	李珍萍	信息学院	核心 B
109	基于消费者负面评论的网购食品质量安全问题研究	商业经济研究	洪　岚	经济学院	核心 B
110	JMI – TPL 模式下的供应链成本核算及利益分配	数学的实践与认识	王晓平	物流学院	核心 B
111	非首都功能疏解背景下京津冀区域物流时空演化研究	商业经济研究	刘　艳	物流学院	核心 B
112	流通经济学教学模式创新与实践——基于过程参与的教学模式探讨	商业经济研究	潘建伟	经济学院	核心 B

续 表

序号	论文题目	发表刊物	第一作者	所属单位	刊物级别
113	20 世纪 70 年代意大利关于列宁主义的争论	马克思主义与现实	张春颖	外语学院	核心 B
114	时空视角下物流业与经济发展的互动关系分析	商业经济研究	毛文富	物流学院	核心 B
115	基于结构方程的食品冷链透明度评价指标体系研究	科技管理研究	刘永胜	商学院	核心 B
116	跨境电商物流联盟云平台的构建及运作研究	价格月刊	田　雪	物流学院	核心 B
117	基于 TAM3 的食品供应链安全风险防范系统研究	商业经济研究	刘永胜	商学院	核心 B
118	物流供应链中价值创造研究文献综述	商业经济研究	杜志平	物流学院	核心 B
119	长江经济带物流产业效率及其影响因素研究	数学的实践与认识	魏国辰	商学院	核心 B
120	以知识产权协同发展助推京津冀物流一体化	新视野	刘　洁	法学院	核心 B
121	基于遗传算法的成品油二次配送车辆路径问题研究	数学的实践与认识	李珍萍	信息学院	核心 B
122	估时作业成本法在国际物流企业中的应用	财会月刊会计	汪芸芳	物流学院	核心 B
123	批发零售业对经济增长影响述评	商业经济研究	尹德洪	经济学院	核心 B
124	中西方茶文化差异背景下英语阅读中的文化习俗的误区探究	福建茶叶	杨倩倩	外语学院	核心 B
125	用红色文化锤炼党性	人民论坛：政论双周刊	张建宝	经济学院	核心 B
126	基于 FAHP - Shapley 值法的 4PL 跨境电商物流联盟利益分配研究	价格月刊	杜志平	物流学院	核心 B

续　表

序号	论文题目	发表刊物	第一作者	所属单位	刊物级别
127	家电物流服务平台承运商末端配送优化实证研究	商业经济研究	汪芸芳	物流学院	核心 B
128	基于流通温度变化的苹果品质评价模型的构建	北方园艺	陈　静	物流学院	核心 B
129	物流服务区域划分问题研究	数学的实践与认识	李珍萍	信息学院	核心 B
130	基于灰色模型的港口吞吐量预测研究——以曹妃甸港口为例	数学的实践与认识	田　雪	物流学院	核心 B
131	大学生学业成绩变化的实证研究——基于北京某高校的考察	教育学术月刊	季　靖	商学院	核心 B
132	京津冀物流设施一体化发展路径与水平测度研究	商业经济研究	郭　茜	信息学院	核心 B
133	新时代·新流通·新动能	中国流通经济	林英泽	杂志社	核心 B
134	高校快递众包模式研究	铁道运输与经济	唐秀丽	物流学院	核心 B
135	基于云模型的京津冀物流设施一体化测度	中国流通经济	郭　茜	信息学院	核心 B
136	电商平台规则与共享经济发展	中国流通经济	林英泽	杂志社	核心 B
137	大运河沿线非物质文化遗产亟待保护传承	光明日报	白　硕	法学院	—
138	沿线省市大运河文化带建设关注度与聚焦点	光明日报	孙　静	商学院	—
139	一种黑子特征自动提取的太阳耀斑模型	中国科学、物理学、力学、天文学	李　蓉	信息学院	—

2018 年北京物资学院主要获奖成果一览表

序号	奖励名称	第一完成人	所属单位	成果名称	获奖等级
1	2018 年北京学校体育科学大会	时　锋	体育部	高校体育教学“个性化”发展趋势下教师、学生对慕课融入的认知程度和目标取向	一等奖
2	北京市运筹学会 2018 青年优秀论文奖	于晓辉	物流学院	Linear Fuzzy Game with Coalition Interaction and Its Coincident Solutions	一等奖
3	中国商业经济年会“纪念流通改革 40 周年乡村振兴高峰论坛”论著类一等奖	潘建伟	经济学院	基于流通视角的农产品价格传导机制研究	一等奖
4	2018 年中国物流与采购联合会科技进步奖	王成林	物流学院	物流产业特色引领、多元拓展、协同创新的大实践教学平台构建与应用	一等奖
5	第十二届电子商务与电子政务管理国际会议（ICMeCG 2018）最佳论文奖	袁瑞萍	信息学院	Order Batching of Intelligent Warehouse Order Picking System Based on Logistics Robots	一等奖
6	北京物资学院优秀科研成果奖	王可山	经济学院	中国食盐经营市场化改革研究	一等奖
7	第十七次中国物流学术年会优秀论文奖	胡贵彦	物流学院	基于 Flexsim 的某中药生产企业自动化立体仓库设计	一等奖
8	2018 年北京学校体育科学大会	孙　琴	体育部	开始“运动健康美”新生体育研讨课探究	二等奖
9	中国产学研合作创新成果奖	胡　凯	信息学院	天地一体化信息系统设计验证与仿真	二等奖
10	第十七次中国物流学术年会优秀论文奖	陆　华	物流学院	“一带一路”沿线物流枢纽网络体系建设研究	二等奖

续 表

序号	奖励名称	第一完成人	所属单位	成果名称	获奖等级
11	第十七次中国物流学术年会优秀论文奖	韩 嵩	信息学院	供应链视角下基于统计学习方法的物流企业竞争力水平测度研究	二等奖
12	中国物流学会、中国物流与采购联合会2018年优秀课题奖	金仁浩	信息学院	中国A级物流企业空间格局特征研究	二等奖
13	2018年中国物流与采购联合会科技进步奖	刘 军	信息学院	基于管控一体化的智慧仓储解决方案项目	二等奖
14	全国商务发展研究成果奖	尚 珂	法学院	商品流通法立法草案研究	二等奖
15	2017北京高校北京青年教师社会调研优秀项目	吴长军	法学院	北京地方商务立法现状、问题及趋势调查与完善对策	二等奖
16	2018北京高校学校体育科学大会	孙 琴	体育部	北京市大体协瑜伽协会发展困惑与展望	三等奖
17	2018年北京学校体育科学大会	方配素	体育部	高校大学生心理素质问题现状及体育干预综述	三等奖
18	2018年“宝供物流奖”	姜 旭	物流学院	日本物流	三等奖
19	第十七次中国物流学术年会优秀论文奖	龚艳侠	物流学院	京津冀货运铁路网可达性格局研究	三等奖
20	中国物流学会、中国物流与采购联合会2018年优秀课题奖	刘 荔	经济学院	融通仓对电子商务企业物流绩效影响研究	三等奖
21	第十七次中国物流学术年会优秀论文奖	李珍萍	信息学院	带时间窗和服务顺序约束的多需求车辆路径问题研究	三等奖

续 表

序号	奖励名称	第一完成人	所属单位	成果名称	获奖等级
22	中国物流学会、中国物流与采购联合会2018年优秀课题奖	唐恒亮	信息学院	信息技术对物流业务的推动性研究	三等奖
23	中国物流学术年会物华图书奖	田　雪	物流学院	基于社会资本的物流企业服务创新研究	三等奖
24	第十七次中国物流学术年会优秀论文奖	潘建伟	经济学院	信息化水平对物流产业效率的影响研究	三等奖
25	中国物流学会、中国物流与采购联合会2018年优秀课题奖	汪芸芳	物流学院	基于社会物流成本核算的多式联运网络均衡研究	三等奖
26	中国物流学会、中国物流与采购联合会2018年优秀课题奖	解晓灵	物流学院	基于夜间配送的北京市超商物流网络优化	三等奖
27	全国工伤保险优秀论文奖	尚　珂	法学院	“过劳死”现象的法律阙如分析	三等奖
28	2018年中国物流与采购联合会科技进步奖	尚　珂	法学院	《北京市快递安全管理办法》立法后评估报告	三等奖

2018年北京物资学院获国家专利授权专利一览表

序号	专利名称	专利类别	申请人姓名
1	一种环状阻尼零件动态特性测试振动台装置	发明专利	王成林
2	电晕放电离子源组件及其离子注入方法	发明专利	赵东杰
3	航空货运托盘	实用新型	德凯 刘红
4	送餐机器人	实用新型	刘红 王旭
5	送餐机器人	实用新型	刘红 杨华健
6	送餐机器人	实用新型	刘红 张皓玥
7	一种物流机器人	实用新型	刘红 杨华健
8	一种立体车库	实用新型	刘红　陈志新
9	一种模具架	实用新型	孙卫华 赵章荣
10	一种翻转机械手	实用新型	孙卫华 赵章荣
11	一种移动购物车	实用新型	陈志新

续　表

序号	专利名称	专利类别	申请人姓名
12	一种新型贴签机	实用新型	陈志新
13	一种全自动开箱机	实用新型	陈志新
14	一种定位式打包机	实用新型	陈志新
15	一种车载智能调温板	实用新型	张旭凤
16	一种货车专用可拼装的无源实时监控承压板	实用新型	张旭凤
17	一种带有温度预警功能的无源冷藏车门安防装置	实用新型	张旭凤
18	一种枣汁液样品取样器	实用新型	王超
19	一种粘性样品取样匙	实用新型	王超
20	一种原料样品检验取样装置	实用新型	王超
21	一种液体冰点检测装置	实用新型	王超
22	一种滤网式样品处理装置	实用新型	王超
23	一种固体样品取样铲	实用新型	王超
24	一种用于堆垛机动态性能测试的传感器定位装置	实用新型	王成林
25	一种针对类球形水果视觉检测装置	实用新型	王成林
26	一种用于物流自动化生产线的顶升称重分拣系统	实用新型	胡贵彦
27	一种用于仓储监控设备的主控模块	实用新型	刘军
28	一种实时大数据采集记录装置	实用新型	刘军
29	一种移动载货平台运行安全远程监测装置	实用新型	刘军
30	一种仓储货架安全监测装置	实用新型	刘军
31	电子鼻系统	实用新型	赵东杰
32	一种物流机器人	实用新型	袁瑞萍
33	一种无线触控鼠标	实用新型	崔春生

2018 年北京物资学院主持的主要纵向项目一览表

序号	负责人	所属单位	项目名称	获批经费（万元）	项目来源单位
1	唐秀丽	物流学院	“北京产”网红绿色优质农产品标准化生产与精准帮扶科技示范	80	北京市科学技术委员会
2	王成林	物流学院	通州区社区物流服务系统规划设计研究与应用	40	通州区科委

续　表

序号	负责人	所属单位	项目名称	获批经费（万元）	项目来源单位
3	苏庆华	信息学院	低计算量高精度半结构化环境视觉/惯性紧组合的 AGV 定位导航方法研究	27	国家自然基金委
4	马婷婷	物流学院	基于专利与网络文本集成挖掘的新兴产业技术机会识别与预测研究	19.5	国家自然基金委
5	于晓辉	物流学院	不确定信息下一类联盟结构合作对策通用形式及分配理论	18	国家自然基金委
6	张海军	信息学院	整合多源数据的云推荐系统关键技术研究	15	北京市教委
7	薛　菲	信息学院	智能仓储系统中基于强化学习的动态不确定任务分配研究	15	北京市教委
8	陈志新	物流学院	智能分拣与全流程监测的若干关键技术研究	15	北京市教委
9	刘永胜	商学院	基于社会网络分析的北京市食品生产企业食品安全行为与监管研究	15	北京市哲学社会科学规划办公室
10	周　丽	信息学院	基于大数据技术提升首都物流服务品质的策略研究	15	北京市哲学社会科学规划办公室
11	陈　静	物流学院	质量技术监督科学方法研究——现代物流供应链质量提升策略研究课题	15	北京市质量技术监督局
12	尚　珂	法学院	国外残疾人就业法规研究	10	中国残疾人联合会
13	许海晏	商学院	北京物流企业“营改增”实施效果实证研究	8	北京市哲学社会科学规划办公室
14	刘若阳	物流学院	基于大数据技术的北京市中小物流企业信用评级	8	北京市哲学社会科学规划办公室
15	丁　毅	信息学院	基于区块链的物流业务新模式的研究	8	北京市哲学社会科学规划办公室

续　表

序号	负责人	所属单位	项目名称	获批经费（万元）	项目来源单位
16	李惠阳	法学院	商品流通市场安全高效可持续运行的法律保障机制研究	8	北京市哲学社会科学规划办公室
17	陈　波	商学院	京津冀水资源会计核算体系构建与运行机制研究	8	北京市哲学社会科学规划办公室
18	董丽萍	商学院	混合所有制改革背景下北京市国企并购重组绩效提升研究	8	北京市哲学社会科学规划办公室
19	王可山	经济学院	北京市食品安全监管体系建设	8	北京市哲学社会科学规划办公室
20	李　锋	信息学院	京津冀生鲜农产品协同物流模式研究	8	北京市哲学社会科学规划办公室
21	张喜才	商学院	京津冀现代农产品冷链物流需求及发展模式研究	8	北京市哲学社会科学规划办公室
22	刘同娟	信息学院	区块链与物联网环境下的农产品信息溯源体系研究：以京津冀为例	8	北京市哲学社会科学规划办公室
23	刘金丽	马克思主义学院	“微信朋友圈”场域中大学生身份认同问题研究	8	北京市哲学社会科学规划办公室
24	刘崇献	经济学院	北京市产业疏解与对外经济辐射的协同效应研究	8	北京市哲学社会科学规划办公室
25	洪　岚	经济学院	京津冀农业协同发展下的北京净菜供给研究	8	北京市哲学社会科学规划办公室
26	顾　煜	商学院	审计监督对健全党和国家监督体系的作用机制研究	8	北京市社会科学界联合会
27	魏　巍	法学院	互联网新业态下非典型雇佣关系优化及制度创新	8	教育部
28	陈　霞	商学院	分类治理视角下国有企业混合所有制最优机制设计研究	8	教育部
29	吴　锟	经济学院	去杠杆背景下家庭过度负债的识别、后果及其影响因素研究	8	教育部

续 表

序号	负责人	所属单位	项目名称	获批经费（万元）	项目来源单位
30	李晓庆	经济学院	进口与企业人力资本投资：基于产品技能含量的视角	8	教育部
31	马婷婷	物流学院	基于多数据源集成的新兴产业技术机会识别与预测研究	8	教育部
32	于晓辉	物流学院	雾霾合作治理多层网络有限理性博弈与机制设计研究	6	首都师范大学
33	陈　蕾	信息学院	共享经济下电子商务创新模式与采纳研究	5	北京市教委
34	陈　霞	商学院	北京市在京国企和疏解国企高管经济激励和政治激励效果研究	5	北京市教委
35	徐建国	商学院	循环经济视角下北京市居民电子废弃物处置行为研究	5	北京市教委
36	陈　波	商学院	北京市水资源会计核算体系构建与政策应用研究	5	北京市教委
37	王贝贝	经济学院	“一带一路”物流绩效与中国农产品贸易潜力研究	5	北京市教委
38	张震环	马克思主义学院	碎片化传播生态下高校思想政治教育话语体系的转换与重塑研究	5	北京市教委
39	陈前前	商学院	共享经济下北京市小微企业开放式融资模式研究	5	北京市教委
40	郭　茜	信息学院	京津冀物流一体化对非首都功能疏解效果测度与评价研究	5	国家统计局
41	张喜才	商学院	小农户通过市场机制与现代农业有机衔接研究	5	中国人民大学
42	王　淼	法学院	区块链应用中的法律问题研究	4	中国法学会
43	宋晓欣	商学院	基于OBE教育理念的课程思政质量评价体系研究	2	北京市委教育工作委员会
44	叶婷婷	商学院	高校第二课堂活动对学生就业的影响研究	1	北京市委教育工作委员会

续　表

序号	负责人	所属单位	项目名称	获批经费（万元）	项目来源单位
45	陶　琳	马克思主义学院	以戏剧助推社会主义核心价值观教育宽口径多路径建构研究——以《社会伦理学》课程改革为例	1	北京市委教育工作委员会
46	王　超	物流学院	现代供应链理论体系及创新应用研究	0.5	中国物流学会、中国物流与采购联合会
47	周　丽	信息学院	现代物流网络体系互联互通研究	0.5	中国物流学会、中国物流与采购联合会
48	王彦英	体育部	高校体医融合健康促进模式研究	0	中国高等教育学会
49	魏国辰	商学院	冷链物流高质量发展研究	0	中国物流学会、中国物流与采购联合会
50	周三元	物流学院	两网融合物流能力协同创新研究	0	中国物流学会、中国物流与采购联合会
51	杨宝宏	物流学院	生鲜食品温控供应链物流体系研究	0	中国物流学会、中国物流与采购联合会
52	田　雪	物流学院	天气预警与物流拥堵的联动系数研究	0	中国物流学会、中国物流与采购联合会
53	李　锋	信息学院	电子商务环境下农产品流通模式研究	0	中国物流学会、中国物流与采购联合会
54	张喜才	商学院	现代农产品冷链物流体系建设研究	0	中国物流学会、中国物流与采购联合会
55	金仁浩	信息学院	中国A级物流企业空间格局特征研究	0	中国物流学会、中国物流与采购联合会
56	何明珂	物流学院	基于区块链技术的农产品供应链模型研究	0	中国物流学会、中国物流与采购联合会
57	史晓霞	物流学院	净物流园区多维生态平衡关系模式研究	0	中国物流学会、中国物流与采购联合会
58	胡贵彦	物流学院	多载具自动化立体仓库规划设计及货位分配优化研究	0	中国物流学会、中国物流与采购联合会

续 表

序号	负责人	所属单位	项目名称	获批经费（万元）	项目来源单位
59	唐恒亮	信息学院	信息技术对物流业务的推动性研究	0	中国物流学会、中国物流与采购联合会
60	薛　菲	信息学院	物流机器人任务分配关键问题研究	0	中国物流学会、中国物流与采购联合会
61	刘若阳	物流学院	大数据驱动的投标供应商动态闭环信用评价与激励机制研究	0	中国物流学会、中国物流与采购联合会
62	黄羽翼	信息学院	基于社会生活基本调查的城市休闲水平统计测评研究	0	国家统计局
63	彭　幸	法学院	新形势下我国国际民事管辖权冲突的多元协调机制研究	0	中国法学会

2018 年北京物资学院主持的主要横向项目一览表（经费 10 万元及以上）

序号	负责人	所属单位	项目名称	批准经费（万元）	项目来源单位
1	游思晴	信息学院	顺义区物流设施专项规划	45	北京市顺义区商务委员会
2	李敬强	商学院	项目管理等相关研究工作	40	水利部预算执行中心
3	刘玉奇	经济学院	朝阳区物流专项规划研究报告	36	北京市朝阳区机关后勤服务中心
4	王成林	物流学院	全球大城市绿色货运年度动态追踪与北京对比分析	29	北京交通发展研究院
5	王成林	物流学院	通州区物流产业专项研究	25	北京市通州区商务委员会
6	陈喜波	商学院	通州区村庄村落文化历史研究	20	中国共产党北京市通州区委员会
7	孙　立	信息学院	大数据分析在华能集团物资集中采购方面应用研究咨询服务项目	15	北京金鸿泰科技有限公司

续　表

序号	负责人	所属单位	项目名称	批准经费（万元）	项目来源单位
8	姜　旭	物流学院	示范物流园区	15	山西中鼎物流集团有限公司
9	何明珂	物流学院	北京物流专项规划——首都物流服务体系和发展模式研究	15	北京市规划和自然资源委员会
10	姜　旭	物流学院	关于设立山东飞虎物联有限公司的可行性咨询研究	13.5	枣矿物产有限公司
11	洪　岚	经济学院	京津冀农产品物流体系建设规划研究	12	发改委经济贸易司
12	姜　旭	物流学院	中国物流行业发展趋势分析报告	10.9	北汽福田汽车股份有限公司
13	吴利红	商学院	北京市通州区人民检察院内部控制制度设计	10	北京市通州区人民检察院
14	陈喜波	商学院	北京城市副中心历史水系现状调查以及保护与恢复对策研究	10	北京市城市规划设计研究院
15	金仁浩	信息学院	通州区产业工人队伍建设状况分析	10	北京市通州区总工会
16	魏国辰	商学院	推动物流高质量发展的战略研究	10	发改委经济贸易司
17	周三元	物流学院	高效智能绿色安全物流体系研究	10	国家发展和改革委员会
18	宋洪云	马克思主义学院	企业党建研究	10	杭州优珲科技有限公司
19	吴利红	商学院	北京市通州区住房和城乡建设委员会内部控制制度设计	10	北京市通州区住房和城乡建设委员会

学术杂志《中国流通经济》

【概况】2018年是学校“十三五”时期事业改革与发展规划制定和实施的关键之年，是实现“进一步提高《中国流通经济》在财经类专业期刊中的学术地位，使之成为国内顶尖、有较高国内声誉、体现学术特色和水平的优秀期刊”办刊目标，使《中国流通经济》早日进入中文社会科学引文索引（CSSCI）来源期刊的关键时期。全年出版12期杂志，共刊发学术文章159篇。

2018年继续组织刊发一批在国际国内有重要影响的文章，全年共有3篇文章被《新华文摘》全文转载，分别是《“新零售”的理论架构与研究范式》（《新华文摘》第9期）、《中国消费升级的特征、度量与发展》（《新华文摘》第15期）和《互联网平台大数据收集的困境与新发展路径》（《新华文摘》第19期），比2017年增加2篇；另有37篇文章被中国人民大学复印报刊资料系列刊全文转载，比2017年增加7篇。

2018年10月，北京市新闻出版局召开在京期刊编校质量审读发布会，对《中国流通经济》的总体评价为：“该刊语言文字符合相关法律、法规及标准、规范要求；行文表达通畅、合乎逻辑，无病句；文字、标点符号、遣词用句符合规范；没有出现繁体字、异体字、异形词等；差错率低于万分之三，符合《期刊出版质量管理规定》的要求。”

针对杂志社编辑人少、任务重的问题，结合本科教学工作审核评估意见反馈会上专家意见，杂志社在增加正式编制人员有困难的情况下，于6月开始招聘兼职编辑人员。本次共招收校内兼职编辑15人、校外兼职编辑3人，帮助编辑部审阅稿件、组织稿源，进一步夯实期刊高质量发展的基础。

在2018年11月16—18日召开的2018（第十七次）中国物流学术年会上，杂志主编郝玉柱教授以“《中国流通经济》及选题热点”为题在大会上做报告，并以“如何撰写经济管理学术论文”主题与参会嘉宾进行交流，将1000本杂志分发给参会代表，扩大刊物的影响力。

【跻身中国国际影响力优秀学术期刊前十】2018年3月28日，中国人民大学书报资料中心发布2017年度复印报刊资料系列刊管理学学科期刊全文转载排名，《中国流通经济》在高等院校主办的学报排名第7，在管理学学科期刊中排在第7位（见附录）。

根据《中国学术期刊影响因子年报》（人文社会科学）统计数据，《中国流通经济》2018年复合影响因子为

3.476，比 2017 年的 2.635 提高了 32%。该指标在 2017—2018 年中文社会科学引文索引（CSSCI）来源期刊经济学学科拟收录来源期刊名单（正版 75 种）中排第 24 位；在经济学学科扩展版来源期刊拟收录名单（共 20 种）中排名第 1；在中国知网的 117 种贸易经济类期刊中，排名第 2。

2018 年 11 月 23 日，《中国学术期刊（光盘版）》电子杂志社有限公司和清华大学图书馆联合主办的《中国学术期刊国际引证年报》，遴选发布了 2018 中国国际影响力优秀学术期刊（人文社会科学）名单，《中国流通经济》被评为 2018 中国国际影响力优秀学术期刊（位列第 10 名），被认为“国际影响力提升显著”。（见附录）

【成为中国物流学会会刊】 经与中国物流学会多次研讨，自 2018 年 1 月起《中国流通经济》成为中国物流学会会刊，并在中国流通经济杂志封面上标注“中国物流学会会刊”字样。为更好地发挥中国物流学会会刊的作用，2018 年 2 月 9 日杂志社社长翁心刚带领杂志社一行到中国物流学会与学会领导进行深入交流。双方决定建立联系机制，互通信息；每年开选题研讨会和总结会，针对热点选题邀请专家撰稿；学会可通过会刊刊登会议通知等，将重要会议主要内容及照片刊登在封二和封三上；学会可推荐优秀稿件并将每期杂志电子版发放给物流学会会员。

【举办纪念改革开放 40 周年研讨会】 2018 年 11 月 27 日，由《中国流通经济》杂志社主办的“纪念我国改革开放 40 周年研讨会”在北京物资学院举行。中国物流与采购联合会原常务副会长、中国海事仲裁委员会副主任、中国流通领域的著名专家丁俊发，国务院研究室原综合司司长、中国国际经济交流中心总经济师陈文玲，中国商业经济学会会长、中国人民大学教授兼博士生导师马龙龙，中国物流学会常务副会长贺登才，中国物资储运协会名义会长姜超峰，中国社科院财经战略研究院研究员、博士生导师宋则，中国农业大学教授、博士生导师安玉发，中国社会科学院中国社会科学评价研究院院长荆林波，中国北方工业公司高级政研主管、教授级高级工程师王佐，商务部政策研究室调研员郑胜利，北京工商大学经济学院教授洪涛、孙永波，北京京商流通战略研究院院长赖阳等专家学者出席了本次研讨会。与会专家针对我国流通业 40 年的发展成就和存在的问题、自营与联营的利弊、零售业的升级与规范管理、农产品流通发展的成就与问题、新时代物流强国的发展建议、对外贸易发展的成就及问题等主题发表真知灼见，使学校参会教师的研究思路得到拓宽。

【附录】

2017 年度复印报刊资料系列刊管理学学科期刊全文转载排名

期刊名称	转载数	排名
经济管理	36	1
管理学报	36	
外国经济与管理	35	3
管理世界	34	4
管理评论	27	5
中国农村经济	24	6
中国流通经济（北京物资学院学报）	22	7
旅游学刊	21	8
中国软科学	20	9
科学学与科学技术管理	18	10

2018 中国国际影响力优秀学术期刊（人文社会科学）前十名

序号	期刊名称	国际影响力指数 CI	国际他引总被引频次	国际他引影响因子	语种	主办单位
1	管理评论	149. 313	177	0. 076	中文	中国科学院大学
2	现代远程教育研究	148. 550	111	0. 231	中文	四川广播电视大学
3	高等教育研究	147. 271	179	0. 065	中文	华中科技大学等
4	情报科学	146. 105	186	0. 046	中文	中国科学技术情报学会等
5	Frontiers of Education in China	146. 054	134	0. 165	英文	高等教育出版社
6	世界经济与政治	136. 596	140	0. 119	中文	中国社会科学院世界经济与政治研究所
7	图书情报工作	130. 388	167	0. 037	中文	中国科学院文献情报中心
8	体育科学	130. 130	155	0. 063	中文	中国体育科学学会
9	建筑经济	129. 129	154	0. 062	中文	中国建筑学会等
10	中国流通经济	126. 133	120	0. 132	中文	北京物资学院

北京市物流系统与技术重点实验室

【概况】北京市物流系统与技术重点实验室（Beijing Area Logistics System & Technology Major Laboratory）以管理科学与工程学科为基础、以服务物流产业为特色，形成多学科、交叉跨界为特征的研究方向，包括管理科学与工程、物流工程、物流规划技术、冷藏及保鲜技术、供应链管理、物流信息管理与信息技术以及质量管理等。2018 年实验室在科研思路探索上以申报高水平项目为重点突破，以承担政府规划项目为抓手，巩固在规划设计、设备工程技术以及冷链物流方面的优势，凸显在物流系统以及技术集成方面的特色，面向社会和企业服务，解决企业实际运营问题，加强战略合作与协同拓展。

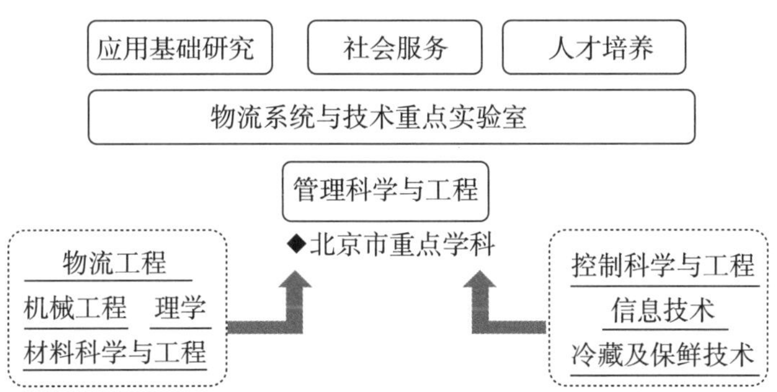

北京市物流系统与技术重点实验室支撑学科分布图

2018 年北京市物流系统与技术重点实验室与国内外其他科研院校、企事业单位开展深度交流与合作。先后多次与北京交通大学、中国人民大学、中国农业大学、中国物流与采购联合会等多家科研单位及院校开展交流合作。此外，一直保持与德国巴登符腾堡州勒拉赫大学、日本流通经济大学、美国欧道明大学等国外高校开展科研项目合作。

【组织机构】2018 年北京市物流系统与技术重点实验室进一步精简凝练研究方向与子实验室，实验室设置做了相应调整，现下设有 3 个研究中心，负责具体的科研工作。冷链物流研究中心主要侧重冷链物流管理方向研究，服务于企事业单位技术支持。基于部分产品的温度属性开展物流保障研究，主要以冷链技术研究为主，分别以机械制冷、食品农产品、材料科学、医药储藏等学科的基础知识为依托，形成具备完整的冷链在线监控、产品品质分析、无线设备开发、动态模拟、货架期预测等成果。智能设备与技术研究中心以自动立体仓库规划、设计与开发，智能物流设备与系统开发（如多功能模块化 AGV/RGV、叉车开发，巡检智能飞机开发）为主。在物流与供应链纵向整合/集成情形下，研究库存管理、生产管理、物流管理及需求预测，运用数学建模、博弈论、纯仿真建模等方法，研究多级库存管理与控制策略以及路径优化问题；运用系统仿真理论，研究物流系统的规划设计，研究物流及区域物流系统中的牛鞭效应、协调、集成及信息共享等问题；对微观物流系统的建模和仿真，侧重于对局部性的描述，如企业物流或企业的生产物流、供应物流、销售物流、回收物流、废弃物流等，从而反映企业整体运营状况，发现和预测生产、供应、销售、回收等各环节的瓶颈，优化各环节运营方案；运用机械及信息技术进行物流系统集成，构建物流操作流程中的关键节点及关键环节。数据资源与分析研究中心依托物流资源原始数据，构建物流、供应链、仓储等相关领域的数据资源库；针对数据资源采用数据挖掘、数据建模以及大数据的方式进行深度分析，利用现有国内外相关数据的关联性，探索物流数据之间的规律与相关机理，建立系统数据分析方法及配套软硬件，为政府机关及相关企事业单位开展业务指导提供技术支持。

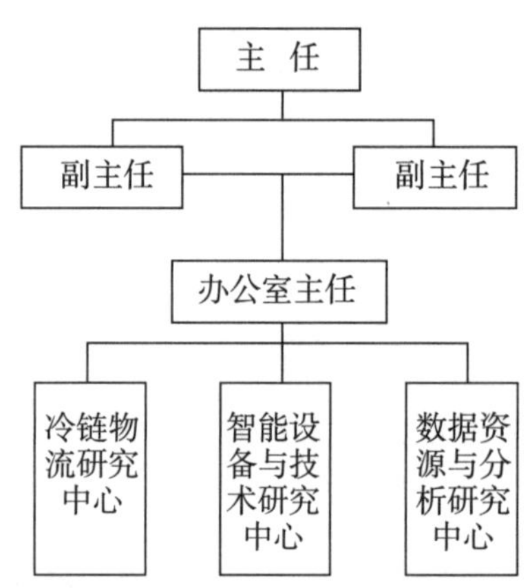

北京市物流系统与技术重点实验室架构

1. 学术委员会构成

主任：何明珂

副主任：杨福兴

委员：翁心刚、杜志平、张旭凤、张志勇、周利国、郎茂祥、姜超峰、李苏剑

2. 研究力量及校外资源整合利用

实验室现拥有 19 名研究人员，其中教授 5 人、副教授 10 人、讲师 4 人；具有博士学位研究人员占比 89%。学术带头人及首席专家均在国内外物流领域具有一定影响力与知名度，部分在国内主要一级协会任职。

【科研成果】2018 年北京市物流系统与技术重点实验室共承担各类研究项目 12

项，横纵向项目到账金额合计 80 万元；发表各类论文 14 篇，学术著作 3 部，实用新型专利 9 项。项目研究方向包括“2018 大宗商品交易市场现代物流发展报告”“现代供应链理论体系及创新应用研究”“多载具自动化立体仓库规划设计及货位分配优化研究”“智能分拣与全流程监测的若干关键技术研究”“中国物流行业发展趋势分析报告”“物流周转箱设计”“新物流、新口岸发展研究”以及“示范物流园区”等。项目分别来源于北京市教委、中国物流学会以及企事业单位委托项目等。具体如下。

北京市物流系统与技术重点实验室承接科研项目统计表（2018 年）

序号	项目名称	项目级别	项目来源单位
1	2018 大宗商品交易市场现代物流发展报告	省部级	中国物流与采购联合会
2	现代供应链理论体系及创新应用研究	省部级	中国物流学会、中国物流与采购联合会
3	多载具自动化立体仓库规划设计及货位分配优化研究	省部级	中国物流学会
4	现代物流供应链质量提升策略研究课题	市局级	北京市质量技术监督局
5	智能分拣与全流程监测的若干关键技术研究	市局级	北京市教委
6	基于转子信号分析及故障诊断技术研究	校级	北京物资学院
7	中国物流行业发展趋势分析报告	横向	企事业单位委托项目
8	关于设立山东飞虎物联有限公司的可行性咨询研究	横向	企事业单位委托项目
9	物流周转箱设计	横向	企事业单位委托项目
10	新物流、新口岸发展研究	横向	企事业单位委托项目
11	北京物资学院日通研究室第一阶段共同研究咨询服务项目	横向	企事业单位委托项目
12	示范物流园区	横向	企事业单位委托项目

北京市物流系统与技术重点实验室科研人员发表文章统计表（2018 年）

序号	论文题目	发表刊物/论文集
1	日本第六次《综合物流施策大纲》（节选）	中国物流年鉴（2018）
2	基于任务驱动的物流类《工程制图》课程改革探索与研究	教育教学论坛
3	Research on the Geographical Origin Traceability of Fuji Apples Based on Fisher Discriminant Method	International Agricultural Engineering Journal

续 表

序号	论文题目	发表刊物/论文集
4	装配眼镜质量分析研究	锋绘
5	基于“第六产业”的“智慧供应链集群”耦合研究	中国物流与采购
6	基于LSQ模型的电子商务物流服务质量研究	环球市场
7	基于Flexsim的某中药生产企业自动化立体仓库设计	物流技术
8	基于SPSS试卷质量研究	Lecture Notes in Management Science
9	一种基于分数阶对偶树复小波变换的匹配追踪弱故障信息提取方法及其应用	The Eighth International Conference on Instrumentation & Measurement, Computer, Communication and Control (IMCCC 2018)
10	Research on unsteady aerodynamic performance of last stage for low pressure cylinder of steam turbine	Journal of Vibroengineering
11	共享经济背景下电商快递末端配送模式优化研究	商场现代化
12	物联网背景下粮油“网订店取”配送模式研究——以烟台市为例	福建质量管理
13	基于流通温度变化的苹果品质评价模型的构建	北方园艺
14	国际供应链供应商风险防范及对策研究	新商务周刊

北京市物流系统与技术重点实验室出版专著统计表（2018年）

序号	专著名称	出版单位
1	供应链质量管理	中国财富出版社
2	Flexsim物流系统建模与仿真案例实训	化学工业出版社
3	工程制图基础理论及实训	中国发展出版社

北京市物流系统与技术重点实验室第一署名单位专利统计表（2018年）

序号	专利名称	类型
1	一种全自动开箱机	实用新型

续　表

序号	专利名称	类型
2	一种定位式打包机	实用新型
3	一种用于物流自动化生产线的顶升称重分拣系统	实用新型
4	一种固体样品取样铲	实用新型
5	一种滤网式样品处理装置	实用新型
6	一种液体冰点检测装置	实用新型
7	一种原料样品检验取样装置	实用新型
8	一种粘性样品取样匙	实用新型
9	一种枣汁液样品取样器	实用新型

（陈静）

北京市高校物流技术工程研究中心

【概况】北京市教委京教研〔2010〕3号文件批准了北京物资学院物流技术工程研究中心立项建设。几年来，北京高校物流技术工程研究中心（以下简称物流技术工程中心）整合学校物流技术、物流管理、物流工程、计算机科学与技术、物联网技术等学科及专业领域资源，整合校外资源，形成以物流技术工程化研究为主的跨学科研究团队。物流技术工程中心对具有市场价值的重要应用科技成果进行后续的工程化研究和系统集成；开发研究具有产业化前景的共性技术、关键技术和服务平台，加快科技成果的孵化；促进技术成果向生产转化。现有专职研究人员2名，专职行政管理人员1名；兼职研究人员包括教授10名，副教授15名，博士20名，政府特殊津贴专家1名，研究生30余名。

2018年围绕我校物流领域科学研究建设总目标和物流技术工程中心研究方向，工程中心开展了以下工作。

科学研究：

（1）基于多气体传感器构建传感器阵列解决仓储空气质量监控问题，为电化学气体传感器阵列在解决混杂气体的数据解析方面提供新的分析算法，有助于提高物流仓储的信息化和智能化管理与运作，提高仓储整体运营效率，保障仓储作业人员安全与仓储货物的品质。年底完成了平台初步搭建工作。

（2）针对仓储设备由故障导致的振动异常、温度过高现象，研究设计仓储设备故障诊断系统，对仓储设备建立故障树，分析仓储设备振动情况，提取关键信息，明确仓储设备健康状态，及早发现仓储设备早期故障，有助于自动化立体仓库的智能化维护与管理。

（3）对应不同种类物品对仓储贮存环境的要求，建立能够灵活适用特定仓储环境的环境监测系统。系统可根据存贮物品对存储环境多样性的要求，有选择性地监测环境温湿度、振动情况、气体浓度等环境参数，有助于提高仓储环境监测的适用性、灵活性。

科技成果及转化：2018 年物流技术工程研究中心发表核心及以上论文 2 篇，获批发明专利 1 项，获批实用新型专利 5 项，研制智能物流样机 2 套，获奖 1 项。

【科研成果】

北京市高校物流技术工程研究中心 2018 年主要专利成果一览表

序号	专利名称	专利发明人	专利类型	专利范围	授权公告号	专利号	专利授权日期
1	电晕放电离子源组件及其离子注入方法	赵东杰、刘军、丁庆行	发明专利	国内	CN106910669B	CN201710219373. 1	2018 – 03 – 20
2	电子鼻系统	赵东杰、刘军、游思晴、马廷伟（研）、丁庆行（研）、周明（研）	实用新型	国内	CN208171949U	ZL 201820650509. 4	2018 – 11 – 30
3	一种用于仓储监控设备的主控模块	刘军、杨玺、赵东杰、徐燕	实用新型	国内	CN207833294U	ZL201820292443. 6	2018 – 09 – 07
4	一种实时大数据采集记录装置	刘军、赵东杰、张帅（研）、刘欢（研）	实用新型	国内	CN207763734U	ZL201721722937. 5	2018 – 08 – 24
5	一种移动载货平台运行安全远程监测装置	刘军、赵东杰、徐燕、杨玺、阎芳	实用新型	国内	CN207379532U	ZL201721031396. 1	2018 – 05 – 18
6	一种仓储货架安全监测装置	刘军、阎芳、杨玺、刘欢（研）、于子红（研）、赵东杰、徐燕	实用新型	国内	CN207036175U	ZL201720922898. 7	2018 – 02 – 23

北京市高校物流技术工程研究中心 2018 年主要论文成果一览表

序号	论文题目	发表刊物	刊物级别	发表/出版时间	所有作者
1	基于物联网的仓储管控一体化系统实现路径	中国流通经济	核心 A【2017】	2018-07-11	刘军、赵东杰、徐燕
2	一种用于平板型 FAIMS 的电晕放电离化源	传感技术学报	核心 A【2017】	2018-06-15	赵东杰、刘军、丁庆行（研）、周明（研）、马廷伟（研）

北京市高校物流技术工程研究中心 2018 年主要获奖成果一览表

奖励名称	成果名称	第一完成人	其他完成人	获奖完成人	发证机关	获奖等级
2018 年中国物流与采购联合会科技进步奖	基于管控一体化的智慧仓储解决方案项目	刘军	赵东杰、徐燕、杨玺、阎芳、王乐乐、王成林、丁庆行（研）	刘军、赵东杰、徐燕、杨玺、阎芳、王乐乐、王成林、丁庆行（研）	中国物流与采购联合会	二等奖

【研发产品】

对前期积累的物流成果进行工程转化，开发两种仓储环境监测仪表样机。

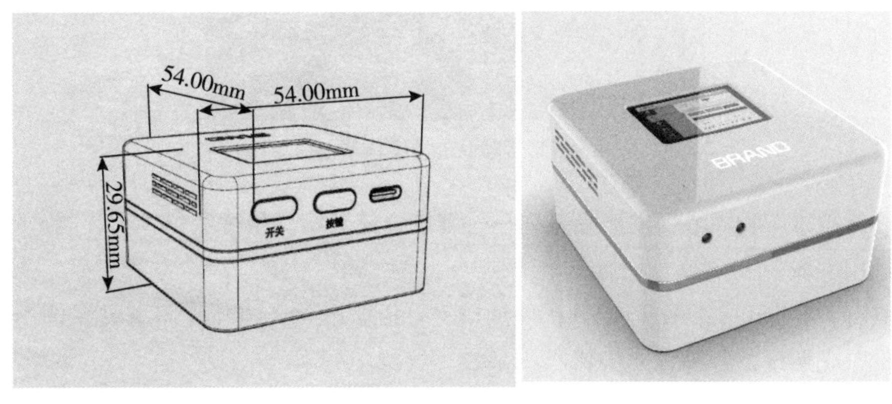

仓储环境监测仪表样机

物流技术工程中心研发产品系列——货物运动状态监测仪表

运动传感器板载空气温湿度、9 轴运动（3 轴加速度 +3 轴陀螺仪 +3 轴磁强计）、大气压力等传感器，内部带有实时日历时钟、唯一 ID 识别等模块，采用32 位 ARM 芯片 STM32F107 作为主控制器，运行 RT－THREAD 嵌入式实时操作系统，可通过 RS－485、USB 等方式与主机通信。电源输入支持 8～24V，RS－485 回路与主电路电气隔离，USB 线路有 8kV 放电保护。

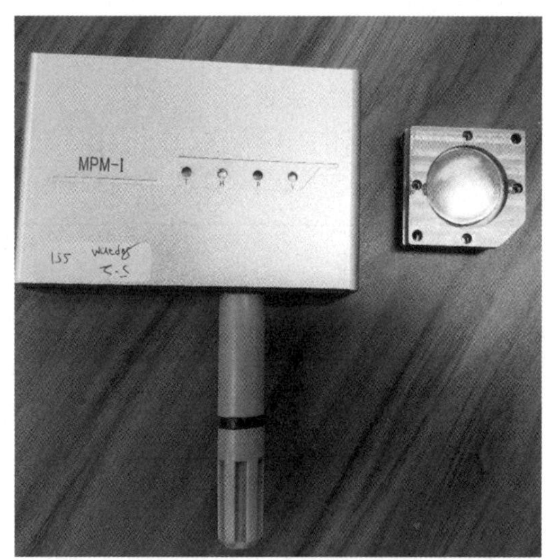

货物运动状态监测仪表

物流技术工程中心研发产品系列——智能仓储环境质量检测仪

适用领域：

具有 I2C、SPI、UART、AD 扩展插槽，可根据不同仓储环境需求灵活选择空气温湿度、光照度及各种气体传感器。

技术参数：

温度范围：－40～80 ℃

湿度范围：0～100%

全程精度：±0.4℃；±3.0%RH

数据容量：1000000组

检测气体种类：氧气、二氧化碳、一氧化碳、二氧化硫、一氧化氮、二氧化氮

外形尺寸：8cm×6.5cm×4cm（主板）；6.5cm×5.5cm×4cm（传感器板）

供电电压：DC24V

通信方式：以太网；WIFI；USB；RS-485

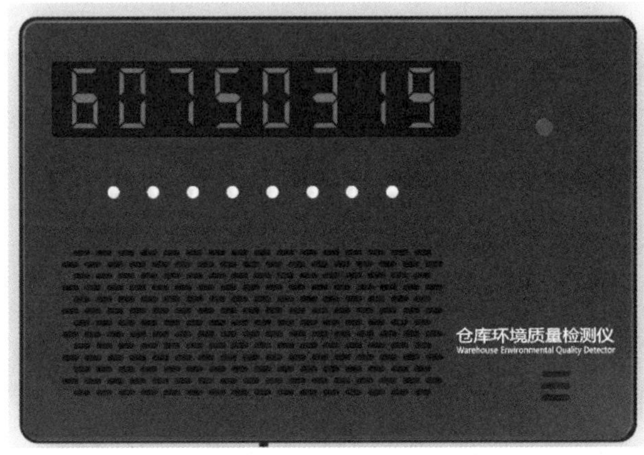

智能仓储环境质量检测仪

（王乐乐）

智能物流系统北京市重点实验室

【概况】北京物资学院智能物流系统实验室成立于2006年，依托北京物资学院建设，2012年经北京市科学技术委员会认定为智能物流系统北京市重点实验室。重点实验室面积2000多平方米，拥有进口的RFID设备、物联网中间件、物流AGV、立体仓库等大型仪器设备，总价值3000余万元；共有固定科研人员51人，其中正高级13人、副高级19人（高级职称占62.7%，40岁以下有12人），目前已形成结构合理、人员稳定、具有较强创新能力的物联网信息处理与智能物流系统研究团队，设有现代物流信息与控制技术研究基地和物联网技术与智能物流系统北京市创新团队2个，服务于计算机应用技术、物流工程、管理科学与工程、物流网工程与技术4个硕士学位授予点。

智能物流系统北京市重点实验室以重点实验室为平台，近年来承担国家自然科学基金项目“基于随机服务系统的人工拣选作业处理模型与算法研究”

“物流配送中的人工拣选作业随机过程模型分析与研究”“基于主动配送的我国成品油二次配送库存路径问题研究”“低计算量高精度半结构化环境视觉/惯性紧组合的 AGV 定位导航方法研究”“大数据环境下的智慧物流优化理论与方法”；先后承担和完成参加“区域性国际物流综合服务系统与应用示范”“塑料全程电子商务及其物流服务技术开发与示范应用”等国家科技攻关计划项目、北京市自然基金重点项目、北京市科技计划项目等国家及省部级课题 10 多项，企业委托项目 20 多项；获批国家专利 30 余项，软件著作权 10 项，出版著作 10 余部。

智能物流系统北京市重点实验室的主要研究方向包括智能物流系统理论与方法研究，立足我国智能物流理论与方法创新需求。主要开展物流协同服务理论与方法、互联网 + 物流理论与方法、智能物流系统模型及优化方法研究；物联网技术与物流信息化研究、智能物流系统应用物联网设备、中间件核心技术研发；物流大数据处理技术；智能物流装备及系统研发，新型多层穿梭车式立体仓库、物流搬运机器人、大规模物流机器人协同调度系统研发，并开展行业应用的产业化推广工作。实验室面向我校师生和外来企业开放，以我国物流产业发展的重大需求为导向，主要为社会企业解决物联网复杂事件处理、智能物流技术装备升级等难题，面向电子商务物流、农业物流、冷链物流等行业物流开展示范应用和产业化推广。先后承担物联网信息处理与智能物流领域一批国家及省部级项目的研究工作，研究水平国内领先；研究团队与北京大学、北京航空航天大学、北京邮电大学、北京师范大学、大连理工大学等单位建立了紧密合作关系，研究方向涵盖计算机技术、自动控制、嵌入式系统、信息智能处理等。实验室研究领域丰富，给师生的专业研究学习提供便利，为研究生和本科生的培养提供良好的科研和实践平台，培养了大批智能物流系统人才。

实验室坚持“开放、流动、联合、竞争”的运行机制，面向国内外的学者和科研人员开放，围绕智能物流系统领域设立重点实验室开放课题基金。同时重点实验室重视社会服务工作，尤其注重为地方和行业服务。智能物流系统北京市重点实验室为北京物资学院直属机构，业务上接受学校和信息学院指导，由周丽教授任主任；下设重点实验室管理办公室负责日常运行业务工作，另设有多个子实验室，负责具体的科研工作；学术委员会是最高决策机构，负责确立研究方向和重大项目决策。实验室组织机构如下图所示。

【2018 年度主要工作情况】

1. 发展规划及目标完成

2018 年度，突出智能物流系统重点实验室研究特色，发挥智能物流系统研究方面的特长，紧密围绕国家和北京市经济、社会和科技发展战略，结合我校学科发展优势，开展智能物流基础理论和关键技术研究，获取原始创新成果，积极开展行业应用。实验室以我国物流产业发展的重大需求为导向，致力于智

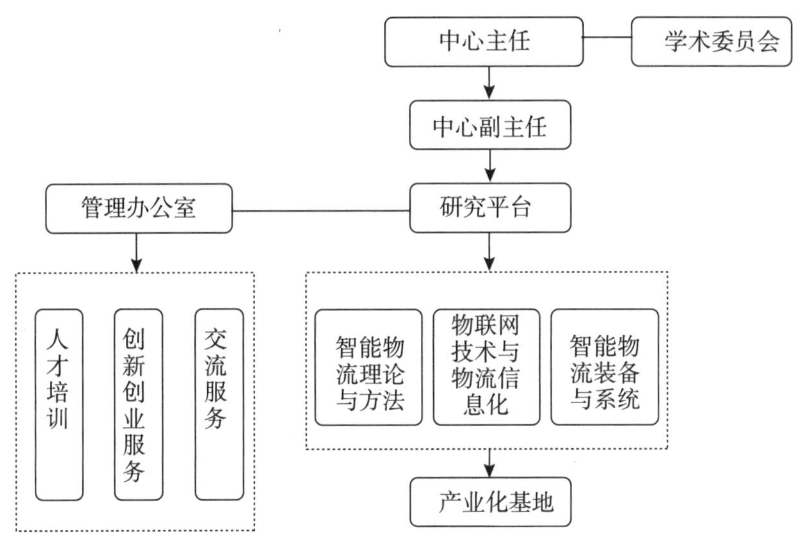

智能物流系统北京市重点实验室组织结构图

能物流产业发展的关键理论、方法及技术问题开展研究。

在科研项目立项方面，智能物流系统北京市重点实验室 2018 年度获批国家自然科学基金项目“低计算量高精度半结构化环境视觉/惯性紧组合的 AGV 定位导航方法研究”“大数据环境下的智慧物流优化理论与方法”2 项，获批省部级项目“科研基地建设——北京市智能物流系统协同创新中心项目”“2018 北京市高水平创新团队建设支持计划项目”等 7 项，获批国家自然科学基金项目 1 项及完成北京市提升计划项目课题验收，共发表学术论文 20 余篇。

智能物流系统北京市重点实验室紧密跟踪智能物流系统研究前沿，与相关企业合作，自主研发了“物联网技术中间件”“物流拣选机器人”“物流分拣机器人”“大规模物流机器人调度仿真”“智能物流实训系统”等智能物流装备及系统，目前正在进行相关产品的优化改进工作，重点实验室积极开展相关研究的成果转化工作。与企业合作推广智能物流实训系统，2018 年推广金额达到 100 多万元。

重点实验室积极开展协同创新工作，目前与北京交通大学、山东科技大学、北京航空航天大学、北京理工大学、北京邮电大学、普天物流技术有限公司、北京千方科技股份有限公司、北京金山顶尖科技股份有限公司等高校及企事业单位建立了良好的科研关系，进一步提高重点实验室的创新性和研究的前沿性。2018 年依托重点实验室申报中关村开放实验室并顺利获批，为进一步加大重点实验室开放合作奠定了基础。2018 年重点实验室积极开展国际合作，与悉尼科技大学、英国雷丁大学开展合作项目研究。

2018 年智能物流系统北京市重点实验室引进 9 名专职科研人员，2 人晋升副教授职称；招收 20 多名研究生，北京航空航天大学等高校的研究生、本科生在重点实验室合作开展研究工作。重点实验室获批北京市高水平创新团队建设支持计划项目，周丽教授入选北京市长城学者计划；还与北京交通大学华国伟教授团队开展合作，获批了2018年度自然科学基金重点项目1项。

2. 研究水平与贡献

（1）低成本物流机器人定位导航技术研究。

利用低成本相机、陀螺仪、编码器等多源传感器，采用组合导航技术，研发了适用于物流仓储机器人应用的定位导航技术。申报发明专利3项，获批1项国家自然科学基金项目。

（2）大数据背景下大规模物流机器人调度系统研究。

研究了基于在线学习的动态仓储决策优化模型与方法，提出了基于区域任务均衡的多机器人任务分配优化策略和大规模物流机器人无冲突路径的优化模型与方法，研制了大规模物流机器人调度仿真与决策平台。与北京交通大学、京东某事业部联合获批了国家自然科学基金重点项目1项。

（3）物流机器人技术标准研制。

参与了物流仓储机器人技术标准及测试规范研制2项，以及物流无人配送车技术标准研究。

（4）基于主动配送的我国成品油二次配送库存路径问题研究。

依托国家自然科学基金项目“基于主动配送的我国成品油二次配送库存路径问题研究”，研究了确定需求下的成品油二次配送车辆路径问题建模与求解、物流网络构建以及物流配送区域划分问题的建模与求解等，2018年度项目组成员共撰写论文7篇，其中已经发表4篇（核心期刊），正式录用3篇（EI期刊2篇、SCI期刊1篇）。

3. 在全国科技创新中心建设中发挥积极作用

（1）对首都经济社会发展的贡献。

智能物流系统北京市重点实验室围绕国家智能物流系统产业的重大需求，瞄准智能物流系统创新目标，依托北京物资学院优势学科，根据智能物流系统产业中急需解决的关键问题进行产学研结合，参与了物流机器人相关行业标准制定，增强我国对智能物流系统资源的掌控能力和综合开发能力，培养了多名智能物流领域专业人才，全面促进我国智能物流系统的产业升级。

（2）行业引领及贡献。

2018年智能物流系统北京市重点实验室参与了物流仓储机器人技术标准及测试规范和物流无人配送车技术标准研究；获批了北京市高水平创新团队建设支持计划项目“智能仓库系统优化模型与算法研究”。

4. 青年骨干人才培养

重点实验室十分重视青年人才培养，尤其是在职称评定、硕士生导师晋升等方面，积极鼓励青年教师参加学术会议。实验室青年教师苏庆华博士积极参与重点实验室研究工作，指导多名研究生参与课题研究，获批国家自然科学基金项目1项，晋升副教授职称。于真博士发表多篇学术论文，晋升副教授职称。周丽教授入选北京市长城学者。

5. 开放交流与运行管理

重点实验室设置 42 万元开放课题经费。北京航空航天大学张海副教授与重点实验室合作开展物流搬运 AGV 的定位技术研究。北京交通大学华国伟教授与重点实验室合作开展了大数据背景下智能物流系统优化的研究，并联合获批国家自然科学基金重点项目 1 项。悉尼科技大学鲁海燕教授与重点实验室合作开展物流机器人调度系统合作研究。与哈尔滨商业大学、河南财经政法大学开展新零售与智能物流研究。重点实验室与中国物流与采购联合会合作开展智能物流系统相关培训，培训人数达 100 多人，极大地扩大了重点实验室知名度。积极开展大型仪器设备开放共享工作，天津科技大学与重点实验室共享使用物联网综合测试平台，北京金山顶尖科技股份有限公司、北京航空航天大学、北京邮电大学使用共享物流搬运 AGV 平台及惯性导航研究平台。

智能物流系统北京市重点实验室依托智能物流系统研究方面的优势，基于智能物流系统理论与方法、物联网技术与物流信息化、智能物流装备及系统等方面的研究成果，基于中关村开放实验室，与中关村民营企业家协会开展了智能机器人联盟的筹建工作。与中关村现代物流与电子商务产业联盟开展合作，围绕电商物流技术、物流服务模式开展调研。参与京津冀一体化建设工作和通武廊人才一体化发展示范区建设，积极面向京津冀开放重点实验室科研资源。与北京交通大学物流管理与技术北京市重点实验室开展大数据背景下智能物流系统优化理论与方法相关研究。与哈尔滨商业大学、河南财经政法大学联合成立了新零售与智能物流系统实验室，并针对哈尔滨商业大学开展了师资培训，双方围绕新零售技术、物流机器人系统开展了联合技术研发工作，双方计划在 2019 年联合开展重点实验室相关成果在黑龙江的产业化推广工作。与深圳职业技术学院联合开展了智能物流系统实验室共建工作，筹建深圳市智能物流产业技术创新联盟。完成了承担的通州区科委科技计划项目验收工作。承担了多项智能物流系统培训，为建设全国科技创新中心和服务北京城市副中心建设做出新的贡献。进一步落实《智能物流系统重点实验室科研组织与协同研究管理办法》《智能物流系统重点实验室创新团队考核管理办法》《智能物流系统重点实验室开放基金管理办法》《智能物流系统重点实验室知识产权管理办法》《智能物流系统重点实验室仪器设备共享管理办法》《智能物流系统重点实验室促进科技成果转化实施办法》。在人员管理方面，进一步完善了《智能物流系统重点实验室岗位设置与聘任实施办法》《智能物流系统重点实验室考核实施办法》《智能物流系统重点实验室薪酬分配实施办法》《智能物流系统重点实验室研究生科研奖励实施办法》等管理办法。

北京物资学院十分重视智能物流系统北京市重点实验室建设工作，在科研场地、经费投入、人才招聘、职称晋升方面都给予了大力支持。2018 年度，对 2017 年增加的 100 多平方米的科研实验室面积进行了充分改造，改善了重点实验室的科研条件；为实验室配备了办公经费和开放课题经费；有 2 名实验室科研人员晋升了职称。

【科研项目】

智能物流系统北京市重点实验室 2018 年承担主要科研项目一览表

序号	项目名称	来源	负责人
1	低计算量高精度半结构化环境视觉/惯性紧组合的 AGV 定位导航方法研究	国家自然科学基金	苏庆华
2	大数据环境下的智慧物流优化理论与方法	国家自然科学基金	李俊韬
3	科研基地建设——北京市智能物流系统协同创新中心项目	省部级	周　丽
4	2018 长城学者项目	省部级	周　丽
5	2018 北京市高水平创新团队建设支持计划项目	省部级	李珍萍
6	2018 年北京市青年拔尖人才项目	省部级	袁瑞萍
7	北京市“高创计划”青年拔尖个人项目	省部级	唐恒亮
8	基于大数据技术提升首都物流服务品质的策略研究	省部级一般项目	周　丽
9	区块链与物联网环境下的农产品信息溯源体系研究	北京市教委人文社科计划面上项目	刘同娟
10	整合多源数据的云推荐系统关键技术研究	北京市教委科技计划面上项目	张海军
11	智能仓储系统中基于强化学习的动态不确定任务分配研究	省部级一般项目	薛　菲

智能物流系统北京市重点实验室 2018 年主要论文成果统计表

序号	论文名称	期刊名	第一作者
1	基于聚类和关联规则算法的存储策略研究	Soft Computing	周　丽

续　表

序号	论文名称	期刊名	第一作者
2	基于带有混合延时项的基因调控网络状态观察设计的 M 矩阵	Ieee Transactions on Circuits and Systems Ⅱ – Express Briefs	田立平
3	面向单类推荐问题的整合时间信息的 LDA 模型	Knowledge – Based Systems	张海军
4	估计宽通道拣选系统的拥堵率	Soft Computing	周　丽
5	C＊ – 代数值 G – 度量空间及相关不动点定理	Journal of Function Spaces	沈丛丛
6	基于语义扩展的中文微信话题发现	Information（Switzerland）	丁连红
7	基于知识图谱扩展的短文本分类方法	情报工程	丁连红
8	基于广义投影变换的理性门限签名协议	International Journal of Wireless and Mobile Computing	薛　菲
9	一种黑子特征自动提取的太阳耀斑模型	中国科学：物理学 力学 天文学	李　蓉
10	基于物流 AGV 的“货到人”订单拣选系统任务调度研究	运筹与管理	袁瑞萍
11	大数据背景下我国企业信用研究综述——基于 CSSCI 检索论文的分析	金融理论与实践	韩　嵩
12	中国各省学生分布状况分析	International Journal of Innovation and Research in Educational Sciences	唐恒亮
13	中国气候分布分析——以重点城市为例	International Journal of Agriculture Innovations and Research	唐恒亮
14	九州通线下药店选址优化问题研究	数学的实践与认识	李珍萍
15	考虑最优时滞因子时空模型的高速公路短时交通流预测	科学技术与工程	申贵成
16	基于物流机器人的电子商务仓库系统订单分批改进聚类算法	International Journal of Wireless and Mobile Computing	薛　菲
17	一种基于社交网络的电子商务信任模型与仿真	系统仿真学报	于　真
18	基于分布式传感网络的管道实验室安全监控与疏散导引系统	International Journal of Distributed Sensor Networks	丁连红

续 表

序号	论文名称	期刊名	第一作者
19	基于改进蚁群算法的物流机器人任务分配方法研究	International Journal of Wireless and Mobile Computing	薛 菲
20	基于遗传算法的成品油二次配送车辆路径问题研究	数学的实践与认识	李珍萍
21	带时间窗和服务顺序约束的多需求车辆路径问题	控制与决策	李珍萍
22	基于改进蚁群算法的多时间窗车辆路径问题	计算机技术与发展	朱 杰
23	基于社交演化博弈的社交网络用户信息分享行为演化分析	电子学报	于建业
24	数据挖掘技术在车险企业客户流失中的应用与研究	International Journal of Data Science and Analysis	韩 嵩

（唐恒亮）

北京市智能物流系统协同创新中心

【概况】协同创新中心的宗旨是围绕国家智能物流系统产业的重大需求，瞄准智能物流系统创新目标，依托优势学科，根据智能物流系统产业中急需解决的关键问题，进行产学研结合，建立具有自主动力和自我发展能力的产业创新协同中心，增强我国对智能物流系统资源的掌控能力和综合开发能力，全面促进我国智能物流系统的产业升级。

北京市智能物流系统协同创新中心是在北京市人民政府、北京市教委主导下，2015 年由北京物资学院牵头，联合北京航空航天大学、北京千方科技股份有限公司、北京金山顶尖科技股份有限公司等联合创新体申报并获批。北京市智能物流系统协同创新中心共同致力于提升科技创新能力和拔尖创新人才培养能力、服务和引领智能物流系统产业转型升级、解决产业发展中存在的关键科学问题和共性技术问题，充分开发、有效集成成员单位各类优质优势学科、重点科技和人力资源，构建拔尖创新人才协同培养体系，培养一批能服务乃至引领智能物流系统产业转型升级、具有国际化和多学科交叉背景等的复合型拔尖创新人才。

北京市智能物流系统协同创新中心为北京物资学院直属机构，业务上接受学校和信息学院指导，由周丽教授任中心主任，中心下设省部级科研平台、产业化平台和人才培养基地3个核心机构，负责具体产学研工作。协同创新中心组织机构如下图所示。

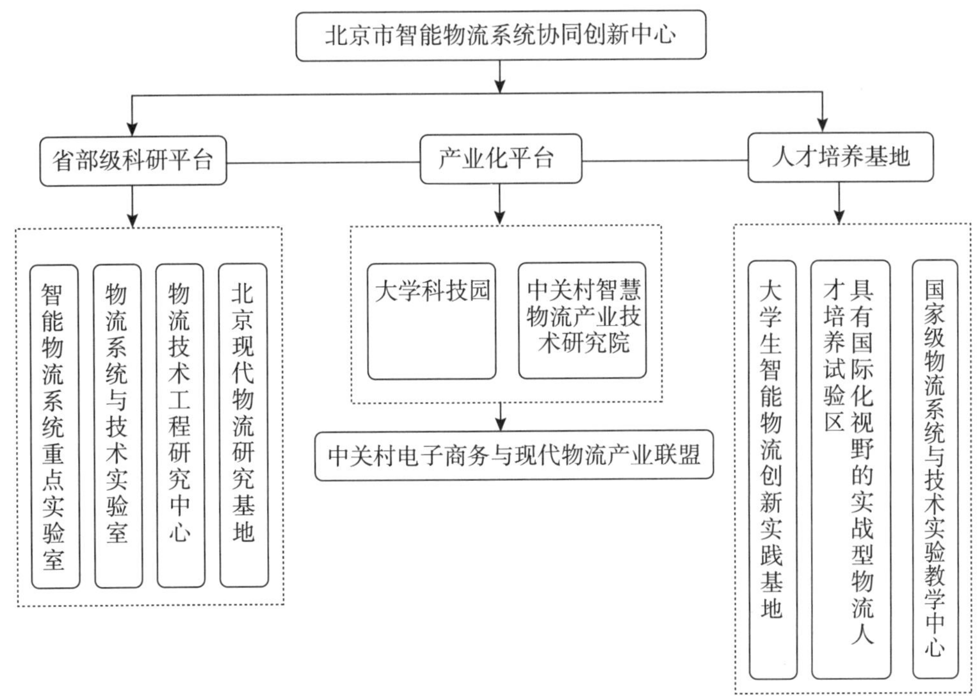

北京市智能物流系统协同创新中心组织机构图

北京市智能物流系统协同创新中心成立以来，围绕国家及北京市智能物流系统发展战略的重点目标，按照“自主创新、加速转化、突破瓶颈、提升产业、率先跨越”的指导方针，以提升智能物流系统科技创新能力为核心，开展政产学研用协同创新，促进智能物流系统增长方式转变，重点提升智能物流系统产业链建设的科技支撑和科研成果转化能力。

中心建设工作基本达到《北京高等学校协同创新中心建设管理办法》的要求。2018年度，北京市智能物流系统协同创新中心组织开放课题申报，经与会委员匿名投票评选并审议通过，确定支持重点课题5项（资助额度18万元/项，研究周期2年）、面上课题6项（资助额度5万元/项，研究周期1年）。2018年度发表SCI等学术论文45篇、申请国家专利15项。

【科研项目】

北京市智能物流系统协同创新中心 2018 年度开放课题重点课题一览表

课题名称	申请人	申请单位
基于在线学习的智慧仓储决策理论与方法研究	华国伟教授	北京交通大学
面向智能物流的物联网感知大数据融合与智能挖掘技术	李春林教授	武汉理工大学
基于大数据挖掘的物流规划问题的建模与算法研究	吕莹副教授	北京交通大学
O2O 模式下智能物流配送与服务定价策略研究	谭春桥教授	中南大学
面向物联网的无线能量采集网络关键理论与方法	熊轲教授	北京交通大学

北京市智能物流系统协同创新中心 2018 年度开放课题面上课题一览表

课题名称	申请人	申请单位
不确定情境下供应链优化决策方法研究	孟凡永教授	中南大学
基于机器视觉的表面缺陷检测方法研究	李清勇教授	北京交通大学
基于物流 AGV 的智能仓储拣选系统任务分配模型研究	宁振虎讲师	北京工业大学
零售企业智能物流管理中几个关键问题优化研究	田歆副研究员	中国科学院大学
面向智慧物流的无人系统网络协同	高博副教授	北京交通大学
智能物流网络背景下的不完全合作博弈收益分配策略研究	林健副教授	福建农林大学

北京市智能物流系统协同创新中心 2018 年度主要论文成果一览表

序号	论文名称	期刊/会议名称	第一作者
1	面向单类推荐问题的整合时间信息的 LDA 模型	Knowledge – Based Systems	张海军
2	基于聚类和关联规则算法的存储策略研究	Soft Computing	周　丽
3	估计宽通道拣选系统的拥堵率	Soft Computing	周　丽
4	基于带有混合延时项的基因调控网络状态观察设计的 M 矩阵	Ieee Transactions on Circuits and Systems Ⅱ – Express Briefs	田立平
5	用混合策略求解集成生产与分配问题的实证研究	Plos One	李　锋
6	一种高峰时期共享单车的调度方法	International Journal of Trend in Research and Development	霍灵瑜
7	基于 PTFE 基材的 FAIMS 传感器设计	传感技术学报	赵东杰

续　表

序号	论文名称	期刊/会议名称	第一作者
8	揭示在线网络中的异质相互作用	Scientific Reports	张方风
9	物流堆场多传感器监控系统设计	Wireless Personal Communications	唐恒亮
10	改进人工蜂群算法在城市蔬菜配送路径优化中的应用	Journal of Applied Mathematics and Physics	张桢桢
11	基于 LDA 模型的协同过滤	Frontiers of Computer Science	李舟军
12	Mira 2 映射的分支与混沌	Acta Mathematicae Applicatae Sinica, English Series	姜　涛
13	Credibilistic Loss Aversion Nash Equilibrium for Bimatrix Games with Triangular Fuzzy Payoffs	Complexity	崔春生
14	一种基于用户偏好的非锁定共享单车预订方法	International Journal of Trend in Research and Development	霍灵瑜
15	基于语义扩展的中文微信话题发现	Information (Switzerland)	丁连红
16	基于动态时间窗的成品油配送计划研究	Journal of Applied Mathematics and Physics	刘　倩
17	Mira 2 映射的参数空间的分支与混沌	Journal of Applied Mathematics and Physics	姜　涛
18	具有一个退化鞍点和带有一个外力的 Duffing 方程的分支与混沌	Journal of Applied Mathematics and Physics	杨芝燕
19	多无人机协同任务规划	American Journal of Engineering and Technology Management	于　乐
20	2015 年中国创业板首发上市公司竞争力研究	Open Journal of Modelling and Simulation	梁志新
21	京津冀一体化下生鲜农产品冷链物流需求预测和机遇分析	Open Journal of Social Sciences	刘同娟
22	C * -代数值 G-度量空间及相关不动点定理	Journal of Function Spaces	沈丛丛

续 表

序号	论文名称	期刊/会议名称	第一作者
23	基于子矩阵波束形成输出直流响应加权的目标检测方法	计算机应用	郭　键
24	基于 Vague 集理论的 IT 项目挣值管理	运筹与管理	崔春生
25	人口预测中灰色马尔可夫模型的应用	International Journal of Mathematics Trends and Technology	吴海建
26	流动人口吸引力的观察	International Journal of Economics and Management Studies	廉亚楠
27	带有参数激励和一个外力的 Duffing 方程的分支与混沌	International Journal of Bifurcation and Chaos	姜　涛
28	Research on index weight of logistics integration based on cloud models	Concurrency and Computation Practice and Experience	郭　茜
29	基于数据挖掘的易腐食品联合运输与安全检测模型	Food and Nutrition Sciences	刘同娟
30	基于社交演化博弈的社交网络用户信息分享行为演化分析	电子学报	于建业
31	带时间窗和服务顺序约束的多需求车辆路径问题研究	控制与决策	李珍萍
32	基于物联网的仓储管控一体化系统实现路径	中国流通经济	刘　军
33	基于物流 AGV 的“货到人”订单拣选系统任务调度研究	运筹与管理	袁瑞萍
34	基于 DEA 的电子商务与物流业协同发展评价分析	Open Journal Modelling and Simulation	王莲花
35	New double wronskian solutions of the whitham – broer – kaup system: asymptotic analysis and resonant soliton interactions	Journal of Nonlinear Mathematical Physics	许　涛
36	Optimal Selection of Movable Shelves under “Cargo – to – Person” Picking Mode	International Journal of Simulation Modelling	李珍萍

续　表

序号	论文名称	期刊/会议名称	第一作者
37	比较多种不同抽样网格、截断距离和残差类型对半方差函数估计的影响	Communications in Statistics – Simulation and Computation	金仁浩
38	基于“三经普”数据的中国快递业信息化发展水平测算分析	经济经纬	吴海建
39	分享经济环境下电子商务发展研究	ICCESE 2017	周　鸿
40	零售商回收电子废弃物条件下的定价模型研究	数学的实践与认识	田立平
41	为研究不同种类的有界行波解的广义 camassa – holm 方程动力系统平面分支方法	Journal of Applied Analysis and Computation	谢绍龙
42	离合器摩擦副摩滑过程轴向振动特性研究	振动与冲击	王晓燕
43	基于改进蚁群算法的 AGV 避碰路径规划研究	ICIC Express Letters，Part B：Applications	袁瑞萍
44	基于序列和 Voronoi 图的无线传感器网络三维定位算法	Scientific Programming	杨　玺
45	Prioritization of liver MRI for distinguishing focal lesions	Science China – Life Sciences	苏庆华

北京市智能物流系统协同创新中心 2018 年度主要专利成果一览表

序号	专利类型	专利名称	授权专利号	第一发明人
1	实用新型	一种用于仓储监控设备的主控模块	ZL201820292443.6	刘　军
2	实用新型	一种实时大数据采集记录装置	ZL201721722937.5	刘　军
3	实用新型	智能物流拣选存储系统	ZL201721012227.3	李俊韬
4	实用新型	一种物流机器人（2018）	ZL201720622430.6	苏庆华
5	实用新型	一种无线触控鼠标	ZL201720537396.2	崔春生
6	发明专利	恶意软件的检测方法及装置	已公开	薛　菲
7	发明专利	一种软件检测特征的提取方法及装置	已公开	薛　菲
8	发明专利	一种关联成像制导方法	已公开	苏庆华

续 表

序号	专利类型	专利名称	授权专利号	第一发明人
9	发明专利	一种包装拣选 AGV 系统	已公开	李俊韬
10	实用新型	一种长方体岩石试样任意角度断续贯通裂隙的制作模具	ZL201720420380. 3	李珍萍
11	实用新型	一种新型物流箱调整装置	ZL201720059272. 8	袁天祥
12	实用新型	一种物流用箱体运输装置	ZL201720059279. X	袁天祥
13	实用新型	一种现代物流配送中心沙盘模拟系统	ZL201621319943. 1	袁瑞萍
14	实用新型	智能蓝牙电源插座	ZL201621167254. 3	阎　芳
15	实用新型	一种自动化立体仓库	ZL201620601625. 8	朱　杰

（唐恒亮）

北京物资学院大运河研究院

【概况】北京物资学院大运河研究院成立于 2018 年 1 月 17 日，聘请《改革》杂志社总编辑、重庆智库理事长王佳宁研究员为大运河研究院院长。学校地处大运河源头，具有地理优势和科研优势。通过研究院的成立，实现在十九大报告“文化自信”和“运河文化带”国家战略指引下，对大运河进行多维度研究。校长王文举、副校长何明珂出席成立大会。会上，王文举校长指出我校应抓住国家战略指引的历史机遇，着手创建高水平、高标准乃至引领全国的大运河研究项目和机构。大运河覆盖地域广、涵盖领域多，涉及文化、经济、物流、生态等多方面，学校须围绕重点领域做文章；同时将联合校内外优质资源共同打造具有实力和影响力的运河研究智库。王文举校长要求大运河研究要重实效重落实，牢固把握学科方向和研究重点，为中央和地方政府决策提供政策咨询，推出一批高水平的科研成果，力争将大运河研究智库做成全国首屈一指的智库品牌。

【中国大运河智库联盟】2018 年 6 月 6 日在北京物资学院成立“中国大运河智库联盟”。由北京物资学院及在京有关政策咨询机构、大运河沿线相关高校发起。

“中国大运河智库联盟”是中国大运河流域第一家新型智库联盟。“中国大运河智库联盟”将通过整合智库资源、自主设置议题、共同举办论坛、分享智库成果等形式，开展针对性、应急性、前瞻性和储备性研究，通过对大运河沿线文旅、物流、生态、经济、民生等方面的研究，向各级政府报送资政建议和专题资政报告，为公共政策制定和大运河各项规划提供参考。

【“中国大运河智库联盟”指导委员会名单】

主任委员：王文举　韩保江

副主任委员：何明珂　王佳宁　李建伟　孙全胜　孙久文　薛玉莲　李丽清

【“中国大运河智库联盟”理事会暨秘书处名单】

理事会联席理事长、秘书处联席秘书长：王佳宁　沙勇　丛屹

理事会联席副理事长、秘书处联席副秘书长：王可山　孙杰　陈喜波　叶光　何芳　王明琳

秘书处办公室负责人：常静　孙孝科

【科研项目】

2018 年大运河研究院课题项目一览表

序号	项目名称	负责人
1	新时代文化自信背景下“大运河精神”研究	孙　杰
2	京杭大运河通航段物流的比较研究	温卫娟
3	京杭大运河京津冀段河道重金属污染状况及潜在生态风险评估	沈　丽
4	我国大运河研究的演进过程、前沿热点与关系结构分析——基于文献计量学的研究	孙　静
5	大运河沿岸城市垃圾回收与河道治理协同机制研究	周三元
6	大运河京津冀区段物流节点现状调研	周　丽
7	打造新时代运河文化依托载体的可行性研究	齐　严
8	大运河保护与利用的法律保障研究	白　硕
9	大运河沿线调研	王佳宁
10	新中国成立以来大运河文化发展轨迹、特征和趋势展望	孙　杰
11	新中国成立以来大运河沿线省市文化产业发展研究	孙　静
12	“保护好”大运河文化资源的理论与实践研究	白　硕
13	时代价值观引领的“传承好”大运河文化遗产及其路径选择	邵莉莉
14	京津冀大运河地理标志品牌效应研究	朱群芳
15	“利用好”大运河文化资源的基本经验和发展动向研究	齐　严
16	大运河文化带建设进程中沿线省市协同发展方案设计与发布	王佳宁

（邵莉莉）

第八篇 人才队伍建设

人才队伍建设概况

2018年，学校紧紧围绕学校“十三五”发展规划、《统筹推进高等教育改革实施方案》和学校中心工作稳步推进人事制度改革，调整组织机构和岗位设置，做好附属商务科技学校人员岗位聘任工作，突破高端人才引进瓶颈，加强人才引进与培养力度，提升师资队伍水平，完善教师岗位考核和聘任方案，健全人事规章制度，规范人员经费管理，强化服务意识，推进人事系统信息化建设，全面做好教职工招聘、调配、培训、职务晋升、聘任、考核、工资、社保、档案、退休等各项工作，学校事业发展的人力资源基础更加坚实。

（续杨）

教职工队伍建设

【队伍结构】截至2018年12月31日，学校教职工队伍总规模为693人，其中管理干部147人、专任教师489人、其他专技27人、工勤人员30人。

从职称结构看，正高级专业技术职务80人，副高级专业技术职务226人，中级专业技术职务302人，初级专业技术职务29人，无专业技术职务56人。

从学历结构看，具有博士研究生学历271人，硕士研究生学历234人，大学本科学历158人，大专学历17人，大专以下学历13人。

从年龄结构看，35岁及以下145人，36～45岁293人，46～55岁207人，55岁以上48人。

（孙宝琪）

2018 年教职工学历一览表

人员	博研	硕研	大学	大专	其他	总计
全部教职工	271	234	158	17	13	693
其中：教师	264	157	68	—	—	489
干部	7	77	82	7	1	174
工人	—	—	8	10	12	30

2018 年教职工专业技术职务一览表

人员	正高级	副高级	中级	初级	无	总计
全部教职工	80	226	302	29	56	693
其中：教师	75	197	203	8	6	489
干部	5	29	99	21	20	174
工人	—	—	—	—	30	30

2018 年教职工年龄结构一览表

人员	35 岁及以下	36～45 岁	46～55 岁	55 岁以上	总计
全体教职工	145	293	207	48	693
其中：教师	108	223	139	19	489
干部	37	68	56	13	174
工人	—	2	12	16	30

（孙宝琪）

【组织机构调整】以优化组织职能为目标，制定机构改革整体方案，稳步推进落实。2018 年成立保密办公室，与学校办公室合署办公；根据学科建设与研究生培养工作需要，撤销原研究生部，成立研究生院，同时成立党委研究生工作部，与研究生院合署办公；成立北京物资学院附属商务科技学校，作为学校非法人教学单位，承担中专层次教学任务，培养中等专业人才，开展中专、高中学历教育，开展相关培训；加强和改进学校艺术教育工作，成立艺术教育中心，全面负责学校艺术教育及美育教育相关工作；进一步强化校友工作，独立设置校友工作办公室，作为学校校友工作的专职机构，与北京物资学院校友会秘书处、北京物资学院教育基金会秘书处合署办公；进一步整合学校资源，统筹推进产学研合作相关工作，不断提升学校社会服务能力，落实人才培养目标，撤销原现代物流产业研究院，成立对外合作办公室，全面负责学校社会服务和产学研合作领域的相关工作。

（赵隽咏）

【人才强教】组织推进各层次人才项目的申报与管理工作。刘艳入选北京市属高校高水平教师队伍建设支持计划长城学者培养计划；高层次人才引进获得突破，中南大学谭春桥教授、法国计算机及自动化研究院高级教授研究员 TALPIN Jean - Pierre 入选北京市特聘教授支持计划；张旭凤、刘艳、崔春生、张喜才、张军入选通州区“两高”人才工程“运河计划”领军人才；聘任王佳宁研究员为“大运河研究院”院长，指导学校学科建设工作；启动“教师海外研修计划”，出台《北京物资学院教师国（境）外访学研修管理办法（试行）》，选拔资助 7 名教师赴国外知名高校访学研修，同意 4 名教师自费赴国外访学，1 名教师成功申报国家留学基金委访学项目；组织完成北京市高水平教师队伍建设支持计划项目和北京优秀人才资助青年拔尖人才项目的预算管理工作。

（续杨）

【人才引进】2018 年学校通过公开招聘和政策性安置共引进教职工 61 人。其中，教授 1 人，副教授 2 人，青年教师 45 人，辅导员及心理咨询教师 7 人，处级以下管理人员 3 人，落实安置军转干部 3 人，为学校事业发展提供了坚实的人力资源保障。

（续杨）

【培训与挂职】学校关注教师发展需求，完善新教师入职培养体系建设。出台《北京物资学院青年教师导师制实施办法》，固化新教师第一年不排课制度，重点帮助新教师过“教学关”；举办 2018 年新教职员工“师德专题教育和入职适应性培训”“团队建设培训”“管理能力培训”三个模块的培训工作；组织 200 余人次参加北京市各类培训研修活动。继续推进青年教师挂职锻炼工作，引导教师服务社会，提高社会实践能力。2018 年新增 16 名教师申请挂职，有 18 名教师完成挂职备案工作，学校累计完成挂职锻炼的教师达 137 名，有 34 名教师正在挂职。

（续杨）

【教师职务晋升】2018 年学校不断改进、完善和优化专业技术职务评聘工作机制，进一步规范和简化工作流程，制定出台《大学生思想政治教育类教师专业技术职务任职条件和晋升要求（试行）》。2018 年共有 7 人晋升教授，22 人晋升副教授，41 人晋升讲师，1 人评转思政类讲师；非教师专业技术职务晋升工作中，有 1 人晋升正高级职务，1 人晋升副高级职务，3 人晋升中级职务。

（续杨）

【年度考核】组织完成处级以下教职工年度考核工作。2018 年共有 585 名处级以下教职工参加年度考核，经过个人总结、部门组织年度述职、学校审定等环节，考核优秀 120 人，合格 420 人，基本合格 1 人，不合格2人，不定档42人。

（孙宝琪）

【附属商务科技学校教职工试聘校本部岗位】坚持“以人为本，结合实际，适度超前”的原则，形成机构重组、岗位设置和人员聘任工作方案。共发布43个管理岗位，经过两轮聘任，共有9名教师和38名管理人员试聘至校本部相应岗位工作，平稳推进了两校实质性合并工作，实现了人力资源的有效调配。

（续杨）

师德师风建设

【师德建设】学校党委深入学习贯彻习近平新时代中国特色社会主义思想和党的十九大精神，坚持把师德建设放在教师队伍建设首位，健全师德建设长效机制，推动师德建设常态化长效化。制定实施《北京物资学院师德先进个人评选办法（试行）》《北京物资学院教师职业道德规范》《北京物资学院师德“一票否决制”实施细则（试行）》《北京物资学院师德考核办法（试行）》《关于暂停课堂教学不合格教师从事本科课堂教学工作的规定（试行）》等制度文件，并对马克思主义学院一位教师授课问题进行了核查及处理，不断推进学校师德建设工作的规范化；将师德考核内容纳入干部聘任考核、教师年度考核、聘期考核和各类评优评奖的考核指标，明确了师德失范一票否决制度。开展2018年“北京物资学院师德先进个人”“北京市师德先锋”推荐评选工作，共评选学校师德先进个人5名，1名教师获市级师德先锋荣誉称号。首次在全体教职工中开展年度师德考核，将师德考核意见作为教职工聘任、晋升、奖惩、人才推荐等事项的重要依据。

制定《关于开展2018年“做新时代‘四有’好老师和‘四个引路人’”学习实践活动方案》，各院（部）党组织结合实际制订了具体的学习实践活动方案，开展了系列富有成效的学习教育、贯彻落实活动，并形成了丰富的学习实践活动成果。

（鲁珺瑛　孙杰）

【党委教师工作部】党委教师工作部通过联席会的形式，会同组织部、纪检监察办公室、人事处、教务处、校工会等部门共同推进教师思想政治工作。牵头组织北京物资学院、北京第二外国语学院、中国传媒大学、北京财贸职业学院四所高校青年教师赴朝阳区高碑店乡开展“城乡体验日”活动。联合学生处组织教职工和学生赴国家博物馆参观“伟大的改革”——庆祝改革开放40周年大型展览。联合校工会组织学校部分骨干教师和2017年新进教师赴河南南阳南水北调干部学院进行了为期3天的集中培训、组织2018年新入职教师赴北京平谷区挂甲峪村开展师德实践活动。联合人事处开展新入职教师师德专项培训，牵头完成北京市督导室专家组对学校师德学风建设督导调研工作；牵头推进专业使命教育、课程思政、青年教师挂职等工作，全校教职工思政工作实效性不断增强。

（鲁珺瑛　孙杰）

【师德师风培训】9月9—13日，学校工会组织2018师德师风建设培训班赴河南南阳南水北调干部学院学习。培训内容立足中国实际，体现时代精神，促进师德师风建设和提升。中国特色社会主义伟大实践孕育形成于当代中国的伟大精神，是加强师德师风建设的良好教材。通过专题辅导报告、参观渠首工程、走访库区搬迁移民、聆听先进事迹报告会等多种形式，使学员深入了解“南水北调”伟大工程的意义，认真学习“南水北调精神”。培训课程中展示的一个个感人肺腑的“舍小家、为大家”的生动事迹，使学员从心灵层面受到震撼。

（吕亚鹏　傅强）

人力资源管理及社保工作

【岗位设置调整】调整管理、专业技术、工勤岗位设置比例，提高专业技术高级职务比例，合理设置各岗位等级的数量，为教师专业发展拓展空间。2018年学校核定事业编制教职工为725人，其中管理岗位124人、专业技术岗位565人、工勤岗位36人。专业技术岗位中，高级专业技术岗位占60%，正高级和副高级专业技术岗位的比例为1∶3。

（续杨）

【工资与福利】2018年完成新入职教职工、试用期转正人员、调动人员的工资变动审批手续并调整；完成上一年度考核合格以上人员职龄津贴、薪级晋级等正常滚动工资调整工作；完成在职人员考核一次性绩效工资发放工作；完成防暑降温费、节日补贴、校级先进个人奖励等发放工作；完成部分人员因职务晋升、岗位调整所产生的工资调整工作。发放饭卡补助、困难补助、抚恤金及丧葬费。

（杨昀）

【社会保险】2018年完成新引进的61名教职工社会保险参保手续；完成20名退休职工社会保险在职转退休手续；完成社保减员8人次。为21名教职工申领生育津贴和办理生育医疗报销业务；为全校教职工办理医疗保险手工报销、异地安置实时结算备案登记，并提供定点医疗机构变更服务。完成法人证书年审报告工作事宜。完成年度全校在职职工社保缴费基数申报和残疾人保障金的申报工作。

（孙宝琪）

【人事档案】2018 年完成 61 名新入职教职工档案整理入库及电子档案建立工作；为教职工提供随迁、投靠、开具证明、公证等档案核查服务；完成日常退休、调出教职工的档案管理工作，8 名去世教职工档案移交至学校档案馆。

（孙宝琪）

【附录】

2018 年新入职、调入人员名单

姓名	性别	所在部门	类别	来校时间
杨　扬	男	经济学院	教师	2018 年 7 月
高铭涓	女	经济学院	教师	2018 年 9 月
王　珽	女	经济学院	教师	2018 年 7 月
冯丽宇	女	经济学院	教师	2018 年 7 月
武晓婷	女	经济学院	教师	2018 年 11 月
张恪瑜	男	经济学院	教师	2018 年 7 月
程长林	男	经济学院	教师	2018 年 7 月
张国胜	男	经济学院	教师	2018 年 5 月
郭　晓	男	物流学院	教师	2018 年 7 月
张栩凡	女	物流学院	教师	2018 年 9 月
逄锦荣	男	物流学院	教师	2018 年 9 月
陈　璐	女	物流学院	教师	2018 年 7 月
张晋菁	女	物流学院	教师	2018 年 7 月
张　一	女	物流学院	教师	2018 年 7 月
王燕妮	女	物流学院	教师	2018 年 5 月
张　莉	女	物流学院	教师	2018 年 7 月
孙存一	男	物流学院	教师	2018 年 7 月
高　歌	女	物流学院	教师	2018 年 7 月
丁　洋	女	物流学院	教师	2018 年 7 月
李晓丽	女	物流学院	教师	2018 年 7 月

续 表

姓名	性别	所在部门	类别	来校时间
贺泽芳	女	信息学院	教师	2018 年 7 月
张　强	男	信息学院	教师	2018 年 7 月
靳　军	女	信息学院	教师	2018 年 5 月
李慧妍	女	信息学院	教师	2018 年 9 月
郑　豪	男	信息学院	教师	2018 年 7 月
王美玲	女	信息学院	教师	2018 年 7 月
王　静	女	信息学院	教师	2018 年 7 月
沈丛丛	女	信息学院	教师	2018 年 7 月
尹洁婷	女	信息学院	教师	2018 年 7 月
郅俊海	男	信息学院	教师	2018 年 7 月
周宏丽	女	信息学院	教师	2018 年 7 月
王　烨	女	信息学院	教师	2018 年 7 月
陈亚红	女	信息学院	教师	2018 年 7 月
李小燕	女	信息学院	教师	2018 年 7 月
杨文茵	女	商学院	教师	2018 年 7 月
张庆红	女	商学院	教师	2018 年 9 月
赵爱莉	女	商学院	教师	2018 年 8 月
马俊峰	男	商学院	教师	2018 年 9 月
王　淼	女	法学院	教师	2018 年 7 月
邵莉莉	女	法学院	教师	2018 年 7 月
金　曼	女	法学院	教师	2018 年 9 月
杜一华	女	法学院	教师	2018 年 7 月
彭　幸	女	法学院	教师	2018 年 7 月
张　鹏	男	法学院	教师	2018 年 5 月
王晓慧	女	马克思主义学院	教师	2018 年 5 月
王言语	女	体育部	教师	2018 年 7 月
吴亚芳	女	体育部	教师	2018 年 7 月
丁　悦	女	学生处	辅导员	2018 年 7 月
森巴提·阿山	女	学生处	辅导员	2018 年 7 月
杨柳依依	女	学生处	辅导员	2018 年 7 月

续　表

姓名	性别	所在部门	类别	来校时间
李思奇	女	学生处	辅导员	2018 年 7 月
董海辰	男	学生处	辅导员	2018 年 7 月
武成彬	男	学生处	辅导员	2018 年 10 月
刘晓倩	女	学生处	心理教师	2018 年 8 月
苏伟丽	女	外国语言与文化学院	教师	2018 年 8 月
买阳睿	女	财务处	干部	2018 年 9 月
郑　亦	女	基建办公室	干部	2018 年 9 月
李文超	女	后勤管理处	干部	2018 年 9 月
李大卫	男	学校办公室	干部	2018 年 10 月
鲁广策	男	安全稳定工作部	干部	2018 年 10 月
李　坤	男	学生处	干部	2018 年 10 月

（续杨）

2018 年退休人员名单

姓名	性别	出生年月	所在单位	类别	退休时间	编制
藏　婷	女	1963 年 6 月	人事代管	退休	2018 年 6 月	事业
陈丽莉	女	1963 年 5 月	马克思主义学院	退休	2018 年 5 月	事业
韩文和	男	1958 年 8 月	安稳处	退休	2018 年 8 月	事业
胡瑞旺	男	1958 年 12 月	学校办公室	退休	2018 年 12 月	事业
胡占君	男	1958 年 11 月	马克思主义学院	退休	2018 年 11 月	事业
黄宝珠	女	1963 年 7 月	图书馆	退休	2018 年 7 月	事业
贾荣国	男	1958 年 1 月	后勤管理处	退休	2018 年 1 月	事业
刘景燕	女	1963 年 3 月	马克思主义学院	退休	2018 年 3 月	事业
刘　焱	女	1963 年 7 月	人事代管	退休	2018 年 7 月	事业
时　葳	女	1968 年 3 月	后勤管理处	退休	2018 年 3 月	事业
孙　葵	女	1963 年 6 月	科研处	退休	2018 年 6 月	事业
王保永	男	1958 年 8 月	后勤管理处	退休	2018 年 8 月	事业
王静玲	女	1963 年 4 月	图书馆	退休	2018 年 4 月	事业
王　力	男	1958 年 7 月	人事代管	退休	2018 年 7 月	事业
王明发	男	1958 年 3 月	后勤管理处	退休	2018 年 3 月	事业

续 表

姓名	性别	出生年月	所在单位	类别	退休时间	编制
王秀荣	女	1963 年 2 月	商学院	退休	2018 年 2 月	事业
温新玲	女	1963 年 5 月	离退休工作处	退休	2018 年 5 月	事业
徐　敏	女	1963 年 8 月	法学院	退休	2018 年 8 月	事业
寻德友	男	1958 年 1 月	后勤管理处	退休	2018 年 1 月	事业
张立柱	男	1958 年 9 月	学生处	退休	2018 年 9 月	事业

（孙宝琪）

2018 年去世教职工名单

姓名	年龄	类别	去世年月
唐谟森	84	离休	2018 年 1 月
王秋年	82	退休	2018 年 1 月
张宝义	83	退休	2018 年 2 月
李　虹	63	退休	2018 年 5 月
伊增璐	73	退休	2018 年 9 月
时光华	93	离休	2018 年 11 月
蒋予廷	92	退休	2018 年 12 月
竺伯铭	80	退休	2018 年 12 月

（杨昀）

第九篇　交流与合作

国际交流

【概况】2018 年是学校不断拓展国际办学资源、提升国际办学影响力的一年。截至 2018 年年末，学校共与 20 个国家和地区的 56 所海外高校机构建立合作关系、签署合作协议，比上年新增海外合作院校机构 14 所。合作伙伴水平不断提升，成功与英国剑桥大学克莱尔霍学院、美国加州大学伯克利分校、加拿大卡普顿大学签署学生交流学习协议。

全校对外事管理工作建章立制、高度重视，紧密配合贯彻执行外专局、出国境管理局、外办、教委国际处、台办等上级领导部门的指示和要求，全年没有发生一起违规违法事件，为学校的国际化发展做好保障。

顺利完成 2018 年因公出访任务。办理因公出访因公出国（境）团组 15 个，共计 31 人次。涉及美国、英国、德国、日本、俄罗斯、波兰、克罗地亚、澳大利亚、马来西亚、柬埔寨、泰国、老挝、中国台湾等多个国家和地区，包括缔结友好院校、学术交流、科研平台建设、出席学术会议等。由国家留学基金委资助、持因私护照出访团组 2 个，共计 2 人次，出访任务为学术交流。全年接待来自各国与地区校际来访 27 次。

学生国际交流方面，全年有 55 名本科生、研究生以各种形式出国（境）学习交流，其中 1 学期以上攻读学位以及校际交换生 46 人、短期学习交流 9 人。共有法国、德国、韩国、加纳、厄立特里亚、巴基斯坦、日本、老挝、马来西亚、印度、泰国、希腊等国家留学生 192 人，其中研究生 2 人、本科学历生 45 人、校际交换生 12 人、本科预科生 14 人、短期汉语进修生 8 人、短期班 111 人。学校聘请美国专家、英国专家各 1 名，担任外语学院和国际学院的教学工作。中外联合培养商科人才国际课程班出国学习 6 人。

【促进二级学院国际化工作进程】制定机制促进二级学院国际化工作的主动性，推动各学院建立外事联络员制度。要求各学院设外事联络员 1 人，负责所在学院外事联络协调工作，由国交处统一指导工作。此制度既规范了学校各层级的外事工作，也提高了各项外事政策和国际交流信息的传达效率。物流学院代表学校独立承办中美物流教育论坛、中德物流研讨会、中日物流研讨会，信息学院代表学校独立承办大数据技术应用国际研讨会，外语学院开拓适合本学院的学生教师国际交流项目，经济学院独立开设国际金融班，以上举措对学校学科的国际化发展以及高水平大学的办学目标的实现起到了积极的推动作用。

【信息公开】国际合作与交流处严格按照学校信息公开工作有关规定执行，按照工作性质不同，采取不同形式进行信息公开工作。因公出访团组信息公开行前出访信息，出访后成果总结在OA系统公开，出访新闻在校园网页公开；在国际处网站上公开各项允许公开的涉外规定和政策；在国际学院网页公开留学生录取信息以及奖学金发放名单；在校园网或国际处网站公开学生资助出国学习名单以及有关出国（境）学习交流项目；国际处（国际学院）内部的预算、支出，包括各项活动信息在部门内部平台进行公开。

【校际交流】

主要校际交流活动一览表

序号	来访时间	来访单位	来访人员	来访目的
1	2018-01-15	日通国际物流（中国）有限公司 NIPPON EXPRESS（CHINA）CO., Ltd.	1. 东亚地区总裁杉山龙雄 2. 社长松尾纯利 3. 总公司行政管理部部长竹下兆一 4. 行政管理部经理左竟成 5. 随行翻译杨海洪	签署2018年“日通奖学金”合作协议书
2	2018-02-23 至 2018-03-02	英国德蒙福特大学 De Montfort University	1. 商学院茱莉亚（Julia Pointon）教授 2. 法学院马丁（Martin Morgan Taylor）教授 3. 6名学生代表	短期交流学习
3	2018-03-19	日本物流技术协会 Japan Logistics Technology Association	1. 会长小山彰 2. 副会长越野滋夫 3. 理事中野喜正 4. 理事马场聪	2018年中日物流论坛； 探讨中日物流交流、教师科学研究、学生赴日实训、中日物流班等方面的合作

续　表

序号	来访时间	来访单位	来访人员	来访目的
4	2018－03－20	美国加州州立大学圣贝纳迪诺分校 California State University, San Bernardino	1. 发展教育学院负责人、副院长安娜丽（Anneli Adams） 2. 发展教育学院国际项目招生专员陈欣博士	商讨互派教师、学生交流学习、2+2 项目、互换学分的半年期项目以及教师专题培训
5	2018－04－23	德国物流协会（BVL）	德国物流协会北京分会主席王俊静女士	2018 年中德物流论坛
6	2018－05－29	香港岭南大学 Lingnan University	15 名师生代表	交流访问
7	2018－05－30	加拿大卡普顿大学 Cape Breton University	1. 财务专业教学委员会主席兼双语 MBA 项目负责人约翰（John Malcolm Mackinnon）教授 2. 中国官方办事处负责人崔胜利（Victor Cui）	协议签署事宜（包括访问学者、互派教师讲学、教师及管理人员培训、教学材料交换、合作召开学术会议、互派交换学生等）
8	2018－06－01	南京大学 Nanjing University	周维培教授	主题讲座
9	2018－06－20	卢布尔雅那大学 University of Ljubljana	米然（Mira Trebar）教授，大卫（David Jelenc）讲师等 6 人	主题讲座
10	2018－06－21	美国多米尼克大学 Dominican University	终身教授高轶军	探讨联合开展 2+2/3+1（本科教育）或（3+2）模式（本科+硕士联合教育）项目

续 表

序号	来访时间	来访单位	来访人员	来访目的
11	2018－06－16 至 2018－06－23	英国朴次茅斯大学 University of Portsmouth	1. 约瑟夫（Joseph Michael Hall）老师 2. 吉姆（Kim Hadley）老师 3. 29 名学生代表	一周的交流学习
12	2018－07－09 至 2018－07－15	德国巴登符腾堡州立合作大学 Baden － Wurttemberg Cooperative Sate University	1. 阿明（Armin F. Schwolgin）教授 2. 21 名学生代表	一周的交流学习
13	2018－09－27	加拿大卡普顿大学 Cape Breton University	1. 校方代表常蕊女士 2. 校方代表丽萨（Lisa）女士 3. 招生官维拉（Vera）老师	高校教育开放日活动
14	2018－09－29	德国巴登符腾堡州立合作大学 Baden － Wurttemberg Cooperative Sate University	1. 运输与物流系主任阿明（Armin）教授 2. 拜耳（Bayer）教授 3. 谢弗（Joachim Schaefer）教授	交流访问、讲学授课
15	2018－10－22	马来西亚砂拉越大学 Universiti Malaysia Sarawak	1. 卡迪姆苏伊迪（Mohamad Kadim Suaidi）校长 2. 艾哈迈德（Fasihuddin Bin Badruddin Ahmad）副校长 3. 胡塞尼（Husaini）校长助理 4. 商学院院长潘振丰	互派学生交流项目，师资互访
16	2018－12－20	美国科罗拉多州立大学 Colorado State University	高炜副校长	2＋2/3＋1 专业项目对接；师资互访；合作科研；短期暑期学校项目

【因公出境】

因公出境一览表

序号	出访日期	出访地	出访人员	出访任务
1	2018－01－21 至 01－30	马来西亚 泰国 柬埔寨	翁心刚、杨丽、常娥	赴马来西亚 NIIT 大学、马来西亚博特拉大学、泰国皇家理工大学和柬埔寨金边皇家大学开展校际交流合作及来华留学生教育宣传
2	2018－05－14 至 05－23	塞尔维亚 波黑 克罗地亚	邓邱超	参加北京市教委组织的访问团组，赴塞尔维亚贝尔格莱德城市大学、波黑特拉夫尼克大学、克罗地亚斯普利特大学和萨格勒布大学执行教育交流任务
3	2018－06－01 至 06－05	日本	尚珂	应邀赴日本参加第四届“日本社会过劳死研究”国际学术大会
4	2018－06－22 至 06－28	中国台湾	王秀华	参加北京市妇女联合会组织的访问团组，赴中国文化大学、世新大学、实践大学等台湾高校及相关女性团体进行座谈和交流
5	2018－07－04 至 07－10	中国台湾	齐凤华	应邀赴中国台湾参加“2018 国际数学大会——动力系统与微分方程研讨会”
6	2018－07－09 至 07－14	美国	李石柱、张旭凤、刘世波	应中美物流联合会的邀请，赴美国罗德岛大学、美国麻省理工学院、美国物流产业园等高等院校、教育机构及企业开展交流合作活动
7	2018－07－22 至 07－28	俄罗斯 日本	王文举、赵娴、韩星、姜旭、周丽	赴俄罗斯圣彼得堡国立经济大学、日本流通经济大学开展交流合作活动
8	2018－09－15 至 2019－03－15	美国	潘爱琳、鲁曼俐	赴美国肯特州立大学斯塔克分校进行为期 182 天的访学
9	2018－10－21 至 10－28	英国 德国	何明珂、魏国辰、徐广姝	赴英国剑桥大学、纽卡斯尔大学、德国巴登符腾堡州勒拉赫双元制大学乐哈克分校开展交流合作活动
10	2018－11－02 至 11－04	中国香港	何明珂	赴中国香港参加香港物资采购与供销学会举办的“一带一路”采购及供应链发展暨 45 周年国际会议

续 表

序号	出访日期	出访地	出访人员	出访任务
11	2018－11－04 至 11－24	英国	宋晓欣	参加北京市教育委员会组织的赴英国执行“高校提升治理能力”培训任务团组
12	2018－11－19 至 11－23	老挝	刘永胜、梁晨、吕波、李华	赴老挝开展“一带一路”教育合作
13	2018－12－01 至 2019－11－30	德国	马向国	赴德国巴登符腾堡州勒拉赫双元制大学进行访学
14	2018－12－16 至 12－22	中国台湾	唐秀丽	赴中国台湾参加“2018 年京台青年科学家论坛”
15	2018－12－20 至 2019－12－19	加拿大	宋燕星	赴加拿大卡尔顿大学进行为期 365 天的访学
16	2018－09 至 2019－09	美国	齐凤华	由国家留学基金委资助，持因私护照赴美国南佛罗里达大学进行访学
17	2018－09 至 2019－08	英国	吕一楠	由国家留学基金委资助，持因私护照赴英国利物浦大学进行访学

【外籍教师聘任】

2018 聘请外籍教师名单

序号	护照用名	性别	出生日期	国籍	签证种类	签证有效期	所属院系	是否全职
1	FLORENTE IRENE LIN	女	1979. 03. 01	美国	居留许可	2019. 07. 30	外国语言与文化学院	是
2	DAVID HAROLD KENNEY	男	1964. 11. 17	英国	居留许可	2019. 07. 31	经济学院	否

国际交流重点活动

【美国加州州立大学圣贝纳迪诺分校来访】 2018年3月20日，美国加州州立大学圣贝纳迪诺分校发展教育学院负责人、副院长 Anneli Adams，发展教育学院国际项目招生专员陈欣博士一行来访。双方回顾了友好合作历史，肯定了以往双方的合作成绩，沟通了两所学校最新发展情况。此次会谈就具体合作项目进一步深化磋商，双方就学校本科生赴加州州立大学圣贝纳迪诺分校学习的2+2学历项目及互换学分的半年期项目的具体细节进行了进一步商讨，并对共同建立教师培训的专题进行了磋商。

美国加州州立大学圣贝纳迪诺分校（California State University，San Bernardino，CSUSB）创立于1965年，是加州州立大学系统23所校区之一。

学校与加州州立大学圣贝纳迪诺分校建立了长期的友好合作关系，该校有多名教授来我校参加过论坛或授课，学校教师也曾多次访问该校，部分学生在夏令营期间在该校短期学习。加州州立大学圣贝纳迪诺分校已与学校签署了学分互认协议，是目前对学校学分认证最全的美国大学。

【日本物流技术协会来访】 2018年3月19日，日本物流技术协会会长小山彰、副会长越野滋夫、理事中野喜正、理事马场聪一行4人来访。

双方就中日物流交流、教师科学研究、学生赴日实训、中日物流班等方面的合作进行了深入讨论，并希望通过合作，共同探索适应于“国际化实战型”物流专业人才培养模式，助力校企深度融合，推动物流领域“国际产学研”合作实施步伐，以此来共同推进国际物流人才的培养。

【2018年中日物流论坛】 2018年3月19日，学校举办2018年中日物流论坛。日本物流技术协会会长小山彰、副会长越野滋夫、理事中野喜正、理事马场聪，北京物资学院国际合作与交流处处长兼国际学院执行院长韩星、物流学院副院长姜旭以及高校师生代表等70多位嘉宾出席本次论坛。

会上，小山彰发表了“日本物流发展与课题”、越野滋夫发表了“日本优秀运输包装举措”、中野喜正发表了“日本政府和企业对应司机和劳动力不足问题采取措施”、马场聪发表了“引入物料搬运系统的优点和注意事项”交流发言。

本次论坛通过针对日本物流业发展探讨，为如何进一步理解日本物流、更加深入地开展相关研究提供了新的视角和思路。同时为中日物流在多领域、多角度合作发展，建立创新型、国际化、实践型物流领域“国际产学研”合作模式，培养出更多“国际化实战型”物流人才，提供了基础和信息。

【加拿大卡普顿大学来校访问并签署校际合作框架协议】2018 年 5 月 30 日，加拿大卡普顿大学财务专业教学委员会主席兼双语 MBA 项目负责人 John Malcolm Mackinnon 教授、中国官方办事处负责人 Victor Cui 等一行 5 人来访。

John Malcolm Mackinnon 教授介绍了卡普顿大学及工商管理硕士项目的基本情况。卡普顿大学是加拿大的一所公立大学，下设 4 个学院，分别是文学院、理工学院、商学院和专业性研究学院。卡普顿大学的工商管理硕士学位（MBA）课程，除了传统 MBA 项目中的课程，更着重于经济发展、领导力、管理和应变管理，为学生职业生涯的开始和专业人士的职业发展提供了选择。其特点为双语授课、各专业学生均可申请、专业课与语言课同步进行、最快一年半可获得硕士学位、学习期间可以合法带薪工作且毕业后可获得三年留加工作签证，除此以外面向我校学生提供额外奖学金并可使用合格的内测英语成绩取代雅思成绩。何明珂副校长对卡普顿大学一行表示欢迎，并介绍我校的办学特色和学校国际化发展目标，希望双方能够借助彼此优势和资源，共同开发建设工商管理硕士学位（MBA）项目课程。双方在教师访学、学术研究、管理人员培训以及联合培养等方面深入探讨了合作的可行性方案。

双方签署《校际合作框架协议》，根据协议约定，两校将在以下领域展开合作：访问学者、互派教师讲学、教师及管理人员培训、教学材料交换、合作召开学术会议、互派交换学生等。John Malcolm Mackinnon 教授随后对此次合作的工商管理硕士学位（MBA）项目进行宣讲，并解答了同学们关心的课程、申请要求、费用等问题。

【斯洛文尼亚卢布尔雅那大学来访】2018 年6 月 20 日，斯洛文尼亚卢布尔雅那大学计算机与科学信息学院 Mira Trebar 教授、生物技术学院 Rajko Vidrih 教授一行 6 人来访，何明珂副校长等接待了来访外宾。

Mira Trebar 教授一行参观了物联网体验实验室、数字媒体实验室、计算机测量与控制实验室、计算机网络实验室、计算机原理实验室、智能物流系统北京市协同创新中心等。

何明珂副校长介绍了学校的基本情况、专业特色、重点实验室及未来发展前景、国际交流情况，并表示希望双方能够在专业领域有进一步的合作。Mira Trebar 教授介绍了卢布尔雅那大学基本情况和该校的计算机与科学信息学院很多实验与科研项目，其中一些重点实验室项目已达到世界领先水平。目前该校正在积极开展与亚洲国家之间的合作，希望与学校在计算机与信息科学方面寻求合作，如计算机影像等。双方对一些可能延伸的领域及专业和学生方面的问题进行了探讨与交流。

卢布尔雅那大学成立于1919年，是斯洛文尼亚历史最悠久、规模最大的高等学院，有超过5万名学生在此学习。目前大学有23个学院和3个综合研究院，学科涉及计算机与信息技术、电子与电气工程、生物技术与工程（包括农林、食品科学与工程等）、交通运输与工程。其中经济学院（The Faculty of Economics）注重国际化教育，于2016年8月获得全球商学院最重要的三大国际认证（AMBA、EQUIS、AACSB），成为全球76所获得此殊荣的商学院之一。

【美国多米尼克大学来访】2018年6月21日，美国多米尼克大学终身教授高铁军代表学校来访，校长王文举、副校长何明珂接待了高铁军教授一行。

校长王文举致辞欢迎高铁军教授到访，并希望双方能够在专业领域有进一步合作；副校长何明珂介绍了基本情况、目前的国际合作交流情况、未来发展等。

高铁军教授介绍了美国多米尼克大学的特色和优势，详细介绍了他所在的信息学院参加的iSchool项目以及教师培训和访问学者的长短期项目。该校颁发的图书馆信息学硕士学位有美国图书馆学会认证，这是很多国家公认的资格认证，可以适应多个国家和地区各类图书馆与信息中心的工作。

双方探讨了北京物资学院与多米尼克大学本科、硕士和博士各专业合作的可能性，探讨进一步联合开展2+2和3+1（本科教育）或3+2模式（本科+硕士联合教育）人才培养项目，并约定两校签署初步合作框架的日程安排。

多米尼克大学成立于1901年，位于美国第三大城市芝加哥西郊，附近有地铁直达市中心。整个校区古朴大方，生活设施齐全，适合开展各类教育培训与学术交流活动。多米尼克大学信息学院（School of Information Studies）是芝加哥地区唯一一所得到美国图书馆学会（American Library Association）全面认证的高等教育机构，同时也是芝加哥唯一一所“iSchool”（信息学院）。

多米尼克大学信息学院设有四年制信息技术与管理学本科（理学学士）、图书馆信息情报学硕士（MLIS）、信息管理科学硕士和三年制信息学博士等专业。其中三年制信息学博士专业为美国首创，研究方向广泛，授课与科研方式灵活。

多米尼克大学在信息管理与传播技术、大数据分析、竞争情报和舆情监控、信息安全、少年儿童教育和社区服务、信息服务数字化、医疗信息管理、文化遗产保护、图书馆和信息中心（智库）运营策略等领域教学水平位于美国同类院校前列。

【英国朴次茅斯大学学生完成交流学习】2018年6月16—23日，英国朴次茅斯大学Joseph Michael Hall老师、Kim Hadley老师带领29名学生到校进行为期一周的交流学习。

朴次茅斯大学学生交流学习

学校国际合作与交流处为朴次茅斯大学师生制订了交流学习计划，安排了具有中国文化特色的太极体验课程，同时结合专业特色安排了中国电子商务课程、供应链管理课程。在课程学习之余，朴次茅斯大学师生赴北京盛世华人供应链管理有限公司进行了访问学习，并参观了漕运码头、故宫、居庸关长城等文化古迹。

2018 年 6 月 22 日，何明珂副校长出席朴次茅斯大学学生短期课程班结业典礼，并在致辞中表示希望两校间学生的交流项目持续进行，两校的友好合作不断深化。Kim Hadley 老师代表师生对学校的接待和课程安排表示感谢，并希望能再次带队访问学校。

朴次茅斯大学学生 Eloise Bethany Grace Bouron 和 Jordan Lucas Taylor 分享了他们在北京物资学院学习期间的感受，表达了对专业课程的认同以及对中国传统文化、中国历史古迹、中国美食的热爱。

朴次茅斯大学学生交流心得

朴次茅斯大学短期课程班结业

【学校"2018 年暑期国际学校"举办国际财务与会计前沿课程】 7 月 14 日，"2018 年暑期国际学校"顺利开课，本年课程为国际财务与会计前沿。该课程主要为学校管理类、经济类及其他专业的本科生讲授国际最新的财务会计理论与实践，以及相关的国际财务会计专题研究等内容。课程由美国欧道明大学商学院的 Royce D. Burnett 教授讲授。Royce 教授具有注册会计师、注册管理会计师、全球特许管理会计师资格，在财务与会计的教学和科研方面拥有丰富经验。共有约 90 名学生选修了此门课程。

暑期国际学校教授与学生交流

本次课程授课形式采用圆桌分组的形式，以团队为单位参与各项学习活动。Royce 教授采用了板书、演示、提问、讨论等多种教学方式，破解财务报告概念框架等课程的枯燥烦琐，使学生能够较大程度地接受和理解知识。

暑期国际学校的开设在我校本科二年级和三年级学生中广受欢迎，担任课程助教的教师也得到了锻炼提升，课程效果良好。

小组学习

【德国巴登符腾堡州立合作大学勒哈克校区短期学习班圆满完成交流学习任务】 2018年7月9—15日，由Armin F. Schwolgin教授带队，德国巴登符腾堡州立合作大学勒哈克校区一行21人完成了在学校为期一周的交流学习任务。

此次学习安排包括供应链管理和电子商务课程的学习，让来访师生对当前中国供应链以及电子商务的现状和发展趋势有更为深刻的认识；中国文化历史课程，引导来访师生鉴赏中国文化历史之美。此外，来访师生赴台湖图书城和北京盛世华人供应链管理有限公司进行了实地的考察与参观，深入了解中国物流配送与仓储等实操流程和相关技术应用。

课程学习之余，来访师生们怀着极大的热情参观了天安门广场、故宫博物院、长城、国家博物馆以及雍和宫等地，对中国悠久的历史文化赞叹不已。

在结业典礼上，Armin F. Schwolgin教授对学校教师以及志愿者的接待表达了由衷的感谢。4名德国学生进行了短期学习的内容总结，来访师生对中德物

德国巴登符腾堡州立合作大学勒哈克校区短期学习班合影1

德国巴登符腾堡州立合作大学勒哈克校区短期学习班合影 2

成果展示

结业典礼

流差异以及城市交通状况等问题进行了热烈的讨论。德国学生们表示此次学习改变了自己以往对中国的印象，收获很多。

此次德国巴登符腾堡州立合作大学勒哈克校区来校短期学习交流，不仅为德国学生们提供了认识和了解中国文化和行业发展的机会，更为留学生来华学习搭建了沟通的桥梁、为学校国际化的办学水平提供了更为广阔的前景和机遇。

【韩国平泽大学圆满完成短期交流学习】 2018年6月28日—7月27日，由南黎明教授带队的韩国平泽大学中文系的20位师生完成了在北京物资学院为期1个月的交流学习。

此次交流学习，国际学院为平泽大学中文系的学生们进行了汉语水平摸底考试后，定制了汉语综合课和太极课等特色课程。在课余时间，我校志愿者还带留学生们参观了北京著名的历史文化古迹，体验北京的生活。

2018年7月26日，副校长何明珂出席韩国平泽大学暑期课程班结业典礼并致辞。平泽大学南黎明教授对学校师生提供的关怀与帮助表示由衷的感谢。平泽大学的学生分组进行了学习体会的汇报展示，讲述一个月以来的学习和生活感受。学生们表示这次体验对他们的学习有非常大的帮助，希望以后还能有机会到北京来学习。

平泽大学创建于1912年，位于韩国平泽市。现有4000余名本科生、700余名研究生及200余名留学生。学校与平泽大学于2004年8月签署校际交流和学生交换协议，并结为姊妹院校。迄今为止，学校共有47名学生赴平泽大学进行长、短期学习，7名教师前往该校进行汉语教学工作；平泽大学共有123名学生来我院进行汉语或专业课学习。

【中美物流学会在学校开展教师赴美访问及辅导交流会】 2018年10月30日，教师赴美访问及辅导交流会在图书馆讨论室举行。参会的美方代表有中美物流联合会副会长、董事劳尔·邓汉姆女士，罗德岛大学终身教授、商学院副院长、罗德岛大学运营与供应链系统主任赫尔斯教授，以及中美物流联合会秘书长李茜女士。

交流会上，双方就赴美学术访问和美国教材、学术专著的翻译进行了深入交流和探讨。国际学院院长韩星介绍了有关我校教师出国访学的途径和学校的鼓励政策；赫尔斯教授介绍了罗德岛大学接受访问学者的基本程序，称赞学校国家级物流示范中心的设计体现了供应链设计的思想，并建议将实验室操作语言设置为英语，以适应国际化教学和交流；学院院长李华表示，学院将会在翻译教学资料方面提供帮助；物流学院院长姜旭认为加强中美高校在物流领域的交流十分重要，物流示范中心将在教学、科研乃至创新方面发挥积极作用。

此次交流双方在高校学术互访等问题上达成共识，希望加强进一步交流，拓宽了双方合作的领域。

服务社会

【概况】2018 年，学校为统筹推进社会服务领域的相关工作，撤销原现代物流产业研究院，成立对外合作办公室（简称对外合作办），全面负责学校对外服务和产学研合作领域的相关工作。加强与政府、企业、协会沟通联系，协助相关职能部门做好学校科研成果的转化工作；统筹大学科技园、中关村电子商务与现代物流产业联盟等机构及平台的运营和管理工作。对外合作办根据学校要求全面调整了部门功能，完成工作人员的调配，完善管理体制，以新方式开展学校的产学研合作和对外服务领域的工作。

对外合作工作。以对外合作办为中心开展广泛的对接工作。学校组织校内教师与物流产业资源进行广泛的产学研合作，赴北京主要的物流基地、物流园区和物流企业实地走访调研，组织完成各类合作洽谈 50 余次。与北京物流协会、宏远控股集团有限公司、中铁快运北京南站营业部、招商局物流集团（北京）有限公司、北京人福医疗器械有限公司等单位建立合作关系，开展不同方向和层次的合作。同时，学校积极拓展同其他领域的合作，组织相关教师赴通州区人社局和国家大剧院台湖舞美艺术中心参观考察，探讨服务通州、建设新北京的合作发力点。2018 年学校获得中国物流学会授予的年度优秀产学研基地荣誉称号。

新校区建设工作。在北京市商务科技学校并入工作推进的背景下，积极统筹右安门等校区的规划利用工作，建设新的产学研合作平台。学校与西城区委区政府、中关村管委会、中国期货协会、校友企业等共同组织考察、沟通和研讨 20 余次，初步拟定将右安门校区规划为期货专业领域高端产学研合作基地。建设目标为期货理论研究高端智库、期货市场业务创新基地、期货拔尖人才培养高地、国际期货衍生领域交流合作中心和期货高端业态创新示范园区。同时拟定基地运营管理模式和整体布局思路，为新校区的进一步建设改造提供指导意见。

对口援助与经济合作工作。3 月 9 日，学校与北京市对口支援和经济合作工作领导小组办公室签署合作协议，合作建立北京市支援合作研究培训中心。6 月 25 日，党委书记李石柱代表学校在北京市教育扶贫协作推进会上做先进典型发言，介绍学校在扶贫协作中的典型做法，总结了学校与扶贫协作地区的合作成果，学校成为市属高等院校先进示范单位。

引智扶贫工作。学校在 2018 年继续对口帮扶北京市房山区霞云岭乡四合村和北京市密云区不老屯镇白土沟村，完成了四合村花椒、白土沟黑木耳的品牌打造、农产品物流包装设计专利申请和商标注册等工作，帮助其实现农产品包装的标准化、精品化及农产品品牌打造和产品附加值的提升，得到了北京市教委、扶贫办及村级组织的一致肯定。

【北京物流产业发展专项调研】 2018年，学校为推动北京市物流产业发展，开展北京市物流专项调研活动，党委书记李石柱带队赴北京主要的物流基地、物流园区和物流企业进行实地走访调研。

调研小组依次走访了通州中关村物流产业园、天竺综合保税区、京南物流基地，详细了解每个基地和园区的运营方式及状态，并对其主要入驻企业进行参观考察。在此过程中与招商局物流集团（北京）有限公司、北京佳之兴物流有限公司、宏远控股集团有限公司、北京百利威物流有限公司等建立合作关系，确定在人才联合培养、学生实践教学、企业发展问题剖析、校企联合项目申报等方面开展不同方向和层次的合作。

通过物流专项调研，学校全面了解了整个北京物流产业发展现状，为进一步开展学校的产学研工作和实践教学工作提供基础性参考资料。学校与走访的多个企业建立合作关系，落实了十余个实践教学基地合作。开发“北京市跨境电商直购进口清关作业现场”和“北京人福医疗器械有限公司医药器械物流”2个自主参观项目。

【北京物资学院平谷现代产业发展研究院】 1月5日，学校与平谷区人民政府、中关村科技园区管委会签订战略合作协议，三方合作建立北京物资学院平谷现代产业发展研究院。学校党委书记李石柱、校长王文举，中关村管委会主任翟立新，平谷区委常委、副区长杨东起共同为研究院揭牌。

北京物资学院平谷现代产业发展研究院主要职责：负责中关村科技园区平谷园的建设规划，使之建成集现代物流装备展示交易、智慧物流、物流技术研发等于一体的物流科技创新园；开展平谷区域关键产业发展的战略规划和重大工程技术项目领域的产学研协同创新合作；共同开展人才联合培养工作。

2018年，学校组成跨学院、跨学科、跨专业的研究团队，通过数次实地调研和座谈研讨，推动《平谷区物流业发展规划研究》《马坊物流基地产业发展规划研究》的编制工作。

【北京市支援合作研究培训中心】 3月9日，学校与北京市对口支援和经济合作工作领导小组办公室签署合作协议，根据协议双方合作建立北京市支援合作研究培训中心。

北京市支援合作研究培训中心根据“精准扶贫、精准脱贫”需要，负责推进重大项目领域的产学研协同创新合作工作。重点以北京市帮扶地区需求为导向，提出物流、电子商务等特色产业的系统解决方案；重点围绕扶贫脱贫，面向政府、企业等开展党政干部和特色产业管理培训。全年北京市支援合作研究培训中心为赤峰、玉树、拉萨等地区提供物流、电子商务领域科研技术服务，开展各类培训600多人次。

6月25日，学校党委书记李石柱代表学校在北京市教育扶贫协作推进会上发言。发言全面总结了学校与河北、西藏、新疆、内蒙古等扶贫协作地区的合作成果。重点分享了学校在实践过程中逐步探索形成的扶贫协作经验，即与扶贫对象地区“签署战略框架协议—成立专职合作机构—制订并落实专项行动计划—强化人员交流”的递进式“四位一体”合作模式，并对典型成果进行了介绍。

（仵坤）

第十篇 学校管理

学校党政管理

【概况】 学校办公室（党委办公室、校长办公室）是学校党委和行政的综合办事机构，设有综合管理科、机要科、信息科、文书科、信访科，档案馆、校史馆、法律援助中心挂靠学校办公室。其主要职能是围绕学校中心工作，积极发挥学校领导的参谋助手、学校的信息枢纽、部门的综合协调、决策的督促检查等作用，做好重大会议活动组织、综合协调、档案年鉴、法律咨询、信访接待、机要保密、党务公开、信息公开以及校领导交办的其他工作。2018 年学校办公室紧密围绕学校中心工作，在校领导的正确领导和各部门同人的支持帮助下，积极履行工作职能，努力提高管理和服务水平，为保障学校工作正常运转发挥了积极作用。

（吴梦楠）

【党建思政工作】 2018 年召开 43 次党建与思想政治工作会议，包括 19 次党委常委会、8 次院（部）书记例会、6 次党建工作领导小组例会、10 次党务专题工作会。以政治建设为统领，不断提升党建工作质量。把讲政治的要求贯穿于全面从严治党的全过程，全面学习贯彻党的十九大精神和习近平新时代中国特色社会主义思想，学习贯彻全国和北京市教育大会精神。落实全面从严治党主体责任，推进高校党的建设向纵深发展。制定年度全面从严治党责任分工，扎实推进校内巡察工作。坚持正确选人用人导向，完善干部队伍建设与培养体系。截至 2018 年年末共任免 50 人次，其中提任 15 人次。完善基层党组织工作机制。修订党政联席会议、院（部）级党组织会议等相关制度，明确了院（部）集体领导、党政分工合作、协调运行的工作机制，确保院（部）级党组织政治核心作用发挥。推进《系（教研室）务会议办法》落实，指导学院（部）制定实施细则，严格制度落实，确保教师党支部围绕中心工作有效发挥战斗堡垒作用。强化主体责任，完善二级单位意识形态工作领导体制机制，层层压实意识形态工作责任制落实。推动师德师风常态化长效化，持续加强作风建设、党风廉政建设和反腐败工作。构建立体监督体系，积极践行监督执纪“四种形态”，认真做好信访和案件查办工作。强化安稳工作，学校在市属高校“平安校园”建设考核中初评成绩位列第一。

（刘世波）

【党委主体责任落实】组织协调召开系列会议贯彻部署落实党委工作；牵头起草学校年度党建工作计划，建立任务清单折子工程，协调推进督促各党群工作部门党建任务落地落实；完成党建自查报告；制定学校年度全面从严治党任务分工，明确领导班子成员责任，指导督促二级单位党组织抓好责任落实；分层级与处级以上领导干部签订个性化责任书和承诺书，层层分解、压实全面从严治党责任；牵头组织纪委展开对6个学院全面从严治党主体责任的调研检查；认真落实全面从严治党工作全程纪实制度，依托巡察、全面从严治党主体责任调研检查等形式，督促领导干部将全面从严治党责任落到实处；学校党委以学校办公室为依托成立巡察工作领导小组办公室，设立兼职巡察工作人员，按照巡视工作模式，全程参与、统筹协调、跟进落实校内三批次巡察工作，先后对学校17个二级单位展开巡察，设立督促落实整改机制，建立工作台账；牵头组织推进单位职权目录与权力流程图梳理工作，推进党风廉政防控体系建设。

（胡晓迎）

【依法治校】全面推进依法治校。学校“三重一大”决策机制不断完善。加强内控，规范合同流程管理，强化合同管理。充分发挥法律顾问作用，法律顾问风险防范作用显著提升。学生申诉委员会规范运行，学生权益有效保障。畅通利益诉求渠道，全年接待处理来电来访36起，处理校长信箱来函近50封。以处理历史遗留问题为重点，积极稳妥做好信访接待工作。党务公开和信息公开专网有效运行，结合学校信息公开总结上报，依据公开目录全面梳理学校公开网址，学校信息公开工作水平不断提高。

（刘世波）

【综合管理】严格印章使用审批制度，全年提供印章服务约1700人次、共计2.5万枚。在梳理合同分类的基础上，于12月5日授权科研处启用“北京物资学院科研合同专用章”，用于科研合同签订；于12月20日授权资产处启用“北京物资学院采购合同专用章”，用于政府采购合同签订。明确权责和分工，规范审批流程，合同用印效能显著提高。组织编报2018学年学校教育事业统计报表，撰写统计分析报告；填报北京市统计局2017年度年报表以及其他综合统计报表。认真做好学校各项值班安排，确保学校节假日期间工作、信息畅通有序。协调组织接待隋振江副市长、北京市教委、北京市委教育工委、通州区委区政府和政协、中物联、中央财经大学、内蒙古农业大学、唐山学院、广西民族师范学院等领导到校调研指导工作；做好迎接分类办学专家进校指导、全面从严治党主体责任检查、保密工作入校检查、本科教学审核评估、与央属高校合作等重要活动的筹备与接待服务工作及其他各类相关活动的组织、协调、服务工作。

（牛莉萍）

【信息工作】做好调查研究和信息采集、分类、整理工作，不断增强信息工作的前瞻性、指导性和创造性；制定《北京物资学院信息报送工作实施细则（草稿）》，自2018年9月起，定期向北京市教工委、市教委办公室报送学校特色亮点工作，部分信息刊载至《北京教育信息（普刊）》。

（胡晓迎）

【保密机要】全年收转各类校外来文400余件，收发机要文件1330余件，各类党政发文111件，校内呈批件67件，党委常委会文件传签件8件，校长办公会文件传签件2件，按照市委办公厅要求，清退机要文件167份。成立保密办公室，完善保密管理体系。首次迎接上级保密工作检查，对照问题落实整改，制定《2018年保密工作折子工程》，建立任务清单，层层落实整改责任。梳理完善保密规章制度，规范定密管理，制定《北京物资学院定密工作管理规定》，落实定密责任，明确涉密人员确定工作流程，加强涉密人员的全过程管理。完善涉密工作管理流程及制度。

（方玉）

【档案管理】全年立卷归档522卷，新增电子档案10.5GB。档案馆馆藏达到9202卷。全年档案提供利用382次，1146卷次。为校内职能部门查阅档案47次；帮助校友解决落户就业、留学深造、档案核查遇到的困难。提供高考成绩、统招统考身份、学业成绩、学历学位认证查询等服务270余次。协助公安局、安全局、公证处等社会机构查阅有关档案，协助相关机构办理教职工房产过户、继承等相关事宜。根据北京市教育志编纂委员会办公室要求，圆满完成为《北京教育年鉴2018》提供相关文字、视频、图片等稿件任务；为《北京通州年鉴（2017）》提供文字资料近6000字，照片8张。

（丁兆博）

【2018年党委常委会主要议题】

时间	会议名称	议题
1月2日	2018年 第1次常委会	研究干部工作；审议2017年度处级以上党员领导干部民主生活会的方案；听取对学校党委常委考察人选考察情况的汇报；审议6栋学生公寓楼购置靠背椅的请示
1月9日	2018年 第2次常委会	研究调整现代物流产业研究院和继续教育学院分管领导

续　表

时间	会议名称	议题
1 月 16 日	2018 年 第 3 次常委会	研究干部工作；审议北京物资学院社会治安综合治理（平安校园建设）工作考核自查报告；听取学校近期安全隐患排查情况的汇报；审议学校 2018 年校内专项预算相关工作；研究学校与北京商务科技学校合并相关事宜
1 月 26 日	2018 年 第 4 次常委会	审议南浴室改造工程及供热设备采购项目立项相关事宜；审议 2018 年校内专项立项相关事宜；审议续签研究生招生宣传合同有关事宜；审议学校 2018 年因公出国及赴港澳计划；研究干部工作
2 月 27 日	2018 年 第 5 次常委会	审议北京物资学院 2018 年工作要点；研究干部工作
3 月 6 日	2018 年 第 6 次常委会	审议 2017 年度处级单位和处级领导干部考核结果；研究干部工作；审议基层党组织变更相关事宜；审议安稳工作相关事宜；审议学校 2017 年决算和 2018 年预算情况相关事宜
3 月 13 日	2018 年 第 7 次常委会	研究干部工作；审议关于南、北浴室改造工程及其供热设备采购项目立项相关事宜
3 月 20 日	2018 年 第 8 次常委会	审议体育部直属党支部关于尹洪攀同志按期转为中共正式党员相关事宜；审议 2018 年纪委工作要点
3 月 27 日	2018 年 第 9 次常委会	审议实验教学中心验收工作方案相关事宜；审议 2018 年北京物资学院党建工作要点；审议对相关单位及人员给予通报表扬相关事宜；审议北京物资学院《北京普通高等学校党建和思想政治工作基本标准》入校检查整改方案相关事宜；审议《北京物资学院教学科研一线教师党支部书记考核和激励经费发放办法》相关事宜；审议《北京物资学院处级以上领导干部学习贯彻党的十九大精神集中轮训实施方案》相关事宜；审议 2017 年处级单位及处级干部年度考核结果公示相关事宜
4 月 9 日	2018 年 第 10 次常委会	审议变更“国家安全小组”名称事宜；审议北京物资学院 2018 年国家安全人民防线建设工作方案；审议学生处 2018 年预算经费工作方案；审议后勤管理处 2018 年预算经费工作方案；审议安稳处 2018 年预算经费工作方案；审议国际学院 2018 年预算经费工作方案；审议国际合作与交流处推荐国际交流人才赴国外学习事宜；审议北京物资学院与中美物流联合会签署战略合作协议相关事宜；审议信息中心 2018 年预算经费工作方案；审议建设数字信号听力教学考试系统相关事宜；审议教务处 2018 年预算经费工作方案；研究干部工作

续 表

时间	会议名称	议题
4月17日	2018年 第11次常委会	研究干部工作；审议关于召开2018年就业创业工作会相关事宜；审议第一教学楼多媒体教室设备更新方案；审议建设现代化教室工作方案
5月2日	2018年 第12次常委会	审议原商务科技学校相关工作推进情况；审议崇德楼一层展示区二期布展工作进展情况；审议2018年资产清查工作相关事宜；研究干部工作；审议学校内设机构调整及干部职数计划相关事宜
5月9日	2018年 第13次常委会	审议《关于开展2018年“做新时代‘四有’好老师和‘四个引路人’”学习实践活动方案》；研究干部工作；审议大运河研究院相关工作情况；审议调整校领导“双肩挑”岗位设置相关事宜；审议学校成立研究生院、党委研究生工作部相关事宜；审议学校党委第二、第三巡察组巡察工作相关情况；审议物流管理一流专业建设方案
5月15日	2018年 第14次常委会	审议推进北京物资学院附属北京商务科技学校相关工作事宜；审议第一教学楼多媒体教室设备更新事宜；审议启动学校党风廉政责任制第二批巡察工作相关事宜；审议召开学校全面从严治党工作会议；审议《北京物资学院师德先进个人评选办法（试行）》；审议2018年“北京物资学院师德先进个人”及“北京市师德先锋”推荐人选；审议学校党委第一巡察组巡察工作相关情况；研究干部工作；审议现代物流产业研究院对外合作相关情况
5月29日	2018年 第15次常委会	审议关于申请大礼堂装修改造及设备购置项目立项相关事宜；审议留学生公寓装修改造项目立项相关事宜；审议校医院化验设备购置项目立项相关事宜；审议组织学生工作队伍赴教育部高校辅导员培训和研修基地（浙江大学）进行专题培训相关事宜；审议“第八届首都民族团结进步奖”推荐人选相关事宜；审议成立保密办公室相关事宜；审议学校保密办公室职务任命相关事宜
6月5日	2018年 第16次常委会	审议保密检查相关工作事宜；审议原北京商务科技学校富河园校区相关工作事宜；审议《北京物资学院党建工作重点任务清单》；审议《北京物资学院〈北京普通高等学校党建和思想政治工作基本标准〉检查整改折子工程》；审议建立书记办公会会议制度相关事宜；研究干部工作；审议建设智慧化教室相关事宜

续　表

时间	会议名称	议题
6月12日	2018年 第17次常委会	审议成立北京物资学院附属商务科技学校；审议《北京物资学院附属商务科技学校教职工聘任部分处级以下岗位工作方案（征求意见稿）》；审议《北京物资学院教师职业道德规范》；审议奖励2018届赴新疆基层工作优秀毕业生相关事宜；审议举行2018届学生毕业典礼相关事宜；审议追加预算支持第一教学楼消防改造项目和视频监控设备拆除恢复项目立项的请示；审议开展2010年以前实施项目办理转入固定资产的相关事宜；审议召开中共北京物资学院委员会“七一”表彰大会相关事宜；审议院（部）级党组织变更相关事宜；审议组织处级干部、教工党支部书记赴井冈山进行党性教育专题培训相关事宜；研究干部工作
6月19日	2018年 第18次常委会	审议启动全面从严治党教育宣传活动相关事宜；审议推进纪检监察工作转职能、转方式、转作风相关事宜；研究干部工作
6月26日	2018年 第19次常委会	审议《北京物资学院师德“一票否决制”实施细则（试行）》；审议北京物资学院2018年上半年意识形态工作基本情况报告；审议2017—2018年度校级先进基层党组织、优秀共产党员、优秀党务工作者表彰人选相关事宜；审议2018年度补助慰问生活困难党员相关事宜；审议外国语言与文化学院党总支关于接收潘爱琳、黄云柯等14名同志为中共预备党员相关事宜；审议外国语言与文化学院党总支关于汪秋月等13名同志按期转为中共正式党员相关事宜；审议法学院党总支关于接收刘鑫博等10名同志为中共预备党员相关事宜；审议法学院党总支关于向月等9名同志按期转为中共正式党员相关事宜；审议《中共北京物资学院委员会党风廉政监督员选聘办法》；研究干部工作
7月5日	2018年 第20次常委会	审议北京物资学院2018—2020年党风廉政监督员人选；研究干部工作
7月26日	2018年 第21次常委会	审议开展暑期师德师风建设培训工作事宜；审议增补学校重点要害部位视频监控项目；听取校园近期安全隐患排查情况汇报；审议更新第一教学楼桌椅事宜；研究干部工作
9月18日	2018年 第22次常委会	审议富河园校区学生宿舍装修改造工程项目立项请示；审议市管企业外部董事人才库推荐人选；审议北京市2018年度优秀人才培养资助项目（青年骨干个人项目）推荐人选

续 表

时间	会议名称	议题
9月25日	2018年第23次常委会	审议《北京物资学院学习宣传贯彻全国教育大会精神实施方案（草案）》；审议北京物资学院“百名研究生党员标兵”推荐人选；审议《中共北京物资学院委员会2018年全面从严治党工作主要任务分工》；审议《中共北京物资学院委员会全面从严治党主体责任日常检查任务分解表》；审议《关于成立中共北京物资学院委员会巡察工作领导小组的通知》；审议《中共北京物资学院委员会全面从严治党巡察工作实施办法》；审议《中共北京物资学院委员会关于〈中国共产党纪律处分条例〉学习方案》；审议《北京物资学院重点领域监督检查办法》；审议《北京物资学院落实〈关于统筹推进北京高等教育改革发展的若干意见〉实施方案》
10月9日	2018年第24次常委会	审议召开共青团北京物资学院第八次代表大会；审议学校纪委退出部分校级议事机构的请示；审议学校大礼堂显示屏幕建设项目立项的请示；研究干部工作
10月17日	2018年第25次常委会	审议北京物资学院2019年预算方案；审议学校2019年基础设施改造定额项目；审议学校2019年“科技创新服务能力建设—高精尖学科建设（市级）”财政专项预算；审议学校2019年物流管理市属高校一流专业建设项目财政预算
10月23日	2018年第26次常委会	审议调整校领导分工的请示；审议《北京物资学院辅导员岗位补贴发放办法（试行）》；审议学校大型原创舞剧《运》参加北京市“京杭大运河文化带精品剧目展演”开幕演出活动经费的请示；审议成立学校艺术教育中心的请示；审议撤销原现代物流产业研究院，成立对外合作办公室的请示；审议独立设置校友工作办公室的请示；审议《中共北京物资学院委员会关于进一步规范和从严管理处级干部因私出国（境）审批工作的通知》（试用）；审议《北京物资学院2018年院（部）级党组织换届选举工作实施方案》
10月30日	2018年第27次常委会	审议本科教学工作审核评估整改方案
10月30日	2018年第28次常委会	审议《北京物资学院关于加强安全稳定工作的意见（征求意见稿）》；审议图书馆拟新增数据库采购方案；研究干部工作
11月2日	2018年第29次常委会	研究干部工作

续　表

时间	会议名称	议题
11月6日	2018年 第30次常委会	审议信访件调查处理相关事宜；审议调整校领导分工的请示；审议《北京物资学院学习宣传贯彻全国及全市教育大会精神的实施方案（修改稿）》；听取“经济管理综合实验教学中心”建设验收情况的汇报；听取教学视频监控中心项目整体验收情况汇报；听取崇德楼校园文化展区项目整体验收情况汇报；审议院（部）级党组织换届选举情况的请示；研究干部工作
11月13日	2018年 第31次常委会	听取迎接全面从严治党主体责任落实检查考核工作情况汇报；听取学校开展第二批校内巡察工作情况汇报；审议图书馆直属党支部召开换届选举党员大会的请示；审议体育部直属党支部换届选举结果的请示；研究干部工作
11月20日	2018年 第32次常委会	审议《北京物资学院党委书记和校长沟通协调制度》；审议启动学校全面从严治党第三批次巡察工作的请示；审议《北京物资学院师德考核办法（试行）》；审议马克思主义学院直属党支部召开换届选举党员大会的请示；审议体育部直属党支部新一届委员会委员分工的请示；审议图书馆直属党支部换届选举结果的请示；研究干部工作
11月27日	2018年 第33次常委会	审议《北京物资学院落实〈关于统筹推进北京高等教育改革发展的若干意见〉实施方案折子工程》；审议关于国家级物流系统与技术实验教学示范中心后续购置方案的请示；审议马克思主义学院直属党支部换届选举结果的请示；审议图书馆直属党支部新一届委员会分工情况的请示；审议学校推荐2019年度“北京市生活困难党员帮扶专项资金”补助申报人员和学校生活困难党员补助人员；审议《北京物资学院院（部）党政联席会议制度》和《北京物资学院院（部）级党组织会议制度（试行）》
12月4日	2018年 第34次常委会	审议物流学院党委召开换届选举党员大会的请示；审议启动召开中国共产党北京物资学院第三次代表大会相关筹备工作的请示；审议领导干部社团兼职的请示；研究干部工作
12月11日	2018年 第35次常委会	审议外国语言与文化学院党总支召开换届选举党员大会的请示；审议马克思主义学院直属党支部新一届委员会委员分工的请示；审议物流学院党委换届选举结果的请示；审议处级干部因私出国申请；审议北京高校优秀教师典型事迹学校拟推荐人选；审议追加2018年校内专项—学生食堂后厨改造工程项目预算资金的请示；审议追加2018年校内专项—学生食堂周边环境改造工程项目预算资金的请示；审议成立学业困难学生帮扶工作领导小组的请示

续 表

时间	会议名称	议题
12 月 18 日	2018 年 第 36 次常委会	听取学校 2018 年落实全面从严治党主体责任自查工作情况汇报；审议《北京物资学院“十三五”时期实施高校“平安校园”建设提升工程方案》；审议物流学院党委新一届委员会委员分工的请示；审议成立北京物资学院附属商务科技学校党总支的请示；审议《北京物资学院二级单位 2018 年度考核方案》；审议《2018 年度北京物资学院处级领导干部考核工作方案》；审议《2018 年北京物资学院基层党建工作述职评议考核实施方案》；研究干部工作
12 月 25 日	2018 年 第 37 次常委会	审议共青团北京物资学院第八次代表大会选举结果；听取学校 2018 年统战工作专项汇报；审议外国语言与文化学院党总支新一届委员会委员分工的请示；审议中国共产党北京物资学院第二届委员会《关于召开中国共产党北京物资学院第三次代表大会的决议（草案）》；审议法学院党总支关于党员发展、党员转正的请示；审议外国语言与文化学院党总支关于党员发展、党员转正的请示；审议《北京物资学院 2018 年度民主生活会方案》；审议《北京物资学院 2018 年度学校领导班子和领导干部考核工作方案》；审议关于刘丙午等同志辞去党委委员职务的请示；审议成立北京物资学院附属商务科技学校事务管理委员会的请示

【2018 年校长办公会主要议题】

时间	会议名称	议题
1 月 2 日	2018 年第 1 次 校长办公会	审议 2017 年度专业技术职务晋升聘任及职务认定结果；审议部分处级以下管理人员调整岗位等级并兑现相关待遇的请示
1 月 9 日	2018 年第 2 次 校长办公会	审议校医院口腔科对外开展诊疗服务的请示；审议处级以下教职工 2017 年度考核结果
1 月 16 日	2018 年第 3 次 校长办公会	审议北京物资学院大运河研究院工作方案；审议科研政策微调的请示；审议配备新疆籍少数民族学生专职辅导员的请示；审议调整原人才工作委员会为人才人事工作委员会的请示
2 月 27 日	2018 年第 4 次 校长办公会	审议关于 2018 年研究生奖助激励措施调整的请示；审议关于中美国际物流班相关事项的请示；审议关于举办国际物流教育论坛相关事项的请示；审议关于发放事业单位一次性绩效工资的请示

续　表

时间	会议名称	议题
3月6日	2018年第5次校长办公会	审议关于北京物资学院教育基金会监事会、理事会换届工作的请示；审议关于北京北物通科技发展有限公司负责人申请免职问题的请示；审议关于莱西经济开发区管委会与北京物资学院合作协议相关事宜
3月13日	2018年第6次校长办公会	审议关于学校本科招生专业选考科目要求相关事宜
3月20日	2018年第7次校长办公会	审议2018年公开招聘第一批拟定人选相关事宜；审议2018年公开招聘计划（第二批）相关事宜
3月27日	2018年第8次校长办公会	审议推荐2018—2022年教育部高等学校教学指导委员会委员相关事宜；审议启动部分管理岗位校内公开招聘相关事宜；审议大运河研究院院长王佳宁工作待遇相关事宜
4月4日	2018年第9次校长办公会	审议事业单位一次性绩效工资发放方案；审议2018年北京市属高校“百千万人才工程”推荐人选事宜；审议2018年“享受政府特殊津贴专家”选拔推荐人选事宜；审议《北京物资学院全面落实研究生校院两级管理实施方案（征求意见稿）》；审议学校重点支持的、持续出版的发展研究报告政策调整相关事宜；审议近期拟公派出国（境）团组情况；审议修订《北京物资学院特殊生源学生课程考核成绩管理办法》
4月17日	2018年第10次校长办公会	审议北京物资学院提高专业硕士学费收费标准的方案；审议2018年公开招聘第二批拟定人选相关事宜；审议部分处级以下管理岗位和专业技术岗位校内公开招聘结果；审议印发《北京物资学院教师国（境）外访学研修管理办法（试行）》；审议规范绩效工资管理方案
5月2日	2018年第11次校长办公会	审议调整学校学风建设领导小组的请示；审议2018年学风建设实施方案
5月15日	2018年第12次校长办公会	审议北京物流协会与北京物资学院战略合作协议；审议给予黄闻也开除学籍处分事宜；审议原合同工徐长顺处理意见；审议《北京物资学院研究生教育两级管理暂行办法（修订版）》；审议《全面落实研究生教育两级管理的实施意见（草案）》
5月29日	2018年第13次校长办公会	审议我校教师申请首经贸博导资格推荐工作相关事宜；审议留学生活动中心项目验收情况；审议2018年普通本科招生计划编制相关事宜
6月5日	2018年第14次校长办公会	审议下半年拟公派出国（境）团组情况；审议部分工勤技能人员兑现国家工资相关事宜；审议2018年公开招聘第三批拟定人选

续 表

时间	会议名称	议题
6月12日	2018年第15次校长办公会	审议我校开展本科教学工作审核评估预评估工作相关事宜；审核北京物资学院2018—2021学年校历；审议《北京物资学院外聘教师管理办法（修订稿）》；审议《北京物资学院青年教师导师制实施办法（试行）》
6月19日	2018年第16次校长办公会	审议国家级物流系统与技术实验教学示范中心裙楼地面门窗吊顶改造工程项目立项工作；审议2018年学校公派国（境）外访问学者拟定人选；审议学校2018年公开招聘计划（第三批）相关事宜；审议2018年公开招聘第四批拟定人选相关事宜
7月5日	2018年第17次校长办公会	审议开展教师岗位2015—2017聘期考核工作；审议校内专项“学生食堂周边环境改造工程”申请立项的请示；审议校内专项“学生食堂后厨改造工程”申请立项的请示；审议校内专项“部分房间改造工程”申请立项的请示
7月17日	2018年第18次校长办公会	审议报废锅炉房锅炉相关事宜；审议2017年校级科研先进个人评选结果；审议《北京物资学院科学研究优秀成果奖评选办法》；审议2018年公开招聘拟定人选（第五批）相关事宜；审议2018年军转干部安置工作方案；审议2018年教师自费出国（境）访学研修相关事宜；审议北京物资学院附属商务科技学校教职工聘任校本部处级以下岗位结果相关事宜；审议修订《北京物资学院本科学生学籍管理规定（试行）》
7月26日	2018年第19次校长办公会	审议学校2018年度本科专业申报工作；审议2017—2018学年教学先进个人拟定人选；审议办公和教学楼宇卫生间购置安装烘手器相关事宜；审议2017年度优秀教育工作者拟定人选；审议通州区“两高”人才推荐拟定人选
9月18日	2018年第20次校长办公会	审议学校调整教学周次安排工作；审议《北京物资学院本科教学工作审核评估自评报告》；审议学校2018年国家“万人计划”青年拔尖人才自然科学、工程技术领域推荐人选；审议学校2018年度优秀人才培养资助青年拔尖个人项目及青年拔尖团队项目推荐人选；审议学校2018年度军转干部安置工作；审议学校2015—2017聘期教师岗位考核结果事宜
9月25日	2018年第21次校长办公会	审议学校2017—2018学年优秀辅导员、班主任评选结果；审议《北京物资学院本科教学工作审核评估迎评工作方案》
10月9日	2018年第22次校长办公会	审议《北京物资学院研究生副导师选聘暂行办法》

续　表

时间	会议名称	议题
10 月 17 日	2018 年第 23 次校长办公会	审议《北京物资学院研究生国家奖学金评审办法》
10 月 23 日	2018 年第 24 次校长办公会	审议学校近期拟公派出国（境）访问团组相关事宜；审议北京物资学院 2015—2017 聘期教师岗位考核结果；审议开展高等学校学历继续教育办学专项检查反馈意见整改工作相关事宜
10 月 30 日	2018 年第 25 次校长办公会	审议《北京物资学院公车使用管理办法（修订）》；审议核发 2018 年奖励绩效工资的请示
11 月 6 日	2018 年第 26 次校长办公会	审议修订《北京物资学院横向科研项目经费支出管理细则》；审议《北京物资学院专项论证管理办法》；审议北京物资学院附属商务科技学校申请补充公用经费的请示；审议《北京物资学院重大项目整体验收暂行管理办法》；审议近期拟公派出国（境）团组情况
11 月 13 日	2018 年第 27 次校长办公会	听取 2018 届毕业生就业工作情况汇报；听取 2018 年学生心理健康发展状况汇报；审议奖励补充招录 2018 届赴新疆基层工作优秀毕业生相关事宜；听取 2018 年教育收费自查自纠情况汇报；听取 2018 年校内预算执行情况汇报；听取经济管理综合实验教学中心项目验收情况汇报；审议《北京物资学院关于暂停课堂教学不合格教师从事本科课堂教学工作的规定（试行）》
11 月 20 日	2018 年第 28 次校长办公会	审议学校 2019 年度北京市属高校高水平教师队伍建设支持计划拟推选人选名单；审议《北京物资学院大学生思想政治教育类教师专业技术职务任职条件和晋升要求（试行）》；审议关于开展 2018 年度专业技术职务晋升聘任及认定工作的请示
11 月 27 日	2018 年第 29 次校长办公会	审议关于追加第一教学楼装修改造项目超预算资金的请示；听取关于开展学校硕士学位授权点自评工作情况的汇报；审议《北京物资学院研究生校级评奖评优工作管理办法》
12 月 4 日	2018 年第 30 次校长办公会	审议《北京物资学院审计整改工作实施办法（试行）》
12 月 18 日	2018 年第 31 次校长办公会	审议《北京物资学院大学生创新创业基地管理办法（试行）》；听取第一教学楼和留学生公寓改造（二期）整体验收情况汇报；审议进一步完善处级以下管理岗位人员聘任工作的请示；审议开展 2018 年度处级以下教职工考核工作的请示
12 月 25 日	2018 年第 32 次校长办公会	审议关于公示 2018 年度专业技术职务晋升聘任及职务认定初步结果的请示；听取关于《本科教学质量提升工程方案（讨论稿）》的汇报

（吴梦楠）

发展规划

【落实《关于统筹推进北京高等教育改革发展的若干意见》文件精神】7—9月，学校先后召开四次领导班子务虚会，专题研讨学习文件精神，深入研究学校办学定位和发展目标。10月，制订出台《北京物资学院落实〈关于统筹推进北京高等教育改革发展的若干意见〉实施方案》（以下简称实施方案）以及落实实施方案折子工程。

实施方案将学校发展定位为高水平应用型大学。发展目标是：到2020年，以立德树人为根本、教育教学为主业、科学研究为支撑的高水平应用型大学管理运行体系健全完善；到2035年，高水平应用型大学特色鲜明，成为在物流和流通领域国内领先、国际有重要影响的高水平应用型大学；到2050年，建成国际知名的高水平应用型大学。

依据定位和发展目标，学校将以一流学科、一流专业建设为契机，以人事制度改革为突破口，全面深化改革，强特色补短板，实施“立地顶天”“特色发展”“协同发展”三大战略，扎实推进“人才培养水平提升工程”“学科建设水平提升工程”“科研与社会服务能力提升工程”“师资队伍水平提升工程”“国际化水平提升工程”“治理能力提升工程”六大工程，通过深化内部改革、激发内生动力，不断提升学校办学综合实力与核心竞争力。

（校办）

【北京物资学院“十三五”规划中期考核】按照学校“十三五”规划确定的规划实施年度报告、中期检查和总结评估“三位一体”的监督检查机制，规划办牵头开展学校“十三五”规划执行情况中期检查。对标“十三五”规划确定的目标任务，跟踪各专项规划和总体规划目标任务的执行进度，全面总结“十三五”时期前三年（2016—2018）目标任务执行情况，研判实施过程中的主要问题并分析原因，形成了《关于学校“十三五”规划中期检查情况的报告》。

【研究工作】学校办学定位研究工作。2018年继续开展“地方高校办学定位”等课题研究，完善课题资料库，撰写《关于北京物资学院办学定位情况的报告》、填写《北京市属高等学校发展定位调查表》并上报市教委。

国内大学排名研究。分析研究软科中国最好大学排行榜评价指标体系及北京市属高校排名情况，形成《2018软科“中国最好大学”排名分析报告》，供校党委决策参考。

（规划办）

财务工作

【**概况**】2018 年，学校财务处有工作人员 14 人，其中在编 9 人、退休返聘 2 人、合同制 3 人。全年财务工作以提供优质化、便捷化、精细化、人性化服务为目标，以强化专项管理、加强制度建设、完善信息化建设等方式推进学校财务工作，同时通过预算评审、制度约束等手段提高资金使用效率，为学校教学质量提升、科研水平提高提供财务保障。

【**财务收支状况**】2018 年学校总收入 44066.79 万元，比上年减少 2774.65 万元，减幅 5.9%。其中财政补助收入 35971.87 万元，占总收入 81.6%；事业收入 7147.81 万元，占总收入 16.2%；经营收入 188.91 万元，占总收入 0.4%；其他收入 758.20 万元，占总收入 1.7%。

2018 年学校总支出 44831.76 万元，比上年减少 418.86 万元，减少 0.9%。其中财政补助支出 35574.34 万元，占总支出 79.4%；事业支出 9068.51 万元，占总支出 20.2%；经营支出 188.91 万元，占总支出 0.4%。

【**项目管理**】建立校内专项立项、论证、验收闭环管理机制，提高项目资金使用绩效。2018 年，财政专项收入合计 4953.98 万元，其中上年结转 1290.52 万元，本年收入 3663.46 万元；支出合计 3270.97 万元，其中上年结转项目支出 984.47 万元，本年安排项目支出 2286.50 万元；年末结转和结余 1683.01 万元，其中上年结转项目结转结余 306.05 万元，本年安排项目结转结余 1376.96 万元。财政专项涵盖教师队伍建设、科技创新服务能力建设、人才培养质量建设、学生资助、国际交流与合作、改善办学保障条件、北京市教育教学成果奖、中央支持地方专项等类别。

2018 年，校内专项收入合计 7632.74 万元，其中上年结转 1366.47 万元，本年收入 6266.27 万元；支出合计 5509.46 万元，其中上年结转项目支出 1032.24 万元，本年安排项目支出 4477.22 万元；年末结转和结余 2123.28 万元，其中上年结转项目结转结余 334.23 万元，本年安排项目结转结余 1789.05 万元。校内专项涵盖实验室建设、信息化升级、基础设施改造、设备购置、学科建设、大学生创业、学生培养、科研能力提升等类别。

【**预决算管理工作**】2018 年 1 月完成 2017 年决算报表编制、决算分析报告、决算分析报表上报等工作，按时上报市教委并通过审核。北京市教委根据《关于印发〈本级部门决算工作考核办法〉

（试行）的通知》（京教财〔2017〕22号）文件规定，对所属单位2017年决算工作进行综合评定，我校被评为2017年决算编报工作先进单位。

3月完成2018年校内预算编制工作，批复校内预算，其中涵盖近200项部门日常及归口管理经费项目、27项财政专项、155项校内专项。10月编制2019年学校预算，上报预算金额45570万元，并于11—12月完成校内专项项目库建设。

【制度建设与改革】 制定《北京物资学院专项论证管理办法》（物院发〔2018〕50号）、《北京物资学院横向科研项目经费支出管理细则》（物院发〔2018〕51号），进一步明确专项论证流程和规范以及横向科研经费支出细则。梳理学校预算、收支、资产管理、政府采购、合同管理等方面制度和流程，优化内部控制体系建设。根据上级要求，完成行政事业单位内部控制报告编报工作。

【信息化建设】 启用电子发票认证系统，运行状况良好，解决了电子发票辨别真伪及重复使用报销的问题。启用北京物资学院缴费平台，解决了现场排队收费、缴费手续流转不便的问题。启用“微信收款商业版”，在学校文体馆、卡务中心、外国语言与文化学院、学生处开通微信收费渠道，实现了无现金收费流转，为校内收费提供便捷服务。

【会计制度变更的衔接工作】 根据财政部《政府会计制度——行政事业单位会计科目和报表》（财会〔2017〕25号）、《关于印发高等学校执行〈政府会计制度——行政事业单位会计科目和报表〉的补充规定和衔接规定的通知》（财会〔2018〕19号）文件规定，学校组织财务人员参加财务、系统等方面培训，同时整理账务，为由高等会计制度调整至政府会计制度做准备。截至2018年年末，学校已完成会计科目调整及衔接工作。

【调整硕士研究生学费收费标准】 2018年学校财务经多次与北京市教委、北京市发展改革委、北京市财政局等部门沟通协调，于11月获批调整硕士研究生学费收费标准。学术型硕士金融学、产业经费学、国际贸易学等16个专业收费标准由6400元/生学年调整为8000元/生学年，确定2019年新增招生政治经济学、西方经济学、世界经济学专业收费标准为8000元/生学年；专业型硕士物流工程专业收费标准由6400元/生学年调整为8000元/生学年，确定2019年新增招生金融专硕专业收费标准为29000元/生学年。调整后的收费标准自2019—2020学年开始执行。

（王秋影　徐建国）

资产管理

【**概况**】2018 年资产管理处进一步提高部门工作的规范化、标准化程度，围绕内控体系建设和制度建设，系统梳理政府采购、资产管理业务管理流程，优化协议采购、招标采购、小额采购、设备购置类项目到货验收、固定资产登记、固定资产报修、仪器设备报废处置等业务流程，实现了流程上墙，圆满完成采购、资产管理等各项工作。全年共完成各类采购 8000 余万元，组织开展资产管理员队伍培训 60 余人次，截至 2018 年年底，全校拥有固定资产 5 万余台件套、总金额 8.18 亿元。

加强与其他院校间的沟通交流，到北京工业大学、首都经济贸易大学等高校走访调研，学习经验。接待北京第二外国语学院、北京财贸职业学院等兄弟院校来访交流，分享学校办公用品采购、图书采购、协议采购、资产管理等方面经验。

【**资产管理**】全年新增固定资产 8548 台件套、总价值 4146 万元，报废处置固定资产 4639 台件套；单位间调剂固定资产 110 批次、600 台件套，部门间调剂固定资产 156 批次、2195 台件套；固定资产增减值 15 批次；维修拆装搬运固定资产 101 批次。

【**采购管理**】全年共完成各类采购 8000 余万元。其中执行财政专项 9 个，金额 1810.89 万元；校内专项 55 个，金额 5072.8 万元。其中第一教学楼装修改造项目涉及相关项目共计 14 个，累计采购金额 2566.53 万元。全年协议采购通用办公设备 107 批次，包括计算机、打印机、投影仪、笔记本电脑、空调设备等，累计采购金额 687.10 万元；协议采购办公家具 18 批次，累计采购金额 405.67 万元。

2018 年度进一步优化小额采购公布流程，强化对小额采购的事前审批，加强对采购活动的监督。全年审核、公示小额采购项目信息 58 项，涉及资金 303 万元。

【**图书及办公用品专项管理**】继续完善图书及办公用品采购管理工作，全年开设图书采购账号 76 个，集中采购图书 8965 笔、使用资金 60 万元，京东慧采平台采购办公用品支出 83 万元，集中采购办公用品 8392 笔，与上一年相比图书及办公用品采购支出稳定。资产管理处进一步实现采购与支付的网络化、平台化、集中化、规范化，提升采购工作的规范性、合理性、时效性。简化支付及报销手续，减少二级单位和财务处报销的工作量。

【**整体验收**】推动建立从立项到绩效评价的全流程项目管理体系，出台《北京物资学院重大项目整体验收暂行管理办法》，规范和完善整体验收流程和验收内容。在各部门的配合下，对第一教学楼、留学生活动中心、留学生公寓、教学视频监控中心、崇德楼文化展示区（二期）等重点项目实施整体验收。依托整体验收带动分项验收、明确资产权属和管理职责，明确重大项目整体验收的适用范围、管理部门、验收组组成、验收流程、验收资料归档、项目后续管理等内容，进一步提升专项管理水平和资产管理水平。

【数据信息工作】2018 年启动资产管理信息数据清洗工作，在前期调研的基础上，实现对原系统数据的清洗。对原资产管理系统中 1000 余人、53000 余条资产数据进行梳理和清洗，规范人员信息、完善资产数据，提升资产信息准确性。为优化资产管理流程、提升工作信息化水平，提供数据基础。

基本建设

【概况】2018 年基建办落实学校“十三五”发展规划，在学校基础设施建设和改造上抓重点、补短板、强弱项。在校党委和行政部门的领导下，按照学校 2018 年工作要点，认真执行上级主管部门和学校的各项规章制度，以解决问题为导向，加强精细化管理，切实履行基建办公室管理职能，积极推进学校的基本建设工程，为建设与北京城市副中心相称的高水平应用型大学创造良好的基础保障。全年完成的主要工作任务有：第一教学楼装修改造工作、实施“三个提升”工程、新建图书馆和文体活动综合楼决算审核工作。

财政专项方面，完成基础设施改造定额项目，分别是第一教学楼装修改造、第一教学楼暖气更新工程，批复金额 980 万元。校内专项方面，2018 年基建办实施校内专项 28 个，共计批复资金 2893 万元。其中上年结转项目 7 个，年初预算项目 13 个，其他追加项目 7 个，小额维修项目 1 个。截至 2018 年年末，除南院西围墙维修工程正在实施外，其余项目已全部完工。随着项目逐步完工并交付使用，极大地改善了师生员工的学习和生活环境。

【基建项目】基础设施建设及改造项目：第一教学楼装修改造工程、第一教学楼暖气更新工程、第一教学楼防盗门更换工程、第一教学楼外窗更换工程、第一教学楼空气调节系统购置、配电室装修改造工程、学生食堂东厅装修改造工程、潞河居清真餐厅改造工程、北平房（污水处理厂东侧平房）改造工程、车队二层员工宿舍电器线路改造工程、潞河居厕所改造工程、京杭源厕所改造工程、大礼堂舞台设备购置、北浴室扩容改造工程、学生食堂周边环境改造工程、学生食堂后厨改造工程、图书馆北侧场地改造工程、学校动力中心改造工程、部分房间改造工程、国家级物流系统与技术实验教学示范中心裙楼地面吊顶改造工程、国家级物流系统与技术实验教学示范中心裙楼断桥铝门窗改造工程、富河园校区学生宿舍土建装修改造工程、富河园校区学生宿舍电气改造工程、卷库装修改造（追加）工程、教工食堂后厨增加避风阁工程、留学生公寓装修改造工程（二期）、人文楼一层部分区域装修改造工程、南院西围墙维修工程、小额维修项目等。

【升级配置，深度改造第一教学楼】2018 年针对第一教学楼楼龄长、设施老旧、使用损耗率高等特点，基建办公室将其升级改造工程列为工作重点。项目于6 月 12 日进场施工，9 月 3 日按期完工。项目对第一教学楼整体进行了深度改造。更换了暖气、防盗门、断桥铝外窗；升级改造了 9 间智慧教室，5 间教师休息室、1 间教师工作室；升级改造了 20 个卫生间、5 间开水间；增加安装了中央空调。暑期在第一教学楼施工现场，除了基建办公室负责的 5 个项目外，还有信息中心的智慧教室项目、安稳处的消防栓更换项目、后勤处的部分设备和窗帘项目、资产处的相关设备和家具购置项目等，同时交叉施工单位数量达到十几个。基建办公室同施工方、监理方密切配合，积极协调各相关单位，克服时间紧、任务重、交叉作业的困难，出色地按时保质地完成了第一教学楼装修改造工作，使校园内最早的教学建筑以崭新的面貌迎接新一轮本科教学审核评估。

【“三个提升”工程】2018 年，以全面提升教学科研环境为目标，基建办公室实施了多个改造项目，在改善师生的餐饮、洗浴和提升校园环境上下功夫。以人为本，美化校园，稳步实施“三个提升”工程。

一、充分调研，做好建筑功能性的改造提升和改善

基建办公室根据学校的工作要点和使用部门的需求，先后完成了大礼堂舞台装修改造工程和大礼堂舞台设备的更新、南院西围墙维修工程，消除安全隐患。做好国家级物流系统与技术实验教学示范中心裙楼地面吊顶改造工程和裙楼断桥铝门窗改造工程，进一步提升了示范中心的教学科研环境。完成了配电室装修改造工程和学院的部分房间改造工程，为学生们提供舒适的学习环境和文化交流场所。根据学校整体安排，完成了留学生公寓装修改造工程和富河园校区学生宿舍土建改造和电气线路改造工程，给留学生和继续教育学院学生提供了整洁舒适的住宿环境。

二、积极谋划，改善师生的餐饮、洗浴条件

基建办公室根据学校实际情况，按照主管校领导的指示，在 2018 年完成了北浴室扩容改造工程、学生食堂后厨改造工程、教工食堂后厨增加避风阁工程、学生食堂东厅装修改造工程、潞河居清真餐厅改造工程。经过一系列的装修改造，为师生营造了整洁、舒适的餐饮洗浴环境，受到了广泛好评。

三、加强校园环境建设，以优美的环境迎接本科教学审核评估

基建办公室在2018年先后完成了学生食堂周边环境改造工程，图书馆北侧场地改造工程、人文楼一层部分区域改造工程、学校垃圾场改造工程等项目。经过对环境的大力改造和治理，使学校的面貌焕然一新，师生的学习、生活环境得到美化和提升。

【稳步推进新建图书馆和文体活动综合楼决算审核工作】学校图书馆项目于2014年10月竣工并投入使用，经过全过程跟踪审计的审核，陆续完成结算、决算工作。2017年上报市教委并转市发改委进行决算审核，项目于2018年2月完成发改委决算审核，审定投资7794.52万元。2018年3月市教委下发决算审核批复，至此学校图书馆项目相关工作圆满完成。

学校文体活动综合楼项目于2014年8月开工建设，2016年5月投入使用。该项目完成第三方审计后，2018年6月上报市教委并转市发改委申请决算审计，在审计过程中，积极协调审计事务所同施工单位、项目二审单位的工作，决算审计工作至2018年年末已接近尾声。

【专项资金完成情况】为稳步推进学校基础设施建设步伐，打牢基础，根据实际情况，已完成2018年各类专项30个，合计资金3251万元。

完成专项资金项目一览表

<table>
<tr><th>序号</th><th>安排建设项目名称</th><th>开工时间</th><th>总投资（万元）</th></tr>
<tr><td>1</td><td>第一教学楼装修改造工程</td><td>2018年8月</td><td rowspan="2">980</td></tr>
<tr><td>2</td><td>第一教学楼暖气更新工程</td><td>2018年8月</td></tr>
<tr><td>3</td><td>第一教学楼防盗门更换工程</td><td>2018年8月</td><td>53.559896</td></tr>
<tr><td>4</td><td>第一教学楼外窗更换工程</td><td>2018年8月</td><td>142.330586</td></tr>
<tr><td>5</td><td>第一教学楼空气调节系统购置</td><td>2018年8月</td><td>519.463905</td></tr>
<tr><td>6</td><td>大礼堂装修改造工程</td><td>2018年8月</td><td>91</td></tr>
<tr><td>7</td><td>大礼堂舞台设备购置</td><td>2018年8月</td><td>221</td></tr>
<tr><td>8</td><td>北浴室扩容改造工程</td><td>2018年8月</td><td>49.29</td></tr>
<tr><td>9</td><td>学生食堂周边环境改造工程</td><td>2018年8月</td><td>59.37</td></tr>
<tr><td>10</td><td>学生食堂后厨改造工程</td><td>2018年8月</td><td>96</td></tr>
<tr><td>11</td><td>图书馆北侧场地改造工程</td><td>2018年8月</td><td>46.09</td></tr>
</table>

续　表

序号	安排建设项目名称	开工时间	总投资（万元）
12	学校动力中心改造工程	2018 年 8 月	49
13	部分房间改造工程	2018 年 8 月	64.21
14	国家级物流系统与技术实验教学示范中心裙楼地面吊顶改造工程	2018 年 8 月	75
15	国家级物流系统与技术实验教学示范中心裙楼断桥铝门窗改造工程	2018 年 8 月	
16	富河园校区学生宿舍土建装修改造工程	2018 年 8 月	84
17	富河园校区学生宿舍电气改造工程	2018 年 8 月	45
18	卷库装修改造（追加）工程	2018 年 8 月	28
19	教工食堂后厨增加避风阁工程	2018 年 8 月	19.9
20	留学生公寓装修改造工程（二期）	2018 年 8 月	95
21	人文楼一层部分区域装修改造工程	2018 年 8 月	19.94
22	南院西围墙维修工程	2018 年 10 月	19.9973
23	配电室装修改造工程	2018 年 1 月	142
24	学生食堂东厅装修改造工程	2018 年 1 月	176
25	潞河居清真餐厅改造工程	2018 年 1 月	19
26	北平房（污水处理厂东侧平房）改造工程	2018 年 1 月	28
27	车队二层员工宿舍电器线路改造工程	2018 年 1 月	18
28	潞河居厕所改造工程	2018 年 1 月	19
29	京杭源厕所改造工程	2018 年 1 月	11
30	小额维修项目	2018 年 1 月	80
合计			3251.151687

（陆宁　韩振节）

后勤管理

【概况】2018 年后勤管理处围绕学校中心工作，坚持以问题为导向，以师生直接关切和保障学校重点工作为出发点和落脚点，以进一步理顺内部体制机制为重点，扎实推进后勤各项工作，圆满完成年度服务保障任务，被学校评为优秀处级单位。

（赵秀兵）

【继续开展三个“进一步提升”工作】 后勤工作把师生关切和需要放在首位，坚持以问题为导向，继续开展三个“进一步提升”工作，即进一步提升餐饮质量、进一步提升改善浴室洗澡条件、进一步提升美化校园环境。在进一步提升餐饮质量方面，通过改变经营机制、外出参观学习培训、开展厨艺技能展示等措施，提高餐饮服务水平；在进一步提升改善浴室洗澡条件方面，通过北浴室设备增容和扩大洗浴空间，使洗浴条件得到改善；在进一步提升美化校园环境方面，食堂周边广场焕然一新，假山东侧建成高水准校园快递专区，图书馆北侧建成轮滑小广场，后湖周边安装景观灯，经管实验楼等楼宇安装轮廓灯，校园的夜色更加明亮，校园环境得到提升。

【后勤机构调整】 为更好地开展后勤服务保障工作，适应新形势和新变化需要，开展后勤机构和人员调整工作，以进一步理顺后勤工作管理体制。将后勤原机关科室和中心调整为 5 个服务中心，分别是综合事务中心、物业服务中心、动力保障中心、餐饮服务中心和校医院。综合事务中心主要承担原机关科室各项职能，取消原业务科、质量监督科和财务科，设立办公室、计财科、节能科、家属物业科和校园综合治理科。物业服务中心下设校园中心和楼宇中心。动力保障中心下设电力中心和水暖中心。

（赵秀兵　崔明男）

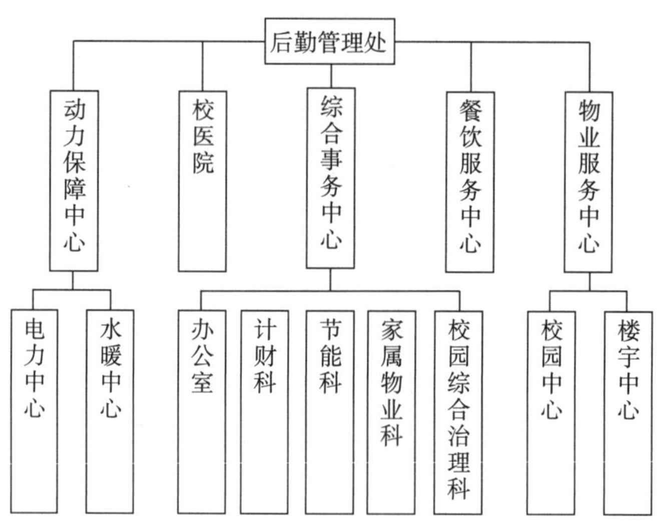

调整后的后勤服务机构图

【学生食堂东厅重新开业】 2018 年年初学生食堂东厅由基建办完成装修改造。后勤管理处利用寒假和开学后一个月时间，加快筹备食堂东厅开业准备工作。先后完成后厨设备、就餐桌椅采购、经营方案制定等工作；厨师及服务人员招聘以及入职培训工作；饭菜价格制定和价格牌制作安装工作；开业前各项设施调试等工作。3 月 19 日中午正式开业，受到校领导和广大师生好评。

（赵秀兵　杜峰云）

【联合社会力量，规范体检工作】学校高度重视教职工身心健康，决定 2018 年教职工的体检工作由社会医疗专业体检机构承担。为做好新形式的体检相关工作，主管校领导翁心刚组织后勤管理处、校医院多次进行专题研究，收集意见建议，并召集校办、校工会、离退休工作处等部门专项研究体检工作的实施方式。从 2018 年 5 月 16 日起到 8 月底结束，采取集中安排和分散体检方式，在社会体检机构共体检 834 人，其中在职教职工 518 人、退休人员 316 人，体检工作受到校领导和广大教职工好评。

（赵秀兵　崔明男　田玉明）

【党建工作】2018 年 3 月 6 日，2018 年第 6 次学校党委常委会作出基层党组织变更决定，撤销基础保障部党总支，成立后勤基建党总支，将安稳处党支部并入机关党委，后勤机关党支部、后勤第一党支部、后勤第二党支部和基建党支部 4 个党支部隶属后勤基建党总支。2018 年党总支调入党员 2 名，调出 10 名，年底实有党员人数 30 名。本年度全体党员认真贯彻学习十九大精神，认真学习习近平新时代中国特色社会主义思想，认真学习全国教育大会和北京市教育大会精神等。广大党员能够坚定理想信念，牢固树立宗旨意识，严守政治规矩和政治纪律。以问题为导向，加强作风建设，持续抓“四风”，持续抓师德师风建设，不断加强制度和机制建设，强化纪律约束，进一步梳理权力运行流程，强化监督制约，开展廉政警示宣传教育，强化廉洁意识，自觉遵规守纪。

分工会围绕工会职能，积极发挥作用，认真征求会员意见建议，参与教职工代表大会工作。积极参与校工会组织各项活动，积极开展群众性活动。关心职工工作和生活，开展针对困难和生病职工的访贫问暖工作。

（赵秀兵）

【设施改造及完善】2018 年全年共完成基础设施改造和设备购置专项 13 个，分别是原配电室周边及潞河居西侧环境改造工程、学校大门周边栽种树木更新工程、三食堂周边绿化更新工程、教学楼和图书馆绿化改造工程、11 号学生公寓家具购置、学生公寓开水器购置、校医院化验室设备购置、北浴室设备增容（洗浴热水机组）、北浴室设备增容（水箱及其他设备）、学生食堂西厅售饭柜购置、人文楼等楼宇开水器购置、第一教学楼黑板购置、办公楼和教学楼烘手器购置。同时还配合基建办完成了 2 个专项，分别是学生食堂后厨改造工程、3 号学生公寓 4 层留学生宿舍装修改造工程。

（毋长利）

【保洁绿化】完成日常室内外保洁任务，完成校园内11.6万平方米绿地中的草坪、花灌木、树木、宿根花卉、色带等浇水施肥、除草、修剪、病虫害打药防治、树叶清理等养护工作。购置绿化保洁设备，大幅提升工作效率。拆除原有部分花房大棚，修建绿化保洁办公场所。

（崔明男 杨连喜）

【动力维修】完成日常保障和维修等工作，保证全校水、电、暖正常运行。完成汛期防汛动力值班和抢修工作。推动锅炉房标准化工作以及锅炉低氮改造后续评审工作。完成京杭源、行知楼、20号学生公寓室外给排水管线改造。配合施工方完成北浴室设备增容和学生公寓开水器安装项目。新建动力办公场所，改善动力维修办公条件。首次建立日常维修维护巡检机制，变被动服务为主动服务，提高维修效率和师生满意度。

（崔明男 张天鸿 乔营）

【公寓管理】学生公寓除完成新生入住、毕业生退宿、值班、保洁等日常工作外，还利用暑假完成10号、11号毕业生学生公寓及住在1号、3号、4号学生公寓的毕业生房间共170余间的房间粉刷工作，调换床、桌子、凳子300余件，宿舍门翻新160余樘，更换床板40余块。

2018年3月中旬启动学生公寓标准化检查达标准备工作，召开达标准备推进会9次，现场研究6次，与安稳处、学生处、团委及内部人员沟通6次，赴中央财经大学沙河校区调研1次。到2018年年末，已完成《学生公寓服务手册》《应知应会手册（学生、管理人员）》的编印工作，完成员工手册和公寓培训体系编写工作，完成公寓楼大厅和楼道标识标牌统计和制作准备工作，完成公寓年度维修和家具购置项目资料准备工作等，达标公寓基础设施改造项目已通过学校立项审批。

（崔明男 时中庆）

【餐饮服务】2018年3月19日，学生食堂东厅正式开业运营，餐厅设有5个档口，可供就餐和举行活动等多功能使用。4月起，学生食堂各组实行模拟承包、独立核算、经营与绩效挂钩新机制。暑期装修改造学生食堂后厨，对前厅售饭区重新规划升级，更换售饭台加热设备，解决冬季饭菜易凉问题，出色完成本科教学预评估和正式评估等专家就餐保障任务。利用周末和暑假组织厨师骨干到北京师范大学等单位参观学习厨艺，共组织3次“餐饮中心厨艺技能展示”活动，既锻炼了队伍又丰富了饭菜品种。

（杜峰云）

【公务用车】后勤管理处始终把安全服务放在首位，全年安全行驶15万千米，未发生任何交通事故。完成车辆保养40余次，完成车辆年审近20次。加强车辆管理，严格执行车辆派车审批制度和节假日期间车辆使用制度。加强车辆费用审核，确保各项费用支出合理。

（崔明男　时中庆）

【医疗保障】诊疗工作。校医院 2018 年全年就诊人数 22709 人次。完成教职工体检 834 人次，新生体检 1480 人次，合同工体检 313 人次，运动会体检 762 人次，研究生体检 414 人次。

传染病防控和预防保健工作。2018 年 9 月，校医院联合通州区结核病防治所和永顺卫生服务中心，对 2018 年入学的全体新生进行结核菌素试验（PPD 试验），对非京籍新生进行麻风疫苗接种工作。PPD 强阳性反应 94 人，强阳性反应率 5%。应预防性服药 94 人，实际预防性服药 23 人，预防性服药率 24.47%。麻风疫苗接种人数 980 人，接种率 88%。加强季节性传染病防控，及时开展疾病主动搜索、排查和隔离治疗工作。

指导红十字会、献血和医疗保障工作，全年组织完成 2 次义务献血工作。医疗保健出诊 20 余次。检查食堂卫生 5 次，保证食堂卫生安全。开展无烟校园工作，完成全年控烟任务。

（田玉明）

【节能减排】开展节能减排宣传，举办以低碳环保、节电、节水为主题宣传日，介绍节能方法，推广节能技术；配合完成北京市教委指定碳排放核查部门对学校核查工作，完成碳指标申请、履约、交易等各项工作。完成节能平台日常能耗监控及学校水、电、油、天然气等各种能源消耗统计上报工作。

（张家富）

【劳资管理】全年共汇工资总额达 1100 万元，社会保险缴费 580 万元，保险清算、申报生育津贴、报销医保费用 20 余万元，为 37 人办理离职手续。

（杨帆）

【房管事务】完成在职教职工及离退休人员 2018 年物业补贴和 2018—2019 年度采暖补贴发放和扣缴工作；完成 59 名新进教职工住房公积金和住房补贴创建工作；按北京市教委和住房保障中心统一安排，9 月和 11 月启动两批次青年高校教师公共租赁住房申请工作，共协助 48 位青年教师办理入住手续。

（王新光）

审计工作

【概况】2018 年学校审计工作以习近平新时代中国特色社会主义思想为指导，深入贯彻落实党的十九大精神和全国教育大会、全市教育大会精神，按照上级主管部门的安排部署，在学校党委领导下，紧紧围绕学校建设高水平应用型大学这一中心工作，以“强管理、防风险、促发展”为目标，充分发挥了内部审计“免疫”预防功能和建设性作用，较好地完成了年度各项审计工作。审计室依法开展各类审计事项 99 项，审计资金 11472 万元，审减资金 1014.9 万元。其中市教委布置工作 4 项，领导干部经济责任审计 1 项，校产企业年审 1 项，专项审计 2 项，建设项目竣工结算审计 1 项，基建工程、修缮工程竣工结算审计 29 项，合同审计 4 项，合同审签 36 份，科研项目结项审签 21 项。

【基建修缮审计】 完成“北京物资学院文体活动综合楼项目”竣工结算审计 1 项，审计资金为 5312.77 万元，审定金额为 4654.68 万元，审减资金 658.09 万元；加大基建修缮项目审计，完成基建、修缮工程结算审计 29 项，审计资金为 3977.85 万元，审定金额为 3624.03 万元，审减资金共 353.82 万元。

【合同审计】 执行《北京物资学院关于加强建设工程、修缮工程项目审计的实施办法》，审计基建修缮工程固定总价合同 4 项，审计资金为 21.17 万元，审减资金 2.99 万元。

【合同审签】 执行《北京物资学院合同管理办法（试行）》，审签学校各类经济合同 36 份。

【科研项目审签】 贯彻落实《北京物资学院科研经费决算审签办法》，开展科研项目结题审签 21 项。

【队伍建设】 2018 年，学校内部审计人员积极参加上级主管单位组织的各类业务培训会和工作会，培训内容涉及政府会计、信息化审计、内部控制审计、经济责任审计、科研项目管理政策、招投标理论与实务、政府采购等方面。既包含宏观审计理念与方法的学习，又融入了具体审计案例的讲解与分析，充分注重理论与实践的结合，进一步拓宽了学校审计的工作思路，提升了实际工作中处理审计问题的能力，总体上提高了审计队伍的综合素质。

【协调开展公费医疗专项审计】 2018 年 12 月，北京市医疗保险事务管理中心委托北京中信佳会计师事务所有限公司对学校 2017 年度公费医疗收支情况进行专项审计。在事务所进驻学校之前，审计室牵头召开由财务处、教务处、研究生部、校医院等部门参加的协调会，按照要求认真准备审计材料，全程参与协调审计，保障审计工作顺利开展，圆满完成学校 2017 年度公费医疗收支情况专项审计。外审人员对于学校公费医疗的管理情况给予高度评价。

【项目验收绩效审计】 2018 年学校制定了《北京物资学院重大项目整体验收暂行管理办法》，审计室、资产管理处、财务处及相关归口管理部门依据管理办法对 2018 年完工的重大项目进行了验收绩效审计，完成了学校“实验教学中心”“教学视频监控中心”“留学生公寓装修改造”“第一教学楼装修改造”“崇德楼一层展厅工程”“教务处 MOOC

平台”“校医院化验设备”“礼堂改造”“国家级物流系统及技术实验教学示范中心”等项目的验收工作，规范了项目管理，提升了绩效水平。

（丁宇辰　杨建科）

校友工作

【概况】 截至2018年12月，已建立19个省市地区校友会、3个二级学院校友分会、5个地区校友联谊会、4个行业校友会以及2个兴趣校友协会组织。各校友会之间建立联络员机制，保持经常性的联络沟通和信息交换工作。校友会已建立6个工作交流群，各地、各类校友会交流群32个，不同行业交流群8个，班级群若干。

【校友企业家课堂】 2018年7月，由校友工作办公室、教务处、校友会联合举办“校友企业家课堂”暑期教学实践活动。校友会会同教务处制订《北京物资学院“校友企业家暑期教学实践活动”项目方案》，意在充分发挥校友会凝聚力量，集中校友企业家资源优势，服务学校人才培养。

本次教学实践活动期间共邀请了19名校友企业家，以“供应链创新”“‘互联网+’与大数据应用”“领导力与管理创新”“新媒体时代营销”为主题举办系列主题讲座，每个主题包含不同专题理论讲授，配合案例研讨，开展实例教学。7月2—27日，共计400多名学生参加实践课堂的学习，与19名校友企业家面对面交流，直击市场和行业前沿。

这次创新性的实践教学活动为学校教学改革提供了宝贵的经验，同时在专业使命教育方面开辟了新的渠道。校友会进一步强化了凝聚发挥校友力量、促进学校融合创新发展、服务学校的人才培养中心任务的作用。

【北京校友会证券期货委员会举办首次专业研讨会】 2018年11月，北京校友会证券期货委员会在一德期货举办了第一次宏观经济形势研讨会。一德期货首席经济师郭士英就当前宏观经济形势作了深度分析。悟源资产资管总监、2002级校友来绮文分享了以私募FOF参与金融市场的投资方式和近期产品发行计划。许力行副会长就证券期货委员会举办本次会议的初心、目标、内容、运作方式等作了说明。本次研讨会共有30多名校友参加，校友毕业年份从1985级到2015级，跨度长达30年。

【各地校友会动态】 2018年7月7日，北京物资学院吉林校友会成立大会在吉林省长春市召开，校长、校友会会长王文举教授出席会议并讲话。出席会议的还有校友总会、欧美校友会、辽宁校友会的相关负责人以及来自上海、北京、河南、湖北、吉林等地近30名校友代表。会议任命产生了吉林校友会第一届会长、秘书长及理事会机构。广东、四川、山东、云南等地校友会发来贺电贺信，希望吉林校友会在凝聚本地区校友、地区间校友会沟通、积极联系母校等方面发挥积极作用。

10月20日，北京物资学院辽宁校友会第二届年会暨换届会议在辽宁省葫芦岛市举行。本次年会主题为“链接校友资源，推动校友发展”，北京物资学院副校长刘永胜出席会议并讲话。会议邀请了前院长陈宏教授、葫芦岛市打渔山经济开发区管委会主任杨洪波。校友总会副会长彭鑫、广东校友会会长张涛、上海校友会会长顾哲、河南校友会会长杨军民、吉林校友会会长李景鸿以及来自北京、浙江、辽宁地区共计40余名校友出席会议。会议正式通过了辽宁校友会第二届理事会人员名单，并对校友会的发展提出工作规划意见。校友们表示将积极参与校友会工作，多渠道参与学校事业发展以回馈母校。

（刘晓静）

【教育基金会工作】2018年11月学校机构调整，校友办与校友会、基金会秘书处合署办公。12月积极推进教育基金会换届工作，召开基金会专题工作会议，筹备推荐理事候选人，积极推进换届工作，拟定2019年4月初召开换届大会。

2018年教育基金会接受学校校友奖学金转入广东校友会“携手助飞基金”、校友“国鑫奖学金”共计9万元已执行落实，并已颁发给每一位获奖学生。

2018年校友企业北京悟源资产管理有限公司在2016年捐赠学校教育基金会100万元以后，2018年12月正式设立教育基金会“悟源”基金，再次向基金会捐赠100万元，捐赠款已于12月20日到账。

2018年校友会基金会累计接受捐赠年度额136.64万元，基金会账目总额累计647.92万元。

（刘晓静　余茜）

第十一篇　教学辅助工作

图书馆

【概况】2018年，图书馆以“夯实工作基础、深化工作内容”为中心开展各项工作。圆满完成本科教学审核评估专家、北京市委教育工委书记林克庆和通州区区长赵磊的接待和汇报任务；全方位论证新增数字资源目录，提升资金使用效率；继续开展试用数据库遴选进入项目库工作；调整优化纸电融合与当当急采新型购书模式；以读者为中心升级图书馆网站；引入第三方平台强化面向教师的学科文献传递服务；着力基于微信等新媒体平台的读者服务宣传；着力加强读者信息素养培训工作；恢复开设面向全校本科生的选修课程“信息资源检索与利用”；集中开展阅览室留物清理及占座问题专项治理；指导学生社团开展多种活动；继续举办书展、现采、讲座等形式的读者活动；举办多种阅读推广与传统文化活动；配合学校引入八名原北京市商务科技学校人员来馆工作；荣获“首届全国财经高校大学生信息素养大赛”总决赛二等奖及“2018年中国高校图书馆发展论坛”案例三等奖。

【党建工作】图书馆直属党支部将制度建设、思想建设和队伍建设三项建设贯穿全年。在组织全体党员学习《中国共产党党支部工作条例（试行）》的基础上共同修订完善《图书馆直属党支部工作细则》；加强图书馆党内民主和党政联席会集体议事程序化建设，进一步践行党的民主集中制原则；以习近平新时代中国特色社会主义教育思想为指导，强化全体党员的党性意识、宗旨意识；定期召开党政联席会研究安全稳定工作，坚持把创建平安图书馆作为一项重要政治任务纳入图书馆建设的整体计划中统筹推进；积极推进党务政务公开工作，网站首页特别添加“直属支部”以及“综合馆务”栏目；平稳完成支委会换届选举工作，严格执行“三会一课”制度，征求党内外各方意见把好党员评议关；新确定一名年轻同志为入党积极分子；组织全体党员和部分群众参加义务植树活动，参观“真理的力量”——纪念马克思诞辰200周年主题展览、全面从严治党警示教育基地、天津市滨海新区文化中心图书馆等。工会工作在党总支领导下、在行政支持下开展得有声有色：图书馆重大事项工会有发言权，利用网站、微信等渠道加强内部沟通交流，提供民主治馆渠道建设；协助校工会或独立开展职工文体活动，诸如田径运动会、健康徒步走、夏日冷餐会、新年联欢会、非遗艺术体验与制作、红色经典诵读比赛等，值得一提的是，图书馆分工会在学校首届瑜伽比赛中荣获特等奖，丰富多彩的活动营造出和谐向上的团队氛围，职工文化素养和幸福指数不断提高。

【馆藏资源建设】严格遵守文献采访原则，按照程序开展纸本与电子资源采购工作，不断提高文献采购资金的使用效率。向读者发放问卷，就纸本资源和电子资源进行调研；积极拓宽采购渠道，采取多种途径多重方式采购订购纸本图书，包括图书书目预定采购，邮箱、微信、QQ 读者荐购方式等。继续为教师开通当当网纸书急采业务，确保当天下单，以最快速度送达教师手中；将纸电同步采购纳入日常采购工作中，根据需求压缩电子书从 3000 册到 800 册；完成了对中文纸本图书、中文纸本期刊、外文原版图书供应商资质的招标确认工作；在学校大幅削减预算经费的基础上，完成了 2018 年的电子资源续订与新增目录工作。全年共计采购中文图书 28043 册、特藏图书 372 册、接受校内外中外文赠书 417 册、订购 2019 年中文期刊 794 种、订购 2019 年外文期刊 102 种、合计装订期刊合订本册数 961 册、采购外文图书 806 册、订购纸电同步电子图书 882 册，馆藏纸本资源共增加 30255 册，馆藏纸本资源总量达到 1213105 册。完成“校内专项－2018 年数据库续费（追加）”项目，续费商业数据库 23 种；完成“校内专项－数字资源建设（新增数据库）”项目，新增数据库 14 种。数据库品种达到 49 种，其中中文数据库由 24 种增加到 31 种，外文数据库由 10 种增加到 14 种，平台资源 2 种，硬件系统 2 种。

【读者服务】2018 年图书馆在读者服务工作中继续加强工作规范化机制建设，着重进行馆内阅读环境和秩序的整顿工作。6 月全馆进行为期两周的读者留物清理工作，使这一不文明阅览行为得以杜绝；12 月集中开展座位预约系统的使用监督管理，占座现象明显减少；图书馆网站增加读者荐购等栏目，对数字资源展示进行重新布局。全年入馆 692650 人次，比上年增加 55297 人次；读者上机 186734 机时，共计 133036 人次；网站访问数量 61249 次；OPAC 使用量 197520 次，比上年增加 123001 人次；多功能厅、传统文化工作坊、研讨室等独立空间共使用 643 次，比上年增加 16%，使用近 9000 人次。自助复印打印总计 46744 人次，用纸 265758 张。为读者提供 811 种中文期刊、97 种外文期刊的阅览服务。对校内外读者赠书赠刊做好管理统计与分编工作；北京物资学院图书馆微信公众平台宣传与推广成效显著，净增关注人数 880 名；开展日常读者咨询工作，回答读者微信、电话、邮件提问 1300 多人次；借助全国财经教育资源共享平台及社会第三方平台开展针对教师的文献传递服务，大幅提升应答率和满意率；开展全方位信息素养教育；继续实行学科联络人制度，面向物流学院、经济学院、商学院、信息学院开展学科服务；开展多种主题图书推介与图书漂流活动；举办各类校园图书展销会；恢复开设面向全校本科生的公共选修课“文献资源检索与利用”；开展阅读推广与文化传承系列活动。

【信息素养教育】信息素养教育包括新生入馆教育、中外文数字资源培训、文献检索课以及信息素养大赛。图书馆新生入馆教育覆盖全体2018级本科生新生和研究生新生，针对本科生新生继续采取“班导辅助入馆教育培训”方式，研究生新生则直接采用讲座培训加现场参观讲解的形式；中外文数字资源培训全年共组织2轮，春季学期一轮、秋季学期一轮，培训内容加强了外文、案例以及数据类数据库的培训，突出实用性和针对性，培训共计16场，涵盖25种数据库，培训时长总计约46.5小时；面向全校本科生恢复了公共选修课“文献资源检索与利用”，同时应部分学院要求开设小学期嵌入式专业文献检索实践课；由图书馆教师指导并带队参加首届全国财经高校大学生信息素养大赛总决赛，荣获二等奖，并在总结经验的基础上完成该项赛事下一届比赛的校园选拔赛。

【传统文化传承】2018年图书馆文化传承活动分为5个模块，即非遗、书法、茶文化、插花与主题特色活动，分别在春季和秋季2个学期举办。非遗活动是响应国家非物质文化遗产进校园的号召而举办的，共有风筝、绒花、脸谱、内画壶和团扇5期内容；茶文化与插花讲座是图书馆文化传承的持续性内容，今年新加入了中国名茶美器、插花与市花等文化鉴赏成分；“笔墨纸间，静定之美”书法班改变了以往普及型的授课理念，转而采用由初级到高级逐步进阶的方式，目标是在学员毕业时能够在书法领域学有所成；主题特色活动内容丰富多彩，包括“通州记忆”老照片展、“物语听音”诵读大赛、“世界读书日”之阅读马拉松活动、真人图书馆、校园棋类大赛、国际留学生茶艺文化沙龙等。读者通过微信关注活动数近9000人次，直接参与1000余人次。图书馆文化传承活动经过多年探索、实践与总结，已经成为特色和品牌，我馆报送的“高校图书馆开展文化传承服务的实践案例”荣获2018年中国高校图书馆发展论坛三等奖。

【学科服务】继续实施以信息素养教育为核心，以建立学科联络人制度为抓手的学科服务。在开展覆盖全体本科生、研究生新生的入馆教育时，注重将信息素养意识教育贯穿其中；面向物流学院、经济学院、商学院、信息学院开展学科服务的学科联络人制度得以改进，已经和各个学院形成了畅通的渠道联络，馆读与供需对接更加及时；图书馆外文原版图书的订购完全由专业教师提供目录，在数据库采购的过程中各院系也可以充分发表重要参考意见，平时教师的特殊图书需求还会由专门的绿色通道“当当急采”得到快速响应；试点开展的嵌入教学式学科服务工作也已经在部分学院固定下来，由图书馆馆员和院系专业课老师共同合作完成小学期的实践教学任务；数字资源培训突出学科特色并开办教师专场。

（单世侠）

2018 年北京物资学院图书馆纸本馆藏统计表（单位：册）

	上年累计	2018 年新增	2018 年累计
中文图书	1136230	28043	1164273
外文图书	5441	806	6247
合订期刊	33409	961	34370
硕士学位论文	336	28	364
接受赠书	7434	417	7851
总计	1182850	30255	1213105

信息化建设

【概况】2018 年信息中心主要工作目标是保证校园网络和各个业务系统安全稳定地运行，为教育教学活动提供有力支持。实施信息化建设专项项目 7 个，执行金额 700 万元；政府采购和小额购置项目 20 项，执行金额 100 万元。

【重点工作推进】升级第一教学楼信息化建设，加强教学保障建设。2018 年暑假期间，配合第一教学楼装修改造工程，对原有网络布线系统进行拆除、恢复、增补和优化。升级后，第一教学楼内的教室和办公室的网络接入点数由原有的 477 个增加到了 586 个，可充分满足教育教学活动的需求。在第一教学楼内新建 9 间现代化智慧教室，全部采用独立的光纤网络互连，支撑全新的教学模式的网络环境。在第一和第二教学楼增加交换机 20 台，组建第一、第二教学楼的教学视频监控系统专用网络，提升专用网络性能。建设并投入使用教学监控大厅，更新多媒体教学设备，升级四六级英语考试系统标准化考场，彻底消除教学监控中心旧系统弊端。

推进新一代数字校园平台建设，建设新一代的数字校园系统。年内牵头组织建设新一代的教务、研究生、学工

（本科）以及人事等管理系统。推进各业务系统与新一代数字校园系统的对接，优化完善数字校园与办公自动化、图书馆、校园一卡通、科研、研究生工作、人事、财务、工会系统的对接，基本实现单点登录和数据共享。

学生宿舍无线网络升级改造工程。借助中国电信的技术，对原有学生宿舍的无线网络进行了全面的升级改造。采用全新的技术方案，安装设备近 2000 件，彻底改善了学生宿舍的无线网络质量。升级改造无线网络，实现学生宿舍无线网络全覆盖。加强图书馆和 2 个教学楼的无线网络覆盖面，优化室外区域的无线上网。

优选服务提供商，升级校园网邮件系统。新版邮件系统拥有更大的邮箱容量和更便捷的多平台登录模式。新邮件系统可以使用微信扫码登录，可以在手机微信快速收发电子邮件，为师生提供更方便快捷的邮件服务。

【智慧校园建设】加强网络与信息化安全与基础设施建设，强化网络与信息安全工作，推进系统等级保护测评工作，首次进行网络系统渗透测试，同时推进系统集成和信息展示工作。

进一步加强校园一卡通的建设，购置 1 台一卡通自助补卡机，学生可自助补卡。贴值机实现一卡通贴值便捷充值。

完善微信企业号建设，继续开发企业号功能。2018 年在微信企业号平台新增了一卡通服务、网费服务、就业指导、研究生服务等功能。用户可在微信企业号平台为校园一卡通充值、交网费、获取更多服务信息。

协助多部门进行智慧校园升级改造。配合北浴室扩建，购置安装水控刷卡系统 77 套，增强了北浴室的服务能力。协助后勤管理处开通微信收款码解决食堂学生扫码付款问题，协助财务处等部门解决多种业务扫码收费问题。协助体育部室外展示厅建设，协助后勤管理处推进空调维保全校集约化管理，协助学生处采购人脸识别报到注册系统及设备。另外在招生、新生入校报到等工作中，提供网络运行保障和信息采集等数据服务工作。

【网络管理和服务】组织学习教育改革相关文件《教育信息化十年发展规划（2011—2020 年）》《教育部关于加快建设高水平本科教育全面提高人才培养能力的意见》《教育信息化 2.0 行动计划》《北京市“十三五”时期教育改革和发展规划（2016—2020 年）》《北京市大数据和云计算发展行动计划（2016—2020 年）》《北京教育信息化三年行动计划（2018—2020 年）》《北京物资学院落实〈关于统筹推进北京高等教育改革发展的若干意见〉实施方案》。并在此基础上，集思广益，起草完成《北京物资学院信息化三年行动计划（2018—2020）》。调研走访西安、北京、西宁等地的多所知名高校和优秀企业，参加由北京市教委、IPv6 工作组、中国教育科研网（CERNET）等单位组织的学术会议。学习经验、扩展思路、优化服务、提升管理水平。

信息中心提供全年从早8点到晚9点的人工服务，满足教职工、学生上网的技术支持需求，包括开户、交费、报修、答疑、笔记本电脑维护、制作双绞线接头、安装电脑操作系统、安装杀毒软件等。卡务中心在工作日提供早9点到晚5点的人工服务，包括制卡、挂失、解挂、充值等服务。实现校园一卡通自助圈存机和现金自助充值机24小时服务，11月新购置学生校园一卡通自助补卡机开始试运行。

第十二篇　党建与思想政治工作

组织工作

【概况】2018年学校党委组织工作坚决贯彻党的十九大精神，坚持以习近平新时代中国特色社会主义思想为指导，深入落实2018年中央、北京市及北京高校组织部长会议精神，认真领会2018年北京市、北京高校组织工作要点，坚持稳中求进的总基调，坚持把政治建设贯穿始终，紧紧围绕立德树人的根本任务和学校上水平的工作要求，以党的政治建设为统领，落实《北京高校党建和思想政治工作基本标准》入校检查后整改工作，统筹推进干部队伍建设、基层党组织和党员队伍建设、人才工作，切实提高基层党组织工作的规范化水平，为学校全面建成高水平特色型大学提供坚强保证。

学校共有基层党委6个，党总支4个，直属党支部4个；设有党支部70个，其中教工党支部41个，学生党支部22个，离退休党支部7个。2018年年末共有党员1652名，其中在职教职工党员529名，占教职工总数的66.79%；学生党员801名，占学生总数的11.76%（其中本科生党员588名，占本科生的9.76%；研究生党员213名，占研究生的27.10%）；离退休党员230名。

党委组织部与统战部合署办公，设部长1人、组织部副部长1人、统战部副部长1人、专职组织员1人、组织统战干事（重点岗）1人、办公室综合事务管理及干部干事（骨干岗）1人。党委组织部始终坚持把讲政治作为第一要求，把加强党的政治建设作为第一责任，打造讲政治、重公道、业务精、作风好的模范部门，圆满完成本年度党内统计年报工作，受到北京市委教育工委的表彰。

【基层党组织建设】2018年着力加强基层党组织建设，针对《北京高校党建和思想政治工作基本标准》入校检查反馈意见进行整改，筹备召开第三次党代会。深入二级学院调研，解决基层党建不平衡问题。建立二级学院科学决策机制，调整党组织设置，进行院（部）级党组织换届，总结推荐优秀党建案例。选优配强基层党组织书记并加强培训，做好党组织书记述职评议考核工作。注重对外交流，交流研讨基层党建工作，提升工作水平。

3月调整基础保障部党总支为后勤基建党总支，6月撤销研究生部党委和国际学院（国际合作与交流合作处）直属党支部，12月新成立附属商务科技学校党总支。12月物流学院党委、外国语言与文化学院党总支、马克思主义学院直属党支部、体育部直属党支部、图书馆直属党支部5个院（部）级党组织严格程序，开展换届选举工作。

5—6月，学校党委书记李石柱走访调研6个二级学院党委（党总支），通过当面听汇报、现场谈体会等形式，进一步掌握党政联席会议、系（教研室）务会议、教师党支部“三会一课”等落实情况。以破解基层党建不平衡、“上热、中温、下凉”等问题，着力加强基层党组织建设，切实发挥党组织战斗堡垒作用和党员先锋模范带头作用。

7月依据北京市委教育工委下发《关于坚持和完善北京普通高等学校院（系）党组织会议和党政联席会议制度的指导意见（试行）》（京教工〔2018〕38号），学校配套出台《北京物资学院院（部）党政联席会议制度》（物院党发〔2018〕41号）、《北京物资学院院（部）级党组织会议制度（试行）》（物院党发〔2018〕42号），并组织二级学院党委（党总支）书记、院长参加《关于坚持和完善北京普通高等学校院（系）党组织会议和党政联席会议制度的指导意见（试行）》专题培训及研讨会，使二级学院决策机制更科学更完善。

按照“双带头人”的标准配备教师党支部书记，90%的党支部书记达到“双带头人”标准。机关党支部书记实现100%由部门正职党员干部担任。组织81名党支部书记参加学习贯彻十九大精神集中轮训班，2名党支部书记参加井冈山党性教育培训班，19名教师党支部书记参加2018年全国高校基层党支部书记学习贯彻党的十九大精神专题网络培训班，2名新任职党支部书记参加教工委组织的第17期北京高校基层党组织负责人（教师党支部书记）示范培训班。

3月完成对15个院（部）级党组织和85个基层党支部书记的述职评议考核工作。12月制定《2018年北京物资学院基层党建工作述职评议考核实施方案》，将考核扩展为领导班子建设、基层党组织建设和作用发挥、党风廉政建设、宣传思想工作、安全稳定工作、统战工作、群众团体工作7个一级指标，院（部）级党组织采取调研检查和现场述职的方式开展评议考核。

【重点工作】《北京高校党建和思想政治工作基本标准》入校检查后反馈意见整改。学校对照教工委《北京高校党建和思想政治工作基本标准》入校检查书面反馈四个方面的意见和八个方面的重点问题清单，研究制定《北京普通高等学校党建和思想政治工作基本标准》入校检查落实整改方案和折子工程，共有7个方面的23条整改措施。制定《北京物资学院党建工作重点任务清单》，注重运用校院两级联动、问题导向、目标牵引、建章立制、逐次推进等方法，使五大方面、23个重点任务、86项措施得到落实落地。

启动中国共产党北京物资学院第三次代表大会筹备工作。12月4日，党委常委会审议通过《中国共产党北京物资学院第三次代表大会筹备工作及工作方案》，同意启动召开中国共产党北京物资学院第三次代表大会相关筹备工作，要求组织部严格按照上级要求，高质量高标准做好大会筹备工作。

【工作经验交流】3月学校向北京市委教育工委推荐《强化专业使命教育 破解立德树人“最后一公里”难题》和《探索构建“一来二去”产学研用新模式 引导青年教师在鲜活实践中成长成才》两个案例，被北京市委教育工委《强基固本 改革创新——北京高校党建和思想政治工作先进经验案例》采纳并刊印，面向全市高校推广。

12月，向教育部办公厅推荐物流管理教工党支部，并被批准为“全国党建工作样板支部”培育创建单位。12月12日，北京教育学院党务干部一行12人在党委常委、组织（统战）部部长王远美的率领下，到校开展党建工作交流。校党委副书记宋晓欣，党委组织部（统战部）全体人员、部分院（部）级党组织书记和支部书记代表参加了交流活动。现场围绕基层党建、干部工作等方面展开深入交流。

【党员发展工作】党员发展工作按照“控制总量、优化结构、提高质量、发挥作用”的总要求，坚持党章规定的党员标准，严格履行入党手续，顺利完成教工委下达的发展党员计划指标。全年发展350名党员，347名预备党员按期转正；发展1名青年教师党员，转正1名青年教师党员。全面启用发展党员全程纪实，为每个学院配备一名特邀组织员共计7名，协助做好入党积极分子培养和发展党员材料审核。

【党员教育工作】认真传达学习全国组织工作会议和北京组织工作会议精神，带动党员进一步加深对新时代党的组织路线的理解。通过开展主题教育活动加强对党员的思想教育，提升教育实效。积极响应“街乡吹哨、部门报到”，学校党委和在职党员到社区（村）党组织报到，发挥党员先锋模范带头作用。开展纪念中国共产党成立97周年“七一”系列活动，继续鼓励基层党组织申报特色活动基金项目。

4月，学校党委积极响应“街乡吹哨、部门报到”，学校党委到北京市通州区永顺镇党委报到，成为通州区和永顺镇党建工作协调委员会成员单位。全校498名在职教职工党员回社区报到，全年积极参与社区活动，利用业余时间，热心参与社区建设与服务，深入群众、听取民意，服务社区、发挥作用。

6月，参与全市主题微视频观摩交流活动。推荐基层党组织参与北京市“不忘初心、牢记使命”主题微视频观摩交流活动，基层党组织制作4部涉及弘扬运河红色文化、寻找专业榜样、弘扬法治精神、不忘建校初心等方面内容的视频短片。基层党组织积极开展“不忘初心、牢记使命”主题教育活动。学生党支部在“七一”前夕组织入党宣誓仪式，重温入党誓词，激励党员们不忘初心铸党魂，牢记使命勇担当，将党章誓言内化于心、外化于行。教师党支部紧紧抓住培养社会主义建设者和接班人的根本任务，引导党员教师争做“四有”好老师和“四个引路人”的模范践行者。离退休党委各支部开展主题党日活动，老党员们通过重温入党誓词、讲述革命历程、讲微党课、主题参观等多种形式，充分表达出爱党、爱国、爱校情怀。

7 月，为纪念中国共产党成立 97 周年，“七一”前后学校评选表彰 10 个先进基层党组织、8 名优秀教工共产党员、20 名优秀学生共产党员和 5 名优秀党务工作者。组织“共产党员献爱心”捐献活动，共收爱心捐款 39141. 47 元。

8 月，组织全体党员观看“新时代新担当 新作为”专题访谈，11 月组织学习收看《榜样 3》专题节目，发动基层党员撰写心得、谈体会、悟作为，掀起“新时代 新担当 新作为”的大讨论，引导师生党员不断向身边的榜样学习，争做优秀党员。

9—12 月，面向组工干部、院（部）级党组织书记例会和基层党支部 3 个层面，认真传达学习全国组织工作会议和北京组织工作会议精神，带动党员进一步加深对新时代党的组织路线的理解。

鼓励开展基层党组织申报特色活动基金项目，做好 13 个基层党组织的 23 个特色基金项目的项目实施与管理，资助资金 7. 2 万元。以特色活动激发基层党组织的活力，强化基层党组织的政治属性，增强基层党组织的凝聚力、战斗力和创造力。

【生活困难党员帮扶】健全党内关怀和帮扶机制，“七一”前夕和元旦前夕，学校两批次资助共 14 名生活困难党员，发放资助金 64000 元，1 名生活困难党员得到北京市生活困难党员帮扶慰问金 5000 元。走访慰问生活困难党员和老党员，把党的温暖和关怀送到党员们的心坎上，不仅联络了党员与组织之间的感情，也传递了党组织的温暖。

【党校工作】6 月召开党员干部教育培训联席会，制订 2018 年教育培训计划。4—5 月两批次面向全体处级干部和党支部书记举办十九大集中轮训。7 月分两期开展为期 3 天的学习习近平新时代中国特色社会主义思想专题读书活动，全体处级干部集体自学，坚持读原著、学原文、悟原理，原原本本研读党章、《习近平谈治国理政》（两卷）和《习近平新时代中国特色社会主义思想三十讲》。读书活动采取开卷考试的方式进行考核，通过考试检验处级干部们的学习效果。7 月依托江西干部学院（井冈山）教育培训基地举办为期 5 天的处级干部及教工党支部书记党性教育培训班。注重院（部）级积极分子培训和学校发展对象培训的相互衔接和培训内容的相互补充，2018 年院（部）级党组织党校共开办入党积极分子初级培训班 6 期，培训学员 1129 名；举办发展对象培训班 2 期，培训学员 614 人；教育培训新党员 350 名，毕业生党员 379 名。

（徐小娟）

干部工作

【概况】2018 年学校党委坚持正确的选人用人导向，注重干部选拔任用工作纪实，着力优化干部队伍结构，加强优秀年轻干部调研和培养，加大干部教育培训力度，严格执行干部监督机制，为学校全面建成与城市副中心相称的高水平应用型大学提供坚强的人才保证。

北京物资学院现任处级干部结构一览表　（单位：人）

类别	数量	年龄结构			职称结构	学历结构	性别结构	政治面貌
		≤40 岁	≥50 岁	平均年龄	高级职称	硕士及以上	女	党外干部
处级领导岗位	91	33	23	44.8 岁	51	73	43	10
		36.26%	25.27%		56.04%	80.22%	47.25%	10.99%
正处领导岗位	35	5	17	49.3 岁	26	26	15	4
		14.28%	48.57%		74.29%	74.29%	42.86%	11.43%
副处领导岗位	51	25	5	41.3 岁	21	42	28	5
		49.02%	9.80%		41.18%	82.35%	54.90%	9.80%
处级非领导职务	5	3	1	43.6 岁	4	5	1	0
		60%	20%		80%	100%	20%	0

【干部选拔任用】根据学校实际工作情况确立本次干部换届采用分散和集中相结合的原则，循序渐进，逐渐配备到位，保证中心工作有序进行。始终把“党管干部”放在第一位，结合干部队伍整体情况，突出政治标准、坚持事业为上、体现专业化要求，改进选任方式，提高考察质量，增强了人岗匹配度，使干部的年龄、性别、任职年限、党外干部比例分布更加合理。严格执行“凡提四必”和“三个不上会”。制定《2018 年干部选拔任用工作方案》（讨论稿），完善 2018 年版《岗位说明书》，落实《北京物资学院干部选拔任用工作纪实实施细则（试行）》要求，确保了干部选拔任用程序严谨度和人岗匹配度。全年共任免干部 50 人次（其中提任 15 人次），学校选拔任用纪实工作得到 2018 年全面从严治党主体责任检查组肯定。

【人才工作】成功申报2018年度北京市优秀创新人才资助项目3人次，完成第8批援藏干部顾国爱的试用期满考核工作，支持第十批“人才京郊行”挂职干部及时到通州区物流基地管委会进行任职。

【干部教育培训】认真领会落实上级文件精神，按上级要求做好干部调研工作，重点加强年轻干部的教育培训和培养锻炼，加强干部教育培训力度。全年共面向处级以上干部在校内举办各类培训7个班次，参训345人次，总计7444学时。面向全体处级干部开设十九大集中培训、专题读书活动、廉政教育专题培训等班次，共计268人次参训。加强年轻干部、新任干部素质拓展、技能培训，面向新任处级干部以干部沙龙的形式举办3次专题培训，共计48人次参训。

【干部沙龙活动】5月18日，在新落成的留学生活动中心，由党委组织部、党委学生工作部联合举办以“变压力为助力，成长与发展”为主题的首场干部沙龙活动。学校党委副书记宋晓欣参加沙龙活动，8位“70后”职能部门负责人参加了此次活动。活动中邀请中国传媒大学张静老师为大家做主题报告；交流环节时，宋晓欣副书记与大家“漫话压力”“畅谈成长”，大家发言踊跃，纷纷打开心扉，分享经历、倾诉心声，现场气氛轻松、热烈。此次活动是学校党委对干部培训工作的一次有益尝试，为大家提供了更广阔的舞台，促进干部成长与发展。

【井冈山党性教育培训班】为贯彻落实中共十九大精神及习近平总书记系列重要讲话精神，进一步增强基层党员干部政治意识、大局意识、核心意识、看齐意识，提高党性觉悟和履职能力，7月16—20日，由学校党委书记李石柱带队，学校组织职能部门处级干部和教工党支部书记共61人，依托江西干部学院举办暑期处级干部及党支部书记井冈山党性教育培训班，教育效果良好。

【干部考核】完善考核机制，加强干部考核工作。完善处级干部考核方案，细化考核指标和考核方式，强化考核结果的运用，建立激励和职业发展相关机制，充分激发干部内在动力。注重将单位内部民主测评环节和考核组考核环节相结合，将个人优秀和处级单位考核优秀相关联。强化考核结果运用，注重结果反馈，将考核与奖励挂钩并作为干部选拔任用重要依据。

督促二级单位年度考核。2018年12月18日，提请党委常委审议《北京物资学院二级单位2018年度考核方案》，随后下发《中共北京物资学院委员会关于印发〈北京物资学院二级单位2018年度考核方案〉的通知》。2019年1月9日，组织二级单位现场评议。最终完成了对全校36个二级单位（其中教学院部8个、党委职能部门9个、行政部门19个）的年度考核。年度考核等级为优秀的单位是物流学院、信息学院、体育部、党委组织（统战）部、学校办公室、安全稳定工作部（处）、教务处、财务处、人事处、后勤管理处、基建办公室、国际合作与交流处（国际学院），年度考核没有因在工作中出现重大失误，造成较大影响而被一票否决的单位。

处级干部年度考核。2018 年 12 月 18 日，提请党委常委审议《2018 年度北京物资学院处级领导干部考核工作方案》，随后下发《中共北京物资学院委员会关于印发〈2018 年度北京物资学院处级领导干部考核工作方案〉的通知》。考核主要围绕履行岗位职责、完成工作任务、推动本单位建设、师风师德等方面，采取考核组考评和内部民主测评相结合的方式，对 35 名正处级干部和 52 名副处级干部进行年度考核，最终评定出周丽、姜旭、王彦英、刘世波、丁树歧、张旭凤、赵隽咏、韩星、赵秀兵、韩振杰、吕波、毛文富、吴长军、王淑花、徐小娟、申云贵、孙静、叶伟 18 名优秀处级干部和通报嘉奖处级干部 1 名（刘艳荣），对魏国辰、李邢西、杨帆进行通报表扬。

【干部培养与监督管理】坚持严管与厚爱相结合，从严管理，加强监督。严格干部报告个人事项制度，严格处级以上干部请销假审批制度、处级干部档案核查，建立容错纠错机制。

关心干部特别是年轻干部的成长，对挂职干部和借调的干部及时慰问看望。本年度慰问了西藏挂职、第一书记、人才京郊行的干部和借调的干部，给予关怀和工作指导。选派干部到中国国投高新产业投资有限公司挂职任总经理助理、借调到北京市委巡视组任副处级巡视专员、借调到北京市委教育工委巡察组任副组长。

3 月 13 日完成了年度领导干部有关个人事项申报工作。2018 年应报告 54 人，实际报告 54 人，报告率为 100%。其中正厅局级 0 人，副厅局级 0 人，正县处级 21 人，副县处级 33 人；中共党员 47 人，非中共党员 7 人。领导干部报告个人事项工作中，加强填报指导和提示。2018 年重点查核 16 人次，随机查核干部 6 人。随机查核零漏报，对重点查核中发现的问题，按有关文件规定视情节轻重予以批评教育 3 人，有效维护了制度刚性。2018 年 6 月，学校对纳入抽查系统的处级领导干部共 54 人按 10% 的概率随机抽查，共计随机抽查 6 人，其中正处级 3 人、副处级 3 人。经比对，随机抽查的 6 人中，6 人均如实报告或与实际情况基本一致，全部如实申报，无瞒报、漏报情况，予以归档。全年共重点抽查核实 17 人次。其中：拟转任重要岗位的 1 人，拟提拔考察对象 16 人（包括拟提拔为正处级干部考察对象 7 人，拟提拔为副处级干部考察对象 9 人）。重点抽查核实的 17 人中，有 3 人存在漏报情况，均给予了批评教育处理，其余 14 人均认定为“如实报告或基本一致”，无瞒报、漏报问题，给予归档。

全年在职干部报备出京请假 73 人次（不含出国），其中因公 61 人次、因私 12 人次；报备出国（境）共 25 人次，其中因公 20 人次、因私 5 人次。离退休局级干部报备因私出国 10 人次。

（淦江）

获市级以上奖项名单

获奖项目	获奖单位/个人	颁奖部门
北京高校 2016 年度党内统计工作全优单位	北京物资学院/填报人：张素珍，负责人：刘艳荣	北京市委教育工委
“全国党建工作样板支部”培育创建单位	物流管理教工党支部	教育部办公厅

年终考核优秀名单

分类	单位或姓名
优秀处级单位	物流学院、体育部、信息学院、党委组织（统战）部、学校办公室、安全稳定工作部（处）、教务处、财务处、人事处、后勤管理处、基建办公室、国际合作与交流处（国际学院）
优秀处级干部	周丽、姜旭、王彦英、刘世波、丁树歧、张旭凤、赵隽咏、韩星、赵秀兵、韩振杰、吕波、毛文富、吴长军、王淑花、徐小娟、申云贵、孙静、叶伟
通报嘉奖的处级干部	刘艳荣
通报表扬	魏国辰、李邢西、杨帆

（徐小娟）

统战工作

【概况】 2018 年，学校统战工作认真贯彻中央和北京市委统一战线一系列重大决策部署，落实各级统战会议精神，围绕学校中心工作扎实推进。学校党委重视统战工作，不断完善党委统一领导、统战部牵头负责、各部门密切配合、各民主党派共同参与的工作机制和大统战格局，实现各院（部）统战委员全部由党组织书记兼任。在基层党建工作述职评议考核中，进一步明确对各院（部）级党组织开展统战工作的要求，细化考核指标，注重对基层统战工作的指导、督促和检查、考核。

接待北京市委统战部常务副部长周开让、北京市委统战部知工处处长张猛来校调研，并组织召开座谈研讨会，对学校统战工作的深入推进提供重要指导。组织召开各学院党委（党总支）书记兼统战委员和学校各民主党派组织及知联会负责人参加“不忘合作初心，继续携手同行”2018 年统战工作交流座谈会，通过充分的讨论、沟通，对学校统战工作的进一步推进达成共识，对基层统战工作的开展提供指导。

学校在职民主党派成员和无党派高级知识分子共 112 人。其中在职民主党派成员 56 人，离退休 27 人；学校党外知识分子联谊会现有会员 31 人；全校在职的无党派高级知识分子共 56 人。党外代表人士 45 人，其中北京市政协委员 1 名、通州区人大代表 1 名、通州区政协委员 8 名、通州区知联会理事 5 名。

学校共有民主党派基层组织 6 个，包括 4 个支部：民盟物院支部、民建物院支部、民进物院支部、致公党物院支部，2 个党小组：民革物院小组和九三学社物院小组。

学校教师中归国留学人员有 29 人，其中博士 12 人、硕士 17 人，在职人员中有侨眷 2 人。

在职教工中少数民族有 43 人，少数民族学生有 756 人，其中维吾尔族 58 人、藏族 37 人。

【北京市委统战部常务副部长周开让到校调研】 11 月 29 日，北京市委统战部常务副部长周开让、北京市委统战部知工处处长张猛到校对统战工作调研指导。李石柱书记和宋晓欣副书记陪同周开让常务副部长和张猛处长参观学校崇德楼校园文化宣传展示区、学校安全防控视频监控中心，到国家级物流系统与技术实验教学示范中心详细了解物流系统的运行及实验室的教学情况。

调研座谈会在崇德楼 120 会议室召开，由校党委书记李石柱主持。校党委统战部副部长马立梅从统战工作机制、工作对象、工作开展 3 个方面汇报学校统战工作情况；法学院院长、北京市政协委员尚珂和教务处处长、知联会理事长、通州区人大代表张旭凤代表党外人士发言，介绍学校党委对党外人士在政治上的充分信任、制度上的保障激励、工作上的大力支持、思想上的教育引导、使用上的培养提拔、情感上的关注关怀等以及党外代表人士发挥智力优势服务社会和北京城市副中心及通州区发展建设的情况。

周开让常务副部长对学校统战工作的整体情况表示肯定，认为校党委对统战工作高度重视，学校统战工作机制体制健全，对党外人士的培养关怀到位，重视收集采纳党外人士的意见建议，党外人士参政议政的作用得到了很好的发挥，特别是“一来二去”工作开展有特色；教师挂职项目的开展，使学者的“才气接地气，更加有底气”。

【党外知识分子工作】 积极选派党外人员参加北京市委教育工委组织的各类培训，共组织 11 人次参加学习。在学校处级以上领导干部学习贯彻党的十九大精神集中轮训中，邀请并组织党外代表人士 29 人参加学习，部分党外干部参加了第一期井冈山党性教育培训班。各级基层组织和部门积极邀请党外人员参加各类实践教育活动。

学校党委领导、党委统战部通过网络平台等渠道和党外知识分子联系交友，通过“物院统战一家亲”微信群及时推送统战政策理论信息，召开党外人士新年座谈会，征集意见和建议并落实到相关部门，帮助党外知识分子反映、解决实际困难。各基层组织完善党员领导干部与党外人员的联系交友制度以及具体交友名单，使党外知识分子工作确实做到实处。

【党外代表人士工作】学校党委重视党外代表人士工作，根据中共北京市委《关于加强新时代党外代表人士队伍建设的意见》（京发〔2018〕15号）等文件精神，结合学校实际，废止《中共北京物资学院委员会关于加强新形势下党外代表人士队伍建设的实施意见》（物院党发〔2012〕40号），重新制定了《中共北京物资学院委员会关于加强新时代党外代表人士队伍建设的实施意见》，为更好地开展党外代表人士工作提供新的遵循。

党外代表人士在学校担负许多工作，发挥较大作用。目前处级干部中，党外人士有10人，占干部总数11.9%。学校督导组有10名在校教师，其中党外人士5人、双重身份1人，占比50%以上。学校纪委注重聘任党外代表人士担任党风廉政监督员，使学校监督体系更加完善。教代会代表注重党外人士比例，94名代表中有16名为党外人员，占比达到17%，会议额外邀请5名党外人士列席。

通过召开“不忘合作初心，携手砥砺前行”党委统战部召开党外人士新年座谈会和“不忘合作初心，继续携手同行”统战工作交流座谈会，向党外代表人士通报学校发展情况，征求意见、建议。有效组织党外人士参政议政，鼓励党外人士认真开展调查研究，踊跃建言献策。围绕人才培养中心工作，组织和动员党外人士充分发挥人才、智力等优势。在引导党外代表人士发挥作用上创新思维，重视通过组织开展参观等活动促进党员领导干部联谊交友，既有效地激励党外代表人士了解社会、服务社会，又促进党员领导干部与党外代表人士的交往交流交融，党内党外团结一致、携手并肩、砥砺前行。

【通州区政协到校座谈研讨通州区古村落文化调研工作】10月19日，通州区政协主席赵玉影一行9人来到学校，就通州区古村落文化调研工作进行专题座谈研讨，座谈会由校党委副书记沈小静主持。学校大运河研究院副院长陈喜波介绍工作的进展情况以及阶段性成果，商学院团委书记王士锋和学生代表分别就暑期调研实践工作的开展及今后工作的计划实施做了详细的介绍说明。

通州区古村落文化调研项目始于2018年商学院团委立项的暑期社会实践项目，得到通州区政协、北京通惠书院和学校领导的高度重视与大力支持，大运河研究院副院长陈喜波作为指导教师全程参与调研。最终完成通州区十余个古村落的调研走访，形成十万余字的文字材料和一些影像资料，为通州区古村落历史的采集、留存做出了积极贡献。

通州区政协主席赵玉影表示，通州区政协将进一步加强与学校的沟通和联系，一如既往地为政协委员们提供平台和条件，为学生社会实践活动提供专家指导，为大运河研究院的健康快速发展提供扶持，和学校一起挖掘运河文化内涵，共同为通州区美丽乡村调研和建设贡献力量。

【创新形式，促进民主党派建设】指导和支持各党派基层组织独立自主地开展工作，重视与各民主党派组织的团结协作。2018 年正值中共中央发布“五一口号”70 周年，学校组织部分党外代表人士和院（部）级党组织统战委员，到中央国家机关思想教育基地、北京市廉政教育基地——中华人民共和国名誉主席宋庆龄故居，举办“不忘合作初心，继续携手前进”纪念中共中央发布“五一口号”70 周年活动，副校长翁心刚、党委副书记宋晓欣参加活动。

宋庆龄故居社教部主任李雪英为大家进行了题为“宋庆龄主席的统战艺术”的讲座，讲座图文并茂，用大量的史实，生动地讲解了宋庆龄主席在统一战线工作中所做的突出贡献。宋庆龄同志是爱国主义、民主主义、国际主义、共产主义的伟大战士，为了便于代表党的统一战线，她以同共产党密切合作的非中共人士身份开展工作，在许多方面起到了共产党员所不能起的特殊作用，为党为国家为民族做出了重大贡献。此项活动使参与人员深刻体悟老一辈革命家在我国政治协商制度形成过程中的伟大贡献，对于深入进行共产党领导的多党合作传统教育具有重要而深远的意义。

党委统战部为民主党派开展活动提供场地设施、新闻宣传、经费保证等全方位服务，积极参加民主党派的各项活动。党委书记李石柱多次参加民建物院支部活动，鼓励支部会员要以更饱满的热情创新性地做好本职工作，更好地参政议政，更好地进行民主监督，更好地融入通州、服务通州。

【民族宗教工作】校党委为了进一步贯彻落实中央、北京市委和教工委民族宗教工作相关文件精神，按照《北京高校宗教工作督查方案》要求，制定下发了《北京物资学院宗教工作方案》，对宗教工作自查进行全面部署，查找出 8 个方面的问题，以此制定 16 项整改措施并实施完成，切实加强和有效促进了校、院两级民族宗教工作。

9 月召开宗教工作小组会，制定了宗教工作督查工作实施方案，对宗教工作进行了全面部署。10 月印制下发《宗教政策知识实务问答》《宗教政策法规应知应会》等宣传册。学校理论中心组进行一次宗教事务条例和习近平总书记在全国宗教大会上的讲话精神的专题学习。在全校书记例会上，对涉及宗教工作的系列重要文件和论述以及学校宗教工作的开展进行专题学习与研讨。11 月结合党课教育安排宗教教育专题，为学生进行一次深入的辅导教育。12 月由统战部会同相关部门制定《北京物资学院民族宗教事端工作应急预案》（讨论稿），在国交处协同下，与外籍专家教师、留学生签订主旨为“不得以任何名义或形式在学校开展宗教活动或向师生传教”

的承诺书。邀请北京市委教育工委统群处处长给辅导员和统战委员进行民族宗教及意识形态工作内容的培训。结合考核工作，对二级学院专题学习及工作开展情况进行检查督导，召开一次民族宗教领导小组会，出台《北京物资学院民族宗教事端工作应急预案》并对 2019 年工作进行研讨和谋划。

通过摸排师生中信教群众的情况，开展马克思主义宗教观的宣传教育和防渗透、反邪教宣传以及学生深度辅导等一系列卓有成效的工作。举办宗教专题教育，由统战部副部长从宗教情况简介、马克思主义宗教观、《宗教事务条例》解读、抵御和防范宗教渗透 4 个方面为学生进行深入的辅导教育。

全面开展少数民族师生工作，随时关注意识形态领域教育，利用形势与政策课程、初级党课等途径对全体新生和入党积极分子进行民族宗教政策教育。对于少数民族学生，学校坚持统一管理、适当倾斜、把握原则、充分尊重的工作思路，将教育、管理、帮扶、引导工作落细、落小、落实，多部门联动，全方位推进，努力培养国际视野宽阔、创新精神和实践能力突出，综合素质高的少数民族骨干人才，取得了明显成效。

【港澳台侨工作】学校港澳台侨工作领导小组办公室设在党委统战部，在国际合作与交流处设有港澳台事务办公室。学校不断加大教职工的国际化培训，积极拓展培训渠道，选派优秀教师赴国（境）外学习培训。学校没有港澳台学生，在职教工中有两名侨眷，党委关心关注其思想状况，保障归侨（3 名退休人员）生活待遇，工作总体平稳有序。

【女教协工作】新一届女教协积极开展工作，组建舞蹈队，定期组织女教师开展活动，组织非遗进校园、雅乐共赏会活动，提升教师们自身文化修养，提高幸福生活的水平。统战部组织参观北京城市规划展和北京城市副中心控规草案公告展，为女教师在学科建设、教学科研、党政管理等方面发挥作用搭建平台，积极有序地引领女教师群体有效发挥主人翁的精神，针对学校事业发展、首都经济社会建设，建言献策、参政议政。

（马立梅）

宣传工作

【概况】2018 年，党委宣传部（教师工作部、新闻中心）坚持以党的十九大精神和习近平新时代中国特色社会主义思想为指引，围绕中心，服务大局，开拓创新，不断提升思想理论建设和意识形态工作水平，不断提升新闻宣传和舆论引导能力，为加快推进与北京城市副中心发展水平相称的高水平应用型大学建设提供有力的思想舆论保证和精神文化条件。党委宣传部与教师工作部、新闻中心合署办公，共有教职工6人，其中宣传部常务副部长（党委教师工作部部长、新闻中心主任）1人、副部长1人、重点岗3人、骨干岗1人。

【理论学习与教育】不断完善“一会一解读”学习机制，推动中心组学习常态化长效化，制定全年两级中心组学习计划及每月具体计划，全年理论学习中心组学习12次，内容涉及习近平总书记系列讲话精神、宪法、党章、民族宗教政策、《中国共产党纪律处分条例》、全国全市教育大会精神等。举办处级以上领导干部学习十九大精神轮训班；邀请中国国际问题研究所特聘研究员，中国前驻伊朗、阿联酋和荷兰大使华黎明及相关教育领域专家来校做专题辅导报告10余次；党委理论学习中心组集体外出调研城市副中心建设1次，现场督导二级学院中心组学习2次；组织教职工参加市级理论学习6人次，组织当代中国马克思主义理论研究会开展活动1次；网上发布中心组学习材料40篇。

深入学习贯彻习近平新时代中国特色社会主义思想、全国全市教育大会精神。制定《北京物资学院学习宣传贯彻全国教育大会精神工作方案》，从传达部署、深入学习、调研谋划、深入落实4个方面加以落实。校党委书记李石柱深入院部级党组织6次巡回宣讲全国全市教育大会精神，校长王文举为全体处级干部、支部书记、教授做专题辅导，校领导班子成员到联系单位宣讲全国全市教育大会精神。推进教育大会精神“三进”工作，要求以教师党支部为主体，通过典型示范落实教育大会精神进课程全覆盖。

组织教职工参加2018年北京哲学社会科学教学科研骨干培训班、“习近平新时代中国特色社会主义思想”理论培训班、北京高校思想政治工作骨干研修班学习；申报2018年首都高校师生服务“四个中心”功能建设“双百行动计划”，成功入选3项；参加北京高校思政工作难点攻关项目、2016—2017年北京思政优秀和创新成果、2018年北京高校基层研究课题、2019年首都大学生思想政治课题、2019年北京高校思想政治工作研究课题申报等工作；参加2018年国家“万人计划”青年拔尖人才哲学社会科学、文化艺术领域评选。

【意识形态工作】学校党委书记与校长始终旗帜鲜明地站在意识形态工作第一线，确保学校成为维护主流意识形态的坚强阵地。校党委与二级单位负责人签订意识形态安全责任书，组织召开意识形态工作专题会、师生思想动态研判会。强化青年教师、新入职教师、干部队伍的意识形态专题培训，开展宣传委员、新闻通讯员、网评员队伍培训。严格落实“一会一报”制，各类报告讲座审批程序不断完善。全年审批哲学社会科学报告会、研讨会、讲座、论坛等60余次。定期分析研判和深入二级单位督查意识形态领域情况，辨析思想文化领域的突出问题，突出教职工理想信念教育。主管校领导和党委宣传部领导班子到学校 10 个基层单位开展意识形态工作调研督查，进一步了解师生思想动态及意识形态落实情况。将意识形态督查纳入全面从严治党校内调研指标体系，着重调研 6 个教学单位。组织召开假期见闻座谈会、青年教师座谈会、青年教师挂职工作座谈会、教授座谈会、师德师风建设培训交流会、学习贯彻全国教育大会精神教师座谈会等，听取师生反映情况，把控师生思想动态。规范校外人员使用校内场地管理，有效加强大型活动管控。加强对“两微一端”等新媒体及师生自媒体管理引导，加强对突发敏感舆情事件的及时核查处理。全年未出现过意识形态领域重大问题，学校师生思想状况总体向上良好。

【新闻宣传】统一思想，凝聚共识，为学校改革发展营造舆论氛围。认真贯彻落实党的十九大精神，紧紧围绕学校“立地顶天”发展战略，通过新闻网、校报、广播台、视频新闻、宣传橱窗等传统媒体和微信、微博等新兴媒体的融合发展渠道，通过专题报道、系列报道、典型报道、个别访谈等形式，深入宣传报道学校深化体制机制改革、迎接本科教学工作审核评估建设与整改、专业使命教育、开放办学、科学研究、社会服务、文化传承创新、国际交流合作等重点工作。全年校园网（审）稿约 1600 条；校报出版 9 期；视频拍摄 100 多次，素材采集量达 3TB，素材采集时长达 100 多小时，电视台制作节目 20 多期；广播台播出节目 441 期；学校官方微信公众号推送 120 期；学校各种活动新闻摄影 82 次，照片 4850 张；根据学校主题活动内容督促推动宣传橱窗内容及时更新，营造良好校园文化氛围。

加强策划，主动沟通，拓展对外宣传渠道，提升学校美誉度。在北京市委教育工委宣教之窗、光明日报、北京日报、北京电视台、北京晚报、科技日报、今日头条、人民网、中国网、千龙网、中国经济导报、现代教育报、中国科学报等媒体上发布有关学校的正面报道近 100 篇（次），起到了宣传学校、扩大学校影响的积极效果。其中，北京物资学院大型原创舞剧《运》元旦首演、北京物资学院专业使命教育宣讲会举办、首届中国大运河智库论坛举行、大运河文化带精品剧目展演等内容得到了媒体的高度关注和集中报道。

【校园文化建设】坚持以文育人、以文化人推进校园文化建设。在 2017 年完成崇德楼宣传文化展示区一期工程的基础上，2018 年完成崇德楼宣传文化展示区二期工程建设和布展工作，并顺利通过学校联合验收和工程审计。在经过前期的充分调研、设计方案论证、广泛征求意见、党委会讨论、材料收集后，于 8 月底完成工程主体施工和内容布展，9 月初开学正式接待观展。截至 2018 年 12 月，已接待上级领导、企业和兄弟院校、校友、校内师生来访数次，承担讲解任务 30 多次。展区得到校内外领导、师生的一致好评，已成为学校对外展示形象的窗口、对内开展校情教育的基地。

完成第二教学楼文化廊道展示工程，使之成为社会主义先进文化宣传展示的重要平台。以迎接本科教学工作水平评估、师德师风宣传教育等为契机，推进各单位文化墙布展工作和二级网站完善工作，并通过橱窗、电子屏、微信、校园网主页等途径加强校园文化氛围的营造。

（鲁珺瑛　孙杰）

纪检监察工作

【概况】2018 年，纪检监察办公室紧紧围绕学校建设发展战略规划，抓好监督执纪主业，协助学校党委履行管党治党责任，持之以恒推进作风建设，严肃查处违反党纪的行为，强化问责、压实主体责任，进一步筑牢党员干部拒腐防变的思想防线，不断推进全面从严治党向纵深发展，为学校建设高水平特色型大学提供坚强政治保证。荀萍同志接替傅强同志任学校纪委副书记兼纪检监察办公室主任（物院干〔2018〕9 号文件）。

【协助党委落实好全面从严治党主体责任】协助党委制定年度全面从严治党责任分工。明确领导班子成员责任，指导督促院（部）级党组织抓好责任分工；协助学校党委召开全面从严治党工作大会，全面传达中央、教育部和北京市、北京教育系统关于推进全面从严治党的一系列重要指示和工作部署，总结学校全面从严治党工作情况，明确提出年度全面从严治党主要任务。组织学校主要领导与学校副职领导、主要领导与二级学院党政主要领导、学校领导与分管单位处级干部分层级签订个性化责任书和承诺书，把全面从严治党责任层层分解、全面压实。

落实全面从严治党工作全程纪实制度。按照《中共北京物资学院委员会关于推进领导干部落实党风廉政建设主体责任全程纪实工作实施办法（试行）》抓好纪实工作，依托巡察、责任制调研检查等形式，抽查领导干部全程纪实落实情况，督促领导干部把全面从严治党责任落到实处。

【廉政警示教育宣传】在普遍廉政警示教育的基础上，突破往年教育“月”的界限，把教育活动放大到全年开展，集中组织开展《中华人民共和国监察法》《中国共产党纪律处分条例》学习活动。邀请校外廉政领域专家、北京市纪委第八纪检监察室主任孙利清等人到校做“以案说纪”讲座；组织全体处级领导干部收看《警钟长鸣——红线不容触碰》纪律教育警示录像；为每名党员配发廉政理论资料；利用学校纪检监察网等信息平台组织廉政知识学习和测试。9 月组织 180 余名处级以上领导干部、党风廉政监督员、院（部）级党组织纪检委员、党支部书记、财政专项及科研项目负责人和重点岗位人员参观北京市全面从严治党警示教育基地，在现场学习的基础上，指导各单位开展警示教育研讨，通过学、看、思、辩，干部职工政治觉悟和守纪意识进一步增强。

【日常监督检查】强化自上而下的组织监督，优化自下而上的民主监督，发挥平行部门的同级监督作用。利用参加学校层面议事会议时机，履行对学校党委和班子成员的监督。继续发挥廉政监督联席会机制的横向监督作用，上半年与审计室、财务处、资产管理处等职能部门召开联席会，集中会商各领域廉政风险；与党委组织部加强信息共享，探索选人用人联合监督机制。

【重点领域监督】把选人用人、经费使用、资产管理、教学科研、招生考试、工程建设等一些群众关注度高、廉政风险大的工作作为监督重点，制订了《北京物资学院重点领域关键环节监督检查办法》（物院党发〔2018〕30号），明确划分了主责单位的职能监督责任和监督单位的专责监督责任。年内完成对大额资产采购、项目结项验收、工程建设、三公经费使用、干部选拔任用、师德考核、招生、教育教学秩序等领域74次重点督查，对发现的不规范问题提出整改意见5次。重点加强对科研经费使用、培训经费使用执行情况的专项监督。分4次重点抽查部分单位财务报销凭证，共计310余例；核查68项科研项目，进一步强化对横向科研经费和专项资金报销依据、凭证的审核；加强真实性认证，坚决纠正不合理支出和违规现象；关注和审查了部分单位教师职称评定、评先评优和绩效考核等工作，努力把群众关注多、敏感度高、廉洁风险大的领域和环节尽可能多地纳入视线。

【作风建设】加强重要时节廉政提醒。认真做好领导干部的廉政提醒，10月组织13名新任、提任的处级领导干部进行集体谈话。反复重申“八个严禁”，在元旦、春节、清明、五一、端午、中秋、国庆及寒暑假等节点，均通过校园网发布廉政通知，同时编发手机短信、微信信息做好廉政提示。督促各院（部）级党组织认真落实主体责任，通过教职工大会、张贴警示提示、在微信群转发警示提示等方式落实对全员的教育监督。

抓好专项检查，认真贯彻落实中央八项规定精神和北京市委实施办法。8月由纪委牵头，纪检监察办公室联合党委组织部、财务处集中对学校两年来组织外出培训学习、出国考察、处级干部请销假和差旅费报销情况开展检查，重点检查培训学习地点范围及报批、培训专项经费使用是否合规合法、有无公款报销探亲费等行为。12月由纪委书记牵头，学校办公室、资产管理处和纪检监察办公室联合对学校各单位办公用房清理整治情况进行“回头看”，对个别单位整改措施不到位、人员流动后执行标准不严等问题进行督促，各单位在规定时间内均整改到位。

【信访和违纪案件查办工作】畅通民主监督渠道。设立举报邮箱、公开举报电话，鼓励广大教职工积极参与全面从严治党监督。依法依规做好信访工作，年内共处理信访举报 12 件，其中经核实属实的 2 件，1 件立案调查。正确运用“四种形态”，坚持抓早抓小、防微杜渐，通报批评 1 个单位和 1 名领导干部，给予 1 名党员诫勉处理，1 名党员领导干部受到党内警告处分，全年共追回财政资金 1.46 万元。

【队伍建设】 加强纪检队伍的教育管理和培养使用。提高纪委监督执纪能力，先后 2 次安排学校纪委委员参与信访案件调查组执纪监督工作。定期组织专职纪检干部集中学习，及时了解新政策、新规定和新要求，提升党性修养和业务能力。克服工学矛盾，积极组织专职纪检干部参加北京市纪委第八纪检监察室组织的纪检监察队伍专业技能提升大课堂培训，结合培训内容不断规范学校纪检监察工作。充分依托上级搭建的平台学习，提高业务工作能力，学校专职纪检监察干部刘洪武在北京市委组织的纪检知识竞赛中获得三等奖。5 月选派纪检监察办公室副主任张莹参加北京市委巡视工作，学习上级纪检机关的工作标准和经验方法。积极与兄弟单位纪委开展横向交流，采取“走出去和请进来”的方式，与 7 所在京高校围绕日常监督和校内巡察工作加强学习交流。

完成第二届学校党风廉政监督员聘任工作。遵循民主推荐、基层党组织把关、党委任命等程序，从学校各单位党组织遴选包含教师、民主党派成员、离退休干部等类别共计 13 名教职工担任党风廉政监督员，利用微信监督群进行日常培训和监督事项提醒。印发《党风廉政监督员纪实手册》，引导党风廉政监督员在不同的本职岗位从不同角度对学校全面从严治党工作开展监督。协调组织部门补齐基层党组织纪检委员，明确基层纪检和监督工作职责。

第二届党风廉政监督员名单（按姓氏笔画排序）：

丁宇辰　王新龙　朱才斌　李士元　杨润芬　宋玉卿　宋平明　张澍　陆宁　金仁浩　周少华　祝映莲　韩彩云

（刘洪武　苟萍）

学生工作

【概况】 2018 年学校学生工作以党的十九大精神为指导，深入学习贯彻习近平新时代中国特色社会主义思想，深入领会全国教育大会及北京市教育大会精神，围绕学校中心工作，迎接本科教学审核评估；以理想信念教育为核心，以社会主义核心价值观为引领，以全面提高人才培养能力为关键，强化基础、突出重点、建立规范、落实责任，大力提升学生思想政治工作质量，扎实推进各项工作。2018 年重点工作包括：进一步探索和健全“党团主题实践—暑期社会实践—社会实践基地的日常社会实践—校企合作的专业实践—创新创业的双创实践”相协同、全覆盖的实践育人体系；深入课堂进行学风现场督查，依托教学监控中心全面检查学生出勤及表现，对问题班级及学生个人进行通报批评并教育整改；成立由党委书记任组长的“学困生帮扶工作领导小组”，统筹协调对学业困难学生制定一对一帮扶方案，协调资源进行精准帮扶工作；以电商物流领域专业人才实践创新能力培养为主线，“多元拓展、协同创新”，培养新型创新型人才。2018 届本科毕业生共计 1454 人，年末在籍本科生共计 5978 人。

（梁可文）

【辅导员队伍建设】2018 年，辅导员队伍建设主要围绕加强培训、提升工作水平的思路开展。全年选派 1 名骨干辅导员参加全国高校思想政治工作骨干示范培训班学习，在教育部高校辅导员培训和研修基地（浙江大学）举办北京物资学院辅导员骨干研修班；选派辅导员参加市级培训 40 余人次，组织校内集中培训 4 次，人均参加培训 130 学时。全校设有 7 个辅导员工作室，其中市级辅导员工作室 1 个；在全校辅导员中开展职业技能考核，评选出朱晓婷、闫慧凝、姚昊炜为校级优秀辅导员。根据学校职称评定工作要求，组织开展思想政治教育系列职称晋升工作，共晋升讲师 6 人、评转讲师 1 人，进一步提高了学生工作队伍的专业化水平。年末共有专职辅导员 30 名。

（梁可文）

【学生管理】推进学生管理联动机制，提高管理效率和水平。与校医院合作组织 486 名师生参加献血，顺利完成结核筛查、疫苗接种防控工作；与安稳处、后勤管理处合作开展学生安全教育和宿舍卫生安全大检查工作，加强学生宿舍管理，增强学生安全意识；与财务处、卡务中心共同完成新生校园一卡通、银行卡办理工作；与校团委合作举办多项大型学生活动。严格校规校纪，发挥惩戒育人作用，全年处分违纪学生 44 人次。

（梁蕊）

【学风建设】加强学风建设，营造良好育人环境，切实提高人才培养质量，制定学风建设现场督查专项工作方案，启动学风建设现场督查工作。教务处、学生处、团委以及全体辅导员、班主任联合组成督查组，每日进行学风现场督查工作。通过开展学风建设现场督查工作，学生出勤率、准时到课率、课上抬头率有了明显提高。持续推进“优良学风班”建设活动，贯彻落实《关于进一步加强校风学风建设的若干意见》和《北京物资学院“优良学风班”建设达标办法》，由学校学风建设领导小组组织领导各学院开展学风建设活动。学风建设领导小组对班级建设情况进行检查督导，包括审核“优良学风班”建设申请材料、任课教师课堂情况记录、教学督导随机听课记录、班级学生成绩汇总、期末考风巡视等，引导学生自觉增强学习的主动性和自觉性。经各学院推荐、学风建设领导小组审批，经济学院152113001班等15个班级被评为2018年北京物资学院优良学风班。

（梁蕊）

【学生党建】 学生党建工作，坚持以“两学一做”常态化和学习贯彻党的十九大一中全会、二中全会精神为主线，结合理论学习、制度建设和实践锻炼，充分发挥学生党员和党支部在学生群体中的影响力与战斗堡垒作用。以学生工作部党员培训班为抓手、学院组织开展支部特色活动的方式开展学生党员的常态化教育管理工作。为学生党支部配备理论学习导师，指导学生党支部开展理论学习，提高学生党员理论修养水平。定期开展毕业生党员教育活动，发挥毕业生党员的带头示范作用，保障毕业生群体文明离校。开展学生暑期社会实践、学生党支部红色“1+1”活动、党员“1帮1”助学活动、党员宿舍挂牌、党员志愿服务岗活动，提升党员的责任意识和宗旨意识，激发党员的担当精神和奉献精神。全校有11个学生党支部参加红色“1+1”示范活动，其中4个党支部参加北京市红色“1+1”示范活动创建申报，获评三等奖1项、优秀奖3项。全校有8个学生基层组织报名参与北京高校基层组织创建评选活动，获评北京高校示范学生基层宿舍荣誉称号3项。

（何佳赢）

【学生思想政治教育】 学生思想政治教育工作以服务社会、服务副中心建设为导向，促进学生投身实践成长成才，提升思想政治教育工作的实效性。强化杨洪璋德育实践基地建设，带领学生在社会实践活动中形成自觉践行社会主义核心价值观的潜意识。发挥思想政治课主渠道作用，聘请专家学者、学校领导、思政专业教师主讲形势与政策课程，集中对新生开展国际形势、国家政策、校情校史、就业趋势、专业发展、人生理想、学风校风教育；学生工作队伍抓住课堂主渠道，通过心理健康教育、思想道德修养与法律基础、职业发展与就业指导等课程积极开展思想政治教育。通过纪实性《德育素质档案》引导学生积极参与德育活动，发挥其评价、引导、育人功能。加强典礼文化建设，充分发挥典礼育人功能，利用开学典礼、毕业典礼、颁奖典礼3个重要典礼，对学生进行感恩教育。召开各种主题座谈会，倡导学工队伍教师开展网络思政教育，开通微信公众号，实现师生线上线下即时沟通交流，第一时间了解学生思想动态和实际需求，有针对性地做好学生的教育引导和服务工作。利用献血工作开展思想政治教育工作，全年献血达到486人次，总献血量97200毫升。“专业使命教育统领的育人体系构建与实践”相关成果，在北京市委教育工委组织的“第五届首都大学生思想政治工作实效奖”评选中荣获二等奖。

（何佳赢）

【助困与奖学】学校学生资助体系分为校外资助和校内资助两部分。校外资助分为国家、北京市资助和社会资助；校内资助包括勤工助学、临时困难补助、减免学费、“五个一”关怀等项目。2018 年上级拨付国家助学金 290.97 万元，学校按月发放完毕，做到零剩余；全年发放勤工助学工资 104.4 万元。年内学校认定家庭经济困难学生 715 名，发放国家助学金 290.97 万元，生活补助 16.9275 万元，电话费补助 0.735 万元；设立校内勤工助学岗 424 个，发放勤工助学工资 78.6 万元；生源地贷款 317 份；减免 30 名学生学费；为 6 名学生发放临时困难补助 0.6 万元；为 128 名新生开辟“绿色通道”，发放总价值 1.7 万元的爱心大礼包 130 份；中国移动资助爱心手机 100 部。全年有 12 名学生获国家奖学金 9.6 万元，199 名学生获国家励志奖学金 99.5 万元，2931 人次获校内各类奖学金 216.6 万元，15 名学生获“携手助飞奖学金”4.5 万元，10 名学生获“国鑫奖学金”3 万元。学校为 73 名市级优秀毕业生和 53 名校级优秀毕业生发放奖金 12.6 万元；为 21 名入伍学生和 12 名义务兵复学学生发放学费补偿 27.42 万元。

（汤艳丽）

【心理健康教育】开设全校“大学生心理健康与发展”必修课，覆盖学生 1500 余人。大学生心理健康教育与咨询中心全年接待个体咨询 309 人次、团体辅导和拓展 1700 人次，对 37 名学生重点关注和定期随访，对 25 例处于危急状态的学生及时干预处理；完成 1500 余名本科生、300 余名研究生入学心理健康测评筛查，对 314 名新生做个别心理访谈，对 72 名新生予以重点关注，建立健全新生心理电子档案。

引进中科院心理所博士刘晓倩，将专职心理辅导教师队伍扩充到 3 人。完成 160 平方米的团体辅导室升级改造工作。

开展“5·25”心理健康宣传月系列活动。开设“绘画心理治疗”体验工作坊、“提高危机个案心理稳定性”舞动体验工作坊、“大学生常见心理障碍与识别”讲座、“如何变压力为助力”讲座。组织学生积极参加北京市大学生心理健康节系列活动，包括“心书签”大赛、微视频大赛、心理情景剧大赛、共舞心健康活动等。学生代表队作品《春之舞》荣获 2018 年首都大学生心理健康节“吾爱舞：共舞心健康舞蹈比赛”非专业组三等奖。

组织专、兼职心理教师和辅导员参加高校心理咨询督导师系列培训、第十二届国际临床催眠连续培训、舞动治疗中方导师培训等不同主题的心理健康培训。面向心理委员和哲心社学生举办心理委员工作职责、大学生常见心理障碍的识别与应对、梦的理解与心理成长等不同主题的心理健康系列讲座。专职心理教师徐青林承接北京市委教育工委的培训任务，于 10 月 16—18 日开设面向全市心理健康教师和辅导员的“舞动在团体心理辅导中的运用”工作坊。

廖冉主持完成教务处教改课题“自主学习型心理健康课教学模式改革研究”，徐青林参编《舞动治疗——舞蹈与心灵的对话》，廖冉获北京高教学会心理咨询研究会2018年“高校心理健康教育先进个人”。

（廖冉）

【国防教育】 圆满完成2018年度征兵工作。学生积极响应祖国号召报名应征入伍，经过初审、政审、体检、定兵等环节，最终确定20人入伍，其中男生12名、女生8名。2018年有12名学生退出现役返校继续学习。开展慰问军人军属活动，春节期间走访慰问军属6户，到部队慰问入伍大学生士兵20人。全年为29名义务兵发放优待金110.9424万元。

创新授课形式，通过慕课为学生提供了灵活方便的军事理论课程学习平台。7月1—14日，开展为期14天的学生军训。军训坚持按纲施训，在完成大纲规定训练内容的同时，穿插进行拔河比赛、定向越野等特色活动，并将军训精彩内容制作成《尽绽芳华》画册。成立北京物资学院国防协会，积极参加北京市国防教育协会组织的各类活动。

（李坤）

【就业教育】 学校召开2018年就业创业工作会、就业质量年报反馈会、实践基地及相关企业座谈会、毕业生座谈会、用人单位座谈会、毕业班班主任座谈会等，推动就业工作。学校就业工作会明确提出，学校2018年就业工作以“就业率、签约率、协议率持续稳定在较高水平的基础上，着力提升就业质量，推动大学生创业工作上水平”为总体目标，以满足社会需求和高质量就业为导向，稳步扎实推进学校就业工作。出台《关于促进2018年毕业生就业创业工作的实施方案》《北京物资学院提升研究生培养质量促进高质量就业的若干措施》《北京物资学院提升本科人才培养质量促进高质量就业的若干措施》等文件。表彰就业工作先进单位及个人，物流学院和信息学院荣获就业工作先进集体称号，物流学院和外国语言与文化学院荣获就业单项奖，庞波、韩春丽、刘玉奇、陈静、沈丽、孙涛、王志鹏、郭键、霍灵瑜、徐建国、李丹、殷裕品、金海水、王士锋、解进强、力玉、邓邱超获就业工作先进个人称号。

努力提升就业服务水平，进一步加强就业工作。学校和各院（系）针对应届毕业生建立专门就业信息发布平台，多方位收集和发布相关就业信息：一是通过就业信息网站、微信平台、微信群、易信通短信等方式发布专业相关的就业信息，学生可以根据自己的需求进行浏览，就业指导中心也会根据学生的浏览状况进行推送，以提高学生就业率和满意度；二是在学校和学院层次分别由专人负责对收到的就业信息进行甄别、筛选，有针对性地将信息传送至每一位有需求的毕业生手中，加强就业信息精准推送；三是对就业意向已经明确的学生停止发送就业信息，减少学院就业信息的内耗；四是学院依靠辅导员、班主任及时与毕业生进行沟通，增加毕业生之间的就业信息传递、实习就业交流的机会，增强“点对点、人对人”即时辅导和就业服务职能。学校充分调动各院部、毕业班班主任、辅导员和相关就业工作人员积极性。

2018 届共有本科毕业生 1454 人，其中男生 503 人、女生 951 人，北京生源人数 835 人、京外生源人数 619 人。本科生就业率为 90.10%，签约率为 78.95%。各二级学院就业率均在 85% 以上，家庭经济困难学生就业率在 90% 以上，出国读研率 7.91%，国内升学率 3.37%，自主创业率 0.48%。

（常娥、鲁楠）

【创新创业成效显著】2018 年，学校在创业工作中多元拓展教学资源配置渠道，以电商物流领域专业人才实践创新能力培养为主线，“多元拓展、协同创新”，力争培养大学生创造精神、创造思维、创造能力和执行能力，培养符合社会需要的新型创新型人才。在以往创业工作基础上，出台《北京物资学院大学生创新创业基地管理办法（试行）》，调整物友递的经营思路并完成合作企业招标，完善了物语咖啡、物友递等公共服务创业项目管理办法，继续搭建“课程—大赛—创业实践—孵化—再反哺课堂”的创业教育模式，营造良好的创新创业文化氛围。2018 年有 1 个团队获得“互联网 +”大赛北京赛区三等奖，2 个团队获得“创青春”北京市铜奖。

（常娥）

【少数民族学生教育管理服务工作】为进一步落实中央相关文件精神，切实加强学校少数民族学生教育管理服务工作，7 月招聘专职辅导员森巴提·阿山负责少数民族学生教育管理服务工作。2018 年暑期组织辅导员骨干到新疆、西藏进行培训、暑期社会实践以及家访，实地了解少数民族学生家庭情况、成长历程及思想状况等。通过讲座、论坛、主题茶座会以及主题班会和形势与政策课程等多种形式，加强马克思主义国家观、历史观、民族观、文化观、宗教观教育，着力提升少数民族学生思想政治觉悟，增强“五个认同”和“三个离不开”意识。严格学生管理，深入细致掌握学生情况，对我校少数民族学生教育管理工作全程纪实，实施“一人一册”工作机制；开展少数民族学生学业、就业帮扶活动，期末考试期间开展高等数学等课程学业辅导班，面向 2015 级新疆、西藏学生开展就业指导训练营活动。

此外，面向学校 14 名在北京邮电大学民族教育学院的少数民族预科学生，开展了“3 + 1”系列活动，即 3 次看望、1 次接回的爱校荣校主题教育活动。

（森巴提·阿山）

【附录】

2018届毕业生就业率一览表

<table>
<tr><th>分类</th><th>学院</th><th>专业名称</th><th>专业人数</th><th>学院人数</th><th>就业率</th></tr>
<tr><td rowspan="28">本科生</td><td rowspan="4">经济学院</td><td>国际经济与贸易</td><td>56</td><td rowspan="4">251</td><td>89. 29%</td></tr>
<tr><td>金融学</td><td>67</td><td>82. 09%</td></tr>
<tr><td>金融学（期货与证券）</td><td>70</td><td>88. 57%</td></tr>
<tr><td>经济学</td><td>58</td><td>82. 76%</td></tr>
<tr><td rowspan="6">物流学院</td><td>采购管理</td><td>49</td><td rowspan="6">307</td><td>95. 52%</td></tr>
<tr><td>质量管理工程（商品质量检验与管理）</td><td>58</td><td>93. 10%</td></tr>
<tr><td>机械设计制造及其自动化
（物流设备工程）</td><td>23</td><td>73. 91%</td></tr>
<tr><td>物流工程</td><td>50</td><td>92. 00%</td></tr>
<tr><td>物流管理</td><td>101</td><td>93. 07%</td></tr>
<tr><td>物流管理（国际物流与供应链管理）</td><td>26</td><td>96. 15%</td></tr>
<tr><td rowspan="5">信息学院</td><td>电子商务</td><td>54</td><td rowspan="5">300</td><td>87. 04%</td></tr>
<tr><td>计算机科学与技术</td><td>58</td><td>87. 93%</td></tr>
<tr><td>物联网工程</td><td>64</td><td>90. 63%</td></tr>
<tr><td>信息管理与信息系统</td><td>62</td><td>75. 81%</td></tr>
<tr><td>应用统计学</td><td>62</td><td>88. 71%</td></tr>
<tr><td rowspan="9">商学院</td><td>财务管理</td><td>66</td><td rowspan="9">450</td><td>92. 42%</td></tr>
<tr><td>工商管理</td><td>49</td><td>89. 80%</td></tr>
<tr><td>会计学（注册会计师）</td><td>70</td><td>90. 00%</td></tr>
<tr><td>会计学（注册资产评估师）</td><td>66</td><td>93. 94%</td></tr>
<tr><td>会计学（ACCA）</td><td>13</td><td>92. 31%</td></tr>
<tr><td>市场营销</td><td>46</td><td>95. 65%</td></tr>
<tr><td>劳动关系</td><td>28</td><td>96. 67%</td></tr>
<tr><td>劳动与社会保障</td><td>26</td><td>91. 67%</td></tr>
<tr><td>人力资源管理</td><td>86</td><td>96. 51%</td></tr>
<tr><td>法学院</td><td>法学（流通法）</td><td>54</td><td>54</td><td>92. 59%</td></tr>
<tr><td>外语学院</td><td>英语（国际商务、国际传播）</td><td>81</td><td>81</td><td>91. 36%</td></tr>
<tr><td>国际学院</td><td>金融学</td><td>37</td><td>37</td><td>90. 91%</td></tr>
<tr><td colspan="3">本科生合计</td><td>1454</td><td>90. 10%</td></tr>
<tr><td>研究生</td><td colspan="3">研究生合计</td><td>237</td><td>99. 58%</td></tr>
<tr><td colspan="4">全校合计</td><td>1691</td><td>91. 43%</td></tr>
</table>

（常娥、鲁楠）

2018 年参军入伍学生名单（从学校武装部参军）

序号	姓名	性别	学院	入伍部队
1	汪　鼎	男	物流学院	无锡联勤保障中心
2	杨洪宇	男	物流学院	战略支援部队网站基地
3	李蔚然	男	信息学院	中部战区空军 72 旅
4	杨福林	男	商学院	武警通辽支队
5	利兴威	男	信息学院	武警通辽支队
6	吴　凯	男	商学院	武警通辽支队
7	陈新宇	男	物流学院	武警通辽支队
8	陈天赠	男	经济学院	武警通辽支队
9	魏　典	男	经济学院	北部战区海军试验基地
10	侯星羽	男	物流学院	火箭军
11	潘文艺	男	外语学院	火箭军
12	巴合提白克·买买提衣沙	男	商学院	北部战区陆军
13	马　悦	女	物流学院	海军青岛基地
14	孙梦依	女	商学院	海军青岛基地
15	王　晴	女	经济学院	北部战区陆军
16	方若琳	女	法学院	北部战区陆军
17	董茹茹	女	物流学院	北部战区陆军
18	王欣伟	女	经济学院	北部战区陆军
19	吴学妍	女	外语学院	中部战区空军 72 旅
20	赵　敏	女	商学院	北部战区陆军

（李坤）

市级以上奖项

项目名称	奖项等级	获奖项目
2018 年北京高校红色“1＋1”展示评选活动	三等奖	物流管理专业学生党支部
	优秀奖	信科学生党支部 法学专业学生党支部 外语学院学生党支部
第五届首都大学生思想政治工作实效奖	二等奖	专业使命教育统领的育人体系构建与实践

（学生处）

安全稳定工作

【概况】 2018年安稳处按照学校“十三五”规划总体要求，紧紧围绕学校中心工作，按照“防风险、补短板、抓重点、促发展”的工作思路，狠抓“平安校园”建设提升工程，注重在实践中锤炼“一个班子、两支队伍”能力水平，积极研究探索首都及高校安全稳定形势，完善安全稳定工作体制机制。在校园安全、治安防范、情报信息、反恐防恐、消防、交通、户籍等业务性工作方面有了显著提高，同时制定并推动校党委下发了《北京物资学院关于加强安全稳定工作的意见》，进一步明确二级单位安全稳定责任，促进了安全稳定各项工作有序开展，为保持校园的持续安全稳定提供了助力。

安稳部（处）编制10人，现有7人，共设有部（处）长、副部（处）长各1人，3个重点岗：稳定工作管理岗、安全工作管理岗和综合治理岗；3个骨干岗：综合事务管理岗、户籍管理岗、家委会管理岗；1个一般岗：户籍管理岗。现有7名干部，其中1人有在公安队伍工作的经历、5人有在部队长期工作的经历，组成了一支讲政治、顾大局、守纪律、讲奉献的安稳干部队伍。目前，安稳干部队伍初步呈现老中青梯次搭配、技管干部均衡的局面，促使安稳工作业务能力得到全面提升，校园安全稳定管理水平显著增强。

（武建兴）

【“平安校园”建设考核】 在北京市教工委下发的《关于2018年度北京市属高校“平安校园”建设考核结果的通报》中，学校以99.9分（满分100分）的成绩，在25所市属高校中排名第一，再次获得优秀。

“平安校园”建设考核，涵盖了安全稳定的各项工作，是“平安校园”建设提升工程全面深入推进的“落地篇”。“十三五”以来，在学校党委领导下，安稳处不断提升安全稳定工作水平，各项安全稳定措施扎实有效，校园治安综合治理防控能力不断提升。2018年，安稳处起草并推动校党委下发了《北京物资学院关于加强安全稳定工作的意见》，进一步压实了安全稳定责任划分，使安全稳定工作做到了“纵向到底、横向到边”。

党委的高度重视，完善的安稳机制，扎实的基础工作，丰富的材料积累，严谨的工作作风，为学校取得优异成绩奠定了坚实的基础。这是学校继2014年获北京市教工委“平安校园”建设示范校称号和2017年社会治安综合治理首次考核获得优秀以来，再次获得殊荣，连续两年为教职工带来实惠。

【综合防控】学校综合防控工作再创新局面。不断加强安全稳定形势分析研判，适时组织召开安全稳定小组工作会议，定期汇报安全稳定形势。与各二级单位签订《安全稳定任务书》。配合学生处开展了暴恐音视频清理工作。与宣传部紧密配合，完成了微电影《捉偷记》的拍摄工作，充分展现了安保人员的工作精神和工作状态。注重安稳干部的使用与培养，派出干部参加“新时代高校危机管理与危机公关实务高级研修班”培训。淦江老师撰写的《深刻认识高校安全稳定工作的时代变化》在中共北京市委教育工作委员会、北京高教学会保卫学研究会共同举办的第十四届学术年会上获得论文三等奖。

（武建兴）

【治安防范】提升反恐应急处突能力。注重安全防范和反恐应急力量建设，及时修订完善各类应急方案，完善安防器材室，加强特殊时段和“敏感日”的值班备勤，实现安稳干部与保安队、校卫队、楼长义务巡逻队的紧密配合，开展有针对性的应急演练，应急处突能力大幅提升。全年重大活动共出勤 46 次，300 余人次，圆满完成了“两会”、中非合作论坛、新生入学考试、全国英语四六级考试和国家机关公务员考试等各类大项活动的维稳安保任务。

警校联动共筑平安。与属地派出所及公安局文保大队主管民警定期会商，共同研讨校园治安形势出现的新情况，有针对性地做好防范和打击违法犯罪工作。共帮助市公安局文保大队、海淀公安局、朝阳公安局、北京市反恐总队、邯郸市公安局及属地派出所协查通缉、刑事、诈骗、失踪等人员 6 人次，全力做好“两会”等敏感期的学生稳定工作，上报北京市委教育工委及各级公安机关学生材料和情况汇报 20 余份。

安全宣传深入一线。与民警共同深入学生公寓宣传防骗知识，协调组织 2 次学生安全教育及法制宣传，教育学生提高自我防范意识，在学生公寓、教学楼、家属区等重点区域张贴防盗、防丢、防诈骗、涉毒违法举报等宣传资料 100 余份，给学生部门发放防诈骗、防毒品资料 1200 余份，促进师生自我防范意识不断增强。校园 110 共解决盗刷校园卡等各类案件 147 起，找回 iPad、手机、笔记本电脑等财物 118 件，挽回经济损失 4.3 万余元，给警方提供有价值线索 7 条。

（武建兴）

【消防安全】完成年度重点单位消防档案和消防责任书的报送，先后按系统、按区域组织专项消防安全隐患排查 26 次，发出整改通知书 2 份；为新增校区设计消防方案 4 次；维修灭火器 3057 具；开展面向教职员工的消防知识讲座和消防技能培训超 300 人次，为食堂职工、保洁员、宿管员以及保安人员等组织专场技能培训；以“11·9”消防日为契机组织全校性消防演练，为在昌平参加军训的学生专门组织消防技能培训；以“关注消防、支持消防、做好消防”为主题，持续开展了“五个一”（即“一封消防安全信、一场师生消防演习、一周消防常识图片展、一次消防观摩培训、一堂消防技能体验课”）系列消防安全教育宣传活动；做好危险化学品安全管理三年行动计划中期自查，完成第一教学楼、食堂两项消防系统改造工程，适时启动学校今冬明春火灾防控工作，组织参与火情处置2起，完成重大消防隐患整改3处。

（武建兴）

【安防监控指挥中心】 学校安防监控指挥中心始建于2013年，占地180平方米，2014年被北京安全防范行业协会评为“优质工程”。经过三期建设，在综合人防、技防、物防的基础上，综合运用GIS地图、视频图像监控、大数据技术、人脸识别系统和手机微信平台等科技手段，通过学校微信公众号的安稳服务平台实现了访客预约登记、应急报警求助等功能，并与消防报警系统、车辆管理系统、后勤节能监管平台等整合联网联动，学校的安全防范水平得到明显提升。

2018年学校安防系统建设在前期建设的基础上持续投入，一是逐步增加高清摄像机的新建、改建数量，在保密室、实验室、档案室、校医院、礼堂、物流示范中心等重点要害部位和重点公共区域新增170部高清摄像机，重点要害部位和重点公共区域视频监控覆盖率达到90%以上。二是落实安防系统运维机制，与专业安防系统维保单位签订维保合同，坚持每月巡查检测制度，安防系统完好率达到95%。三是增加监控图像的存储时间，保密室、实验室、档案室等重点要害位置的图像存储时间由30天增加到45天。

2018年共有中国传媒大学、北京第二外国语学院、哈尔滨商业大学、唐山学院、四川旅游学院、北京统战部、通州区人民政府、平谷区人民政府、拉萨市当雄县等10余家高校和企事业单位、政府到校参观交流。

截至2018年年末，安防监控指挥中心共接待京内外单位参观交流120余次。

（崔明圆）

【科技防范】 安防监控系统逐步升级。在乔庄校区、崇德楼一楼展示区和足球场加装了视频监控系统，共增加视频监控点位24个，校园监控点位达到1187个，主校区监控覆盖率进一步提高。对学生公寓门禁管理软件系统进行同步升级，更换硬件75件；对第一教学楼升级改造视频监控摄像设备47件。为校园视频监控系统安装“天玑一号”防泄漏系统，有效防止了敏感视频丢失与外泄，保护校园及师生的信息安全。在车辆管理系统中增加了新能源车牌识别系统。

消防报警系统逐步完善。对第一教学楼消火栓系统进行全面升级改造，使之与校园内其他消火栓系统匹配并符合消防规范。启动食堂报警设备更新工程，更新损耗过度、故障频发的学生及教工餐厅、京杭源、潞河居的感烟探测器等消防报警设备。更换第一教学楼、人文楼、学生公寓等老旧建筑物内锈蚀变形、取用灭火器不够方便的灭火器箱

1300 个。组织落实消防设施与设备维保 46 次，完成年度电器检测和消防设备检测面积 30 余万平方米、检测防雷点位 284 处。

（崔明圆）

【校园交通】2018 年通过与基建等部门的沟通配合，对校园交通线路进行维护和改造，保障了校园主路及家属区通道的通畅。完成新生入学、国际论坛会议等学校重大活动及周末校园交通高峰的疏导工作；更换校园南门车辆出入系统硬件，升级了新能源车牌识别系统；增减、更换和维修校园内道路减速带 40 余米，增加隔离栏 30 余米，更换隔离桩 38 个；为教职工及亲属以及公车、后勤基建来车等办理车辆出入登记 110 辆，办理月卡 35 个、年卡 9 个，处理车辆纠纷 20 余起。

（周黎明）

【户籍管理】办理新入职教工、研究生、本科生、村干部落户共 532 人，户口迁出 116 人，出具户籍相关证明近 60 份，协助文保总队调查少数民族学生办理护照情况，配合天赐良园小区居委会普查部分在校外埠学生户籍情况。

（武建兴）

【家委会】组织楼长义务巡逻 100 余次，为居民开具生存、居住、死亡等各类证明 40 余份，张贴清理堆放垃圾等各类通知 140 余份，配合通州消防支队发放和张贴通知 60 余份，清除 7 个单元门的楼道内小广告，清理被占用的消防通道及楼道杂物 15 处，入户解决装修垃圾、防盗门报修找人等群众身边问题 80 余次，为 6 名教职工子女发放入伍登记证，配合校办组织召开家属楼安装电梯听证会，配合后勤处更换家属楼 6 ~10 号楼防盗门及钥匙发放工作，联系专门眼科医院免费为家属区离退休教职工及家属进行眼底筛查，有力地配合街道居委会的工作。

（武建兴）

工会和教代会

【概况】2018 年校工会共有会员 902 名（含非在编会员 210 名），下设 13 个分工会，部门专职干部 3 名、兼职 1 人。第六届工会委员会委员 17 人，下设女工委员会、生活福利委员会、文体委员会、青工委员会、经费审查委员会 5 个专门委员会，并向学校劳动人事争议调解委员会推荐了 3 名委员。第六届教代会执委会 11 人，下设提案工作委员会、民主办学监督委员会 2 个专门委员会。教职工中成立了徒步协会、瑜伽协会、棋牌协会、书画协会、美食协会、垒球协会、网球协会、羽毛球协会、乒乓球协会、交谊舞协会、音乐之声协会、摄影协会12个教职工文体协会，涵盖体育健身、智力游戏、文化生活、饮食健康4个方面，接受校工会工作指导，并经常开展活动。

学校工会、教代会以习近平总书记关于工人阶级和工会工作的重要论述为指导，深入贯彻党的十九大精神和学习中国工会十七大精神，不断增强政治性、先进性、群众性，认真落实全国和北京市教育大会要求，在上级工会和学校党委领导下，紧密围绕学校中心工作，认真履行工会、教代会工作职能，自觉维护教职工各项权益，广泛参与学校民主管理和民主监督，为学校事业发展进一步凝聚了人心和力量。召开第六届“双代会”一次会议，完善“双代会”提案办理及代表意见建议征集和协调督办机制；健全校、院两级劳动人事争议调解机制，积极化解矛盾，维护和谐稳定；开展师德师风建设培训，提高骨干教师和青年教师思想政治素质；协调组织校内青教赛，促进青年教师提高专业素质和教学能力；持续推进“幸福工程”，不断提升校、院两级“职工之家”建设水平，积极为教职工办实事、解难题，努力提升教职工的幸福感和获得感；不断丰富活跃教职工文体健康活动；切实加强工作队伍能力建设、制度规范建设和部门文化建设。外国语言与文化学院职工小家获批北京市“先进职工小家”并授牌。

【第六届“双代会”一次会议】1月10日召开北京物资学院第六届教职工暨工会会员代表大会第一次会议，出席会议的代表共90人。大会听取和审议王文举校长所做的学校工作报告，工会常务副主席傅强所做的第五届工会、教代会工作报告，会议还审议了学校财务工作报告、提案工作报告、工会经费审查工作报告，以代表团为单位审议了《北京物资学院教职工代表大会实施办法（草案)》。大会选举并产生了第六届工会委员会委员、第六届教代会执行委员会委员和第六届工会经费审查委员会委员。第六届工会委员会第一次会议选举宋晓欣同志为主席，傅强同志为常务副主席，贡祥林同志为副主席。第六届教代会执行委员会第一次会议选举宋晓欣同志为主席，傅强、贡祥林同志为副主席。第六届工会经费审查委员会第一次会议选举陈炜煜同志为主任委员。

【教代会提案办理】第六届教代会一次会议征集提案18件，立案15件并全部反馈相关部门受理。

【第十六届青年教师教学基本功大赛】12月19日，由校工会、教务处、人事处主办，信息学院承办的“北京物资学院第十六届青年教师教学基本功比赛决赛”开赛。本次比赛共评出个人一等奖1名、二等奖3名、三等奖5名，最佳教案奖、最佳教学演示奖和最受学生欢迎奖各1名，以及优秀组织奖一、二、三等奖共4名。具体获奖情况如下。

个人奖

奖项	教师	学院
一等奖	尹洪攀	体育教学部
二等奖	彭　幸	法学院
	裴姝娟	外语学院
	宋平明	马克思主义学院
三等奖	黄雨婷	经济学院
	唐　棠	外语学院
	李玉珠	商学院
	苏庆华	信息学院
	王　莎	信息学院

单项奖

奖项	教师
最佳教案奖	彭　幸
最佳教学演示奖	尹洪攀
最受学生欢迎奖	宋平明

优秀组织奖

奖项	学院
一等奖	信息学院
二等奖	外语学院
三等奖	体育教学部
	经济学院

【文体活动】2018 年 3 月，举办庆祝国际劳动妇女节系列活动。4 月，组织教职工运动会，400 多名教职工参加广播操展示和多个比赛项目。6 月，组织学校瑜伽代表队参加 2018 年首都高校第二届瑜伽体式展示表演赛，荣获团体一等奖；组织学校教职工乒乓球队参加第五片组乒乓球团体赛，并获得第 4 名。10 月，在温榆河左堤路举行教职工徒步大会，全校 300 余名教职工参加。12 月，与体育部联合举办首届瑜伽表演比赛。

【服务会员】2018 年办理教职工家属医疗统筹 821 人次，办理重大疾病互助保障计划 41 份，办理住院津贴互助保障计划 633 份，办理女工保险 348 人次，办理意外伤害保险 600 人次，办理困难补助 47 人次，办理爱心补助金 15 人次、补助金额 8 万余元，办理互助保障计划理赔10余人次，为教职工办理公园年票500余人次。4—6月联系通州区教委协助解决教职工子女入学及小升初10余人次，解决教职工子女入园10余人次。春节期间慰问劳模赵占发、邬跃2人。12月召开座谈会，表彰13位从事教育工作满30年的教师，感谢他们为国家教育事业做出的贡献；与20位离会会员亲切座谈，在送温暖的同时，希望他们继续关注学校建设和发展。全年协助安排学校党委书记、工会主席及其他校领导看望、慰问、走访教职工。

【附录】

教龄满30年教师名单：李义福、朱群芳、陈红丽、刘军、李珍萍、庄菁、陶颖晨、王文举、刘艳荣、马立梅、童年成、王又军、霍再强

（吕亚鹏　傅强）

共青团工作

【概况】2018年学校共青团在学校党委和团市委的领导下，高举中国特色社会主义伟大旗帜，以党建带团建，着力深化青年学生思想引导，着眼素质拓展，促进青年学生创新创业创优，突出权益服务，直接联系服务青年师生，狠抓从严治团；不断提升学校共青团组织活力，加强团员先进性、团学组织性、团干部队伍性的全面建设；带领全校青年团员科学求索，勤奋实践，把握共青团改革的发展机遇，为把学校建设成为国际知名、有特色、高水平大学和实现中华民族伟大复兴的中国梦而努力奋斗。

学校共青团组织设书记1名、学生副书记2名，分设办公室、组织部、宣传部。主任（部长）由学生担任，由团委老师直接管理指导；另设学生会、社团联合会、志愿者联合会和大学生艺术团，外聘教师指导艺术团排练工作。

（石明军）

【共青团北京物资学院第八次代表大会】2018年12月22日共青团北京物资学院第八次代表大会顺利召开，会议听取共青团北京物资学院第七届委员会工作报告，并选举产生新一届委员会委员。共青团北京物资学院第八次代表大会第二次全体会议通过《共青团北京物资学院第七届委员会工作报告的决议（草案）》。全体到会代表投票选举共青团北京物资学院第八届委员会委员。

经选举，21位同志当选共青团北京物资学院第八届委员会委员，名单如下（按姓氏笔画排序）：王芳（女），王士锋，王艺铮（女，满族），王昊天，石明军（女），朱晓婷（女），刘鑫蕾（女，俄罗斯族），严文涛，李青青（女），李欣萌（女），李思雨（女），张祎（女），

张燕燕（女），陆畅（女），陈智璇（女），周少华（回族），赵杰（女），贾宇峥（女），高非凡（女），郭琦（女，满族），崔宇馨（女）。

第八届委员会第一次全体会议，由11名常委会委员候选人差额投票选举产生9名常委会委员，并等额选取3人为书记和副书记。

常委会委员名单（按姓氏笔画排序）：王士锋，王昊天，石明军（女），朱晓婷（女），李青青（女），张燕燕（女），陆畅（女），周少华（回族），赵杰（女）。

团委书记：张燕燕（女）

团委副书记：王士锋、赵杰（女）

（张燕燕）

【团员教育】2018年学校共青团思想政治教育工作的总体思路是：全面贯彻党的十九大精神，健全团的组织生活，从严教育管理团员青年，提高团员素质，增强基层团组织的凝聚力战斗力，在各团支部严格执行“三会一课”制度。扎实做好学习总书记讲话，做合格共青团员“一学一做”教育实践活动，深入推进共青团改革，大力推进从严治团，切实增强团员的先进性和光荣感。以团支部为单位集中开展“不忘初心，继续前行”主题系列团日活动。举办三期“为学”团校培训班，分别为主要学生干部培训班、骨干学生干部培训班和新生学生干部培训班。

“特色团日6+1”活动

<table>
<tr><th>年级</th><th>大一</th><th>大二</th><th>大三</th></tr>
<tr><td rowspan="6">活动</td><td colspan="3">“我的雄奇梦想”主题演讲</td></tr>
<tr><td colspan="3">“三会一课”系列活动</td></tr>
<tr><td>“志愿北京”校内志愿服务</td><td>趣味体育竞赛</td><td>观看共青团题材电影</td></tr>
<tr><td>学术类社会实践活动</td><td>校内志愿活动</td><td></td></tr>
<tr><td>参观与党团历史相关的博物馆</td><td>参观博物馆和纪念馆</td><td></td></tr>
<tr><td colspan="3">以团支部为单位举办6场主题活动，形成1个成果视频</td></tr>
</table>

（吕亚鹏）

【新媒体建设】2018年学校共青团工作积极响应群团改革的号召，不断适应媒体传播和青年生活方式的变化，坚持正确的思想引导方向。为紧跟现下新媒体发展步伐，改进和加强共青团宣传工作，增强学校共青团媒体的传播力、影响力、公信力，特成立融媒体中心。本着“以改革促发展，创融合畅传播”的建设宗旨，充分融合各类媒体渠道，创造符合社会主义核心价值观的特色传播平台，实现“资源通融、内容兼融、宣传互融”。发布以“党团思想宣传”为主，“校园活动播报”“宣传阵地建设”“对外交流开放”为辅的校园资讯，激发学生兴趣、提升学生思想觉悟与修养。深入挖掘“物院学生会”微信公众号平台潜力，利用新媒体渠道传播正确思想，维护学生权益。2018 年该平台关注数量 12760 人，日均阅读量 5422 次，且呈持续增长趋势。“易班”平台成为新媒体的重要网络阵地。

（王士锋）

【社会实践】2018 年学校开展以“学习践行十九大，青春奋进新时代——探寻京杭大运河沿线改革开放 40 周年成就”为主题的 2018 年“青年服务国家”学生暑期社会实践活动。通过评选，最终产生校级“暑期社会实践优秀团队”一等奖 1 个、二等奖 3 个、三等奖 4 个，优秀奖若干；8 名先进工作者，8 名先进个人。

（庞波）

【学生会】2018 年北京物资学院学生会工作在校党委的深切关怀和团委的悉心指导下，不断发挥学校和广大同学的沟通纽带作用，促进学生素质全面提高。学生会设有综合事务部、文艺部、体育部、学习部、宣传部、生活部、外联部、学生权益部、网络媒体部、创业实践部共 10 个部门。全年组织 10 余项大型活动，主要有：《西安事变》剧目演出，“未来林”活动，“学校十佳歌手”大赛，“学校青年榜样”评选活动，“一二・九”合唱比赛，“腾龙・飞凤杯”校园篮球赛，2018 届毕业生晚会，2018 迎新晚会，舞剧《运》。

7 月 15 日，北京物资学院第十七次学生代表大会召开，代表听取《第十七次学生代表大会提案工作报告（草案）》。会议听取北京物资学院第十六届学生会委员会题为《紧跟新时代 争做新青年全面贯彻落实党的十九大精神团结带领广大同学在创建高水平、特色型大学的伟大实践中奉献青春力量》工作报告。25 人当选为北京物资学院第十七届学生会委员会委员，名单如下（按姓氏笔画排序）：刁琳（女），于鑫森（女），王云繁，王媛祺（女），白云强，宁杰，刘淼（女），刘子骁，关秋云（女），严文涛，李沛阳，李雪辰（女），连蕊（女），谷媛（女），陈珂（女），周奕萱（女），赵亦玄（女），姜祎明，高京楠，黄玮（女），屠雪笛（女），蒋嘉鑫，韩金鹏，潘一（女），薛睿捷（女）。

差额投票选举产生 13 名常务委员，名单如下（按姓氏笔画排序）：

于鑫森（女），王云繁，王媛祺（女），刘淼（女），连蕊（女），谷媛（女），陈珂（女），姜祎明，高京楠，屠雪笛（女），蒋嘉鑫，韩金鹏，薛睿捷（女）。

新一届学生会委员会经向校党委和市学联请示同意并经北京物资学院第十七届学生会委员会全体成员审议通过。

（庞波）

【学生社团】2018 年学校社团联合会以

“全心全意为社团服务”为宗旨，整合全校社团资源，促进学生全面成长。社团联合会下设指导部、规划部 2 个职能部门，总计注册学生社团 58 个，涵盖专业学术、社会实践、文化艺术、体育健身四大门类。新注册思源读书会、新梦想演讲社 2 个社团。2018 年社团联合会组织开展各类丰富多彩的校园文化活动，主要有第三届“百团大战”、社联全体大会及各社团举办的活动。

（石明军）

【志愿服务】2018 年志愿者联合会始终遵循“无偿奉献，持之以恒”的原则，本着“奉献、友爱、互助、进步”的志愿者精神，以“以青春之我，创建青春之社会”为宗旨，整合全校志愿服务资源，积极承接国家级、市级、区级、校级志愿活动，搭建志愿服务运行的平台。全年举办志愿活动 51 项，参与活动的志愿者近 3000 名。

（吕亚鹏）

【艺术教育】2018 年学校艺术团继续提升国内外竞争力，不断探索艺术教育普及手段。强化专业艺术类社团建设，引导师生对艺术的社会使命认知，充分发挥美育优势，为学校赢得社会美誉。全年参加或举办多次演出活动，主要有北京市大学生音乐节展演、京津冀音乐会、合唱团参加 2018 年北京市大学生音乐节开幕式演出，学校大型原创舞剧《运》舞蹈剧场首演、纪念五四运动 99 周年活动、“流动的文化”——大运河文化带精品剧目展演、校内运河剧院演出共 8 场、戏剧小剧场专场演出、《祖国在你身后》情景剧巡演、2019 年新年音乐会等。学校以各类高雅艺术进校园活动为载体，搭建广泛的艺术教育平台，多次组织师生赴专业剧场欣赏高雅艺术表演，为全校师生营造高雅高尚的人文校园环境氛围。全年荣获各类奖项十余项。

5 月 28 日，第五届戏剧短剧专场在第二教学楼第三报告厅落下帷幕。主要剧目有：经典话剧改编《三姊妹》《哗变》《绝对信号》《我爱 × × ×》，原创话剧《老兵新生》《永不低头》。

学校管乐团以《像花儿一样》《智慧之海》获普通甲组金奖，合唱团混声合唱获得普通甲组金奖。

（林鑫）

【附录】

北京物资学院 2018 年学生干部名单

<table>
<tr><th>机构</th><th>机构主要负责人</th><th colspan="4">各部门负责人</th></tr>
<tr><td rowspan="2">校团委</td><td rowspan="2">赵　杰　刘鑫蕾</td><td colspan="4">办公室　　高非凡　严文涛</td></tr>
<tr><td>宣传部</td><td>陈智璇</td><td>组织部</td><td>王　芳</td></tr>
</table>

续　表

机构	机构主要负责人	各部门负责人	
学生会	韩金鹏　屠雪笛 蒋嘉鑫　刘　淼	综合事务部　石欣宇	宣传部　谢禹辰
		外联部　李金霖	学生权益部　王鹏昊
		生活部　高洪瑄	学习部　闫子菁
		创业实践部　崔　涛	文艺部　齐家熠
		体育部　黄　晨	网络媒体部　张梓伸
社团联合会	高京楠　薛睿捷	规划部　袁海航	社团指导部　张梦琦
志愿者联合会	连　蕊　王媛祺	项目监证部　吴　冰	项目建设部　谷博阳
大学生艺术团	陈　珂	管乐团　张岚峰	合唱团　张　岳
	谷　媛	舞蹈团　张刘祎	戏剧团　齐瑞文
	周奕萱	评议部　刘　悦	礼仪化妆团　马文颖

北京物资学院学生社团一览表

社团类别	社团名称
专业学术类	北京物资学院模拟联合国协会　计算机协会　会计协会　法律协会　采购学社　质管学社　人力资源管理协会　物流协会　数学协会　企业发展学研会　机械学社　传媒协会　企业管理案例研究协会　Echo 英语社团　期货与证券协会　企业经营模拟社　物工协会　全媒体社　考研协会
社会实践类	国防社　电竞社　动画游戏工作社　零漫动漫社　哲心社　自强社　红十字会　校友志愿团　爱心社
文化艺术类	韩语社　竹欣手语社　创业模拟社　拾艺堂书法社　求思得书苑　围棋社　葡萄酒社　向日葵文学社　尤克里里社　BWU 吉他协会　王朝相声社　一番星美术协会　怿正轩书社　思源读书会　日语社　华锦汉服社　新梦想演讲社
体育健身类	北京物资学院 FAR 骑行社　乒乓球社　排球社　篮球协会　格物瑜伽队　滑雪社　真尚武道联盟　棒垒球协会　网球社　羽毛球社　长跑协会　轮滑社　田径协会

志愿服务基地一览表

序号	学院分会	基地和服务项目名称
1	经济学院青年志愿者协会	绿梦儿童关爱中心　365 晨光宝贝之家　九和国际健康养老公寓　通州图书馆
2	物流学院青年志愿者协会	中国电影博物馆　阳光爱自闭症儿童关爱中心　平安地铁

续 表

序号	学院分会	基地和服务项目名称
3	信息学院青年志愿者协会	星星雨自闭症教育研究所　潞苑嘉园社区青年汇活动　民防志愿者活动
4	商学院青年志愿者协会	培智学校支教　北京松堂关怀医院　晨光脑瘫儿童康复中心　通州传统村落研究中心调研活动
5	法学院青年志愿者协会	百灵源听力康复中心基地　徐辛庄敬老院　通州区普法进校园　青春船长普法宣传
6	外国语言与文化学院青年志愿者协会	后南仓文化传播志愿服务　通州区新华街道老年服务驿站

共青团系统市级获奖名单

奖项		获奖单位或个人
2018 年度北京市优秀学生干部		赵　昱　牛宇晨　孙佳旺
2018 年度北京市三好学生		韩　梦　陈　萌　王　淇　林慕芳　李沛阳　阙娇阳　文　玲　温　雅　杨　涛　于鑫淼
2018 年度北京市先进班集体		172132001 班　152111001 班　162154101 班
2018 年度首都大学“先锋杯”	优秀基层团干部	许　露　冯　彤　刘晓爽　徐　楠　罗春欣　孙佳旺　汪秋月　崔　璐　马　洁
	优秀团员	于　爽　李涵凝　文　玲　季安东　王　淇　何智全　郭　琦　白云强　于鑫淼
	优秀团支部	162111001 团支部　172124002 团支部　162161102 团支部　152141101 团支部　152151002 团支部　物流工程 1644 团支部　162154101 团支部　152131003 团支部　172132001 团支部

优秀团支部、团干部名单

奖项	院部	单位或个人
优秀团支部	经济学院	162111001 团支部、172113001 团支部
	物流学院	162121001 团支部、172125102 团支部
	信息学院	162132001 团支部、172131003 团支部
	商学院	152141101 团支部、162141102 团支部、172143001 团支部
	法学院	172151102 团支部
	外语学院	162161002 团支部

续　表

奖项	院部	单位或个人
优秀团支部	继教学院	17 级剪辑团支部
	研究生部	1741 团支部
优秀团干部	校团委	赵　昱　刘晓爽　韩　梦　罗春欣　赵　杰　刘鑫蕾　高非凡　严文涛　王　芳　赵宇涵　李岚茜　陈智璇　陈　珂　谷　媛　李涵凝　高　昕　赵雅譞　刘明明　王欣玥　王靖尧　张蕙镁　李　鹏　黄　玮
	经济学院	刘世霖　张梦甜　吴　桐　段昕宇　温佳雯　李思蒙　张益嘉　孙晓妍　奚佳旺　罗曼婷　牛睿昀　韩玉洁　郭铠鸣
	物流学院	余　侨　孙佳旺　刘　鑫　任飞跃　杨胜英　吴　震　高　天　熊姝颖　顾天任　蒲大潮　潘佳润　张　祎　尚小雅　班晓荣　柴象鼎　杨玉莹　李佳奇
	信息学院	马　越　郭　琦　窦燕博　刁　琳　刘克静　隋文婕　孙伽宁　付　倩　王韦嘉　崔　嘉　郑孜涵　于　晨　马　龙　赵　硕　张雅琦　任艺欣　唐恬妹
	商学院	崔宇馨　杜思洁　李辰星　李宇晴　刘艺航　田卓冰　王文聪　王云繁　吴浩宇　赵　芮　赵士赜　牛宇晨　阮竹伟　王铭航　朱凤阳　李子竹　裴春玲　潘小飞　王　然　高　畅　贾惠岩　孙欣杰　李璐瑶　陈　谦　冯子贤　常雅淇
	法学院	王艺铮　纪泽坤　韩金鹏
	外语学院	孙雅琪　贾宇峥　汪秋月　季安东　刘羽歌
	继教学院	冯旭阳　李智超　高文慧
	研究生部	冉红艳　冯　杭　刘英杰　程恩萍　龚艳侠　刘金凤　张　可　王鑫宇

优秀团员名单

院部	优秀团员
校团委	杨心雨　陈怡如　吴嘉许　杨海琨　史安东　刘天明　庞允南　赵雨心　温思璇　乔金林　于艺华　王欣宇　武　帅　杨　洋
学生会	屠雪笛　高京楠　王媛祺　薛睿捷　蒋嘉鑫　刘　森　石欣宇　张京京　齐家熠　黄　晨　刘唯琛　闫子菁　王子沂　孙　涵　谢禹辰　郭　琳　万欣悦　胡　静　李金霖　蒋健博　张　萌　郭昊轮　崔　涛　黄　坤　代　瑜　袁海航　高子涵　马　啸　张梦琦　刘智慧　王新予　谷博阳　刘　昶　张　翠　李　欣　魏鑫蕊　宿梓康　张一雄

续 表

院部	优秀团员
大学生艺术团	刘　悦　谭明哲　马文颖　韩　帅　陶鑫杰　任家兴　陆　英　刘彦洁　赵慧雨　崔　粲　彭心平　张靖轩　郭宇轩　王红松　蒋承轩
大学生记者团	胡雪婷　冯新芳　齐维钦　朱　琪　刘　柳　李　鑫　马清华　崔昱昊　黄雨婷　朱鑫茹　田亚婷　周海涛　孙语聪　孙　熹　路文杰　常舒铭　陈艺莹　杜沁格　刘润泽　田雨禾　闫　旭　曹　超　王子怡　丁一然　闫　羽　王瑞虹　董　琦　涂瑞迪
经济学院	王志康　赵　睿　郑惠仪　张露馨　于　爽　廉少瑄　杨奕辰　崔艺璇　张艺莹　赵　跃　何诗琪　杨安琪　阳秀丽　王明涛　赵　博　王双妍　何天悦　苏怡嘉　张继祎　刘文星　孙京茹　金梦祺　王　悦　余晓琴　沈兆悦　陈艳敏　马佳琪　郜月媛　朱亦诺　王　峰　毛　婷
物流学院	文　玲　魏　梁　凡　皓　敖俊雨　赵辰晓　马瑾烨　张雨薇　马　晨　李佳琦　程　晓　苗雨欣　姚利伟　尹　彤　邢　哲　牛思蒙　德　凯　刘　畅　闫　萌　王　旭　路敬丹　李　函　胡文韬　丁　洋　王思琦　宋博伦　宋文楠　郭　琪　张子健　谢齐凡　付妍林　刘泽远　姜祎明　段　帅　王雯溪　杨　林　宋亚杰　赵浩然　李　薇　许荷欣　史宝慧　李妍欣　李星桥　李郑思伊
信息学院	王靖尧　黄艺炜　陈　玄　于　珊　韩紫怡　张　奇　池　磊　张　智　张博洋　康效然　李忠鑫　李　梦　焦荣欣　陈鑫森　林慕芳　陶鑫杰　马　莹　马悦馨　王子帅　苏　晟　林　慧　孙伽宁　单漪甜　孙素素　左宇航　邹静雪　闫文欣　康　雪　张　鹤　薛小凡　曹　宇　张永莎　孙泽国　杜文禹　王　珂　陈佳月　范　磊　赵　娜　朱启然　谭英梅　姚霁峰
商学院	史宇萌　欧何昆　杨孟瑶　苏佳莹　宋　好　程方敏　于　芳　秦亚婷　郭　欢　米　多　贾　琼　韩晓彤　尚　丹　杨　璐　姚颖颖　宁娇婧　刘子贺　欧阳桢澄　韩嘉琪　刘艺航　云梦佳　王　玥　王欣怡　高　婧　赵程樊　王家华　胡梦婷　高　晗　姜晓君　赵浩杰　孙伊姝　周云宾　安黎静　陈芃树　成雨萌　董晨溪　韩　轩　黄天华　姜　冉　李梦梦　李欣然　梅宇航　戎　腾　邵羽鹏　吴　宪　邢潇予　赵溪平　白海珍　陈禹民　单至鑫　高健博　胡潇月　黄晚彤　姜雨鑫　刘晓曼　卢利红　吕鑫昕　聂　楠　王　梓　吴世婷　张芮铭　张　岳　朱礼军　祖拉丽阿依·艾山
法学院	王程远　白　洁　李雪莲　成耀停　刘娅琪　姜晶萍　张瑞兴　次仁玉珍
外语学院	王小玉　樊　咏　郭　丽　魏时怡　孔子欣　刘　彬　苏　婉　孙婉晴　杨肖米奇　李雪辰　李　珊　黄　可
研究生部	薛小帆　康安安　王玲玲　翟　爽　闫　明　赵　培　申嘉琳　李松苗　赵　芳　古俊杰　赵东亮　胡　鸿　张海东　柳虎威　靳春飞　刘素瑞　张均儒　何智全　刘　凯　卞启超　刘晓峰
继教学院	孙　凯　高　源　韩思梦　陈丽娜　李　佳　卢　娇　韩阳修

志愿服务表彰名单

奖项	获奖人员及社团
十佳志愿者	赵　昱　王吉瑞　高嘉嵘　韩　梦　陈如意　马小彪　胡显婷　王经天　张　慧　阿依努日
五星级志愿者	马小彪　刘天林　马文颖　高嘉嵘　邓佳蕾　刘晓爽　方子然　赵　昱　王吉瑞　张　慧　余　冰　陈如意　张　苗　曲乐微　倪美娴　张耘千　王经天　徐　勍　郑子嫣　胡显婷　胡潇月　黄可欣
优秀志愿项目	一等奖　商 学 院：培智小学志愿服务项目 二等奖　经济学院：365 晨光宝贝之家志愿服务项目 法 学 院：“青春船长”普法活动
	三等奖　信息学院：星星雨自闭儿童研究基地项目 物流学院：阳光爱志愿服务项目 外语学院：后南仓志愿服务项目

文体比赛获奖名单

项目	获奖单位或个人
北京市大学生音乐节	混声合唱普通甲组金奖：大学生艺术团合唱团
	器乐合奏普通甲组金奖：大学生艺术团管乐团
北京物资学院 2018 校园十佳歌手	冠军：王孟瑜　亚军：赵子臣 季军：阿拉法特 最佳人气歌手：木拉提江
“不忘初心、牢记使命”纪念“一二·九”运动合唱比赛	一等奖：商学院 二等奖：物流学院　信息学院　外国语言与文化学院 三等奖：经济学院　法学院　继续教育学院
北京物资学院第二十九届大学生辩论赛	第一名：物流学院　　第二名：经济学院
“青春日记五周年”2018 毕业生晚会暨舞蹈大赛	一等奖：信息学院 二等奖：经济学院　法学院　商学院 三等奖：继续教育学院　物流学院　外国语言与文化学院
第十五届北京舞蹈大赛舞剧、舞蹈诗评奖	舞剧《运》

续 表

项目	获奖单位或个人
首都高校第二届瑜伽体式展示表演赛	团体乙组一等奖：孙琴及学生团队 张秋艳及教工团队 女子单人项目一等奖：李商羽 女子单人项目二等奖：顾元秀 男子单人项目一等奖：赵袭明 女子双人项目一等奖：古力米热　熊艺琦 荣誉称号：最佳组织奖　道德风尚奖　最佳教练奖 优秀团队　瑜伽小姐

离退休工作

【**概况**】2018年离退休工作以深入学习贯彻党的十九大精神为主线，突出思想政治引领和党组织建设，落实《关于加强和改进北京物资学院离退休干部工作的实施细则》，为学校改革发展贡献力量。截至2018年年底，学校新增退休人员20人，自然减员8人（离休干部时光华、唐谟森，退休干部王秋年、张宝义、竺伯铭、蒋予廷、李虹、伊增璐逝世），离退休教职工总计448人（其中离休3人）。

【**党建工作**】加强思想政治建设。组织老同志认真学习领会党的十九大精神。通过集中宣讲、主题辅导、支部学习、座谈讨论等多种形式将十九大精神覆盖到每一个离退休党组织、每一位离退休干部。4月2日组织参加北京市委教育工委2018年首期“北京高校老干部大讲堂”，听取北京第二外国语学院吕龙根教授、北京财贸职业学院李悦华教授“学习贯彻十九大，讲好中国故事，传播中国好声音”专题报告；5月5日邀请马克思主义学院副院长郭继武做“信仰人民——中国共产党人的初心和使命”专题报告；邀请宣传部常务副部长孙杰做“新形势下的意识形态形势”报告；组织观看电影《厉害了我的国》。10月23日校党委书记李石柱向老同志传达了全国教育大会和北京教育大会精神。

加强党支部规范化建设。优化党支部设置。按照有利于教育管理、组织活动、发挥作用的原则，调整“小散弱老”支部。党支部数由原来的9个调整为现在的7个，其中离退休混编党支部3个、退休党支部4个，共有党员236人。完成支部换届改选工作，把党性强、身体好、有威信、能奉献的党员选到党支部书记和委员的岗位上，支部焕发出新的活力。5月离退休党委在平谷教工休养院举办“党支部规范化建设”专题培训，学习《党支部工作规范》、讲解党支部工作手册的使用，修订党支部年度学习活动安排。组织参加北京教育系统老干部党校举办的离退休干部党支部书记示范培训班10人次。组织学习《中国共产党支部工作条例（试行）》。落实中共北京市委组织部等六部门发布的《关于为我市基层党组织中担任书记、副书记、委员的离退休干部党员发放工作补贴的通知》（京组通〔2018〕40号）精神，为离退休党委中担任书记、委员的离退休干部党员发放工作补贴。组织党员参加“共产党员献爱心”活动，共计捐款12210元。12月26日离退休党委进行了党支部测评工作，退休通州党支部和退休北院第三党支部被评为优秀党支部。在纪念建党97周年活动中，退休通州党支部被评为校级先进党支部，离退休党委副书记申云贵被评为优秀党务工作者。

【队伍建设】努力建设高素质专业化的老干部工作队伍。2018年5月退休1名工作人员，7月聘任1名工作人员，保证离退休工作队伍的稳定。积极参加教育工委离退休干部处举办的离退休工作部门负责人培训班、工作人员培训班，加强学习培训和交流研讨，提高履职尽责的专业素养，提升服务管理的能力水平。探索离退休老同志自我管理、自我教育、自我服务的服务管理模式。改变原有的离退休工作管理服务模式，取消行政小组长，由党支部组织委员联系党员、宣传委员具体联系群众，更好地发挥党支部组织群众、宣传群众、凝聚群众、服务群众的作用。加强对离退休教职工党支部书记、委员、老教育工作协会和关工委工作人员的培训。年内上报教工委新闻10条，制作橱窗3期，印发《老年挚友》刊物4期。完善党员信息系统和更新退休干部数据库系统，修订离退休服务管理工作制度汇编，提升离退休干部工作的信息化、规范化和科学化水平。《老年挚友》荣获“2018年度北京高校离退休干部工作优秀报刊”，学校荣获“2018年度北京高校离退休干部信息宣传工作先进单位”。

【扎实落实服务工作】认真贯彻落实《关于加强和改进北京物资学院离退休干部工作的实施细则》，围绕中心，服务大局，精准服务。召开2018年离退休工作总结表彰暨学校领导通报会，观看2018年工作回顾短片，校党委书记李石柱通报学校教学、科研、社会服务、重点项目建设相关情况。

落实政治待遇。坚持校领导不定期和重大节日走访看望离休老干部制度，每位校领导联系3～4名老干部。认真落实走访慰问制度，逢重大节日和老干部生日到离退休老干部家中慰问看望。全年走访慰问老同志90人次，其中校领导慰问20余人次，做到“慰问一人、温暖一家、带动一片”，形成爱老助老的良好氛围。

落实生活待遇。落实中央和北京市出台的有关老干部生活待遇各项政策。

在重阳节为七十、八十、九十周岁的离退休老同志举行集体祝寿会并发放祝寿金。全年协助8名去世老同志家属处理后事，为15人发放爱心补助金10万余元，组织离退休老干部健康体检，2次组织老同志共约400人次到平谷教工休养院休养。

【老教育工作者协会】 以纪念改革开放40周年为契机，老教育工作者协会开展多种形式文化活动。6月14日召开“我看改革开放新成就”——纪念改革开放40周年专题座谈会；开展“学习新思想、跟上新时代、体验新生活、做出新贡献”主题征文活动，收到近20篇征文，最后选取刘木春等人4篇文章上报教育工委离退休干部处；组织老同志参加北京高校片区“共筑中国梦歌舞赞辉煌”——北京老教育工作者文艺演出；组织近200名老同志赴顺义仁和公园春游健步走活动；组织近两年退休的同志参加“2018年北京老教育工作者重阳节健步走”活动；组织老同志们前往中国国家博物馆参观“伟大的变革——庆祝改革开放40周年大型展览”；组织乒乓球、台球、棋牌等多项比赛；组织20余人参观“翰墨颂改革丹青绘盛世”北京教育系统老同志书画展，本校有7名老同志的书法绘画作品参加展览，其中贾怀璞老师的《绿水青山就是金山银山》和王志利老师的《富贵吉祥》荣获二等奖，顾庆祥老师的《养浩然正气极风云大观》和王华平老师的《三友争春》荣获三等奖。老教育工作者协会基本上做到每天有活动，每月有比赛，每年有总结表彰。

【关心下一代工作委员会】 做好帮困助学品牌工作。学校“爱心捐助站”组织本校师生和社会人士共150人次赴河北省张家口市的万全区、怀安县开展“帮困助学”活动，筹集爱心资助款近40万元，共资助家庭困难学生700名。“爱心捐助站”接收19所高校送来的近13000套军训服装并清理运往承德，给予当地孩子们特殊的关爱和激励。11月15日关工委秘书长王秀华参加在河北省承德市第二中学举行的北京教育系统关工委军训服装捐赠仪式并介绍捐赠工作经验。

继续开展结对助学活动。张声书等9名老同志与13名大一新生结对，思想上引领、学业上指导、生活上关心，建立“一师一友一亲人”的关系，发挥助学导师作用引导学生顺利完成学业，同时丰富老同志退休生活，为党和人民事业增添正能量。

做好党建组织员工作和教学督导工作。推荐王淑焕、王华平、贺玉英、包草原、刘景燕、樊潞维6名有党务工作经验、身体健康的老同志分别在6个二级学院担任党建组织员工作，共审查《入党志愿书》等入党材料350份，与入党积极分子和发展对象进行谈话100余人次。向东、张丕宁、李亚雄、郭亦淳4名老教授组成的教学督导组在本科教学审核评估工作中发挥重要作用。

校党委书记李石柱获得“重视支持关工委工作的好领导”荣誉称号；学校关心下一代工作委员会获得“北京教育

系统关心下一代工作先进集体”“北京高校军训服装捐赠工作先进集体”和“北京教育系统关工委信息宣传工作先进单位”称号；张声书同志获得“北京教育系统关心下一代工作先进个人”荣誉称号；申云贵同志获得“北京教育系统关心下一代工作先进工作者”荣誉称号。

【健康体检】学校党委对离退休教职工健康体检高度重视，经多方协调确定本年度委托北京美年美佳健康机构全面负责体检工作。5 月共组织 209 名离退休同志前往朝阳区牡丹园体检点进行体检，此次体检项目指标细致，服务态度好，时间安排灵活，提升了老同志的幸福感。

【纪念改革开放 40 周年专题座谈会】6 月 14 日，召开“我看改革开放新成就”——纪念改革开放 40 周年专题座谈会，离退休干部共 16 人参加座谈会，校党委书记李石柱、党委副书记宋晓欣参加座谈。大家深情回顾改革开放以来的光辉历程，特别是学校在改革开放进程中取得的突出成就，讲述参与学校改革发展的亲身经历，为学校改革发展建言献策。李书记根据老同志发言，总结学校发展的 8 条经验：一是党的坚强领导是学校事业发展的根本保证；二是与国家经济行业紧密衔接是我们的优良传统；三是特色发展是学校的立足之本；四是加强团结是学校发展的重要保证；五是改革创新是国家发展的动力，也是学校发展的动力；六是树立一盘棋思想，举全校之力抓好学科建设；七是学科专业建设，人才是关键；八是始终抓好顶层设计，对发展至关重要。

【微党课展示】6 月 19—21 日，北京市委组织部、北京市老干部局、北京市委教育工委在北京市老干部党校举办 2018 年第十二期离退休干部党支部书记培训班，退休干部红庙第三党支部组织委员王志利参加培训并代表教育系统在支部书记培训班做“革命之父”——歌曲《革命人永远是年轻》微党课展示。在 5 分多钟的时间里，王老师以饱满的政治热情为大家讲了被誉为“抗联之父”“革命之父”李升老人的故事。微党课融歌曲演唱、诗歌朗诵于一体，故事感人、形式新颖，受到广泛好评，这种形式在教育系统老干部工作部门也得到了推广。

（张海虹）

第十三篇　学院工作

经济学院

【概况】2018年在“十三五”事业发展规划的引领下，经济学院继续加强人才培养、学科建设、科研与社会服务、师资队伍的主要发展指标建设，继续推进和落实“十三五”期间的主要工作任务和工作举措：深化人才培养模式创新，不断提高人才培养质量；大力加强内涵建设，不断增强学科特色与优势；创新科研管理机制，大力提升科研与社会服务水平；坚持引育并举，建设结构合理能力突出的高水平师资队伍；大力加强大学生思想政治教育工作，促进全体学生成长；全面推进党建和思想政治工作，为学院事业发展保驾护航。

学院设有经济学、国际经济与贸易、金融学3个本科专业和金融学（期货与证券）柔性专业方向；应用经济学、理论经济学一级学科硕士学位授权点，金融学专业硕士学位授权点；产业经济学北京市重点建设学科；经济学国家级特色专业建设点、经济学北京市特色专业建设点、期货与证券校级重点专业和特色专业。设有流通经济研究所、期货研究所、农业与食品物流研究所、城市农产品流通研究所、金融与空间统计研究所和消费经济研究中心等研究机构。有经济学系列课程北京市优秀教学团队、国际经济与贸易北京市学术创新团队。有流通改革与流通现代化、国际经济与贸易研究、证券期货创新与应用研究、金融与证券研究、投资风险量化分析、现代流通发展与创新、金融风险管理技术创新7个校级科研创新团队。

学院坚持培养和引进相结合，不断加强师资队伍建设，优化师资队伍结构。学院现有教职工72人，其中专任教师63人、行政教辅8人；其中教授16人，副教授24人，讲师23人；有硕士生导师29人；具有博士学位的44人，占专任教师的比例为70%。有享受国务院特殊津贴专家1人，长城学者2人；教育部经济与贸易类专业教指委副主任1人，北京市高校专业群专家委员会副主任1人、委员1人，北京市高校专业群教学协作委员会委员1人；北京市教学名师2人，北京市优秀教师1人，北京市师德先锋1人，北京市师德先进个人1人，北京市育人标兵1人，北京市中青年骨干教师8人；2018年新晋升教授1人，副教授1人；引进博士

7 人；调入 1 人，退休 1 人。

（赵娴）

【教学工作】2018 年是中国改革开放 40 周年，也是学校工作锐意进取的一年。为迎接本科教学工作审核评估，经济学院不断提高教学工作水平，加强教学管理工作。

全院教师认真落实学校各项规章制度，严格执行教学管理各项规定，并结合教学评估，严格试卷管理，加强毕业论文和毕业实习的管理和教学质量管理，使经济学院教学工作上了一个新台阶。为了规范教学管理，保证教学秩序，经济学院修订了教学制度汇编。

为搭建教学交流平台、促进教学水平的提升，教务处本学期继续邀请各院部优秀主讲教师开设公开观摩课，经济学院单磊副教授开设了公开课，学院组织教师特别是新进教师参加公开课学习，共同提高教学水平。

在本科教学工作审核评估中，经济学院被抽查微观经济学 A、宏观经济学 A、产业经济学及互联网金融 4 门课程的试卷，经济学专业和国际经济与贸易专业论文，微观经济学 A、宏观经济学 A 和计量经济学 3 门教学大纲。专家抽选尹德洪授课的宏观经济学、黄雨婷授课的政治经济学和赵成珍授课的公司信贷课程进行听课。评估期间接待了彭璧玉和骆毅两位专家的走访交流。

审核评估后，经济学院于 10 月 24 日召开全院大会，逐一学习了 11 位专家的审核评估反馈意见，4 个专业教研室分别组织专题研讨，认真梳理归类，逐条分析研究专家意见，并结合自身教学情况进行反思。11 月 2 日上午，学校党委书记李石柱、教务处处长张旭凤应邀参加经济学院本科教学审核评估整改工作研讨会，从教学方法、课堂管理、考试改革等方面查找问题并给予指导；针对学院管理工作、督导工作、教学指导工作等方面存在的问题探讨解决方案；督促学院采取措施，鼓励老师投入教学改革，出台制度与措施，把教学工作做实做细。

学校于 2018 年开展校级一流本科专业遴选建设工作。其中，经济学院的金融学（期货与证券）专业成功获批校内一流专业。

（原玲玲）

【科研工作】2018 年全院教师共发表核心期刊论文 30 篇，其中中文权威 A 刊 1 篇、权威 B 刊 7 篇、核心 A 级 10 篇、国际 C 区 1 篇，人大报刊复印资料全文转载 2 篇。出版著作 12 部，其中学术专著 4 部、教育部指定高校教材 1 部。经济学院共获批纵向项目 6 项，其中李晓庆申报的“进口与企业人力资本投资：基于产品技能含量的视角”、吴锟申报的“去杠杆背景下家庭过度负债的识别、后果及其影响因素研究”获得教育部人文社科项目立项，王可山的“北京市食品安全监管体系建设”、刘崇献的“北京市产业疏解与对外经济辐射的协同效应研究”、洪岚的“京津冀农业协同发展下的北京净菜供给研究”获得北京市哲学社会科学规划办公室项目立项，王贝贝的“‘一带一路’物流绩效与中国农产品贸易潜力研究”获得北京市教委人文社科计划面上项目立项。

经济学院积极参与全校标志性成果工程建设，组织10位教师参加“中国城市农产品流通发展报告”“京津冀物流一体化报告”中12个项目的申报工作，共获批9项立项。学院积极拓展社会合作，设立横向合作项目7项。共有5人次科研成果获奖，城市农产品流通研究所主持的《中国城市农产品流通发展报告（2014）》和《中国城市农产品流通发展报告（2015）》，黄雨婷参与撰写的论文《成品油价格管制能限制石油企业的垄断利润吗?》获得商务发展研究成果奖。

继续举办“名家讲坛”等学术活动。邀请北京师范大学赵春明教授、北京林业大学张立中教授、农业经济问题杂志社副社长吕新业教授、中国商业经济学会副秘书长洪涛教授、成都理工大学林宇教授等专家举办学术讲座，邀请企业专家一德期货郭士英、富荣基金王刚建、东方金诚苏莉举办学术报告。

持续推进“期货论坛”品牌建设。2018年是开展中国期货市场理论探索30周年、期货专业设立25周年，论坛主题是“开放与发展”，由经济学院和中国财富出版社《中国证券期货》杂志共同举办，一德期货、悟源资产、冠通期货、国信证券协办。邀请了常清、李强、王之言、刘春彦、韩复龄、刘立新等期货业界知名专家，郑交所宋晓彬、南华期货朱斌、中永律所刘兴成、《中国证券期货》杂志丁卫东等企业界高管与会研讨，取得良好社会反响。

继续推进社会合作，提高社会服务能力。2018年共有6位教师分别与国家发改委体改司、综合改革司、经济贸易司、农业农村部农村经济研究中心、北京市朝阳区商务委员会、注视者（北京）科技有限公司等机构和企业开展合作研究，逐步发挥学校教师在智库建设中的作用。

（刘玉奇）

【党建工作】认真学习贯彻党的十九大精神和习近平新时代中国特色社会主义思想，认真学习贯彻落实全国高校思想政治工作会议精神，认真落实全面从严治党，“两学一做”学习教育常态化、制度化，不断提高学院党建和思想政治工作科学化、制度化、规范化水平。

认真组织学习贯彻党的十九大和习近平总书记系列重要讲话精神，用习近平新时代中国特色社会主义思想武装师生头脑。通过组织中心组学习和党员教育，不断加强和规范党内政治生活，严明党的政治纪律和政治规矩，弘扬积极向上的政治文化，牢固树立政治意识、大局意识。党委中心组每月学习1次，每月组织党员教师学习1次，制定并实施《经济学院做新时代“四有”好老师和“四个引路人”学习实践活动方案》，推动师德建设常态化、长效化。围绕迎接教学审核评估工作，以加强和改进学风为抓手，全体动员，深入推进师德师风教育。

落实全面从严治党要求，抓好领导班子建设。坚决服从校党委部署和安排，优化领导班子人员和结构，为进一步贯彻学校发展战略、推进《“十三五”事业发展规划》谋篇布局。2018年召开党政联席会议18次，严格落实“三重一大”决策制度，不断完善科学民主决策机制，把学校和学院各项决策落到实处。认真落实领导干部联系群众、联系民主党派和党外人士、联系学生党支部的制度。

落实“三会一课”制度，抓好基层组织建设。积极调动和发挥基层党支部的政治功能和服务功能，把全面从严治党贯彻到最基层。组织党务干部培训，严格党员发展流程，全年高质量完成党员发展计划63人，批准65名预备党员如期转正，推荐和组织105名入党积极分子参加学校高级党校培训，完成183名入党申请人的初级党校培训。以专业使命教育为导引，以课程思政为载体，充分调动和发挥基层党支部的战斗堡垒作用、党员的先锋模范作用；召开课程思政专题研讨会，各教工支部同场进行课程思政的公开课示范与交流；教工支部与学生支部联动开展专业使命教育宣讲，吹响专业使命教育新号角。

落实党风廉政主体责任，加强党风廉政建设。2018年根据学校党委、纪委总体部署和工作安排，经济学院党委接受了第一巡查组对经济学院落实党风廉政主体责任情况的巡查。针对巡查中发现的问题，巡查组提出了整改建议和要求。经济学院党委诚恳接受，并认真客观地分析反馈意见中提出的问题，剖析原因，商讨解决改进的办法。然后制定整改方案，认真落实整改，重点包括完善权力监督体系，凝聚群团组织和党外人士的作用，严格执行党务公开，认真抓好党风廉政宣传教育。

关心青年教师发展，了解青年教师思想动态、关心青年教师职业发展规划，组织学院科研骨干教师对新进教师进行教学、科研工作上的传帮带。继续抓好平安校园建设和安全稳定工作，严格落实安全稳定责任，加强师生安全教育，认真做好敏感时段、重点人群的安全稳定防控工作，确保安全稳定。

扎实做好分工会、二级教代会各项工作。为教工之家进行装修和功能分区布置，完善工会小家。充分发挥教代会反映教职工意见、汇集教职工智慧、维护教职工利益的作用。9月26日，分工会李义福、朱群芳、霍再强等教师获学校从教三十年活动表彰。12月，12名教师在学校首届“瑜悦杯”教工瑜伽表演赛中获得一等奖和最佳组织奖；编排了集体舞、诗歌朗诵、自由搏击操和大合唱4个节目参加学校辞旧迎新联欢活动。分工会积极组织本学院的文体、为教师庆生及欢送退休教师、慰问教师等常规活动，另有聘请非遗传承人为女教工传授鼻烟壶内画制作工艺，举办乒乓球比赛、跳绳比赛等活动。

（韩春丽）

【理论学习特色项目】2018年经济学院申请并实施“‘约/月’阅一部书，师生党员话‘经/精’髓”党建特色基金项目。教师支部与学生支部结对开展《习近平谈治国理政》《大国大城》等读书沙龙系列活动，教师党员提前规定阅读要求和思考问题，学生党员在读书沙龙上交流汇报阅读和思考心得；经支委讨论和评判，按学期评选出学生党员“阅读之星”和教师党员“领读之星”；学院党委评选经济学专业学生党支部为优秀组织奖，并代表学院参加学校“五·四”专业使命宣讲活动，荣获“最佳宣讲团”称号。

（张建宝）

【学生工作】思想政治教育上，全方位推进十九大精神宣传教育。紧扣习近平总书记对青年的时代寄望，开展“我与祖国共奋进”“不负使命·力学笃行”主题团日活动，覆盖2015—2018级全体团支部。以学习贯彻习近平总书记在纪念马克思诞辰200周年大会上的讲话为主题，举办经济学院第四届党员先锋论坛，将马克思主义经典内容与当代青年历史使命相结合，将政治引领与专业研究相结合，化大部头为小故事，以情感人、以理入心。党建带团建，以党团知识竞赛引导学生学党史、知党情，围绕十九大精神和全国教育大会精神开展线上线下知识竞答学习，覆盖全体党支部和团支部。

多维度推进学风建设。经济学院配套支持学校优良学风试点班建设工作，开展院级试点工作。2017—2018学年完成21个校级、院级优良学风试点建设班级的考核和评优评先工作，启动2018—2019学年15个校级优良学风试点班和9个院级优良学风试点班建设工作。新设末位淘汰制度，强化过程管理与考核。成立班内学习小组，以“互帮、互助、互教、互学”的形式营造良好学习氛围，积极组织学习成绩好的学生对班内学习有困难的学生开展帮扶，实现全班学生共同进步。积极促进第二课堂建设，鼓励各班积极组织策划班级竞赛、学习经验交流会、读书报告会等活动。通过“约学霸”活动充分挖掘朋辈群体教育潜力、促进学风建设，成效突出，全年集中辅导200余人次。开展“学霸进教室”补习活动，针对2018级高等数学科目80分以下学生集中辅导30余次，累计辅导时长80小时。

奖助学体系全方位覆盖。2018年经济学院认定家庭经济困难学生总计104名，为其评定和提供国家励志奖学金名额26个、一等国家助学金名额77个、二等国家助学金名额27个、助学贷款34人，“携手助飞”奖学金名额4个、国鑫奖学金2人；减免学费4人（2人全免、2人半免）、助学贷款名额30个；同时评定国家奖学金2人。全院共有获学校奖学金8人，一等学业优胜奖15人，二等学业优胜奖58人，学风建设奖2人，学习进步奖1人，校级优秀学生干部23人，“交叉培养”学生奖学金5人，科研竞赛奖21人，文体标兵奖33人，志愿服务奖39人。2018年分设学院奖学金，大二至大四年级共194人获奖，其中院级三好学生27人、文体标兵14人、科研先锋65人、优秀学生干部35人。

（姚昊炜）

共青团工作有序开展。2018年经济学院分团委开展两次推优工作，共推荐152名优秀团员为入党积极分子；共24

个班级团支部参与主题团日活动，扩大团日活动的教育影响力度，引导团员“学做结合”，学讲话、争当优秀团员。

2018 年经济学院共青团组织及个人获表彰情况一览表

<table>
<tr><th>序号</th><th>活动</th><th>奖项</th><th>获奖者</th></tr>
<tr><td>1</td><td colspan="2">北京市“先锋杯”优秀基层团干部</td><td>许露</td></tr>
<tr><td>2</td><td colspan="2">北京市“先锋杯”优秀团员</td><td>于爽</td></tr>
<tr><td>3</td><td colspan="2">北京市“先锋杯”优秀团支部</td><td>2016 级经济 1 班团支部</td></tr>
<tr><td>4</td><td colspan="2">北京市团市委团日活动优秀基层项目</td><td>2015 级金融 1 班、20 号楼 226 宿舍</td></tr>
<tr><td rowspan="2">5</td><td rowspan="2">“传承红色精神・争做时代先锋”主题团日活动</td><td>校级优秀奖</td><td>2017 级经济 1 班团支部、2018 级经济 1 班团支部、2018 级国贸 2 班团支部</td></tr>
<tr><td>院级优秀奖</td><td>2016 级国贸 2 班团支部、2017 级金融 1 班团支部、2017 级国际金融团支部、2018 级期货证券 1 班团支部</td></tr>
<tr><td rowspan="2">6</td><td rowspan="2">“我与祖国共奋进”团日活动</td><td>校级优秀奖</td><td>2017 级经济 2 班团支部、2017 级金融 1 班团支部、2016 级经济 1 班团支部</td></tr>
<tr><td>院级优秀奖</td><td>2017 级金融 2 班团支部、2017 级国贸 2 班团支部、2016 级国贸 2 班团支部</td></tr>
</table>

继续深入开展第十三届经济文化节相关活动，以“改革开放・40・我们”为主题开展纪念改革开放 40 周年主题展览，从经济、生活、科技等方面引导学生感受国家经济改革发展历程。结合两会热点深入开展“模拟两会”系列活动，以经济、社会热点问题为切入点，引导学生自主研究、探讨社会经济问题的解决办法，强化学生专业使命感、社会责任感。开展“非遗文化节”活动，邀请非遗传承人现场展示、教学，加强学生对传统文化的了解和学习。

社会实践稳步推进。2018 年社会实践活动以专业使命、社会责任培养为主线。组织 7 支暑期社会实践队伍，共计 96 人参与，6 支队伍获奖；3 个学生党支部共计 70 人参与开展红色“1 + 1”实践活动；以绿梦、365 晨光宝贝之家、通州图书馆等企业和机构为社会实践基地，共开展志愿服务实践项目 76 项，参与 458 人次；与通州三间房社区团组织结对，开展志愿实践 5 次，31 人参与；以大学生科学研究与创业行动计划为抓手，组织学生开展创新创业实践，共有 47 个团队，178 人参与实践项目。

（夏蓓）

【创新模式探索实习就业新路径】 2018 年尝试探索校企合作框架下人才培养新模式。学院领导和各专业力量统筹调动，开拓校外实习实践基地。与民生期货有限公司、国信证券股份有限公司等签订战略合作协议，为“产学研”合作搭建了新的桥梁，携手探索“产学研”相得益彰、共同发展的人才培养新模式。联合一德期货，开展第六届“中金所杯”金融衍生品知识大赛、首届“郑商所杯”交易模拟大赛等。在第六届“中金所杯”全国大学生金融知识大赛中，经济学院学生秦岳明获得个人一等奖，吴爱华获得个人二等奖，段蕴珂获得个人三等奖，杨斌、刘国欣、姜庭煜、吴晓霞、冉红艳获得优胜奖。

联合冠通期货股份有限公司，持续推进期货后备人才培养项目，有效促进在校生的专业实训和就业实习。联合北京悟源资产管理有限公司、深圳龙腾汇金基金管理有限公司开展第二届“悟源杯”期货操盘手大赛和第三届“龙腾杯”交易员大赛，发掘出优秀交易人才参与公司实训和实习。以校企联合实习实训为核心环节的人才培养模式在《期货日报》等权威媒体上刊出，社会影响广泛。

经济学院 2018 届毕业生共有 251 人。其中北京生源 138 人，京外生源 113 人；男生 89 人，女生 162 人；家庭经济困难学生 34 人。截至 2018 年 10 月 31 日，就业率 85.3%，其中签订三方协议 81 人，签订劳动合同 86 人，考取研究生 9 人，出国留学 13 人，签约率 75.3%。另自主创业 2 人，自由职业者 23 人。

（张建宝）

经济学院 2017—2018 学年大学生科学研究与创业行动计划项目优秀成果

序号	项目名称	负责人	奖项
1	大学生群体使用蚂蚁花呗消费情况调查分析 ——以北京市为例	王明涛	二等奖
2	互联网金融＋北京周边乡村旅游发展制约因素分析 ——以樱桃沟村为例	刘凯璐	三等奖
3	关于大学生性行为与性观念的现状及问题研究 ——以北京物资学院为例	罗曼婷	三等奖
4	通州大运河老字号发展问题研究	白亦轩	三等奖
5	大学生校园二手书交易平台	谭露露	三等奖

（原玲玲）

【教学基本功比赛预赛】经济学院积极配合学校教师教学基本功比赛，制定方案开展初赛工作。共有黄雨婷、杨静、赵成珍、孟繁军、王贝贝、李晓庆、赵娜、战雪丽共计 8 名教师参加青年教师基本功大赛经济学院初赛。最终选拔黄雨婷和战雪丽 2 名教师参加学校第十六届青年教师教学基本功比赛决赛，黄雨婷获得三等奖，经济学院获得优秀组织三等奖。

（原玲玲）

【附录】

经济学院 2018 年发表论文一览表

序号	论文题目	第一作者	发表刊物	刊物级别
1	金融素养与家庭负债——基于中国居民家庭微观调查数据的分析	吴卫星	经济研究	权威 A
2	中国经济增长与碳排放之间的关系研究——基于非参数 bootstrap 方法构建的 VEC 模型	张恪渝	数理统计与管理	权威 B（网络首发）
3	改革开放 40 年能源产业发展的阶段性特征及其战略选择	王文举	改革	权威 B
4	充电桩运行异常率预测	傅军	数理统计与管理	权威 B（网络首发）
5	控股股东股权质押对企业创新的影响研究	文雯	管理学报	权威 B
6	金融素养与家庭资产组合有效性	吴卫星	国际金融研究	权威 B
7	我国食品安全政策演进轨迹与特征观察	王可山	改革	权威 B
8	进口投入品与中国企业的就业变动	魏浩	统计研究	权威 B
9	纪念改革开放四十周年研讨会专家观点综述	郝玉柱	中国流通经济	核心 A
10	改革开放以来我国外贸战略的演变及展望	盛浩	中国流通经济	核心 A
11	供应链视角下网购食品质量安全关键控制点研究	王可山	河北经贸大学学报	核心 A

续　表

序号	论文题目	第一作者	发表刊物	刊物级别
12	评《农产品物流》	朱群芳	统计与决策	核心 A
13	社会共治视角下的网络订餐食品安全预警系统构建——基于贝叶斯网络模型	洪岚	情报杂志	核心 A
14	金融素养对居民信用卡使用的影响	吴锟	北京工商大学学报（社会科学版）	核心 A
15	基于流通视角的农产品价格传导机制研究	潘建伟	农业技术经济	核心 A
16	电商生鲜食品物流能力评价——以A电商企业肉类产品为例	刘建鑫	中国流通经济	核心 A
17	零售组织对消费者异质性需求的响应和匹配——一个理论分析	黄雨婷	中国流通经济	核心 A
18	我国盐业体制改革的进展及成效	郝玉柱	内蒙古社会科学（汉文版）	核心 A
19	基于主成分分析的交叉环境 DEA 模型的应用	张恪渝	北京化工大学学报（自然科学版）	核心 B
20	高外贸依存度农产品价格调控的政策建议——以大豆和油菜籽为例	刘仪凤	商业经济研究	核心 B
21	城镇化对城乡收入差距影响研究——以河南省为例	杨赛赛	商业经济研究	核心 B
22	制造商与经销商合作广告逆向选择与投资效率	田永杰	技术经济与管理研究	核心 B
23	青藏高原社区畜牧业草畜转化效率及影响因素研究	张斌	中国畜牧杂志	核心 B
24	基于消费者负面评论的网购食品质量安全问题研究	洪岚	商业经济研究	核心 B
25	流通经济学教学模式创新与实践——基于过程参与的教学模式探讨	潘建伟	商业经济研究	核心 B
26	食品召回启动时间对召回率的影响研究——基于美国畜禽食品召回事件的实证分析	余建斌	价格理论与实践	核心 B

续　表

序号	论文题目	第一作者	发表刊物	刊物级别
27	京津冀海港口岸与腹地外向型经济协同度及提升路径研究	许玉云	商业经济研究	核心 B
28	批发零售业对经济增长影响述评	尹德洪	商业经济研究	核心 B
29	用红色文化锤炼党性	张建宝	人民论坛	核心 B
30	中国能源嵌套结构在 CGE 模型中的应用	冯晟昊	Energy Economics	国际 C 级（ABS）

经济学院 2018 年出版著作一览表

序号	著作题目	第一作者	出版单位	著作类别
1	中国碳排放总量确定、指标分配、实现路径机制设计综合研究	王文举	首都经济贸易大学出版社	学术专著
2	中国绒毛用羊产业经济研究（第六辑）	肖海峰	中国农业出版社	学术专著
3	消费经济学（第三版）	柳思维	高等教育出版社	教育部指定高校教材
4	流通经济研究动态（第六辑）——大宗商品专题	赵娴	经济科学出版社	学术专著
5	电子商务物流管理（第 4 版）	屈冠银	机械工业出版社	教学参考书
6	外贸电子邮件写作	陈延晶	经济科学出版社	学术专著
7	中国道路运输发展报告（2017）	中华人民共和国交通运输部	人民交通出版社	报告
8	职业英语教学研究（2017—2018）	刘晓晶	北京语言大学出版社	报告
9	2018 运输经济（铁路）专业知识与实务（中级）	人力资源和社会保障部人事考试中心	中国人事出版社	普通教材
10	2018 运输经济（铁路）专业知识与实务（初级）	人力资源和社会保障部人事考试中心	中国人事出版社	普通教材

续 表

序号	著作题目	第一作者	出版单位	著作类别
11	期货及衍生品分析与应用（第三版）	中国期货业协会	中国财政经济出版社	考试用书
12	期货及衍生品基础（第二版）	中国期货业协会	中国财政经济出版社	考试用书

经济学院 2018 年获奖成果一览表

序号	成果名称	获奖完成人	奖励名称	获奖级别	获奖等级
1	融通仓对电子商务企业物流绩效影响研究	刘荔、丁鹏飞（外）	中国物流学会中国物流与采购联合会 2018 年优秀课题奖	市局级（非政府奖）	三等奖
2	信息化水平对物流产业效率的影响研究	潘建伟、张立中（外）、胡天石（外）	第十七次中国物流学术年会优秀论文奖	市局级（非政府奖）	三等奖
3	基于流通视角的农产品价格传导机制研究	潘建伟、张立中（外）、胡天石（外）	中国商业经济年会“纪念流通改革 40 周年乡村振兴高峰论坛”论著类一等奖	市局级（非政府奖）	一等奖
4	中国城市农产品流通发展报告（2014）、中国城市农产品流通发展报告（2015）	洪岚、赵娴、刘玉奇、郭红莲、王晓平、杨丽、潘建伟、孙前进、张军、魏国辰、温卫娟、朱群芳、徐广姝、安久意	商务发展研究成果奖（2017 年）论著类优秀奖	其他部级科研奖励〔2017〕	四等奖
5	成品油价格管制能限制石油企业的垄断利润吗？	周末（外）、谢海滨（外）、黄雨婷	商务发展研究成果奖（2017 年）论文类优秀奖	其他部级科研奖励〔2017〕	四等奖
6	行业依托，校企协同，实践贯穿，推进期货领域拔尖人才培养模式的创新与实践	赵娴、冯玉成、战雪丽、单磊、马刚、朱才斌、刘荔、许可、原玲玲	北京市高等教育教学成果二等奖	市局级（政府奖）	二等奖

经济学院 2018 年科研项目一览表

序号	项目名称	负责人	项目级别	项目来源单位
1	京津冀农业协同发展下的北京净菜供给研究	洪　岚	省部级	北京市哲学社会科学规划办公室
2	北京市食品安全监管体系建设	王可山	省部级	北京市哲学社会科学规划办公室
3	北京市产业疏解与对外经济辐射的协同效应研究	刘崇献	省部级	北京市哲学社会科学规划办公室
4	去杠杆背景下家庭过度负债的识别、后果及其影响因素研究	吴　锟	省部级	教育部
5	进口与企业人力资本投资：基于产品技能含量的视角	李晓庆	省部级	教育部
6	“一带一路”物流绩效与中国农产品贸易潜力研究	王贝贝	市局级	北京市教委
7	京津冀农产品“最先一公里”能力研究	洪　岚	校级	北京物资学院
8	呼和浩特市农产品流通发展报告	潘建伟	校级	北京物资学院
9	中国期货市场套期保值有效性研究	张国胜	校级	北京物资学院
10	京津冀协同发展背景下承德农产品流通创新的“承德模式”研究	朱群芳	校级	北京物资学院
11	中国城市农产品流通发展报告——河北面向京津冀消费的农产品供应链体系研究	车卉淳	校级	北京物资学院
12	中国城市农产品流通发展报告——北京农产品批发市场功能疏解和津冀承接问题研究	王贝贝	校级	北京物资学院
13	中国城市农产品流通发展报告——石家庄市农产品流通发展报告	刘崇献	校级	北京物资学院
14	京津冀海港口岸与腹地协同实证研究	郝玉柱	校级	北京物资学院
15	京津冀一体化物流发展报告（2017）策划与总纂	郝玉柱	校级	北京物资学院
16	京津冀一体化物流发展报告(2017)——京津冀大宗商品物流发展研究	刘崇献	校级	北京物资学院

续 表

序号	项目名称	负责人	项目级别	项目来源单位
17	供给侧改革、经济杠杆率调整与最优货币政策选择	赵成珍	校级	北京物资学院
18	知识产权保护对中国企业进口贸易的影响	李晓庆	校级	北京物资学院
19	基于消费者异质性视角的零售竞争研究	黄雨婷	校级	北京物资学院
20	我国绒毛用羊典型养殖模式及技术经济效益评价	王贝贝	横向	中国农业大学
21	中国机器视觉行业的发展研究	褚晓琳	横向	注视者（北京）科技有限公司
22	盐业体制改革总结评估	王可山	横向	国家发改委体改司
23	网购生鲜食品质量安全关键控制点研究	王可山	横向	农业农村部农村经济研究中心
24	盐业方案落实现状及主要成效研究	郝玉柱	横向	国家发展改革委经济体制综合改革司
25	京津冀农产品物流体系建设规划研究	洪　岚	横向	国家发展改革委经济贸易司
26	朝阳区物流专项规划研究报告	刘玉奇	横向	北京市朝阳区商务委员会
27	北京市有机畜产品消费行为研究	王贝贝	横向	农业农村部农村经济研究中心

（刘玉奇、韩春丽）

物流学院

【概况】2018 年物流学院坚持对内强化内涵发展提高质量、对外拓展深化合作扩大影响的总体工作指导思想，以深入调研为基础，以建立教学、科研、专项工作团队为保障体系，以提高教学质量为核心，以国际化实战型物流人才培养为特点，以教育产品输出为对外拓展突破点，不断提高物流学院活力、凝聚力和核心竞争力，促进学院教学科研、学生工作、社会服务协调发展，继续推进物流管理市属高校一流专业建设。

2018 年学院设有物流管理、物流工程、采购管理、质量管理工程（商品质量检验与管理）4 个本科专业；设有管理科学与工程、物流工程 2 个硕士学位授权点。学院设有物流管理、物流工程、采购管理、质量管理工程 4 个教研室和北京市物流系统与技术重点实验室，国家级物流系统与技术实验教学示范中心迁移重建并投入使用。主要科研机构包括北京市物流系统与技术重点实验室、北京市商务委物流研究基地、中国物流学会亚太物流研究交流合作部、北京物资学院中国采购与供应链研究中心、中法百优采购研究中心等。

截至 2018 年年末，物流学院有教职工 74 人，业务挂靠 9 人。专任教师 76 人，其中教授 12 人，副教授 31 人，担任硕士生导师的有 36 人。新入职教师 11 人、学生辅导员 1 人；调入科研秘书 1 人。1 人晋升为教授，6 人晋升为副教授。

本年毕业研究生 59 人，招收硕士研究生 156 人，年末在校研究生 273 人。招收本科生 314 人，其中 6 人为“北京高等学校高水平人才交叉培养计划”生源，赴北京交通大学交流学习。本科毕业生 307 人，签约率 85.99%，就业率 92.51%。2018 年年末在校本科生 1286 人。

【教学工作】2018 年，物流学院以“规范教学管理、提高教学质量、深化教学改革”为核心，以“形成教学管理的精细化、推进人才培养的国际化、实现专业建设的规范化”为目标，推进“国际化实战型物流人才培养”的发展战略。

本年依照学校审核评估工作方案，对学院教学改革、教学建设、人才培养等教学情况和学院综合实力、办学水平、整体发展状态进行全面梳理，突出特色发展，强化人才培养中心地位，加强质量保障体系建设。在前期预评估、预评改进等阶段工作基础上，认真完成本科教学审核评估各项准备工作。

2018 年物流管理专业结合自身专业建设需要和学院实际情况，从专业人才培养模式改革与创新、师资团队建设、课程体系与精品教材建设、实践教学与“双创”教育、深化国际合作交流等方面启动了市属高校一流专业第一期建设工作。物流学院采购管理专业在深入研究国际采购与供应管理联盟（IFPSM）实施认证的基本条例、参加认证所应该达到的要求和标准以及采购课程设计等内容的基础上，已完成第一阶段资质认证，进一步推进专业国际化发展。同时，采购管理专业被遴选为校级一流专业进行建设。

本年共引进 12 名新教师，学院为每一名新教师选配教学指导教师，从教学设计、课堂教学、实践教学、教学研究等各方面开展指导工作，此举有助于提升新进教师教学质量，提高新进教师专业素养。

2018 年，物流学院与北京交通大学交通运输学院签订战略合作协议。双方围绕人才联合培养、国际师资共享等方面进行深入合作，共同构建人才联合培养和联合创新研究体系。积极扩大与物流企业合作的范围，促进物流学院实践教学创新，有效推进实践和案例课程体系建设。学院在各项教学改革项目申报过程中邀请专家指导，加强过程检查。在“2018 年北京高等学校实培计划项目”中，物流学院获批“大学生毕业设计（科研类）项目”3 项、“大学生科研训练计划深化项目”2 项。

学院按计划积极推进国家级物流系统与技术实验教学示范中心迁移重建，并投入使用。示范中心根据物流专业特点，以强化学生实践能力为重点，整合相关实验室资源和师资队伍，建立“目标清晰、载体明确、考核科学”的实验教学体系，构建“功能集约、资源优化、开放充分、运行高效”的物流专业实验教学平台，为“应用型、复合型、创新型、国际化”物流人才培养创造有利条件。目前已有来自国内外超过 100 所院校、企业到示范中心参观交流访问，对我国物流教育发展起到了良好的促进作用。

学院坚持依托学科竞赛，深化学生学科竞赛引领教学改革的思路，推进实战型物流人才培养模式，实现了“以赛促教、以赛促学、以赛促改”的目标。2018 年，物流学院共获得第三届“日日顺物流创客训练营”铜奖 1 项、顺丰 2018 绿色环保包装设计大赛北京分赛区决赛冠军、首届“长风杯”全国大学生供应链运营大赛二、三等奖各 1 项、2018 年北京市大学生物理实验竞赛二、三等奖各 1 项。

2018 年“大学生科学研究与创业行动计划”的项目立项、中期审查、结项工作全程邀请校外专家进行专业指导和评审，严格管理、提高水平。本年度物流学院共有 28 项“大学生科学研究与创业行动计划项目”达到结项标准，其中获校级优秀项目评比一等奖 1 项、二等奖 2 项。

2018 年，针对德国巴登符腾堡州立合作大学勒哈克校区 6 名交换生开展“一对一交流学习”活动。德国巴登符腾堡州立合作大学勒哈克校区的 3 位教授在校交流期间，为物流学院 5 个专业、4 个年级进行专业授课。遴选 11 名在校生赴德国巴登符腾堡州立合作大学勒哈克校区、德国维尔茨堡大学进行为期 1 年的交流学习。学院与日通国际物流（中国）有限公司在共同研究、定期招聘、设置奖学金等方面持续深化合作，积极推进“2 + 1 + 1”创新型国际物流人才培养模式，并开办第一届日通物流班。学院以中美拔尖人才国际班宣讲会为推手，积极推进中美物流班建设。物流学院分别与日通国际物流（中国）有限公司、上海汇招信息技术有限公司（易招标）、传化物流集团有限公司、北京中汽阳光科贸有限公司等企业新签或深化了校企战略合作协议，推进校企合作深化。2018 年，分别组织了“全国物流管理师资特训班”“全国采购管理师资特训班”“京津冀物流管理高级研修班”等各类培训班。全年邀请国内外物流专家举办“物流名家讲堂”系列讲座 16 场。

【科研工作】2018 年物流学院共获得研究课题 46 项，科研经费总金额 515.3235 万元。其中纵向课题 30 项，经费 248 万元，包括国家级课题 4 项，省部级课题 11 项；引进横向课题 18 项，经费 167.3235 万元。

2018 年物流学院确定全院教师的研究重点主要集中在企业物流系统、冷链物流、物流工程技术与方法、物流与供应链、城市（区域）物流 5 个方向。成立科研先锋队，有针对性地开展学术交流活动；利用学科共建的优势，与北京交通大学的物流研究团队合作成立学术诊断中心，有效地促进了青年教师的科研成长。

2018 年科研成果如下：公开发表论文 131 篇，比上年增长 51.19%，其中核心论文 35 篇；出版著作 6 部；申请专利 20 项，专利授权 20 项；研究成果获奖 19 项。

学院以现有科研资源为基础，以北京市物流系统与技术重点实验室、北京市商务委物流研究基地等为核心，大力开展科研基地建设。其中，北京市物流系统与技术重点实验室召开全体会议，落实学校关于科研平台深化整合会议精神，并召开研讨会，理顺并实施重点实验室 2018 年度建设规划。

2018 年物流学院交流合作项目一览表

序号	项目名称	合作单位	项目经费（万元）
1	示范物流园区	山西中鼎物流集团有限公司	15
2	通州区物流产业专项研究	北京市通州区商务委员会	25
3	全球大城市绿色货运年度动态追踪与北京对比分析	北京交通发展研究院	29
4	高效智能绿色安全物流体系研究	国家发展和改革委员会	10

【党建工作】学院党委围绕管党治党主体责任，把方向、管大局、作决策、保落实，为学院事业发展提供坚强的思想保证、组织保证和精神动力。共有党委委员 9 人，下设 7 个党支部（其中 3 个教师党支部、4 个学生党支部）。截至 2018 年 12 月 31 日共有党员 279 人，其中教师党员 50 人，学生党员 229 人。

全年召开党政联席会议 21 次，党委扩大会议 10 次；持续推进党员领导干部联系指导学生党支部工作；严把党员发展质量关，完成发展计划，接收预备党员 66 名，接收预备党员转正 71 名；按时完成党费调整和收缴任务；党务公开事项 30 余项。结合开展“两学一做”学习教育制度化、常态化，指导党支部规范“三会一课”制度的运行，规范开展民主评议党员、组织生活会、支部测评、党建述责工作，对每个支部手册形成书面检查意见。全年组织教职工思想教育 12 次、汇编《物流学院教职工、党员学习资料》11 册，党委理论中心组学习 10 次，继续推行党员在线学习评比。

加强党支部和党建队伍建设。完成党委换届工作，全年组织党建工作队伍培训会5次。物流管理、物流工程、机械设计制造及其自动化（物流设备工程）专业3个学生党支部申报并完成党建特色基金项目。围绕推进中心工作发挥党支部战斗堡垒作用，提高组织生活质量，物流管理教工党支部被教育部办公厅批准为“全国党建工作样板支部”培育创建单位。

4月，学院制定“四有好老师”工作方案和师德建设领导小组名单，结合专业使命教育和课程思政开展师德教育。

6月，制定《党风廉政工作要点和主要任务分工》，每逢节假日开展党风廉政自查和廉洁教育，结合各种专项检查加强作风建设；配合学校“党风廉政建设月”开展廉政教育。10月召开全面从严治党专题会，梳理职权目录和运行图68项，11月接受学校全面从严治党主体责任督查。

6月，调整“安全工作领导小组”成员，定期排查安全隐患。9月，进行安全稳定和意识形态分析研判专题研究。12月25日，学院组织师生危险化学品事故应急预案演习活动。

7月，物流管理专业教师党支部被评为优秀基层党组织。根据工作需要，于12月完成党委换届工作。组织民族宗教政策学习，学院领导班子成员主动开展联系交友活动，与党外人士一起参观通州规划中心。

12月，校党委书记李石柱为物流学院师生讲党课，宣讲十九大精神和全国教育大会精神，书记和院长分别为2018级新生和物流管理学生党支部上党课。

【工会、教代会工作】2018年物流学院分工会全面落实上级工会安排部署，扎实推进自身建设，切实提高工会履职能力，激发全体教师干事创业的热情和激情，在各方面发挥基层工会的作用。

物流学院分工会共有正式会员76人，含非在编会员1人，教职工入会率达到100%。物流学院分工会第五届工会委员会经全体会员选举产生，设置分工会主席1人、副主席1人、委员5人。物流学院第二届二级教代会经全体会员选举产生，共有正式代表17人。经正式代表选举产生物流学院第二届二级教代会执行委员会，设置执委会主席1人、副主席1人、委员3人。

3月14日和11月7日，物流学院二级教代会两次召开全体会议，审议讨论《物流学院2018年度绩效考核方案》制定工作，通报了《物流学院2017年度绩效考核方案》和征集意见情况。全体代表对考核方案中重点内容进行了再次讨论，最后表决通过2018年绩效考核方案，落实了调整意见。

12月26日，物流学院召开分工会委员会增补委员选举大会，通过无记名投票的方式选举汪芸芳、张晋菁2人增补为物流学院分工会第五届工会委员会委员。在随后召开的分工会委员会上，选举汪芸芳为分工会主席，孙卫华为分工会副主席兼生活委员，芮嘉明为宣教委员，王微怡为女工委员，朱晓婷为文体委员，刘若阳为组织委员，张晋菁为青工委员。

【学生工作】学院有 44 个自然班，1286 名本科生，包括 37 名“双培计划”学生。2018 年本科毕业生 307 人，签约率 85.99%，就业率 92.51%。

学院分别在 5 个本科专业设立党支部，各学生党支部设立支部书记、副书记、组织委员、宣传委员、纪检委员，在各班设有入党联系人。全年发展 66 名党员，71 名预备党员按期转正。年末共有正式党员 139 名，预备党员 76 名。

学生工作队伍包括学院党委副书记 1 名、分团委书记 1 名、专职辅导员 4 名、特聘组织员 1 名；另有 1 名辅导员被校内借调，1 名辅导员赴北京基层驻村挂职锻炼。

学院举办第三届京津冀物流文化节暨中都杯第十届物流文化节。开展以“弘扬改革新风，共筑运河辉煌”为主题的暑期实践活动，实践报告获校级评比优秀第一名。继续开展“平安地铁”和“阳光爱”两个志愿服务基地的志愿工作，并被评为校级优秀志愿服务基地三等奖。新开展“凯凯根与芽小组”，在常营地区开展社区志愿活动。年内组织开展志愿服务 2100 余人次，服务总时长 16402 小时。在获奖方面，获得学校运动会男团、女团及团体总冠军；获“腾龙·飞凤杯”男篮第三名、女篮第三名，舞蹈大赛三等奖，合唱比赛二等奖。

积极开展对家庭经济困难学生的帮扶、引导和教育工作。年内学院共认定家庭经济困难学生 153 人。新生入学期间，为家庭经济困难学生开放“绿色通道”，发放“爱心大礼包”和“爱心手机”18 份，新生电话卡补助 18 人。年内共办理国家助学贷款 55 名，减免学宿费 6 名，申请临时困难补助 2 名；评审国家励志奖学金 53 名、携手助飞奖学金 4 名、国鑫奖学金 2 名；设置院内勤工助学岗位 45 个；发放元旦电话卡补助 53 人。

【“北京市高精尖学科”申报】根据北京市教委下发的《北京市教育委员会关于开展北京高校高精尖学科申报工作的通知》要求，物流学院管理科学与工程学科自 2018 年 7 月 25 日至 9 月 2 日积极部署安排，撰写整理《北京高校高精尖学科建设项目规划书》，最终被成功批准为“北京市高精尖学科”。

【学科方向梳理】2018 年，物流学院对管理科学与工程学科以及物流工程专业分别进行了研究方向的梳理和调整。管理科学与工程学科调整为 4 个方向：系统优化理论与方法、物流与供应链管理、信息技术与管理、采购理论与方法，其中的物流与供应链管理和采购理论与方法由物流学院负责建设。物流工程专业调整为 4 个方向：企业物流、城市（区域）物流、智能物流和供应链管理，其中企业物流、城市（区域）物流、供应链管理 3 个方向由物流学院负责建设。同时梳理教研人才队伍，使教师专业与教研方向相匹配。

【国际性物流论坛】2018 年物流学院深入推进“国际化实战型物流人才培养”

的发展战略，先后举办 2018 年中日物流论坛、第九届中美物流会议暨第五届中美物流教育与研究论坛和 2018 年中德物流论坛，取得了圆满成功。

2018 年 3 月 19 日，举办“2018 年中日物流论坛”。日本物流技术协会会长小山彰、副会长越野滋夫、理事中野喜正、理事马场聪，北京物资学院国际合作与交流处处长兼国际学院执行院长韩星、物流学院副院长姜旭以及高校师生代表等 70 多名嘉宾莅临论坛。论坛上小山彰发表了《日本物流发展与课题》、越野滋夫发表了《日本优秀运输包装举措》、中野喜正发表了《日本政府和企业对应司机和劳动力不足问题采取措施》、马场聪发表了《引入物料搬运系统的优点和注意事项》主题演讲。本次论坛，通过具有针对性的日本物流探讨，为进一步理解日本物流并深入开展相关研究提供了新的视角和思路；同时为中日物流在多领域、多角度合作发展，建立创新型、国际化、实践型物流领域“国际产学研”合作模式，培养出更多“国际化实战型”物流人才提供了基础和信息。

2018 年 4 月 16 日，第九届中美物流会议暨第五届中美物流教育与研究论坛在学校召开。中美物流界专家、学者围绕“供应链模式创新与国际化物流人才培养”主题，共同研讨如何培养物流业高精尖人才，共同搭建建设蓝图。学校党委书记李石柱、副校长何明珂，中国物流与采购联合会会长何黎明，国务院发展研究中心市场经济研究所所长王微，中美物流联合会会长理查德·克拉克、执行董事谭润忠，加州州立大学终身教授吴浩然以及来自各企业和高校的精英学者 200 余人参加论坛。在开幕式上，北京物资学院与中美物流联合会共同签署了《北京物资学院—中美物流联合会战略合作协议》。在本次论坛主题演讲环节，各位专家都围绕本次论坛主题以不同风格，从不同角度、不同方面、不同思路和与会人员进行了供应链创新与国际化物流人才培养的学术研究和发展探讨。本次论坛为期 3 天，与会者围绕中美物流联合会培养项目建设及国际专业认证、供应链管理专业建设研究展开讨论。论坛期间，开展了供应链管理等课程的示范教学、中美物流联合会培养项目的种子教师培训等辅助项目。

2018 年 4 月 19 日，由德国物流协会（BVL）与北京物资学院联合举办“2018 年中德物流论坛”，本次论坛主题为“智能物流”，论坛由德国物流协会北京分会主席王俊静主持。会上，北京物资学院与德国物流协会（BVL）通过最新物流实际案例，就如何利用智能物流解决实际问题展开了深入讨论。

【学位授权点合格评估】根据国务院学位委员会、教育部关于印发《学位授权点合格评估办法》的通知的相关要求，学校学位授权点合格评估工作于 2014 年启动，至 2018 年 11 月 30 日结束。2018 年主要由上级单位对学位授权点的建设以及整改情况进行最终评估工作。物流学院按照学校相关部署，于 2018 年 1 月 19 日进行了管理科学与工程学科以及物流工程专业的学位授权点预评估工作，并根据专家的意见和建议进行了整改。最终通过2018年7月26日的学位授权点合格评估工作，并于2018年11月30日完成所有材料的提交。

【第三届京津冀物流文化节】 5月9日，举办第三届京津冀物流文化节暨中都杯第十届物流文化节。本届物流文化节以“推进供应链创新与应用，培养供应链人才”为主题，旨在加强京津冀高校之间的交流，推进京津冀企业与高校的合作，为京津冀物流的发展培养更多适合人才，共同助力京津冀发展。前期举办了物流学术论文征文比赛、第三届“日日顺创客训练营”校内赛、实习生专场招聘会在内的一系列活动。文化节期间举办了高峰论坛、物流名家圆桌论坛、文化长廊展示、物流学术论文入围论文评比、“顺丰杯”快件包装设计大赛宣讲会等活动。

【附录】

物流学院2018年主要纵向项目一览表　　（单位：万元）

项目名称	负责人	项目级别	项目来源单位	合同经费
基于专利与网络文本集成挖掘的新兴产业技术机会识别与预测研究	马婷婷	国家级	国家自然科学基金委员会	19.5
不确定信息下一类联盟结构合作对策通用形式及分配理论	于晓辉	国家级	国家自然科学基金委员会	18
科学基金“十三五”发展规划实施进展分析	张振伟	国家级	国家自然科学基金委员会	10
雾霾合作治理多层网络有限理性博弈与机制设计研究	周　珍	国家级	国家自然科学基金委员会	6
“北京产”网红绿色优质农产品标准化生产与精准帮扶科技示范	唐秀丽	省部级	北京市科学技术委员会	80
基于大数据技术的北京市中小物流企业信用评级研究	刘若阳	省部级	北京市哲学社会科学规划办公室	8
基于多数据源集成的新兴产业技术机会识别与预测研究	马婷婷	省部级	教育部	8
物流园区多维生态平衡关系模式研究	史晓霞	省部级	中国物流学会、中国物流与采购联合会	0

续 表

项目名称	负责人	项目级别	项目来源单位	合同经费
基于区块链技术的农产品供应链模型研究	何明珂	省部级	中国物流学会、中国物流与采购联合会	0
天气预警与物流拥堵的联动系数研究	田　雪	省部级	中国物流学会、中国物流与采购联合会	0
生鲜食品温控供应链物流体系研究	杨宝宏	省部级	中国物流学会	0
大数据驱动的投标供应商动态闭环信用评价与激励机制	刘若阳	省部级	中国物流学会、中国物流与采购联合会	0
两网融合物流能力协同创新研究	周三元	省部级	中国物流学会、中国物流与采购联合会	0
通州区社区物流服务系统规划设计研究与应用	王成林	市局级	通州区科学技术委员会	40
质量技术监督科学方法研究——现代物流供应链质量提升策略研究课题	陈　静	市局级	北京市质量技术监督局	15
政府引导基金对社会资本带动与优化配置效应的研究	马婷婷	市局级	北京市教委	5
国际多式联运枢纽动态监测评估体系构建研究	汪芸芳	校级	北京物资学院	4
京津冀地区绿色低碳供应链协调与成本分摊策略研究	于晓辉	校级	北京物资学院	4
电子商务环境下的城市共同配送运作机理和信息平台构建研究	王晓平	校级	北京物资学院	4
京杭大运河通航物流价值研究及启示建议	温卫娟	校级	北京物资学院	3
京杭大运河京津冀段河道重金属污染状况及潜在生态风险评估	沈　丽	校级	北京物资学院	3
大运河沿岸城市垃圾回收与河道治理协同机制研究	周三元	校级	北京物资学院	3
实体包装型概率产品的定价和库存联合决策研究	张　一	校级	北京物资学院	2

续　表

项目名称	负责人	项目级别	项目来源单位	合同经费
巨灾情景下应急资源供需失衡的机理分析及其管控机制设计	陈　璐	校级	北京物资学院	2
基于生鲜乳分级认证体系的乳制品供应链质量协调机制研究	张　莉	校级	北京物资学院	2
京津冀物流通道建设	梁　晨	校级	北京物资学院	2
京津冀物流发展比较研究	刘　艳	校级	北京物资学院	2
生鲜农产品多渠道供应链协调研究	徐广姝	校级	北京物资学院	2

物流学院 2018 年主要横向项目一览表　（单位：万元）

项目名称	负责人	委托单位	合同经费
全球大城市绿色货运年度动态追踪与北京对比分析	王成林	北京交通发展研究院	29
通州区物流产业专项研究	王成林	北京市通州区商务委员会	25
北京物流专项规划——首都物流服务体系和发展模式研究	何明珂	北京市规划和自然资源委员会	15
高效智能绿色安全物流体系研究	周三元	国家发展和改革委员会	10
河北省智慧物流产业园可行性研究	梁　晨	河北物产供应链有限公司	9.6
智慧供应链管理创新研究项目	唐长虹	北京络捷斯特科技发展股份有限公司	6.3
朝阳区物流专项规划——区县报告	梁　晨	北京市朝阳区商务委员会	6
河南中烟工业有限责任公司金叶物流——基于原料仓储数字化管理的信息技术应用研究项目	张旭凤	中远海运科技（北京）有限公司	6
通州区粮食应急指导手册编撰研究	王成林	北京市通州区商务委员会	3
普罗格集团供应链物流人才需求分析	田　雪	北京普罗格科技股份有限公司（现湖北普罗劳格科技股份有限公司）	2

物流学院 2018 年发表论文一览表

序号	论文题目	第一作者	发表刊物/论文集
1	京津冀物流通道可达性与协同性研究	梁　晨	京津冀一体化物流发展报告（2017）
2	基于信号处理的故障诊断研究现状及存在问题	陈志新	航天制造技术
3	基于供应链视角的建筑企业绿色度评价指标体系研究	陈　晨	西部皮革
4	超磁致伸缩材料器件多目标耦合优化设计	赵章荣	机械设计与制造
5	城市副中心物流需“C 位”当道	王成林	物流时代
6	基于第四方物流信息平台的农产品流通体系构建	王晓平	商业经济研究
7	高频应力条件下转子 - 轴承系统环形转子部件的动态特性	王成林	Conference Series 2018，IOP Science Publication
8	Modeling and evaluation on WSN - enabled and knowledge - based HACCP	冯欢欢	Food Control
9	通用库装卸搬运机械设备配置	周三元	起重运输机械
10	“一带一路”沿线物流枢纽网络体系建设研究	陆　华	宏观经济研究
11	北京市农产品配送模式创新研究	陆　华	商业经济研究
12	胶合竹片胶层开裂数值模拟研究	赵章荣	林产工业
13	Linear fuzzy game with coalition interaction and its coincident solutions	于晓辉	Fuzzy Sets and Systems
14	基于 proteus 软件的单片机课程教学改革	王辉俊	经济技术协作信息
15	Study on the Factors Affecting the Technological Innovation of Logistics Equipment Manufacturers from the Perspective of Supply Chain	刘　艳	IOP Conference Series：Earth and Environmental Science
16	基于 SD 的不同模式下冷链物流库存管理研究	龚艳侠	商情
17	协同视角下多级救灾物资储备体系中的储备库选址模型	段倩倩	数学的实践与认识
18	本科物流工程专业人才职业能力提升对策研究	安久意	中国市场

续　表

序号	论文题目	第一作者	发表刊物/论文集
19	电商包装物回收问题及其策略研究	杨慧慧	商情
20	A Model of Integrated Regional Logistics Hub in Supply Chain	陆　华	Enterprise Information Systems
21	论我国物流产业高质量发展的趋势与路径	汪　鸣	中国物流与采购
22	冷链配送：如何解决点 - 弧时间窗的问题？	张　一	Annals of Operations Research
23	生鲜水果冷链物流配送质量控制研究	李荣荣	商情
24	制造企业物流供应链动态行为分析	周三元	数学的实践与认识
25	我国快递业发展现状分析及对策研究	陈　歌	社会科学前沿
26	第三方服装供应链企业库存预测及优化模式分析	汪芸芳	时代经贸
27	虚拟实验项目在模拟电子技术教学中的应用	隋晓梅	科技信息
28	新零售下电商企业“分钟级”配送模式探索	白晓娟	现代营销（创富信息版）
29	基于模糊综合评价法的整合共享云仓选址研究	白晓娟	商情
30	A Novel Attitude Control Method with Good Rapidity and Stability of non - Stationary Satellite Antenna	姚志英	Proceedings of the 36th Chinese Control Conference
31	大型集团企业物流节点建设影响因素研究	张佳乐	中国储运
32	基于模糊物元的家具物流服务质量评价	韩书亚	福建质量管理
33	基于灰色关联度的区域物流与区域经济协调发展分析	相　帅	福建质量管理
34	牛栏山酒厂堆垛机可靠性因素研究	韩春宇	制造业自动化
35	现代物联网农业产业链模式研究	韩春宇	福建质量管理
36	城市快递末端配送研究	曾瑞让	丝路艺术
37	浅析 Zara 供应链管理模式	李春辉	福建质量管理
38	模糊需求下农超对接合作博弈收益策略研究	曲冲冲	江苏农业科学

续 表

序号	论文题目	第一作者	发表刊物/论文集
39	北京市生鲜农产品物流影响因素模糊综合评价	王晓平	江苏农业科学
40	基于多源信息融合的冷链农产品需求预测模型研究综述	王晓平	湖北农业科学
41	中美贸易战背景下跨境物流面临的挑战及相关建议研究	王鑫宇	西部论丛
42	大型集团企业区域物流网络节点裁撤决策研究	马巍巍	物流工程与管理
43	基于循环经济的绿色物流体系建设研究	杨慧慧	物流工程与管理
44	北京市快递包装物回收研究	朱菲菲	西部皮革
45	快递包装物循环使用效率分析	王　强	西部皮革
46	京津冀农产品冷链物流需求影响因素及预测模型研究	王晓平	福建农业学报
47	末端配送下快递服务合同纠纷	曾瑞让	物流科技
48	基于支持向量机模型的北京城镇农产品冷链物流需求预测	王晓平	湖北农业科学
49	京津冀港口物流竞合力分析与对策研究	王晓平	铁道运输与经济
50	电商环境下基于用户评论的松木家具质量研究	孙伟玥	中国商论
51	一种高稳快速跟踪微分器及其应用	姚志英	北京理工大学学报
52	冷链物流的客户服务绩效评价研究	简　双	中国储运
53	基于 RFID 的血战信息管理系统建设及优化	简　双	福建质量管理
54	基于图像处理的静态物体定位研究	李迎春	福建质量管理
55	基于区间与模糊 Shapley 值的合作收益分配策略	于晓辉	运筹与管理
56	Evaluation of urban development quality of the coastal cities around Bohai Rim	刘　艳	Journal of Physics：Conference Series
57	我国乡镇物流发展策略研究	王　罡	福建质量管理
58	JMI－TPL 模式下的供应链成本核算及利益分配	王晓平	数学的实践与认识

续　表

序号	论文题目	第一作者	发表刊物/论文集
59	通过电商评论研究实木家具质量	孙伟玥	Lecture Notes in Management Science
60	基于网络舆情的物流热度分析报告——2017 年 7—12 月	郭学平	物流工程与管理
61	顾客参与、创新类型对物流服务创新绩效的影响研究	田　雪	商业经济研究
62	非首都功能疏解背景下京津冀区域物流时空演化研究	刘　艳	商业经济研究
63	油价与燃油税改革对消费者购买家庭用车影响研究	朱菲菲	福建质量管理
64	京津冀物流园区协同发展	张志勇	京津冀一体化物流发展报告（2016）
65	基于博弈模型的农产品供应链利益分配优化研究	李迎春	中国储运
66	城市副中心大型商业综合服务体物流发展策略研究	綦志霞	福建质量管理
67	考虑时效与公平性的震后应急物资动态配送优化研究	曲冲冲	中国管理科学
68	跨境电商物流联盟合作分析 ——基于演化博弈理论	郭承丽	中国科技纵横
69	物流行业中无车承运人的发展探讨	张鋆晔	商场现代化
70	云南省花卉冷链物流模式分析及优化	李　梦	电子商务
71	基于神经网络分析的北京城镇农产品冷链物流需求预测	王晓平	广东农业科学
72	金融物流项目的风险分析研究	黄思慧	商情
73	创新服务 构建首都产业集群	王成林	物流时代周刊
74	多元拓展的综合型实践教学平台构建研究	王成林	北京教育（高教）
75	时空视角下物流业与经济发展的互动关系分析	毛文富	商业经济研究
76	中国红十字会追溯系统构建的影响因素分析	庞婉婉	物流技术
77	北京市通州区公路货运发展对策	屈晓芒	物流技术

续 表

序号	论文题目	第一作者	发表刊物/论文集
78	整竹复合竹束集成材抗拉有限元模型研究	赵章荣	Materials Science and Engineering
79	基于灰色关联度分析的北京市物流业与制造业联动发展	田　雪	中国储运
80	跨境电商物流联盟云平台的构建及运作研究	田　雪	价格月刊
81	物流供应链中价值创造研究文献综述	杜志平	商业经济研究
82	基于顾客需求的物流企业服务质量管理研究	崔　璐	物流科技
83	SPME－GC－MS 分析炭黑曲霉挥发性物质的条件优化	李梦华	食品科学
84	昆仑雪菊多酚对花生油氧化稳定性的影响	白云慧	食品科学
85	快递“最后一公里”末端配送落货点布局	武改风	中国储运
86	整竹集成竹束集成材抗压性能数学模型研究	赵章荣	Advances in Intelligent Systems Research
87	临沂物流配送模式分析研究	李佳欣	福建质量管理
88	基于 Clementine 的不同省份经济发展水平综合实力分析	张向阳	福建质量管理
89	数据挖掘在物流企业客户关系管理中的研究	杨慧慧	商情
90	新零售下最后一公里的当下与未来	李春辉	商情
91	高校学生党支部“三会一课”的创新研究	甄　姿	记者观察
92	基于主成分－支持向量回归机的社区物流需求预测——以北京市通州区为例	张　淼	物流技术
93	基于系统动力学的跨境物流联盟运作风险演化博弈	杜志平	商业研究
94	整竹复合竹束集成材性能数值模拟研究	赵章荣	DEStech Transactions on Environment Energy and Earth Sciences
95	国内外城市中央商务区物流发展探析	慕志霞	物流技术

续　表

序号	论文题目	第一作者	发表刊物/论文集
96	我国粮食应急物流体系劣势分析及对策研究	张梦洁	福建质量管理
97	医药冷链物流问题分析研究	狄方超	福建质量管理
98	通州西集镇樱桃产业物流资源需求研究	孙秀荣	物流工程与管理
99	基于人才引进战略的城市公共服务设施建设研究	韩书亚	西部皮革
100	临沂物流纠纷解决分析研究	张向阳	福建质量管理
101	国家战略物资储备仓库设备配置方法激活行业细胞	杨子健	中国设备工程
102	应急管理部成立新形势下应急物流组织形式研究	冯　杭	物流技术
103	基于灰色关联分析与 BP 神经网络的台风灾害人道救援物资需求量预测研究	王焕群	福建质量管理
104	多渠道供应链系统协调研究现状分析	王玲玲	经贸实践
105	海上小型漂浮式卫星天线非光滑 PID 控制研究	曹海青	北京理工大学学报
106	连锁零售企业发展县域实体零售市场的合理性及决策标准	班若昀	社会科学
107	估时作业成本法在国际物流企业中的应用	汪芸芳	财会月刊
108	双序参量回收物流协同成长动力学模型	张向阳	中国商论
109	基于创新驱动的我国物流业创新发展评价	刘　艳	科研管理
110	“一带一路”内陆节点城市物流协同评价	李冰洁	福建质量管理
111	中国古代快递物流文化起源探析	王鑫宇	民间故事
112	生鲜电商物流发展问题研究	王　欢	商场现代化
113	基于 FAHP – Shapley 值法的 4PL 跨境电商物流联盟利益分配研究	杜志平	价格月刊
114	贵州省城镇化与经济发展互动关系研究	王　强	中国市场
115	基于演化博弈的冷链物流共同配送推进机制的研究	焦文姝	商场现代化
116	家电物流服务平台承运商末端配送优化实证研究	汪芸芳	商业经济研究

续 表

序号	论文题目	第一作者	发表刊物/论文集
117	PM2.5 减排指标机制设计研究——京津冀治霾实证研究	周 珍	系统工程理论与实践
118	北京市通州区粮食应急体系构建	张红亚	物流技术
119	基于灰色模型的港口吞吐量预测研究——以曹妃甸港口为例	田 雪	数学的实践与认识
120	国内外跨境物流联盟运作机制研究现状	杜志平	中国流通经济
121	基于农产品流通模式的追溯系统构建研究	孙秀荣	物流工程与管理
122	基于改进 Shapley 值的大连市水产市场共同配送成本分摊研究	李杭泼	中国储运
123	基于 SCOR 模型的电子商务服务指标体系研究	刘素瑞	中国储运
124	大数据背景下电子商务物流配送模式研究	张均儒	中国储运
125	基于区块链技术的集装箱智能化运输研究	韩 瑜	中国储运
126	新零售业态下宜家家居销售物流模式研究	姜贺颖	中国储运
127	城市废旧商品物流转运系统研究	杜 岩	中国市场
128	京津冀物流业对经济增长的贡献研究	刘小娟	当代经济
129	高校快递众包模式研究	唐秀丽	铁道运输与经济
130	现代供应链发展的国际镜鉴与中国策略	何明珂	改革
131	我国运输服务贸易出口影响因素分析	王玉珠	福建质量管理

物流学院 2018 年出版专著、教材统计表

著作题目	第一作者	出版单位	出版时间	著作类别
采购供应管理案例	杨 丽	中国财富出版社	2018－12－07	学术专著
配送中心实验教程	王成林	中国财富出版社	2018－12－01	教材
采购管理（第 2 版）	宋玉卿	中国财富出版社	2018－10－01	教材
基于模糊合作对策的虚拟企业收益分配策略	于晓辉	社会科学文献出版社	2018－08－01	学术专著
行业物流管理研究	温卫娟	中国财富出版社	2018－07－01	学术专著
城市配送资源整合系统的演化研究	梁 晨	北京交通大学出版社	2018－01－01	学术专著

物流学院2018年研究成果获奖情况统计表

成果名称	第一完成人	所获奖项
指导学生论文获奖	刘　红	第三十五届全国部分地区大学生物理竞赛李亚楠（1721231011）获文科经管类组二等奖
基于“第六产业”的“智慧供应链集群”耦合研究	姜　旭	2018“林安杯”物流优秀论文奖
日本物流	姜　旭	2018年“宝供物流奖”
京津冀货运铁路网可达性格局研究	龚艳侠	第十七次中国物流学术年会优秀论文三等奖
“一带一路”沿线物流枢纽网络体系建设研究	陆　华	第十七次中国物流学术年会优秀论文二等奖
新零售物流“分钟级”配送模式探索	白晓娟	第十七次中国物流学术年会优秀论文奖
基于“一号文件”的我国农村现代物流发展政策研究	刘　俐	第十七次中国物流学术年会优秀论文奖
基于流通温度变化的苹果品质评价模型的构建	陈　静	第十七次中国物流学术年会优秀论文奖
基于社会资本的物流企业服务创新研究	田　雪	中国物流学会第六届“物华图书奖”
基于时间的国际物流企业作业成本应用研究	汪芸芳	第十七次中国物流学术年会优秀论文奖
基于社会物流成本核算的多式联运网络均衡研究	汪芸芳	2018年度中国物流学会、中国物流与采购联合会课题三等奖
linear fuzzy game with coalition interaction and its coincident solutions	于晓辉	北京市运筹学会2018青年优秀论文
新型仓储巡检无人机模型	刘　红	2017—2018学年北京物资学院大学生科学研究与创业行动计划项目优秀成果奖
基于夜间配送的北京市超商物流网络优化	解晓灵	2018年度中国物流学会课题三等奖
物流产业特色引领、多元拓展、协同创新的大实践教学平台构建与应用项目	王成林	2018年中国物流与采购联合会科技进步奖
基于Flexsim的某中药生产企业自动化立体仓库设计	胡贵彦	中国物流与采购联合会征文优秀论文一等奖
国内外城市中央商务区物流发展探析	慕志霞	中国物流与采购联合会征文优秀论文三等奖
通州区粮食应急配送影响要素分析	张红亚	中国物流与采购联合会征文优秀论文二等奖
北京市通州区公路货运发展对策	屈晓芒	中国物流与采购联合会征文优秀论文三等奖

物流学院2018年署名第一发明（设计）人专利统计表

专利名称	第一发明（设计）人	专利类型	申请日期
一种移动购物车	陈志新	实用新型	2018-04-16
一种新型贴签机	陈志新	实用新型	2018-04-13
一种翻转机械手	孙卫华	实用新型	2018-03-29
一种模具架	孙卫华	实用新型	2018-03-29
送餐机器人 2018 2 0266215.1	刘　红	实用新型	2018-02-24
航空货运托盘	德　凯	实用新型	2018-02-24
送餐机器人 2018 2 0266213.2	刘　红	实用新型	2018-02-24
送餐机器人 2018 3 0266212.8	刘　红	实用新型	2018-02-24

信息学院

【概况】 信息学院成立于2006年6月，由原管理科学与工程系和数理系合并组建而成。学院紧密围绕学校“立足首都、服务全国、面向世界，建设以物流与流通为特色的国内领先、国际有影响力的、与北京城市副中心相称的高水平应用型大学”的宏伟建设目标，秉承“创新、合作、开放、争先”的发展理念，以物流信息化为特色，培养全球化、信息化、专业化的应用型信息技术类专门人才，紧紧抓住高水平学科建设和高质量人才培养2个核心工作，聚焦特色、激情进取，努力建设成为在全国有一定影响、北京市同类院校中领先的特色信息学院。

学院现有教职工102名，其中专职教师90名，教授14名、副教授40名、讲师36名，博士学位教师64名，硕士生导师26名；享受政府特贴专家1人，北京市教学名师2人，北京市高创名师2人，北京市青年拔尖人才2人。学院北京市长城学者2人，北京市中青年骨干教师10人，通州区运河计划领军人才2人。学院拥有北京市优秀教学团队2个，学术创新团队3个。

学院现设3个系共计6个本科专业：计算机技术与物联网工程系，下设计算机科学与技术、物联网工程专业；计算科学与统计系，下设信息与计算科学（大数据）、应用统计学专业；信息管理与电子商务系，下设信息管理与信息系统、电子商务专业。其中，计算机科学与技术专业为校级特色专业，信息管理与信息系统专业为北京市特色专业。信息学院归口建设计算机科学与技术、管理科学与工程2个一级学科硕士点。2018 年信息学院毕业本科生 302 人，年末在校本科生 1284 人。信息学院归口建设计算机科学技术一级学科硕士点以及 2 个管理科学与工程二级学科方向，在校研究生（含工程硕士）201 人。

信息学院建有“北京市智能物流系统协同创新中心”“智能物流系统北京市重点实验室”“北京市高校物流技术工程研究中心”“智慧创新技术研究院”“北京高等学校示范性校内创新实践基地”“北京高等学校市级校外人才培养基地”，支持本科生、研究生参与科研和实践创新活动。学院与企业签署战略合作协议并共建高端人才培养基地 10 个，2018 年新增实习实践基地 5 个。学院建有北京高等学校示范性校内创新实践基地——智能物流校内创新实践基地，与北京金山顶尖科技股份有限公司共建智能物流校外人才培养基地，被认定为北京高等学校市级校外人才培养基地。依托信息学院现有资源建有多个市级科研平台，包括智能物流系统北京市重点实验室、智能物流系统北京市协同创新中心。学院把实验室建设作为重点工作来抓，对实验室设备进行检查维修、升级换代，进一步调整实验室规划，在实验室功能、定位、整合上下功夫。

（陈征）

【教学工作】2018 年信息学院坚持正确的政治方向，坚持改革发展目标，发扬团结一致、勤恳奉献精神，营造和谐共赢的工作氛围，保持平稳、有序、健康的发展。以提高教学质量为核心，以物流信息化为特色，培养多层次应用型人才，不断丰富学院教学工作的内涵，提升教学工作的活力与核心竞争力，促进学院教学管理的协调发展。在教育部本科教学评估工作结束后，针对专家反馈意见，围绕改进课堂教学、引入先进教学理念和方法、调整课程体系建立课程组与课程群、增强课程中挑战性的内容等开展整改与创新提升工作。

1. 专业建设工作

与北京交通大学开展物联网工程专业共建。制定专业共建方案，引入北京交通大学慕课资源，实施大学计算机基础课程改革，通过线上自学、线下指导、过程性考核增强学生自主学习能力。结合 2019 版培养方案制定工作对物联网工程专业进行调研，在专业建设指导委员会专家论证和指导下修订信息学院物联网工程专业培养方案。

2018 年 7 月，信息管理与信息系统专业、物联网工程专业作为校级一流专业进行建设。向教育部备案信息与计算科学（大数据）专业，申办数据科学与大数据技术新专业。2018 年该专业在京招生录取平均分排名全校第 5。

本年度申报 2019 年管理科学与工程专业群预算经费 50 万元，用于大数据实验平台建设；申报教学类校内专项 9 项。

2. 深化高水平院校合作与人才培养

与北京邮电大学开展电子商务专业双培项目。截至 2018 年年末，共计有 48 名电子商务专业的双培学生在北京邮电大学学习（2015 级 32 名、2016 级 5

名、2017 级 6 名、2018 级 5 名）。2015 级电子商务双培学生已返校学习，顺利完成与北京邮电大学的对接工作。

与北京理工大学管理科学与工程专业群共建。4 月 14 日，部分教师参加北京理工大学教学促进与教师发展中心主办的“以学生为中心的质量保障体系”研修班。5 月 3 日，以此研修班为基础召开北京市高等学校在线开放课程建设与共享工作会议，参会高校共同拟定对教师和学生的集训计划。暑假期间，信息管理与信息系统、物联网工程、计算机科学与技术专业共计 16 名 2016 级学生参加了北京理工大学北京学院暑期集训项目。

高水平人才交叉培养“实培计划”。2017—2018 年度“高水平交叉培养——实培计划（市级）”共获批 5 项，其中毕业设计（科研类）协同项目 4 项、科研训练计划深化项目 1 项。2018—2019 年度共获批 13 项，其中毕业设计（科研类）协同项目 10 项、大学生毕业设计（创业类）项目 1 项、大学生科研训练计划深化项目 2 项。

3. 奖励与成果

2018 年 4 月，《“分类通识、多元进阶”的创新型智能物流信息人才培养体系构建》和《信息化背景下“上下并举、内外兼修、共享互促”的立体化数学教学模式的构建与实践》2 个项目获得北京市高等教育教学成果奖二等奖。

2018 年 7 月，信息学院教师杨玺被评为“2017—2018 学年本科教学先进个人”，李珍萍、秦惠林被评为“2017—2018 学年研究生教学先进个人”；负责学校第十六届青年教师教学基本功比赛的筹备和组织工作，并在比赛中获得优秀组织奖一等奖和 2 项个人三等奖。

2018 年信息学院学生共获得省部级以上学科竞赛奖项 47 项，在第九届全国大学生数学竞赛、北京市第二十八届大学生数学竞赛、“蓝桥杯”全国软件和信息技术专业人才大赛北京赛区、2018 年华北五省（市、自治区）大学生机器人大赛、2018 年北京市大学生机器人大赛、2018 第 20 届“大旺杯”全国机器人锦标赛暨第九届国际仿人机器人奥林匹克大赛中取得多项优异成绩。

（陈蕾）

【科研工作】2018 年学院科研工作秉持“面向社会需求，有利学生成才，理论实践并重，兼顾前沿进展”的理念，以学科建设为龙头、科研为先导、创新为动力、物流信息化为特色，通过科学研究与工程技术研究相结合，着力于计算机、信息工程和物联网等相关技术在物流领域的应用研究，并将计算机科学与技术与物流信息化、物联网等相关技术交叉融合，突出计算机科学与技术、物流和物联网技术融合的特点，已形成研究特色、形成核心竞争力，全面提升教师研究实力。

1. 科研项目

2018 年信息学院获批国家自然科学基金项目 2 项（主持 1 项，参与重点项目 1 项）、北京市社科基金项目 4 项（含重点项目 1 项）、国家统计局项目 2

项、国内一级行业协会（学会）项目5项、市局级项目6项，横向课题6项，校级项目9项。市局级以上纵向项目经费110.5万元，省部级平台经费800万元，横向项目合同经费81.8万元。学院教师公开发表国内外学术期刊和会议论文119篇；出版学术专著4部、21世纪或国家重点教材1部；授权国家实用新型专利10项。本年度在论文质量、数量，高级别项目立项和获奖方面较前一年均有较大提升，论文质量的提升得益于学校的科研政策导向，为教师们指明了发展方向；高级别项目的立项成果也是逐步推进论文成果凝练、营造科研氛围带来的收益。

2. 学术成果

学院教师公开发表国内外学术期刊和会议论文119篇，其中SCI国际期刊论文14篇，EI国际期刊论文5篇，权威A级论文1篇，权威B级论文1篇，核心A级论义6篇，核心B级论义11篇；出版学术专著4部、21世纪或国家重点教材1部；授权国家发明专利1项、实用新型专利10项。本年度在论文质量、数量，高级别项目立项和获奖方面较前一年均有较大提升。

3. 合作交流

大力推进对外合作与交流，营造科研氛围，提升科研能力，打造“亮点”工程。联合中国人民大学、意大利比萨大学和佛罗伦萨大学，共同举办“购买力平价与国民福祉统计发展国际研讨会——大数据技术应用”学术论坛。推动北京市智能物流系统协同创新中心开放课题相关工作，全面梳理了协同中心研究成果（遴选支持11项开放课题）。

积极拓展国际交流，聘请加拿大卡尔顿大学于非教授担任特聘教授，加强与加拿大卡尔顿大学、爱尔兰都柏林理工大学、英国普利茅斯大学等境外高校的合作。派遣教师参加国内外学术交流60余人次，组织学术讲座/研讨会20余次，参与师生900余人次。2018年7月，邀请美国中佛罗里达大学王中庆教授在暑期学校为本科生授课。2018年12月，与意大利Pisa（比萨）大学初步达成合作意向，将在交换学生、教师互访、科研合作、文化交流等方面开展深入合作。

积极组织推进各类人才、团队建设工作，大力推进学院“引智工程”。本年度新引进青年教师（博士/博士后）14人，聘请境内外兼职导师23人；推荐1个团队、3名校外专家申报2019年度北京市属高校高水平教师队伍建设支持计划，分别推荐3人申报北京市青年拔尖人才和通州区“两高”人才；选派3名教师赴境外访学。

持续推进大学生科学训练项目工作。2017—2018年度有39项大创项目被批准立项，2018年5月项目中期检查评审中，共有37项通过评审；2018年10月项目结项评审中，有28项通过结项答辩，其中6个项目被推荐参加校级评优。2018—2019年度大创项目共有40项申报项目，截至2018年年末，已完成立项评审工作。

（唐恒亮）

【学科建设与研究生培养工作】

1. 学科建设工作

全力推进学科评估工作。积极组织管理科学与工程、计算机科学与技术和物流工程学位授权点评估工作。

积极提升学科建设水平，推动学科发展。执行学校与首都经济贸易大学博士研究生联合培养工作，制定并完善了管理科学与工程学科物流与供应链管理方向博士生培养方案。积极落实北京市教育委员会关于开展北京高校高精尖学科共建工作。启动管理科学与工程、计算机科学与技术博士点建设工作。推进应用统计、计算机技术工程硕士点建设工作。

以落实与首都经济贸易大学联合培养管理科学与工程专业博士研究生工作为机遇，遴选校内外研究生导师与副导师，扩充研究生导师队伍。

2. 研究生培养工作

积极落实学校关于研究生二级管理的相关工作。梳理工作流程，制定工作方案，完善研究生管理与培养工作。推进研究生教育教学改革及研究生科研创新项目工作，严格落实研究生国家奖学金评定工作。

顺利完成研究生学业中期考核、开题与学位论文答辩等工作。组织完成2016级研究生学位论文答辩工作、2017级研究生的学业中期考核和开题工作，聘请了20余位校外专家对研究生开题报告和学位论文进行函评和现场指导。

稳步推进研究生招生、入学工作。制订了研究生招生宣传方案，充分调动师生资源多渠道开展招生宣传。圆满完成2018年研究生招生、复试工作，部署2019年研究生招生前期宣传工作。

（唐恒亮）

【党建工作】2018年学院共召开会议（党政联席会、院务会、专题会、工作布置会、协调会等）30余次。秉承公平、公开、公正原则，保证政务公开透明。充分利用公开栏和学院网络等平台，将学院重大事项及时公开，并积极听取教职工意见建议，提高民主决策质量。

2018年信息学院分党委在校党委领导下，以习近平新时代中国特色社会主义思想和党的十九大精神为指导思想，从全面从严治党入手，认真贯彻新时代党的建设总要求，坚持党的政治建设。以提升党组织战斗力和服务中心工作为重点，扎实推进“两学一做”教育制度化、常态化，加强党的政治、思想、作风、纪律建设并取得了可喜的成绩。

党委主要工作举措：以政治建设为首要任务，加强对党章的学习和运用监督，严格“三重一大”制度，积极开展党务公开，推行全面从严治党。加强理论学习，严格规范“三会一课”制度，将中心组学习同日常支部学习相结合，积极落实“两学一做”制度化长效化机制。将党风廉政教育、意识形态教育、统战工作和安稳工作贯穿日常工作主线。加强基层支部建设，严把党员发展关和发展后的教育管理。配合教学评估、人才引进、学科建设等积极发挥党员的先锋模范作用。积极落实党风廉政、意识形态、统战以及思想政治工作各项要求，未出现任何不良突发事件。

本年度共发展党员 59 人，转正党员 54 人，为 187 名入党积极分子开展了初级党课教育，完成本年度引进人才的政审工作。学生党员帮扶取得可喜成绩，2016 级不及格科目达 10 学分以上的人数由 84 人减少到 72 人，2015 级由 54 人减少到 10 人。

（王有　陈征）

【学生工作】学生工作在学院党委领导下，以学习贯彻十九大精神和习近平新时代中国特色社会主义思想为引领，坚持学风建设为主要工作重点，积极推进学生日常管理和就创业工作开展，圆满完成了各项任务并取得进步。

1. 思想引领

以十九大主题班会、百万师生同上一堂课、主题团日活动等形式在学生中积极落实学习和贯彻十九大精神和习近平新时代中国特色社会主义思想，以志愿服务和社会实践活动培育学生服务社会的理念，以新生体验式入学教育、召开“社会主义核心价值观”主题班会为基础，以“五四青年说”“一二·九”合唱比赛、党团知识竞赛、信息视野等特色品牌活动为提升手段，综合培育学生社会主义核心价值观理念。

以深度辅导助力思想政治教育的开展。2018 年以班级为单位对学院的 1472 名学生开展深度辅导，进行月度思想动态研判 6 次，形成学生思想动态报告 2 篇。以科技文化月、信息视野、暑期社会实践、专业讲座、校友进课堂等活动形式加深专业学习的兴趣和使命感，选出专业榜样典型人物 6 名。以新媒体阵地引导舆论导向，把握政治方向，共发布推送和进行各类宣传 300 多条，累积阅读量超过 85000 次。

2. 学风建设

以优良学风建设班级为依托，形成示范效应，带动学风建设的提高。充分发挥党员的先锋模范作用，积极开展学困生帮扶工作。开展学生慕课 7 期，内容涵盖高数、英语、小程序等个性化辅导，惠及人数 823 人次。注重新生引航工程，促进优良学风建设，开展信息朗读者活动 10 期，推送累计阅读量 1247 人。晚自习出勤率保持在 97% 以上；开展英语打卡活动 3 期，共计 334 人参加；共有 59 名学生参加 2018 级“班级小导师”活动。

3. 日常管理

积极开展团学组织建设，加强对团学队伍骨干的培训，建立稳定、可靠、高效的学生干部队伍。通过组织开展和参加大型活动提升学生素质；踏实做好学生日常管理工作；重点关注特殊人群；保障各项工作的平稳有序进行。2018 年共认定贫困生 117 人，为所有贫困生分配了助学金，为 4 名学生申请了学费减免，推荐 4 名学生获得携手助飞奖学金。152132001 班荣获北京物资学院优秀班集体，并参评北京市优秀基层组织。

4. 工作成果

信息学院在学校暑期社会实践工作中获得三等奖 1 个、优秀奖 2 个、先进个人称号 1 个、先进工作者称号 1 个；学校志愿服务基地项目评比获得三等奖；学校舞蹈大赛获得第一名；“一二·九”合唱比赛获得第三名；在学校“腾龙飞凤”以及“卧虎阳光”足篮球赛中，男足获得冠军并代表学校参加北京市冠军杯大学生足球赛获得季军，女足获得学校亚军，女篮获得学校冠军。

5. 就业、创业工作

发挥专业教师和班主任的作用，全员参与就创业工作。充分利用校友资源，增强就创业队伍的资源和力量。分年级开展就业创业指导，将就业工作贯穿四年大学生活。积极开展征兵工作，上半年参军学生2人，退伍返校学生3人。2018届信息学院毕业生签约率为72.33%，就业率为86%。

（王有）

【附录】

信息学院2018年期刊论文部分成果一览表

序号	论文题目	第一作者	发表刊物	备注
1	面向单类推荐问题的整合时间信息的LDA模型	张海军	Knowledge - Based Systems	国际B级（SCI）
2	基于聚类和关联规则算法的存储策略研究	周　丽	Soft Computing	国际C级（SCI）
3	估计宽通道拣选系统的拥堵率	周　丽	Soft Computing	国际C级（SCI）
4	基于带有混合延时项的基因调控网络状态观察设计的M矩阵	田立平	Ieee Transactions on Circuits and Systems Ⅱ: Express Briefs	国际C级（SCI）
5	用混合策略求解集成生产与分配问题的实证研究	李　锋	Plos One	国际C级（SCI）
6	Credibilistic Loss Aversion Nash Equilibrium for Bimatrix Games with Triangular Fuzzy Payoffs	崔春生	Complexity	国际D级（EI）
7	基于语义扩展的中文微信话题发现	丁连红	Information（Switzerland）	国际D级（EI）
8	基于分布式传感网络的管道实验室安全监控与疏散导引系统	丁连红	International Journal of Distributed Sensor Networks	国际D级（SCI）
9	C*-代数值G-度量空间及相关不动点定理	沈丛丛	Journal of Function Spaces	国际D级（SCI）

续　表

序号	论文题目	第一作者	发表刊物	备注
10	Research on index weight of logistics integration based on cloud models	郭　茜	Concurrency and Computation Practice and Experience	国际 D 级（SCI）
11	基于物流机器人的电子商务仓库系统订单分批改进聚类算法	薛　菲	International Journal of Wireless and Mobile Computing	国际 D 级（EI）
12	基于广义投影变换的理性门限签名协议	薛　菲	International Journal of Wireless and Mobile Computing	国际 D 级（EI）
13	基于改进蚁群算法的物流机器人任务分配方法研究	薛　菲	International Journal of Wireless and Mobile Computing	国际 D 级（EI）
14	基于社交演化博弈的社交网络用户信息分享行为演化分析	于建业	电子学报	权威 A
15	带时间窗和服务顺序约束的多需求车辆路径问题研究	李珍萍	控制与决策	权威 B
16	基于物联网的仓储管控一体化系统实现路径	刘　军	中国流通经济	核心 A
17	基于物流 AGV 的“货到人”订单拣选系统任务调度研究	袁瑞萍	运筹与管理	核心 A
18	一种基于社交网络的电子商务信任模型与仿真	于　真	系统仿真学报	核心 A
19	一种基于可拓学的电子商务内容推荐算法研究	崔春生	运筹与管理	核心 A
20	一种用于平板型 FAIMS 的电晕放电离化源	赵东杰	传感技术学报	核心 A
21	考虑最优时滞因子时空模型的高速公路短时交通流预测	申贵成	科学技术与工程	核心 B
22	基于遗传算法的成品油二次配送车辆路径问题研究	李珍萍	数学的实践与认识	核心 B
23	物流服务区域划分问题研究	李珍萍	数学的实践与认识	核心 B

续 表

序号	论文题目	第一作者	发表刊物	备注
24	九州通线下药店选址优化问题研究	李珍萍	数学的实践与认识	核心 B
25	地下物流网络规划问题研究	李珍萍	数学的实践与认识	核心 B
26	我国供给侧结构性改革创新驱动与评价研究	崔春生	数学的实践与认识	核心 B
27	科普供给侧改革灰色预测与关联度分析——以北京为例	崔春生	数学的实践与认识	核心 B
28	基于云模型的京津冀物流一体化指标权重研究	郭　茜	云南财经大学学报	核心 A
29	茶类农产品物流配送体系优化分析	李　锋	福建茶叶	核心 B
30	大数据背景下我国企业信用研究综述——基于 CSSCI 检索论文的分析	韩　嵩	金融理论与实践	核心 B
31	京津冀物流设施一体化发展路径与水平测度研究	郭　茜	商业经济研究	核心 B
32	基于云模型的京津冀物流设施一体化测度	郭　茜	中国流通经济	核心 B

信息学院 2018 年出版著作一览表

序号	著作题目	第一作者	出版单位	类别
1	统计学	周　丽	科学出版社	教材
2	京津冀物流一体化发展统计测度与评价研究	郭　茜	经济管理出版社	专著
3	光谱仪运动成像退化与复原技术研究	王晓燕	化学工业出版社	专著
4	环境检测信息服务系统开发实践——基于 ASP. NET Core MVC 和 EF Core 技术架构	王　新	冶金工业出版社	专著
5	社交网络演化计算——模型、方法与案例	王元卓（外）	清华大学出版社	专著

信息学院 2018 年授权专利一览表

序号	专利名称	专利类型	专利发明（设计）人
1	一种用于仓储监控设备的主控模块	实用新型	刘军、杨玺、赵东杰、徐燕

续　表

序号	专利名称	专利类型	专利发明（设计）人
2	一种实时大数据采集记录装置	实用新型	刘军、赵东杰、张帅（研）、刘欢（研）
3	一种移动载货平台运行安全远程监测装置	实用新型	刘军、赵东杰、徐燕、杨玺、阎芳
4	一种仓储货架安全监测装置	实用新型	刘军、阎芳、杨玺、刘欢（研）、于子红（研）、赵东杰、徐燕
5	电子鼻系统	实用新型	赵东杰、刘军、游思晴、马廷伟（研）、丁庆行（研）、周明（研）
6	智能物流拣选存储系统	实用新型	李俊韬、袁瑞萍、薛菲、苏庆华
7	一种物流机器人（2018）	实用新型	苏庆华、姚杰（研）、李园园（研）、董婷婷（研）、李俊韬
8	一种物流机器人	实用新型	袁瑞萍、郝岩（研）、董婷婷（研）、李圆圆（研）、李俊韬
9	一种无线触控鼠标	实用新型	崔春生、姚杰（研）、袁瑞萍
10	电晕放电离子源组件及其离子注入方法	实用新型	赵东杰、刘军、丁庆行（研）
11	一种基于机器人输送分拣及存储的自动拣选装置	实用新型	余微微（研）

信息学院 2018 年获奖成果一览表

序号	成果名称	获奖者	奖励名称	发证机关
1	基于管控一体化的智慧仓储解决方案项目	刘军、赵东杰、徐燕、杨玺、阎芳、王乐乐、王成林、丁庆行（研）	2018 年中国物流与采购联合会科技进步奖	中国物流与采购联合会
2	Design of Multi - sensor Monitoring System for Logistics Yard	唐恒亮、阎芳、刘涛、赵明茹	第十七次中国物流学术年会优秀论文奖	中国物流学会、中国物流与采购联合会
3	信息技术对物流业务的推动性研究	唐恒亮、刘涛、薛菲、李洁、董晨刚（研）	2018 年度中国物流学会、中国物流与采购联合会优秀课题奖	中国物流学会、中国物流与采购联合会

续 表

序号	成果名称	获奖者	奖励名称	发证机关
4	带时间窗和服务顺序约束的多需求车辆路径问题研究	李珍萍、张煜炜（研）	第十七次中国物流学术年会优秀论文奖	中国物流学会
5	供应链视角下基于统计学习方法的物流企业竞争力水平测度研究	韩嵩、刘娜（外）	第十七次中国物流学术年会优秀论文奖	中国物流学会
6	中国 A 级物流企业空间格局特征研究	金仁浩、田志勇、成晓红、王莎、黄羽翼	2018 年度中国物流学会、中国物流与采购联合会优秀课题奖	中国物流学会、中国物流与采购联合会
7	Order Batching of Intelligent Warehouse Order Picking System Based on Logistics Robots	袁瑞萍、李俊韬、刘凯（研）、王慧玲（研）	第十二届电子商务与电子政务管理国际会议（ICMeCG 2018）最佳论文奖	ICMeCG 2018 组委会
8	天地一体化信息系统设计验证与仿真	胡凯（外）、程子敬（外）、江昊（外）、李周（外）、吴静（外）、丁毅、尤启迪（外）、石云（外）、梁银川（外）、陈晨（外）	中国产学研合作创新成果奖	中国产学研合作促进会

信息学院 2018 年主要承担课题一览表

序号	项目来源	项目名称	负责人	项目经费（万元）	备注
1	国家自然科学基金项目	低计算量高精度半结构化环境视觉/惯性紧组合的 AGV 定位导航方法研究	苏庆华	27	国家级
2	北京市哲学社会科学规划项目	基于大数据技术提升首都物流服务品质的策略研究	周　丽	15	省部级
3	国内一级行业协会（学会）项目	现代物流网络体系互联互通研究	周　丽	1	省部级
4	国内一级行业协会（学会）项目	信息技术对物流业务的推动性研究	唐恒亮	0	省部级

续 表

序号	项目来源	项目名称	负责人	项目经费（万元）	备注
5	国内一级行业协会（学会）项目	物流机器人任务分配关键问题研究	薛 菲	0	省部级
6	国内一级行业协会（学会）项目	中国A级物流企业空间格局特征研究	金仁浩	0	省部级
7	国内一级行业协会（学会）项目	电子商务环境下农产品流通模式研究	李 锋	0	省部级
8	其他省部级项目（由学术委员会认定）	基于社会生活基本调查的城市休闲水平统计测评研究	黄羽翼	0	省部级
9	其他省部级项目（由学术委员会认定）	京津冀物流一体化对非首都功能疏解效果测度与评价研究	郭 茜	5	省部级
10	北京市优秀人才项目	2017北京市“高创计划”青年拔尖个人项目	唐恒亮	50	市局级
11	其他市局级项目（由学术委员会认定）	2017通州区“运河计划”领军人才项目	唐恒亮	25	市局级
12	北京市优秀人才项目	基于时空统计模型的北京空气质量分析	金仁浩	4	市局级
13	北京市教委人文社科计划面上项目	共享经济下电子商务创新模式与采纳研究	陈 蕾	5	市局级
14	北京市教委科技计划面上项目	智能仓储系统中基于强化学习的动态不确定任务分配研究	薛 菲	15	市局级
15	北京市教委科技计划面上项目	整合多源数据的云推荐系统关键技术研究	张海军	15	市局级
16	企事业单位委托项目	物流仓储拣选系统效率优化	周 丽	2	横向
17	企事业单位委托项目	面向交通领域的区块链应用技术探索	丁 毅	5	横向
18	省市区政府部门委托项目	通州区产业工人队伍建设状况分析	金仁浩	10	横向
19	企事业单位委托项目	高速摩擦副扭矩动态测试及分析	王晓燕	4.8	横向
20	企事业单位委托项目	顺义区物流设施专项规划	游思晴	45	横向
21	企事业单位委托项目	大数据分析在华能集团物资集中采购方面应用研究咨询服务项目	孙 立	15	横向

商学院

【**概况**】2018 年学院根据校党委和行政的总体部署，紧紧围绕学校年度重点工作和学院年度计划，以本科教学审核评估和学科自我评估为重点，不断强化学科专业建设，加强师资队伍建设，提升人才培养质量，各项工作达到预定目标，取得了显著成效。学院完成的主要工作任务和亮点有：以党的十九大精神为指引，加强基层党组织建设，现任教工党支部书记获博士学位比率 100%，兼任行政工作比率 100%，全年有 330 人参加了初级党校学习并撰写了入党申请书，发展党员 120 人；贯彻落实党风廉政责任制，加强领导班子和党员领导干部作风建设；获批会计学专业硕士办学资格，完成工商管理学科学位授权点合格自评，组织开展高精尖学科申报，积极推进与中央财经大学的工商管理学科共建；强化专业内涵建设，顺利完成本科教学审核评估，对专家反馈意见按照责任主体形成各层面详细整改计划；成功举办第八届中国商贸流通企业发展论坛暨人工智能下企业管理变革高峰会；与广州中博教育股份有限公司签订合作培养会计学（CGMA）人才协议，组建第一届会计学（CGMA）成建制班，为会计学专业增加了专业方向（CGMA）；暑期社会实践项目“通州运河文化古村落调查”得到了通州区政协等单位大力支持，取得丰硕成果；理论中心组学习与专业使命教育进入新阶段，建立起学习新机制，学习效果显著；加大专业使命教育研究力度，成功申报北京市委教育工委思政课题 1 项，发表 2 篇专业使命教育主题论文；以就业为导向，完善毕业生就业指导体系，全面提升就业质量，商学院 2018 届毕业生签约率为 83.00%，就业率为 97.30%。

截至年末，学院有教职工 101 人，其中，教授 19 人、副教授 45 人，具有博士学位的教师 59 人。在师资队伍中，有北京市教学名师、北京市优秀青年骨干教师、北京市优秀辅导员与班主任共计 11 人。在校生（含本科生、全日制硕士研究生、非全日制 MBA 学员）2008 人，本科毕业生 458 人，招生（含本科生、研究生）482 人。

（魏国辰）

【**教学工作**】不断加强实践教学体系建设。在 2018 年夏季小学期的企业家课堂项目中，商学院推荐并承担了国际财务与会计前沿、新媒体时代营销、领导力与管理创新共 3 门课程的辅助教学工作。进一步拓展企业家进课堂等实践教学项目，本年度各专业邀请企业家进课堂约 15 人次。2018 年夏季小学期时学院共有 245 名学生到校外实习基地参加实习；本年度商学院教师和学生共计 75

人次参加 12 个市级及以上学科竞赛，并获得了良好的比赛成绩。

不断拓展和创新人才培养模式。学院与中央财经大学会计学院共同研究制定了会计学双培生的培养方案，并在教学管理等方面开展经验交流与研讨。与用友新道科技股份有限公司就大智移云时代新商科人才培养、专业建设、课程建设、校企合作等问题展开了广泛而深入的沟通与交流。积极推进与美国欧道明大学的合作人才培养项目，已完成培养方案和课程的对接工作。与广州中博教育股份有限公司签订了合作培养会计学（CGMA）人才协议并顺利招收首届 2018 级新生，共计 21 名，进一步强化了学校会计学专业学历教育与职业教育高度融合的人才培养特色。

顺利完成本科教学审核评估。根据上级要求组织成立商学院本科教学审核评估领导小组和专项工作组。收集整理了近 3 年的相关数据和资料，共召开 7 次专项工作研讨会，完成了 6 万多字的院部自评报告。精心组织专家走访、座谈和听课，组织召开研讨会分析评估专家反馈意见并制定整改措施，形成学校、学院、教师和学生 4 个层面的详细整改计划。

积极开展“课程思政”和推进“专业使命”教育。在党委领导下，组织各个专业认真研讨课程思政的落实方案，遴选 5 门课程开展课程思政改革试点，要求在专业课程的教学中渗透思想政治教育，强调职业道德和职业操守教育，试点效果良好。

采取多种手段提升教学质量。加强教学常规检查，及时跟踪和反馈教师的课堂教学情况。组织全院教师参加学校慕课资源教学平台培训。为新教师配备导师，制定教学促进方案。组织全院教师积极申报教改项目和指导大创实培项目。2018 年商学院教改立项 15 项，其中重点项目 6 项、一般项目 9 项；大创立项 43 项且均通过答辩，其中 14 项入选北京市大学生科研训练计划深化项目（即实培项目），7 项被评为校级优秀项目。动员和组织全体 40 岁以下的青年教师参加学校第十六届青年教师教学基本功大赛。

（陈娟）

【商学院成立十周年】2018 年 11—12 月商学院举办以“时载商华·砥砺奋进”为主题的十周年院庆系列活动。包括十周年院庆暨商贸文化节开幕式、校友系列讲座、十周年院庆暨商贸文化节闭幕式晚会、校友座谈会暨实习实践基地授牌仪式等。

12 月 27 日，举行商学院成立十周年校友座谈会暨实习实践基地授牌仪式。校党委副书记沈小静、商学院院长魏国辰等校领导与 20 位商学院校友代表参加了会议。北京物资学院北京校友会会长、白马荟（北京）体育文化有限公司创始人张登祥、北京梧远科技有限公司董事长彭鑫、北京应天海乐科技发展有限公司董事长史本才代表校友分别表达了对商学院发展的热切关注，希望校友企业和学院进行资源共享，互利合作，并表示愿意在人才培养、创新就业等方面贡献力量。北京元懋翔万达丰科文化发展有限公司总裁曹荻明等校友围绕学校发展、学科建设、人才培养、社会服务、校企合作等方面提出了诸多有建设性的宝贵意见和建议。商学院与校友企业北京元懋翔万达丰科文化发展有限公司签署实习实践基地协议，并举行授牌仪式。

（陈娟　杨柳依依）

【用友新道科技股份有限公司到校开展合作交流】 11 月 7 日，用友新道科技股份有限公司代表到访，与商学院会计系教师就会计学专业建设、课程建设、校企合作等问题进行研讨。用友新道科技股份有限公司北京分公司校企合作促进部总监程帅、总部方案研究与产品规划专家聂鑫、北京分公司方案规划顾问金鑫，以及商学院副院长陈娟、会计系主任郑可人、会计学专业主任张军、会计系副主任陈波、专业教师和实验教师代表等 15 人参加交流。校企双方针对人才培养、课程设置、设备配套、实践基地等有关问题进行了深入的交流与探讨，为进一步深化校企合作、共同培养适应时代发展需要的高素质人才奠定了良好基础。

（陈娟）

【中国会计改革与发展 2018 学术论坛】 9 月 28 日，由中国会计学会和中国财政科学研究院主办、北京物资学院商学院和山西大学经济与管理学院协办的“中国会计改革与发展 2018 学术论坛暨改革开放四十年回顾与展望”研讨会在京隆重召开。会议主题是纪念改革开放 40 年，深入贯彻习近平新时代中国特色社会主义思想和党的十九大精神，进一步推动会计更好地服务新时代治国理政和改革发展大局。

商学院副院长陈娟、会计学专业主任张军、会计系副主任陈波以及兰凤云副教授、曹键副教授、王美英副教授出席了会议。来自中国财政科学研究院、中国注册会计师协会、中国人民大学、北京工商大学、中央财经大学、南京大学、东北财经大学的专家分别做了演讲，从企业会计改革、中国注册会计师制度、政府会计改革、国有企业财务制度变革、管理会计发展、中国会计教育改革等方面回顾了我国会计改革与发展 40 年来的成就，分析了面临的挑战与机遇。学校商学院积极协助会议组织管理工作，促进商学院教师与同行专家的学术交流与合作。

（陈娟）

【考察用友产业园】 10 月 24 日，刘永胜副校长带领商学院教师代表一行 8 人赴用友产业园考察，用友新道科技股份有限公司总裁周前进及公司主要负责人接待了考察团。学校考察团参观了用友新道的办公和教学及培训场所，听取了新道实习实践教学平台、新道智慧教育云平台、新道 ARE 虚拟仿真教学平台、新道 VBSE 人力资源教学平台等产品介绍和新道大数据商务智能专业介绍，参观了用友产业园数字企业体验馆。随后校企双方围绕专业建设、课程建设、创新创业教育等问题与新道科技进行了研讨交流。双方表示将进一步深化校企合作，探索人才培养新模式，共同培养适合新时代发展需要的高素质商科人才。

（陈娟）

【学科竞赛取得良好成绩】2018 年，商学院共计 14 位教师指导学生 204 人次参加了 17 个市级及以上学科竞赛，并获得了优异成绩。具体获奖情况如下：

“第七届全国高校模拟集体谈判大赛”的“劳方”团体一等奖和“资方”团体三等奖；

“2018 年全国高校商业精英挑战赛‘有道商创杯’商务谈判竞赛”总决赛二等奖、三等奖和最佳组织奖；

“2018 年（新加坡）全球品牌策划大赛中国地区选拔赛”二等奖；

“学创杯”2018 全国大学生创业综合模拟大赛市赛一等奖；

全国大学生人力资源管理知识技能竞赛一等奖；

2018 全国 MBA 培养院校企业竞争模拟大赛全国二等奖；

2018 全国高等院校企业竞争模拟大赛全国一等奖；

2018 全国高校商业精英挑战赛“启课程杯”会计与商业管理案例竞赛全国一等奖和全国三等奖；

2018 全国高校企业价值创造实战竞赛华北区三等奖。

（陈娟）

【会计学（CGMA 方向）培养模式的建立和招生】7 月 6 日，商学院与广州中博教育股份有限公司基于对全球特许管理会计师证书（CGMA）价值的充分认可以及未来良好的国际化财务人才市场需求预期，签署了合作培养会计学（CGMA 方向）人才的协议。双方约定共同研究制定会计学（CGMA 方向）人才培养方案，由中博教育负责全球特许管理会计师证书（CGMA）基础级、运营级两个级别 8 门课程的日常教学和全球统考辅导。

9 月 21 日，商学院顺利组建 2018 级会计学（CGMA 方向）专业教学班。会计学（CGMA 方向）教学班学生的招生录取采取学生自愿和学院选拔的方式，首届学生共 21 人，来自商学院内的各专业。这标志着学校会计学专业在财务会计和管理会计两大领域都对接了财经领域国际高端执业资格考试认证体系，进一步强化了学校会计学专业学历教育与职业教育高度融合的人才培养特色。

（陈娟）

【学科建设与科研工作】2018 年组织完成博士点建设单位申报工作，工商管理学科被列为北京市博士点建设单位。修改完成了工商管理学科学位授权点自评报告、工商管理学科合格评估基本数据表、工商管理学科学术学位授权点学位培养方案等文本，顺利完成了学位授权点合格自评工作。进一步细化培养方案，顺利完成会计专硕授权点的申报工作。

2018 年，与中央财经大学开展学科共建工作，探索合作交流途径，围绕研究方向融合、教师培养、团队融合、科研结对、国内外学术会议、研究生培养、扩大双培生规模、引进特聘教授等方面推进工作。

高级别纵向课题申报取得新进展。2018 年商学院教师成功申报教育部人文社会科学规划项目 1 项，国家发改委项目 1 项，国家级子课题 1 项，北京市哲学社会科学规划项目 6 项（其中重点项目 1 项）。

（吕波）

2018 年商学院省部级及以上纵向课题一览表

项目名称	负责人	项目级别	项目来源单位
基于社会网络分析的北京市食品生产企业食品安全行为与监管研究	刘永胜	省部级重点	北京市哲学社会科学规划办公室
分类治理视角下国有企业混合所有制最优机制设计研究	陈　霞	省部级一般	教育部
冷链物流高质量发展研究	魏国辰	省部级一般	国家发改委
实现小农户和现代农业发展有机衔接研究	张喜才	国家级子课题	全国哲学社会科学管理工作办公室
审计监督对健全党和国家监督体系的作用机制研究	顾　煜	省部级一般	北京市哲学社会科学规划办公室
北京物流企业“营改增”实施效果实证研究	许海晏	省部级一般	北京市哲学社会科学规划办公室
混合所有制改革背景下北京市国企并购重组绩效提升研究	董丽萍	省部级一般	北京市哲学社会科学规划办公室
京津冀现代农产品冷链物流需求及发展模式研究	张喜才	省部级一般	北京市哲学社会科学规划办公室
京津冀水资源会计核算体系构建与运行机制研究	陈　波	省部级一般	北京市哲学社会科学规划办公室

2018 年商学院部分学术成果获奖一览表

成果名称	获奖人	获奖级别	获奖日期	发证机关
物流上市企业网站投资者关系管理水平与价值研究	刘　华	市局级（非政府奖）	2018－11－17	中国物流学会、中国物流与采购联合会

续 表

成果名称	获奖人	获奖级别	获奖日期	发证机关
京津冀一体化背景下蔬菜供应链利益分配机制研究	张喜才	其他部级科研奖励	2018－11－17	中国物流学会、中国物流与采购联合会
现代农产品冷链物流体系建设研究	张喜才	其他部级科研奖励	2018－11－17	中国物流学会、中国物流与采购联合会
商贸流通业上市公司发展指数综合评价研究	王立成（外）、张　军、陈前前	市局级（非政府奖）	2018－05－02	中国市场学会、中国市场杂志社、中国流通经济杂志社
关于保护通州古城北部运河文化遗产密集区的提案	陈喜波	市局级（政府奖）	2018－02－28	中共北京市委统一战线工作部

2018 年商学院部分著作成果一览表

著作题目	第一作者	出版单位	著作类别
世界新型家庭医生服务系统与国民联合健康保障体系构建	沈晨光	中国书籍出版社	学术专著
旅游电子商务企业案例分析（第 2 版）	欧海鹰	旅游教育出版社	学术专著
漕运时代北运河治理与变迁	陈喜波	商务印书馆	学术专著
职业教育产教融合制度创新	和　震	科学出版社	学术专著
基于创新视角的农业科技项目立项评价研究	孙　静	机械工业出版社	学术专著
上市公司交叉持股关联网络研究	常晓红	首都经济贸易大学出版社	学术专著
技能形成制度的国际比较研究	李玉珠	社会科学文献出版社	学术专著
大学生创业理论与实践	曹　娓	中国人事出版社	学术专著
京津冀高等教育与产业协同发展模式及对策——基于产业链视角的研究	张喜才	中央编译出版社	学术专著
食品供应链风险形成微观机理与防控机制研究	刘永胜	中国经济出版社	学术专著

续 表

著作题目	第一作者	出版单位	著作类别
金融企业会计	曹 键	中国财富出版社	普通教材
物流产业链管理	张喜才	中国商业出版社	学术专著
知识资本与人才发展协同创新研究	顾国爱	清华大学出版社	学术专著
集体谈判与集体合同制度	左春玲	中国劳动社会保障出版社	学术专著
“互联网+”背景下众创空间运行机制研究	吕 波	中国质检出版社、中国标准出版社	学术专著

2018 年商学院部分核心刊物论文成果一览表

论文题目（中文）	第一作者	发表刊物/论文集	刊物级别
高管学术经历、外部治理水平与审计费用	沈华玉	审计研究	权威 B
独立董事与 CEO 私人关系对公司绩效的影响	陈 霞	管理科学	权威 B
我国盐业管理体制演进轨迹和未来展望	刘永胜	改革	权威 B
沿线省市大运河文化带建设关注度与聚焦点	孙 静	光明日报	人民、光明、经济日报理论版
采购信息化平台管理优化研究	皇甫遥遥	环球市场	国际 D 级（中科院 JCR 四区）
赣南脐橙质量安全追溯系统优化研究	胡瑾玲	中国储运	国际 D 级（中科院 JCR 四区）
中国民间组织应急人才福利保障问题探讨	唐华茂	International Journal of Trend in Research and Development	国际 E 级
客户集中度与公司创新	沈华玉	Asia – Pacific Journal of Financial Studies	国际 E 级

续　表

论文题目（中文）	第一作者	发表刊物/论文集	刊物级别
管理层薪酬激励与盈余管理关系：基于大股东治理视角	董丽萍	中国流通经济	核心 A
国内知识管理领域跨学科知识交流特征研究	张　勤	图书情报知识	核心 A
网购食品供应链平台与平台卖家信号传递的博弈	刘永胜	商业研究	核心 A
不完全信息博弈下政府审计外包的监管策略——基于政府财务报告审计的视角	王美英	中国流通经济	核心 A
西藏实施乡村振兴战略的路径和举措研究	顾国爱	科学社会主义	核心 A
企业员工心理契约与敬业度的关系——以物流企业为例	解进强	中国流通经济	核心 A
基于全域历时态的京杭大运河景观遗产价值判断与保护利用策略探析	王亚男	城市发展研究	核心 A
北京市快递员过劳现状及其影响因素——基于 1214 名快递员的调查	林　原	中国流通经济	核心 A
“互联网 +”下科技孵化平台“响炮”效应模型的构建与实证研究	吕　波	经济体制改革	核心 A
电商企业顾客赢回驱动因素实证研究——一项基于田野调查数据的 Logistic 回归分析	李敬强	中国流通经济	核心 A

续 表

论文题目（中文）	第一作者	发表刊物/论文集	刊物级别
应急管理专业人才胜任力模型实证研究	唐华茂	中国行政管理	核心 A
我国劳动者退休意愿的实证研究	弓秀云	云南财经大学学报	核心 A
企业会计信息一致性测算及其对债务融资的影响——来自中国 A 股上市公司的经验证据	范少君	中国流通经济	核心 A
关于如何完善土地流转的制度探讨——基于日本农地中间管理制度的分析与启示	刘启明	中国农业大学学报（社会科学版）	核心 A
澳大利亚促进残疾人接受高等教育的举措及启示	房风文	中国特殊教育	核心 A
虚拟创业孵化器有效刺激变量研究——基于 CAS 模型与统计对比数据	吕　波	科技进步与对策	核心 A
食品供应链安全风险博弈分析	刘永胜	经济问题	核心 A
农产品供应链合作关系演进路径及影响因素分析	解进强	中国城市流通发展报告（2018）	核心 A
京津冀物流企业发展状况——京津冀物流企业空间布局特征及其影响因素	魏国辰	论文集	核心 A
京津冀农产品冷链需求预测及发展模式研究	张喜才	京津冀一体化物流发展报告（2017）	核心 A
京津冀蔬菜供应链优化研究	张喜才	京津冀一体化物流发展报告（2016）	核心 A
京津冀物流人才流动状况分析	李广义	京津冀一体化物流发展报告（2016）	核心 A

续　表

论文题目（中文）	第一作者	发表刊物/论文集	刊物级别
京津冀物流企业经营绩效分析（2016）	魏国辰	京津冀一体化物流发展报告（2016）	核心 B
基于移动互联网传播的集体行动组织机制研究	左春玲	中国人力资源开发	核心 B
京津冀高等教育链与产业链协同发展研究	张喜才	现代管理科学	核心 B
北京 SF 公司高校区域快件末端派送模式选择评价研究	程梦雄	数学的实践与认识	核心 B
食品安全伦理风险来源的主体及风险行为研究	刘永胜	调研世界	核心 B
基于流程的猪肉供应链透明度评价指标体系	刘永胜	江苏农业科学	核心 B
风险导向审计应用现状调查分析	王美英	财会通讯	核心 B
行政单位公车用油管理问题与制度设计	崔　强	会计之友	核心 B
基于结构方程的食品冷链透明度评价指标体系研究	刘永胜	科技管理研究	核心 B
“一带一路”下企业跨境电子商务风险防范	程梦雄	商业经济研究	核心 B
基于 TAM3 的食品供应链安全风险防范系统研究	刘永胜	商业经济研究	核心 B
长江经济带物流产业效率及其影响因素研究	魏国辰	数学的实践与认识	核心 B
电商时代农村物流网络存在的问题及顶层设计探究	张喜才	商业经济研究	核心 B
大学生学业成绩变化的实证研究——基于北京某高校的考察	季　靖	教育学术月刊	核心 B

（吕波）

【党建工作】深入学习贯彻党的十九大精神，及时传达党和国家的大政方针和重大决策，认真执行学校部署和要求，继续深入开展“两学一做”学习教育，统一全院师生的思想认识。建设学习型党组织，充分利用传统媒体和新媒体，做好习近平新时代中国特色社会主义思想的宣传、学习、研究工作。注重政治学习同教职工的科研教学相结合，注重将学习落实到学生党员的学业、实践、活动与自身发展与要求上。认真组织理论中心组学习，指导各个党支部的理论学习及专业使命教育工作开展。

加强基层党组织建设。2018 年商学院共有 13 个党支部，其中 1 个教工党支部和 7 个学生党支部按期完成换届选举，新成立商学院研究生党支部 1 个。2018 年商学院党委、市场营销学生党支部和工商管理学生党支部成功申报党建特色基金课题，认定入党积极分子 330 人，发展党员 120 人。本年度调整后商学院有 5 名教工党支部书记，拥有博士学位的比率为 100%，担任行政职务的比率为 100%，为党支部书记参与所在部门重要事项决策、党支部工作与学院、系中心工作的结合打下了良好基础。

深化专业使命教育，推进“课程思政”改革，理论研究成果显著。商学院的 5 个教工党支部开展课程思政的深入研讨，积极推进十九大精神进课堂。本年度商学院发表 2 篇相关学术论文，分别是《课程思政的价值与实现路径探析——北京物资学院实践》与《经管类高校专业使命教育探索与成效》，1 部管理学的专业使命教育教材待出版。

注重师生思想政治教育，保障教职工切身利益，推进平安校园建设。注重思想引领，落实意识形态工作责任制。关注师生思想、心理动态。以纪念改革开放 40 周年为契机，不断加强理想信念教育，组织师生参观“伟大的变革——庆祝改革开放 40 周年大型展览”，组织教工党支部赴红旗渠进行党性教育培训，组织人力资源管理教工党支部赴西柏坡、冉庄重走红色之路。注重服务意识，保障教职工切身利益，商学院劳动争议调解委员会运行效果良好。注重平安校园建设，以网格化管理的思想建立安全责任制，做好日常重点巡视。

以落实党风廉政责任制为重点，规范党内政治生活，加强领导班子和党员领导干部作风建设。围绕学院的中心工作，把廉政建设责任制真正纳入教育教学管理和领导干部作风建设之中，党政分工共同铸造反腐防线。党员领导干部带头廉洁自律，积极在教师和教工党员中开展反腐倡廉教育。多渠道面向全院师生做好院务公开、党务公开，主动接受全院师生的监督。

以推进二级教代会工作为抓手，促进民主管理的进程。在学院各项工作中，涉及教职工的基本利益及学院发展的重大决策，均通过教代会广泛征求教职工意见。以教工的需求和发展为着眼点，继续完善“职工之家”的软件建设，积极坚持开展广大教职工喜闻乐见的文体活动，主动为教职工办实事。

【学生工作】2018 年商学院学生工作紧

紧围绕“立德树人”的根本任务，坚持“学生为本”原则，积极践行“三全育人”思想政治工作体系，以“引领、贯通、精准、驱动”为关键，狠抓思想引领、学风建设、管理服务、队伍建设等重点工作，引导商学院学生工作走向健康、规范、有序、特色的发展道路。

以习近平新时代中国特色社会主义思想与社会主义核心价值观为指导，加强学生思想引领，积极开展新媒体网络思政工作。商学院共计召开21次商学院学工小组例会，多渠道、多角度掌握研判舆情；学院微信、微博等新媒体平台覆盖全体学生且信息阅读率达到100%，思想引领推文、主题帖等平均2.5篇/周，全年阅读总次数达75417次；严格规范建设党团支部，号召各团支部积极开展“识专业·树新风·知使命”和“传承红色精神·争做时代先锋”活动，商学院各团支部年内召开思想引领类主题班会总计140场。

将学风建设贯通到各项学生工作中，通过“以学术带学风、以活动树学风、以奖励正学风、以督察促学风”的工作思路，以本科教学评估为契机，务实创新地进行学风引导。学院开展“讲文明，树学风，迎评估”系列学风创建活动，将学风建设的理念贯穿于活动之中。学生获得流通业经营模拟竞赛和营销模拟决策竞赛全国一等奖，获得各类全国、全市比赛奖项共计十余项。

2018年，商学院学生获得学校2018年舞蹈大赛二等奖、男女足五人制比赛冠军、“腾龙杯”冠军、“飞凤杯”亚军、“一二·九”大合唱冠军等各类荣誉。通过宿舍文化节等系列活动促进宿舍文化建设。学院积极鼓励专业教师结合研究方向与大学生暑期社会实践项目对接，共有8位专业教师与学生实践团队对接成功，组建13个实践课题，25支实践团队，200余名学生在京杭大运河沿线6省市展开调研。2018年商学院有1615人参与志愿服务活动，有51名学生成为星级志愿者。

【通州区大运河古村落调研】2018年，商学院积极鼓励专业教师结合研究方向与大学生暑期社会实践项目对接，其中陈喜波老师指导实施的“通州区大运河古村落调研”项目得到重点支持，参加该调研项目的学生共计81人。调研项目从7月18日起，持续约2周时间，调研团队以小组为单位对通州区十几个古村落展开走访，共形成包括村落、地理、人口、产业、生活、文化等方面的第一手文字资料近十万字。

10月19日，通州区政协主席赵玉影、副主席贾君刚、文史和学习委员会主任程行利、北京市国土规划委通州分局副局长李伟、中央美术学院教授王川等到校走访，就通州区古村落文化调研工作进行专题座谈研讨。校党委书记李石柱、校党委副书记沈小静出席，学校办公室、党委统战部、大运河研究院及商学院相关人员参加了研讨座谈会。通州区政协主席赵玉影对学校长期以来对通州区发展的支持与贡献表示了感谢，对学校政协委员“在通州、想通州、干通州事”的情怀表示敬佩，对学校学者的敬业奉献精神和带领学生为副中心建设无私付出的精神表示感动。他还表示通州区政协将进一步加强与学校的沟通和联系，一如既往地为学生社会实践活动提供专家指导，为大运河研究院的健康快速发展提供扶持，和学校一起挖掘运河文化内涵，共同为通州区美丽乡村调研和建设贡献力量。

（杨柳依依）

【商学院合唱团受邀参加合唱音乐会】 12 月 17 日，商学院学生合唱团受北京市通州区文化委员会邀请，参加“2018 首届京津冀优秀合唱展演暨通州区纪念改革开放 40 周年合唱音乐会”，以《长城谣》《从前慢》2 个曲目献礼改革开放四十周年。

（杨柳依依）

法学院

【概况】 法学院成立于 2017 年 7 月，下设法学系 1 个教学系部和综合事务办公室、学生工作办公室 2 个行政科室。学院拥有法学本科专业和法律经济学二级学科硕士点，设有法律与政策研究中心、劳动关系研究中心、创新创业中心、法律援助中心等研究机构以及模拟法庭、速录实训、司法鉴定等专业实验室。

2018 年是法学院成立后完整运转的第一年。学院按照“把法学院建设成为学校不可或缺的二级教学科研单位”的目标，实施“实、精、高”的发展战略，圆满完成 2018 年各项工作任务。截至 2018 年年底，学院共有教职工 25 名，其中专任教师 20 名（含教授 3 名、副教授 8 名、讲师 9 名，其中 15 名教师拥有博士学位，占专任教师总数的 75%），行政教辅人员 5 名；北京市优秀教师 1 名，北京市优秀党员 1 名，北京市中青年骨干教师 2 名；在校法学专业本科学生 242 名，法律经济学硕士研究生 17 名。

（赵志瑞　洪淑洁）

【教学工作】 2018 年学院按照“内涵发展、特色发展”的具体要求，扎实做好日常教学工作，依托教研室和教学团队持续推进教学重点工作，不断打造学院教学工作特色，全年学院教学工作有条不紊，无教学事故发生。

从课程改革、实验室开放、大创项目、高水平毕业论文交叉培养计划等角度入手，开拓创新创业教育的新路径，努力培养学生创业创新能力。学院组织综合课程改革项目、校级教育教学改革项目的立、结项评审工作。加强专业使命教育，配合学风建设，有效推进“师德师风建设”活动。5—6 月完成 2015 级学生毕业实习、毕业论文答辩和毕业审核工作。进一步强化实践实验教学，有序推进实验室建设和实验课程开发。

10月10日法学院召开全体教职工会议，部署安排本科教学评估专项工作，10月17日召开法学前沿课题研究暨学术研讨会。

10月21日尚珂、白硕2名教师带领3名学生参加第十届全国财经高校法学教育论坛。11月2—4日，选派法律经济学专业的5名研究生参加“2018年北京大学量化研究理论与方法研讨会第三期”。10月组织本科生参加北京市大学生模拟法庭竞赛活动，荣获二等奖、最佳优秀选手奖。10月27日，李爱华、邵莉莉2名教师带队参加“2018年全国文秘·速录职业技能竞赛暨通往意大利撒丁岛国际速录大赛”，法学院选手司成获得专项二等奖，白洁、孙玉鑫获得专项三等奖，王芳、刘娅琪、颜培珺、张铭格获得优胜奖。青年教师代表彭幸荣获学校青年教师基本功大赛第二名、最佳教案奖。

11月与北京知产树教育科技有限公司签订法学实践教学基地协议、战略合作协议，为学生实习、就业、参加知识产权竞赛等活动拓展了平台。2018年1—10月组织实施2017—2018年度大学生创业科研计划立项、中期检查、结项答辩、优秀大创项目推优评审工作，最终完成国家级项目2项，市级项目5项，1个项目获得学校优秀大创项目二等奖。2018年10月法学院获批北京市教委高水平毕业论文交叉培养科研项目2项；大学生创新与创业项目深化项目1项。组织教学改革项目、综合课程改革项目、校级教育教学改革项目的立、结项评审工作，新立项学校教学改革项目7项。鼓励教师开展以翻转课堂、研究型学习，以及混合式、研讨式教学等为手段的教学现代化改革。

实施双师课堂改革。重视学生法庭实务技巧的培养，借助人才培养基地、实习基地的法律实务资源，聘请资深法院法官、检察院检察官、律师事务所的相关律师组成联合指导小组从实务角度为学生开设模拟法庭课程、刑法课程，教授学生法律实务和辩护技巧。2—7月邀请检察院10名检察官走进刑法课堂；9—12月邀请9名法官走进模拟法庭课堂，提升课堂教学实效。

继续推进本科生导师制度，明确导师职责，纳入绩效考核范围，导师对学生学业、生活、职业规划、大创项目、毕业论文、就业等方面进行全方位指导。对学生实施精英化教育，全面提升法学专业人才培养质量，成为学校唯一“学业零警示”学院。

开设2018级法学辅修双学位班，面向校内招收学生35人。

2018年6月完成2017级研究生综合考核工作；2018年11月圆满组织2017级研究生开题报告工作；12月20日圆满组织2016级法律经济学研究学位论文评审、答辩工作；2018年10月圆满组织完成2018级研究生导师双选工作。

【学科建设】根据学校关于学科建设的总体部署，结合学院学科建设发展情况，协助一级学科责任单位组织进行法律经济学二级学科硕士学位授权点学科建设工作；撰写完成《法律经济学二级学科评估报告》。

2018 年 9 月，成功立项“研究生创新与创业项目”2 项。2018 年 2—10 月，根据学校关于学科建设的总体部署，组织进行法律经济学二级学科硕士学位授权点建设工作；撰写修订完成《学科评估报告》，配合应用经济学一级学科学位点评估工作。

【科研工作】2018 年学院积极引导、鼓励并组织教师开展科学研究，促进学院科研水平提高。2018 年度法学院获批北京哲学社会科学基金项目、教育部人文社会科学基金项目、中国残疾人联合会、中国法学会部级课题共 5 项，合同经费 30 万元；横向课题立项 4 项，经费 16.6 万元；获得校级课题立项 7 项；学校青年基金项目 3 项，经费总额 15 万元；学校青年博士学术文库资助项目 3 项，资助金额 9 万元。

2018 年 4 月，李惠阳获得北京市哲学社会科学基金项目立项；魏巍获得 2018 年度教育部人文社科项目立项；2018 年 9 月组织中国法学会项目申报 5 项，彭幸、王淼共获批 2 项。

学院组织辅导讲座，开展高水平论文攻关工作。2018 年度共发表学术论文 18 篇，其中核心 B 期刊 2 篇，核心 A（光明日报理论版）1 篇，核心 A（人大复印报刊资料转载）1 篇，核心 A（第二作者）1 篇。

2018 年度学院出版著作共 7 部，其中专著 1 部，编著 1 部，教材 2 部，参编 3 部。获得商务部全国商务研究成果奖二等奖 1 项，市局级奖项 4 项。研究报告被党政部门采纳 2 项，其中被中国致公党北京市委采纳 1 项，被北京市通州区人民法院采纳 1 项。

2018 年 11 月与中央财经大学初步建立了战略合作关系，在学科、科研、教学、学生等工作方面全面开展合作。在中国商业法研究会 2018 年年会上，尚珂当选为副会长，吴长军当选为常务理事，8 名教师当选为理事。11 月 22 日，法学院吴长军应邀参加商务部流通产业促进中心承担的国家市场监管总局项目《农业标准化管理办法》修订课题。2018 年 10 月，李惠阳当选北京市法学会保险法学研究会副理事长。2018 年 11 月，吴长军当选通州区法学会学术委员会主任委员。

（尚珂　吴长军）

【党建工作】2018 年学院党总支继续将学习宣传贯彻党的十九大精神作为首要政治任务，坚持经常性学习十九大报告和党章，切实在“学懂、弄通、做实”上下功夫。按照学校党委的统一部署，研究制定学院理论学习教育安排计划，通过集中学、业余学、领导干部党课学、参加专题辅导学等多种形式，组织广大党员干部和师生认真学习了十九大精神、党章党规、中国共产党纪律处分条例、习近平治国理政、习近平新时代中国特色社会主义思想，进一步统一思想，提高认识，把握正确导向，凝聚发展共识，激发创业干劲。

落实党建工作主体责任，坚持把抓好基层党建作为主要任务，将党建工作与业务工作紧密结合，同部署、同落实、同考核；立足于学校改革发展稳定大局，坚持把抓好意识形态工作责任制落实和保持学院安全稳定作为重要政治任务纳入学院全面建设的整体计划中统筹推进，强化政治意识和安全工作的责任感，落实安全责任制；要求党员领导干部深入基层一线了解师生思想动态，适时解决师生的问题，积极发挥学院工会、共青团组织的职能，并大力加强学院文化建设，增添正能量。认真贯彻落实“三会一课”制度，做到每月一次总支会、支委会，每季度一次党员干部上党课；开展党员固定党日活动，明确活动主题，创新活动形式，丰富活动内容；坚持问题导向，开好专题组织生活会和民主评议党员活动；严格实行在职党员双重管理，提升党员奉献社会服务社会责任意识；规范党员发展工作，注重培养，严把质量关。2018 年发展党员 15 人，党员转正 15 人；学生党支部荣获校级先进党支部，2 名党员荣获校级优秀党员光荣称号。

院党政班子配齐后，科学分工，强调协同和服务，坚持党政共同管理、党组织保障监督、教代会民主管理“三位一体”的内部管理体制，落实党风廉政和反腐败责任制，党务院务公开，重大事项广泛征求师生意见召开党政联席会议审议决策；以“修师德、提师能、树形象”为主题，深入开展“争做新时代‘四有’好老师、‘四个引路人’教育实践活动”，培养教职工良好的师德师风。教师党员主动承担学院重点工作，学生党员开展“先锋工程”，用实际行动发挥示范引领作用；以促进党建工作与中心工作相融合为题，申报两项学校党建特色基金项目；实施“全员协同精细化育人工程”，全院同频共振、同向同行，形成教书育人、科研育人、实践育人、管理育人、服务育人、文化育人、组织育人等全员协同精细育人良好局面；协同配合学校安稳部门开展校院安全、法律宣传，组织师生深入中小学、社区开展“七·五”普法宣传教育；为新引进教师配备校内导师，聘请校外专家学者进行学术培训，新进教师进步明显。支持工会工作，法学院“无法不爱”瑜伽队获得校级比赛集体三等奖、组织奖。

（赵志瑞　吴忠华）

【学生工作】深入推进学生党员先锋工程。通过集体学习、参观、研讨、上党课、“悦学月答”活动等形式深入学习习近平新时代中国特色社会主义思想和党的十九大精神，争当思想先锋。通过党员服务站轮值服务、深入社区宣讲《中华人民共和国监察法》《中华人民共和国老年人权益保障法》、党的十九大精神等“红色 1 + 1”活动，争当服务先锋。通过开展“助学零距离”一帮一结对活动、“雷锋教室”考研法考、大学规划等经验分享等活动，争当学业先锋。通过“亮身份，勇承诺，重践诺”活动、党员述责测评等活动，争当践诺先锋。党支部“红色 1 + 1”活动获评市级优秀；学生党支部被评为校级优秀党支部；党员在深造、法考、奖学金评定等方面起到模范带头作用。

坚持党团班工作联动机制，以党支部工作为核心，发挥领导作用；以团支部工作为抓手，突出服务和育人功能；以班级工作为基础，提升集体归属感和凝聚力。党团班统一部署，整体推进，稳步推进大学生思想政治工作。研究生党员加入学生党支部后，着力发挥研究生对本科生的示范引领作用，促进研究生与本科生共同进步，为推进人才培养质量不断提升做出切实努力。162154101 班被推荐参加北京市级优秀基层组织评比。

继续打造法律文化节品牌活动，模拟法庭大赛、法律文书写作大赛、速录比赛、侦探大赛、禁毒演讲比赛、法律嘉年华、法律大讲堂（全年共计 20 期）等活动将校园法律文化宣传、专业使命教育、专业技能提升、学院文化与思政教育紧密融合并贯穿在法律文化节的始终。统筹建设学院网页专栏、易班网络平台和“法学团委”微信公众号，形成全面覆盖、渗透力强的网络思政空间，培养了一批网络思政工作学生骨干。微信平台关注人数 400 人，全年累计推送图文消息 160 条，单条消息最高阅读量 259 人次；学院网页专栏发布学工新闻信息 130 余条。设置法律文化廊道，宣传展示获奖表彰、经典诵读、专业使命教育、十九大精神等内容；与腾讯视频合作拍摄法学院招生宣传片，充分发挥环境育人文化育人作用。

重视普法团队的建设与普法的理论和技能培训，为每个普法小组聘请专业指导教师进行指导，提升普法和志愿服务质量。被邀请参与“百场法治进校园”活动在通州区中小学开展 9 场普法活动，获首都高校“青春微普法”视频大赛三等奖，优秀课件收录为北京市普法模板课件。开展暑期社会实践活动，学习运河文化，调研法治发展，访谈优秀校友，感受改革开放成果，引进专业教师指导并参与社会实践活动，提升实践的专业水平，暑期社会实践团队获得校级二等奖、北京市社会实践先进个人 1 人。

以迎评为契机，大力加强学风建设，通过开学典礼、迎评估誓师大会等活动开展爱校、爱院、爱班教育。通过在新生起航中开展赠送新生第一本专业书籍《西窗法雨》、“读书荟萃 明法德馨”新生读书汇报会、新生班主任学业引航等方式引导新生。积极推动“本科生导师制”，在导师分配时将新生的成绩、特长、籍贯、民族、性别细化分组，并调研导师制实施一周年的成效和问题形成报告以推动新一年的导师制的开展。其他年级通过组织撰写班级成绩分析报告、助学零距离、朋辈课堂、学困生家校合作、导师帮扶等加强学风建设；辅导员、班主任通过查课查晚自习、一对一深度访谈等狠抓学风。全年法学院无一学生受到学业警示。

强化宿舍管理，通过检查宿舍卫生、辅导员进宿舍、宿舍文化展示、宿舍学风建设、宿舍长经验分享等活动评选优秀宿舍，打造良好宿舍风气和文化。3 个宿舍被评为校级优秀宿舍，其中 2#417 宿舍被推荐参加北京市级优秀基层组织评比。

扎实推进心理健康教育。配合学校心理咨询中心做好心理文化节、心理普查等工作。扎实开展全体学生的心理健康日常教育工作，通过谈心谈话工作保证重点筛查工作的全面介入。关心家庭经济困难学生和少数民族学生，落实好助学工作，实施差别化的帮扶和激励措施，突出精准资助。努力发挥学生资助工作在大学生思想政治教育过程中的服务保障作用。

着力开展职业规划教育和就业创业工作，稳步提升就业质量。全年举办11场“律英职场午餐会·法科学子加油站”活动以及校友讲座等活动，引导学生进行职业规划、形成正确的就业观、承担专业使命。在毕业生中开展就业调研，找准工作重点，提供精准就业指导和服务。拓展就业渠道，搭建校企合作平台，完善实践基地建设。就业质量稳步提升，2018届毕业生中从事与专业相关工作比例为79.6%。

（吴忠华　周少华）

【英国德蒙福特大学教授来访】 2月28日，英国德蒙福特大学 Martin Morgan Taylor（马丁·摩根·泰勒）、Julia Pointon（朱莉娅·波顿）教授到访法学院。Martin Morgan Taylor 教授围绕“英国消费者权益保护法律与政策”举办了国际学术讲座，随后与法学院师生交流座谈。双方师生就“3+1”双学位合作培养，“4+1”“4+2”硕士研究生合作培养，学生双向短期游学与交流，教师访学等事项深入交换了意见。

（吴长军）

【2018年“法律大讲堂”】 “法律大讲堂”是法学院2018年推出的第二课堂新平台，是法学院加强学风建设、推进专业使命教育向纵深发展的重大举措，是法学院着力打造的校园文化品牌活动之一。“法律大讲堂”邀请法官、检察官等以及国内外高校法律专家阐释法律前沿理论、剖析热点经典案例、讲述实际工作状况，是集学术性与普及性、理论性与实践性、专业性与趣味性等特色于一体的综合性法治宣传、教育与研究平台，助力法学专业素质提升。“法律大讲堂”全年共举办20期，共邀请20多位校外专家入校举办讲座、报告，深受学生欢迎。

（吴忠华）

【“律英职场午餐会·法科学子加油站”】 “律英职场午餐会·法科学子加油站”是法学院第二课堂特色文化活动。该活动每次邀请1名法律界职场精英、1～2名专业教师和自愿报名的6～10名学生一起进行午餐会，一起就法律实务、法律职业生涯规划等问题进行非正式沟通与交流。使学生和教师更加了解法律从业人员的使命、法律职业生涯规划，为提升学风教风，促进学生成功就业，深化专业使命教育提供支持。学生们参与热情高涨，2018年应师生要求举办了11场。

（吴忠华）

外国语言与文化学院

【**概况**】外国语言与文化学院的前身是始建于1996年的北京物资学院外语系。2011年3月，学校在外语系的基础上，整合组建外国语言与文化学院，简称外语学院。学院下设英语系、大学英语教研部、文化传播教研部3个教学系部，另有行政办公室、学工办公室、资料室3个行政及教辅机构，设有商务英语1个本科专业（原英语语言文学本科专业于2017年停止招生）。外语学院除承担英语专业的人才培养任务外，还承担全校大学英语、大学语文、应用写作等公共基础课及文学、文化、艺术类素质拓展课的教学任务。截至2018年年末，学院有教职工71人，其中专任教师65人（含教授4人、副教授27人、讲师32人、助教2人），外教（美籍）1人，行政教辅人员5人，专任教师中拥有博士学位的教师7人。在2018年的人才引进工作中，从白城师范学院引进1名副教授（苏伟丽），从本校国际学院及人事处转入2名英语教师（王维娅、樊亚楠）。本年度晋升教授1人（张绍杰），晋升副教授2人（李海英、韦美璇）。鲁曼俐、潘爱琳2人赴美国肯特州立大学访学。学院当年毕业本科生75人，新招本科生98人，截至2018年年末，在校生325人。

学院学位评定委员会名单如下。

主任：李　华

成员：张克非　王淑花　桂天寅　王　有　孙静波

学院学术委员会

主任：李　华

成员：王淑花　桂天寅　路文军　左　雁　黄春燕　周　杰　孙静波　何启滨

（李华）

【**教学工作**】2018年，学院承担全校本科大学英语教学、英语专业教学、大学语文教学、国际学院的汉语教学，研究生部的英语教学以及继续教育学院的英语教学工作。本科教学中上半年外语学院开课50门，下半年开课43门，圆满完成课堂教学、试卷、考试等教学环节，完成英语专业、全校大学英语、大学语文的常规教学任务。成立教学督导小组，使学院的教学质量监控实现闭环。切实发挥教学指导委员会在教学比赛、试卷检查和教学改革项目评审等方面的作用。狠抓课堂教学质量，学院领导和教师同行听课全年共计200多人次，实现教师全覆盖。针对课堂教学中的问题（考勤、互动等），对课堂教学质量进行追踪评价和指导。全年教学运行较好，绝大多数教师课堂教学效果良好。推进以系部为单位的主题教研活动，探讨教学艺术。依托本科教改立项、教学团队活动等，深入探索教学研究与课堂教学的契合点，提高教学水平。加强与Lily英语、新东方等单位的合作，推动学生顶岗实践，实现学生小学期实践活动规范化管理。各系部根据自身需要和课程特色成立教学团队，其中英语系成立基础英语教学团队、商务英语教学团队和翻译技能教学团队；大学英语教研部根据年级组成立团队；文化传播教研部根据课程群成立文化教学团队和语言教学团队。各团队在集体讨论和试讲的基础上，把握教学审核评估期间课堂效率、活动设计和教学安排各个细节，切实做到互相学习，互相促进，提高教学质量。

本年度在成功申办新专业商务英语的基础上，申办成功商务英语四级考试考点，并组织了第一次商务英语四级考试。为确保考试顺利进行，学院面向全院本科生举办了2次模拟测试，并针对测试情况组织师生开展讨论，推进以考促教、以考促学。

2018年外语学院教师积极进行教学改革，完成校级本科教学工程项目1项、教改项目9项，其中1项为校级重点项目；获批立项校级教改项目4项。外语学院教师积极参与学校和学院组织的各项培训活动，共16人参加北京市高等学校师资培训中心、上海外国语大学、外研社等组织的英语教师培训，包括商务英语案例教学法研讨会，第十三届全国国际商务英语研讨会，商务英语课程教学设计研修班等。为更好地帮助学生提高文学修养与人文知识素养，为学校营造更加丰富的校园文化氛围，申报开设全院素质拓展课1门（中国现代文学与文人）。成功组织参加全国大学生英语竞赛，获一等奖3名、二等奖17名、三等奖29名。成功举办了北京市大学生英语演讲比赛暨“外研社杯”全国大学生英语演讲比赛北京物资学院选拔赛。组织学生参加首届“外教社杯”跨文化大赛，获二等奖1项。文化传播教研部张绍杰老师指导学生参加北京市书法大赛获三等奖1项。

（王淑花）

【科研工作】落实学校及科研处布置的各项任务，做好基础科研管理与服务工作。审核教师提供的科研成果信息及佐证材料，完成数据审核确认及成果入库管理。面向教师提供各类学术讲座与学术交流，邀请校外专家学者Dr. Amber Ferris（安贝·弗里斯博士）等6人来院做*The Benefits of Experiential Learning in the Classroom*（体验式学习课堂的益处）、*The Cultural Impact of Social Media*（社交媒体的文化影响）等主题的学术讲座共计8场次。安排路文军、邱林林、蒋春生3名教师面向院内教师交流参加学术会议及科研培训的收获心得，安排访学教师田甜向全体教师分享交流访学心得。王淑花教授为山东外国语职业学院做“中国英语能力等级量表”主题讲座，桂天寅副教授为西藏拉萨党政干部培训班做“党政机关公务文书写作技巧”主题讲座。

全年选派李华、路文军等教师8人次参加“首届文学与经济跨学科研究专题学术研讨会”“第十三届全国国际商务英语研讨会”“第二届大学英语教学行为中的科研学术论坛”等国内学术会议共7场，选派教师王淑花参加国际会议1场。共有5名参会教师在学术会议中提交论文，共计提交论文6篇，另有王淑花、路文军在会议中做学术报告共3场。全年选派教师郝琳、韩红、鲁曼俐等16人参加“学术期刊论文写作与发表研修班”“外语教学中的行动研究”等各类研修班共6场。

推进学院科研团队的研究能力建设，研究质量得到进一步提高。李华副教授领衔的外国影视文学研究团队工作扎实、成效显著，该团队在2018年出版学术专著3部。按照学校的统一部署，积极推进国家社科基金项目、教育部人文社科项目的申报组织工作，语言学与应用语言学研究团队、中国文学与文化研究团队本年度共申报国家社科基金项目1项（负责人李华）、教育部人文社科项目3项（负责人王淑花、路文军、桂天寅）。

落实学术委员会在科研工作中的科学决策、民主监督作用。依托大学生科学研究与创业行动计划项目，对本科生开展科研训练。当年获批大学生科学研究项目7项，其中国家级项目2项、北京市项目5项，结项6项；启动2019年立项工作，完成立项8项。继续推进青年教师挂职工作，2018年新增并完成挂职1人（郝琳）。教师全年发表学术期刊论文38篇，其中核心B类期刊论文2篇、普通期刊论文36篇；出版影视文化研究领域学术专著3部；李华、王淑花引进横向科研项目2项，科研经费3万元。

（桂天寅）

【**党建工作**】严格贯彻执行民主集中制和“三重一大”决策机制，组织召开16次党政联席会、12次党总支会议。增强领导班子遵守党的政治纪律和政治规矩的意识，自觉在思想上政治上行动上同以习近平同志为核心的党中央保持高度统一，树立“四个意识”、坚定“四个自信”。本年度发展教工党员1人、学生党员16人。英语系教工党支部被评为基层优秀党支部，支部书记鲁曼俐被评为校级优秀共产党员。

在思想建设方面加强意识形态引导管理。通过听课查课、学生评议、舆情监测、谈话交流、师生思想动态调研等方式，抓好课堂教学主阵地，对关键时期和节点进行把控，学院网站、微信平台和易班网络平台同步跟进。以做新时代“四有”好老师和“四个引路人”学习实践活动为抓手，通过中心组学习等各种载体，分层分类开展多种形式的学习教育活动。注重思想政治教育与师德师风建设相结合，将民主党派教研室主任和教师骨干纳入中心组学习，发挥思想引领和辐射作用，引导教师增强“四个自信”，以“四有”好教师标准要求自己。在新生专业导论课中增加专业使命意识渗透，开设“一带一路”国家文化课程，帮助学生了解“一带一路”沿线国家文化。教工与学生支部联动，举办“外音绕梁，语咏华章”主题外语文化节系列活动，党员教师在联合国模拟大赛等活动中担任评委或指导教师。学生党支部赴扬州和苏州进行“探寻运河文化，践行专业使命”的社会实践活动。学院以党课形式向学生讲授对外传播中国形象的重要性，提高学生投身国家对外建设和维护国际形象的使命感。商务英语专业支部召开“牢记使命，传播文化”主题的十九大精神进课堂展示交流会，开展课程思政课件评比活动。大学英语支部党员教师将“孔子”“中秋节”“中国航天事业的发展”等中国元素融入课堂教学，传播中国优秀文化和社会主义核心价值观。

在组织建设方面。完成党总支换届和支部换届，配齐配强总支委员和支部书记队伍，落实党建工作责任，明确总支书记的第一责任和分管领导的具体责任、党支部书记的直接责任，形成“一级抓一级、层层抓落实”的工作格局。抓好支部制度化、规范化建设，落实“三会一课”制度，推进“两学一做”学习教育常态化制度化；开展支部书记培训4次、系（教研室）学习指导会2次。执行班子成员联系支部和教研室制度，过好双重组织生活。按期完成党建述职评议考核工作，及时了解党员的思想动态，做好在职党员“双报到”工作，引导党员增强党员责任，发挥示范作用。落实党员岗位责任制，开展学习互助、学业帮扶。推行党员宿舍建设，获得校级3项优秀宿舍表彰（一等优秀宿舍2个，二等优秀宿舍1个）。以优良学风班为抓手，建立学风建设联动机制。开展“党员帮扶”“人生导师进课堂”“朋辈计划”“读书会”“小型辩论赛”“雷锋教室”等活动，发挥学生党员的模范带头作用。

加强和完善制度建设，编印《外国语言与文化学院制度汇编》。强化权力运行的制约和监督工作，制定职权目录和权力运行流程，强化了风险防控和监督机制。注重决策事项过程公开，确保教工知情。利用大会通报、公示栏、学院网站和微信平台，及时将涉及教职工利益事项和其他重大事项进行公示，广泛征求意见和建议、接受师生的监督。大力提倡党员群众积极建言献策，特别是在重大问题的决策和实施过程中，充分发挥基层党组织重要作用，关注高知和民主党派的意见和建议，为决策的全面性和科学性提供保障。

在工会工作方面，党总支积极支持开展工会建家活动。工会和教代会在参与民主管理、民主监督、维护教职工权益方面发挥积极的作用。本年度学院分工会获批北京市“先进工会之家”，并在校瑜伽比赛中获团体二等奖。以党建带团建，组织开展社会实践、文化节、ECHO社团、志愿服务等活动。重视安全稳定工作，按照学校年度工作要点，落实主体责任，巩固深化“平安校园”创建成效。与学校签订《安稳任务书》，按照工作手册内容抓好工作落实，及时化解学生思想矛盾和问题；按照维稳工作联动机制，掌握学生思想动态，及时向职能部门通报安稳情况。节假日和敏感期按照学校工作方案对各类矛盾纠纷和安全隐患进行排查，并在各类平台向全体师生发出安全提示和要求，顺利完成年度安全稳定工作，没有出现任何事故和案件。

（张克非）

【学生工作】以队伍建设保障学生工作的顺利开展，认真完成各项事务性工作，辅导员积极参加理论学习和培训，进一步规范班主任工作流程，选拔王淑花、曲囡囡、孙艳青三位专业课教师担任2018级新生班主任。本年度发展预备党员16人，转正党员16人。

注重实效，积极开展多种形式的理想信念教育。积极开展学习十九大精神主题班会、主题团日活动，组织学生赴国家博物馆参观纪念改革开放四十年大型展览。结合运河文化带建设规划，组织学生开展运河文化国际化历程主题社会实践。积极参加杨洪璋德育实践基地活动，培养学生服务奉献社会的习惯和理念。组织党员观看《榜样》系列纪录片和党员反腐教育片，对50余名入党积极分子进行了党的基本知识和党员发展流程的培训，圆满完成初级党课的授课任务。与通州区后南仓社区结成了红色“1+1”支部共建关系，前往社区进行共建活动5次。注重新媒体建设和舆论引导，积极宣传正能量，树立典型。学院网页全年共发布新闻129篇、微信平台发布推送86条、易班平台发布推送38条，内容涵盖十九大精神学习、安全教育、文化建设、新生导航、求职就业、模范典型等多个方面。此外，开设“丹丹解惑”微信公众号，建立理想信念教育新阵地。

持续推行党员先锋工程和专业使命教育。积极发动班主任和专业课教师党员对学业困难学生进行专业辅导；在学生方面，利用班级学习小组帮助学困生提高学习成绩。通过班级学习小组的建立，帮助学业困难学生辅导功课，刘秉振、刘旭民和高博尔3名学生获得学业帮扶小分队的补课，成绩有所提高。在专业使命教育方面，汪秋月等5名党员牵头成立专业英语的学习攻坚小组，对英语在实际中的应用进行了研究，体现了浓厚的专业兴趣和专业认同。在第二课堂结合专业使命教育开展外语文化节品牌活动，共组织了6场雷锋教室和“为你开讲”活动、10场“英语角”活动。2018年全年保持学生考试作弊零纪录。

积极推进学生实习、就业和创业工作。组织学生走访北京励立长荣教育科技有限公司、北京学而思教育科技有限公司、新东方教育科技集团有限公司北美项目部以及北京青春梦数字影视科技集团有限公司，同北京青春梦数字影视科技集团有限公司签订了实习基地协议。针对不同年级学生开展了就业、创业、留学等职业规划类讲座共计9场；向毕业生推荐就业信息231条，向学生定向推荐岗位72人次。完成了2019届毕业生就业意向调查，当年就业率91.36%，签约率77.7%；贫困生就业率93.75%；少数民族学生就业率100%。3名本科生考上研究生，分别为中国传媒大学、广西大学、河北师范大学；8人出国深造；当年综合深造率13.58%。

完成学院39名学生的贫困生认定工作，为4名学生申请学宿费减免，

1 名贫困生获评国鑫奖学金。建立学院资助学生微信群，全年在群里为学生就资助政策咨询、日常学习、生活小贴士推送近百条，打开师生间的即时沟通渠道，便于及时发现学生的思想动态和日常需求。学院有少数民族学生 45 名，其中维吾尔族 1 名、哈萨克族 2 名、其他民族 42 名，积极关注少数民族学生学习生活。对学困生进行教师、班级同学和党员学生 3 支队伍的学业帮扶，帮助 3 名学困生取得不同程度的进步。完成了对全体新生的心理筛查，重点关注学院各年级有心理问题的学生日常学习生活和身心状况，截至 2018 年年末无心理问题导致的突发事件。推进宿舍卫生达标，保障学生身体健康。对宿舍卫生和宿舍文化建设卓有成效的典型的宿舍通过微信公众号进行重点推荐。

2018 年，辅导员李青青获北京市暑期社会实践先进工作者称号，李雪辰获北京市暑期社会实践先进个人表彰。152161101 班荣获学校优良学风班荣誉称号。学院舞蹈项目获校级舞蹈大赛三等奖，学院合唱队在“一二・九”合唱比赛中获二等奖，学院分团委实践队获暑期社会实践二等奖。学院 1#531、1#522 宿舍被评为校级优秀学生宿舍一等奖。2015 级 1 班获校级优秀班集体表彰。

（李丹）

【教学、科研获奖】 学院获得教学成果奖一等奖 1 项（学校推荐申请北京市教学成果奖）、二等奖 2 项。

裴姝娟获 2018 年北京物资学院青年教师基本功比赛二等奖。

唐棠获 2018 年北京物资学院青年教师基本功比赛三等奖。

学院获 2018 年北京物资学院青年教师基本功比赛优秀组织奖二等奖。

王淑花、李海英获“2017—2018 年度北京物资学院本科教学先进个人”称号。

杨润芬获“2018 年度北京物资学院优秀班主任”称号。

张立奇获“2018 年度北京物资学院优秀教育工作者”称号。

李海英获“2018 年度北京物资学院师德先进个人”称号。

顾越获 2018 年度第九届“外教社杯”全国高校外语教学大赛三等奖。

（李华）

【“影视互译，文化共享”国际论坛】 2018 年 4 月，黄春燕教授携 2017 级学生梁威参加了在中国传媒大学举办的“影视互译，文化共享”国际论坛。论坛邀请了来自美国、加拿大、奥地利、法国等 24 个国家包括电影节主席、影视机构负责人、译制专家在内的 40 多位国际嘉宾，国内 30 多所高校的专家学者以及 50 余家中国影视机构代表参会。黄春燕教授向大会提交了名为《论程译版本对〈喜福会〉原著混杂特色的弱化处理策略》的论文（*Less Hybridity—An Analysis on Cheng Naishan's Translation of The Joy Luck Club*），梁威向大会提交了名为《论香港电影作品在“粤译国”过程中的信息流失》的论文

（*The Loss of Information in Cantonese-Mandarin Translation in Hong Kong Movies*），两人分别在分论坛上做了双语发言。

黄春燕教授带领学生参加学术论坛

（桂天寅）

【推进与美国肯特州立大学的合作办学】 为增强外语学院2016级学生对于美国肯特州立大学交换生项目的了解，2018年3月29日举办了"美国肯特州立大学交换生项目交流会"。2015级学生刘桐彤、焦如意向学院本科生介绍了在肯特州立大学交换学习期间的详细情况。美国肯特州立大学斯塔克分校国际交流协调负责人Sarah Schmidt（莎拉·施密特）为学生介绍了交换生项目情况，并回答了同学们关心的问题。6月，完成交换生选拔工作，本年度再向美国肯特州立大学派出交换生10人。

（李华）

【"文学与经济跨学科研究"专题学术研讨会】 2018年6月，外语学院院长李华和教师谢桂梅参加了由上海对外经贸大学主办，以"文学与经济跨学科研究"为主题的学术研讨会，同与会专家学者就文学与经济学跨学科研究的可行性、研究意义、研究路径等问题展开了互动讨论。李华就英国作家福斯特的作品《霍华德庄园》里的女性经济地位和文化追求的关系进行了分享发言，现场专家点评认为该分析细致而有趣味。谢桂梅从经济学中出现的文学语言和文学中涉及的经济学原理两方面阐述了文学和经济学交融的现象，二者共同推动人性之理性和感性的共同发展，获得了点评专家的好评。此次跨学科会议为外语学院从事外国文学研究的教师指出了新的研究方向，也为外语学科与学校优势学科的结合提供了良好支撑。

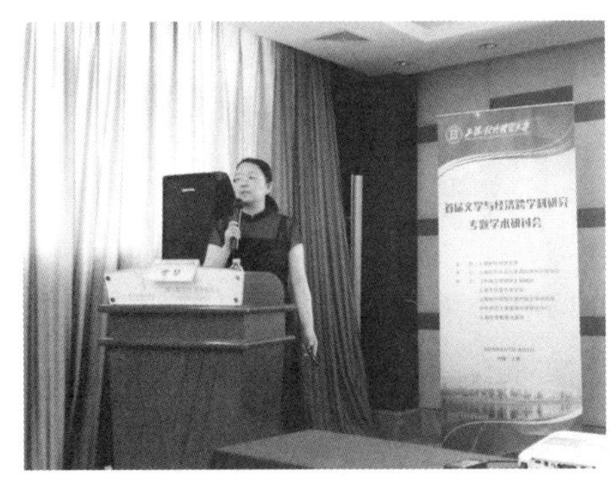

院长李华在首届“文学与经济跨学科研究”专题学术研讨会发言

（桂天寅）

【顾越获第九届“外教社杯”全国高校外语教学大赛三等奖】2018 年 6 月，顾越老师参加了由外教社主办、对外经贸大学承办、多家杂志社协办的第九届“外教社杯”全国高校外语教学大赛（北京赛区），获商务英语专业组三等奖。这是外语学院设立商务英语专业以来首次选派教师参加全国性商务英语专业比赛，比赛对于商务英语的教学具有积极的指导作用。顾越的参赛内容从广告策略入手，围绕耐克公司的成功广告案例设计及课堂环节，利用生动的实例带入商务术语的讲解，并通过与学生互动，启发学生进行批判性思考。

【本科教学水平审核性评估与整改】2018 年 5 月，成立外语学院审核评估工作小组，积极开展学院自评。5—10 月学院配合学校工作部署，实现全员参与，各教研部相继举行教学评估动员会和以评促建研讨会。针对评估检查的重点工作，对课程大纲和教案组织老师们先后进行 3 轮的自查和检查，针对存在的问题全面修订课程大纲和课程说明，精心准备课程教案。组织教师认真学习了《北京物资学院考试工作条例（试行）》，进一步规范考试工作。各系部组织教师开展 5 轮试卷自查，覆盖 2017 年、2018 年两年已批改过的试卷及 2018 年两学期的出题试卷。以教学团队为单位全面组织教师开展模拟授课及互评整改。6 月，召开教学预评估工作部署会。9 月，召开学风动员大会。10 月，专家组进校评估期间，审核评估专家刘志刚、骆毅走访外语学院，对学院的本科教学工作给予了肯定，并提出了进一步发展的建议。11 月，外语学院组织全院教师学习本次评估反馈意见，组织各教研室结合自身教学情况，就专家反馈意见分组研讨，并在此基础上召开了学院本科教学审核评估整改工作研讨会。研讨会在校领导的指导下，对如何进一步提高学院本科教学工作水平做出反思，尤其针对自身工作中存在的问题与不足提出了改进设想与措施，确定要抓住制定本科专业人才培养方案和大学英语课程教学改革方案的龙头，充分调研、广泛论证、科学规划、分步实施。对本科教学水平评估整改工作形成共识后，由学院进行总体分工，领导班子各领任务，各系部负责组织落实，专业负责人、课程组、教研组按照既定工作目标，有序推进整改工作。

（李华）

顾越在第九届“外教社杯”教学大赛中获奖

（王淑花）

【英语角活动】 2018 年由外语学院 ECHO 社团举办英语角活动 10 次，包括“生活中的刻板印象”“Roast”“家乡的回忆”“胶片时光”“感恩节”“旅行”“圣诞节”等主题。活动除本校中国学生参加外，还邀请留学生共同参与，丰富的内容吸引了全校众多英语爱好者，对营造校园文化氛围、提升大学生英语口语水平有积极的促进作用，全年共惠及全校英语爱好者近 300 人次。

英语角活动

（李丹）

马克思主义学院

【概况】 2018 年马克思主义学院在学校党委和行政部门的领导下，围绕学校中心工作，认真履行部门工作职责，在学院党组织建设、师资队伍建设、教学改革、科学研究、理论宣传、合作交流等方面取得了新进展。马克思主义学院设有思想道德修养与法律基础、马克思主义基本原理概论、中国近现代史纲要、毛泽东思想和中国特色社会主义理论体系概论4个教研室和大学生思想政治教育、马克思主义中国化2个研究中心，承担全校硕士研究生、本科生和继续教育生的思想政治理论课程的教研任务以及若干人文社科选修课的教研工作。马克思主义学院有教职工22人，其中专任教师21人（其中1人兼任科研秘书和资料管理员）、办公室主任兼教学秘书1人。

【教学工作】马克思主义学院现有专任教师21人，其中教授4人、副教授7人；获得博士学位教师15人，在站博士后5人，在读博士2人；党员20人。拥有全国高校思想政治理论课教学能手1人，北京高校思想政治理论课特级教授1人，北京市优秀教师1人，北京高校优秀德育工作者3人，北京市师德先进个人1人，北京市师德先锋1人。教师具有多样化的学科背景，涵盖马克思主义理论、哲学、法学、政治学、历史学、经济学等学科。郭继武获评2018年“北京市师德先锋”，宋平明获得北京物资学院第十六届青年教师教学基本功比赛二等奖、被评为学校“最受学生欢迎的教师”。

依据《高等学校马克思主义学院建设标准（2017年本）》《高等学校思想政治理论课建设标准（2017年本）》《普通高校思想政治理论课建设体系创新计划》，马克思主义学院在全校本科生中开设思想道德修养与法律基础、马克思主义基本原理概论、毛泽东思想和中国特色社会主义理论体系概论、中国近现代史纲要4门课程，在研究生中开设中国特色社会主义理论与实践研究、自然辩证法概论、马克思主义与社会科学方法论3门课程，所有课程的课时学分均按教育部课改方案执行。通过开展教研活动、集体备课、开设公开课、课程评估、加大听课评课力度，不断改进教学方法，促进课程建设，提高教学质量。

积极探索大学生思想政治理论课实践教学改革。始终坚持社会主义大学办学方向和党的教育方针，始终坚持培养中国特色社会主义事业建设者和接班人的社会主义大学人才培养目标，始终坚持立德树人的根本任务，始终坚持把思想政治理论课建成学生真心喜爱、终身受益的课程。认真落实中宣部、教育部关于进一步加强和改进大学生思想政治教育的有关文件、全国高校思想政治工作会议和习近平总书记系列重要讲话精神，按照教育部印发的《高等学校思想政治理论课建设标准（2017年本）》，大力推进教学改革。实行专题化教学改革，提高教学的针对性和实效性；实行实践教学改革，形成情境体验教学模式；课堂教学采用启发式、讨论式、研究式、案例式、体验式教学方法，取得较好教学效果。

【科研工作】2018年，马克思主义学院科研立项8项，其中省部级课题1项，市局级项目2项，校内项目1项，横向课题4项；教师发表论文11篇，其中B级论文3篇；出版学术专著3部。

2018 年以邀请专家做专题报告作为“强基固本”、提升教师教学科研能力的关键抓手，激励教师不断深化理论素养，更好地钻研课堂教学，强化课堂教学设计，提升科研水平。推出以“外脑”帮助提升教学科研能力的专题报告会做法，特别邀请《红旗文稿》原主编、《高等教育研究》总编、《前线》资深编辑等进行多次学术讲座。学院按照北京高校中国特色社会主义理论研究协同创新中心布置的任务积极开展工作，开展“四个全面”与中国特色社会主义发展道路学术研讨活动 3 次。

【党建工作】马克思主义学院直属党支部设支部书记 1 名，组织委员 1 名，宣传委员 1 名，统战委员 1 名，纪检委员 1 名。2018 年马克思主义学院共有中共党员 22 人，其中正式党员 22 名，党员占教职工比例为 100%。

2018 年马克思主义学院直属党支部注重加强基层党组织建设，在直属党支部书记的带领下，支委会成员开展理论学习活动，加强自身党性建设，增强直属党支部的凝聚力和战斗力，党支部委员参加培训 264 课时。

根据学校党委的具体部署和学院实际，开展“不忘初心，牢记使命”学习教育活动。组织全体党员参与“清明祭英烈，初心永传承”活动；组织党员参观纪念马克思诞辰 200 周年展览；学习高等教育相关政策法规，研究讨论党支部建设规范和党员行为规范，推动师德建设；选派资深教师精心备课，先后派出多位教师到校内其他教师支部和学生支部指导、开展“不忘初心，牢记使命”学习教育活动，宣讲十九大精神，推动学校基层党组织理论学习；参与拉萨市“党建统市”课题研究，承担北京高校党建研究会“思政课教师在高校基层党组织理论学习中发挥作用的机制研究”课题研究；组织全体党员赴西柏坡开展“不忘初心，牢记使命”西柏坡精神党性教育活动。

（李永枝）

【附录】

马克思主义学院 2018 年科研论文成果一览表

序号	论文题目	第一作者	发表刊物/论文集
1	历史是一个民族安身立命的基础	胡占君	红旗文稿
2	论对“应当羞耻”的误解及其道德基础	雷爱民	国际
3	“学”何以“成人”	雷爱民	论文集
4	从新时代社会主要矛盾看我国跨境进口零售电商发展现状	宋洪云	商业经济研究
5	党旗所指　团旗所向	兰　旸	中国青年报

续　表

序号	论文题目	第一作者	发表刊物/论文集
6	意识形态转型与社会主义话语体系的建设	张震环	学理论
7	新时代“中国精神”融入高校思政课教学的思考	高亚春	学理论
8	“第二届中国当代生死学研讨会”会议综述	雷爱民	医学与哲学（A）
9	第二届中国当代生死学研讨会在广州大学召开	雷爱民	中国医学伦理学
10	扣好人生第一粒扣子	兰　旸	中国青年报
11	党的历史是党安身立命的基础	胡占君	红旗文稿

马克思主义学院 2018 年著作成果一览表

序号	著作名称	第一作者	出版机构	著作类型
1	文化与哲学	宋洪云	知识产权出版社	专著
2	中国国家治理结构研究	兰旸	知识产权出版社	专著
3	中国和平发展之路	张震环	北京时代华文书局	专著

马克思主义学院 2018 年科研项目一览表

序号	项目名称	负责人	项目级别	项目来源	项目性质
1	以戏剧助推社会主义核心价值观教育宽口径多路径建构研究——以《社会伦理学》课程改革为例	陶琳	市局级	地、市、厅、局等政府部门项目	纵向
2	“微信朋友圈”场域中大学生身份认同问题研究	刘金丽	省部级	省、市、自治区社科基金项目	纵向
3	碎片化传播生态下高校思想政治教育话语体系的转换与重塑研究	张震环	市局级	省教育厅社科项目	纵向
4	布兰顿推理主义语义学研究	王彬彬	校内项目	北京物资学院	纵向
5	拉萨发展战略研究——党建统市	李邢西	其他	企事业单位委托项目	横向
6	民营企业党建与企业可持续发展研究	张震环	其他	无依托项目研究成果	横向
7	企业党建研究	宋洪云	其他	企事业单位委托项目	横向
8	大学生思想政治理论宣传研究	宋洪云	其他	企事业单位委托项目	横向

第十四篇 毕业生名单

2018 届毕业研究生名单

专业名称	姓名
金融学（17 人）	姚益家 王成威 杨镓诚 王 曦 朱瑞阳 吕文哑 胡 灵 刘 聪 汪奇立 韩少飞 张 溪 王焕刚 毕 宇 黄睿翔 韦 亮 冒鹏喆 王 迪
证券与期货（6 人）	周 鸾 陈 雷 韩玮竞 贺前程 靳晓坤 邢佳騉
产业经济学（11 人）	郭 庆 付 旋 韩宇航 石立群 陈立言 吴梦然 尚 帅 尹相荣 王惠颖 张 杏 袁文杰
国际贸易学（2 人）	许玉云 褚婷婷
劳动经济学（1 人）	钱佳欣
统计学（2 人）	刘 娜 邢 晓
法律经济学（1 人）	何浩森
计算机软件与理论（3 人）	李 胜 李河伟 王 芳
计算机应用技术（6 人）	黄 英 白 玲 张 帅 范红岩 张薪薪 胡安琪
管理科学与工程（15 人）	毛小寸 张振宇 杜 岩 董婷婷 王 卫 苏永强 王晓翔 周文涛 张红亚 岑 盼 朱春雪 柴 雷 张海芳 李方萍 张玉蕾
会计学（19 人）	邵 帅 王 婧 郑玉晨 张惠闽 王艳艳 尤晓霞 张亚婷 原亚男 柴海英 颜 婷 侯雪敏 史世杰 王 丹 刘一君 苏 叶 孔令钦 许寒阳 高世超 王博宇

续　表

专业名称	姓名
企业管理（9人）	张睿成　乔星冉　丁帅文　乐雄平　刘妍宏　靳正伟　赵　盼　盛　婕　史晓华
全日制物流工程专业学位（123人）	刘彦奇　周亚娟　郝　岩　刘秀东　韩　通　董心怡　柳晓琳　窦欣欣　刘少华　韩　峰　蔡梦芷　郑晰文　邸钰涵　从　灿　颜秉泰　殷思钒　吴平宇　刘　倩　杨岚清　邹丽娜　许发涛　杨方闻　刘子晏　陈启龙　张桢桢　王　晨　张申峰　李国栋　张经善　王梦书　王森浩　张永乐　杨冬海　吴春艳　熊　浪　刘银红　魏　璇　焦思扬　刘宏健　赵晓晴　张学文　樊奇奇　于　乐　杨向然　祁　薇　马小霞　张可薇　王　芳　赵　雄　赵　双　姚彦超　孔令浩　王　蕊　陈华婷　胡洋洋　李圆圆　彭　雪　许丽娟　刘　鑫　卢成林　舒翔翔　袁天祥　姚　杰　高慧芝　陈　琪　毕洁胜　郑嫣红　李　萌　石杰予　孙静云　罗　威　段　泓　王　娟　刘　蒙　吴菲菲　牛鹏飞　苗　妍　易　丹　于赛赛　刘　帅　闫学东　苏辉辉　李雪婷　刘　欢　马银波　李林伟　姜　丽　李　赛　王　磊　简素平　王焕群　李刘燕　蒋雅慧　刘静静　徐姿娜　李　艳　王玉珠　郭江漫　赵英豪　柳晓蓉　李亭亭　陈　曦　史小红　宋朋伟　邢广鑫　侯杉杉　李冰洁　张伶利　张　淼　杨业欣　吴天行　王胜男　杨玉国　静　燕　王　洪　刘　静　葛文亮　卜金涛　丁鹏飞　孙　迪　沈大千　杨　帆　曹　伟
工商管理专业学位（21人）	王　磊　谢丽波　李洪禹　高静华　王　栋　周玉姣　余　勇　李晓婧　薛博文　宋广蕊　张铁民　杨虎城　刘　康　鹿　博　宗　鹏　关天鸿　姚　诚　李　博　刘　蓓　石　剑　李绍华
非全日制物流工程专业学位（9人）	艾宏远　崔　宁　黎俊平　王　铎　杨　勤　于宏宁　黄　丽　赵方方　赵　洁

（研究生院提供）

2018 届毕业研究生获硕士学位名单

专业名称	姓名
金融学（17人）	姚益家　王成威　杨镓诚　王　曦　朱瑞阳　吕文哑　胡　灵　刘　聪　汪奇立　韩少飞　张　溪　王焕刚　毕　宇　黄睿翔　韦　亮　冒鹏喆　王　迪
证券与期货（6人）	周　鸾　陈　雷　韩玮竞　贺前程　靳晓坤　邢佳騉
产业经济学（11人）	郭　庆　付　旋　韩宇航　石立群　陈立言　吴梦然　尚　帅　尹相荣　王惠颖　张　杏　袁文杰

续 表

专业名称	姓名
国际贸易学（2 人）	许玉云　褚婷婷
劳动经济学（1 人）	钱佳欣
统计学（2 人）	刘　娜　邢　晓
法律经济学（1 人）	何浩淼
计算机软件与理论（3 人）	李　胜　李河伟　王　芳
计算机应用技术（6 人）	黄　英　白　玲　张　帅　范红岩　张薪薪　胡安琪
管理科学与工程（16 人）	毛小寸　张振宇　杜　岩　董婷婷　王　卫　苏永强　王晓翔　周文涛 张红亚　岑　盼　朱春雪　柴　雷　张海芳　李方萍　张玉蕾　李　敏
会计学（19 人）	邵　帅　王　婧　郑玉晨　张惠闽　王艳艳　尤晓霞　张亚婷　原亚男 柴海英　颜　婷　侯雪敏　史世杰　王　丹　刘一君　苏　叶　孔令钦 许寒阳　高世超　王博宇
企业管理（9 人）	张睿成　乔星冉　丁帅文　乐雄平　刘妍宏　靳正伟　赵　盼　盛　婕 史晓华
全日制物流工程专业学位（123 人）	刘彦奇　周亚娟　郝　岩　刘秀东　韩　通　董心怡　柳晓琳　窦欣欣 刘少华　韩　峰　蔡梦芷　郑晰文　邸钰涵　从　灿　颜秉泰　殷思钒 吴平宇　刘　倩　杨岚清　邹丽娜　许发涛　杨方闻　刘子晏　陈启龙 张桢桢　王　晨　张申峰　李国栋　张经善　王梦书　王森浩　张永乐 杨冬海　吴春艳　熊　浪　刘银红　魏　璇　焦思扬　刘宏健　赵晓晴 张学文　樊奇奇　于　乐　杨向然　祁　薇　马小霞　张可薇　王　芳 赵　雄　赵　双　姚彦超　孔令浩　王　蕊　陈华婷　胡洋洋　李圆圆 彭　雪　许丽娟　刘　鑫　卢成林　舒翔翔　袁天祥　姚　杰　高慧芝 陈　琪　毕洁胜　郑嫣红　李　萌　石杰予　孙静云　罗　威　段　泓 王　娟　刘　蒙　吴菲菲　牛鹏飞　苗　妍　易　丹　于赛赛　刘　帅 闫学东　苏辉辉　李雪婷　刘　欢　马银波　李林伟　姜　丽　李　赛 王　磊　简素平　王焕群　李刘燕　蒋雅慧　刘静静　徐姿娜　李　艳 王玉珠　郭江漫　赵英豪　柳晓蓉　李亭亭　陈　曦　史小红　宋朋伟 邢广鑫　侯杉杉　李冰洁　张伶利　张　淼　杨业欣　吴天行　王胜男 杨玉国　静　燕　王　洪　刘　静　葛文亮　卜金涛　丁鹏飞　孙　迪 沈大千　杨　帆　曹　伟

续　表

专业名称	姓名
工商管理专业学位（21 人）	王　磊　谢丽波　李洪禹　高静华　王　栋　周玉姣　余　勇　李晓婧　薛博文　宋广蕊　张铁民　杨虎城　刘　康　鹿　博　宗　鹏　关天鸿　姚　诚　李　博　刘　蓓　石　剑　李绍华
非全日制物流工程专业学位（9 人）	艾宏远　崔　宁　黎俊平　王　铎　杨　勤　于宏宁　黄　丽　赵方方　赵　洁

（研究生院提供）

2018 届本科毕业生名单

专业名称	班级编号	姓名
经济学	142111001	曾京莹　陈丹妮　方熠智　何文霞　兰恬茹　黎　昊　连子龙　刘安佶　刘　欣　罗张瑶　马伯骥　马柳歌　马天麟　潘思慧　朴美娜　乔婧怡　盛云菊　石丽娜　宋博硕　王　晨　王　东　王梦圆　王思佳　谢　菲　辛　艺　严　婷　张雅璇　赵嘉丽　赵雨萌　周　莹
	142111002	蔡佳琛　陈思远　洪彩霞　李雨萌　刘凯旋　刘　怡　刘　悦　蒲睿佳　邵逸霏　田　芳　王金晔　王天昕　王　郅　吴　浩　武振国　徐　成　杨雨彤　岳雨丽　张天雪　张　旭　张　缘　赵昊洲　赵　媛　周婷婷
国际经济与贸易	142112001	付玢妍　高　硕　韩依凝　黄孟钰　解森阳　晋阳洋　李明阳　李　甜　李彦飞　梁进辉　劣桂欢　刘文雯　马　芸　倪　舒　曲　捷　孙紫玉　王凯宁　王　莉　王雨尘　温简赫　杨穆卿　杨雪晴　于　航　张赛娜　赵悦臣　周劭博　洛桑顿珠
	142112002	李宜臻　陈　锦　安　舒　包婧怡　陈天莹　董紫璇　杜胜囡　高　天　韩　笑　胡皓顺　李　阳　梁　硕　刘天宇　马秋炯　邱开增　尚　苗　陶明君　田　爽　王宇涵　魏小桐　邢琬钰　张　伟　卡德尔亚·阿克巴尔江　森巴提·阿山
金融学	142113001	刘双旭　张雨薇　柴晓雨　方　颖　夏　林　谭　纯　安君杰　陈燕明　郭皓玮　郭炜航　郝　佳　胡　锟　李　铎　李　峻　李青霏　刘天擎　卢星月　齐振东　汪北发　席思琴　徐　鹏　闫丽娜　袁林基　张晨阳　张鑫野　张仲雄　赵浩淞　赵宇婕　杨冯屹　刘逍瑶　武　娇　田　博

续 表

专业名称	班级编号	姓名
金融学	14211 3002	潘米兰 阎金凤 樊 锦 傅庆博 胡译文 蒋湛宇 李 乐 李玉静 刘 弢 刘新娟 潘佳宽 宋青蓝 孙 婧 王明静 王雨薇 王悦如 魏佳玉 杨嘉钰 杨栩培 岳 佳 张 晨 张京徽 张铭月 张鹏飞 张子雄 李海龙 何 睿 张明远 贾 冉 王晨曦 郭雨佳 赵静思
金融学 （期货与证券）	14211 3101	张春媛 高思羽 李 艳 刘金玲 易 艳 白杏杏 卑钰淇 陈春阳 陈 星 代诗雨 董易承 杜 实 杜世通 段蕴珂 郭逸琦 何靓娴 金 鑫 李安森 刘昊辰 刘梦瑶 任 鹤 宋应兴 吴 羲 许景准 杨浩然 杨 宇 张申妍 赵士彤 周 祎 于天明 易 昊 贺靖雯
	14211 3102	杨春妮 步 丹 常 晴 陈炳旭 崔 珊 杜文慧 段珍珍 高博文 韩大宇 郝 明 衡云鹏 黄鑫硕 霍丹阳 李小缘 李 洋 梁未晨 马 超 平笑忱 秦子正 宋雨泽 孙潇宇 孙 宇 谭皓然 田 纯 邬宇瑶 薛 闻 张瑷晖 张子文 赵海龙 周有为 刘俊熙 于澎涛 张晴晴 闪晓萌 马啸天
物流管理	14212 1001	常强强 陈慧欣 陈静伟 邓婉娟 董文倩 高一鹭 郭丽萍 金建成 廖 晴 刘功强 蒙 胜 彭超尘 任梦真 史卓卿 孙浩然 王欣悦 吴梦婷 吴晓晨 徐玉双 于珺颐 张 芳 张佳慧 张宇航 赵 静 赵 旭 左 琦 管 晔 郭宏宇
	14212 1002	柏 琳 程 艳 范诗逸 韩溟珺 郝利华 姜 楠 靳 欣 康清新 李佳慧 李 鑫 梁立航 梁紫薇 刘 岩 罗 杰 罗志强 苗东辉 邵介雄 宋梦莹 佟 晗 王 帅 王 妍 吴琛琛 吴敏磊 吴玮甜 尹 亮 于志超 张 娟 张硕晨 章 波 赵思源 王 昕 常晓晗 澹台玲楠
	14212 1003	崔嘉宝 戴阳阳 窦天祥 洑铭乐 郭博文 胡慧婷 贾鹏翰 李 强 李姗姗 李婷婷 刘 欢 刘世欣 刘思森 刘英杰 刘子轩 马寒剑 倪晨沁 彭 杰 史 昊 佟 玥 万晓敏 王 凯 王 莉 王妹星 王雅琪 文鸿飞 肖 遥 邢子豪 尹 磊 张涛阳 张 正 赵 雪 郑汉良 钟剑龙 周佳丽 于俊杰 欧阳珍珍

续　表

专业名称	班级编号	姓名
物流工程	14212 2001	程　洋　董双双　黄　帅　姬龙康　李　旭　李志伟　刘佳琪 刘相伯　刘子轩　卢宇垚　陆永霞　罗予辰　毛嫒嫒　任　杰 佘清扬　史文琪　王雨旋　邢　聪　杨　伊　张　如　张　童 张宇翔
	14212 2002	安　旭　程　龙　范　辉　范周鑫　何　晶　何　妍　姜玉寒 李家驹　李梦宇　李威霖　罗　宇　任建松　孙　猛　王佳帅 王旖笛　王玉飞　王赟镭　王　震　许孟翟　杨子宣　袁兴皓 张京宇　张若愚　郑　颖
机械设计制造及其自动化（物流设备工程）	14212 3101	许云龙　常　宇　陈志然　丁湘林　范启铭　高　锋　戈　瑶 李博全　李博文　李　涵　李　楠　梁雨声　刘志杰　唐晓涵 王新月　杨　宁　尹　鹏　张文瀚　赵佳豪
采购管理	14212 4001	包红月　陈蜀君　程春燕　崔喆诚　高　杰　黄秋硕　亢晓晨 李诗意　李思阳　李悦怡　梁一晴　刘子航　吕翊程　宁碧璇 牛冉冉　王心源　王欣欣　吴　丹　肖　微　杨　莹　张华杰 张　震　阿卜力米提·麦提图尔荪
	14212 4002	柏梦桐　包思明　陈　璐　陈　佩　陈艳方　程洁婷　贾江瀚 郎　琦　李承厚　李姗姗　李雨泽　刘曾峥　罗文彪　吕　菲 孙一鸣　王柏睿　邢俪瑶　杨彦昭　袁凯丽　张雯琪　赵利君 郑　雪　张博展　泽松卓玛
质量管理工程（商品质量检验与管理）	14212 5101	陈慧娟　陈　星　崔晓丽　丁丽娟　冯　杰　郝子晴　胡双成 江祥钰　解京京　阚伯文　李婧祎　李茂林　梁　瑶　刘　赢 祁士心　容　榕　苏　晔　苏志鹏　唐莹茹　王瑞丰　徐　祎 杨倩倩　杨芯迪　姚旭晨　张昕谊　赵熙琛　施文学　上官子英
	14212 5102	袁文钰　安　璐　毕艺闻　陈欣妍　董佳良　巩欣雨　郭　芮 果　馨　黄　涛　李可玫　李　微　李　雄　李一瑾　刘佳蕙 刘　洋　刘　艺　罗　旭　孟思媛　任傲宇　任　洁　苏　伟 孙伟玥　汪　涛　王书尧　谢　奈　许梦迪　袁　烽　赵紫萌

续 表

专业名称	班级编号	姓名
计算机科学与技术	14213 1001	蒲禹辰 许 桐 安 昊 陈 峰 陈灵多 傅景超 顾新宇 韩孟麒 贾 浩 李方舟 李弘毅 李 昕 刘天宇 刘 颖 刘永睿 浦运峰 史 豪 王 亨 魏立巍 夏 博 徐立航 于 桐 张晓雯 张雅峰 张宇田 周文悦 赵建宇 赵 震
	14213 1002	郝旭强 兰山山 艾宁惠 安雨童 白翰林 李子晨 路 畅 吴美玲 谢 帆 徐 蒙 杨紫璇 陈芊菲 郭梦茜 李 琳 佟明博 王孟洲 谢 康 赵 莹 李 军 马 爽 孙宏达 张晨怡 张铭哲 郑文帅 周 璇
物联网工程	14213 1003	赵鹏宇 李嘉辉 杨 欣 张梦圆 张 淼 侯明兴 王 岩 杨凯及 付金辉 靳 梦 李馥彤 李 垚 刘 晋 刘景新 刘 帅 刘宇翔 彭蒙蒙 任宇航 石 一 滕美慧 万鹏程 王浩鉴 杨心源 杨子晖 翟际晴 张洪清 郑宝龙 郑宇暄 周 靖 周思戚 朱鸿飞
	14213 1004	郝 瑞 李 飒 粟深琦 杨易达 叶正月 张伯峰 张 萌 张逸凡 蔡无双 曹 波 常新琪 陈 晓 陈宇明 高 敏 韩 汉 贾梦园 景博伦 李京宁 马 雪 索 劼 王晓童 杨 倩 张 颖 张育铭 张子豪 朱志瑞 祝嘉兴
应用统计学	14213 2001	关佳音 王冠宾 费千珊 时 婧 蔡皓璇 陈姝冉 陈 爽 崔梦彤 崔颖茜 邸 晴 高佳琪 来鑫博 李 昕 李影慧 梁冬晨 王晨希 王俊凯 王晓璠 王 雪 王佑萱 王紫瑶 杨 喆 姚喻飞 于安琪 张 婧 张 静 张 琦 郑宇超 周 洋
	14213 2002	刘睿琪 温 泉 陈星艺 董浩然 窦美霞 付红叶 李华乐 刘明月 刘小涵 刘心昊 卢垠希 马梓萌 王 丽 王雨晴 王泽瑜 夏轶凡 熊 鹰 闫 峥 杨 辰 杨 迪 姚新玥 殷玥琪 张文远 郑浩轩 周思洁 朱玉莹 朱 玥
信息管理与信息系统	14213 3001	胡 特 仇伟航 李静静 马赛娜 师丽君 侍殊好 王 钰 张 倩 郑子嫣 朱 津 陈夕梦 崔 博 高 然 何忆宁 胡茹艳 孔 颖 刘鹏宇 刘桐杉 刘芷君 刘 佐 吕文昊 齐思阳 王诗佳 王新园 蔚春晖 赵 娜 赵 倩 赵 烨 赵悦平

续　表

专业名称	班级编号	姓名
信息管理与信息系统	142133002	董　学　范秀琳　冯典翠　龚博文　郭辰浩　郝　爽　贾天宇　李　凯　廖子仪　刘鲁齐　刘文博　门相辰　牟　金　桑培英　宋文颖　王　舸　余　欢　宇　翔　张雨洁　赵　宇　陈雪儿　耿力奇　郭其鸾　胡欣桐　黄依雯　吕甜颖　王　淼　杨宇轩　赵　萌　赵芮嘉伊
电子商务	142133003	包雨桐　段裕祺　方　蕊　冯立立　冯青秋　何　刘　贾金贵　李　通　李昕原　刘佳慧　曲晓艺　任宇轩　宋　信　王明睿　王宇飞　杨　帆　杨　滢　张　斌　李　赛　林　洁　刘英坤　鲁　毅　夏金红　薛瑞佳　毕尔冬妮
	142133004	段泽延　施胡浙　王皓宇　王　磊　王士喆　王紫君　魏　来　许金磊　安　琪　白　雪　曹　蕊　陈　鑫　郝金鑫　贾　静　李嘉麟　李兰新　毛嘉仪　荣子汀　王博杰　王　骞　王欣菲　尹家硕　云琪皓　张雪静　张　章　朱宇昕
会计学（注册会计师）	142141101	高　杨　孙巧雯　江　湾　周　婷　艾文雪　安　琪　白若昕　陈德峰　陈晓萌　陈　怡　韩素清　何乔木　胡春晖　纪红纳　金秀贤　刘　婷　刘潇晗　毛凌云　茹凤卓　王晓娜　王　悦　卫赛宁　魏雨柔　谢　敏　徐婧妍　于欣媛　张报宸　张亚强　赵雪梅　赵一铭　郑娇娇　郑凯丹　彭春颖　张璐洋
	142141102	胡琪翎　宋旭慧　杨迪杰　潘虹宇　王田田　薄西曼　陈冰卿　陈金宇　董婉莹　董志欣　郜佳函　顾　妍　胡欣蓉　金　昊　乐　磊　刘　兵　刘显铭　刘子琦　孙嘉男　王嘉琪　王靖方　王旭璐　王羽菲　温茹淇　吴翎瑕　谢白桦　杨丽莹　尹大为　袁銘蔚　张泽宇　赵　倩　郑云婷　张　璐　陈思雨　傅懿祯
会计学（注册资产评估师）	142141201	王嘉昕　肖紫薇　孙　岩　白子玉　陈泽宇　胡智楠　黄　妍　李呈珺　李丹妮　李炎坤　刘婧怡　刘　铭　刘　琪　柳子修　罗雪凡　孟凡洋　明靖博　沈一杰　双　晖　王　楠　王新乐　吴倩娴　肖振学　张博远　张彦文　赵彬宇　郑潇华　邓　晗　刘雪滢　陈佳佳
	142141202	尹　帅　曹　祯　陈　定　崔晓丹　董玟悦　范　伟　冯宇轩　高　新　郭英同　荆秀慧　刘春玲　刘绍建　刘　轩　钱佳姝　邱　实　任祥如　宋　朔　滕　睿　王靖怡　王　琦　王　琦　王欣宇　王樱学　徐偲婷　尹如男　张　苗　张玉锦　周　智　左启蒙　张玥莉　石　潇

续 表

专业名称	班级编号	姓名
会计学（ACCA）	14214 1301	邓思嘉 杨瑞迪 王文煜 张乃榕 鲍旭萌 吕 静 孙嘉诚 张子豪 侯 玮 王凯鸿 吴 越 刘 露 刘 洋
财务管理	14214 2001	任 璐 艾书帆 陈 欣 陈雪峰 程 谦 褚 桐 郭晓雪 韩雪冰 韩 玉 何 智 侯伯浩 黄泽华 刘冬晨 刘婧菁 刘 涛 马雨霏 任 珂 沈莹婕 孙 媛 唐婧怡 王嘉玥 王彦卿 许若仪 颜 振 阳 星 于 泳 张入尹 章 志 周泽凡 朱 雅 祝显荣 希尔扎提·买买提依明
	14214 2002	赵玉卓 刘艺璇 蔡文茜 冯 静 关子彤 洪福川 胡钟丹 景 韩 雷昊宇 李 红 李 洁 李 昕 李 钺 李子慕 李子仪 刘 帅 马艳梅 申奕涵 沈 燕 王 淳 王俊红 王文翔 于怀淳 于 悦 张 萌 赵霁瑶 张龙楷 宗 潇 刘子玥 邢令孜 叶雅倩
工商管理	14214 3001	臧会雨 陈思萌 董 硕 段雯颖 高 蒙 郭 飞 韩家和 黄彦霖 霍 然 李 洁 马敬仪 唐星晨 王 森 王薪迪 王 旭 吴 韩 徐子晴 闫程飞 闫秀蕊 张 雪 张梓琪 赵博雯 赵金彤 周慧芳 周亚新
	14214 3002	白鑫楠 班湘依 陈 馨 崔馨丹 丁 阳 付 灿 韩 旭 李 晶 李子旭 刘 琦 刘雨晴 孟美彤 孟梓赫 孙佳琦 王佳宇 魏 云 肖 帆 杨博智 杨静怡 杨娅男 郑 君 周任红
市场营销	14214 4001	陈百合 管 益 何念念 姜新维 李庆敏 陆为峰 马 亮 麦苗苗 庞漪纯 武雪亮 杨 黛 杨靖雯 张 超 张翰林 张一凡 赵若妤 周 莹 朱冰雨 朱啸翀 祝霁雯
	14214 4002	安 静 杜 磊 胡 雪 焦晓妍 李玉展 林 瑶 莫青艳 齐霁宏 沈晨曦 孙 攀 涂馨圆 王夏晴 隗 薇 杨梦玲 张智惟 赵 磊 赵丽佳 赵紫薇 朱慧婷 阿来依·马那依汗 甫尔卡提·甫拉提
人力资源管理	14215 1001	刘 望 安宇萌 陈昕楚 陈逸如 程新杰 管静怡 韩 雪 何越溪 胡荷花 胡悦笛 李思妍 梁道明 刘 骏 刘 山 娄欣宇 马玉婷 牟小凡 盛晓坤 孙 妍 王从容 王璐瑶 王鑫垚 隗心娅 卫婧冉 谢 钰 徐梦丹 郁琪琳 张 雅

续　表

专业名称	班级编号	姓名
人力资源管理	14215 1001	郑梦航
	14215 1002	陈萌萌　陈婉潇　刁雯丹　顾依唯　贺曜辉　雷　艳　李　芬　李会敏　李佑文　刘　璇　马　涵　马　洁　蒙福星　苏　趁　王思文　吴　珊　吴学妍　夏　琦　谢雨帆　徐　畅　薛瑶冬　虞思文　张博北　张晨曦　张虹曼　张　静　周亚楠　陈璐瑶
	14215 1003	曹晴宇　陈曹慰　邓　可　冯明昕　伏馨逸　葛菡琳　李　翀　李　萍　毛凡音　曲威静　田安琪　王海若　王鑫佳　伍珊珊　肖映雪　许梦婷　杨晶晶　杨　婧　于超凡　张璧君　张丹阳　张潇亮　张智涵　买热哈巴·艾克拜
劳动与社会保障	14215 2001	刘东宁　蔡子晨　龚赛兰　黄品源　李佳蓉　李苏阳　李彰盟　刘晓悰　刘　璇　马英丹　石家乐　田　然　吴　辰　徐　晖　薛庆乙　薛　移　杨晟旭　杨翔宇　于　洋　袁　梦　张　梦　赵竞雄　赵文艺　朱倩倩　朱子琦　左热古丽·阿布都艾克木　古力孜热木·阿布都外力
劳动关系	14215 3001	陈　婧　崔　婷　郭香香　李艺哲　李　震　林静怡　刘霄月　刘　学　刘雅雯　潘则君　陶兰兰　王朝茜　王婷婷　杨八妹　杨　斌　翟　冉　张博文　张　霞　张　艳　张依墨　赵　旭　靳芳迪　拉木艾力·艾买提
法学（流通法）	14215 4101	成雪颖　邓　准　郝利杰　胡贝怡　钱　程　孙　琳　王纪川　王　静　王琬琳　王一多　吴　楠　吴　仪　肖佳佳　周珊珊　许　放　杨　硕　杨兴静　袁兴祖　张爱旌　周良腾　索南加布　洛桑曲珍
	14215 4102	李泽南　阿丽娅　曾耀垚　代博文　杜可心　高田林　郭纪双　郭猛猛　李欣煜　罗鲜璇　钱晶耀　邵兴宇　唐雪伦　佟吟雪　王佳琦　王凯迪　王雨凡　王　媛　向　月　徐子晨　俞舒婷　张方隅　张　学　张亚萍　周可佳　阿丽米热·阿迪力　次旦普尺　次仁卓嘎
英语（国际传播）	14216 1101	李实实　刘　坤　王学聪　翁晓莹　杨巧玲　热孜娅·努尔马木提
	14216 1102	陈紫珺　任雨晴　王雅婧　于海霞
	14216 1103	温小辉　李　静　马菁菁　于一璇　赵天怡

续　表

专业名称	班级编号	姓名
英语（国际商务）	142161101	王　雯　安　瑞　常钰昆　高　葳　巩思洁　黄　迪　李　雨　刘昕玥　刘宇鑫　满嘉玉　倪晓荣　潘　苗　渠文宁　阙小燕　孙梓晗　王　媛　武　晨　徐鹏飞　张凯卓　张欣雅　郑琼霞
	142161102	邹　颖　崔彬熙　窦菁玮　韩燕楠　黑雯颖　李　畅　李　平　李亦卓　李政言　马昊昱　孙墨函　王天姝　许银娥　俞　馨
	142161103	王　源　梁珊珊　毕竹君　陈丽娜　陈若琪　刘紫依　范丽莎　黄磊彧　季海旭　贾永红　李明怡　陆　桐　弥佳恒　宋佳俊　宋恺雯　苏　京　唐伯民　滕冉然　王萌萌　王　琢　肖　颖　杨蓉蓉　张山立　张晓秋　赵瑞雪　程　琪
金融学（国际金融）	G1401	闫昱莹　王鼎雯　谢祎璠　徐佳楠　鲜　星　王锦婷　刘宏泽　孙羽繁　刘阳泽　杨　楠　张雪[illegible]
物流管理（国际物流与供应链管理）	G1402	刘相盟　张立坤　王晓星　刘　铮　任湘宁　孙静文　史丹妮　李如昕　高弘博　薛奕多　张嘉翔　赵　琦　周敏倩　云艺卓　李龙又　任禹蒙　王　菁　张　璐　吉祥予　宋熠楠　刘茗瑜

（教务处提供）

2018 年往届学生获毕业证书名单

学院	姓名
经济学院	靳若萍　刘毅凡
物流学院	秦麓原　王艺帆　王　峥　于荣达　李　帆　易丽昕　胡晶辉　庄周哲　程　卉　李　想　刘子豪　周丽珠　高　硕　杨　涛　朱佳兴
信息学院	杨如宇　许可鸣　狄昊翔　薛军杰　刘铄桢　许腾跃　马文钧　刘天舟　王一鹏
商学院	武　祥　崔兰欣　于美娟　赵泽宇　吕德祥　温学琴　周博妮　周莉娜　罗宁馨　卡米兰·阿科木
法学院	王福琦　罗桑曲玖　尔西丁·斯干旦
外国语言与文化学院	王晓宇　吕治佳　宋　蕊
国际学院	吴亚辉　何　烨　杨帆航　初笑男　汤沛杰

（教务处提供）

2018届本科毕业生获学士学位名单

专业名称	班级编号	姓名
经济学	142111001	曾京莹　陈丹妮　方熠智　何文霞　兰恬茹　黎　昊　连子龙　刘安佶　刘　欣　罗张瑶　马伯骥　马柳歌　马天麟　潘思慧　朴美娜　乔婧怡　盛云菊　石丽娜　宋博硕　王　晨　王　东　王梦圆　王思佳　谢　菲　辛　艺　严　婷　张雅璇　赵嘉丽　周　莹
	142111002	蔡佳琛　陈思远　洪彩霞　李雨萌　刘凯旋　刘　怡　刘　悦　蒲睿佳　邵逸霏　田　芳　王金晔　王天昕　王　郅　吴　浩　武振国　徐　成　杨雨彤　岳雨丽　张天雪　张　旭　张　缘　赵昊洲　赵　媛　周婷婷
国际经济与贸易	142112001	付玢妍　高　硕　韩依凝　黄孟钰　解森阳　晋阳洋　李明阳　李　甜　李彦飞　梁进辉　劣桂欢　刘文雯　马　芸　倪　舒　曲　捷　孙紫玉　王凯宁　王　莉　王雨尘　温简赫　杨穆卿　杨雪晴　于　航　张赛娜　赵悦臣　周劭博　洛桑顿珠
	142112002	李宜臻　陈　锦　安　舒　包婧怡　陈天莹　董紫璇　杜胜囡　高　天　韩　笑　胡皓顺　李　阳　梁　硕　刘天宇　马秋炯　邱开增　尚　苗　陶明君　田　爽　王宇涵　魏小桐　邢琬钰　张　伟　卡德尔亚·阿克巴尔江　森巴提·阿山
金融学	142113001	刘双旭　张雨薇　柴晓雨　方　颖　夏　林　谭　纯　安君杰　陈燕明　郭皓玮　郭炜航　郝　佳　胡　锟　李　铎　李　峻　李青霏　刘天擎　卢星月　齐振东　汪北发　席思琴　徐　鹏　闫丽娜　袁林基　张晨阳　张鑫野　张仲雄　赵浩淞　赵宇婕　杨冯屹　刘逍瑶　武　娇　田　博
	142113002	潘米兰　阎金凤　樊　锦　傅庆博　胡译文　蒋湛宇　李　乐　李玉静　刘　孜　刘新娟　潘佳宽　宋青蓝　孙　婧　王明静　王雨薇　王悦如　魏佳玉　杨嘉钰　杨栩培　岳　佳　张　晨　张京徽　张铭月　张鹏飞　张子雄　李海龙　何　睿　张明远　贾　冉　王晨曦　郭雨佳　赵静思

续 表

专业名称	班级编号	姓名
金融学（期货与证券）	142113101	张春媛 高思羽 李 艳 刘金玲 易 艳 白杏杏 卑钰淇 陈春阳 陈 星 代诗雨 董易承 杜 实 杜世通 段蕴珂 郭逸琦 何靓娴 金 鑫 李安森 刘昊辰 刘梦瑶 任 鹤 宋应兴 吴 羲 许景准 杨浩然 杨 宇 张申妍 赵士彤 周 祎 于天明 易 昊 贺靖雯
	142113102	杨春妮 步 丹 常 晴 陈炳旭 崔 珊 杜文慧 段珍珍 韩大宇 郝 明 黄鑫硕 霍丹阳 李小缘 李 洋 梁未晨 马 超 平笑忱 秦子正 宋雨泽 孙潇宇 孙 宇 谭皓然 田 纯 邬宇瑶 薛 闻 张瑗晖 张子文 赵海龙 周有为 刘俊熙 于澎涛 张晴晴 闪晓萌 马啸天
物流管理	142121001	常强强 陈慧欣 陈静伟 邓婉娟 董文倩 高一鹭 郭丽萍 金建成 廖 晴 刘功强 蒙 胜 彭超尘 任梦真 史卓卿 孙浩然 王欣悦 吴梦婷 吴晓晨 徐玉双 于珺颐 张 芳 张佳慧 张宇航 赵 静 赵 旭 左 琦 管 晔 郭宏宇
	142121002	柏 琳 程 艳 范诗逸 韩溟珺 郝利华 姜 楠 靳 欣 康清新 李佳慧 李 鑫 梁立航 梁紫薇 刘 岩 罗 杰 罗志强 苗东辉 邵介雄 宋梦莹 佟 晗 王 帅 王 妍 吴琛琛 吴敏磊 吴玮甜 尹 亮 于志超 张 娟 张硕晨 章 波 赵思源 王 昕 常晓晗 澹台玲楠
	142121003	崔嘉宝 戴阳阳 窦天祥 洑铭乐 郭博文 胡慧婷 贾鹏翰 李 强 李姗姗 李婷婷 刘 欢 刘世欣 刘思淼 刘英杰 刘子轩 马寒剑 倪晨沁 彭 杰 史 昊 佟 玥 万晓敏 王 凯 王 莉 王姝星 王雅琪 文鸿飞 肖 遥 邢子豪 尹 磊 张涛阳 张 正 赵 雪 郑汉良 钟剑龙 周佳丽 于俊杰 欧阳珍珍
物流工程	142122001	程 洋 董双双 黄 帅 姬龙康 李 旭 李志伟 刘佳琪 刘相伯 刘子轩 卢宇垚 陆永霞 罗予辰 毛媛媛 任 杰 佘清扬 史文琪 王雨旋 邢 聪 杨 伊 张 如 张 童 张宇翔
	142122002	安 旭 程 龙 范 辉 范周鑫 何 晶 何 妍 姜玉寒 李家驹 李梦宇 李威霖 罗 宇 任建松 孙 猛 王佳帅 王旖笛 王玉飞 王赟镭 王 震 许孟翟 杨子宣 袁兴皓 张京宇 张若愚 郑 颖

续　表

专业名称	班级编号	姓名
机械设计制造及其自动化（物流设备工程）	142123101	许云龙　常　宇　陈志然　丁湘林　范启铭　高　锋　戈　瑶 李博全　李博文　李　涵　李　楠　梁雨声　刘志杰　唐晓涵 王新月　杨　宁　尹　鹏　张文瀚　赵佳豪
采购管理	142124001	包红月　陈蜀君　程春燕　崔喆诚　高　杰　黄秋硕　亢晓晨 李诗意　李思阳　李悦怡　梁一晴　刘子航　吕翊程　宁碧璇 牛冉冉　王心源　王欣欣　吴　丹　肖　微　杨　莹　张华杰 张　震　阿卜力米提·麦提图尔荪
	142124002	柏梦桐　包思明　陈　璐　陈　佩　陈艳方　程洁婷　贾江瀚 郎　琦　李承厚　李姗姗　李雨泽　刘曾峥　罗文彪　吕　菲 孙一鸣　王柏睿　邢俪瑶　杨彦昭　袁凯丽　张雯琪　赵利君 郑　雪　张博展　泽松卓玛
质量管理工程（商品质量检验与管理）	142125101	陈慧娟　陈　星　崔晓丽　丁丽娟　冯　杰　郝子晴　胡双成 江祥钰　解京京　阚伯文　李婧祎　李茂林　梁　瑶　刘　赢 祁士心　容　榕　苏　晔　苏志鹏　唐莹茹　王瑞丰　徐　祎 杨倩倩　杨芯迪　姚旭晨　张昕谊　赵熙琛　施文学　上官子英
	142125102	袁文钰　安　璐　毕艺闻　陈欣妍　董佳良　巩欣雨　郭　芮 果　馨　黄　涛　李可玫　李　微　李　雄　李一瑾　刘佳蕙 刘　洋　刘　艺　岁　旭　孟思媛　任傲宇　任　沾　苏　伟 孙伟玥　汪　涛　王书尧　谢　奈　许梦迪　袁　烽　赵紫萌
计算机科学与技术	142131001	蒲禹辰　安　昊　陈　峰　陈灵多　傅景超　顾新宇　韩孟麒 贾　浩　李方舟　李弘毅　李　昕　刘天宇　刘　颖　刘永睿 浦运峰　史　豪　王　亨　魏立巍　夏　博　徐立航　于　桐 张晓雯　张雅峰　张宇田　周文悦　赵　震
	142131002	郝旭强　兰山山　艾宁惠　安雨童　白翰林　李子晨　吴美玲 谢　帆　徐　蒙　杨紫璇　陈芊菲　郭梦茜　李　琳　佟明博 王孟洲　谢　康　赵　莹　李　军　马　爽　孙宏达　张晨怡 张铭堑　郑文帅　周　璇
物联网工程	142131003	赵鹏宇　李嘉辉　杨　欣　张梦圆　张　森　侯明兴　王　岩 杨凯及　付金辉　靳　梦　李馥彤　李　垚　刘景新　刘　帅 刘宇翔　彭蒙蒙　任宇航　石　一　滕美慧　万鹏程　王浩鉴 杨心源　杨子晖　翟际晴　张洪清　郑宝龙　郑宇暄　周　靖 周思戚　朱鸿飞

续 表

专业名称	班级编号	姓名
物联网工程	14213 1004	郝瑞 李飒 杨易达 叶正月 蔡无双 曹波 常新琪 陈晓 陈宇明 高敏 韩汉 贾梦园 景博伦 李京宁 马雪 王晓童 杨倩 张颖 张育铭 张子豪 朱志瑞
应用统计学	14213 2001	关佳音 王冠宾 费千珊 时婧 蔡皓璇 陈姝冉 陈爽 崔梦彤 崔颖茜 邸晴 高佳琪 来鑫博 李昕 李影慧 梁冬晨 王晨希 王俊凯 王晓璠 王雪 王佑萱 王紫瑶 杨喆 姚喻飞 于安琪 张婧 张静 张琦 郑宇超 周洋
	14213 2002	刘睿琪 温泉 陈星艺 董浩然 窦美霞 付红叶 李华乐 刘明月 刘小涵 刘心昊 卢垠希 马梓萌 王丽 王雨晴 夏轶凡 熊鹰 闫峥 杨辰 姚新玥 殷玥琪 张文远 郑浩轩 周思洁 朱玉莹 朱玥
信息管理与信息系统	14213 3001	胡特 李静静 马赛娜 师丽君 王钰 张倩 郑子嫣 朱津 陈夕梦 崔博 高然 何忆宁 胡茹艳 孔颖 刘鹏宇 刘桐杉 刘芷君 刘佐 齐思阳 王诗佳 王新园 蔚春晖 赵娜 赵倩 赵烨 赵悦平
	14213 3002	董学 范秀琳 冯典翠 龚博文 郭辰浩 郝爽 贾天宇 李凯 廖子仪 刘鲁齐 刘文博 门相辰 牟金 桑培英 宋文颖 王舸 余欢 宇翔 张雨洁 赵宇 陈雪儿 耿力奇 郭其鸾 胡欣桐 黄依雯 吕甜颖 王淼 杨宇轩 赵萌 赵芮嘉伊
电子商务	14213 3003	包雨桐 段裕祺 方蕊 冯立立 冯青秋 何刘 贾金贵 李通 李昕原 刘佳慧 曲晓艺 任宇轩 宋信 王明睿 王宇飞 杨帆 杨滢 张斌 李赛 林洁 刘英坤 鲁毅 夏金红 薛瑞佳 毕尔冬妮
	14213 3004	段泽延 施胡浙 王皓宇 王磊 王士喆 王紫君 魏来 许金磊 安琪 白雪 曹蕊 陈鑫 郝金鑫 贾静 李嘉麟 李兰新 毛嘉仪 荣子汀 王博杰 王骞 王欣菲 尹家硕 云琪皓 张雪静 张章 朱宇昕

续　表

专业名称	班级编号	姓名
会计学（注册会计师）	14214 1101	高　杨　孙巧雯　江　湾　周　婷　艾文雪　安　琪　白若昕 陈德峰　陈晓萌　陈　怡　韩素清　何乔木　胡春晖　纪红纳 金秀贤　刘　婷　刘潇晗　毛凌云　茹凤卓　王晓娜　王　悦 卫赛宁　魏雨柔　谢　敏　徐婧妍　于欣媛　张报宸　张亚强 赵雪梅　赵一铭　郑娇娇　郑凯丹　彭春颖　张璐洋
	14214 1102	胡琪翎　宋旭慧　杨迪杰　潘虹宇　王田田　薄西曼　陈冰卿 陈金宇　董婉莹　董志欣　郜佳函　顾　妍　胡欣蓉　金　昊 乐　磊　刘　兵　刘显铭　刘子琦　孙嘉男　王嘉琪　王靖方 王旭璐　王羽菲　温茹淇　吴翎瑕　谢白桦　杨丽莹　尹大为 袁銘蔚　张泽宇　赵　倩　郑云婷　张　璐　陈思雨　傅懿祯
会计学（注册资产评估师）	14214 1201	王嘉昕　肖紫薇　孙　岩　白子玉　陈泽宇　胡智楠　黄　妍 李呈珺　李丹妮　李炎坤　刘婧怡　刘　铭　刘　琪　柳子修 罗雪凡　孟凡洋　明靖博　沈一杰　双　晖　王　楠　王新乐 吴倩娴　肖振学　张博远　张彦文　赵彬宇　郑潇华　邓　晗 刘雪滢　陈佳佳
	14214 1202	尹　帅　曹　祯　陈　定　崔晓丹　董玟悦　范　伟　冯宇轩 高　新　郭英同　荆秀慧　刘春玲　刘绍建　刘　轩　钱佳姝 邱　实　任祥如　宋　朔　滕　睿　王靖怡　王　琦　王　琦 王欣宇　王樱学　徐偲婷　尹如男　周　智　左启蒙　张玥莉 石　潇
会计学（ACCA）	14214 1301	邓思嘉　杨瑞迪　王文煜　张乃榕　鲍旭萌　吕　静　孙嘉诚 张子豪　侯　玮　王凯鸿　吴　越　刘　露　刘　洋
财务管理	14214 2001	任　璐　艾书帆　陈　欣　陈雪峰　程　谦　褚　桐　郭晓雪 韩雪冰　韩　玉　何　智　侯伯浩　黄泽华　刘婧菁　刘　涛 马雨霏　任　珂　沈莹婕　孙　媛　唐婧怡　王嘉玥　王彦卿 许若仪　颜　振　阳　星　于　泳　张入尹　章　志　周泽凡 朱　雅　祝显荣　希尔扎提·买买提依明
	14214 2002	赵玉卓　刘艺璇　蔡文茜　冯　静　关子彤　洪福川　胡钟丹 景　韩　雷昊宇　李　红　李　洁　李　昕　李　钺　李子慕 李子仪　刘　帅　马艳梅　申奕涵　沈　燕　王　淳　王俊红 王文翔　于怀淳　于　悦　张　萌　赵霁瑶　张龙楷　宗　潇 刘子玥　邢令孜　叶雅倩

续 表

专业名称	班级编号	姓名
工商管理	142143001	臧会雨 陈思萌 董 硕 段雯颖 高 蒙 郭 飞 韩家和 黄彦霖 霍 然 李 洁 马敬仪 唐星晨 王 森 王薪迪 王 旭 吴 韩 徐子晴 闫程飞 闫秀蕊 张 雪 张梓琪 赵博雯 赵金彤 周慧芳 周亚新
	142143002	白鑫楠 班湘依 陈 馨 崔馨丹 丁 阳 付 灿 韩 旭 李 晶 李子旭 刘 琦 刘雨晴 孟美彤 孟梓赫 孙佳琦 王佳宇 魏 云 肖 帆 杨博智 杨静怡 杨娅男 郑 君 周任红
市场营销	142144001	陈百合 管 益 何念念 姜新维 李庆敏 陆为峰 马 亮 麦苗苗 庞漪纯 武雪亮 杨 黛 杨靖雯 张 超 张翰林 张一凡 赵若好 周 莹 朱冰雨 朱啸翀 祝霁雯
	142144002	安 静 杜 磊 胡 雪 焦晓妍 李玉展 林 瑶 莫青艳 齐霁宏 沈晨曦 孙 攀 涂馨圆 王夏晴 隗 薇 杨梦玲 张智惟 赵 磊 赵丽佳 赵紫薇 朱慧婷 阿来依·马那依汗 甫尔卡提·甫拉提
人力资源管理	142151001	刘 望 安宇萌 陈昕楚 陈逸如 程新杰 管静怡 韩 雪 何越溪 胡荷花 胡悦笛 李思妍 梁道明 刘 骏 刘 山 娄欣宇 马玉婷 牟小凡 盛晓坤 孙 妍 王从容 王璐瑶 王鑫垚 隗心娅 卫婧冉 谢 钰 徐梦丹 郁琪琳 张 雅 郑梦航
	142151002	陈萌萌 陈婉潇 刁雯丹 顾依唯 贺曜辉 雷 艳 李 芬 李会敏 李佑文 刘 璇 马 涵 马 洁 蒙福星 苏 趁 王思文 吴 珊 吴学妍 夏 琦 谢雨帆 薛瑶冬 虞思文 张博北 张晨曦 张虹曼 张 静 周亚楠 陈璐瑶
	142151003	曹晴宇 陈曹慰 邓 可 冯明昕 伏馨逸 葛菡琳 李 翀 李 萍 毛凡音 曲威静 田安琪 王海若 王鑫佳 伍珊珊 肖映雪 许梦婷 杨晶晶 杨 婧 于超凡 张璧君 张丹阳 张潇亮 张智涵 买热哈巴·艾克拜
劳动与社会保障	142152001	刘东宁 蔡子晨 龚赛兰 黄品源 李佳蓉 李苏阳 李彰盟 刘晓悰 刘 璇 马英丹 石家乐 田 然 吴 辰 徐 晖 薛庆乙 薛 移 杨晟旭 杨翔宇 于 洋 袁 梦 张 梦 赵竞雄 赵文艺 朱倩倩 朱子琦 左热古丽·阿布都艾克木 古力孜热木·阿布都外力

续　表

专业名称	班级编号	姓名
劳动关系	142153001	陈　婧　崔　婷　郭香香　李艺哲　李　震　林静怡　刘霄月 刘　学　刘雅雯　潘则君　陶兰兰　王朝茜　王婷婷　杨八妹 杨　斌　翟　冉　张博文　张　霞　张　艳　张依墨　赵　旭 靳芳迪　拉木艾力·艾买提
法学（流通法）	142154101	成雪颖　邓　准　郝利杰　胡贝怡　钱　程　孙　琳　王纪川 王　静　王琬琳　王一多　吴　楠　吴　仪　肖佳佳　许　放 杨　硕　杨兴静　袁兴祖　张爱旌　周良腾　周珊珊　洛桑曲珍
	142154102	阿丽娅　曾耀垚　代博文　杜可心　高田林　郭纪双　郭猛猛 李欣煜　罗鲜璇　钱晶耀　邵兴宇　唐雪伦　佟吟雪　王佳琦 王凯迪　王雨凡　王　媛　向　月　徐子晨　俞舒婷　张方隅 张　学　张亚萍　周可佳　阿丽米热·阿迪力 次旦普尺　次仁卓嘎
英语（国际传播）	142161101	李实实　刘　坤　王学聪　翁晓莹　杨巧玲　热孜娅·努尔马木提
	142161102	陈紫珺　任雨晴　王雅婧　于海霞
	142161103	温小辉　李　静　马菁菁　于一璇　赵天怡
英语（国际商务）	142161101	王　雯　安　瑞　常钰昆　高　葳　巩思洁　黄　迪　李　雨 刘宇鑫　满嘉玉　倪晓荣　潘　苗　渠文宁　阙小燕　孙梓晗 王　媛　武　晨　徐鹏飞　张凯卓　张欣雅　郑琼霞
	142161102	邹　颖　崔彬熙　窦菁玮　韩燕楠　黑雯颖　李　畅　李　平 李亦卓　李政言　马昊昱　孙墨函　王天姝　许银娥　俞　馨
	142161103	梁珊珊　毕竹君　陈丽娜　陈若琪　刘紫依　范丽莎　黄磊彧 季海旭　贾永红　李明怡　陆　桐　弥佳恒　宋佳俊　宋恺雯 苏　京　唐伯民　滕冉然　王萌萌　王　琢　肖　颖　杨蓉蓉 张山立　张晓秋　赵瑞雪　程　琪
金融学（国际金融）	G1401	闫昱莹　王鼎雯　谢祎璠　徐佳楠　鲜　星　王锦婷　刘宏泽 孙羽繁　刘阳泽　杨　楠　张雪筠
物流管理（国际物流与供应链管理）	G1402	刘相盟　张立坤　王晓星　刘　铮　任湘宁　孙静文　史丹妮 李如昕　高弘博　薛奕多　张嘉翔　赵　琦　周敏倩　云艺卓 李龙又　任禹蒙　王　菁　张　璐　吉祥予　宋熠楠　刘茗瑜

（教务处提供）

2018 年往届毕业生获学士学位名单

学院	姓名
经济学院	靳若萍　刘毅凡
物流学院	秦麓原　李忆涵　潘鑫钰　窦　征　王艺帆　王　峥　于荣达　李　帆 易丽昕　胡晶辉　德　吉　李晓帅　王兴宾　庄周哲　程　卉　李　想 刘子豪　周丽珠　高　硕　杨　涛　朱佳兴
信息学院	马思涵　杨如宇　许可鸣　狄昊翔　冯源松　薛军杰　赵宏喆　张　杉 王仁靖　郭雷鸣　刘铄桢　许腾跃　张　婧　马文钧　刘天舟
商学院	武　祥　崔兰欣　于美娟　赵泽宇　吕德祥　周　玲　宋　阳　温学琴 侯梦晗　周博妮　罗宁馨　卡米兰・阿科木
法学院	王福琦　乔春雨　尔西丁・斯干旦　罗桑曲玖　努日耶・巴图尔
外国语言与文化学院	王晓宇　吕治佳　宋　蕊
国际学院	吴亚辉　何　烨　杨帆航　初笑男　汤沛杰

（教务处提供）

2018 届成人高等教育毕业生名单

专业名称	姓名
物流管理（115 人）	专升本（业余）： 马腾飞　王立荣　王　兰　王　娜　王　娟　王翠杨　宁　云　刘　轩 刘　佳　刘　娟　李　贺　李德宝　张小平　张　杨　陈　松　赵　宇 赵芮漩　赵　莎　郝玉腾　骆春磊　高贵子　郭　永　唐　浩　曹海松 龚　民　崔　维　续　强　韩　玉　覃萍萍　谢宏磊　魏乃军　魏　娜
	专升本（函授）： 赵　睿　曹文春　简永富
	专科（业余）： 马鋆菲　王计伟　王　军　王学玲　石研硕　刘　堃　李延琦　李　兵 何　坤　陈　诚　陈　思　周　阳　曹永强　康　迪　魏　威
	专科（函授）： 王彤宝　王　森　韦利梦　邓福民　甘文静　石可峰　叶林鑫　叶　媛 史庚辛　达礼宁　成　欣　朱世龙　朱福玉　刘华杰　刘　丽　刘铃珍 安建有　许开高　芦爱民　苏龙发　苏润宝　巫宝超　李永知　杨　澄 来　旦　吴功民　何爱祥　张　妮　张裕军　张瑞瑞　陆才宝　陈　倩 林日棉　林　凤　金玉玺　周小瑞　周鹏飞　赵　龙　柏兵兵　哈俊发 钟善清　侯　琦　姚世杰　袁　莉　高英杰　唐国峰　姬永红　黄春色 黄珊珊　黄政平　黄琪深　阎秉昆　梁乃伟　蒋新鹏　韩正武　覃坤炼 覃定友　覃柳萍　曾婷仪　蒲雪莲　蒙德华　路志浩　解选选　黎亮延 蹇雷雷

续　表

专业名称	姓名
会计学 （135人）	专升本（业余）： 于海娟　于淼　于然　马兰　马佳　马琳　王刚　王妍　王俊刚 王艳珍　王桂华　王继红　王琼　尤楠　计伟　尹洪宇　申莉颖　史亚斌 冯晓晨　吕赛超　乔艳红　伊廷慧　刘小晨　刘月　刘永利　刘明慧　刘海玲 刘清爽　刘颖　刘鑫　汤云飞　安岩妍　许超　孙月维　孙娜　孙艳 李虎　李春燕　李艳　李晓男　李晓杰　李雪玉　李晶　杨文贺　杨舟 杨莉　肖彤　吴君宇　何佳　何赛男　闵敏　张永燕　张伟　张姗 张春山　张春雪　张晓楠　张雪松　张添宁　陈立维　陈杰　陈艳平　陈烨 武婕　金晶　周雪琳　郑颖　郎瑶　赵雪　赵银平　郝冉菲　郝运 郝丽明　郝金鹏　姜雅晴　秦方旭　徐宁　徐辛月　徐国英　高生远　高连越 高旖旎　郭宪杰　唐美琼　陶海鹏　曹宇红　戚雯雯　龚珊珊　梁培　董可欣 程宇　程慧莲　焦娇　甄正　解春苗　裴沙沙　廖竹青　翟羽佳
	专科（业余）： 寸剑凡　王轩　王素娟　王海媛　王爽　王婴　尹兴华　叶莎莎　田盼盼 史蕊　冯桂梅　刘立军　刘亚洁　刘会杰　刘宝龙　刘海坤　齐稳　孙智山 孙颖　李振杰　何琳　何翔　宋晓洁　张光辉　张美慧　张涛　陈云 陈颖　陈磊　欧鑫莉　周猛　周维　耿华　晏春梅　董千慧　蔺海滨 薛娇娇
人力资源 管理 （157人）	专升本（业余）： 门菲　马媛　王小儒　王玉雯　王可　王远　王玲玲　王桂芳　王然 王嘉宁　石进京　石慧紫　付艳艳　白俊龙　白鹤　冯志航　毕洪美　吕红玉 吕寰　乔佳　任翔云　刘亚静　刘雨卉　刘佳琪　刘京华　刘思佳　刘海方 刘跃　刘琳　刘博　刘婷婷　刘璐　齐红艳　米研研　孙亮亮　杜立萍 李达　李建楠　李洋　李雪　李雯　杨丽明　杨蒙疆　肖欢　吴蒙 邱丹丹　何昌　何婷　闵慧　沈宝君　宋帅　宋旭爽　宋杨帆　宋征 张于　张玉娇　张旭　张欢　张岘　张宏霞　张英爽　张征　张微 张新爱　张睿　张蕊　张蕾　陈明耀　陈欣　陈萌　范秀凤　林鹏 林燕　周孟梅　周鑫鑫　赵宇晴　赵娇娇　郝建会　胡莺歌　胡晓楠　柏迪 耿娇　耿福乐　贾云肖　贾晨　夏晶晶　徐明珠　徐征　高亚娟　高思然 郭陶然　黄思雨　黄彦雯　曹晨　戚欢　隗立美　韩志远　韩媛媛　韩睿 焦凯　蔺珊　裴文娜　阚秋平　谭紫阁
	专科（业余）： 马丽丽　马跃　王子洲　王伟　王利　王海冬　王海强　王鹏　田杰 史晓维　白合美　冯高月　吕强　刘夕　刘英杰　刘金宇　刘微　齐文雪 孙园辉　李心梅　李伟欣　李兴　李鹤　杨杏花　杨淞博　杨蕊　肖莹 何颖　余瑞中　沈小杰　张旭　张汝雪　张佳　张艳　张艳苹　张娟 张磊　陈云　陈丽花　武子琦　武俊丰　赵兴华　赵鸽　赵筱怡　柳月蕊 柳泽　聂春利　钱殿涛　高菲　曹贵　龚丽萍　韩双　焦颖

续　表

专业名称	姓名
商务英语 （106 人）	专科（业余）： 丁雨芊　于　桐　才玙田　王一乔　王子怡　王子瑶　王伊寅　王刘蓉　王　钊 王柳帆　王　振　王雅琦　王　晶　王　颖　王源锐　牛婧嫣　毛曜满　石建璞 付宇昊　付国军　冯天宇　冯爱云　光华梅　吕天逍　乔　鸽　任欣蕊　刘兴华 刘英博　刘诗琪　刘博宇　刘　薇　闫子伦　许凯杰　孙子萱　孙天琪　李　彤 李佳莹　李泽炯　李春霖　李梓萱　李惠子　李　晴　杨旭萍　杨　冰　吴学亚 何逸超　何　蕾　邸泽康　怀梦彤　宋牧遥　张妤妍　张梦雅　张　梅　张博艺 张　裕　陆　岩　陈思源　陈彦君　陈泰森　武雅静　季峒彤　周郁丛　周　晨 郑雪桐　单一童　单蓬珊　房泽霖　赵佳琦　赵欣明　郝玙璇　郝雪钰　胡栋山 侯智渊　洪瑞东　姚昕韵　贾亚蕾　贾凯莉　夏国庆　顾婷玉　徐立家　徐丽丽 徐英杰　徐艳玲　高思楠　高　铭　郭雪莲　唐　姚　黄雨晴　黄　珑　曹亦青 康鹏程　梁　晨　梁馨心　葛　维　董秋雨　韩　跃　曾梦妮　谢芝桃　鲍　宁 熊　艳　樊皓雪　颜　颜　霍晓峰　魏梦尧　俞瑶橡状　早德那木苏荣
电子商务 （67 人）	专科（业余）： 马增元　王敬然　王释召　韦润成　史文奇　吕　轩　吕欣宇　朱定勇　任伯仕 庄凯杰　庄福生　刘子硕　刘　彤　刘　博　江　倩　孙　岩　孙美琪　孙程前 李天基　李　玮　李依坤　李泓硕　李贺新　李朝华　李惠华　李瑞东　李嘉瑄 李旗伟　杨　冉　杨羽婷　杨　洋　连　浩　吴　宁　宋　鑫　张　贺　张耀中 陈　宁　陈家伟　陈　熙　武佳妮　林丛岳　林泽男　周宏广　周莘易　周鑫莲 郑永康　宛子超　赵思嘉　赵晨杰　赵锦程　段青云　侯佳慧　姜华清　贺羽嘉 高　源　郭静静　唐　珊　曹晓艳　渠晓东　韩煜礽　程傲寒　童永虎　曾祥星 雷宏光　漆　晗　滕　妍　欧阳玮琦

2018 届成人高等教育毕业生获学士学位名单

专业名称	姓名
物流管理 （11 人）	专升本（业余）： 王　兰　宁　云　张小平　赵　宇　赵芮漩　赵　莎　韩　玉　覃萍萍 魏　娜
	专升本（往届，业余）： 王　京　潘　琳
会计学 （23 人）	专升本（业余）： 王　妍　史亚斌　刘　月　刘永利　孙　艳　李春燕　李　艳　李晓男　李晓杰 李　晶　张春雪　张晓楠　张雪松　张添宁　赵银平　郝金鹏　徐　宁　唐美琼 程慧莲　马　佳
	专升本（往届，业余）： 李　昆　高正雄　黄丽萍

续　表

专业名称	姓名
人力资源管理（31人）	专升本（业余）： 石进京　马　媛　王　可　王　远　石慧紫　白　鹤　吕红玉　刘雨卉　刘佳琪 刘京华　李建楠　何　昌　宋　帅　宋　征　张宏霞　张　微　张新爱　张　蕊 陈　欣　周孟梅　柏　迪　高思然　黄思雨　隗立美　韩　睿　蔺　珊　裴文娜
	专升本（往届，业余）： 牛伟帆　金　升　郭　芸　曹铁楠

（王守新　罗新东）

附属商务科技学校2018届毕业生名单（中专）

专业名称	姓名
数字媒体技术应用（5人）	孙大为　谢江由子　赵世明　朱思奇　姜子隽
电子商务（16人）	阳彧龙　苗文壮　刘子缘　蔡勤萧　金子康　何隽雨　蒋佳霖　耿梦琪 张　敖　李　睿　姜梦辰　杜智达　马　腾　张大卫　赵　铮　陈家辉
物流服务与管理（10人）	张婷婷　吴培萌　李怀远　曹　悦　任浩森　贾梦岚　王炜成　韩　俊 李帅凯　赵鹏遥
物联网技术应用（12人）	李　星　崔建宇　唐恺锋　郭子怡　张憬洋　何晓晨　郭俊威　王　新 鲁　佳　周鼎文　梁子迪　孙宇智喆
会计（10人）	于　海　董晓琳　陈雪怡　张阔勤　郭　悦　宋　佳　张冬雪　董　晴 宋　扬　戴菁菁
学前教育（26人）	陈　萌　李心怡　王丽蕊　赵　冉　侯凯丽　杜　硕　雷博宇　王　慧 周景怡　张静茜　黄　蕊　张雨曼　吕晨雨　宋媛媛　于　泽　裴　豫 马思怀　王依博　李嘉莹　邓可欣　李恬宇　周晓茜　夏云池　吴　迪 强偲俣　陈静宜

（附属商务科技学校提供）

第十五篇 附录

2018年校发文件目录

物院发〔2018〕1号	关于2017年度处级以下教职工考核结果并表彰优秀的决定
物院发〔2018〕2号	关于2017年度专业技术职务晋升聘任及认定结果的通知
物院发〔2018〕3号	关于北京物资学院图书馆项目决算审核的请示
物院发〔2018〕4号	关于修订并发布实施学生管理相关制度的通知（改为2017年发文）
物院发〔2018〕5号	关于调整原人才工作委员会为人才人事工作委员会的通知
物院发〔2018〕6号	关于北京物资学院图书馆项目决算评审的请示
物院发〔2018〕7号	北京物资学院关于2017年会议计划和执行情况的报告
物院发〔2018〕8号	北京物资学院关于2017年培训计划执行情况的报告
物院发〔2018〕9号	北京物资学院关于2018年培训计划申报情况的报告
物院发〔2018〕10号	北京物资学院关于2019年度北京市外国留学生奖学金的请示
物院发〔2018〕11号	关于表彰2017年毕业生就业工作先进集体、先进个人的决定
物院发〔2018〕12号	北京物资学院科研经费决算审签办法
物院发〔2018〕13号	关于调整学校学风建设领导小组并发布2018年学风建设实施方案的通知
物院发〔2018〕14号	关于发布《促进2018年毕业生就业创业工作实施方案以及提升人才培养质量促进高质量就业若干措施》的通知
物院发〔2018〕15号	非税收入继续返还申请
物院发〔2018〕16号	关于成立北京物资学院学生军训领导小组的通知
物院发〔2018〕17号	北京物资学院关于印发《北京物资学院教师国（境）外访学研修管理办法（试行）》的通知
物院发〔2018〕18号	关于成立保密办公室的通知
物院发〔2018〕19号	关于成立北京物资学院征兵工作领导小组的通知
物院发〔2018〕20号	关于报送我校教授申请首都经济贸易大学博导资格名单的函

物院发〔2018〕21 号	关于给予学生黄闻也处分的决定
物院发〔2018〕22 号	关于撤销原研究生部并成立研究生院、党委研究生工作部的通知
物院发〔2018〕23 号	关于北京物资学院进行产权登记年度检查的申请
物院发〔2018〕24 号	关于北京物资学院新建文体活动综合楼项目决算审核的请示
物院发〔2018〕25 号	关于印发《北京物资学院研究生教育校院两级管理办法》的通知
物院发〔2018〕26 号	关于做好 2018 年本科招生录取工作的通知
物院发〔2018〕27 号	关于开展教师岗位 2015—2017 聘期考核工作的通知
物院发〔2018〕28 号	关于成立北京物资学院附属商务科技学校的通知
物院发〔2018〕29 号	关于印发《北京物资学院本科学生学籍管理规定（试行）》的通知
物院发〔2018〕30 号	关于印发《北京物资学院高水平人才交叉培养“实培计划”项目管理办法（试行）》的通知
物院发〔2018〕31 号	关于印发《北京物资学院大学生科学研究与创业行动计划项目管理办法》的通知
物院发〔2018〕32 号	关于 2018 年教师节表彰的决定
物院发〔2018〕33 号	北京物资学院研究生副导师选聘暂行办法
物院发〔2018〕34 号	北京物资学院青年教师导师制实施办法（试行）
物院发〔2018〕35 号	北京物资学院本科教育教学外聘教师管理办法（试行）
物院发〔2018〕36 号	关于印发《北京物资学院研究生国家奖学金评审办法》的通知
物院发〔2018〕37 号	关于成立艺术教育中心的通知
物院发〔2018〕38 号	关于撤销原现代物流产业研究院，成立对外合作办公室的通知
物院发〔2018〕39 号	关于独立设置校友工作办公室的通知
物院发〔2018〕40 号	北京物资学院公车使用管理办法
物院发〔2018〕41 号	北京物资学院 2018 年秋季教育收费自查自纠情况报告
物院发〔2018〕42 号	关于 2015—2017 聘期教师岗位考核结果的通知
物院发〔2018〕43 号	关于开展 2018 年度教师职务晋升聘任工作的通知
物院发〔2018〕44 号	关于印发《大学生思想政治教育类教师专业技术职务任职条件和晋升要求（试行）》的通知
物院发〔2018〕45 号	北京物资学院关于暂停课堂教学不合格教师从事本科课堂教学工作的规定（试行）
物院发〔2018〕46 号	关于印发《北京物资学院研究生校级评奖评优工作管理办法》的通知
物院发〔2018〕47 号	北京物资学院审计整改实施办法（试行）
物院发〔2018〕48 号	北京物资学院内部审计工作自我评价报告

物院发〔2018〕49 号	北京物资学院重大项目整体验收暂行管理办法
物院发〔2018〕50 号	北京物资学院专项论证管理办法
物院发〔2018〕51 号	北京物资学院横向科研项目经费支出管理细则
物院发〔2018〕52 号	关于开展 2018 年度处级以下教职工考核工作的通知
物院发〔2018〕53 号	北京物资学院科学研究优秀成果奖评选办法

2018 年校党委发文目录

物院党发〔2018〕1 号	中共北京物资学院委员会关于印发《北京物资学院 2018 年度民主生活会方案》的通知
物院党发〔2018〕2 号	北京物资学院社会治安综合治理（平安校园建设）工作考核自查报告
物院党发〔2018〕3 号	关于撤销、变更相关党组织的通知
物院党发〔2018〕4 号	北京物资学院 2018 年工作要点
物院党发〔2018〕5 号	北京物资学院舆情（网络舆情）应急处置预案
物院党发〔2018〕6 号	—
物院党发〔2018〕7 号	—
物院党发〔2018〕8 号	关于对 2017 年度考核优秀处级单位优秀处级干部表彰的决定
物院党发〔2018〕9 号	中共北京物资学院委员会 2018 年度党建工作计划
物院党发〔2018〕10 号	北京物资学院关于改革发展中存在的困难和问题的报告
物院党发〔2018〕11 号	中共北京物资学院委员会关于印发《北京物资学院〈北京普通高等学校党建和思想政治工作基本标准〉入校检查整改方案》的通知
物院党发〔2018〕12 号	中共北京物资学院委员会关于印发《北京物资学院教学科研一线教师党支部书记考核和激励经费发放办法》的通知
物院党发〔2018〕13 号	关于变更“国家安全小组”名称的通知
物院党发〔2018〕14 号	北京物资学院 2018 年国家安全人民防线建设工作方案
物院党发〔2018〕15 号	北京物资学院“以‘三转’深化‘三个体系’建设，推进全面从严治党”廉政教育宣传活动方案
物院党发〔2018〕16 号	北京物资学院关于报送《北京物资学院师德建设工作自评报告》《北京物资学院学风建设工作自评报告》的报告
物院党发〔2018〕17 号	北京物资学院关于开展 2018 年“做新时代‘四有’好老师和‘四个引路人’”学习实践活动方案

物院党发〔2018〕18 号	关于启动学校党风廉政建设责任制第二批次巡察工作的通知
物院党发〔2018〕19 号	北京物资学院师德先进个人评选办法（试行）
物院党发〔2018〕20 号	关于撤销、变更相关党组织的通知
物院党发〔2018〕21 号	中共北京物资学院委员会关于印发《北京物资学院教师职业道德规范》的通知
物院党发〔2018〕22 号	中共北京物资学院委员会关于表彰 2017—2018 年度先进基层党组织优秀共产党员和优秀党务工作者的决定
物院党发〔2018〕23 号	北京物资学院师德“一票否决制”实施细则（试行）
物院党发〔2018〕24 号	中共北京物资学院委员会关于印发《党风廉政监督员选聘和管理办法》的通知
物院党发〔2018〕25 号	北京物资学院 2018 年上半年意识形态工作基本情况报告
物院党发〔2018〕26 号	关于聘任学校党风廉政监督员的通知
物院党发〔2018〕27 号	中共北京物资学院委员会关于印发《中国共产党纪律处分条例学习方案》的通知
物院党发〔2018〕28 号	中共北京物资学院委员会关于成立巡察工作领导小组的通知
物院党发〔2018〕29 号	北京物资学院全面从严治党巡察工作实施办法
物院党发〔2018〕30 号	中共北京物资学院委员会关于印发《北京物资学院重点领域关键环节监督检查办法》的通知
物院党发〔2018〕31 号	中共北京物资学院委员会 2018 年全面从严治党工作主要任务分工
物院党发〔2018〕32 号	关于印发《北京物资学院 2018 年院（部）级党组织换届选举工作实施方案》的通知
物院党发〔2018〕33 号	中共北京物资学院委员会关于进一步规范和从严管理处级干部因私出国（境）审批工作的通知
物院党发〔2018〕34 号	中共北京物资学院委员会关于印发《北京物资学院辅导员岗位补贴发放办法（试行）》的通知
物院党发〔2018〕35 号	北京物资学院关于加强安全稳定工作的意见
物院党发〔2018〕36 号	北京物资学院关于学习宣传贯彻全国教育大会精神的实施方案（草案）
物院党发〔2018〕37 号	北京物资学院关于深化学习宣传贯彻全国及全市教育大会精神的实施方案
物院党发〔2018〕38 号	关于调整校领导分工的通知
物院党发〔2018〕39 号	北京物资学院党委书记和校长沟通协调制度

物院党发〔2018〕40号	北京物资学院师德考核办法（试行）
物院党发〔2018〕41号	中共北京物资学院委员会关于印发《北京物资学院院（部）党政联席会议制度》的通知
物院党发〔2018〕42号	中共北京物资学院委员会关于印发《北京物资学院院（部）级党组织会议制度（试行）》的通知
物院党发〔2018〕43号	关于启动学校全面从严治党第三批次巡察工作的通知
物院党发〔2018〕44号	北京物资学院关于贯彻落实习总书记重要指示批示情况的报告
物院党发〔2018〕45号	中共北京物资学院委员会2018年落实全面从严治党主体责任自查报告
物院党发〔2018〕46号	中共北京物资学院委员会关于印发《2018年度北京物资学院处级领导干部考核工作方案》的通知
物院党发〔2018〕47号	中共北京物资学院委员会关于印发《北京物资学院二级单位2018年度考核方案》的通知
物院党发〔2018〕48号	中共北京物资学院委员会关于印发《2018年北京物资学院基层党建工作述职评议考核实施方案》的通知
物院党发〔2018〕49号	关于成立中国共产党北京物资学院附属商务科技学校总支部委员会的通知
物院党发〔2018〕50号	中共北京物资学院委员会关于成立学业困难学生帮扶工作领导小组的通知
物院党发〔2018〕51号	北京物资学院2018年巡察工作总结
物院党发〔2018〕52号	关于成立北京物资学院附属商务科技学校事务委员会的通知
物院党发〔2018〕53号	中共北京物资学院委员会关于印发《北京物资学院2018年度民主生活会方案》的通知
物院党发〔2018〕54号	中共北京物资学院委员会关于印发《北京物资学院2018年度学校领导班子和领导干部年度考核工作方案》的通知
物院党发〔2018〕55号	关于给离退休工作处通报批评的决定
物院党发〔2018〕56号	关于给予王秀华警告处分的决定
物院党发〔2018〕57号	北京物资学院宣传思想阵地管理规定
物院党发〔2018〕58号	北京物资学院2018年履行意识形态工作责任制情况报告
物院党发〔2018〕59号	北京物资学院“十三五”时期实施高校“平安校园”建设提升工程方案

2018 年校级先进个人名单

项目	获奖人
教学先进个人	王淑花 左春玲 李海英 李珍萍 杨 玺 张洪城 武淑平 高 亮 温卫娟 秦惠林
科研先进个人	杜志平 刘崇献 李珍萍 张 军
优秀辅导员、班主任	朱晓婷 姚昊伟 闫慧凝 米 娜 杨润芬
优秀教育工作者	陈霄英 郭 琳 卢长永 李 亮 牛莉萍 王秋影 张立奇 张 澍 张 婷 张旭凤
从教 30 年教职工	陈红丽 李义福 李珍萍 刘 军 刘艳荣 马立梅 陶颖晨 童年成 王文举 王右军 朱群芳 庄 菁

（人事处提供）

2018 年年终考核优秀名单

分类	单位或个人
优秀 处级单位	物流学院、体育部、信息学院、党委组织（统战）部、学校办公室、安全稳定工作部（处）、教务处、财务处、人事处、后勤管理处、基建办公室、国际合作与交流处（国际学院）
优秀 处级干部	周 丽 姜 旭 王彦英 刘世波 丁树岐 张旭凤 赵隽咏 韩 星 赵秀兵 韩振节 吕 波 毛文富 吴长军 王淑花 徐小娟 申云贵 孙 静 叶 伟
党委 通报表扬	刘艳荣
处级以下 优秀人员	李晓庆 李 彤 战雪丽 刘 荔 陶 冶 孟繁军 李义福 黄雨婷 夏 蓓 韩春丽 毛 艳 齐子翔 亢 笛 杜志平 赵 琨 杨 丽 刘若阳 田 雪 陆 华 孙卫华 朱晓婷 温卫娟 于晓辉 刘 俐 汪芸芳 胡贵彦 姜 涛 李 锋 郭 茜 杨 玺 秦惠林 陈 征 李珍萍 刘 涛 宋燕星 田立平 刘俊娥 吴海建 鞠红梅 张嘉斌 金仁浩 田志勇 于建业 张海军 王 艳 董丽萍 范少君 李敬强 吴 非 许海晏 张 军 郑 欣 祝映莲 季 靖 李广义 李晓晖 林 原 郭红莲 郑可人 肖为群 张喜才 姜 涛 李惠阳 高 泉 周少华 白 硕 李海英 孙静波 王清华 周 杰 裴姝娟 何啟滨 刘建华 唐 棠 郝 琳 韩 红 韦美璇 蒋春生 宋洪云 宋平明 兰 旸 刘金丽 张秋艳 王新龙 尹洪攀 高 亮 李荫林 胡晓迎 丁兆博 刘洪武 么贵永 郝文英 程 杨 孙 涛 徐青林 廖 冉 王美英 邓邱超 杨 昀 李耀辉 刘会文 韩丽华 杜峰云 王新光 毋长利 杨连喜 薛 楠 马晓燕 陆 宁 武建兴 吕亚鹏 邹跃生 郭红方 徐黎明 侯 茹 梁 培 于 蕾 林英泽 仵 坤 林立全

（组织部、人事处提供）

教育教学项目获奖

2017—2018 教学先进个人名单

序号	教师	所属院部	教学负责范围
1	王淑花	外语学院	本科
2	张洪城	体育部	本科
3	高　亮	体育部	本科
4	武淑平	商学院	本科
5	李海英	外语学院	本科
6	左春玲	商学院	本科
7	杨　玺	信息学院	本科
8	温卫娟	物流学院	本科
9	李珍萍	信息学院	研究生
10	秦惠林	信息学院	研究生

（孙琳）

第十六届青年教师基本功比赛获奖名单

<table>
<tr><th>类别</th><th>奖项</th><th>教师</th><th>所属院部</th></tr>
<tr><td rowspan="10">个人奖</td><td>一等奖</td><td>尹洪攀</td><td>体育部</td></tr>
<tr><td rowspan="3">二等奖</td><td>彭　幸</td><td>法学院</td></tr>
<tr><td>裴姝娟</td><td>外国语言与文化学院</td></tr>
<tr><td>宋平明</td><td>马克思主义学院</td></tr>
<tr><td rowspan="6">三等奖</td><td>黄雨婷</td><td>经济学院</td></tr>
<tr><td>唐　棠</td><td>外国语言与文化学院</td></tr>
<tr><td>李玉珠</td><td>商学院</td></tr>
<tr><td>苏庆华</td><td>信息学院</td></tr>
<tr><td>王　莎</td><td>信息学院</td></tr>
<tr><td rowspan="3">单项奖</td><td>最佳教案奖</td><td>彭　幸</td><td>法学院</td></tr>
<tr><td>最佳教学演示奖</td><td>尹洪攀</td><td>体育部</td></tr>
<tr><td>最受学生欢迎奖</td><td>宋平明</td><td>马克思主义学院</td></tr>
</table>

续　表

类别	奖项	教师	所属院部
优秀组织奖	一等奖	信息学院	
	二等奖	外国语言与文化学院	
	三等奖	体育部	
		经济学院	

（孙琳）

2018 年北京市教育教学成果奖

项目名称	获奖人姓名	奖项级别
行业依托，校企协同，实践贯穿，推进期货领域拔尖人才培养模式的创新与实践	赵　娴　冯玉成　战雪丽 单　磊　马　刚　朱才斌 刘　荔　许　可　原玲玲	二等奖
信息化背景下“上下并举、内外兼修、共享互促”的立体化数学教学模式的构建与实施	田立平　周　丽　刘洪伟 鞠红梅　齐凤华　谭加博	二等奖
依托“1+5+1”平台构建多元化物流人才培养体系	姜　旭　张旭凤　田　雪 邬　跃　刘艳荣	二等奖
“分类通识、多元进阶”的创新型智能物流信息人才培养体系构建	周　丽　朱　杰　刘　军 郭　键　阎　芳	二等奖
“一来二去”，地方高校应用型人才实践能力培养机制和途径创新	刘永胜　张旭凤　白学波 赵隽咏　顾　煜	二等奖

（李小庆）

学科竞赛获奖名单

竞赛项目名称	参赛学生姓名	获奖等级
全国大学生英语竞赛	韩家和　卢　洋　杨　璐	一等奖
	吴　升　郭乃菡　葛雪涛　郑　雪 左宇航　李　琳　杜梦瑜　彭海琳 张梓宜　王欣怡　任　捷　钟　琪 苏佳莹　王艳萍　沈　辰　王婧怡 吕鑫昕	二等奖

续 表

竞赛项目名称	参赛学生姓名	获奖等级
全国大学生英语竞赛	张铭格 杨凯如 李兰萍 龚一凡 米 爽 郭嘉宁 杨雨婵 李鸿烨 董晨溪 胡 锟 杨子宣 崔 粲 赖嘉豪 孙伽宁 陈皓轩 程子轩 吴亦淳 周怡然 王 玥 李铭玖 尹玉婷 姜佳昕 王子怡 朱鑫茹 胡潇月 陈雨菲 郝 韵 吕蓁宜 宋 欣	三等奖
全国大学生物流设计大赛	付可欣 陈冬妍 赵浩然 徐识杰 袁常伟	三等奖
全国部分地区大学生物理竞赛	李亚楠	二等奖
“国泰安杯”流通业经营模拟竞赛暨第五届海峡两岸大学生流通业经营模拟大赛大陆地区总决赛	李梓珺 王 硕 孟显妘 云梦佳 陈 爽 赵宇涵 辛月妍 李世洁 沃莉莎 聂 楠 蓝素月 眭 玥 常梦歌 崔宇馨	全国一等奖
	王怡然 熊京宁 黄晚彤	全国二等奖
	张 晴 于文千 乔 娟 李玉瑾 崔 涛 曹振生 张心怡 周伟峰 廖文羽 李商羽 王文聪 黄 娇 边佳清 赵梓涵 史宇萌 杜宇晗 章子安	全国二等奖
	尚 丹 宋 好 朱嘉奕 黄怡玮 杨 田 孙梦琪 柳虎威 赵 岩 李泽萍 牛夏夏 郭豪豪 祝佳敏	全国三等奖
“国泰安杯”营销模拟决策竞赛暨第六届海峡两岸大学生营销模拟决策大赛	尚 丹 宋 好 朱嘉奕 柳虎威 徐识杰 崔 涛 刘 旭 袁常伟 李岚松 王美懿 胡雪婷 胡佳扬 潘小飞 钟明睿 杨 璐 蓝素月 眭 玥 常梦歌 崔宇馨	全国一等奖
	王怡然 熊京宁 黄晚彤 曹振生 张心怡 周伟峰 廖文羽 李商羽 李梓珺 王 硕 孟显妘 云梦佳 陈 爽 赵宇涵 辛月妍 李世洁 沃莉莎 聂 楠 孙宝敏 崔 粲 刘一萱	全国二等奖
	高健博 陈 欣 武亚轩 黄可欣 迪丽努尔·吐松 苏比努尔·巴拉提	全国三等奖

续　表

竞赛项目名称	参赛学生姓名	获奖等级
北京市大学生英语演讲比赛	罗纤巧	三等奖
第八届全国大学生电子商务“创新、创意及创业”挑战赛	刘　聪　王冠宾　曹　蕊　马骁乾　赵尤佳	三等奖
全国第十届大学生数学竞赛	田宇璇	全国二等奖
	赵冰清　李　影　周怡然	全国三等奖
北京市第二十九届大学生数学竞赛	田宇璇	北京市一等奖
	赵冰清　李　影　周怡然	北京市二等奖
	章　栋　林奎胜	北京市三等奖
华北五省（市、自治区）大学生机器人大赛	王子琛　白　宇	类人机器人竞技体育赛（点球）二等奖
	李秋辰　张胜磊　王天野	机器人艺术赛（团体舞）三等奖
	王天野　王子琛　白　宇　黄馨怡　张胜磊	小型组机器人足球赛三等奖
北京市大学生机器人大赛	王子琛　白　宇	类人机器人竞技体育赛（点球）一等奖
	李秋辰　张胜磊　王天野	机器人艺术赛（团体舞）三等奖
	王天野　王子琛　白　宇　黄馨怡　张胜磊	小型组机器人足球赛三等奖
	王天野　黄馨怡	类人机器人竞技体育赛（田径）三等奖
北京市大学生化学实验竞赛	刘立东　许玖亮	二等奖
北京市第十一届大学生物理实验竞赛	胡欣宇　王新月	三等奖
	欧芬行　李亚楠　李欣冉	二等奖
北京市大学生模拟法庭竞赛	许　勇　唐　甜　殷浩然　张瑞兴　高恒子　何宛霖	二等奖

续 表

竞赛项目名称	参赛学生姓名	获奖等级
第七届北京市大学生书法大赛	刘　馨	三等奖
第20届“大旺杯”全国机器人锦标赛暨第九届国际仿人机器人奥林匹克大赛	焦荣欣　王天野　刘嘉林　张胜磊	单人舞一等奖
	何浩源　焦荣欣　王天野　刘嘉林	点球一等奖
	张胜磊　李秋辰　陈昳君　张越新	双人舞二等奖
	王天野　王子琛　白　宇　张胜磊	仿真型11vs11 机器人足球二等奖
	王子琛　白　宇　桑俊杰　李秋辰	点球二等奖
	白　宇　王子琛　陈昳君　张越新	仿真型5vs5 机器人足球二等奖
	王　哲　刘嘉林　焦荣欣　何浩源	仿真型11vs11 机器人足球二等奖
	陈昳君　张越新　王子琛　白　宇	单人舞 三等奖
	李秋辰　张胜磊　陈昳君　王　哲 桑俊杰　何浩源　王天野	长跑 三等奖
	张越新　张胜磊　李秋辰　何浩源	短跑三等奖
	刘嘉林　焦荣欣　何浩源　王　哲	仿真型5vs5 机器人足球三等奖
蓝桥杯全国软件和信息技术专业人才大赛全国总决赛	乔禹之	全国总决赛C/C++程序设计大学B组三等奖
蓝桥杯全国软件和信息技术专业人才大赛北京赛区	乔禹之	C/C++程序设计大学 B组一等奖
	何浩源	C/C++程序设计大学 B组二等奖
	王一飞　康效然	C/C++程序设计大学 B组三等奖
	平浩添　丁晨誉　郭俊霞　王昆妮 刘嘉林　范心仪	Java软件开发大学 B组二等奖

续　表

竞赛项目名称	参赛学生姓名	获奖等级
蓝桥杯全国软件和信息技术专业人才大赛北京赛区	杨子晖　马骁乾　苏红澄　王　辉　周矿福　孟　月　解双雄　赵亦玄　杨　茜　王　淼　王　哲　齐丽杰　李若思	Java 软件开发大学B组三等奖
	王冠宾	单片机设计与开发大学组三等奖
“中金所杯”全国高校大学生金融期货及衍生品知识竞赛	段蕴珂	三等奖
日日顺物流创客训练营	任飞跃　安天野　李淑欣	铜奖
全国大学生市场调查分析大赛北京赛区	焦佳琪	二等奖
	朱鑫茹	三等奖
全国大学生信息安全竞赛	黄泽华　王一飞　穆　铮	三等奖
全国 MBA 培养院校企业竞争模拟大赛	王　硕　孟显妘　李奕彤　尚　丹　赵宇涵　刘静悦	全国二等奖
全国高等院校企业竞争模拟大赛	杨　璐　李墨馨　钟明睿	全国一等奖
	陈　爽　云梦佳　崔宇馨	北京市三等奖
	陈　爽　云梦佳　崔宇馨	华北区三等奖
全国高校商业精英挑战赛“启课程杯”会计与商业管理案例竞赛	陈虹志　葛雪涛　刘　畅　焦婉玉　刘静悦	全国三等奖
	李政洁　张海东　孙　旭	全国一等奖
全国高校企业价值创造实战竞赛	张　晴　乔　娟　于文千　姜子婷	华北区三等奖
全国高校商业精英挑战赛“智欣联创杯”跨境电商创新创业大赛	胡文韬　陆　然　张梓宜	全国一等奖
	王美懿　狄尔松　潘小飞　常可欣　沈　辰　毛美仪	全国二等奖
	孟显妘　云梦佳　陈　爽　袁常伟　徐识杰　崔　涛	全国三等奖
2018 年全国高校商业精英挑战赛“有道商创杯”商务谈判竞赛	冯新芳　钟明睿　杨　璐　潘小飞　胡凤仪　胡雪婷　张俊秀　高慧宇　刘山辉　冀玲玲	二等奖
	闫昊颖　祝佳敏　李昱静　高　婧	三等奖

续 表

竞赛项目名称	参赛学生姓名	获奖等级
第四届中国大学生人力资源职业技能大赛北方赛区	贺一鸣　康湲野　王　琰　娄冬雪	团体三等奖
	贺一鸣	实务设计一等奖
	康湲野	无领导小组讨论三等奖
	王琰	情景模拟三等奖
全国大学生人力资源管理知识技能竞赛	樊家浩　贺一鸣　王文聪　李子竹	一等奖
“学创杯”全国大学生创业综合模拟大赛	韩佑磊　高慧宇　王琦嘉　苏　正　聂　楠　刘　妍	北京市一等奖
	于文千　张　晴　乔　娟	北京市二等奖
	韩佑磊　高慧宇　刘　妍	全国二等奖
GMC 国际企业管理大赛	苏比努尔·巴拉提　迪丽努尔·吐松　朱礼军　陈　欣　于　芳	三等奖
第七届全国高校模拟集体谈判大赛	赵　昱　段　静	优秀谈判员一等奖
	段　静　王云繁　高　萌　马　浩　袁广为	劳方团体一等奖
	赵　昱　张新宇　王兮兵　李嘉君　刘旻萱	资方团体三等奖
第七届全国高校模拟集体谈判大赛北京地区选拔赛	张新宇　段　静	最佳辩手一等奖
2018（新加坡）全球品牌策划大赛中国地区选拔赛	周伟峰　孟显妘　阮竹伟　刘昌炜　张心怡	二等奖
	周伟峰　孟显妘　阮竹伟　刘昌炜　张心怡	展洽赛二等奖
2018 年全国文秘速录职业技能竞赛暨通往布达佩斯中国资格赛	孙玉鑫　白　洁	三等奖
	司　成	二等奖
全国财经高校大学生法律职业技能大赛	张欣蕙	三等奖

续 表

竞赛项目名称	参赛学生姓名	获奖等级
外研社杯全国大学生英语演讲大赛	邓思玥	一等奖
“外研社杯”全国英语阅读大赛	王 玥 梁琼莲	北京赛区三等奖
“外研社杯”全国英语写作大赛	周 洁 陈鑫森	北京赛区三等奖
首届“外教社杯”北京高校学生跨文化能力大赛	陈雨霏 刘冰洁 骆逢君	三等奖
第三届全国大学生学术英语词汇大赛	刘童杰	全国三等奖

（白学波）

研究生所获奖励与表彰

2018 年研究生获全国奖项一览表

奖项	获奖学生姓名
“华为杯”第十五届中国研究生数学建模竞赛二等奖	卜晓奇 杨 光 赵雨薇 杨梦月 管梦城 李芸横
“华为杯”第十五届中国研究生数学建模竞赛三等奖	张煜炜 吕香潭 郭卫龙 牛夏夏 张 鑫 周 明
“格力杯”第一届中国大学生工业工程与精益管理创新大赛三等奖	王荷丽 何 梁 甘莹莹 许慧敏

2018 届研究生优秀毕业生名单

奖项	获奖学生姓名
市级优秀毕业生	王成威 尚 帅 张海芳 乐雄平 张申峰 邹丽娜 张学文 熊 浪 李雪婷 王胜男 吴天行
校级优秀毕业生	邢佳騉 靳晓坤 吕文哑 钱佳欣 吴梦然 胡安琪 张玉蕾 王 卫 王 婧 张惠阆 王艳艳 颜秉泰 邸钰涵 杨方闻 刘宏健 于 乐 王 芳 孙静云 王 磊 苗 妍 徐姿娜 杨业欣

2018 年研究生获奖学金情况一览表

奖项	获奖学生姓名
国家奖学金	付帅帅　王荷丽　杨梦月　雷柯萍　王丹丹　冀雪华　邢　妮　孙裕如 班若昀　刘晓宁　赵　露　韩秋弘　程梦雄　皇甫宜龙
一等学业奖学金	刘秋月　秦岳鸣　马　瑞　周　辉　丁庆行　卢怀宇　高　岩　翟　爽 王　强　王　博　韩春宇　闫　飞　程恩萍　郭承丽　管水城　曹修涵 王锐月　张德凯　孙方宇　王　罡　吴爱华　武小霞　李倩倩　李　莉 卜晓奇　张鋆晔　周　明　李　萌　孙　旭　张海东　张　可　王　姗 苏驿婷　张思革　许慧敏　李凤彩　冀雪华　余佳敏　肖　宇　李纪鲁 马燕涛　崔　璐
二等学业奖学金	王　薇　耿晓娅　李利琛　程　婧　薛小帆　阙娇阳　段晨悦　赵一枭 康安安　赵艳娇　孙　斌　付帅帅　刘宏令　王亚杰　李迎春　冯　杭 张宁帅　王丽君　王　露　李　坚　王荷丽　刘雪芝　丁雪苗　刘英杰 韦绍波　吕香潭　李　浩　郭卫龙　闫　明　慕志霞　杨慧慧　余燕红 周文来　崔艳媚　赵庆菊　李凯杰　康朕玮　黄思慧　张煜炜　姜　航 庞蜿婉　张　焙　王丹丹　屈晓苍　陈　烟　李春辉　程　亚　胡瑾玲 杨梦月　刘金凤　李松苗　曾瑞让　刘小娟　叶　敏　王喜梅　简　双 陈洋洋　苏月洋　王演如　王月君　赵　芳　王佳慧　古俊杰　赵玉冰 霍长伟　部　成　李　彪　李建清　冯孟莎　郝洪涛　李文龙　姜　珊 宋丹仪　张　鑫　冀　静　郑晨阳　马巍巍　王　琴　胡　鸿　赵东亮 刘潇涵　郝思源　李政洁　王　斑　甘莹莹　何　梁　王建杰　崔泽慧 刘晓宁　张向阳　马廷伟　朱菲菲　王鑫宇　朱建强　靳春飞　邓小童 狄方超　张梦洁　王小臣　刘素瑞　冀泽辉　武庆伟　付子云　张均儒 杨　洋　胡晓青　潘菁菁　李　康　张　琪　李孟婷　任宇佳　刘　凯 张　曼　鲁文豪　于　翔　凡新凯　刘惠林　许　迪　张阿钊　徐月月 房　慧　葛翔飞　孙亚西　孙欣欣　刘晓峰　皇甫宜龙
三等学业奖学金	许灿灿　吴洋洋　孙卓娅　杨　斌　朱晨嘉　闫少君　黄小莉　李晓俊 李熙熙　马　林　沈　阳　韩书亚　管梦城　王玲玲　阳　樊　焦文姝 李芸横　刘飞仙　王凯琳　周晶晶　张　瑾　陈　锐　韩玉婷　梁春雪 薛　程　杨泽明　薛金岩　梁丽君　张丽丽　李　旭　孙红硕　赵　培 李　梦　闫清华　雍瑶欣　曹　园　王金龙　陈帅帅　李杭泼　张培斯 武改凤　龚艳侠　王恒喆　程　鹤　王　欢　申嘉琳　孙莉莉　李金辉 齐建强　徐　娟　彭文凯　相　帅　胡婷婷　梁　艳　韩　燕　尹　昊 赵远鹏　王瑞涵　王一哲　朱明桐　杨赛赛　卢　迪　张玲改　邢　妮 徐留洋　韩秋弘　李筱烨　张淑君　梁　艳　李思奇　宛如星　李小玲 魏莹莹　张山山　牛夏夏　彭玲玲　李冀舒　董晨刚　王　娇　卢晓庆 赵　露　向朝钊　光　越　张雅文　李琼琼　李明霞　孙　瑜　张　钰 柳虎威　牛志亮　贺　洁　杨晓雪　李佳欣　邵倩倩　马　硕　姜贺颖 赵红星　穆　涛　吴　昊　许晴晴　靳　杰　赵　恬　李腾飞　王舒婷 李佳欣　陈　迪　张　鹏　张佳乐　张　晓　周佳慧　华　豪　王晟旭 李　洋　赵雨薇　戴奕然　王德同　王佳欣　何智全　吴畔溪　韩　瑜 魏颖珊　阎　汝　霍明林　孙裕如　班若昀　皇甫遥遥

续　表

奖项	获奖学生姓名
新生一等奖学金	于长健　易家兴　刘　嵘　郭学伟　赵胜利　牛智越　仪明超　段洪达 米　源　杨佳鑫　吴丹婷　席　达　张　博　鲍瑞晨　黎湘琼　郑　豹 卢殿博　江　深　牛思佳　韩倩倩　任嘉英　冯雪梅　汤金金　董瑞雪 王梓琪　曹智慧　张　琰　朱传栋　徐　雷　梁　凡　王　鑫　陈佳豪 王恒启　吴孟远　鲁峻嘉　满庆智　张　慧　樊金明　崔睿玲　贾丹阳 张晓芳　李　琳　李玉霞　董文旭　李　育　雷艳灵　张翠婷　张玲玲 曹婷婷　赵　慧　包　含　王　帅　梁淑玲　樊　华　杨三慧　侯海波 崔　莹　郭豪豪　赵佳丽　孙　捷　赵　刚　赵懿佳　王　玲　王毅斌 梁世晓　王佳男　梁俊杰　贺峪原　王诗佳　齐思阳　张　丹　孟　龙 王英华　李亚楠　王祖港　陈志然
优秀学生干部单项奖	李利琛　王　薇　周　辉　马　林　刘宏令　李迎春　王　露　刘雪芝 李　浩　郭卫龙　崔艳媚　王金龙　曹修涵　张　焙　孙方宇　刘小娟 赵　芳　陈洋洋　徐留洋　冯龙涛　宋丹仪　冀　静　张海东　张　可 张思革　张梦洁　武庆伟　刘素瑞　李纪鲁　刘　凯　崔　璐　葛翔飞 曹　宇　李　根　杨晓雪　胡　鸿　李成玉　吴　昊　张英杰　胡晓青 鲁文豪　刘惠林　许　迪　于　翔　梁晓雨　狄方超　光　越　王晟旭

（研究生院提供）

本科生所获奖励与表彰

优秀毕业生名单

学院	校级优秀毕业生	市级优秀毕业生
经济学院	严　婷　李玉静　徐　成　金　鑫 闪晓萌	王　莉　谭　纯　刘金玲　王天昕 张　旭　杨穆卿　孙　婧　段蕴珂 赵悦臣　王雨薇　卡德尔亚·阿克巴尔江 李　铎　森巴提·阿山
物流学院	李一瑾　赵思源　高　杰 钟剑龙　何　妍	陈　佩　范周鑫　王　帅　欧阳珍珍 郑　颖　程春燕　王雅琪　佘清扬 孟思媛　汪　涛　王　昕　程洁婷 杨芯迪　张宇翔
信息学院	杨宇轩　李　赛　佟明博　李静静 朱　玥　刘永睿　张晨怡　张晓雯 李子晨　郝　爽　陈夕梦　王晨希	杨　帆　王晓璠　王　森　李　凯 朱　津　赵芮嘉伊　李　昕　张　倩 张　琦　夏金红　陈芊菲　付红叶 郭梦茜　李　垚　李馥彤

续　表

学院	校级优秀毕业生	市级优秀毕业生
商学院	李　昕　周慧芳　陈雪峰　张　萌 祝霁雯　麦苗苗　张智惟　卫赛宁 陈冰卿　侯　玮　曹　祯　王樱学 马敬仪　王旭璐　杨迪杰　盛晓坤 杨翔宇　龚赛兰	刘　涛　王文翔　王　森　刘　琦 张　雅　马　洁　曲威静　李佳蓉 姜新维　赵丽佳　张亚强　胡欣蓉 王　楠　王凯鸿　黄泽华　张梓琪 薛庆乙　纪红纳　李丹妮　隗　薇 毛凡音　吴学妍　张　璐
法学院	李艺哲　吴　仪　曾耀垚　郭纪双	周良腾　钱晶耀　张亚萍
外语学院	黄磊彧　武　晨　窦菁玮　刘宇鑫	杨蓉蓉　渠文宁　潘　苗　于一璇
国际学院	刘宏泽	

国家奖学金、励志奖学金名单

学院	国家奖学金	励志奖学金
经济学院	杜云洁 朱鑫茹	张　璐　余晓琴　王明涛　赖文峰　杨安琪　尹玉婷　卢　洋　林奎胜 贾云鸽　赵　博　孙莉娜　汪湛蓝　刘腾茹　贾君欢　梁文胜　陈新引 乔　羽　姚岳彤　毛　婷　胡显婷　晋　佳　王晓程　刘天林　覃思靖 艾丽菲热
物流学院	马　晨 石双妮	陈苏娟　狐慧琴　丁　娟　孙竑烨　刘　沙　陈　敏　刘　畅　张海莉 孙洁茜　吴　蝶　陈春蓉　郑路程　张　宇　李亚楠　周怡然　宋文楠 李金华　麻云超　吴　震　李　函　张红芹　刘慧慧　曹艳丽　余清扬 宋亚杰　崔　粲　李明会　姚利伟　邓亚婕　程　晓　李佳琦　刘秋萍 曾东琼　杨　晶　胡文韬　常路红　王梦涛　刘　彩　李国义　张一雄 刘小钰　韦秋云　高　美　杨　苑　张晓倩　余雪敏　张涵棋　胡城赫 张蕉蕉　谢齐凡　万楚柔
信息学院	叶舒婷 曹　蕊	王凤璐　陈家琳　钟琼慧　张　冉　桑俊杰　姚霁峰　马　宁　付　倩 左宇航　曹丽敏　连子琴　黎东桦　温　雅　常亮亮　张童童　郭　玲 李　艳　吴文君　师灵芝　刘　馨　王鑫灵　李　晔　肖　颖　刘克静 杜　双　王　怡　王　辉　丁　严　李镜清　闫文欣　王昆妮　郭俊霞
商学院	董晨曦 李郡郡 杨　璐 翟幸月	郑丹阳　陈　静　沈姝余　程方敏　曹振生　杨　恒　黄　娇　王欣怡 刘登越　彭成呈　刘静悦　葛恒旭　杜　伟　韦泓宇　葛鑫月　秦亚婷 陆　英　牛宇航　陈　欣　郎新宇　张林燕　张　莹　李辰星　严永华 张婉怡　马　瑞　代　瑜　温　丁　杜思洁　梁琼莲　郑　欣　潘小飞 李文晓　胡雪婷　薛　樊　姚　蕴　潘　鸟　黄敏慧　刘丽静　赵梦婷 李梦梦　李　影　缪鑫禹　刘煜彤　王艳萍　毛美仪　宋婷伟　张蛟蛟 刘雪蓉　尹张晶　于娅娜　王黛兮　李　萌　黄世桂　姜晓君　吕依璠 许秋爽　常　宁　廖强强　李　嫚　刘子贺　彭　迪　张逸凡　王兮兵 贾　琼　孙蓉婧　冯金朵　赵程樊　孙　娇　杨金源　周伟峰　阮竹伟 魏丹丹

续　表

学院	国家奖学金	励志奖学金
法学院	吴　升	王　芳　武文笑　王　娜　罗　丹　赵　微　唐　甜　何宛霖　尹　伟　阎慧敏　魏苗苗　黄　凤　王聪媛
外语学院	杨　涛	廖卫婷　闫　冬　汪秋月　许丽莹　樊　咏　朱祥博

企业奖学金名单

奖学金名称	设立机构	获奖学生姓名
携手助飞奖学金	广东校友会	吴国英　于　跃　单漪甜　蒋丹丹　樊　景　杨　娟　梁法清　张　婷　张永莎　陈诗敏　宁娇倩　李秋华　杜倩云　道日娜　古丽扎提·阿达力
国鑫奖学金	北京国鑫控股集团有限公司	香　玉　毕晓伟　刘雪莹　张　莎　王欣怡　钟瑶佳　马向阳　刘　畅　秦海英　古丽达娜·叶尔肯别克

北京物资学院奖学金

学院	获奖学生姓名
经济学院	崔　粲　林滢滢　朱鑫茹　陈艳敏　奚佳旺　罗曼婷　舒　维　陈　萌
物流学院	丁　娟　韩　悦　熊姝颖　张　瑶　麻云超　王　旭　吴国英　郭乃菡　陈雨菲　王雯溪
信息学院	陈　思　韩　梦　田宇璇　曹　蕊　刘　馨　杜玉婷　林慕芳　付　倩　左宇航　李镜清　叶舒婷
商学院	刘雪蓉　周伟峰　谢雨锦　杨付妍　闫子菁　杨　璐　程文迪　王云繁　王欣怡　陈怡如　赵程樊　刘子贺
法学院	毕琦琦　唐　甜
外语学院	汪秋月

优良学风班名单

学院	班级
经济学院	152113001 班　162113101 班
物流学院	152122002 班　162121001 班　G172121201 班
信息学院	152131003 班　152132001 班　172132001 班　172132002 班
商学院	162141101 班　162152001 班　172145001 班　172141101 班
法学院	162154102 班
外语学院	152161101 班

（学生处提供）

2018 年社会媒体报道北京物资学院主要稿件目录

日期	媒体	标题
2018－01－02	中国日报网	Dance drama Yun premieres at Beijing Dance Academy
2018－01－02	光明网	北京物资学院大型原创舞剧《运》元旦首演
2018－01－02	新浪网	北京物资学院舞剧《运》元旦首演传承运河精神
2018－01－03	国际在线	北京物资学院大型原创舞剧《运》元旦首演
2018－01－04	北京日报	运河源头，大学生舞动百年故事
2018－01－08	北京晚报	成长运河边 创作运河舞
2018－01－21	北京卫视	通州区发布首批 193 名“两高”人才入选名单
2018－04－13	宣教之窗	抓学习 促提升 谋发展——北京物资学院师生深入学习蔡奇同志在北京市属高校调研座谈会上的重要讲话精神
2018－05－03	北京电视台	原创舞剧《运》传承运河文化 弘扬运河精神
2018－05－03	人民网	以舞为形　青春筑梦——通州区各界青年纪念五四运动 99 周年
2018－05－04	中国网	通州各界青年纪念“五四”运动 99 周年 原创舞剧《运》首演
2018－05－05	中青在线	原创舞剧《运》北京通州首演 纪念五四运动 99 周年
2018－05－07	第 1 物流网	北京物资学院学生举办专业使命教育宣讲会纪念“五四”运动 99 周年
2018－05－09	千龙网	青春连接梦想　北京物资学院举办专业使命教育宣讲会
2018－05－16	科普时报	专业使命教育 放飞青春梦想——北京物资学院开展“我的青春·我的专业”教育宣讲会侧记
2018－06－06	中国经济时报	聚焦大运河优质资源献策公共政策制定
2018－06－07	北京日报	智库联盟研究大运河文化
2018－06－07	北京电视台	中国大运河智库联盟在京成立
2018－06－07	现代教育报	首都高校百万师生同上一堂课
2018－06－07	中青在线	“中国大运河智库联盟”在北京成立 30 家高校及机构联合研究
2018－06－26	中国教育新闻网	北京召开教育扶贫协作推进会
2018－06－29	北京纪检监察网	北京物资学院：启动第二批巡察工作
2018－07－18	千龙网	首届中国大运河智库论坛发布五项专题报告“把脉”大运河

续　表

日期	媒体	标题
2018－07－19	北京电视台	首届中国大运河智库论坛在京举行
2018－07－18	光明网	首届中国大运河智库论坛在北京举行
2018－07－20	中国经济导报	国内首次发布大运河文化带建设 七大评估和八大趋势
2018－07－20	中国经济时报	中国大运河文化带建设呈“八大趋势”
2018－07－24	中国经济导报	记者视线：流动的运河 流动的文化
2018－07－25	北京晚报	首届中国大运河智库论坛在北京举行
2018－08－13	千龙网	物资学院“校友企业家课堂”火了
2018－08－14	光明日报	北物院“校友企业家课堂”：让学生插上专业使命的翅膀
2018－10－19	半月谈	未来视角、世界眼光，城市智能物流研究院揭牌成立
2018－11－02	北京日报	大运河文化带精品剧目展演启幕
2018－11－02	央广网	首届“流动的文化——大运河文化带精品剧目展演”启幕
2018－11－02	中国网	首届“流动的文化——大运河文化带精品剧目展演”启幕
2018－11－02	中新网	首届“流动的文化——大运河文化带精品剧目展演”启幕
2018－11－02	新浪网	首届“流动的文化——大运河文化带精品剧目展演”启幕
2018－11－06	光明日报	首届“流动的文化——大运河文化带精品剧目展演”启幕
2018－11－06	凤凰网	汇八方精品 展舞台力作 首届“流动的文化——大运河文化带精品剧目展演”启幕
2018－11－06	北京电视台	首届“流动的文化——大运河文化带精品剧目展演”启幕
2018－11－06	通州时讯	“运河号子”再次响彻通州！大运河文化带精品剧目展演将持续至 12 月 10 日
2018－11－25	今日头条	人工智能带来管理激变，商贸流通企业未来咋走？

2018 年社会媒体报道选辑①

【北京纪检监察网】北京物资学院：启动第二批巡察工作

近日，北京物资学院召开校内第二批次党风廉政责任制巡察工作启动暨培训会，启动了第二批巡察工作。此次巡察工作由党委副书记沈小静、党委副书

① 部分有修改。

记宋晓欣、纪委书记刘录分别担任3个巡察小组组长，对党委宣传部、科研处、人事处、财务处、资产处和杂志社6部门开展校内巡察。

巡察工作启动暨培训会上，学校党委书记李石柱出席会议，学校各巡察小组组长、第二轮校内巡察工作组成员参加会议。

纪委书记、第三巡察小组组长刘录总结了第一批次巡察工作取得的成效和有待改进之处。刘录说，校内巡察是庄重、严肃且光荣的工作，各巡察组要严格把关各环节程序、顺序，严守工作纪律、端正工作态度、严格工作标准，不断提高政治觉悟和政治站位，加强自身建设，将政治巡察的要求与学校实际相结合，扎实有效开展工作。

第一、二批巡察小组成员、纪委委员、党委安全稳定工作部（处）丁树歧部（处）长，第二批巡察小组成员资产处副处长徐锋利分别表态，感谢党委的信任，表示要严格按照党委要求、端正态度、认真完成巡察工作，并且要通过巡察工作提高认识、强化意识，更好地促进本职工作。

李石柱指出，巡察是全面从严治党的重大举措，北京物资学院借鉴巡视机制，坚持问题导向，主动对标对表，在北京高校中第一批开展校内巡察的探索，对二级单位落实全面从严治党主体责任进行巡察，效果明显。要求巡察小组认真学习《关于进一步激励广大干部新时代新担当新作为的意见》，准确掌握政策界限，把握好对干部严管和厚爱相结合的尺度，在认真研究分析的基础上撰写结论性报告，站在讲政治、讲党性、讲大局的高度，深入开展巡察，确保巡察成效。（文/刘洪武　责编/锁楠）

来源：北京纪检监察网 2018－06－29

链接：http：//www.bjsupervision.gov.cn/lzbj/201806/t20180629_57822.html

【光明日报】北物院“校友企业家课堂”：让学生插上专业使命的翅膀

2018年7月2日至7月27日，19位从北京物资学院毕业的校友企业家回到母校，完成了为期四周的夏季小学期集中授课，共有400名在校大学生深度参与了学习。

重塑认知，优化教育教学改革的应用型人才培养闭环

近年来，各高校相继发力教育教学改革，探索和学习“实践赋能教学”的企业家进课堂模式，但大多局限于碎片化的短周期讲座活动，无法实现结构化助力高校的全专业教学目标。

针对这一现实问题，北京物资学院在启动“校友企业家课堂”之初对课程模块进行了充分研讨和精心规划，以培养高素质应用型人才为根本出发点并结合学校的办学定位和特色，同时充分考虑教学需求，定向设置了供应链创新、大数据应用与“互联网＋”、领导力与管理创新、新媒体营销四大类共计19个行业细分课程。这些课程由来自不同行业的19位校友企业家主讲，同时学校还为每位校友企业家配备专业教师承担助教工作，做到有的放矢。

此外，“校友企业家课堂”还首次

实施了教学课中评价工作，即在授课期间针对校友企业家的教学质量向学生发放调查问卷，实时获取学生对课堂的反馈，根据问卷调查结果完成阶段性快速评估，并做到有针对性地调整课程内容和改进授课方式，真正体现以学生为主体的教育教学改革理念。

企业家们丰富的人生阅历、具有专业水准的实践经验、幽默的谈吐、别出心裁的教学活动设计，不仅帮助学生开拓视野、学会思考，还为学生提供了耳目一新的教学体验。同时，“校友企业家课堂”品牌在校友圈持续发酵，学校还专门发起并成立了“校友企业家课堂社群”，各地校友企业家纷纷入驻，为“校友企业家课堂”的可持续发展奠定了坚实的基础。

直面核心，首创企业家沉浸课堂的专业使命教育场景

“校友企业家课堂”不仅仅是一堂实践教学课，更是敢于直面专业使命教育核心区“以学生为中心”的专业教育思维的拓展。

校友企业家情系物院，以初心回归本源，把自己在多年社会实践中悟出的“企思妙想”导入这场别开生面的专业使命教育课堂。沉浸式课堂的关键人是校友企业家，有着示范性或标杆性的影响力，能够与学生完成深度的互动，这一期的“校友企业家课堂”就是鲜活的案例，例如把行业前沿案例在课堂复盘，把媒体教材及新媒体工具应用于课堂，与学生零距离沟通，让学生现场实操演练沙盘，或是带学生进入企业职场等，这些情境化的体验学习能让学生全方位感知行业的市场前景与人才需求，有效地促进了学校专业教学与社会需求的有机融合，从而真正地帮助学生扩大专业视野、感悟专业魅力，并激发学生的学习热情和专业使命感，理清未来的就业目标。

“学生正中央”“风筝不断线”，使命是教学与实践连接沟通的血脉，每个校友企业家都在“校友企业家课堂”上提到了使命感，企业有为什么存在的使命感，学生有为什么而学的使命感，同样，学校也有为什么而教育的使命感；“因人设课，因人不设课”就是最好的回答，正如“校友企业家课堂”口号所描述的一样：“总有一天，你会成为你想要成为的样子”。（融媒体通讯员刘永胜、彭鑫、林剑）

来源：《光明日报》2018－08－14

链　接：https：//baijiahao.baidu.com/s?id＝1608760928104191397

【今日头条】人工智能带来管理激变，商贸流通企业未来咋走？

2018 年 11 月 24 日，“第八届中国商贸流通企业发展论坛暨人工智能下企业管理变革高峰会”在北京物资学院隆重举行。

论坛由北京物资学院商学院发起，北京物资学院商学院、北京物资学院校友会、北京物资学院商贸流通企业研究所和北京物资学院 MBA 教育中心主办，北京梧远科技有限公司、兰格钢铁网、北京中储华通商贸有限公司协办。上午的演讲由商学院院长魏国辰和商贸流通企业研究所所长李敬强博士主持。

随着中国进入工业互联网 4.0 时代，大数据、人工智能、物联网等技术日渐成为制造、商贸、流通等领域的基础设施。2017 年的商贸流通论坛以“大数据管理下企业竞争力的重塑”为主题，2018 年，该论坛将主题转为了“人工智能下的企业管理变革”。

该论坛旨在通过互相交流，探讨商贸流通企业如何利用人工智能促进企业的变革、实现企业的智慧管理的目的。

与会专家和企业代表进行了激烈的观点碰撞。

北京物资学院副校长翁心刚：

人工智能将成为新一轮产业变革的核心驱动力

人工智能技术是一种结合了移动互联网、大数据、超级计算、传感网、脑科学等新兴技术的集成化复杂技术。人工智能将成为经济发展的新引擎、新一轮产业变革的核心驱动力。

（翁心刚）

人工智能的应用将重构生产、分配、交换、消费的社会再生产各环节，极大提高经济活动的效率。

在人工智能这个概念还没有普及之前，人们常常挂在嘴边的是信息化，信息化与传统产业的深度融合，推动了传统产业向现代产业转型，特别是在物流和流通领域，由于信息化的植入，传统的物流与流通开始向现代物流、现代流通转变。

互联网和计算机的普及、各类计算机应用软件的开发应用，使得物流和流通领域发生了惊人的变化，引领了流动新业态。

中国社科院研究员段伟文：

人工智能或造成就业需求极端化

中国社会科学院哲学所科技哲学室研究员段伟文以“人工智能时代的价值挑战与商业伦理构建”为题，探讨了随着人工智能的到来，人类社会产生的一系列价值问题。

段伟文表示，人工智能的发展对就业产生了巨大的影响，这个巨大的影响显然是一种不平等的极端化。一方面，随着互联网平台技术的发展，较低成本的劳动力在数量上大幅增加，快递小哥这样的从业人员激增；另一方面，技术人员、数据分析员、跨行业管理人才等高薪酬的职位也在增加。也就是说，不论你是高薪职位还是低薪职位，都受到了挑战。

段伟文认为，未来的社会，或将有两种可能：一是机器人主宰人类生活。当我们的世界变得越来越复杂，并且一些复杂的工作都依赖于机器人完成时，人类就逐渐丧失了从整体上管理和治理的能力，只能依靠机器管理。二是机器仍然掌握在少数人手中，机器只是人的延伸，然而这种情形下，会出现上面说的不平等的极端化。

（段伟文）

无论是哪种情形，都必然会产生一些价值问题。最后，段伟文倡议："机器人和人工智能没有与生俱来的道德，企业要对它负责。人类要将价值观植入到人工智能中去。"

北京商业经济学会商务副会长赖阳：
人工智能将改变企业管理层级

北京商业经济学会商务副会长、北京京商流通战略研究院院长赖阳表示，人工智能在很多领域的深度学习给这些领域带来了根本性变化。

首先是对营销的变革，人工智能实现了对用户画像的精确描绘，"过去我们依靠大数据分析，现在做的是多元异质数据联合建模"，从多个维度进行用户行为分析。

（赖阳）

其次是对物流的巨大变革。人工智能实现了从仓库到企业运营的整体优化。比如美国的UPS，它的整个物流系统都通过人工智能的分析提供优化建议。在配送方面，也实现了用户尚未下单，货物就已经达到消费者附近的前置仓，还推出了空中飞船物流中心。中国的菜鸟和京东，也通过人工智能实现了物流的高度智能化管理。

因此，在可以预见的将来，企业的层级不但减少了，大量的工作岗位环节都将智能化，而数据科学家和数据工程师则会越来越吃香。

中国财政科学研究院副研究员周卫华：

人工智能对财会的影响是改变而不是取代

中国财政科学研究院副研究员周卫华分享了"智能时代财会信息化与财会工作新思维"。

BBC曾统计过365个职业被人工智能替代的概率，其中会计被取代的概率高达97.6%。在美国和日本，会计的岗位在大幅度减少，同样的情况也发生在中国。

人工智能提高了财务效率，凭证的录入和审核的时间都大大缩短。人工智能会不会真的取代会计人员？周卫华认为，“可能也未必”。周卫华的理由是：因为人工智能关注的是人类解决问题的能力，无法代替人类发现问题的能力，“人工智能工具和方法并没有影响到我们财会工作的核心，尤其是发现问题的能力它没有”。

他认为，人工智能对财会工作的影响是改变，而不是取代。人工智能会引导财会信息化向智能化演变和发展。

（周卫华）

此外，澳大利亚科廷大学会计学院院长 Grantley Taylor 教授做了题为“避税天堂的利用对公平交易隐含成本的影响——来自美国跨国公司的证据”的演讲，他分享了一些美国公司比如亚马逊、沃尔玛如何通过在海外设立公司达到避税和降低成本的目的的案例。同时也分享了避税在司法上的风险，比如苹果公司就曾在欧洲被罚向爱尔兰补缴130亿欧元巨额税款。

澳大利亚科廷大学会计学院博士生导师樊影菡博士做了题为“企业内部控制制度变革研究”的分享。

北京工业大学教授、博士生导师翟东升以“基于专利大数据的研发合作伙伴选择研究”为题，通过研究背景、研究方案、实验验证、应用推广四个方面讲述了如何在大数据的基础上进行研发合作伙伴选择。

下午的论坛同时开展了企业家分论坛和圆桌讨论论坛。企业家分论坛由人力资源管理系教师杨文茵博士主持。北

（Grantley Taylor）

（樊影菡）

京彩虹天下科技有限公司总经理孙堃、乐胜（北京）商业发展有限公司副总裁演峰、北京首钢自动化信息技术有限公司信息中心主任李斌、北京应天海乐科技发展有限公司董事长史本才、北京物资学院商学院副教授吴非、北京物资学院商学院副教授王静、合普天成企业管理咨询（北京）有限公司高级合伙人徐占成都做了发言。

（翟东升）

圆桌讨论论坛由北京彩虹天下科技有限公司创始合伙人林剑主持，北京梧远科技有限公司董事长彭鑫、中铁物总投资有限公司资产管理部副部长周琦、北京物资学院商学院院长魏国辰教授、北京物资学院商学院李广义教授、北京物资学院商学院齐严教授、北京物资学院商学院张军教授分别对人工智能下企业管理变革提出了自己的见解与观点。

最后，北京物资学院商学院副院长吕波做了闭幕致辞。他表示，人工智能未来已来，大势将至，需要用新思维、新方法、新模式，找好实践点、切入点、聚焦点、创新点，做到理论先行，创新优先，唯变不变，日生不殆。（掌链传媒记者　崔芸）

来源：今日头条 2018 - 11 - 25

链接：https：//www.toutiao.com/i6627483496979890692/？tt_from = weixin&utm_campaign = client_ share&wxshare_count = 1&article_category = stock×tamp = 1543479093&app = news_article&utm_source = weixin&iid = 52379746129&utm_medium = toutiao_android&group_id = 6627483496979890692

【凤凰网】汇八方精品　展舞台力作　首届“流动的文化——大运河文化带精品剧目展演”启幕

大运河作为我国唯一“在用”的世界文化遗产，不仅是一条积淀丰厚的历史长廊，更是一条流动的人文通史。在实现中华民族伟大复兴中国梦的背景下，举全社会之力传承运河文脉，推进大运河文化带的开发建设，具有非凡的现实意义和战略价值。11 月 1 日晚，由北京市文化局主办、北京市演出有限责任公司承办的首届“流动的文化——大运河文化带精品剧目展演”开幕演出在通州文化馆举行。开幕演出剧目是由北京物资学院创作演出的大运河题材舞剧《运》，该剧是 2017 年北京文化艺术基金资助项目。

一方舞台　展运河文化的博大精深

自空中俯瞰神州大地，万里长城和千里运河犹如两条“人工巨龙”，支撑起刚柔相济的一撇一捺，负载着中国“人”的不屈不挠和生生不息。大运河肇始于春秋，完成于隋代，繁荣于唐宋，取直于元代，疏通于明清，断航于清末。行至今天这个伟大的文化时代，大运河已经成为世界的运河，其现代价值的核心与灵魂就是文化价值。应运而生的首届“流动的文化——大运河文化带精品剧目展演”正是运河文化价值的具体体现。

本次展演为期 40 天，汇聚大运河沿岸 8 个省市的 20 台精品剧目，涵盖戏曲、话剧、舞剧、音乐会、儿童剧等类别。其中，北京各艺术院团、院校和民营机构将协力奉上 13 部作品，既有 21 世纪以来创作的获奖佳作，也包括刚刚出炉的品质之作。

北方昆曲剧院的《红楼梦》和北京市河北梆子剧团的《北国佳人》名家荟萃，精彩纷呈，近年来每每亮相，均会赢得如潮好评；北京市曲剧团的《翦氏夫人》和中国评剧院的《藏地彩虹》是新近创编的两台引人注目的力作，一古一今，各具风采；国有院团的参演作品还有北京儿童艺术剧院的儿童剧《北京童谣》及北京民族乐团的《流淌的旋律——大运河随想民族音乐会》。以上六台作品是对北京市属文艺院团整体实力和艺术水准的全方位检阅。

与开幕作品《运》相映成趣的是北京戏曲艺术职业学院的京剧《少年马连良》，这两台学院派剧目以原创带教学，成果喜人。另有民营机构推出的五台剧目，把首都的戏剧生态客观而又工整地展现在观众面前，其中包括百纳嘉利（北京）剧场管理有限公司的京剧《思・凡》、北京市京昆文化艺术团的京剧《老北京传奇》、北京凌空评剧团的评剧《潮白人家》三台戏曲和北京桂湘文化艺术发展股份有限公司的《海上花开》、北京五十六号文化传媒有限责任公司的《年复一年》两台话剧。

八方荟萃　咏运河文化的自信自强

本次活动除推出北京的 13 台精品力作，还聚合了来自大运河沿岸天津、河北、山东、河南、安徽、江苏、浙江 7 个省市的 7 部佳作，旨在通过这些精品剧目的集中亮相，全面展示民族艺术的博大精深，进一步推动中华传统文化的传承与发展，促进大运河文化带的开发和建设，以当代格局连接陆上和海上丝绸之路，使文化成为架构两大丝路的廊道和桥梁，为实现中华民族伟大复兴中国梦增添文化自信。

浙江省宁波市演艺集团和宁波交响乐团的民族歌剧《呦呦鹿鸣》一年内三度进京，风光无限，该剧讲述诺贝尔生理学或医学奖获得者屠呦呦发现青蒿素的故事，科学梦与中国梦水乳交融，感人至深。来自河南小皇后豫剧团的《铡刀下的红梅》和江苏省淮剧团的《小镇》是近年来涌现的口碑之作，获奖无数，好评如潮。前者以大写意的笔触，栩栩如生地展现少年英雄刘胡兰从天真稚气的小姑娘成长为坚贞不屈的共产党人的闪光历程；后者通过一位普通知识分子的沉沦和自救，阐释道德自我完善的艰难和可贵。同时，天津人民艺术剧院的话剧《天下粮田》、山东省菏泽市地方戏曲传承研究院的枣梆《草根大师》、河北省廊坊大厂回族自治县评剧团的《秋月》及安徽省宿州市梆子剧团的淮北梆子《风涌大运河》，都从不同角度写运河人，演运河事，以不同的艺术风格感染观众，洗涤灵魂。

据了解，首届“流动的文化——大运河文化带精品剧目展演”将以高度的社会责任感和历史使命感，推进大运河文化带建设。展演期间还将举办“艺术大家谈”“交运新时代——大运河戏剧高校论坛”、优秀剧目线上艺术分享活动等公益活动。就在开幕式当天下午，舞剧《运》的主创就在“艺术大家谈”中与广大观众见面。为了能够让更多观众有机会走进剧场，本次展演将继续推出惠民票价，以此搭建文化惠民平台，让普通观众与戏剧名家近距离接触。整个活动将持续至 12 月 10 日结束。

来源：凤凰网 2018 - 11 - 02

链接：https://ishare.iclient.ifeng.com/udhbh/news/shareNews?fromType=vampire&forward=1&aid=sub_85251306&ch=&token=4YzNxUDM5QDM4gzN3YDO&aman=86751504940y8876768&gud=3p260n521p894F000M000Q004

【半月谈】未来视角、世界眼光，城市智能物流研究院揭牌成立

10 月 18 日上午，“智链无界 全球共生”2018 全球智能物流峰会在北京召开，会上，由京东物流、南开大学、国家发改委综合运输研究所、北京交通大学、北京物资学院、上海海事大学、招商局中外运物流、上海市政工程设计院等九家单位共同发起的城市智能物流研究院（雄安）正式揭牌成立。

城市智能物流研究院将坚持未来视角和世界眼光，将雄安新区定位为全球智能物流样板城市和中国物流创新示范高地，聚焦京津冀世界级城市群智能物流枢纽规划、城市物流系统顶层设计、

[10月18日，由京东物流、南开大学等九家单位共同发起的城市智能物流研究院（雄安）正式揭牌成立]

物流大数据和云计算平台建设、空间物流探索及体系搭建、城市智能物流前瞻研究等，服务雄安新区智能物流和智能城市建设，实现城市空间的合理利用和智能物流的立体覆盖，为全球城市智能物流和现代物流体系建设提供示范。随着城市智能物流研究院的揭牌，未来京东将通过更多城市物流规划和空间物流课题研究，推动现代化物流技术的转化落地，为中国城市的智能化建设贡献力量。

专注智能物流在智能城市发展中规划应用

随着中国经济快速增长，消费市场规模不断扩大，电子商务推动了物流行业的蓬勃发展，物流不仅成为城市和区域发展的核心基础设施，也成为城市居民品质生活的基本保障。但在传统物流发展过程中，存在区域物流发展不协调、城市规划后置、土地利用率低、占用公共交通资源、环境污染等一系列问题，城市智能物流研究院的成立，目的就是从规划层面研究探索物流行业未来的发展模式，让智能物流体系更好地服务城市发展和居民生活。同时，城市智能物流研究院作为全球首个服务雄安新区、专注于智能物流在智能城市发展中规划应用的物流研究院，对于雄安新区智能城市建设和全球物流发展具有重要意义。

在2018全球智能物流峰会现场，雄安新区首席信息官张强，京东集团副总裁、京东物流综合规划群负责人傅兵，南开大学经济与社会发展研究院院长、现代物流研究中心主任刘秉镰，上海市政工程设计院资深总工程师俞明健，中国物流学会副会长、北京交通大学法学院院长施先亮，中国外运长航集团副总经理范端炜，上海海事大学物流研究中心常务副主任杨斌，国家发改委综合交通运输研究所研究员刘伟，北京物资学院物流学院物流工程系主任陆华等共同为城市智能物流研究院揭牌。

根据规划，城市智能物流研究院将雄安新区定位为全球智能物流样板城市和中国物流创新示范高地，作为京津冀协同发展的新枢纽和零起点规划的创新之城，研究院将在雄安新区管委会指导下运营，依托雄安新区进行京津冀世界级城市群智能物流枢纽规划、城市物流系统顶层设计、物流大数据和云计算平台建设、空间物流探索及体系搭建、城市智能物流前瞻研究等，服务雄安新区智能物流和智能城市建设，为全球城市智能物流和现代物流体系建设提供示范。

（雄安新区首席信息官张强）

雄安新区首席信息官张强表示，雄安新区是从零起步完全建构的一座新城，可以实现物流基础设施和城市基础设施、城市交通社区设施等同步规划、建设。雄安新区将全力推进数字城市与物理城市同步规划、同步建设，实现所有物理空间的全数字化、城市活动数据化，推动政务数据、社会数据以及个人数据的全面融合、流通、共享和深度应用。张强指出，城市智能物流研究院（雄安）是一次新的集结和一个新的平台，希望能够聚集到更多的企业家、更多的专家、更多的有识之士、更多的有为青年投身到雄安的城市智能物流相关工作中来，为雄安规划建设和发展作出贡献。同时也立足雄安，放眼全球，为全国乃至全球的物流行业的发展发挥应有之力。

构建智能融合的城市空间物流配送新体系

作为未来城市物流发展的重要设想，城市智能物流研究院将空间物流探索作为其主要研究方向。根据规划，研究院将基于城市规划、大数据分析、人工智能、云计算等技术设计最优物流解决方案，打通地下物流中心、地下管道输送、智能末端站点、智能社区配送及终端消费者，以实现城市空间的合理利用和智能物流的立体覆盖。

出席 2018 全球智能物流峰会的中国工程院院士、隧道与地下工程专家陈湘生表示，未来城市发展将既包括利用智能城市建设实现资源有效利用，也包括城市空间的立体开发，从物流的角度而言，就是构建智能融合的城市空间物流配送新体系。据了解，城市智能物流研究院就未来城市空间物流提出了三层构想：在空间层面实现立体化，建立地下轨道物流、公路物流甚至和市政综合管廊结合的地下廊道物流，将城市空间大规模让渡给生活使用；在基础设施层面实现智能化，包括无人车、无人机、无人仓、智能园区等基础设施的全环节打通；在数据层面实现互通互联，将物流数据平台融入城市大数据当中，助力整个城市的智能化水平提升。

（中国工程院院士、隧道与地下工程专家陈湘生）

“地下物流系统和城市智能物流融合打通，最终将实现城市物流环境零污染，地面空间零占用，物流体验零感知。”陈湘生认为，伴随着城市发展理念的不断提升，运用地下空间建设立体智能的物流体系具有重要意义，将成为缓解交通问题、环保问题，节约城市空间的有效手段。

为中国城市的智能化建设贡献力量

作为城市智能物流研究院的发起方之一，京东物流通过十余年的持续发展，不仅为消费者提供了高品质物流服务，同时基于庞大的物流基础设施布局和丰富的运营经验，在区域物流统筹、基础设施建设、物流大数据和人才搭建方面进行了大量积累，拥有完整的区域、城市物流规划能力。京东物流还率先提出地下物流系统构想，进行地下智能物流轨道网技术积累，成为国内空间物流研究的先行者。此前，京东物流已与南开大学达成战略合作，携手国家级物流智库南开大学现代物流研究中心在国家物流战略、区域物流规划、新技术应用转化等方面展开密切合作，为此次研究院的成立奠定了基础。

京东集团副总裁、京东物流综合规划群负责人傅兵表示，基于智能城市的发展变革，京东物流一直在不断探索物流行业未来的发展趋势和模式。城市智能物流研究院的设立，将解决传统物流带来的规划、交通、环保等一系列问题，从前瞻性和顶层设计的角度让物流发展参与到城市规划当中。在未来，研究院不仅将探索未来物流发展形态，还将通过物流数据服务城市建设和社会运行，对空间物流、智能物流、逆向物流等前沿性研究成果进行科研创新转化，服务雄安新区和更多城市的智能化升级。

京东物流 CEO 王振辉表示，物流已成为城市和国家基础设施的重要组成部分，城市智能物流研究院将坚持未来视角和世界眼光，通过提供智能城市和国家物流发展的解决方案，让物流服务的空间不断扩大，实现物流产业与城市环境空间的高效协同、和谐发展，成为推动世界智能城市建设的重要力量。（责任编辑：门秉谦）

来源：新华网客户端 2018 - 10 - 19

链接：http：//www. banyuetan. org/mzppgc/detail/20181019/1000200033137381539908439744959328_1. html

【光明网】首届中国大运河智库论坛在北京举行

2018 年 7 月 18 日，首届中国大运河智库论坛在北京举行。中国大运河智库论坛是中国大运河智库联盟发起和设立的国内第一家专门针对大运河研究的新型智库论坛。本次论坛集中发布了中国京杭大运河文化带建设现状的总报告和多份专题报告。

北京物资学院大运河研究院院长王佳宁说：“中国大运河文化带建设的七项评估和八大趋势，在国内首次发布，独家、独立呈现了大运河沿线城市文化带建设现状和愿景。”

为保护好、传承好、利用好大运河文化资源。中国大运河智库联盟调研组对京杭大运河途经的北京、天津、河北、山东、江苏、浙江四省两市共计 21 座城市进行了实地调研，就大运河文化带发展趋势以及沿线城市在大运河文化带建设中的定位、目标和实现路径等问题走访调研了文化和旅游设施、博物馆、码头、大运河遗址，深入了解民生发展情况，进而进行评估和前瞻。

由王佳宁作为执笔人的中国大运河文化带建设的“七项评估”如下。

“点”与“面”的配合：坚持重点突破与整体推进相结合，大运河文化带定位与发展理念愿景清晰。

“上”与“下”的联动：促进顶层设计与局地试点有机互动，大运河沿线城市政府靶向施策。

“破”与“立”的融汇：坚持有所为和有所不为，大运河文化带建设的工作机制与执行能力提升平行站位。

“管”与“放”的互补：政府与市场边界的张弛有度，将持续考验大运河沿线城市政府的施政智慧。

“先”与“后”的贯通：以文化带引领，旅游带跟进，制度体系和产业布局相互激荡。

“竞”与“合”的角逐：引领京津冀地区和东部地区省际联动，大运河文化带的治理体系和治理能力集中体现。

“变”与“稳”的协调：率先破除以邻为壑，引导公众对大运河文化带建设的预期，价值体系和制度体系相得益彰。

“八大趋势”如下。

文化体制改革和制度创新将成为大运河文化带建设的依托和抓手。

主动融入“一带一路”建设、京津冀协同发展、长江经济带发展等“三大战略”和区域发展新格局，将为大运河文化带建设导航定向。

文化与科技、信息、旅游、体育、金融等产业的“1+5”融合，将全面变革大运河文化带形态。

以社会主义核心价值观为引领、中华优秀传统文化和地方文化基因为根脉，将培育大运河文化精品创作生产体系。

健全文化事业和文化产业法律体系，将提高大运河文化带建设的立法层次。

全方位接轨世界运河文化规则，将是中国大运河文化带建设的必然选择。

第三方评估和政府购买服务对接，大运河文化带建设的新型智库作用将越发凸显。

以增强人民群众获得感、幸福感为宗旨，将构建大运河文化带建设的长效机制。

中国大运河智库联盟2018年6月在北京成立，旨在密切跟进对大运河“保护好、传承好、利用好”的顶层设计，注重问题导向，强调需求，着眼应用。通过整合大运河智库资源，自主设置议题，即主动建言献策，开展针对性、应急性、前瞻性和储备性研究，提高站位，回应关切。

中国大运河智库联盟由京杭大运河、隋唐大运河和浙东运河三翼展开、平行推进，侧重发挥应用性研究的政策引领性作用，提升促进研究成果转化为决策建议的能力。（光明融媒记者 李玉兰）

来源：光明网 2018-07-18

链接：http://difang.gmw.cn/bj/2018-07/18/content_29944868.htm

【中国经济时报】中国大运河文化带建设呈“八大趋势”

本报北京讯（记者李海楠）7月18日，由北京物资学院主办，北京物资学院大运河研究院、中国大运河智库联盟秘书处承办的首届中国大运河智库论坛在北京举行，论坛以“京杭大运河调研成果发布暨2018年夏季报告会”为主题，发布了包括总报告和分报告在内的共计五份京杭大运河调研成果。

北京物资学院特聘教授、大运河研究院院长王佳宁做了题为《中国大运河文化带建设的“七项评估”和“八大趋势”》的总报告。他介绍，京杭大运河调研组通过走访调研大运河沿线的北京、天津、河北、山东、江苏、浙江等省市的运河沿岸港口、码头、博物馆等，分别形成针对大运河文化带建设总体形势的总报告和针对大运河沿岸生态、基础设施、文化产业定位以及景观地标的分报告。

结合总报告内容，王佳宁表示，调研成果针对大运河文化带建设总结了“七项评估”和“八大趋势”。其中，“七项评估”包括一是坚持重点突破与整体推进相结合，大运河文化带定位与发展理念愿景清晰；二是促进顶层设计与局地试点有机互动，大运河沿线城市政府靶向施策；三是坚持有所为和有所不为，大运河文化带建设的工作机制与执行能力提升平行站位；四是政府与市场边界的张弛有度，将持续考验大运河沿线城市政府的施政智慧；五是以文化带引领，旅游带跟进，制度体系和产业布局相互激荡；六是引领京津冀地区和东部地区省际联动，大运河文化带的治理体系和治理能力集中体现；七是率先破除以邻为壑，引导公众对大运河文化带建设的预期，价值体系和制度体系相得益彰。

在大运河文化带建设呈现的“八大趋势”方面，王佳宁介绍，一是文化体制改革和制度创新将成为大运河文化带建设的依托和抓手；二是主动融入“一带一路”建设、京津冀协同发展、长江经济带发展等“三大战略”和区域发展新格局，将为大运河文化带建设导航定向；三是文化与科技、信息、旅游、体育、金融等产业的“1 +5”融合，将全面变革大运河文化带形态；四是以社会主义核心价值观为引领、中华优秀传统文化和地方文化基因为根脉，将培育大运河文化精品创作生产体系；五是健全文化事业和文化产业法律体系，将提高大运河文化带建设的立法层次；六是全方位接轨世界运河文化规则，将是中国大运河文化带建设的必然选择；七是第三方评估和政府购买服务对接，大运河文化带建设的新型智库作用将越发凸显；八是以增强人民群众获得感、幸福感为宗旨，将构建大运河文化带建设的长效机制。

在分报告方面，南京邮电大学大运河研究中心主任沙勇、天津财经大学大运河智库研究中心主任丛屹、河南财经政法大学大运河研究院研究员叶光、枣庄学院运河文化研究院研究员陶道强分别做了《大运河流域城市生态竞争力评价》《京杭大运河沿岸基础设施保护与对策》《大运河沿线城市文化产业定位和取向》《大运河沿线标志性景观的案例分析》四份分报告。

最后，中共中央党校经济学部主任、教授、“中国大运河智库联盟”三十人论坛暨联盟指导委员会主任委员韩保江和国务院发展研究中心公共管理与人力资源研究所所长、研究员、“中国大运河智库联盟”三十人论坛暨联盟指导委员会副主任委员李建伟分别做了《习近平经济思想的灵魂》和《我国中等收入群体焦虑的根源、趋势与对策》的中国大运河智库论坛主旨报告。

据记者了解，成立于 2018 年 6 月的“中国大运河智库联盟”，是中国大运河流域第一家新型智库联盟。联盟凸显新型智库建设的高站位，通过整合智库资源、自主设置议题、共同举办论坛、分享智库成果等形式，开展针对性、应急性、前瞻性和储备性研究，通过对大运河沿线文旅、物流、生态、经济、民生等方面的研究，向中央有关部门和属地省（市）委、省（市）政府报送资政建议和专题资政报告，持续释放“中国大运河智库联盟”的影响力和核心竞争力。另据主办方介绍，第二届和第三届中国大运河智库论坛将于今年8月和11月分别在南京邮电大学和天津财经大学举办。

来源：《中国经济时报》2018-07-20

链接：https://baijiahao.baidu.com/s?id=1606435479023312109&wfr=spider&for=pc&sa=kf

【北京日报】智库联盟研究大运河文化

北京日报讯（记者 陈雪柠）昨天，由北京物资学院、大运河沿线相关高校等共同发起的“中国大运河智库联盟”在通州成立。首批30家联盟单位达成“北京共识”，将整合各地智库资源，共同开展调查研究与研讨交流，为运河文化带建设提供学术支撑。

2014年6月，中国大运河项目成功入选世界文化遗产名录。作为中国古代最重要的物流大动脉，大运河在促进经济文化交流、维护国家统一、保障都城繁荣发展方面发挥了巨大作用。北京城市副中心的建设，也为大运河文化发展提出新的机遇与挑战。“大运河文化是北京未来发展的文化支撑，也是北京建设全国文化中心的重要组成部分。在北京城市总体规划中，大运河文化带举足轻重。”北京物资学院大运河研究院副院长、教授陈喜波介绍，北京的运河文化历史悠久，运河河道水系保存较好，文化遗产资源丰富，同时也存在文化内涵挖掘不够，整体保护、开发、利用不足等问题。

在保护好、传承好、利用好大运河文化的工作中，北京应当发挥示范作用。此次成立的中国大运河智库联盟，将通过整合智库资源、自主设置议题、共同举办论坛、分享智库成果等形式，开展针对性、应急性、前瞻性和储备性研究。通过对大运河沿线文旅、物流、生态、经济、民生等方面的研究，报送资政建议和专题报告。

据悉，首批联盟单位共30家，包括中央党校经济学部、中国社科院财经战略研究院、国务院发展研究中心公共管理和人力资源研究所等在京政策研究咨询机构；北京物资学院、南京邮电大学、天津财经大学、河南财经政法大学、枣庄学院、杭州师范大学等大运河流域相关高校；全国经济地理研究会、重庆智库研究院、长江经济带研究院、大运河智库发展研究中心等新型智库；中国人民大学区域与城市经济研究所、清华大数据研究中心等在京高校智库，以及中国京杭大运河博物馆等文博机构。

来源：《北京日报》2018-06-07

链接：http://www.bj.xinhuanet.com/bjyw/2018-06/07/c_1122949291.htm

【人民网】以舞为形 青春筑梦——通州区各界青年纪念五四运动99周年

习近平总书记说，当代青年是同新

时代共同前进的一代，中华民族伟大复兴的中国梦终将在一代代青年的接力奋斗中变为现实。习近平总书记曾指出，做团的工作，要牢记“自古英雄出少年”的道理，因为青年是引领风气之先的力量。做好青年工作，必须有能力引领时尚、引领风气，这样才能把广大青年吸引到自己的周围来，把他们最广泛地聚集到党和人民事业中来。

新形势下，如何提高团的吸引力和凝聚力，一直是青年工作的重大课题。通州团区委以习近平新时代中国特色社会主义思想为指导，深度学习领会习近平总书记关于青年的重要论述和指示精神，通过多种形式探索提升团组织对青年，特别是对青年群体思想上、精神上的吸引力和凝聚力。通州社区青年汇社工自编自导了影片《通州》，亲身踏过通州的大街小巷，从大运河畔走到人大附中，从宋庄小堡走到永乐店镇东河村，从市行政办公区走到漕运码头……，用脚步丈量深爱的副中心，用镜头记录建设的副中心；“我们共建副中心，蓝绿交织有你”，由通州青年联委员、志愿者、团干部、人民警察、医护工作者、青年社工等投身副中心建设一线的青年代表自编自唱的歌曲《通州欢迎你》，更是在字里行间流露出对这片土地的热爱和对美好未来的向往。

2017 年 2 月，习近平总书记在考察北京城市副中心建设时强调：通州有不少文化遗产，北京城市副中心建设要古为今用，要深度挖掘以大运河文化为核心的历史文化资源。5 月 1 日晚，通州团区委、区文化委联合举办了通州区各界青年纪念五四运动 99 周年活动，原创舞剧《运》在通州区进行首演。

舞剧《运》是北京物资学院师生历时两年创作的一部结合民族文化、运河文化、校园文化的舞剧，引导当代青年从传统文化中寻找认同和自信。在创作过程中，北京物资学院特别邀请了通州运河船工号子的唯一传人、年近八旬的赵庆福老人与青年们深入交流，使青年对运河文化的历史、对运河人的精神内涵有了更进一步的理解与认同。舞剧围绕一个涵盖运河、漕运、命运、国运的“运”字，以非物质文化遗产“运河号子”作为音乐符号和贯穿线索，串联起清朝末年、北平解放前夕、改革开放后、走入新世纪四段不同时期的运河展开叙述，将视角聚焦于运河岸边的普通人家贯穿四代人的故事，通过他们曲折的人生经历，折射出了普通百姓的勤劳、质朴、善良和坚韧，不仅串联了千年运河情，还将运河人的命运与国家的命运交织在一起。现场极具感染力的音乐、炫丽的舞台效果和青年舞者们的精湛表演给观众带来了一场震撼无比的视觉盛宴。运河曾承载了无数船工的希望，他们只有坚持不懈、努力拼搏才能实现自己的梦想。

五四精神是绵延不断的，五四精神对青年的激励是绵延不断的，青年身上所肩负的历史使命更是绵延不断的。回望 1919，“五四”的火焰唤起了民族觉醒，揭开了中国新民主主义革命的序幕。青年一代奋发作为，披荆斩棘，跟随党的步伐，走出了一条极不平凡的道路。如今在通州，在运河两岸，新青年在生生不息的运河文化和运河精神的滋养和感召下，继续拼搏进取、青春建功，为国家更加繁荣昌盛做出自己应有的贡献。（运小青，责编：袁勃、张雨）

来源：人民网 2018－05－03

链接：http：//society.people.com.cn/n1/2018/0503/c1008－29963933.html

【千龙网】青春连接梦想　北京物资学院举办专业使命教育宣讲会

日前，一场别开生面的专业使命宣讲会在北京物资学院举行，各专业的学生们以“我的青春·我的专业·我的使命”为主题纪念五四运动99周年。

本次宣讲会以各学生党支部为单位参赛，不少参赛团队还邀请了老师共同宣讲。师生们通过自己对本专业的理解，采取朗诵、演讲、情景剧等方式进行专业展示，介绍了自己专业在国家经济社会发展中的重要地位，表达了对专业的自豪感，明确了需要承担的专业使命以及自己对未来的职业发展规划。其中，物流管理专业的同学们通过朗诵《不同的物流人》来展示，抒发了作为物流人的自豪感；法学专业学生通过情景剧的形式，展现了法学院人对法治精神的不懈追求；经济学院的学生们从日常的生活细节入手，将宏观的经济学与大家的日常生活紧密相连；质量管理工程专业学生通过“质量第一”的专业使命展示，阐述了自己的专业梦想；英语专业师生结合在校所学和国际形势需要，阐述了自己对自身专业的理解……一个个精彩纷呈的案例为同学们上了一堂生动的专业使命教育课。

早在2015年年初，北京物资学院就开始探索实施专业使命教育，旨在引导学生自觉把“我的梦”融入“中国梦”，建立起自己的“专业梦”，激发学生努力学习掌握专业本领报效祖国的强大动力。三年来，这一举措已成为北京物资学院加强党建和思想政治工作的重要抓手之一，在提升人才培养质量、增强教师教书育人意识等方面实效突出。（责任编辑：王立立）

来源：千龙网 2018－05－09

链接：http：//beijing.qianlong.com/2018/0509/2563298.shtml

主题索引

使用说明

1. 本索引采用主题分析索引方法编制，按主题词汉语拼音顺序排列。具体排列方法如下：以数字和英文字母开头的标目排在前面；汉字的标目则按音序、音调依次排列。首字相同时则以第二字排序，以此类推。

2. 本索引选取正文中重大工作、全局性工作和典型特色事件，“特载与专文”“附录”篇目未做索引，其余事件可依据目录查询。

3. 书中的篇目题、类目题、分目题和图表题用黑体字标明，其余用楷体字排印。

4. 索引的主题词后面的数字表示检索内容所在的页码，数字后面的英文字母 a、b 表示该页自左至右的栏别，合在一起表示检索内容所在页码及版面区域。

索　引

数字与字母

A

B

K

L

M

P

R

S

T

W

X

Y

Z